Grundlagen der Berufs- und Erwachsenenbildung

Herausgegeben von Prof. Dr. Rolf Arnold

Band 27

Personalentwicklung im lernenden Unternehmen

Herausgegeben von

Rolf Arnold und Egon Bloh

4. unveränderte Auflage

D1667798

Schneider Verlag Hohengehren GmbH

Grundlagen der Berufs- und Erwachsenenbildung
Herausgegeben von Rolf Arnold

Gedruckt auf umweltfreundlichem Papier (chlor- und säurefrei hergestellt).

Bibliografische Information der Deutschen Nationalbibliothek

Die Deutsche Nationalbibliothek verzeichnet diese Publikation in der Deutschen Nationalbibliografie; detaillierte bibliografische Daten sind im Internet über ›http://dnb.d-nb.de‹ abrufbar.

(Grundlagen der Berufs- und Erwachsenenbildung ; Bd. 27)
ISBN 978-3-89676-703-5 – 4. unveränderte Auflage
Schneider Verlag Hohengehren, 73666 Baltmannsweiler

Inhalt

V   Qualität und Kundenorientierung

VI   Lernen und Kultur

VII   Veränderung und Beratung

ROLF ARNOLD/EGON BLOH

Grundlagen der Personalentwicklung im lernenden Unternehmen – Einführung und Überblick[1]

> „We have grown up in a climate of competition between people, teams, departments, divisions, pupils, schools, universities. We have been taught by economists that competition will solve our problems. Actually, competition, we see now, is destructive. It would be better if everyone would work together as a system, with the aim for everybody to win. What we need is cooperation and transformation to a new style of management."
>
> W. Edwards Deming (The New Economics)

1 Zur Entwicklung der Personalentwicklung

Nimmt man die Personalentwicklungsdebatte der letzten Jahre in den Blick, so kann man sich des Eindrucks nicht erwehren, dass diese durch eine Eskalation von Begriffsmoden gekennzeichnet ist:

Der „Mitarbeiterorientierung" folgte der Ansatz der „Schlüsselqualifizierung", und dieser scheint in der neueren Debatte in eine allgemeine Konzeption von „Kompetenzentwicklung", verbunden mit neuen „Lernkulturen", zu münden, während gleichzeitig der Verschleiß an Managementkonzepten enorm ist: „Die Konjunkturzyklen von Rationalisierungskonzepten werden zunehmend kürzer. Nachdem Lean Management als Schlagwort fast schon wieder out ist, verspricht Business Reengineering eine ‚Radikalkur' für das Unternehmen. Metaphern aus anderen Wissenschaftsbereichen werden übernommen und das ‚fraktale Unternehmen' wird zu einem neuen Schlager" (Faulstich 1995, S. 2; zu „Modezyklen" in der personalwirtschaftlichen Forschung vgl. auch Weber et al. 2000).

Gleichzeitig verbreitet sich in der Praxis eine große Ernüchterung, konnten doch viele der mit einem erheblichen begrifflichen Aufwand entwickelten Ansätze in der Vergangenheit kaum wirklich umgesetzt werden. Die eskalierenden Unübersichtlichkeiten der Unternehmensentwicklung führen ganz offensichtlich auf allen Seiten zu eher „hektischen Versuchen, Rationa-

---

[1] Eine Reihe von Passagen der in diesem Beitrag dargelegten Überlegungen basiert – z.T. wörtlich, z.T. überarbeitet – auf den Ausführungen in Arnold (2000a). Die Herausgeber möchten an dieser Stelle Frau Cornelia Ziegler und Frau Heike Heckemanns für ihre unverzichtbare Unterstützung bei der Druckvorbereitung der Manuskripte sehr herzlich danken.

lisierungsstrategien umzusetzen" (Faulstich 1995, S. 3), wobei auch viele Errungenschaften einer potenzial- und kompetenzorientierten Personalentwicklung zur Disposition stehen.

Gleichwohl wäre es fatal, in den neueren Begriffsmoden der Personalentwicklung lediglich gegenstandslose und vorübergehende „Launen" irgendwelcher Theoretiker oder geschäftstüchtiger Consultants, die mit Begriffen Marktsegmente besetzen wollen, zu sehen. Denn diese „reagieren" i.d.R. auf reale Entwicklungen, die mit dem Hinweis auf die eskalierende Unsicherheit bereits angesprochen worden sind: „Die Globalisierung der Märkte, die zunehmende Kundenorientierung in Verbindung mit einem verstärkten Qualitätsmanagement zwingen zu einer Organisationsentwicklung, die alle Ebenen der Hierarchie erfassen wird, ob es den einzelnen Mitarbeitern gefällt oder nicht" (Frieling 1995, S. 9). Es muss deshalb systematisch gefragt werden:

- Welche betrieblichen Funktionen hat die Personalentwicklung in der Vergangenheit wahrgenommen (Bestandsaufnahme und Bestandsanalyse)?

- Welche betrieblichen Perspektiven für eine systematische Kompetenzentwicklung ergeben sich in Zeiten struktureller Verschlankung und einer qualifikationsabhängigen Verknappung von Arbeitschancen (kompetenzorientierte Personalentwicklung)?

- Welche professionellen Handlungs- und Gestaltungsfunktionen können Personalentwickler/innen im lernenden Unternehmen bzw. in lernenden Organisationen ausfüllen (professionalitätstheoretische Ausdeutung)?

Unter *Personalentwicklung* (PE) wird hier das Insgesamt der Strategien, Konzepte und Modelle verstanden, die darauf bezogen sind, die Kompetenzen der Mitarbeiterschaft eines Unternehmens bzw. einer Organisation (auf verschiedenen Ebenen) kontinuierlich zu verbessern, an Wandlungen anzupassen bzw. Wandlungen qualifikatorisch zu antizipieren (vgl. Arnold 2000a).

Nach Wunderer (2000) umfasst die Personalentwicklung „Konzepte, Instrumente und Maßnahmen der Bildung, Steuerung und Förderung der personellen Ressourcen von Organisationen, die zielorientiert geplant, realisiert und evaluiert werden" (S. 410), wobei materiale, personale, interpersonale und organisationale Bezugsebenen einbezogen werden (vgl. S. 412).

Diese Begriffsbestimmungen zeigen – wie auch der Vergleich mit anderen Definitionen (vgl. z.B. Neuberger 1991; Münch 1995; 1997; Becker 1999a; Arnold 2000a) – u.a.:

1. „Personalentwicklung" wird als eine „systematische", d.h. „zielgerichtete" unternehmerische Aktivität definiert, wobei sich neuerdings – insbesondere im Konzept der innovationsorientierten und „strategieumsetzenden Personalentwicklung" (vgl. auch Meier 1991) – eine Dominanz der mittelbaren und langfristigen Ziele abzeichnet.

2. „Personalentwicklung" ist (zunächst) in starkem Maße *qualifikations-* bzw. *verhaltensbezogen* (personorientierte PE). Dieser Verhaltensbezug wird mit unterschiedlicher Perspektive verfolgt: Qualifikationen sollen vermittelt und verbessert werden (allgemeine Schulungs- bzw. Förderperspektive), Mitarbeitern soll geholfen werden, mit veränderten Anforderungen zurecht zu kommen (Selbsthilfeperspektive), Verhaltenspotenziale sollen aufgebaut, gefördert und genutzt werden (prospektive Potenzialorientierung); diese Ansätze einer *„direkten bzw. interaktiven Personalentwicklung"* (Wunderer 2000), z.B. Trainingsmaßnahmen off-, on-, near- oder parallel-the-job (Fachseminare, Arbeitsbereicherung, Lernstatt, Coaching etc.), werden zunehmend ergänzt durch eine weitere Entwicklungsdimension:

3. „Personalentwicklung" zielt darauf, die Rahmenbedingungen und Voraussetzungen für selbstorganisiertes, strategieumsetzendes und organisationales Lernen zu schaffen (Strukturorientierung; vgl. Arnold 2000b). Diese „*indirekte, strukturelle Personalentwicklung*" (Wunderer 2000) umfasst insbesondere Maßnahmen zur Förderung der Kompetenzentwicklung und Lernmotivation über die „Gestaltung von Arbeitssituationen" – mit (lern)kulturellen, strategischen, (arbeits)organisatorischen und (qualitativ-)personalstrukturellen Komponenten (vgl. Wunderer 2000).

4. „Personalentwicklung" wird entsprechend in engem Bezug zur *Organisationsentwicklung* bzw. – seit einigen Jahren – zum *organisationalen Lernen* definiert. „Lernende Organisationen sind – in Ergänzung zur personalen Förderung – Medien für kollektive Personalentwicklung. Zugleich schaffen sie – insbesondere über Lernkulturen – günstige Lernsituationen für individuelle Personalentwicklung" (Wunderer 2000, S. 414).

Diese Aspekte werden zudem durch einen systematischeren Blick in die *Entwicklungsgeschichte* des Personalmanagements – und damit auch des PE-Denkens – in Deutschland bestätigt, die Wunderer/Kuhn (1995) in anschaulicher Weise rekonstruiert haben.

Wunderer/Kuhn (1995; vgl. Wunderer/Dick 2000; Oechsler 1999; Weber et al. 2000) unterscheiden fünf „idealtypische Phasen" der Entwicklung des Personalmanagements mit jeweils spezifischer strategischer Ausrichtung:

- Phase der Bürokratisierung (bis ca. 1960), gekennzeichnet durch eine primär kaufmännische und administrative „Bestandspflege";

- Phase der Institutionalisierung (ab ca. 1960), charakterisiert durch die dominante Philosophie einer „Anpassung des Personals an organisatorische Anforderungen (Sozialisierungskonzepte)"; Zentralisierung der Personalarbeit, Spezialisierung der Personalfunktionen, Ausbau von Personalplanung und „qualitativer Sozialpolitik";

- Phase der Humanisierung (ab ca. 1970), verbunden mit der komplementären Philosophie der „Anpassung der Organisation an die Mitarbeiter (Akkommodationskonzepte)" mit dem Ziel der Mitarbeiterzufriedenheit; „humane Orientierung" (Arbeitsbedingungen, soziale Beziehungen, Organisationsklima), Ausbau qualitativer Personalmanagementfunktionen (z.B. Weiterbildung, kooperative Führung, Organisations- und Personalentwicklung);

- Phase der Ökonomisierung (ab ca. 1980), charakterisiert durch eine „Anpassung von Organisation und Personal an veränderte Rahmenbedingungen nach Wirtschaftlichkeitsaspekten"; Flexibilisierungs- und Rationalisierungsbestrebungen, Ausbau (freiwilliger) „quantitativer Personalleistungen";

- Phase der unternehmerischen Orientierung (ab ca. 1990), in der die Förderung „unternehmerischen Handelns", d.h. die innovations- und umsetzungsorientierten bzw. -unterstützenden Fähigkeiten und Verhaltensweisen (Potenziale) der Mitarbeiter als zentrale Aufgabe und Herausforderung des Personalmanagements angesehen und die Mitarbeiter als „wichtigste, wertvollste und sensitivste Unternehmensressource" betrachtet werden.

Auf der Basis einer Expertenbefragung prognostizieren Wunderer/Dick (2000) mit Blick auf die nächsten zehn Jahre (2001–2010) eine deutliche, fortschreitende Entwicklung zu einer „unternehmerischen Orientierung" sowie folgende Entwicklungstendenzen im Bereich der Personalentwicklung:

- Ausweitung und stärkere Akzeptanz von „Selbstentwicklung" (mit einer „Delegation der Entwicklungsverantwortung"),

- wachsende Bedeutung von praxisorientierten, dezentralen, arbeitsintegrierten bzw. arbeitsplatznahen Entwicklungskonzepten (insbesondere „On-the-job- und Near-the-job-Maßnahmen") sowie von telematischen und multimedialen Lernansätzen (vgl. auch Kailer 1998; Baethge/Schiersmann 1998; Weiß 2000; Münch 2000; Dehnbostel/Dybowski 2000),

- steigende Relevanz „struktureller Personalentwicklung" (Verantwortung, ganzheitliche und vielfältige Aufgaben, Lernmöglichkeiten, Teambeziehungen etc.),

- umfassendere und systematischere Personalentwicklung für Nachwuchsführungs- und Nichtführungskräfte,

- zunehmende Betätigung von Führungskräften als „zentrale Personalentwickler" (Coaching/Mentoring[2], Potenzialerkennung, -förderung, Umfeldgestaltung etc.; vgl. auch Baethge/ Schiersmann 1998; Oechsler 1999; Staudt/Kriegesmann 1999; Rohr/Surrey 2000),

- vermehrter Handlungsbedarf bezüglich der Lernmotivationsförderung (z.B. durch Vorbildfunktion, Arbeits- und Arbeitsplatzgestaltung, Anleitung und Beratung, individuelle bzw. zielgruppenspezifische Weiterbildungsangebote etc.),

- begrenztes Outsourcing von Personalentwicklungsmaßnahmen (vgl. auch Kailer 1998; Rohr/Surrey 2000) bzw. die Auslagerung von Personalentwicklungs-/Weiterbildungsabteilungen als Profit-Center (vgl. Baethge/Schiersmann 1998),

- Tendenz zur Dezentralisierung der PE-Funktionen und Bedeutungszuwachs einer „internationalen Personalentwicklung" (vgl. auch Kailer 1998; Baethge/Schiersmann 1998; Staudt/Kriegesmann 1999; Schwuchow/Gutmann 2000; Münch 2000; Rohr/Surrey 2000).

Hinzu kommen − aufgrund neuer Rollenanforderungen einerseits und bestehender Kompetenzdefizite andererseits − Bestrebungen zu einer angemessenen Aus- und Weiterbildung bzw. Professionalisierung der im Personalentwicklungsbereich tätigen Personen (vgl. Kailer 1998; Ulrich 1999; Wunderer/Dick 2000).

Im Folgenden sollen einige, u.E. zentrale „*Leitkonzepte*" bezüglich dieser Wandlungsprozesse im Funktionsbereich der Personalentwicklung skizziert werden.

2   Leitkonzepte der Personalentwicklung im Wandel

Der von Wunderer/Kuhn (1995) skizzierte Konzeptionswandel von der bürokratisierten Personal*bewirtschaftung* zur unternehmensorientierten Personal*entwicklung* sowie die skizzierten aktuellen Entwicklungstendenzen gehen einher mit einer *mehrfachen Erweiterung des PE-Blicks*, die in Abbildung 1 dargestellt ist.

Von entscheidender Bedeutung scheinen dabei insbesondere die im Folgenden näher ausgeführten generellen Tendenzen zu sein (vgl. auch Arnold 1996; 1997a):

1. Die Entwicklung von einem Anpassungs- zu einem *Gestaltungsansatz* betrieblicher Personalentwicklung,

2. die Entwicklung von einer „konsekutiven" bzw. „reaktiven" zu einer „simultanen", wenn nicht gar „antizipierenden" Personalentwicklung,

---

[2] Vgl. z.B. Rauen (2001), Hilb (1997).

3. die kompetenzorientierte Wende in der Weiterbildung bzw. Personalentwicklung sowie Ansätze eines Kompetenzmanagements,

4. die Erweiterung von Organisationsentwicklungsansätzen durch Konzepte des Organisationslernens,

5. die zunehmende Dezentralisierung der Personalentwicklungsfunktion und Eigenverantwortlichkeit der Mitarbeiter sowie

6. die Wandlung von „klassischen" Formen des „Belehrens und Führens" zu einem systemischen Management bzw. einer systemorientierten Personalentwicklung (Moderation betrieblicher Selbstorganisation).

Früher	Erweiterung	Heute
Defizit- & Anpassungs-orientierung	→	Ganzheitlichkeit & Gestaltungsorientierung
Konsekutive, reaktive Ausrichtung	→	Potenzialorientierte & antizipierende Ausrichtung
Qualifikationslernen/ Wissensvermittlung	→	Kompetenzentwicklung & -management
Organisations-entwicklung	→	Organisations-lernen
Institutionalisierung – Differenzierung – Integration –	→	Dezentralisierung & Selbstverantwortung
Lehren und Führen	→	Systemorientierung: Moderation betrieblicher Selbstorganisation
	$\Sigma \Rightarrow$	Strategie- und kooperations-orientierte Personalentwicklung

Abb. 1: Die mehrfache Erweiterung des PE-Blicks (nach Arnold 2000a; modifiziert)

Die Summe dieser (u.a.) interdependenten Tendenzen und Entwicklungen führt zu einer „zunehmenden strategischen Ausrichtung der Personalentwicklung" (Fröhlich 1995, S. 117), d.h., diese Tendenzen sind verbunden mit bzw. werden integriert in einer *strategischen Personalentwicklung*, die auf der Basis und im Kontext von Organisations- bzw. Unternehmenszielen erfolgt (vgl. Abschnitt 3): Personalentwicklung wird als entscheidende Voraussetzung der Strategieumsetzung und -realisierung angesehen und ist daher schon in den Prozess der Strategieentwicklung einzubeziehen (so bereits Riekhof 1989; Sattelberger 1989). Die *Kooperationsorientierung* bezieht sich dabei nicht nur auf diese strategieorientierte Kooperation, sondern schließt z.B. auch die Kooperation von Personalentwicklungseinheit, Führungskräften und Mitarbeitern sowie allgemein die Förderung und Unterstützung von Prozessen kooperativen Lernens, partizipativ-kooperativer Problemlösungs- und Entscheidungsprozesse, der

Kooperation in Gruppen und Projektteams, der subsystemübergreifenden sowie interorganisatorischen Kooperation mit ein.

Dieser erweiterte PE-Blick sieht im Mitarbeiter nicht mehr nur die zu entwickelnde Person, sondern berücksichtigt, dass diese Person bereits über Erfahrungen und Wissen, d.h. ein Potenzial an Kompetenzen verfügt. PE soll deshalb weniger Menschen an Maßstäbe anpassen, sondern systematisch nach deren Potenzialen fragen (vgl. auch Neuberger 1991; Oechsler 1999; Scholz 2000; Arnold 2000b). Gleichzeitig versucht eine solche PE-Konzeption, zukünftige Entwicklungen zu antizipieren, Kompetenzen auf verschiedenen Ebenen zu entwickeln, strukturelle Gestaltungsmaßnahmen zu initiieren bzw. zu unterstützen sowie lernende und selbstorganisierte Organisationskontexte zu fördern.

2.1 Ganzheitliche und gestaltungsorientierte Personalentwicklung

Konnte man noch bis vor einigen Jahren davon ausgehen, dass die Betriebe ein Ort des ausschließlich zweck- und verwendungsorientierten Lernens seien, während Bildung und Persönlichkeitsentwicklung lediglich in außerbetrieblichen Bereichen (Schule, Volkshochschule usw.) gefördert werden könnten, so ist eine solche eindeutige Grenzziehung heute nicht mehr möglich. „Die klassische Personalentwicklung hat sich in hohem Maße zur ‚Persönlichkeitsentwicklung' gewandelt" (Hehl 1991, S. 86; vgl. auch Fuchs 1999) – eine Einschätzung, der allerdings von Neuberger im selben Jahr noch mit den Worten widersprochen wurde: „Das Produkt des Personalwesens ist Personal, nicht Persönlichkeit. ... Frei entfaltete Persönlichkeiten sind eine Chance für's Unternehmen, in ihrer Häufung aber mehr noch ein Risiko, das man durch Personal-Entwicklung (Personal-Produktion) zu beherrschen sucht. ... Der Mensch ist Mittel.Punkt" (Neuberger 1991, S. 9).[3]

Gleichwohl kann man andererseits nicht übersehen, dass die Entwicklung auf den Arbeitsmärkten in den letzten Jahren zu Qualifikationsbedarfen geführt hat, die es u.E. notwendig werden lassen, die im Grundsatz zwar berechtigte, aber sehr pauschal artikulierte Verzweckungsthese von Neuberger durch *die These von der doppelten Zweckstruktur betrieblicher Personalentwicklung* zu ersetzen: Betriebliche Personalentwicklung muss heute die Mitarbeiter in doppelter Weise befähigen, nämlich einerseits zum Erfüllen betrieblicher Zwecke *(zweckorientierte Qualifizierung)*, andererseits zur aktiven Gestaltung betrieblicher Zwecke *(zwecksetzende Qualifizierung)*.

Die Entwicklung der Qualifikationsanforderungen auf den Arbeitsmärkten hat dabei zu einer *doppelten Erweiterung des betrieblich-beruflichen Lernens* geführt: Zum einen „weitet" sich das Qualifikationslernen unter dem Leitziel der Vermittlung von „Schlüsselqualifikationen" auch zur „Bildung" bzw. genauer zur Persönlichkeitsbildung, d.h. zur „proportionierlichen Ausbildung aller Kräfte" (W. v. Humboldt), zum anderen ist das betriebliche Lernen nicht mehr nur auf das einzelne Individuum gerichtet, sondern auch auf die Förderung der Anpassungs- und Überlebensfähigkeit der jeweiligen Organisation insgesamt.

Erst bei den Versuchen, diese Ansprüche in der betrieblichen Praxis einzulösen, wurde jedoch deutlich, welcher radikale Kurswechsel für das betriebliche Lernen und die betriebliche Per-

---

[3] Neuberger (1995) ersetzt den Punkt durch ein Komma: „Der Mensch ist – unter den gegebenen wirtschaftlichen Bedingungen – Mittel. Allerdings ist dies nicht das letzte Wort. Die *Absicht* der Verwertung von Menschen als Mitteln darf nicht mit dem *Gelingen* dieser Absicht gleichgesetzt werden. Der Mensch ist Mittel (Komma), weil und sofern er als ebensolches (aus-)genutzt wird, um für fremde Interessen zu arbeiten. Es bleibt jedoch bei aller Bemühung, ihn zu instrumentalisieren, ein unverfügbarer Rest, der seinen überschüssigen Potenzialen geschuldet ist" (S. 2).

sonalentwicklung mit dieser Neuorientierung verbunden war. Hervorzuheben sind insbesondere drei Konsequenzen:

a) Selbsttätigkeit als Weg zur Selbsttätigkeit: Die Fähigkeiten zur selbständigen Problemlösung können nur im Rahmen von Lernprozessen entwickelt bzw. angeeignet werden, die bereits selbst „halten, was sie versprechen". Oder anders ausgedrückt: Zahlreiche Betriebe mussten aus der Einsicht, dass im Rahmen eines geführten und kontrollierten Lernens nur „Geführtwerden", aber nicht Fähigkeiten zur Führung und Selbstführung gelernt werden können, Konsequenzen ziehen. In der betrieblichen Ausbildungspraxis sind deshalb heute handlungsorientierte Ausbildungsmodelle auf dem Vormarsch (vgl. z.B. Krämer-Stürzl 1998), und die betriebliche Weiterbildung experimentiert mit Lernarrangements eines selbstorganisierten Lernens (vgl. Deitering 1995; Greif/Kurtz 1996). Nach diesen Modellen werden die Ausbildungs- und Lernsituationen in der betrieblichen Ausbildung selbst als Problembearbeitungssituationen arrangiert, in denen die Lernenden lernen, Probleme selbständig zu bearbeiten. Diese didaktische Logik entspricht der Logik des Bildungsprozesses, als dessen zentrale Vollzugsform seit jeher die Selbsttätigkeit angesehen wurde: Nur wer selbst „tätig" sein „darf", vermag sich als Persönlichkeit zu „bilden" (vgl. Arnold/Schüßler 1998).

b) Die Unbegrenzbarkeit der Persönlichkeitsbildung: Die Vermittlung von Schlüsselqualifikationen, die die sozialen und methodischen Kompetenzen des Einzelnen stärken, ist prinzipiell unbegrenzbar – auch dies eine wichtige Gemeinsamkeit mit der Bildung. Dies bedeutet, dass *man nicht nur „ein bisschen" selbständig sein kann.* Betriebe, die die Selbständigkeit ihrer Mitarbeiter systematisch und gezielt entwickeln (wollen), können deshalb auch nicht darauf hoffen, dass diese Selbständigkeit dann auch nur in den von ihnen erwarteten bzw. in den ihnen „genehmen" Bereichen wirksam wird. Richtige Selbständigkeit kennt – wie die Bildung – keine Begrenzung, d.h., mit ihr erhöhen sich auch – gewollt oder ungewollt – die Mitwirkungs- und Gestaltungsfähigkeiten der Mitarbeiter im Betrieb.

c) Bildung als Kompetenz der Zukunft: Neben die Notwendigkeit der fachlich-inhaltlichen Qualifizierung tritt auch für die betriebliche Personalentwicklung zunehmend die Aufgabe, den Einzelnen in seiner Persönlichkeit zu bilden. Dafür ist es wichtig, die Ich-Kräfte der Subjekte systematisch zu fördern. Diese sollen dadurch Persönlichkeitsmerkmale, Verhaltensweisen und Haltungen entwickeln können, von denen man in früheren Jahren glaubte, dass sie nur mit der Allgemeinbildung verbunden seien. Mit der neugeordneten Berufsbildung in den Unternehmen ist somit paradoxerweise ein Bedarf an Bildung bzw. allgemeiner Persönlichkeitsbildung verbunden – eine Entwicklung, die bisweilen zu dem Slogan verdichtet wird: Die Allgemeinbildung ist die Berufsbildung der Zukunft.

Entgegen einer (ausschließlichen) Instrumentalisierungsthese geht diese Sichtweise also davon aus, dass ökonomische *und* pädagogische Perspektiven bzw. (konkreter) betriebliche Qualifikationsanforderungen (mit entsprechenden Investitionen in die Humanressourcen) und Subjekt- oder Persönlichkeitsbildung (Kompetenzentwicklung und entsprechende Verantwortlichkeit) sich nicht prinzipiell ausschließen (müssen), was im Kontext von Weiterbildung, Personal- und Organisationsentwicklung als *„Koinzidenz"*- bzw. *„Konvergenzthese"* diskutiert wird (vgl. Harteis 2000; Markert 1999; Arnold 1996; ähnlich bereits Arnold 1991). So kommt auch Heid (1999, S. 243) aufgrund seiner detaillierten Analyse dieser Problematik zu dem Schluss, dass die „Trennungslinie zwischen dem bildungspolitisch und bildungspraktisch Wünschenswerten einerseits und dem Kritikablen andererseits ... nicht zwischen Technik und Ökonomie oder Betrieb und Beschäftigungssystem einerseits sowie individuellen Bildungsbedürfnissen oder Bildungssystem andererseits [verläuft], sondern quer durch beide hindurch."[4]

Insgesamt zeichnet sich ab, dass moderne Qualifizierung und Kompetenzentwicklung sich kaum noch auf Know-how-Transfer zur Schließung von Qualifikationslücken oder Beseitigung von Kompetenzdefiziten („Defizitorientierung") beschränken können, es kommt vielmehr darauf an, die „Kompetenz zur Kompetenz" des Personals zu entwickeln, indem gezielt Know-how-to-know vermittelt wird. Qualifikationsprofile lassen sich dabei immer weniger als inhaltsreiche Anforderungskataloge definieren, im Vordergrund steht vielmehr die systematische Stärkung der Selbsttätigkeits- und Selbstorganisationsfähigkeit der Individuen. Personalentwicklung muss hierfür Lerngelegenheiten schaffen, in denen ein Individuum – auch durch Lernen am Arbeitsplatz – die *Voraussetzungen* dafür erwirbt, sich selbsttätig, selbstorganisiert sowie mit kritischem Urteil und gestaltend zu verhalten. Dadurch wird es darauf vorbereitet, sich *dann* mit den erforderlichen Handlungs- und Lernanforderungen auseinandersetzen zu können, wenn es sich mit diesen konfrontiert sieht. Personalentwicklung muss diese Gestaltungspotenziale entwickeln bzw. „Gelegenheiten" schaffen, damit diese entstehen können – insbesondere auch, um die „*Nachhaltigkeit*" von Lern- und Entwicklungsprozessen zu fördern (vgl. Arnold 2000b).

Wenn solche Fähigkeiten gefördert werden sollen, dann muss das Lernen am Arbeitsplatz[5] (vgl. z.B. Severing 1994; Bergmann 1996; Baitsch 1998; Markert 1999; Dehnbostel/Dybowski 2000) und in organisierten Lernprozessen selbst so arrangiert werden, dass selbständige Suchbewegungen nicht verhindert, sondern ermöglicht werden. Solche lebendigen Lernprozesse setzen Methoden voraus, bei denen die Initiative im Lernprozess erst allmählich und dann immer mehr auf den Lernenden übergeht. In diesem Sinne hat sich in den letzten Jahren insbesondere das Methodenspektrum in der betrieblichen Bildungsarbeit deutlich gewandelt. Die heute breiter eingesetzten Methoden ermöglichen Lernprozesse, in denen „etwas" gelernt wird, das für das Individuum „Signifikanz" (Rogers) hat, und in denen dieses Lernen in einer Form „geschieht", in der der ganze Mensch lernt bzw. lernen kann. Insgesamt zeichnet sich dabei ein Konzept von Personalentwicklung ab, das davon ausgeht,

- dass Qualifizierung zwar *Fachkompetenz* aufbauen und entwickeln muss, diese aber – paradoxerweise – immer stärker auch auf *Methoden-* und *Sozialkompetenz* angewiesen ist, für deren Entwicklung systematische „Vorkehrungen" bzw. „Arrangements" getroffen werden müssen, d.h.,

- dass (umgekehrt) diese „extrafunktionalen" Kompetenzen – Methoden-, Sozial-, Selbst- und Handlungskompetenz (vgl. auch Erpenbeck/Sauer 2000, S. 303) – nicht isoliert „gelehrt", sondern nur integrativ entwickelt und gefördert werden können (vgl. z.B. Krämer-Stürzl 1998); und d.h. schließlich,

- dass heute Bildung und Qualifikation gleichermaßen den Einzelnen auf den disziplinierten „Umgang mit sich selbst" (Person), den konstruktiven „Umgang mit anderen" (Lerngruppe) und den produktiven „Umgang mit den Sachen" (Gegenständen, Technik) vorbereiten muss.[6]

---

[4] Es ist zudem darauf hinzuweisen, dass auch vermeintlich genuine Bildungsinstitutionen, wie z.B. Schule, aus soziologischer Sicht *gesellschaftliche* Institutionen sind, die nicht nur eine Bildungsfunktion, sondern z.B. auch eine Selektions- und Integrationsfunktion haben.

[5] Zum historischen Kontext der *Trennung* von Arbeiten und Lernen vgl. z.B. Kell (2000).

[6] Diese Formen eines anderen „Umgangs" können zugleich auch als Aspekte systemischen Denkens und Handelns bzw. Aspekte „evolutionärer Gelassenheit" interpretiert werden (vgl. Arnold 2000b).

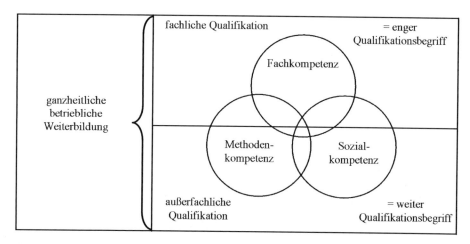

Abb. 2: Aspekte einer ganzheitlichen betrieblichen Weiterbildung (nach Arnold 1996)

Der Gestaltungsansatz der Personalentwicklung erfordert daher von den für die Personalentwicklung Verantwortlichen eigenständige, von *Konzeptionen* und *Leitideen* über die wünschbare Personalstruktur geleitete Entscheidungen; ihre Funktion ist somit auch eine bildungspolitische (i.S. einer wertbezogenen Gestaltung) und erschöpft sich nicht in der bloßen Transformation externer Anforderungen in betriebliche Personalarbeit. Vielfach entwickeln deshalb Organisationen bereits Personalentwicklungs- und Bildungskonzeptionen, in denen sie die grundlegenden Orientierungen für diesen Bereich darlegen. Diese Konzeptionen haben folgenden Überlegungen Rechnung zu tragen:

- Die bereits vorhandenen oder zu schaffenden Qualifikationspotenziale der Mitarbeiter können als eine bedingt unabhängige Variable angesehen werden, die es potenzialorientiert, d.h. auch *ohne* Vorliegen konkreter externer Anforderungen – gewissermaßen im Sinne einer Art „Vorleistung" oder Investition in die Problem- und Lernfähigkeit der Organisation – zu entwickeln gilt (vgl. 2.2). Qualitative Personalentwicklung kann ihre Ziele deshalb nie ausschließlich aus der Auswertung externer Anforderungen ableiten; sie ist vielmehr immer auch zu orientieren an „normativen" Leitideen zu den „gewünschten" Mitarbeiterqualifikationen.

- Grundlegend ist auch die Erfahrung, dass Bildungs- und Qualifikationsbedarfe nur begrenzt konkret prognostizierbar sind; vielmehr sind es häufig die „schlummernden" Mitarbeiterqualifikationen, das sogenannte „implizite Wissen" (Polanyi 1985; vgl. dazu auch Freimuth et al. 1997), welche sich in entscheidenden Momenten als hoch produktiv erweisen können.

- Weiterhin ist die Berücksichtigung der Interdependenz zwischen Arbeit und Technik wesentlich, demzufolge die Art der Technikanwendung sowie die Formen der mit ihr verbundenen Arbeitsplatzgestaltung stark abhängig sind von den vorhandenen Mitarbeiterqualifikationen sowie den Chancen, die den Mitarbeitern eingeräumt werden, um sich an den Entscheidungen über Innovationen, der „Neuschneidung" von Tätigkeitsfeldern sowie der entsprechenden Arbeitsorganisation zu beteiligen.

Personalentwicklung ist somit bei der Ermittlung ihrer Planungsgrundlage sowohl außen- wie innenorientiert; sie ist nicht nur defizitorientiert, i.S. einer „Anpassung" defizitärer Mitarbeiterqualifikationen an veränderte Qualifikationsanforderungen, sondern auch gestaltungs- und potenzialorientiert.

2.2 Potenzialorientierte und antizipierende Personalentwicklung

Betriebliche Bildungsarbeit und Personalentwicklung haben sich in den letzten Jahren zunehmend von einer anfangs beiläufigen und marginalen Personalfunktion zu einem wesentlichen Element moderner Organisationsführung entwickelt, wobei sich ein Konzept durchsetzte, das auf eine *Integration* von Personal-, Team und Organisationsentwicklung hinausläuft (vgl. Neuberger 1991; Staudt 1995; Drosten 1996; Krämer-Stürzl 1998; Becker 1999a; Erpenbeck/Sauer 2000; Wunderer 2000), was zugleich mit einer zunehmenden Integration von (z.b. prospektiven) Zielen und Strategien der Personalentwicklung und Organisationsstrategien verknüpft ist (vgl. Wunderer/Dick 2000).

Wie bereits ausgeführt, kann Personalentwicklung heute – in Zeiten eines immer rasanteren Wandels von Wissen und Anforderungen – weniger denn je als reaktive „Know-how-Anpassung" an die in Technik und Arbeitsorganisation „ablesbaren" Anforderungen realisiert werden. Während für den „klassischen" Anpassungsansatz die Technik bzw. technische Investitionen und Innovationen die entscheidenden Bezugspunkte waren, aus denen die Frage nach dem Personal- und Bildungsbedarf abgeleitet werden konnte, stellt der Gestaltungsansatz der Personalentwicklung (vgl. Arnold 1996) die Frage nach den „weichen" Faktoren, wie Kreativität, kunden- und aufgabenorientierte Kompetenz der Mitarbeiter, bewusst in den Vordergrund. Ausgegangen wird dabei von der Erfahrung, dass Qualifikationen und Kompetenzen die ausschlaggebenden Bedingungen dafür sind,

- welche Leistungen ein Unternehmen überhaupt erbringen kann,

- welche Qualität seine Produkte und Dienstleistungen kennzeichnen und

- welche interne Flexibilität seine Strukturen aufweisen.

Personalentwicklung muss deshalb eine systematische „Potenzialanalyse" (Jeserich 1989; vgl. auch Kleinmann/Strauß 1998; Sonntag 1999; Sarges 1999; Scholz 2000; Pollack/Pirk 2001) und Potenzialentwicklung bzw. -mobilisierung zum Ziel haben, da die Qualifikations- und Kompetenzpotenziale – in einer Umkehrung der Betrachtung – gewissermaßen zur Voraussetzung für den technischen Wandel, d.h. für das, was technisch überhaupt als möglich erkannt und gestaltet werden kann, werden. Dabei erhält die Personalentwicklung eine „Initiativrolle im technischen Wandel", die Staudt mit folgenden Worten beschreibt: „Da die Kompetenz zur Technikbeherrschung Voraussetzung für einen sinnvollen technischen Wandel ist, muss das hierzu erforderliche Personal- und Know-how-Potenzial innerbetrieblich zur Verfügung stehen bzw. entsprechende Qualifikationen im Rahmen der Personalentwicklung vorgesehen werden. d.h. aber, die Personalentwicklung muss in Vorlauf zur technischen Planung kommen und die Initiativrolle bei Organisations- und Unternehmensentwicklung übernehmen" (Staudt 1996, S. 35).

Die grundsätzliche Gestaltungsorientierung wird somit ergänzt durch den Aspekt einer antizipierenden und potenzialorientierten Ausrichtung: „Proaktive Personalentwicklung" verfolgt das Ziel, „Lernbedürfnisse (Kenntnisse, Fertigkeiten, Motivation), die für die gegenwärtige und zukünftige Aufgabenerfüllung notwendig sind, festzustellen und zu befriedigen" (Hölterhoff/Becker 1986). Hierzu ist zum einen eine qualitative Verbesserung und Ausreifung der Diagnose- und Prognoseinstrumente sowie eine weitere Ausdifferenzierung der Personalentwicklungsmaßnahmen selbst, zum anderen eine frühzeitige Einbeziehung der Personalentwicklung in die organisationsstrategischen Zielüberlegungen und ihre Verknüpfung mit der

Technikplanung erforderlich (Komponenten, die ebenso wie die Kompetenz zur Weiterbildungs- und Lernberatung als Aspekte einer *Professionalisierung* der Personalentwicklungsarbeit zu betrachten sind).

Hinzu kommt, dass sich diese proaktive Ausrichtung nicht nur auf Bedürfnisse, Ziele und Inhalte bezieht, sondern zugleich auch die Formen und Bedingungen des Lernens zu berücksichtigen hat: „Wenn Lernen für die Arbeitswelt von morgen nachhaltig wirksam werden soll, müssen die Bedingungen des Lernens von heute die Bedingungen des Arbeitens von morgen vorwegnehmen" (Baitsch 1999, S. 254). So können z.b. im Hinblick auf die zu erwartende Zunahme und Bedeutung interdisziplinärer, „passagerer" und organisationsübergreifender Kooperationsprozesse durch „interorganisationale Lernnetzwerke" strukturell korrespondierende Lernsituationen und -möglichkeiten bereits jetzt zur Verfügung gestellt werden (vgl. Baitsch 1999).

2.3 Kompetenzorientierte Personalentwicklung und Kompetenzmanagement

Unübersehbar vollzieht sich in Teilen der beruflichen Weiterbildung und der betrieblichen Personalentwicklung ein Konzeptionswandel, der bisweilen in der spektakulären Forderung seinen Ausdruck findet, anstelle von Qualifikation von Kompetenz zu sprechen und den Begriff der Weiterbildung durch den der *Kompetenzentwicklung* zu ersetzen bzw. zu ergänzen (vgl. Arbeitsgemeinschaft 1995; 1996; 1997; 1998; 1999; 2000; zur Entstehungsgeschichte vgl. auch Erpenbeck/Sauer 2000). Getragen werden solche Forderungen von einem mehr oder weniger deutlich ausgeprägten Unbehagen gegenüber dem Qualifikationslernen, das sich in unserer Gesellschaft unter dem Label „Weiterbildung" seit den 70er Jahren entwickelt hat. So wird insbesondere die Beschränkung der Weiterbildung auf eine „reine Wissensvermittlung" (Staudt/Meier 1996, S. 264; vgl. auch Staudt/Kriegesmann 1999; 2000) moniert, und man wendet sich kritisch gegen die Ausblendung entinstitutionalisierter und autodidaktischer Lernprozesse aus dem Fokus der zuständigen Wissenschaftsdisziplinen (vgl. dazu auch Schäffter 1999).

Insbesondere vor dem Hintergrund der Transformationsprozesse in den neuen Bundesländern, die auch mit einem tiefgreifenden Wandel von Deutungs- und Orientierungsmustern sowie Wertmaßstäben verbunden waren und sind, könne sich das Lernen Erwachsener heute weniger denn je auf die traditionellen Formen der Wissensvermittlung in institutionalisierten Weiterbildungsmaßnahmen beschränken. Notwendig sei vielmehr ein neues Konzept des lebenslangen oder lebensbegleitenden Lernens, das

- auf einem erweiterten *Lerninhaltsverständnis* beruht und nicht nur Wissen, sondern auch die Erfahrung, das Können und das Werten mit in die Realisierung von Erwachsenenlernprozessen einbezieht,

- die traditionelle Begrenzung der *Lernorte* sprengt und auch das ent-institutionalisierte Lernen (am Arbeitsplatz, autodidaktisch) professionell ermöglicht, fördert und unterstützt und schließlich

- nicht nur das Lernen von Individuen, sondern die Ermöglichung und Förderung der Lernprozesse von *Gruppen, Organisationen oder gar gesellschaftlicher Einheiten* ermöglicht.

Diese dreifache Entgrenzung (Lerninhalte, Lernorte, Lernsubjekte) führt letztlich auch zu einem neuen Verständnis professioneller Personalentwicklung und impliziert neuartige Anforderungen an Personalentwicklung und Weiterbildung in Organisationen. Der Begriff „Kompetenzentwicklung" bezieht sich dabei allgemein auf Prozesse, in denen „die fachliche, methodisch und soziale Handlungsfähigkeit sowie die Selbstorganisationsfähigkeit (bzw.

Teile dieser Facetten) erweitert, umstrukturiert und aktualisiert werden" (Erpenbeck/Sauer 2000, S. 294).

Fragt man nach den Gründen, die für eine kompetenzorientierte Wende in der Personalentwicklung vorgetragen werden, so lassen sich fünf Argumente feststellen (vgl. Arnold 1997b):

• „Kompetenz" ist ein subjektbezogener Begriff, während der Qualifikationsbegriff sich auf die Erfüllung konkreter Anforderungen und Nachfragen bezieht.

• „Kompetenz" bezieht sich mit einem ganzheitlichen Anspruch auf die ganze Person, während „Qualifikation" auf unmittelbare tätigkeitsbezogene Kenntnisse, Fähigkeiten und Fertigkeiten verengt ist.

• „Kompetenz" verweist auf die notwendige Selbstorganisationsfähigkeit des Lernenden in Projekten, Gruppen und Gemeinschaften, während vorgeschriebene „Qualifikationen" in i.d.R. fremdorganisierten Lernprozessen vermittelt werden.

• „Kompetenzlernen" ist auch im Hinblick auf die notwendige Vermittlung von Werten „geöffnet", während das Qualifikationslernen lediglich „sachverhaltszentriert" ist.

• Der Kompetenzbegriff umfasst die Vielfalt der prinzipiell unbegrenzten individuellen Handlungsdispositionen, während „Qualifikation" lediglich auf die Elemente der individuellen Handlungsfähigkeit konzentriert ist, die zertifiziert werden können.

Ohne hier im Einzelnen diese Argumentationen, die zu einer erweiterten und „neuen" Sicht von beruflicher Weiterbildung und Personalentwicklung führen sollen, kritisch diskutieren zu können (vgl. Arnold 1997b), kann doch festgestellt werden, dass die Befürworter einer kompetenzorientierten Wende der Weiterbildung in der Gefahr stehen, „das Kind mit dem Bade auszuschütten". Insbesondere die bisweilen rigiden begrifflichen Demarkationslinien (z.B. Staudt/Meier 1996) verbauen möglicherweise die Chance, das Neue an das Alte anzuschließen und eine echte Perspektivenerweiterung zu bewerkstelligen. Ärgerlich ist zudem, dass die Abgrenzung bisweilen zu Begriffsfestlegungen führt, die so weder in der erwachsenen- und berufspädagogischen noch in der betriebswirtschaftlichen Debatte vertreten werden. Gleichwohl muss man anerkennen, dass die kompetenzorientierte Wende in der betrieblichen Weiterbildung und der Personalentwicklung versucht, Konsequenzen aus der Tatsache zu ziehen, dass Qualifikationsanforderungen sich in vielen Arbeitsmarktsegmenten reflexiv wandeln. Im Vordergrund steht nicht mehr die Anpassung an den Wandel, sondern die Vorbereitung auf die Selbstanpassung an den Wandel („selbstschärfende Qualifikationen"). Die kompetenzorientierte Wende in der Weiterbildung versucht schließlich auch dem Trend Rechnung zu tragen, dass „Selbstorganisationsfähigkeit" und die biographische „Sammlung" von Kompetenzen ein neues Muster der Erwerbsbiographie konstituieren, welches den „Beruf" als strukturierendes Prinzip in den Hintergrund treten lässt. In diesem Sinne steht häufig die These im Vordergrund, dass der Kompetenzbegriff wie kein anderer Begriff in der Lage sei, den „dispositionell-selbstorganisativen Charakter" (Erpenbeck/Heyse 1996, S. 110) der im Rahmen einer Kooperationskultur von den Mitarbeitern zu erwerbenden Kenntnisse, Fähigkeiten und Fertigkeiten abzubilden – womit zugleich die Frage nach den Ebenen sowie nach den Bedingungen und Förderungsmöglichkeiten der Kompetenzentwicklung bereits angedeutet ist.

Staudt/Kriegesmann (1999; 2000) verweisen darauf, dass die „Kompetenz zur Handlung" (vgl. Abb. 3) auf einem Zusammenspiel von a) Handlungsfähigkeit (individuelle Handlungskompetenz als kognitive Basis) mit den Komponenten „explizites Wissen", „implizites Wissen" und „Fertigkeiten", b) Handlungsbereitschaft (motivationale Basis) sowie c) Zuständigkeit, d.h. der Legitimation und Einbindung im jeweiligen Organisationskontext, basiert, wobei die Struktur der individuellen Handlungskompetenz als „Ergebnis eines komplexen Entwicklungsprozesses" zu sehen ist. Institutionalisierte Weiterbildung ist dabei primär auf „explizites Wissen" fokussiert: „Die Entwicklung der individuellen Handlungsfähigkeit ist aber kein einfaches Syntheseproblem, in dem ‚fehlende' Kompetenzen durch Wissensvermittlung beliebig auf- bzw. umgebaut werden können. ... Wenn Weiterbildung dennoch als dominante Form zur Entwicklung individueller Kompetenzen eingesetzt wird, sind Misserfolge vorprogrammiert" (S. 39). Weiterbildung bzw. der Erwerb expliziten Wissens (als „formale Basis") wird dadurch nicht irrelevant, ist aber nach Staudt/Kriegesmann (2000) zu ergänzen durch die Gestaltung lernförderlicher Rahmenbedingungen sowie die Ermöglichung von und Ermutigung zu eigenem Handeln und kooperativem Erfahrungsaustausch.

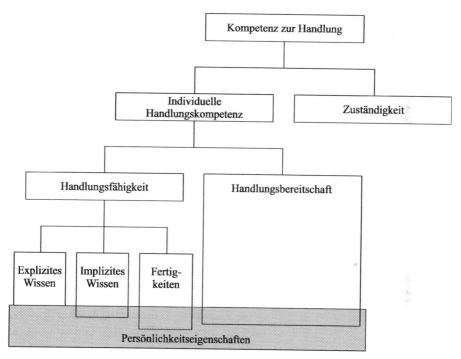

Abb. 3: Komponenten der Handlungskompetenz (nach Staudt/Kriegesmann 2000)

Hinzu kommt, dass von der individuellen Handlungskompetenz die „Arbeitssystemkompetenz" (z.B. eines Projektteams) zu unterscheiden ist, welche nicht mit der Summe der Individualkompetenzen gleichgesetzt werden kann, sondern „von funktionalen Verknüpfungen der einzelnen Kompetenzelemente ab(hängt), die letztlich durch soziale Prozesse und technisch-organisatorische Kopplungen bestimmt sind" (Staudt/Kriegesmann 2000, S. 44).

Ähnlich betrachten auch Probst et al. (2000) im Rahmen eines umfassenden Konzeptes des „Kompetenzmanagements" Kompetenz und Kompetenzentwicklung auf verschiedenen Ebenen, wobei Kompetenz als „Handlungs- und Problemlösungsfähigkeit und damit Fähigkeiten im Umgang mit Wissen ..., dem handlungsorientierten Interpretieren und Nutzen von Information" (S. 5) definiert wird:

- individuelle Ebene, d.h. Förderung individueller Kompetenzen und des „persönlichen Wissensmanagement";

- organisationale Ebene, d.h. Aufbau organisationaler Kompetenzen durch Kombination und Koordination verschiedener Ressourcen;

- interorganisationale Ebene, d.h. Kompetenzaufbau in kooperativen Organisationsverbundsystemen.

Die beiden letzten Ebenen verweisen bereits auf Prozesse des „organisationalen Lernens".

2.4 Personalentwicklung in lernenden Organisationen

Die skizzierte Erweiterung der beruflichen Qualifizierung um Aspekte der Schlüsselqualifizierung und des außerfachlichen Lernens sowie das Konzept der Kompetenzentwicklung wird gewissermaßen überwölbt und ergänzt durch das Konzept des Organisationslernens. Dieses Konzept wird seit Anfang der 90er Jahre auch in Deutschland verstärkt diskutiert (Arnold/Weber 1995; Geißler 1995; 2000; Probst/Büchel 1994; Sattelberger 1996), nachdem es bereits seit Anfang der 70er Jahre von Argyris u.a. am Massachusetts Institute of Technology (MIT) begründet worden war (vgl. Argyris 1996; Argyris/Schön 1999). Bereits 1978 hatten Argyris/Schön auf das paradoxe Zusammenwirken zwischen dem individuellen Lernen und dem organisationalen Lernen hingewiesen und damit auch wesentliche Anregungen für die Gestaltung betrieblicher Lernprozesse markiert:

„Organizations are not merely collections of individuals, yet there is no organization without such collections. Similarly, organizational learning is not merely individual learning, yet organizations learn only through the experience and actions of individuals" (Argyris/Schön 1978, S. 9).

Aus dieser Definition kann man folgern, dass es nicht um eine „Ablösung" des individuellen durch ein organisationales Lernen gehen kann, sondern um eine genauere Klärung der komplexen Wechselbeziehungen (vgl. Argyris/Schön 1999) und das Aufeinander-Abstimmen beider Lernebenen. Weitere Hinweise zur Bestimmung von *Inhalten* und *Zielen* des Organisationslernens (vgl. Aspekte A und B in Abb. 4) liefert folgende Definition:

„Organizational learning occurs when members of the organization act as learning agents for the organization, responding to changes in the internal and external environments of the organization by detecting and correcting errors in organizational theories-in-use, and embedding the results of their inquiry in private images and shared maps of organization" (Argyris/Schön 1978., S. 29; vgl. auch Argyris/Schön 1999, S. 31/32).

Probst/Büchel (1994, S. 17) definieren organisationales Lernen als einen „Prozess der Erhöhung und Veränderung der organisationalen Wert- und Wissensbasis, die Verbesserung der Problemlösungs- und Handlungskompetenz sowie die Veränderung des gemeinsamen Bezugsrahmens von und für Mitglieder innerhalb der Organisation."

Für das organisationale Lernen sind somit andere *Inhalte* charakteristisch als für individuelles Lernen. Organisationales Lernen zielt insbesondere auf die alltäglichen Gebrauchstheorien („theory-in-use") der Organisationsmitglieder, d.h. auf ihre geteilten Deutungen und Visionen über die Routinen und Strategien im betrieblichen Alltag (vgl. Abb. 4). Demzufolge geht es beim organisationalen Lernen stärker um die Transformation von mehr oder weniger organisationstypischem Deutungs- und Interpretationswissen, weniger jedoch um spezialisiertes Fachwissen oder um die Förderung individueller Schlüsselqualifikationen.

	Individuelles Lernen	*Lern-Brücken*	Organisationales Lernen
A Inhalte	Fachwissen sowie Sozial- und Methoden-Kompetenz	Schlüsselqualifikationen / Moderation und Partizipation	geteilte Deutungen und Visionen von Routinen und Strategien (Deutungs- und Interpretationswissen)
B Ziele	individueller Kompetenzerwerb	Gestaltungskompetenz / Mitarbeiterorientierung	Entwicklung von Unternehmenskultur und kollektiver Wissensbasis
C Formen	eher institutionalisierte individuelle und soziale Lernprozesse	Umgang mit Unsicherheit / gezielte Irritation	eher alltäglich-beiläufiges Lernen (durch Kooperations- und Führungserfahrung)
D „Lehrer" bzw. Lernagenten	Ausbilder, Weiterbildner und Führungskräfte	Lehr-Lern-Gefälle / kein Lehr-Lern-Gefälle	alle Organisationsmitglieder
E Lernergebnis	Kognition und Kompetenz als Ergebnis-„Speicher"	Handlungslernen / Transparenz u. Veränderbarkeit	Reglements, Organisationshandbücher, Betriebserfahrung

Abb. 4: Individuelles und organisationales Lernen – zwei Seiten eines Prozesses (Arnold 2000a)

Fragt man nach dem Zusammenwirken von individuellem und organisationalem Lernen auf der inhaltlichen Ebene („Lernbrücke A" in Abb. 4), so zeigt sich, dass einerseits ein auf Moderation und Partizipation gerichteter Führungsstil notwendig ist, damit Mitarbeiter überhaupt die Gelegenheit erhalten, sich an der Entwicklung und Veränderung betrieblicher Wirklichkeitsinterpretationen zu beteiligen. Andererseits benötigen Mitarbeiter für eine solche Beteiligung selbst mehr als nur fachliche Kompetenzen. Moderate Führung und erweiterte Qualifizierung greifen somit auf der inhaltlichen Ebene ineinander. Ähnliches gilt auch für die Zielebene: Die systematische Entwicklung einer Gestaltungskompetenz auf Seiten der Mitarbeiter ist die Voraussetzung dafür, dass diese sich an der Mitentwicklung von Organisationskulturen und der Erweiterung der kollektiven Wissensbasis beteiligen. In diesem Sinne sehen Probst/Büchel in der Veränderung von etablierten „Bezugsrahmen" den eigentlichen Kern organisationaler Lernprozesse, wobei – da es dabei immer auch um die Veränderung von „überlieferten" Werten und Normen geht – „Kulturentwicklung einen wesentlichen Weg in Richtung organisationales Lernen dar(stellt)" (Probst/Büchel 1994, S. 140; zur Organisationskulturentwicklung vgl. auch Becker 1999a; Wunderer 2000).

Auch in ihren jeweiligen *Formen* (Aspekt C in Abb. 4) sind individuelles und organisationales Lernen einerseits unterschieden, andererseits jedoch innigst aufeinander bezogen. Während das individuelle Lernen zumeist (jedoch nicht nur) in institutionalisierten Lernprozessen (Lehrgänge, Seminare) abläuft, ist das organisationale Lernen ein alltäglich-beiläufiges Lernen. Organisationen entwickeln ihre geteilten Deutungen, Visionen und Interpretationen ständig weiter, wobei das wesentliche „Medium" dieses ständigen Prozesses die alltäglichen

Kooperations- und Führungserfahrungen sind. In diesem Sinne ist von entscheidender Bedeutung, wie die *Lernkultur* eines Unternehmens gestaltet ist: Wird Lernen eher als „Übernahme kodifizierter Regeln und Wissensbestände" organisiert, oder dient Lernen auch der systematischen Vorbereitung auf den Umgang mit Unsicherheit. Ist dies der Fall, so kommt der Konfrontation mit offenen und unstrukturierten Situationen eine wesentliche Bedeutung zu. Mitarbeiter lernen dadurch, an neuen Problemen ihre bisherigen Interpretationen und Lösungsstrategien zu testen und ggf. neue Lösungsstrategien zu entwickeln. Korrespondierend dazu muss das Management „bewährte" Deutungsmuster und Lösungsschablonen in Frage stellen, Routinen und Standardabläufe gezielt irritieren und Fehler „mit offenen Armen" (Schein 1995, S. 7) begrüßen. Eine wichtige Form des organisationalen Lernens ist deshalb auch das „Ent-lernen": „Ent-lernen ist emotional schwierig, weil die alte Art, wie wir Dinge tun, lange Zeit funktioniert hat und dadurch bei uns ‚eingraviert' ist. Dinge wie bisher zu tun, macht das Leben stabil und vorhersagbar. Anstrengungen, etwas anders zu machen, haben in der Vergangenheit zu Fehlern und Ärger geführt. Es ist die Geschichte der vergangenen Erfolge und unser menschliches Verlangen nach einem sicheren und vorhersagbaren Umfeld, die der Kultur so viel Kraft verleiht. Kultur ist die Summe unseres vorangegangenen Lernens, und dies reflektiert unsere vorangegangenen Erfolge. Aber einige kulturbedingte Denkweisen und Verhaltensmuster werden so stabil, dass sie ganz schwer ent-lernt werden können, selbst, wenn sie dysfunktional werden" (Schein 1995, S. 7).[7]

Es ist deshalb gerade in Erfolgsperioden eines Unternehmens notwendig, sich nicht „auf dem Erfolg auszuruhen", sondern durch gezielte Irritationen das kollektive und zukunftsbezogene Nachdenken in einer Organisation anzuregen. Organisationales Lernen ist somit nicht nur eine Krisenstrategie. Es ist vielmehr auch eine Form antizipativen Lernens. Probst/Büchel sehen deshalb gerade in einem periodischen „Ressourcenreichtum" von Organisationen, wie er für Erfolgsphasen typisch ist, einen sinnvollen Auslöser für Lernprozesse, während die verbreitete Bereitschaft zur Verschlankung der Organisation („Lean Organization") genau dieses Lernpotenzial oft „beseitigt":

„Organisationen haben die Möglichkeit, freie Ressourcen für die Suche nach neuen Verhaltensweisen und für das ‚Spiel' mit möglichen zukünftigen Situationen zu nutzen. Häufig überwiegt die Suche nach Problemen die Suche nach opportunen Gelegenheiten. Aber auch Unternehmen, die ... die Möglichkeit haben, nach neuen Gelegenheiten zu suchen bzw. innovative Lösungsvorschläge zur Anwendung zu bringen, nutzen diese Gelegenheit häufig nicht. Die empirische Forschung stellt leider immer wieder fest, dass es nur sehr wenige Organisationen gibt, die ihren Ressourcenreichtum bzw. ihre internen Strukturen so nutzen, dass sich neue Möglichkeiten erschließen lassen oder zukünftige Komplexität bewältigt werden kann. Erfolg und Überfluss ist leider häufig die Basis für Trägheit, Bewahrung von Verhaltensweisen, Ausschluss von neuen Strategien sowie die Verstärkung des Traditionellen. Lernen ‚(zer)stört' das bestehende Wissen in den gegenwärtigen Strukturen. Damit wird ein altbekanntes Dilemma deutlich: Erfolg fördert Routinen des Alltags auf Kosten von Neugier, Kreativität und der Bereitschaft für Veränderung" (Probst/Büchel 1994, S. 51).

Auch die *Lernagenten* unterscheiden sich beim individuellem und beim organisationalen Lernen (Aspekt D in Abb. 4): Während für die Planung und Durchführung der institutionalisierten Prozesse des individuellen Lernens i.d.R. eigene Professionals ausgebildet und eingestellt werden, sind an den Prozessen des organisationalen Lernens prinzipiell alle Organisationsmitglieder beteiligt, d.h., alle sind Lernagenten (Entgrenzung der Lernagenten). Zwar

---

[7] Zu Scheins Ansatz der Prozessberatung vgl. Schein (2000).

kommt den Führungskräften eine eigenständige Funktion als „Moderatoren der betrieblichen Selbstorganisation" zu – sie müssen die „Lernbrücken" (Abb. 4) verbinden –, doch sind es letztlich die Organisationsmitglieder selbst, die im organisationalen Lernen lernen. Aus diesem Grunde gelingt dieses Lernen um so besser, je mehr die Mitarbeiter einer Organisation bereits über die sozialen und methodischen Kompetenzen verfügen, um ihre Lernprozesse und die ihres Umfeldes (Abteilung, Arbeitsplatz) selbst organisieren und gestalten zu können. Die erweiterte Qualifizierung, d.h. die Vermittlung von Schlüsselqualifikationen, stellt somit eine grundlegende Voraussetzung für das organisationale Lernen dar. Doch auch umgekehrt gilt: Schlüsselqualifikationen können nur nachhaltig wirksam werden, wenn die „Schlüsselqualifizierten" sie in den Entwicklungs- und Lernprozess „ihrer" Organisation einbringen „dürfen".

Bei einer genaueren Betrachtung der Frage nach den Lernagenten ist aber auch noch eine weitere Entgrenzung festzustellen, die sich in einigen Organisationen bereits feststellen lässt: Lernagenten des Organisationslernens können auch die Abnehmer und Kunden sein, die – in einem weiteren systemischen Verständnis – auch zur Organisation „gehören".[8]

2.5 Dezentralisierte und systemorientierte Personalentwicklung

Welche veränderten Sichtweisen, Konzepte und Interventionen müssten von Führungskräften und einem Bildungsmanagement aufgegriffen und „umgesetzt" werden, das einem „bescheideneren" Anspruch an die Beherrschbarkeit betrieblicher Abläufe ebenso Rechnung tragen kann wie den Gesichtspunkten einer erweiterten Qualifizierung und der Verschränkung von individuellem und organisationalem Lernen?

Grundlage für ein in diesem Sinne sensibles Management ist zunächst der Abschied von der *„Illusion der Machbarkeit"*. Dieser Abschied beinhaltet nicht nur ein neues Verständnis für die Möglichkeit individueller und organisationaler Lernprozesse, sondern führt gleichzeitig auch zu einem neuen Organisationsverständnis. Organisationsentwicklung und betriebliches Lernen werden realistischer „konzipiert", nämlich als offene, sich mehr oder weniger selbstorganisiert entwickelnde Prozesse (vgl. auch Arnold 2000b).

Betriebliche Weiterbildung, Personalentwicklung und Bildungsmanagement können sich angesichts der Entwicklungsdynamik und der Vernetztheit der komplexen Strukturen des betrieblichen Geschehens auch nicht länger bloß ausgewählten Aspekten des Systems, z.B. der Weiterbildung oder einzelnen Lernprozessen oder gar einzelnen Aspekten von Lernprozessen (z.B. Lernziel, Methoden oder Medien) widmen. Sie können nicht länger nur in monokausal-linearen Ketten denken und für jede Erscheinung, jedes Problem immer nur eine – zu behebende – Ursache (z.B. individuelles Qualifikationsdefizit) suchen. Entscheidend ist vielmehr, dass sie die Fähigkeit zum vernetzten Denken (vgl. Probst/Gomez 1991; Gomez/Probst 1997) entwickeln und in der Lage sind, die verbindenden Muster zu erkennen. Dieses ganzheitliche Denken ist ein integrierendes, zusammenfügendes Denken, das auch der Tatsache Rechnung trägt, dass natürliche und soziale Systeme – und Kulturentwicklung sowie Weiterbildung „geschieht" in sozialen Systemen – einfach zu komplex, zu variantenreich und in sich

---

[8] Es gibt aber auch kritische Positionen zum Thema Organisationslernen: So kritisieren z.B. Geißler/Orthey (1997) die Möglichkeit und Implikationen des Ansatzes einer „lernenden Organisation", während Kühl (2000) die Konzepte „organisationales Lernen" bzw. „organisationales Wissen" grundsätzlich nicht in Frage stellt, sondern den mit (vermeintlichen) Umsetzungen in der Praxis (oft) einhergehenden Mythos der Mach-, Plan-, Steuer-, Kontrollier- und Beherrschbarkeit des Organisationswandels sowie dessen Orientierungs- und Integrationsfunktion aufdeckt, wobei zugleich grundsätzliche Dilemmata in Organisationsveränderungsprozessen analysiert werden.

zu differenziert sind, um sie wirklich in einfachen Erklärungsmodellen „abbilden" zu können. Sie sind vielmehr komplexe Systeme, „die auch durch noch so großartig konzipierte Einzelhandlungen nicht gestaltet und gelenkt werden können" (Probst 1987, S. 13). Systeme folgen teilweise einer eigenen – internen – Entwicklungslogik, kurz: Sie sind auch – bis zu einem gewissen Grade – unberechenbar. Das Management solcher unberechenbaren Systeme setzt deshalb Fähigkeiten zum „Umgang mit Unsicherheit" – ein zentrales Element der für systemadäquates Handeln erforderlichen „Gelassenheit" (Arnold 2000b) – voraus.

Ein solches systemisches Gestalten von betrieblichen Entwicklungs- und Lernprozessen verlangt nach anderen Kompetenzen als denen des „Machens" und „Im-Griff-Habens"; es geht vielmehr um sozial-kommunikative sowie didaktische Fähigkeiten zur dialogischen Bildungsbedarfsanalyse, zur Förderung von Gruppen und zur Begleitung und Beratung von Wandlungsprozessen sowie um eine umfassende „Sensibilität" für die soziale Eigendynamik von organisatorischem Wandel. Personalentwicklung und Bildungsarbeit im Betrieb sowie das betriebliche Bildungsmanagement erhalten im lernenden bzw. lernfähigen Unternehmen somit immer mehr die *Aufgabe, für die Moderation der Selbstorganisation zuständig zu sein.*

Eine entscheidende Bedingung – in positiver wie in negativer Hinsicht – dafür, dass eine solche selbstorganisierte Entwicklung des Unternehmens gelingen kann, sind die Führungskräfte. Diese müssen sich auf eine Neubestimmung ihrer Rolle „einlassen". Und hier ist es auch der eigene Dominanzanspruch, der sich „im Gewande" der altbekannten Abwehr- und Schutzargumente und auf der Basis des pessimistischen Menschenbildes („Menschen müssen immer geleitet werden") an die Rolle als „Lehrer", als „Führer", als „Vordenker", als „Aufklärer" und als „Wahrheitshüter" festklammert. Stattdessen ist eine „Führung durch Personalentwicklung" mit den Leitaspekten Ermöglichungs- und Potenzialorientierung erforderlich, die Arnold (2000b) mit dem Konzept der *subsidiären oder stellvertretenden Führung* beschreibt.

Das Plädoyer[9] für Selbstorganisation (*Autopoiesis*) und selbstorganisiertes Lernen (vgl. Arnold 2000b) ist auch eng verbunden mit der Forderung nach einer Neubestimmung der professionellen Rolle der Bildungsverantwortlichen in Organisationen. Denn Selbstorganisation kann sich nur „zu Lasten" der Fremdorganisation entwickeln. Selbstorganisation und lebendiges Lernen folgen den Maximen: „Wo Fremdorganisation ist soll Selbstorganisation werden!" und „An die Stelle von ‚Belehrung' soll Lernförderung treten!" Diese Forderungen beinhalteten jedoch keineswegs eine vollständige Ablehnung von Fremdorganisation in Lern- und Organisationsprozessen. Eine solche Einschätzung wäre illusorisch und auch kaum sinnvoll zu begründen. Nicht die „abwartende Geduld" und der „Verzicht" auf Eingriffe kennzeichnen die Haltung der Lern- und Entwicklungsförderung in Organisationen, die „Bildungsspezialisten/innen" übernehmen vielmehr eine andere, weniger im Zentrum des Geschehens stehende, aber gleichwohl sehr wichtige Funktion, z.B. arrangieren die „Lehrenden" zwar weiterhin betriebliche Lernsituationen – sie sind somit weiterhin für den Lernprozess „zuständig" –, *doch planen und gestalten sie den Lernprozess weniger in der Form von Dauervorträgen –*

---

[9] Um möglichen Missverständnissen vorzubeugen, sei an dieser Stelle angemerkt, dass derartige Formulierungen *praxis- bzw. gestaltungsorientiert* zu verstehen sind, um z.B. für die Einnahme einer bestimmten Perspektive bzw. Haltung oder bestimmte Gestaltungs- und Arrangementmöglichkeiten zu „plädieren"; nach den Grundannahmen der *Theorie* sozialer Systeme *sind* (psychische oder soziale) Systeme per definitionem „selbstorganisierte" bzw. „autonome" Systeme: „Ein autonomes System ist mithin ein System, das auf der Grundlage autopietischer Selbststeuerung spezifische, durch seine Leitdifferenz und seinen Operationsmodus vorgezeichnete Umweltbeziehungen unterhält" (Willke 1996a, S. 69).

besser: Dauerdominanz –, als vielmehr in der Form von Lernfragen, Aufgabenstellungen, Impulsen, Hilfen und Beratung, um die Lernenden in die Lage zu versetzen, sich selbstorganisiert, d.h. lebendig, neues Wissen erschließen und ihre professionellen Verhaltensmöglichkeiten erweitern zu können. Sie schaffen somit die Bedingungen für die Selbstorganisation der Lernenden. Mit anderen Worten: Es herrscht nicht mehr die Vorstellung vor, dass die Lehrenden das Wissen, das „in die Köpfe der Lernenden soll", „erzeugen", sondern sie „ermöglichen" Prozesse der selbsttätigen und kooperativen Wissenserschließung, -aneignung und -konstruktion durch das *Arrangement* adäquater (Lehr-)Lernsituationen (vgl. Arnold 2000b).

Die Förderung der Selbstorganisations- und Lernfähigkeit der Organisation wird – so ließe sich diese „neue Zuständigkeit" einer *systemorientierten Personalentwicklung* und des Bildungsmanagements zusammenfassend charakterisieren – gerade dadurch erreicht, dass das Bildungsmanagement die (formellen) Bildungsprozesse gewissermaßen „zurückverlagert" in die Kooperationspraxis der Abteilungen und Projektteams (*Dezentralisierung*). „Gegenstand" einer systemorientierten Personalentwicklung ist demnach nicht mehr länger die „Verwaltung" eines Programmangebots und die Steuerung von Seminaren, sondern die Vergrößerung und Nutzung der *Lernwirksamkeit* der alltäglichen Kooperation in Organisationen (vgl. hierzu auch das Konzept der „kooperativen Selbstqualifikation", Heidack 2001). In diesem Sinne fördern die Personalentwicklung und das Bildungsmanagement die Organisationskultur gerade dadurch, dass sie die Lernkultur, d.h. die Lern- und Entwicklungsfähigkeit „ihrer" Systeme fördern. *Ihr Beitrag zur Entwicklung der Organisationskultur ist darin zu sehen, dass sie systematisch Angebote zur Moderation der betrieblichen Selbstorganisation „unterbreiten", damit allmählich das Vertrauen in die eigene Kraft stärken und die Lern- und Bildungswirksamkeit der alltäglichen betrieblichen Kooperation intensivieren helfen.*

Auf die von Höterhoff/Becker (1986; vgl. Becker 1999b) beschriebenen Phasen im Wandlungsprozess betrieblicher Weiterbildung – Institutionalisierung – Differenzierung – Integration – scheint somit gegenwärtig eine Tendenz bzw. *Phase der (partiellen) Dezentralisierung* (vgl. z.B. Biehal et al. 1998; Rohr/Surrey 2000) zu folgen, u.a. charakterisiert durch Aspekte wie Selbstentwicklung bzw. Selbstorganisation, Organisationslernen, arbeitsintegrierte Lernprozessbegleitung und Problemlösungsberatung, Verlagerung der PE-Verantwortung, Integration von Personal- Team- und Organisationsentwicklungsprozessen etc. – i.S. einer systematischen strategie- und gestaltungsorientierten Weiterbildung/Personalentwicklung. Prognostiziert wird für die nächsten Jahre eine Kombination von Zentralisierung (mit z.B. „Bündelung von Know-how") und Dezentralisierung (flexibles, nachfrageorientiertes Handeln) mit einer „Kompetenzverteilung auf dezentrale Bereiche" (Wunderer/Dick 2000, S. 212). „Die Delegation von Personalentwicklungsaufgaben an die Fachabteilungen bedeutet nicht den völligen Verzicht auf zentrale Personalentwicklungs- oder Weiterbildungsabteilungen: Erforderlich ist ein Wandel im (Selbst)Verständnis dieser Abteilungen: Sie werden zu Serviceeinrichtungen, die Fachabteilungen bei der Durchführung von Personalentwicklung beraten, etwa bei der Auswahl von Bildungsmaßnahmen, ihrer Vor- und Nachbreitung oder der Durchführung von Qualifizierung am Arbeitsplatz" (Staudt/Kriegesmann 1999, S. 32).

Unübersehbar ist also, dass sich damit der „Zuständigkeitsbereich" der Personalentwicklung und betrieblichen Weiterbildung erweitert: Personalentwicklungs- und Weiterbildungsspezialisten/innen arbeiten als Problemlösungsberater „vor Ort" (vgl. Arnold 2000b). Sie versuchen auch, Mitarbeiter und Mitarbeitergruppen zu befähigen, ihre Probleme selbst zu identifizieren, diese hinsichtlich ihrer Ursachen zu analysieren und Lösungen bzw. Lösungshilfen möglichst eigenständig zu „organisieren". Insbesondere die betriebliche Weiterbildung rückt dabei in die Nähe von Beratungs- und Organisationsentwicklungsstrategien: Nicht mehr nur der einzelne Mitarbeiter mit seinen Lerndefiziten oder Entwicklungsbedürfnissen ist Ziel der erwachsenen- und betriebspädagogischen Bemühungen, sondern vielmehr (auch) die Organisation mit ihren eigenen Lern- und Entwicklungsbedürfnissen. Diese Tendenzen führen zu einer grundlegenden Veränderung der Rolle der Personalentwickler/innen, deren Anforderungsprofil sich wandelt: Sie müssen nicht nur über fachliche Kompetenzen verfügen, erforderlich ist vielmehr, dass sie auch über eine Methodenkompetenz, eine sozialorganisatorische Kompetenz, eine strategische Kompetenz und personale Kompetenzen verfügen.

Einige zentrale, in den vorangegangenen Abschnitten angedeutete Aspekte und Prinzipien moderner Personalentwicklung (stellvertretende Führung, Selbstorganisation etc.) werden von Arnold (2000b) unter dem Akronym „Santiago-Prinzip" zusammengefasst:

- *S*tellvertretende Führung;
- *A*utopoiesis (Selbstorganisation);
- *N*achhaltigkeit (von Lern- und Entwicklungsprozessen);
- *T*ransformation (von Deutungsmustern);
- *I*nterpretation (Deutungslernen und Kulturentwicklung);
- *A*rrangement (von Lern- und Entwicklungssituationen);
- *G*elassenheit;
- *O*rganisationslernen.

3   Ausgewählte Aspekte und Bezüge strategischer Personalentwicklung

Personalentwicklung im skizzierten Sinne wird – wie Prognosestudien zeigen – „als die zukünftig wichtigste Personalfunktion betrachtet" (Wunderer/Dick 2000, S. 136; vgl. auch Weber et al. 2000), der zudem eine Schlüsselfunktion im Rahmen des strategischen Managements[10] zukommt.

Strategisches Management ist ausgerichtet auf die Gestaltung einer Organisation und ihrer Relationen zu einer dynamischen, komplexen, sich verändernden Umwelt, wobei die Aufgabe in einer Abstimmung von Organisation und Umwelt („System-Umwelt-Fit") sowie zwischen den Subsystemen oder Elementen innerhalb der Organisation („Intra-System-Fit") besteht (Bea/Haas, 1997). „Die Veränderungen in den Beziehungen zwischen der Unternehmung und der Unternehmensumwelt erhöhen die Anforderungen an die Anpassungs- und Innovationsfähigkeit einer Unternehmung und lenken damit die Aufmerksamkeit auf soziale und gesellschaftliche Aspekte. Unter diesem Gesichtspunkt erlangen die Fähigkeiten des Personals, die Organisation, die Unternehmenskultur und die Information eine ganz neuartige, nämlich eine eigenständige strategische Bedeutung" (Bea/Haas, 1997, S. 13). Empirische Untersuchungen belegen den Zusammenhang zwischen Personalentwicklung und Unternehmensleistung/ -erfolg bzw. die Bedeutung des „Zusammenspiels" von Personalentwicklungsmaßnahmen und Strategieumsetzung (vgl. Ulrich, 1999; Schwuchow/Gutmann 2000).

Die „Human Ressourcen" werden daher als zentraler Erfolgsfaktor bzw. als ein entscheidendes „Leistungspotenzial" im Rahmen des strategischen Managements (Bea/Haas 1997) betrachtet, wobei *strategische Personalentwicklung* in die Gesamtstrategie einer Organisation eingebunden bzw. integriert ist (vgl. Ulrich 1999; Einsiedler et al. 1999; Wunderer/Dick

---

[10] Der Ebene des strategischen Managements ist nach Ulrich/Fluri (1995) noch die Ebene des normativen Managements, auf der es um eine adäquate Behandlung organisationspolitischer Wert- und Interessensfragen geht, vorgelagert (vgl. auch Bleicher 1999).

2000): Strategische Personalentwicklung „definiert die Rahmenbedingungen, die Ziele und die Prioritäten für die Entwicklung der Human-Ressourcen (HR) einer Organisation. Sie geht aus von den strategischen Vorhaben und definiert die Erfordernisse auf der HR-Seite, um diese umzusetzen. Sie definiert hierbei die HR-Potenziale, die zur Umsetzung der strategischen Vorhaben vorgelagert erforderlich sind resp. im Verlaufe dieser Umsetzung entwickelt werden müssen. ... Strategische Personalentwicklung hat auch zur Aufgabe, strategisch bedeutsame Fähigkeiten innerhalb der Organisation – quasi als ‚genetische Potenziale' – zu entwickeln, auch wenn zum Zeitpunkt dieser Entwicklung der Nutzenzusammenhang noch nicht klar ist" (Einsiedler et al. 1999, S. 15/16), und wird somit „zur notwendigen Voraussetzung für betriebliche Veränderungsprozesse und Innovationen" (Kailer 1998, S. 30; zur Bedeutung der Personalentwicklung speziell in Krisensituationen vgl. auch Hertig 1996).[11]

Einige zentrale interdependente Aspekte und Bezüge strategischer Personalentwicklung, in die auch die Beiträge dieses Bandes eingeordnet werden können, sollen im Folgenden (zusammenfassend und akzentuierend) skizziert werden (vgl. Abb. 5[12]).

Ausgangspunkt und Basis bildet dabei die Überlegung, dass „Personalentwicklung" als eine theoretisch-konzeptionell, methodisch und inhaltlich fundierte (bzw. zu fundierende) wissenschaftliche Teildisziplin mit interdisziplinärer (und anwendungsorientierter) Ausrichtung (vgl. Becker 1999a) aufgefasst werden kann, die sowohl personale als auch interpersonale und organisationale/strukturelle Aspekte (vgl. Neuberger 1991) sowie deren Zusammenwirken aus einer spezifischen Perspektive thematisiert und integriert (vgl. u.a. die in Abschnitt 1 und 2 genannten Definitionen, Entwicklungen und Konzepte; Aspekt „Grundlagen" in Abb. 5).

Diese (theoretisch-konzeptionellen) Grundlagen werden in jüngster Zeit durch die Diskussion über ein weiteres „Leitkonzept" erweitert, das auf die Bedeutung emotionaler Aspekte (vgl. z.B. Ulrich 1999; Wunderer 2000) verweist. Conrad konstatiert bereits 1991, dass „die emotionalen Anteile des Verhaltens und Handelns bei Führungskräften, bei Mitarbeitern und im sozialen Austausch als Einflussfaktoren gelten und weder in ihrer Existenz noch in ihren Wirkungen negiert werden sollten" (S. 416/417) und skizziert Relevanz und verschiedene Anwendungsbereiche einer „Emotionsorientierung" für das Management (Aspekte sind z.B. Organisationskultur, Arbeitsorganisation und Führungsverhalten).

Rolf Arnold analysiert in seinem Beitrag diese „handlungsbestimmende Kraft" von Emotionen. Dabei bestimmt er im Anschluss an Goleman (1996) „emotionale Kompetenz" als zentrale Schlüsselqualifikation und geht anschließend der Frage nach, wie diese durch eine emotionsintegrierende Personalentwicklung gefördert werden kann.

---

[11] Es sei an dieser Stelle noch einmal darauf hingewiesen, dass diese „Umsetzungen", „Entwicklungen" etc. nicht einfach „gemacht" werden können; erforderlich ist vielmehr (a) ein (z.B. system-) theoretisch aufgeklärtes Verständnis von „Intervention" und „Steuerung" (vgl. z.B. Willke 1996b; 1998a), ergänzt durch (b) eine empirische Begleitforschung, z.B. i.S. einer „experimentierenden Evaluation" zur Förderung lernender Organisationen – ein partizipativer Ansatz formativer Evaluation, der Praxisentwicklung und -forschung verknüpft, wobei nicht nur Interventionsergebnisse, sondern insbesondere auch variierte und alternative Interventionsprozesse und -bedingungen reflektiert, erprobt und analysiert werden (vgl. Heiner 1998).

[12] Die in Abb. 5 zusammengefassten Komponenten und Relationen kennzeichnen im Prinzip auch die inhaltliche Kompositions- und Modulstruktur des weiterbildenden Fernstudiengangs „Personalentwicklung im lernenden Unternehmen", der seit 1997 von der Universität Kaiserslautern/Zentrum für Fernstudien und Universitäre Weiterbildung (http://www.zfuw.de) durchgeführt wird (vgl. Arnold et al. 1999).

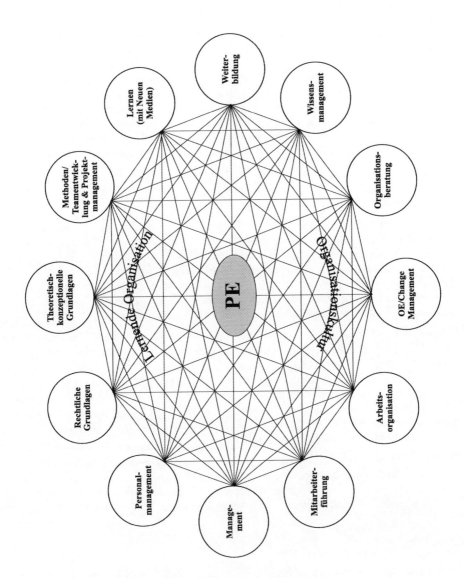

Abb. 5: Ausgewählte Aspekte und Bezüge der Personalentwicklung[13]

---

[13] In Abbildung 5 wird die PE-Perspektive ins Zentrum gestellt, wobei Inklusionsrelationen (z.B. Personalentwicklung als Teilfunktion des Personalmanagements, Mitarbeiterführung als Teilgebiet ...) bewusst nicht berücksichtigt werden. Die Abbildung soll vielmehr die Interdependenz der ausgewählten (z.T. über- bzw. untergeordneten) Funktionen und Bereiche sowie die Vorstellung, dass die Funktion oder Aufgabe „Personalentwicklung" die gesamte (lernende) Organisation gleichsam „penetriert", zum Ausdruck bringen.

Für die (strategische) Personalentwicklung – als Teilfunktion des Personalmanagements – besteht nicht nur ein vertikaler (Strategien, Leitbilder, Managementkonzepte, Personalpolitik etc.; Aspekt „Management" in Abb. 5), sondern auch ein horizontaler Koordinationsbedarf (vgl. Wunderer 2000), d.h. die Abstimmung und Integration aller relevanten Personalfunktionen (Personalmarketing, -auswahl etc.; Aspekt „Personalmanagement" in Abb. 5), wobei das Personalmanagement insgesamt zudem auf den bestehenden (arbeits)rechtlichen „Regelungsrahmen" als einem zentralen „externen Kontextfaktor", der sowohl Strategieentwicklungsprozesse als auch die Gestaltungsspielräume beim Einsatz personalbezogener Maßnahmen beeinflussen kann, zu beziehen ist (vgl. Oechsler 1999; Berthel 2000; Aspekt „Rechtliche Grundlagen" in Abb. 5).[14] Von besonderer Bedeutung ist in diesem Kontext auch der weiterhin zunehmende Bedarf an international kompetenten und mobilen Mitarbeitern (vgl. Wunderer/Dick 2000). Internationalisierungs- und Globalisierungsstrategien bedingen einige Probleme und neue Herausforderungen des durch spezifische Charakteristika gekennzeichneten internationalen Personalmanagements (vgl. Gerum/Schlesinger 2000).[15]

Diese Besonderheiten, Grundannahmen und thematischen Schwerpunkte behandelt *Elias Jammal* in seinem Beitrag zum internationalen Personalmanagement, der zugleich als Einführung in diese Thematik gelesen werden kann. Ausgehend von der Diskussion verschiedener Positionen sowie empirischer Ansätze (insbesondere Hofstede 1997) zur Analyse von Kultur, Kulturunterschieden und -gemeinsamkeiten wird der „gelingende Balanceakt" zwischen (lokaler) Anpassung/Verantwortung und (globaler) Integration (mit einer Bewahrung der jeweils eigenen Kultur) als zentrale Problemstellung identifiziert, in deren Kontext auch verschiedene Methoden der (internationalen) Personalentwicklung zu betrachten sind. Ausblickend werden grundlegende methodologische Fragen (quantitativ-experimentelle oder/und qualitativ-hermeneutische Forschung) erörtert und ein eigenes Forschungsvorhaben skizziert.

Die Komplexität der Organisation-Umwelt- und intraorganisationalen Relationen erfordert nach Bea/Haas (1997) sowohl kontinuierliche Anpassungsleistungen als auch gestalterische Einwirkungen auf diese Beziehungsgeflechte, d.h. eine „entwicklungsfähige" bzw. „lernende" Organisation, so dass auf der Grundlage einer kontinuierlich weiterentwickelten organisationalen Wissens- und Wertebasis Anpassungs-, Gestaltungs- und Entwicklungsstrategien generiert werden (können) (vgl. S. 406; vgl. auch Wunderer 2000). Wie ausführlich dargestellt, präsentieren bzw. bemühen sich betriebliche Weiterbildung und Personalentwicklung zunehmend als bzw. um ein solches Organisationslernen. Dabei beschränkt man sich nicht länger nur auf das Individuum und seine Kompetenzentwicklung, sondern bemüht sich, die Einbindung des Einzelnen in die Entwicklung seines Arbeitsplatzes, seiner Abteilung und seiner Organisation stärker in den Blick zu rücken (Aspekt „Lernende Organisation" in Abb. 5, basierend auf der Interdependenz bzw. Interpenetration und – potenziellen – Synergie aller anderen Komponenten).

Harald Geißler analysiert in seinem Beitrag Konzepte der lernenden Organisation bzw. des Organisationslernens von einem explizit pädagogischen Standpunkt aus. Nach einer Erörterung der Grundbegriffe „Organisation" und „Lernen" skizziert er eine pädagogisch-anthropologische Lerntheorie, auf deren Basis verschiedene Lerntypen und Lernebenen differenziert sowie die Unterschiede zwischen individuellem Lernen, Gruppen- und Organisationslernen herausgearbeitet werden. Diese Analysen führen zu einer (system)theoretisch und ethisch

---

[14] Zu den Rahmenbedingungen des Personalmanagements vgl. auch Klimecki/Gmür (1998).
[15] Zur Diskussion philosophischer Grundlagenprobleme des interkulturellen Managements vgl. auch Steinmann/Scherer (1998).

begründeten Konzeption des Organisationslernens, die schließlich zur exemplarischen Rekonstruktion und Interpretation eigener Praxiserfahrungen herangezogen wird.

Gerhard Fatzer geht in seinem Beitrag von einem Modell des Lernens als Problemlösungsprozess aus und diskutiert anschließend verschiedene Ansätze zur lernenden Organisation. Nach einem Exkurs zur Rolle des Beraters in Organisationsentwicklungsprozessen wird – im Sinne einer Weiterentwicklung der „fünf Disziplinen" von Senge – das Konzept des „Dialogs" als neue „Grunddisziplin einer lernfähigen Organisation" vorgestellt.

Während das individuelle Lernen i.d.R. auf die mehr oder weniger absichtsvolle und systematische Aneignung von Fachwissen und die Entwicklung von Schlüsselqualifikationen bezogen ist, zielt das organisationale Lernen auf andere Inhalte: Hier stehen – wie bereits ausgeführt – die alltäglichen, handlungsleitenden „Gebrauchstheorien" („theory-in-use") der Organisationsmitglieder im Vordergrund (vgl. Argyris/Schön 1999; Argyris 1997). Organisationales Lernen ist darum bemüht, die geteilten Deutungen und Visionen über die Routinen und Strategien im betrieblichen Alltag a) ins Bewusstsein zu heben, b) zu reflektieren und c) – durch die Initiierung geeigneter Lernprozesse – zu transformieren. Lernen wird so zur „Kulturentwicklung": In betrieblichen Lernprozessen werden letztlich gemeinsame Symbolisierungsformen, Deutungsmuster sowie kollektive Visionen verändert, erzeugt und entwickelt. Organisationslernen nimmt damit eine neue, konstruktivistische Dimension des außerfachlichen Lernens in den Blick, die Senge als „Metanoia", d.h. als „Umdenken" beschreibt. Er stellt fest: „Die lernende Organisation ist ein Ort, an dem Menschen kontinuierlich entdecken, dass sie ihre Realität selbst erschaffen" (Senge 1996, S. 22). Senge verwendet deshalb das Konzept der „mentalen Modelle", über die jedes Mitglied einer Organisation verfügt. Diese bestimmen seine Wahrnehmung, leiten sein Verhalten und sind ausschlaggebend dafür, ob und inwieweit Wandlungen oder Innovationen unterstützt oder „abgeblockt" werden: „Genauer gesagt, neue Einsichten werden nicht in die Praxis umgesetzt, weil sie tief verwurzelten inneren Vorstellungen vom Wesen der Dinge widersprechen – Vorstellungen, die uns an vertraute Denk- und Handlungsweisen binden. Deshalb ist die Disziplin vom Management der mentalen Modelle – dass wir lernen, unsere inneren Bilder vom Wesen der Dinge an die Oberfläche zu holen, zu überprüfen und zu verbessern – ein entscheidender Schritt auf dem Weg zur lernenden Organisation" (Senge 1996, S. 213; zu diesem Ansatz vgl. auch Senge et al. 1997; Senge 2000).

Stephan Dutke und *Alexander Wick* betrachten in ihrem Beitrag das Konstrukt der „mentalen Modelle" aus kognitionspsychologischer Perspektive. Im Bereich der Personalentwicklung unterscheiden sie zwischen mentalen Modellen auf individueller, Gruppen- und Organisationsebene und skizzieren jeweils spezifische Entwicklungsmaßnahmen. Abschließend werden Diskrepanzen zwischen psychologischer Grundlagenforschung und angewandter Personalentwicklung diskutiert.

Während der Begriff des „organisationalen Lernens" die Veränderungsprozesse (Struktur, Umfang) der „organisationalen Wert- und Wissensbasis" thematisiert (vgl. Probst/Büchel 1994; Probst et al. 1999), bezieht sich der Ansatz des „Wissensmanagement" auf die Gesamtheit der Möglichkeiten und Strategien zur Realisierung bzw. Gestaltung dieser organisationalen Wissensbasis (Aspekt „*Wissensmanagement*" in Abb. 5), d.h. auf die Förderung von Lern- und Kompetenzentwicklungsprozessen bzw. die Entfaltung und Nutzung der Wissensressourcen auf Person-, Team- und Organisationsebene (vgl. Probst et al. 1999; 2000; Willke 1998b; Nonaka/Takeuchi 1997; Freimuth et al. 1997; Mandl/Reinmann-Rothmeier 2000; Reinmann-Rothmeier/Mandl 2000a).

Gilbert J.B. Probst und *Steffen Raub* stellen in ihrem Beitrag ihr Konzept des Wissensmanagements (vgl. Probst et al. 1999; zum Risiko von Wissensverlusten und einem entsprechenden

„Kow-how-Risiko-Management" vgl. auch Probst/Knaese 1999) sowie dessen wesentlichen Bausteine bzw. Kernprozesse vor. Auf dieser Basis diskutieren sie dann die Zusammenhänge zwischen Personal- und Wissensmanagement und leiten anhand des „Lebenszyklus einer Personalbeziehung" grundlegende Aufgaben eines wissensorientierten Personalmanagements ab.

Verschiedene Konzepte des Wissensmanagements sowie Probleme der praktischen Umsetzung werden in dem Beitrag von *Eckart Severing* thematisiert, wobei er zunächst die spezifischen Merkmale der „Ressource Wissen" herausarbeitet sowie technische und integrative Ansätze gegenüberstellt. Die sich aus der zunehmenden Bedeutung von Wissen und Wissensarbeit ergebenden Konsequenzen für und Anforderungen an (betriebliche) Aus- und Weiterbildungsinstitutionen werden anschließend diskutiert und Möglichkeiten einer (notwendigen) Integration von betrieblicher Bildung und (integrativem) Wissensmanagement aufgezeigt.

Wissensmanagement ist einerseits ohne Lernen, kommunikativen Austausch und Kooperation nicht vorstellbar (vgl. Mandl/Reinmann-Rothmeier 2000), andererseits zugleich an eine entsprechende Sensibilisierung und Veränderung des Führungsverhaltens gebunden (vgl. Probst et al. 1999; Rosenstiel 2000). Insgesamt impliziert auch der skizzierte Wandel der Personalentwicklung, der etwa seit Ende der 80er/Beginn der 90er Jahre konstatiert bzw. gefordert wird (vgl. Abschnitt 1), einen Wandel der Rolle der Führungskräfte im Personalentwicklungsprozess: Strategisch ausgerichtete Personalentwicklung wird zu einem integralen Element der Mitarbeiterführung und -motivation (vgl. auch Riekhof 1995) und somit zu einer zentralen, nicht delegierbaren Aufgabe von Führungskräften (Aspekt: *„Mitarbeiterführung"* in Abb. 5). Hinzu kommt die Eigenverantwortung der Mitarbeiter für ihre berufliche Entwicklung und Qualifikation: „Die Personalentwicklung wird damit zur Kooperationsaufgabe von Management (...), der ‚Serviceeinheit' Personalentwicklung und den Mitarbeitern" (Becker 1999a, S. 522; vgl. auch Wunderer 2000; Wunderer/Dick 2000). „Führung" bezeichnet nach Wunderer (2000, S. 19) eine „zielorientierte, wechselseitige und soziale Beeinflussung zur Erfüllung gemeinsamer Aufgaben in und mit einer strukturierten Arbeitssituation ... zwischen hierarchisch unterschiedlich gestellten Personen" und impliziert damit sowohl eine indirekt-strukturelle („Kontextgestaltung") als auch eine direkt-interaktive Dimension („Beziehungsgestaltung"). Wunderer/Dick (2000) prognostizieren für die nächsten Jahre u.a. einen Bedeutungszuwachs für „weiche" Struktursteuerungsfaktoren und für ein sog. „transformationales" Führungsverhalten (vgl. dazu auch Wunderer 2000). Arnold (2000b) plädiert für ein Konzept der subsidiären bzw. stellvertretenden Führung, d.h. ein systemisch adäquates, prozess-, kompetenz- und potenzialentwicklungsförderndes, „sensibles" – und damit auch lernoffenes – Führungsverhalten. Auch nach Neuberger (1999) ist eine „lernende Führung" zugleich als Bedingung, Teilaspekt und Ergebnis organisationaler Lernprozesse anzusehen.

Peter Conrad klärt in seinem Beitrag zunächst die Grundkonzepte „Führung" und „organisationales Lernen", um anschließend die Relationen beider Bereiche sowie die Möglichkeiten der Mitarbeiterführung zur Beeinflussung organisationalen Lernens zu untersuchen. Dabei wird organisationales Lernen sowohl als Gestaltungsziel als auch als Randbedingung der Mitarbeiterführung bestimmt.

Führung und Kooperation können als zwei interdependente, nicht zu trennende Aspekte eines sozialen Gesamtgeschehens in Organisationen betrachtet werden (vgl. Wunderer 2000), wobei Wunderer/Dick (2000) ausgehen von einer zunehmenden Bedeutung (sowohl teaminterner als auch teamübergreifender) „lateraler Kooperation", d.h. einer „ziel- und konsensorientierte(n) Zusammenarbeit zur arbeitsteiligen Erfüllung von stellenübergreifenden Aufgaben in und mit einer strukturierten Arbeitssituation durch hierarchisch formal etwa gleichgestellte

Organisationsmitglieder" (Wunderer 2000, S. 318), die weitgehend auf (kooperativer) Selbst-steuerung/Selbstorganisation basiert und durch unterstützende strukturelle (Kooperations-situation, -strukturen) sowie interaktive Führungsmaßnahmen ergänzt wird – bzw. diese ergänzt. Notwendige Voraussetzungen bilden dabei das „verpflichtende Engagement" (Wunderer) sowie entsprechende emotionale (vgl. Arnold in diesem Band) und sozial-kognitive Kompetenzen der Beteiligten (zur entwicklungspädagogischen Rekonstruktion der Ontogenese der Kooperationskompetenz vgl. Bloh 2000).

Erika Spieß beschreibt in ihrem Beitrag grundlegende Elemente, Aspekte und Formen der Kooperation in Organisationen. Die Merkmale gelingender und misslingender Kooperationsprozesse werden ebenso herausgearbeitet wie die Charakteristika lateraler und vertikaler Kooperationen. Zudem werden verschiedene Einflussfaktoren bzw. Komponenten kooperativen Handelns auf verschiedenen Ebenen (Individuum, Organisation, Kultur) diskutiert.

Vertikale und horizontale Kooperationsprozesse sind eingebunden in Organisations- und Arbeitsstrukturen. Personalentwicklung erweist sich dabei zunehmend als „erfolgskritische Schnittstelle" für die Umsetzung von (neuen) Formen der Arbeitsorganisation und neuen Managementkonzepten (Aspekte „*Arbeitsorganisation*" bzw. „*Management*" in Abb. 5), z.B. im Rahmen umfassender/integrativer Qualitätsmanagementkonzepte (vgl. Zink 1995; Bleicher 1999), wobei insbesondere auch indirekt-strukturelle Personalentwicklungsmaßnahmen (Wunderer 2000) von Bedeutung sind. Betrachtet man die Arbeitstätigkeit als „Schnittstelle" zwischen Person und Organisation, stellen (arbeitsimmanente) individuelle Kompetenzentwicklung sowie die „Veränderung von Tätigkeiten und die gleichzeitige Veränderung der sozialen Systeme, in die diese Tätigkeiten eingebettet sind", zwei interdependente Aspekte eines spiralförmigen Veränderungsprozesses dar (Ulich 1999, S. 127). Strukturelle Personalentwicklung vollzieht sich in der Arbeitstätigkeit und durch (partizipative) Arbeitsgestaltung, wobei z.B. Aufgabenvollständigkeit und individuelle bzw. kollektive Handlungsregulationsspielräume eine zentrale Rolle spielen (vgl. Ulich 1999; Weber 1997).

Klaus J. Zink und *Stefan Behrens* stellen in ihrem Beitrag verschiedene Qualitäts(management)konzepte im Vergleich vor. In weiteren Schritten werden (a) die verschiedenen Aufgaben der Personalentwicklung bei der Anwendung bzw. Einführung und Umsetzung dieser Konzepte/Modelle differenziert herausgearbeitet und (b) diese Konzepte/Modelle auf den Personalentwicklungsbereich selbst bezogen, wobei zudem die Implikationen einer konsequenten Kunden- und Prozessorientierung exemplarisch erörtert werden.

Dieses Prinzip der „Kundenorientierung" wird in dem Beitrag von *Joachim Münch* als grundlegendes Leitbild einer lernenden Organisation herausgestellt. Nach einer Darstellung verschiedener Qualitätsbegriffe werden die Prinzipien der externen und internen Kundenorientierung, deren arbeitsorganisatorische, dialogkulturelle und führungsphilosophische Voraussetzungen diskutiert sowie weitere Komponenten des umfassenden Konzeptes einer „dynamischen Kundenorientierung" begründet. Die Entwicklung einer innovations- und kundenorientierten (Lern-) und Organisationskultur wird dabei als ein entscheidendes Aufgabenfeld der Personalentwicklung betrachtet.

Veränderungen der Betriebs- und Arbeitsorganisation gehen einher mit steigenden Kompetenzanforderungen und – wie in Abschnitt 2 skizziert – komplementären Veränderungen im Bereich des Lernens und der (zunehmend) prozessorientierten Organisation und Praxis betrieblicher Weiterbildung (vgl. Arnold 1996; Baethge/Schiersmann 1998; Dehnbostel/Dybowski 2000; zur Dienstleistungs-, Qualitäts- und Kundenorientierung der „Service-Einheit" PE vgl. auch Wunderer/Dick 2000; Olesch/ Paulus 2000; Aspekt „*Weiterbildung*" – als ein „Kernbereich" der Personalentwicklung – in Abb. 5). Eine zentrale Bedeutung wird in diesem

Zusammenhang auch den neuen Informations- und Kommunikationstechnologien beigemessen, die u.a.

- die Basis für verteilte, telekooperative Arbeits-, Koordinations- und Organisationsformen (vgl. Reichwald et al. 2000; Dostal 1999) darstellen, damit zugleich

- neue Möglichkeiten der Dezentralisierung, Enthierarchisierung, Flexibilisierung und Individualisierung eröffnen (vgl. Wunderer/Dick 2000),

- neue Möglichkeiten der Kommunikation (z.B. hinsichtlich Informationsaustausch, Entscheidungsfindung etc.) bereitstellen (vgl. Boos et al. 2000), dabei insgesamt

- die Plattform für eine zunehmende Virtualisierung und Vernetzung von Organisationen bilden – mit Konsequenzen und Herausforderungen für das (strategische) Personalmanagement (vgl. Scholz 1999),

- als integrale Komponenten des Wissensmanagements bzw. des organisationalen Lernens angesehen werden (vgl. Probst et al. 1999; 2000; Mandl/Reinmann-Rothmeier 2000; Lehner 2000),

- spezifischen Methoden/Instrumenten der Personalentwicklung zu Grunde liegen, z.B. computergestützte Planspiele und computersimulierte Szenarien (vgl. Geilhardt/Mühlbradt 1995; Strauß/Kleinmann 1995), und allgemein

- erweiterte bzw. zusätzliche Lehr-Lern-Potenziale und -Angebote bereitstellen sollen, z.B. in „Selbstlernzentren" oder dezentral organisierten medialen Lerninseln (vgl. z.B. Friedrich et al. 1997; Kerres/Gorhan 1998; Reglin et al. 1999; Schwuchow/Gutmann 1999; Reinmann-Rothmeier/Mandl 2000b; Erpenbeck/Sauer 2000; Kerres 2001; Magnus 2001; Aspekt „Lernen mit Neuen Medien" in Abb. 5).

Dieses „Lernen mit Neuen Medien" ist das Thema des Beitrages von *Helmut M. Niegemann* und *Friedrich W. Hesse*, die verschiedene Modelle und (Instruktionsdesign-)Theorien zur Konzeption multimedialer Lernumgebungen vorstellen, zusätzliche Gestaltungsanforderungen (z.B. Screen-Design) anführen und mögliche Qualitätskriterien für die Analyse und Evaluation digitaler Lernumwelten vorschlagen.

Die bereits angesprochene Komplementarität von innovativen Formen der Arbeitsorganisation und neuen Formen der Wissens- und Lernorganisation (Dehnbostel/Dybowski 2000) wird insbesondere auch bei der Einführung von Gruppenarbeit bzw. Projektgruppen deutlich, wobei spezifischen Methoden der Personalentwicklung (Teamentwicklung, Kreativitäts- und Problemlösungstechniken, Konfliktlösung) und einem entsprechenden Projektmanagement zentrale Bedeutung zukommen: Im Rahmen eines (ressourcen- bzw. kompetenzorientierten) strategischen Managements erweisen sich – innovative bzw. strategische – Projekte (auf einer Zwischenebene) sowohl als „Kristallisationspunkte" für Prozesse individueller Kompetenzentwicklung (z.B. Teilnahme an Projektgruppen als On-the-job-Entwicklungsmaßnahme) als auch als entscheidende Ansatzpunkte für den Aufbau organisationaler Kompetenzen (vgl. Probst et al. 2000; vgl. auch Freimuth 1997; Staudt/Kriegesmann 2000; Fisch et al. 2001). So zeigt z.B. die Untersuchung von Unger (1998), wie sich im Rahmen eines teambasierten Projektmanagements über die „Lernfelder" Team und Partizipation Lernchancen bzw. -effekte für die Organisation ergeben (Aspekt „Methoden/Teamentwicklung & Projektmanagement" in Abb. 5).

Antje Krämer-Stürzl und *Wolfgang Stürzl* beleuchten in ihrem Beitrag die Relevanz der Organisations- und „Projektkultur" für ein erfolgreiches Projektmanagement. Zentrales Thema ist dabei auch die Gestaltung von Projekten und (Kultur-)Veränderungsprozessen, wobei einer strategisch-innovativ konzipierten Personalentwicklung eine Schlüsselfunktion zugewiesen wird.

Bea/Haas (1997) betrachten die „Organisationskultur" als einen integralen Baustein des strategischen Managements mit relevanten Einflüssen auf alle anderen (interdependenten) Subsysteme. Der Begriff „Organisationskultur" umfasst dabei die Gesamtheit der in einer Organisation entstandenen, symbolisch und/oder sprachlich tradierten und akzeptierten, auf einem System von Basisannahmen (Hintergrundüberzeugungen, Weltdeutungen) beruhenden Werte- und Normensysteme, die im Verlauf der beruflichen und betrieblichen Sozialisation (vgl. Neuberger 1991; Lempert 1998) gelernt werden und das Denken, Handeln und Entscheiden der Organisationsmitglieder entscheidend beeinflussen bzw. (mit)prägen (vgl. Bea/Haas 1997, S. 467f; Wunderer 2000, S. 193; Aspekt „Organisationskultur" in Abb. 5). Die Organisationskultur steht nicht nur in einem engen Zusammenhang mit der jeweils bestehenden „Projektkultur", sondern impliziert auch spezifische (u.a. kognitive und sozial-normative) „Rahmungen" für die Wahrnehmung, Deutung, Gestaltung und Ausführung der Lernhandlungen und -prozesse in einer Organisation, d.h. eine „Lernkultur" (vgl. Arnold/Schüßler 1998). Eine zentrale Aufgabe kompetenzorientierter Personalentwicklung in lernenden Organisationen besteht somit in der Entwicklung und Förderung einer innovationsfördernden und kompetenzzentrierten Lernkultur (vgl. Erpenbeck/Sauer 2000; zur „Pflege des Lernens" in Organisationen vgl. auch Sonntag 1996).

Dieses Konzept der Lernkultur steht im Mittelpunkt des Beitrages von *Ingeborg Schüßler* und *Werner Weiss*. Vor dem Hintergrund der Entwicklung zur sogenannten Wissensgesellschaft werden zunächst die grundlegenden Charakteristika der „New Economy" sowie Auswirkungen für Lernen und Arbeiten der in diesem Bereich tätigen Personen herausgearbeitet. Nach einer allgemeinen Analyse der Relevanz und Möglichkeiten zur Diagnose von Lernkulturen werden die Herausforderungen, Aufgaben und mögliche Gestaltungsbereiche der Personalentwicklung exemplarisch für den Bereich der New Economy skizziert, speziell im Hinblick auf die Entwicklung und Förderung einer innovativen Lernkultur als „Ermöglichungsrahmen für organisatinales Lernen".

„Lernen" erweist sich auch als ein Zentralbegriff der Organisationsentwicklung (vgl. z.B. Trebesch 2000) bzw. des Veränderungsmanagements, so dass Organisationsentwicklung (OE) als ein Lernprozess und damit als Bestandteil der betrieblichen Bildungsarbeit im weitesten Sinne definiert werden kann (Aspekt „OE/Change Management" in Abb. 5). Diese Zuordnung ist jedoch wenig anschaulich, da die auf Entwicklung angelegten Lernprozesse in Teams, Projektgruppen, Abteilungen und Konferenzen als implizite Bestandteile von Führungs-, Management- und Kooperationsformen „ablaufen". Sie können kaum von zentralen Bildungsabteilungen systematisch geplant und organisiert werden, wenn diese auch zunehmend ein Selbstverständnis als OE-Beratungsabteilungen entwickeln und z.B. bemüht sind, „Weiterbildung nach Möglichkeit am Arbeitsplatz, in gewohnter Umgebung und gemeinsam mit Vorgesetzten und Mitarbeitern zu realisieren" (so bereits Hölterhoff/Becker 1986, S. 129). Dies bedeutet, dass in dem Maße, wie sich die betriebliche Bildungsarbeit von dem Modell der klassischen Angebotsorientierung löst, sie sich integriert bzw. integrieren muss in die Lern- und Entwicklungsprozesse, die „vor Ort" ablaufen (vgl. auch Baethge/Schiersmann 1998). Die PE-/Bildungsverantwortlichen übernehmen dabei – i.S. einer umfassenden Prozessbegleitung und -beratung – als „internal consultant" (Hölterhoff 1989) auch Aufgaben, die sonst eine externe OE-Beratung (Aspekt „Organisationsberatung" in Abb. 5) wahrzunehmen pflegt. Die Identifizierung von Weiterbildungsbedürfnissen erfolgt dabei in einem unmittelbaren dialogischen Kontakt mit den „Betroffenen" im Sinne einer „dialogischen Bildungsbedarfsanalyse" (vgl. Arnold 1996), wobei auch die organisationsbedingten „Bildungsursachen" und „Bildungsfolgen" mitberücksichtigt werden, um auf diesem Wege die Kommunikations-, Kooperations- und Entscheidungskultur in den Abteilungen und Arbeitsteams „dialog-offener" zu gestalten und somit zur Entwicklung der Organisationskultur sowie zur Förderung der Lern- und Entwicklungsfähigkeit der Organisation insgesamt beizutragen.

Hans-Joachim Schubert beschreibt in seinem Beitrag verschiedene Phasen und Ebenen von Veränderungsprozessen und erläutert grundlegende Gestaltungsprinzipien des Veränderungsmanagements. Auf dieser Basis entwickelt er eine Zuordnungsmatrix für die vielfältigen Methoden und Maßnahmen des Change Management und stellt ausgewählte Methoden ausführlicher vor. Abschließend werden Widerstandsphänomene in Veränderungsprozessen identifiziert sowie Merkmale innovationsorientierter und flexibler Organisationen skizziert.

In dem Beitrag von *Matthias von Saldern* werden Organisationsveränderungsprozesse unter dem Aspekt der Beratung thematisiert, wobei die systemische Organisationsbearatung im Zentrum steht. Nach der Bestimmung der theoretischen Grundlagen und differentiellen Merkmale systemischer Beratung wird die Umsetzung dieses Konzeptes in Bezug auf „lernende Organisationen" und im Kontext des „Wissensmanagements" diskutiert.

4　Ausblick

Die „Herausforderungen des Personalmanagements durch neue Rollen und Kompetenzen" implizieren auch sich verändernde Funktionen und Tätigkeitsschwerpunkte der Personalentwicklung (vgl. Wunderer/Dick 2000; Ulrich 1999; Olesch/Paulus 2000; Rohr/Surrey 2000): Stichworte sind z.B. strategische Ausrichtung und Kooperation, Veränderungsmanagementfunktion (z.B. Initiierung und „Katalyse" von Prozessen der Organisations- und Kulturentwicklung, Prozess- und Wissensmanagement, Organisationslernen), Koordinations- und Beratungsfunktion (interne Lern-, Entwicklungs-, Weiterbildungs- und Laufbahnberatung), Service-Funktion (Qualitäts- und Dienstleistungsorientierung), direkte und indirekte Förderungsfunktion (z.B. Coaching/Mentoring, Arbeitsgestaltung, selbstorganisiertes und kooperatives Lernen), Weiterbildungs-, Projekt- und Kompetenzentwicklungsmanagement. Personalentwicklung wird somit, um eine Formulierung von Ulrich (1999) aufzugreifen, bedeutsamer und dringlicher denn je. Damit ist zugleich eine Professionalisierungsperspektive markiert, die den skizzierten Wandlungen Rechnung trägt und gleichzeitig auch deutlich macht, um was es in der betrieblichen Personalentwicklung/Weiterbildung derzeit (auch) geht: um die Entwicklung der Professionalität und Kultur betrieblicher Personalentwicklung/Weiterbildung durch die Entwicklung der in ihr Tätigen.

Literatur

Arbeitsgemeinschaft Qualifikations-Entwicklungs-Management: Von der beruflichen Weiterbildung zur Kompetenzentwicklung. Lehren aus dem Transformationsprozeß. QUEM-report, Heft 40, 1995.

Arbeitsgemeinschaft Qualifikations-Entwicklungs-Management (Hrsg.): Kompetenzentwicklung '96: Strukturwandel und Trends in der betrieblichen Weiterbildung. Münster: Waxmann, 1996.

Arbeitsgemeinschaft Qualifikations-Entwicklungs-Management (Hrsg.): Kompetenzentwicklung '97: Berufliche Weiterbildung in der Transformation – Fakten und Visionen. Münster: Waxmann, 1997.

Arbeitsgemeinschaft Qualifikations-Entwicklungs-Management (Hrsg.): Kompetenzentwicklung '98: Forschungsstand und Forschungsperspektiven. Münster: Waxmann, 1998.

Arbeitsgemeinschaft Qualifikations-Entwicklungs-Management (Hrsg.): Kompetenzentwicklung '99: Aspekte einer neuen Lernkultur – Argumente, Erfahrungen, Konsequenzen. Münster: Waxmann, 1999.

Arbeitsgemeinschaft Qualifikations-Entwicklungs-Management (Hrsg.): Kompetenzentwicklung 2000: Lernen im Wandel – Wandel durch Lernen. Münster: Waxmann, 2000.

Argyris, C.: On Organizational Learning. Cambridge: Blackwell Publishers, 1996.

Argyris, C.: Wissen in Aktion. Eine Fallstudie zur lernenden Organisation. Stuttgart: Klett-Cotta, 1997.

Argyris, C./Schön, D.A.: Organizational Learning. A Theory of Action Perspective. Reading: Addison-Wesley, 1978.

Argyris, C./Schön, D.A.: Die lernende Organisation. Grundlagen, Methode, Praxis. Stuttgart: Klett-Cotta, 1999.

Arnold, R.: Betriebliche Weiterbildung. Bad Heilbrunn: Klinkhardt, 1991.

Arnold, R.: Weiterbildung. Ermöglichungsdidaktische Grundlagen. München: Vahlen, 1996.

Arnold, R.: Betriebspädagogik. 2., überarbeitete und ergänzte Auflage. Berlin: Schmidt, 1997a.

Arnold, R.: Von der Weiterbildung zur Kompetenzentwicklung. Neue Denkmodelle und Gestaltungsansätze in einem sich verändernden Handlungsfeld. In: Arbeitsgemeinschaft Qualifikations-Entwicklungs-Management (Hrsg.): Kompetenzentwicklung '97: Berufliche Weiterbildung in der Transformation – Fakten und Visionen. Münster: Waxmann, 1997b, S. 253–307.

Arnold, R.: Personalentwicklung – Grundlagen und Einführung (Studienbrief „Personalentwicklung"). 3., durchgesehene und aktualisierte Auflage. Kaiserslautern: Zentrum für Fernstudien und Universitäre Weiterbildung, 2000a.

Arnold, R.: Das Santiago-Prinzip. Führung und Personalentwicklung im lernenden Unternehmen. Köln: Deutscher Wirtschaftsdienst, 2000b.

Arnold, R./Krämer-Stürzl, A./Bloh, E.: Der postgraduale Fernstudiengang „Personalentwicklung im lernenden Unternehmen": Professionalisierung der Personalentwicklung durch Weiterbildung im Fernstudium. Grundlagen der Weiterbildung – Praxishilfen, 36, 1999, S. 1–20.

Arnold, R./Schüßler, I.: Wandel der Lernkulturen. Ideen und Bausteine für ein lebendiges Lernen. Darmstadt: Wissenschaftliche Buchgesellschaft, 1998.

Arnold, R./Weber, H. (Hrsg.): Weiterbildung und Organisation. Zwischen Organisationslernen und lernenden Organisationen. Berlin: Schmidt, 1995.

Baethge, M./Schiersmann, C.: Prozeßorientierte Weiterbildung – Perspektiven und Probleme eines neuen Paradigmas der Kompetenzentwicklung für die Arbeitswelt der Zukunft. In: Arbeitsgemeinschaft Qualifikations-Entwicklungs-Management (Hrsg.): Kompetenzentwicklung '98: Forschungsstand und Forschungsperspektiven. Münster: Waxmann, 1998, S. 15–87.

Baitsch, C.: Lernen im Prozeß der Arbeit – zum Stand der internationalen Forschung. In: Arbeitsgemeinschaft Qualifikations-Entwicklungs-Management (Hrsg.): Kompetenzentwicklung '98: Forschungsstand und Forschungsperspektiven. Münster: Waxmann, 1998, S. 269–337.

Baitsch, C.: Interorganisationale Lehr- und Lernnetzwerke. In: Arbeitsgemeinschaft Qualifikations-Entwicklungs-Management (Hrsg.): Kompetenzentwicklung '99: Aspekte einer neuen Lernkultur – Argumente, Erfahrungen, Konsequenzen. Münster: Waxmann, 1999, S. 253–274.

Bea, F.X./Haas, J.: Strategisches Management. 2., neu bearbeitete Auflage. Stuttgart: Lucius & Lucius, 1997.

Becker, M.: Personalentwicklung. Bildung, Förderung und Organisationsentwicklung in Theorie und Praxis. 2., überarbeitete und erweiterte Auflage. Stuttgart: Schäffer-Poeschel, 1999a.

Becker, M.: Aufgaben und Organisation der betrieblichen Weiterbildung. 2., vollständig überarbeitete Auflage. München: Hanser, 1999b.

Bergmann, B.: Lernen im Prozeß der Arbeit. In: Arbeitsgemeinschaft Qualifikations-Entwicklungs-Management (Hrsg.): Kompetenzentwicklung '96: Strukturwandel und Trends in der betrieblichen Weiterbildung. Münster: Waxmann, 1996, S. 153–262.

Berthel, J.: Personal-Management. Grundzüge für Konzeptionen betrieblicher Personalarbeit. 6., überarbeitete und erweiterte Auflage. Stuttgart: Schäffer-Poeschel, 2000.

Biehal, F./Kailer, N./Schrems, B. (Hrsg.): Personalentwicklung in Praxisfällen. Wien: Linde, 1998.

Bleicher, K.: Das Konzept Integriertes Management. Visionen – Missionen – Programme. 5., revidierte und erweiterte Auflage. Frankfurt: Campus, 1999.

Bloh, E.: Entwicklungspädagogik der Kooperation. Zur ontogenetischen und pädagogischen Dimension einer sozialen Kompetenz- und Interaktionsform. Münster: Waxmann, 2000.

Boos, M./Jonas, K.J./Sassenberg, K. (Hrsg.): Computervermittelte Kommunikation in Organisationen. Göttingen: Hogrefe, 2000.

Conrad, P.: Managementrolle: Emotionsarbeiter. In: Staehle, W. (Hrsg.): Handbuch Management. Die 24 Rollen der exzellenten Führungskraft. Wiesbaden: Gabler, 1991, S. 411–445.

Dehnbostel, P./Dybowski, G. (Hrsg.): Lernen, Wissensmanagement und berufliche Bildung. Bielefeld: Bertelsmann, 2000.

Deitering, F.G.: Selbstgesteuertes Lernen. Göttingen: Verlag für Angewandte Psychologie, 1995.

Deming, W.E.: The New Economics. For Industry, Government, Education. Cambridge: Massachusetts Institute of Technology, 1994.

Dostal, W.: Telearbeit in der Informationsgesellschaft. Zur Realisierung offener Arbeitsstrukturen in Betrieb und Gesellschaft. Göttingen: Verlag für Angewandte Psychologie, 1999.

Drosten, S.: Integrierte Organisations- und Personalentwicklung in der Lernenden Unternehmung. Ein zukunftsweisendes Konzept auf der Basis einer Fallstudie. Bielefeld: Bertelsmann 1996.

Einsiedler, H./Hollstege, S./Janusch, M./Breuer, K.: Organisation der Personalentwicklung. Strategisch ausrichten – Zielgenau planen – Effektiv steuern. Neuwied: Luchterhand, 1999.

Erpenbeck, J./Heyse, V.: Berufliche Weiterbildung und berufliche Kompetenzentwicklung. In: Arbeitsgemeinschaft Qualifikations-Entwicklungs-Management (Hrsg.): Kompetenzentwicklung '96: Strukturwandel und Trends in der betrieblichen Weiterbildung. Münster: Waxmann, 1996, S. 15–152.

Erpenbeck, J./Sauer, J.: Das Forschungs- und Entwicklungsprogramm „Lernkultur Kompetenzentwicklung". In: Arbeitsgemeinschaft Qualifikations-Entwicklungs-Management (Hrsg.): Kompetenzentwicklung 2000: Lernen im Wandel – Wandel durch Lernen. Münster: Waxmann, 2000, S. 289–335.

Faulstich, P.: Betriebliche Personalentwicklung und öffentliche Erwachsenenbildung. In: Hessische Blätter für Volksbildung, 45 (1995), 1, S. 1–6.

Fisch, R./Beck, D./Englich, B. (Hrsg.): Projektgruppen in Organisationen. Praktische Erfahrungen und Erträge der Forschung. Göttingen: Hogrefe, 2001.

Freimuth, J.: Projektmanagement – unterschätzte Chance für Personalentwicklung und Wissensmanagement. In: Freimuth, J./Haritz, J./Kiefer, B.-U. (Hrsg.): Auf dem Wege zum Wissensmanagement. Personalentwicklung in lernenden Organisationen. Göttingen: Hogrefe, 1997, S. 145–155.

Freimuth, J./Haritz, J./Kiefer, B.-U. (Hrsg.): Auf dem Wege zum Wissensmanagement. Personalentwicklung in lernenden Organisationen. Göttingen: Hogrefe, 1997.

Friedrich, H.F./Eigler, G./Mandl, H./Schnotz, W./Schott, F./Seel, N.M. (Hrsg.): Multimediale Lernumgebungen in der betrieblichen Weiterbildung. Neuwied: Luchterhand, 1997.

Frieling, E.: Personalentwicklung in der Krise – Krise der Personalentwicklung. In: Hessische Blätter für Volksbildung, 45 (1995), 1, S. 7–15.

Fröhlich, W.: Personalentwicklung als Ansatzpunkt zur unternehmerischen Gestaltung der Personalarbeit – Darstellung aus Sicht der Wissenschaft. In: Wunderer, R./Kuhn, Th. (Hrsg.): Innovatives Personalmanagement. Theorie und Praxis unternehmerischer Personalarbeit. Neuwied: Luchterhand, 1995, S. 117–131.

Fuchs, J.: Mensch statt Organisation: Die Renaissance der Persönlichkeit. In: Knauth, P./Wollert, A. (Hrsg.): Human Resource Management. Neue Formen betrieblicher Arbeitsorganisation und Mitarbeiterführung. Neuwied: Luchterhand, 1999, 3.2, S. 1–22.

Geilhardt, T./Mühlbradt, T. (Hrsg.): Planspiele im Personal- und Organisationsmanagement. Göttingen: Verlag für Angewandte Psychologie, 1995.

Geißler, H.: Grundlagen des Organisationslernens. 2., durchgesehene Auflage. Weinheim: Deutscher Studien Verlag, 1995.

Geißler, H.: Organisationspädagogik. Umrisse einer neuen Herausforderung. München: Vahlen, 2000.

Geißler, K.A./Looss, W. (Hrsg.): Handbuch Personalentwicklung. Köln: Deutscher Wirtschaftsdienst, 1999.

Geißler, K.A./Orthey, F.M.: Lernende Organisation – schwindlige Etiketten. In: Grundlagen der Weiterbildung, 8 (1997), 2, S. 74–77.

Gerum, E./Schlesinger, S.: Internationalisierung als Herausforderung für das Personalmanagement. In: Schwuchow, K./Gutmann, J. (Hrsg.): Jahrbuch Personalentwicklung und Weiterbildung 2000/2001. Neuwied: Luchterhand, 2000, S. 125–130.

Götz, K.: Management und Weiterbildung. Führen und Lernen in Organisationen. 2., überarbeitete Auflage. Baltmannsweiler: Schneider, 2000.

Goleman, D.: Emotionale Intelligenz. München: Hanser, 1996.

Gomez, P./Probst, G.J.B.: Die Praxis des ganzheitlichen Problemlösens. Vernetzt denken – Unternehmerisch handeln – Persönlich überzeugen. 2., überarbeitete Auflage. Bern: Haupt, 1997.

Greif, S./Kurtz, H.-J. (Hrsg.): Handbuch Selbstorganisiertes Lernen. Göttingen: Hogrefe, 1996.

Harteis, C.: Beschäftigte im Spannungsfeld ökonomischer und pädagogischer Prinzipien betrieblicher Personal- und Organisationsentwicklung. In: Harteis, C./Heid, H./Kraft, S. (Hrsg.): Kompendium Weiterbildung. Aspekte und Perspektiven betrieblicher Personal- und Organisationsentwicklung. Opladen: Leske + Budrich, 2000, S. 209–217.

Harteis, C./Heid, H./Kraft, S. (Hrsg.): Kompendium Weiterbildung. Aspekte und Perspektiven betrieblicher Personal- und Organisationsentwicklung. Opladen: Leske + Budrich, 2000.

Hehl, G.: Personalentwicklung: Neue Ziele und Strategien. In: Feix, W. (Hrsg.): Personal 2000. Visionen und Strategien erfolgreicher Personalarbeit. Wiesbaden: Gabler, 1991, S. 79–110.

Heid, H.: Über die Vereinbarkeit individueller Bildungsbedürfnisse und betrieblicher Qualifikationsanforderungen. In: Zeitschrift für Pädagogik, 45 (1999), S. 231–244.

Heidack, C. (Hrsg.): Praxis der Kooperativen Selbstqualifikation. München: Hampp, 2001.

Heiner, M. (Hrsg.): Experimentierende Evaluation. Ansätze zur Entwicklung lernender Organisationen. Weinheim: Juventa, 1998.

Hertig, P.: Personalentwicklung und Personalerhaltung in der Unternehmenskrise. Effektivität und Effizienz ausgewählter personalwirtschaftlicher Maßnahmen des Krisenmanagements. Bern: Haupt, 1996.

Hilb, M.: Management by Mentoring. Ein wiederentdecktes Konzept zur Personalentwicklung. Neuwied: Luchterhand, 1997.

Hölterhoff, H.: Proaktive Aus- und Weiterbildung im Integrationsverbund strategischer Personalentwicklung. In: Arnold, R./Lipsmeier, A. (Hrsg.): Betriebspädagogik in nationaler und internationaler Perspektive. Baden-Baden: Nomos, 1989, S. 71–91.

Hölterhoff, H./Becker, M.: Aufgaben und Organisation der betrieblichen Weiterbildung. Handbuch der Weiterbildung für die Praxis in Wirtschaft und Verwaltung, Bd. 3. München: Hanser, 1986.

Hofstede, G.: Lokales Denken, globales Handeln. Kulturen, Zusammenarbeit und Management. München: Beck, 1997.

Jeserich, W.: TOP-Aufgabe. Die Entwicklung von Organisationen und menschlichen Ressourcen. Handbuch der Weiterbildung für die Praxis in Wirtschaft und Verwaltung, Bd. 8. München: Hanser, 1989.

Kailer, N.: Entwicklungstendenzen in der Personalentwicklung. In: Biehal, F./Kailer, N./Schrems, B. (Hrsg.): Personalentwicklung in Praxisfällen. Wien: Linde, 1998, S. 29–46.

Kell, A.: Beruf und Bildung. Entwicklungstendenzen und Perspektiven. Zeitschrift für Pädagogik, 42. Beiheft, 2000, S. 212–238.

Kerres, M.: Multimediale und telemediale Lernumgebungen. Konzeption und Entwicklung. 2., vollständig überarbeitete Auflage. München: Oldenbourg, 2001.

Kerres, M./Gorhan, E.: Multimediale und telemediale Lernangebote. In: Arbeitsgemeinschaft Qualifikations-Entwicklungs-Management (Hrsg.): Kompetenzentwicklung '98: Forschungsstand und Forschungsperspektiven. Münster: Waxmann, 1998, S. 143–162.

Kleinmann, M./Strauß, B. (Hrsg.): Potentialfeststellung und Personalentwicklung. Göttingen: Verlag für Angewandte Psychologie, 1998.

Klimecki, R.G./Gmür, M.: Personalmanagement. Funktionen, Strategien, Entwicklungsperspektiven. Stuttgart: Lucius & Lucius, 1998.

Knauth, P./Wollert, A. (Hrsg.): Human Resource Management. Neue Formen betrieblicher Arbeitsorganisation und Mitarbeiterführung. Neuwied: Luchterhand, 1999.

Krämer-Stürzl, A.: Handlungsorientierte Ausbilderqualifizierung – ein integriertes Konzept. Baltmannsweiler: Schneider, 1998.

Kühl, S.: Das Regenmacher-Phänomen. Widersprüche und Aberglaube im Konzept der lernenden Organisation. Frankfurt: Campus, 2000.

Lehner, F.: Organisational Memory Systeme und Organisatorisches Lernen. In: Harteis, C./Heid, H./Kraft, S. (Hrsg.): Kompendium Weiterbildung. Aspekte und Perspektiven betrieblicher Personal- und Organisationsentwicklung. Opladen: Leske + Budrich, 2000, S. 219–234.

Lempert, W.: Berufliche Sozialisation oder Was Berufe aus Menschen machen. Eine Einführung. Baltmannsweiler: Schneider, 1998.

Magnus, S.: E-Learning. Die Zukunft des digitalen Lernens im Betrieb. Wiesbaden: Gabler, 2001.

Mandl, H./Reinmann-Rothmeier, G. (Hrsg.): Wissensmanagement. Informationszuwachs – Wissensschwund? Die strategische Bedeutung des Wissensmanagements. München: Oldenbourg, 2000.

Markert, W.: Von der beruflichen Weiterbildung zur neuen organisations- und handlungsbezogenen Weiterbildung. In: Arnold, R./Gieseke, W. (Hrsg.): Die Weiterbildungsgesellschaft, Bd. 2: Bildungspolitische Konsequenzen. Neuwied: Luchterhand, 1999, S. 70–89.

Meier, H: Personalentwicklung. Konzept, Leitfaden und Checklisten für Klein- und Mittelbetriebe. Wiesbaden: Gabler, 1991.

Münch, D.: Personalentwicklung in deutschen Großunternehmen: Facts and figures. In: Personal. Zeitschrift für Human Resource Management, 52 (2000), 8, S. 412–414.

Münch, J.: Personalentwicklung als Mittel und Aufgabe moderner Unternehmensführung. Ein Kompendium für Einsteiger und Profis. Bielefeld: Bertelsmann, 1995.

Münch, J.: Personal und Organisation als unternehmerische Erfolgsfaktoren. Hochheim: Neres, 1997.

Neuberger, O.: Personalentwicklung. Stuttgart: Enke, 1991.

Neuberger, O.: Mikropolitik. Der alltägliche Aufbau und Einsatz von Macht in Organisationen. Stuttgart: Enke, 1995.

Neuberger, O.: Lernende Führung als Bedingung, Teil und Produkt organisationalen Lernens. In: Rationalisierungs- und Innovationszentrum der Deutschen Wirtschaft (RKW) (Hrsg.): Erfolgreich durch Lernen: Innovationstechniken Zukunftskonferenz, Projektmanagement, KVP, Gruppenarbeit. Köln: Bachem, 1999, S. 11–33.

Nonaka, I./Takeuchi, H.: Die Organisation des Wissens. Wie japanische Unternehmen eine brachliegende Ressource nutzbar machen. Frankfurt: Campus, 1997.

Oechsler, W.: Historische Entwicklung zum Human Resource Management. In: Knauth, P./Wollert, A. (Hrsg.): Human Resource Management. Neue Formen betrieblicher Arbeitsorganisation und Mitarbeiterführung. Neuwied: Luchterhand, 1999, 3.1, S. 1–30.

Olesch, G./Paulus, G.J.: Innovative Personalentwicklung in der Praxis. Mitarbeiter-Kompetenz prozessorientiert aufbauen. München: Beck, 2000.

Polanyi, M.: Implizites Wissen. Frankfurt: Suhrkamp 1985.

Pollack, W./Pirk, D.: Personalentwicklung in lernenden Organisationen. Konzepte, Beispiele, Übungen. Wiesbaden: Gabler, 2001.

Probst, G.J.B.: Selbst-Organisation. Ordnungsprozesse in sozialen Systemen aus ganzheitlicher Sicht. Berlin: Parey, 1987.

Probst, G.J.B./Büchel, B.S.T.: Organisationales Lernen. Wettbewerbsvorteil der Zukunft. Wiesbaden: Gabler, 1994.

Probst, G.J.B./Deussen, A./Eppler, M.J./Raub, S.P.: Kompetenz-Management. Wie Individuen und Organisationen Kompetenz entwickeln. Wiesbaden: Gabler, 2000.

Probst, G.J.B./Gomez, P (Hrsg.): Vernetztes Denken. Ganzheitliches Führen in der Praxis. 2., erweiterte Auflage. Wiesbaden: Gabler, 1991.

Probst, G.J.B./Knaese, B.: Risikofaktor Wissen. In: Schwuchow, K./Gutmann, J. (Hrsg.): Jahrbuch Personalentwicklung und Weiterbildung 1999/2000. Neuwied: Luchterhand, 1999, S. 5–9.

Probst, G.J.B./Raub, S.P./Romhardt, K.: Wissen managen. Wie Unternehmen ihre wertvollste Ressource optimal nutzen. 3. Auflage. Wiesbaden: Gabler, 1999.

Rauen, C.: Coaching. Innovative Konzepte im Vergleich. 2., aktualisierte Auflage. Göttingen: Hogrefe, 2001.

Reglin, T./Schmidt, H./Trautmann, R.: Telelernen im Betrieb. Bielefeld: Bertelsmann, 1999.

Reichwald, R./Möslein, K./Sachenbacher, H./Englberger, H.: Telekooperation. Verteilte Arbeits- und Organisationsformen. 2., überarbeitete Auflage. Berlin: Springer, 2000.

Reinmann-Rothmeier, G./Mandl, H.: Multiple Wege zur Förderung von Wissensmanagement in Unternehmen. In: Dehnbostel, P./Dybowski, G. (Hrsg.): Lernen, Wissensmanagement und berufliche Bildung. Bielefeld: Bertelsmann, 2000a, S. 72–92.

Reinmann-Rothmeier, G./Mandl, H.: Lernen mit neuen Medien: Eine Chance für neue Konzepte und innovative Ziele. In: Harteis, C./Heid, H./Kraft, S. (Hrsg.): Kompendium Weiterbildung. Aspekte und Perspektiven betrieblicher Personal- und Organisationsentwicklung. Opladen: Leske + Budrich, 2000b, S. 175–187.

Riekhof, H.-C.: Strategieorientierte Personalentwicklung. In: Riekhof, H.-C. (Hrsg.): Strategien der Personalentwicklung. 2., erweiterte Auflage. Wiesbaden: Gabler, 1989.

Riekhof, H.-C.: Personalentwicklung als Führungsinstrument. In: A. Kieser et al. (Hrsg.): Handwörterbuch der Führung. Zweite, neu gestaltete und ergänzte Auflage. Stuttgart: Schäffer-Poeschel, 1995, Sp. 1704–1716.

Rohr, S./Surrey, H.: Coach, Innovator und Visionär: HR-Management im Wandel. In: Personalführung, 33 (2000), 12, S. 26–33.

Rosenstiel, L.v.: Wissensmanagement in Führungsstil und Unternehmenskultur. In: Mandl, H./Reinmann-Rothmeier, G. (Hrsg.): Wissensmanagement. Informationszuwachs – Wissensschwund? Die strategische Bedeutung des Wissensmanagements. München: Oldenbourg, 2000, S. 139–158.

Sarges, W.: Potentialanalyse und strategische Personalentwicklung. In: Schwuchow, K./Gutmann, J. (Hrsg.): Jahrbuch Personalentwicklung und Weiterbildung 1999/2000. Neuwied: Luchterhand, 1999, S. 173–177.

Sattelberger, T.: Personalentwicklung als strategischer Erfolgsfaktor. In: Sattelberger, T. (Hrsg.): Innovative Personalentwicklung. Grundlagen, Konzepte, Erfahrungen. Wiesbaden: Gabler, 1989.

Sattelberger, T. (Hrsg.): Die lernende Organisation. Konzepte für eine neue Qualität der Unternehmensentwicklung. 3. Auflage. Wiesbaden: Gabler, 1996.

Schäffter, O.: Entgrenzung des pädagogischen Handelns – eine „optische Täuschung". Gesellschaftliche Institutionalisierung von Lernkontexten als Ausdifferenzierung intermediärer Grenzflächen. In:

Arnold, R./Gieseke, W. (Hrsg.): Die Weiterbildungsgesellschaft, Bd. 2: Bildungspolitische Konsequenzen. Neuwied: Luchterhand, 1999, S. 45–69.

Schein, E.H.: Wie können Organisationen schneller lernen? Die Herausforderung, den grünen Raum zu betreten. In: Organisationsentwicklung, 14 (1995), 3, S. 4–13.

Schein, E.H.: Prozessberatung für die Organisation der Zukunft. Köln: Edition Humanistische Psychologie, 2000.

Scholz, C.: Personalmanagement in virtuellen und vernetzten Unternehmen. In: Schwuchow, K./Gutmann, J. (Hrsg.): Jahrbuch Personalentwicklung und Weiterbildung 1999/2000. Neuwied: Luchterhand, 1999, S. 93–98.

Scholz, C.: Personalmanagement. 5., neubearbeitete und erweiterte Auflage. München: Vahlen, 2000.

Schuler, H. (Hrsg.): Lehrbuch der Personalpsychologie. Göttingen: Hogrefe, 2001.

Schwuchow, K./Gutmann, J. (Hrsg.): Jahrbuch Personalentwicklung und Weiterbildung 1999/2000. Neuwied: Luchterhand, 1999.

Schwuchow, K./Gutmann, J. (Hrsg.): Jahrbuch Personalentwicklung und Weiterbildung 2000/2001. Neuwied: Luchterhand, 2000.

Senge, P.M.: Die fünfte Disziplin. Kunst und Praxis der lernenden Organisation. Stuttgart: Klett-Cotta, 1996.

Senge, P.M.: The Dance of Change. Die Überwindung der 10 Wachstumsbarrieren. Wien: Signum, 2000.

Senge, P.M./Kleiner, A./Roberts, C./Ross, R.B./Smith, B.J.: Das Fieldbook zur fünften Disziplin. 2. Auflage. Stuttgart: Klett-Cotta, 1997.

Severing, E.: Arbeitsplatznahe Weiterbildung. Betriebspädagogische Konzepte und betriebliche Umsetzungsstrategien. Neuwied: Luchterhand, 1994.

Sonntag, K.: Lernen im Unternehmen. Effiziente Organisation durch Lernkultur. München: Beck, 1996.

Sonntag, K. (Hrsg.): Personalentwicklung in Organisationen. Psychologische Grundlagen, Methoden und Strategien. 2., überarbeitete und erweiterte Auflage. Göttingen: Hogrefe, 1999.

Staudt, E.: Integration von Personal und Organisationsentwicklung in der beruflichen Weiterbildung. In: Arnold, R./Lipsmeier, A. (Hrsg.): Handbuch Berufsbildung. Opladen: Leske + Budrich, 1995, S. 183–199.

Staudt, E.: Die Führungsrolle der Personalentwicklung im technischen Wandel. In: E. Staudt (Hrsg.): Personalentwicklung für die neue Fabrik. Opladen: Leske + Budrich, 1996, S. 13–38.

Staudt, E./Kriegesmann, B.: Weiterbildung: Ein Mythos zerbricht. Der Widerspruch zwischen überzogenen Erwartungen und Mißerfolgen der Weiterbildung. In: Arbeitsgemeinschaft Qualifikations-Entwicklungs-Management (Hrsg.): Kompetenzentwicklung '99: Aspekte einer neuen Lernkultur – Argumente, Erfahrungen, Konsequenzen. Münster: Waxmann, 1999, S. 17–59.

Staudt, E./Kriegesmann, B.: Trotz Weiterbildung inkompetent. In: Schwuchow, K./Gutmann, J. (Hrsg.): Jahrbuch Personalentwicklung und Weiterbildung 2000/2001. Neuwied: Luchterhand, 2000, S. 39–44.

Staudt, E./Meier, A.J.: Reorganisation betrieblicher Weiterbildung. In: Arbeitsgemeinschaft Qualifikations-Entwicklungs-Management (Hrsg.): Kompetenzentwicklung '96: Strukturwandel und Trends in der betrieblichen Weiterbildung. Münster: Waxmann, 1996, S. 263–336.

Steinmann, H./Scherer, A. (Hrsg.): Zwischen Universalismus und Relativismus. Philosophische Grundlagenprobleme des interkulturellen Managements. Frankfurt: Suhrkamp, 1998.

Strauß, B./Kleinmann, M. (Hrsg.): Computersimulierte Szenarien in der Personalarbeit. Göttingen: Verlag für Angewandte Psychologie, 1995.

Trebesch, K. (Hrsg.): Organisationsentwicklung. Konzepte, Strategien, Fallstudien. Stuttgart: Klett-Cotta, 2000.

Ulich, E.: Lern- und Entwicklungspotentiale in der Arbeit – Beiträge der Arbeits- und Organisationspsychologie. In: Sonntag, K. (Hrsg.): Personalentwicklung in Organisationen. Psychologische

Grundlagen, Methoden und Strategien. 2., überarbeitete und erweiterte Auflage. Göttingen: Hogrefe, 1999, S. 123–153.

Ulrich, D. (Hrsg.): Strategisches Human Resource Management. München: Hanser, 1999.

Ulrich, P./Fluri, E.: Management. Eine konzentrierte Einführung. 7., verbesserte Auflage. Bern: Haupt, 1995.

Unger, H.: Organisationales Lernen durch Teams. Methode und Umsetzung eines teambasierten Projektmanagements. München: Hampp, 1998.

Weber, W.G.: Analyse von Gruppenarbeit. Kollektive Handlungsregulation in soziotechnischen Systemen. Bern: Huber, 1997.

Weber, W./Habich, J./Kabst, R.: Perspektiven personalwirtschaftlicher Forschung. In: Schwuchow, K./Gutmann, J. (Hrsg.): Jahrbuch Personalentwicklung und Weiterbildung 2000/2001. Neuwied: Luchterhand, 2000, S. 3–8.

Weiß, R.: Entwicklungstrends betrieblicher Weiterbildung. In: Schwuchow, K./Gutmann, J. (Hrsg.): Jahrbuch Personalentwicklung und Weiterbildung 2000/2001. Neuwied: Luchterhand, 2000, S. 9–15.

Willke, H.: Systemtheorie I: Grundlagen. Eine Einführung in die Grundprobleme der Theorie sozialer Systeme. 5., überarbeitete Auflage. Stuttgart: Lucius & Lucius, 1996a.

Willke, H.: Systemtheorie II: Interventionstheorie. Grundzüge einer Theorie der Intervention in komplexe Systeme. 2., bearbeitete Auflage. Stuttgart: Lucius & Lucius, 1996b.

Willke, H.: Systemtheorie III: Steuerungstheorie. Grundzüge einer Theorie der Steuerung komplexer Sozialsysteme. 2. Auflage. Stuttgart: Lucius & Lucius, 1998a.

Willke, H.: Systemisches Wissensmanagement. Stuttgart: Lucius & Lucius, 1998b.

Wunderer, R.: Führung und Zusammenarbeit. Eine unternehmerische Führungslehre. 3., neubearbeitete Auflage. Neuwied: Luchterhand, 2000.

Wunderer, R./Dick, P.: Personalmanagement – Quo vadis? Analysen und Prognosen zu Entwicklungstrends bis 2010. Neuwied: Luchterhand, 2000.

Wunderer, R./Kuhn, Th.: Unternehmerisches Personalmanagement – zentraler Ansatzpunkt zur Förderung unternehmerischen Verhaltens. In: Wunderer, R./Kuhn, Th. (Hrsg.): Innovatives Personalmanagement. Theorie und Praxis unternehmerischer Personalarbeit. Neuwied: Luchterhand, 1995, S. 3–20.

Zink, K.J.: TQM als integratives Managementkonzept. Das Europäische Qualitätsmodell und seine Umsetzung. München: Hanser, 1995.

ROLF ARNOLD

„Emotionale Gewandtheit" – Neues Leitprinzip moderner Personalentwicklung?

Spätestens seit dem Bestseller von Daniel Goleman zum Thema „Emotionale Intelligenz" (Goleman 1996) kann man auch in der Personalentwicklungsdebatte von einer „emotionalen Wende" (Göppel 1999, S. 564) sprechen. Betont wird die Macht der Gefühle, welche als die grundlegende und eigentliche Voraussetzung für erfolgreiches Handeln angesehen werden, weshalb Goleman neuerdings nicht mehr von emotionaler Intelligenz spricht, sondern vom „Erfolgsquotient" (Goleman 1999a), welcher sich aus dieser letztlich ergibt. Goleman setzt somit Erfolg und emotionale Intelligenz bzw. Kompetenz gleich, da „(...) emotionale Intelligenz sich nicht bloß zur kognitiven Fähigkeit addiert, sondern sich mit dieser multipliziert, und vielleicht ist das die neuerliche Ursache von Spitzenleistungen (ebd., S. 50). An anderer Stelle weiß Goleman dies genauer. In einem Interview mit der Zeitschrift Personalwirtschaft/Personalentwicklung stellt er fest:

„Leistungsstarke Mitarbeiter, sogenannte High Performer, unterscheiden sich von weniger erfolgreichen Mitarbeitern, den Media oder Low Performern, durch die auf emotionalen Fähigkeiten basierenden Kompetenzen. Dazu zählen Flexibilität, Vertrauenswürdigkeit, der Drang, etwas erreichen zu wollen, und Teamfähigkeit. Diese sind in der Regel doppelt so wichtig wie kognitive oder technische Fähigkeiten – und zwar für alle Jobs.
Je höher wir in der Hierarchie eines Unternehmens kommen, desto wichtiger sind emotional intelligente Fähigkeiten, die ich als E.I.-Fähigkeiten bezeichne. Für Top-Führungskräfte macht ihr Anteil 85 bis 90 Prozent des Anforderungsprofils aus, in manchen Modellen sind es sogar 100 Prozent" (Goleman 1999b, S. 28).

Lässt man zunächst einmal die berechtigte Frage außer Acht, wie und auf Grund welcher Messverfahren Goleman zu diesen Prozentangaben gelangt, so kann man ihm doch immerhin darin folgen, dass sich aus dem hohen Anteil von emotionaler Kompetenz im Anforderungsprofil von Führungskräften einige grundlegende Konsequenzen für Personalentwicklung und Training ziehen lassen. Insbesondere geht es dabei um die Frage, wie „emotionale Wendigkeit" (Goleman 1999a, S. 103) bzw. „Gewandtheit" (ebd., S. 204) – die zentrale Kompetenz in komplexen und internationalen Arbeitskontexten – sich anbahnen und gestalten lassen. Als Problem ergibt sich dabei, dass die etablierten Trainings- und Lernformen zu kognitionsorientiert sind. Insbesondere früh eingespurte emotionale Dispositionen und Wahrnehmungsmuster lassen sich aber durch bloßes Einsichtslernen kaum wirklich nachhaltig transformieren. Notwendig sind vielmehr angeleitete Selbstkonfrontations- und Selbstreflexionsformen, wie sie sonst nur in psychotherapeutischen Klärungsprozessen üblich sind. In diesem Sinne bezeichnet Goleman die Psychotherapie als einen „emotionalen Nachhilfeunterricht" (Goleman 1996, S. 268), plädiert aber auch dafür, bereits in den schulischen Bildungsprozessen stärker auf das emotionale Lernen zu achten: „Das Gefühlsleben ist ein Bereich, der genau wie Rechnen oder Lesen mit mehr oder weniger Können gehandhabt werden kann und der spezifische Kompetenzen erfordert" (ebd., S. 55). Es ist deshalb unverzichtbar, unsere Bildungs- und Kompetenzdebatten weniger kognitionsfixiert zu führen und dabei auch wesentlich stärker ein ganzheitliches Verständnis beruflicher Handlungsfähigkeit zu Grunde zu legen, in welchem Denken und Fühlen nicht als zwei separate Dimensionen menschlichen Handelns konzipiert sind:

„Wir fühlen, bevor wir denken und handeln. Doch die Reaktion auf Gefühle kann verändert werden: Es muss zu einer neuen Verkettung von Gefühlen, Gedanken und Verhalten kommen und damit zu einer verbesserten Performance" (Peters 2000, S. 70).

Im Folgenden sollen die Möglichkeiten, aber auch die „Zulässigkeiten" einer entsprechenden „emotionalen Wende" der Personalentwicklung ausgelotet werden. Ziel ist es dabei, die folgenden Fragestellungen näher zu beleuchten:

1. Was sind Emotionen und worin liegt ihre handlungsbestimmende Kraft?

2. Was ist emotionale Kompetenz?

3. Wie kann emotionale Kompetenz durch eine emotionsintegrierende Personalentwicklung gefördert werden?

1   Die Kraft der Emotionen

Der Versuch, „Emotion" präzise und konsensfähig zu definieren, hat es mit dem Phänomen des sich verflüchtigenden Plausibilitätsvorschusses zu tun: „Everybody knows what an emotion is until asked to give a definition" (Fehr/Russel 1984, S. 464). Emotionalität ist zudem etwas, was in der rational-kalkulierenden Moderne nach vorherrschender Lesart eher „vermieden" werden sollte, da sie die Sachlichkeit, Intersubjektivität und Nachprüfbarkeit von Entscheidungen zu trüben vermag. Dieser verbreiteten Emotionsskepsis entgeht nicht nur die Tatsache, dass Gefühle die eigentliche Urvernunft ausmachen, da sie entwicklungsgeschichtlich früher ausgebildet waren und auch den rational begründbaren Handlungen zu Grunde liegen. Gefühle legen vielmehr die Handlungsbereitschaften an, d.h., Emotionen implizieren Motive, wie bereits die beiden Begriffen gemeinsame lateinische Wortwurzel „movere" (= bewegen) verdeutlicht. „Bewegt sein" ist demnach wesensverwandt mit „etwas bewegen", d.h., nur der bewegt in Beruf und Privatleben etwas, der selbst in Kontakt mit seinen inneren Bewegungen ist. Und bereits die verbreitete Annahme, Entscheidungen seien jenseits emotionaler Betroffenheit zu treffen, ist Ausdruck eines Defizits. Man kann nämlich – frei nach Watzlawick – nicht nicht fühlen. Zwar ist davon auszugehen, dass der lange geführte Streit um das Verhältnis von Kognition und Emotion (vgl. Arnold 2001) beigelegt ist, da es sich in Wahrheit um zwei innigst verschwisterte Aspekte eines Phänomens, „nämlich des menschlichen Handelns" (Mandl/Huber 1983, S. 2) handelt, doch ist genau mit dieser integrativen Sicht auch die Problematik deutlich markiert: Es kommt in den versachlichten Kommunikations- und Kooperationsbeziehungen moderner Arbeitsverhältnisse darauf an, um die Faktizität und die Wirksamkeit dieses, das menschliche Handeln prägenden Urverstandes Bescheid zu wissen.

In zahlreichen Beiträgen der neueren Emotional-Intelligence-Debatte (u.a. Steiner 1997; Konrad/Hendl 1997; Cooper/Sawef 1997; Scheler 1999; Segal 1997) wird deshalb die Notwendigkeit einer Emotional-Literacy, einer emotionalen Alphabetisierung stark betont. Ziel dieser Alphabetisierung ist es dabei nicht, das manipulative Potenzial von Führungskräften zu vergrößern, um – wie Oswald Neuberger mutmaßt – „(...) die Mitarbeiter besser und perfekter zu instrumentalisieren. Man will ihre Potenziale noch mehr ausschöpfen und verspricht ihnen, dass sie dabei auch noch glücklich sind" (Neuberger 2000, S. 15). Ziel ist vielmehr die Förderung eines selbstreflexiveren Kooperationsverhaltens, das das Gegenüber von den projektiven Belastungen eigener unerkannter Emotionsmuster entlastet.

Emotional-Literacy beginnt deshalb zunächst mit begrifflicher Klärung, die hilft, die Vielfalt des diffusen eigenen Erlebens zu überschauen. Indem die Kernthemen eigener Emotionen gekannt werden (Abb. 1), können sie auch erkannt und bewusster erlebt und gestaltet werden:

Ärger	Ein aggressiver, erniedrigender Angriff gegen die eigene Person.
Furcht	Mit einer ungewissen, existentiellen Bedrohung konfrontiert sein.
Schreck	Plötzliche Konfrontation mit einer konkreten und überwältigenden physischen Gefahr.
Schuld	Gegen einen moralischen Imperativ verstoßen.
Scham	An den eigenen Ich-Idealen scheitern.
Traurigkeit	Erfahrung eines unwiderruflichen Verlustes.
Neid	Etwas wollen, was eine andere Person besitzt.
Eifersucht	Der geliebten Person den realen oder drohenden Verlust ihrer Zuneigung aufgrund eines Widersachers übel nehmen.
Ekel	Einen unverdaulichen Gegenstand verinnerlichen oder ihm zu nahe sein (auch auf Personen bezogen).
Freude	Einen sinnvollen Fortschritt in Richtung Zielerreichung machen.
Stolz	Steigerung des Selbstwertgefühls durch die Anerkennung einer erbrachten Leistung oder eines wertvollen Objektes – sowohl eine Eigen- als auch eine Gruppenleistung.
Erleichterung	Eine bedrückende Inkongruenz zwischen Wunsch und Wirklichkeit entwickelt sich positiv oder hebt sich auf.
Hoffnung	Das Schlimmste erwarten, sich jedoch nach dem Besseren sehnen.
Liebe	Zuneigung zu jemanden verspüren oder nach dieser verlangen. Normalerweise aber nicht notwendigerweise, beruht diese auf Gegenseitigkeit.
Mitgefühle	Vom Leiden eines anderen berührt sein und dem Wunsche, Hilfe zu leisten.

Abb. 1: Kernthematik ausgewählter Emotionen (Holodynski/Friedlmeier 1999, S. 10)

„Gefühle werden erlebt. Erleben ist aber kein Erdulden, es sei denn, Sie sind davon überzeugt, dass Sie Ihr Leben über sich ergehen lassen. Wenn Sie aber beginnen, Ihr Leben emotional, intelligent zu leben, werden sie auch ihr emotionales Erleben steuern" (Scheler 1999, S. 60).

Eine wesentliche Voraussetzung für die Entwicklung eines authentischen Verhältnisses zur eigenen Emotionalität ist die selbstreflexive Erkenntnis ihrer gestaltenden Kraft. Da Menschen zu unterschiedlichen Emotionstypen gehören, nehmen sie gleiche Situationen auch emotional unterschiedlich gefärbt wahr. Insbesondere für Führungskräfte ist es deshalb wichtig, um diese Unterschiedlichkeit der emotionalen Wirklichkeitskonstruktion zu wissen. So ist z.B. ein depressiver Emotionstyp in stärkerem Maße von dem Gefühl der Anerkennung und des Aufgehobenseins in seinen sozialen Beziehungen abhängig (vgl. Riemann 1998, S. 61ff), und er neigt dazu, selbst harmlos gemeinte Kritik und Infragestellung als eine ihn quasi existentiell bedrohende Ablehnung zu verstehen. Menschen, die so dazu neigen, „überwertig" (ebd. S. 20) zu reagieren, belasten produktive Kooperationsbeziehungen nicht unerheblich, obgleich sie unbewusst agieren und häufig selbst über die Wirkungen ihres „überwertigen" Handelns erschrecken. Sie haben wichtige emotionale Reifungsschritte noch vor sich, Schritte, die sie dazu in die Lage versetzen könnten, ihre eigenen emotionalen Färbungen von Situationen als das zu sehen, was sie sind: Konstruierte Grundstimmungen, die sie sich „selbst" machen, und die nichts zu tun haben mit dem, was von der Arbeits- und Kommunikationssituation oder dem Verhalten ihrer Kolleginnen und Kollegen real ausgeht. Erich Fromm beschreibt, was es bedeutet, sich zu einer entsprechenden selbstreflexiven Authentizität zu entwickeln:

„Einen anderen Menschen wirklich sehen, heißt ihn objektiv, ohne Projektionen und ohne Entstellungen sehen und das bedeutet, dass man in sich selbst jene neurotischen ‚Laster' überwindet, die unausweichlich zu Projektionen und Entstellungen führen. Es bedeutet, zur Wahrnehmung der inneren und äußeren Wirklichkeit voll zu erwachen. Nur wer jene innere Reife erreicht, wer seine Projektionen und Entstellungen auf ein Minimum reduzieren kann, wird kreativ leben" (Fromm 2000, S. 145).

Die Fähigkeit zur selbstreflexiven Authentizität setzt somit eine Kenntnis der eigenen emotionalen Muster oder – besser gesagt – „Brillen", mit denen wir uns die Wertigkeit von Situationen konstruieren, voraus. Emotionen sind – konstruktivistisch betrachtet – Saiten, die in bestimmten Situationen in uns ins Schwingen geraten (vgl. Ulich/Mayring 1992, S. 53). Wer seine „Besaitung" kennt, weiß – um die verbreitete Redensart aufzugreifen – ob er mehr oder weniger „zart besaitet" ist, ist auch in der Lage, seine Emotionen als das zu sehen, was sie sind: interne Konstrukte. Indem man erkennt, dass man sich seine eigenen Emotionen selbst „macht", verfügt man schließlich auch über die Voraussetzung, diese zu verändern bzw. „überwertige" Emotionsschübe für sich zu bearbeiten, ohne diese in schädlich-unproduktiver Weise in Kooperationsbeziehungen einfließen zu lassen. Dies kann gelingen, indem wir den Gefühl-Verhaltenszyklus unterbrechen und eine „Stop-and-Think" Schleife „einbauen". Daniel Goleman spricht in diesem Zusammenhang von der emotionalen „Selbstkontrolle" als einer Kompetenz, „störende Emotionen und Impulse in Schach halten (zu können)" (Goleman 1999a, S. 104):

„Menschen mit dieser Kompetenz

• kommen mit ihren impulsiven Gefühlen und leidvollen Emotionen gut zurecht,
• bleiben auch in kritischen Situationen gelassen, positiv und unerschütterlich,
• behalten unter Druck einen klaren Verstand und lassen sich nicht irritieren" (ebd.).

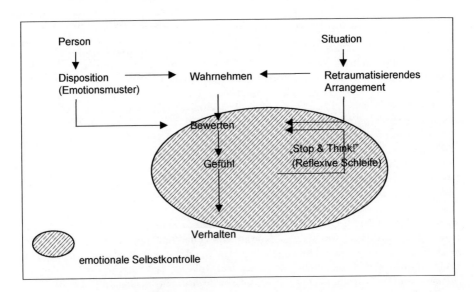

Abb. 2: Stop-and-Think-Schleife im Gefühl-Verhaltenszyklus

Die emotionale Selbstkontrolle erfolgt im Wesentlichen dadurch, dass die quasiautomatische Wirklichkeitsverzerrung, die vielen emotional auffälligen Reaktionen zu Grunde liegt, unterbrochen wird. Geht man davon aus, dass wir die Gefühlsregungen des Menschen nur angemessen verstehen können „aus der Verknüpfung ‚aktueller' und ‚dispositioneller' Einflussfaktoren" (Ulich/Mayring 1992, S. 74) sowie aus der den dispositionellen Mustern innewohnenden Kraft einer selfullfilling prophecy, so lässt sich ermessen, welche konstruktivistischen Wirkungen die durch das Gefühl angelegten Bewertungen zu entfalten vermögen:

„Durch die Konzentration auf bestimmte, wahrscheinliche Ereignisse stellst du deine Wahrnehmung auf diese ein. Nun ist deine Wahrnehmung nicht nur Empfänger, sondern auch Sender der neuen Realität. Du stellst dich so gründlich auf diese Realität ein, dass du alles andere nicht mehr wahrnimmst" (Deletz/Deletz 1997, S. 63).

Dies bedeutet, dass die Art, wie wir uns auf ein vermeintliches Außen emotional einstellen, dieses Außen faktisch mit erschafft. Dies ist leicht nachvollziehbar, wenn man berücksichtigt, dass unsere Wahrnehmung grundsätzlich „strukturdeterminiert" (Maturana 1985) bzw. – wie die Emotionspsychologie es ausdrücken würde – „schematageneriert" funktioniert. „Emotionale Schemata" werden von ihr als „Organisationsformen emotionalen Erlebens" (Ulich/Mayring 1992, S. 87) angesehen: „Das Ereignis gerät in das Schema und erfährt dort seine Bedeutungszuschreibung" (ebd., S. 100). Wir sehen somit die Welt nur durch die „Brille" unserer emotionalen Schemata, d.h., unsere Einspurungen und Prägungen erkennen deshalb beständig dasselbe. Denn: „Schemata haben die Eigenart von Gewohnheiten, sie setzen also Veränderungen einen gewissen Widerstand entgegen" (Joerger 1976, S. 47). Wir konstruieren uns somit unsere Wahrnehmung auf der Basis unserer emotionalen Schemata. So gesehen „(...) wird jede ‚unvoreingenommene' Wahrnehmung einer ‚Realität an sich' prinzipiell unmöglich" (Ciompi 1997, S. 29), wie der Schweizer Emotionstheoretiker Ciompi folgert. Dies bedeutet, dass unsere Emotionschemata „konservativ" wirken und uns auch teilweise blind machen gegenüber den Spezifika einer Situation. Wir müssen deshalb viel stärker als bisher auf die „Voreingenommenheiten" und die emotionalen Prägungen – unsere eigenen und die unserer Interaktionspartner – achten, wenn wir produktiv kommunizieren und adäquat handeln wollen. Sonst greift, was Segal sagt: „Wir sind außerstande die Herausforderungen von heute erfolgreich zu bewältigen, weil wir sie ständig mit den Krisensituationen von gestern in einen Topf werfen" (Segal 1997, S. 45).

2 Emotionale Kompetenz

Die Fähigkeit zur emotionalen Selbstkontrolle sowie zur selbstreflexiven Aufmerksamkeit gegenüber der wirklichkeitsschaffenden Kraft eigener Schemata bzw. eigener „Gefühlsbereitschaften" (Ulich/Maying 1992, S. 29 ff) wird in der neueren Debatte als „emotionale Kompetenz" bezeichnet. Über sie verfügen – in einer weiten Begriffsdefinition – Menschen, die „(...) fähig sind, mit anderen umzugehen" (Goleman 1999a, S. 45). Solche Menschen verfügen über eine „emotionale Intelligenz", für die die fünf Aspekte „Selbstwahrnehmung", „Selbstregulierung", „Motivation", „Empathie" sowie „soziale Fähigkeiten" (ebd., S. 52) kennzeichnend sind. Wer in diesen fünf Bereichen „stark" ist, handelt aufgeschlossen, situationssensibel und gelassen. Für ihn ist das Bewusstsein leitend, „(...) dass unsere Emotionen sich auf das, was wir tun, auswirken" (ebd., S. 71). Menschen mit einer solchen „emotionalen Bewusstheit"

* „wissen, welche Emotionen sie empfinden und warum,
* erkennen die Zusammenhänge zwischen ihren Gefühlen und dem, was sie denken, tun und sagen,

- erkennen, wie ihre Gefühle ihre Leistungen beeinflussen,
- haben ein ihr Verhalten leitendes Bewusstsein ihrer Wertvorstellungen und Ziele" (ebd.).

Nimmt man diese Anforderungen in den Blick, so erkennt man leicht, dass emotionale Kompetenz eine bislang zu wenig beachtete Schlüsselqualifikation darstellt. Dieser Eindruck wird nicht zuletzt auch durch Einschätzungen verstärkt, die – wie bereits erwähnt – davon ausgehen, dass in allen Berufen emotionale Kompetenz „doppelt so wichtig wie kognitive Fähigkeiten" (ebd., S. 47) seien. Als Schlüsselqualifikation bzw. -kompetenz kommt der emotionalen Kompetenz allerdings eine in mehrfacher Hinsicht anders gelagerte Bedeutung zu als den typischerweise unterschiedenen Kompetenzen Fach-, Methoden- und Sozialkompetenz. Sie scheint gegenüber diesen Fähigkeiten gewissermaßen „quer" zu liegen. D.h., emotionale Fähigkeiten wirken sich sowohl bei der Fach- als auch bei der Methoden- und Sozialkompetenz aus, wenn auch offensichtlich bei letzterer mehr als bei den beiden erstgenannten Kompetenzen (vgl. Abb. 3).

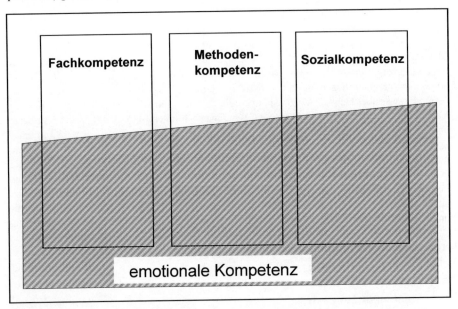

Abb. 3: Ganzheitliche Handlungskompetenz

Gleichwohl sind auch „fachliche" Fähigkeiten davon durchdrungen, ob und inwieweit jemand zur emotionalen Selbstkontrolle sowie zur Selbstreflexion seiner emotionalen Einspurungen in der Lage ist. Besonders deutlich wird diese „fachliche" Bedeutung emotionaler Kompetenz bei der Frage, wie jemand mit seiner Fachkompetenz umzugehen vermag; geschieht dies souverän und lernbereit oder oberlehrerhaft, konkurrenzorientiert und besserwisserisch. Häufig verbergen sich nämlich hinter „fachlichen" Auseinandersetzungen sowie Rechthabereien latente Selbstvergewisserungs- und Selbstbehauptungsbemühungen, und oft sind die fachlich so laut „auftrumpfenden" Führungskräfte gerade diejenigen, hinter deren Fassade sich der verzweifelte Anerkennungskampf eines kleinen Jungen abspielt. Auf diesen Sachverhalt hat der Familientherapeut Hans Jellouschek in seinem Buch „Mit dem Beruf verheiratet" hingewiesen, indem er der seelischen Notlage „fachlich" erfolgreicher, d.h. sich ausschließlich auf ihren Berufserfolg verlassender Menschen (zumeist Männer) nachspürt:

„Es geht dann nicht um Faszination, nicht um ‚Hingerissen-Sein' von der Aufgabe, sondern um innere ‚Antreiber', die aus seelischer Not erwachsen (...). Er nahm als kleiner Junge die unausgesprochenen Wünsche seiner Eltern auf, dass aus ihm etwas Besonderes werden sollte. Daraus machte er sich die innere Botschaft zu eigen: ‚Streng dich an, schaffe, was deine Eltern nicht erreicht haben, mach, was sie sich so sehr wünschen!' Und er setzte wahrscheinlich wie viele, die derartige Wünsche aufnehmen, innerlich hinzu: ‚... nur dann bist du in Ordnung, nur dann bist du etwas wert!' Dieses ‚Nur dann' wird hinzugefügt, weil für das Selbstwertgefühl des Kindes die Zufriedenheit der Eltern von grundlegender Bedeutung ist. Der kleine R. spürt: Er kann seine unglücklichen Eltern zufrieden machen, wenn er besonders gut ‚funktioniert'. Der innere Antreiber wurde so ein Teil seiner Identität. Nur wenn er ihn aufspürt, hat er den Eindruck, dass er in Ordnung ist und ein Lebensrecht hat" (Jellouschek 1996, S. 41).

Wer aus einer solchen seelischen Notlage heraus seine Fachkompetenz aufgebaut und seine berufliche Karriere gestaltet hat, der „braucht" seine fachlichen Erfolge gewissermaßen zum psychisch-emotionalen Überleben. Dies bedeutet auch, dass er diesen „handfesten" Beleg seiner Identität und seiner Anerkennung überwertig betont und so auch kaum in der Lage ist, fachliches Know-How „loszulassen" oder sich neuartigen und fachlich nicht einschätzbaren Anforderungen zu stellen. So können gerade die aus einer seelischen Notlage heraus fachlich Erfolgreichen für die Wandlungsfähigkeit eines Unternehmens zu einem Problem werden, wenn sie nämlich auf Grund ihres „Faible(s) für Sicherheit und Gewissheit" (Kühl 1995, S. 24) notwendige Flexibilität und Gelassenheit nicht aufzubringen in der Lage sind.

Die Querschnitts- und Basisfunktion der emotionalen Kompetenz kommt bei der methodischen und sozialen Kompetenz noch deutlicher zum Ausdruck. So ist für eigenständiges und selbstgesteuertes Handeln – die Basis einer Methodenkompetenz – die emotionale Erfahrung von Selbstwirksamkeit von grundlegender Bedeutung. Menschen, die früh erfahren durften, dass es „auf sie selbst ankommt", dass sie aktiv und gestaltend tätig sein können, verfügen über die emotionale Basis, auf der der systematische Aufbau und die Entwicklung einer Methodenkompetenz überhaupt erst möglich ist (vgl. Arnold 2000b).

Selbstvertrauen allein langt allerdings nicht, hinzukommen müssten fördernde Bedingungen, deren wichtigste sicherlich eine Lehrperson ist, die sich stark zurücknimmt und „(...) Kooperations- und Gesprächsmöglichkeiten eröffnet und nicht etwa 60–80 Prozent der im Unterricht gesprochenen Worte selbst spricht" (Klippert 1991, S. 18). Ähnliches gilt auch für Führungskräfte. Ihnen kommt als Gestalter und Wahrer der Lernchancen ihrer Mitarbeiter eine zunehmende Bedeutung zu. Auf dem Weg in die Wissens- oder Weiterbildungsgesellschaft (vgl. Arnold/Giesecke 1999) werden sie somit zu den Garanten des lebenslangen Lernens, was man im Umkehrschluss auch die Pädagogisierung des Führungshandelns nennen könnte: Die Handlungslogik von Führungskräften und die von Pädagoginnen und Pädagogen nähern sich zunehmend an. Beiden geht es mehr um die Mobilisierung, Entfaltung und Stärkung der „eigenen Kräfte" derjenigen, für deren Entwicklung sie verantwortlich sind, und weniger darum, Gefolgschaft, Anpassung und Gehorsam zu erreichen. In diesem Sinne fordert Peter Senge von der Führungskraft eine

„(...) Fertigkeit, anderen Menschen zu einem präziseren und aufschlussreicheren Bild der Realität zu verhelfen und ihnen dadurch die Möglichkeit zu geben, ihre eigenen Fähigkeiten zu erweitern" (Senge 1996, S. 427).

Damit Führungskräfte in diesem Sinne die Kompetenzentwicklung ihrer Mitarbeiter zu fördern vermögen, ist einerseits eine betriebliche Lernkultur erforderlich, die eine umfassende Stärkung („Empowerment") der Mitarbeiterpotenziale ermöglicht und durch geeignete Arrangements von „Lerngelegenheiten" fördert. Ein solches Arrangement ist auch die Gestaltung von lernintensiven Arbeitsplätzen. Gleichzeitig bedarf es Führungskräfte, deren emotionale Kompetenz soweit entwickelt ist, dass sie „stellvertretende Führung" (Arnold 2000a, S. 17 ff) sichtbar leben können, weil sie ihre Bestätigung sowie die Erfolgsmaßstäbe ihres Handelns nicht länger aus der Realisierung von eigener Dominanz sowie der beständigen Reinszenierung früh verdrängter Gefühle (vgl. Miller 1997, S. 21 ff), sondern aus der gelungenen Entfaltung der Kompetenzen sowie der humanen Potenziale ihres Systems ableiten.

3   Emotionsintegrierende Personalentwicklung

Die Einbeziehung des Emotionalen in die betriebliche Personalentwicklung ist deshalb ein schwieriges Thema, weil es den Anschein hat, als würden hier die letzten Winkel der Intimität einem betrieblich kontrollierten Zugriff ausgesetzt mit dem Ziel, letztlich die gesamte Persönlichkeit produktiver und effektiver „einsetzen" bzw. „ausbeuten" zu können. Diese Skepsis ist angesichts der vielerorts noch sehr technokratisch angelegten Personalentwicklungskonzepte keineswegs von der Hand zu weisen, obgleich auch indirekte Formen einer emotionsbasierten Bildungsarbeit und Führungspraxis denkbar sind, die einen vollständigen Intimitätsschutz garantieren könnten. Gleichwohl dürfte es schwer sein, mit solchen differenzierenden Ansätzen Vertreter eines fundamentalistischen Instrumentalisierungsverdachtes gegenüber allem Betrieblichen wirklich überzeugen zu können, wie schon die mühsame Debatte um die Möglichkeit von Bildung in diesem Bereich deutlich zeigt (vgl. Geißler 2000, S. 150 f).

In der betrieblichen Bildungsarbeit ist es m.E. jedoch dringend notwendig, kognitivistisch verengte Kompetenzvorstellungen zu überwinden und der Tatsache Rechnung zu tragen, dass Emotionen gewissermaßen die Basis – wenn man so will: die Urkompetenz – darstellen, auf der alles andere „aufruht". Gefühl und Verstand wirken immer innigst zusammen, weshalb Rolf Oerter schon 1975 von der „Symbiose von Kognition und Emotion" (Oerter 1975, S. 22) sprach und im Blick auf die das Handeln leitende Wertorientierung des Menschen feststellte:

„Wären die Wertkonzepte des Menschen rein kognitive Gebilde, wie etwa die sachlichen Begriffe, nach denen wir die Welt aufgliedern, so würden sie ihn nicht zum Handeln bewegen, sie würden ihn gleichgültig lassen. Gerade aber der effektive Anteil, die ‚emotionale Ladung' macht sie zu Konzepten, die uns steuern, uns in bestimmten Situationen aktivieren und die auch viele Konflikte zwischen Menschen heraufbeschwören" (ebd., S. 23).

Die kognitivistische Verengung der Kompetenzmodelle steht somit in der Gefahr, die eigentliche Motivationsdimension beruflichen Handelns auszuklammern und ein letztlich naives Bild zu „transportieren". Damit wird zudem ein Bereich der Handlungskompetenz ausgeblendet, der gerade in der Wissensgesellschaft zunehmend an Bedeutung gewinnt. Die explosionsartige Zunahme von Wissen sowie die damit einhergehende Veralterung einmal erworbener Wissensbestände hat nämlich auch zur Folge, dass das Wissen selbst seine zentral vorherrschende Relevanz einbüßt und eher Orientierungen, Fähigkeiten und Bereitschaften zum Umgang mit bzw. zum Zugang zu Wissen an Bedeutung gewinnen. Solche metakognitiven Dimensionen der Kompetenz (vgl. Kaiser/Kaiser 1999) sind in hohem Maße emotionsabhängig – wie bereits festgestellt wurde, und sie scheinen die anderen Kompetenzen nicht nur zu prägen, sondern zu „multiplizieren", wie D. Goleman (1999a, S. 75) feststellt.

Wie können Aus- und Weiterbildung emotionale Kompetenzen fördern und wachsen lassen? Ohne hier abschließend eine emotionssensible Didaktik betrieblichen Lernens skizzieren zu können, ist doch immerhin feststellbar, dass die in den letzten Jahren entwickelten und erprobten Ansätze des handlungsorientierten Lernens bereits in die richtige Richtung weisen, insofern mit ihnen eine Lernkultur verbunden ist, in der die Lerner Selbstwirksamkeit erleben und ein Vertrauen in eigene Kräfte entwickeln „dürfen". Gleichwohl ist zur Ausbildung emotionaler Kompetenz mehr erforderlich, wobei „Sensibilisierung" (Gefühle in ihrer bestimmenden Wirkung ins Bewusstsein bringen), „Aufklärung"(= eigene Gefühle in ihrer „Selbstgemachtheit" verstehen lernen) und „Umformung" (= negative Gefühle aushalten, entdramatisieren und verändern) wichtige Ansatzpunkte einer entsprechenden emotionsintegrierenden Didaktik betrieblichen Lernens sind. Eine solche Didaktik ist in einem umfassenden Sinne handlungsorientiert, weil sie nicht nur die äußeren Handlungen, sondern die inneren Handlungen bzw. Handlungsbereitschaften und Handlungsmöglichkeiten der Lerner aufgreift und reflexiv verfügbar zu machen verspricht. Durch eine solche emotionsintegrierende Erweiterung handlungsorientierter Lernkulturen in der betrieblichen Bildungsarbeit wird so ein wichtiger Schritt in Richtung auf die Überwindung des in den Bildungseinrichtungen verbreiteten „restriktive(n), entemotionalisierenden(n), negativ gefärbte(n) Umgang(s) mit Gefühlen" (Buddrus 1992, S. 79) getan. Gleichzeitig ist eine solche Didaktik auch in einem umfassenden Sinne „erfahrungsorientiert", weil sie die inneren Erfahrungen der Lerner mit in Lernprozesse einbezieht und so die Voraussetzungen dafür schafft, dass diese die Wirkungen ihrer Emotionsmuster bzw. ihrer „Emotions-Brillen" erkennen und durch Stopp-and-Think-Schleifen entspannter zu kommunizieren lernen.

Die Anknüpfung an den „inneren Erfahrungen" ist auch und gerade für die Führungskräfteentwicklung (vgl. Götz 1999) ein wesentlicher und durchaus auch (noch) origineller Ansatz, kann man doch davon ausgehen, dass „Hellhörigkeit und defensives Plädieren grundlegende Verhaltensweisen von systemischen Führungskräften (sind)" (Arnold 2000a, S. 72). Um „hellhörig" sein zu können, ist es jedoch erforderlich, dass Führungskräfte in der Lage sind, anderes zu vernehmen als ihre emotionsgeprägt-verzerrten Eindrücke. Klaus Lange plädiert in diesem Sinne für „Achtsamkeit als bewusster Umgang mit der inneren Welt" (Lange 2000, S. 30) und stellt fest:

„Fehlt der Kontakt nach innen, dann beschränkt man sich weitgehend auf die äußere Welt. Nur dort sollen die Ursachen der eigenen Gefühle und Zustände liegen und nur dort soll es die Wirkungen des eigenen Denkens und Handelns geben. (...) und so bemüht man sich, andere Menschen zu beeinflussen oder zu verändern, damit man sich wohler fühlt. In dieser Haltung wird der Kontakt zu den eigenen unangenehmen Gefühlen sehr schwer, weil man ja fast nichts mit ihnen zu tun hat" (ebd., S. 27).

Die Entwicklung emotionaler Achtsamkeit fördert letztlich eine selbstreflexive Haltung, die echte Hellhörigkeit erlaubt. Emotional achtsame Führungskräfte können deutlicher zwischen Innen und Außen trennen und die eigenen Anteile und Wiederholungen, in die sie durch ihre eigenen Emotionsmuster immer wieder geraten, selbstreflexiv erkennen und sich so wirksamer auf das konzentrieren, was tatsächlich „Sache ist". Die Achtsamkeit und Selbstreflexivität müssen aber noch ergänzt werden um Fähigkeiten im Umgang mit Menschen, die noch weitgehend unbewusst, d. h. von ihren Emotionsmustern getrieben, agieren. Im Umgang mit solchen Menschen (und dies dürfte die überwiegende Zahl sein) hilft zwar Empathie, notwendig ist aber auch die Fähigkeit, anderen zu inneren Erfahrungen zu verhelfen, ohne dabei quasi-therapeutisch oder gar verletzend zu agieren. Führung hat hier jedoch oftmals auch ihre Grenzen und sie muss dann ergänzt werden um Lern- und Selbstreflexionsphasen, die innere Erfahrungen zur Erlangung emotionaler Bewusstheit ermöglichen.

Literatur

Arnold, R.: Das Santiago-Prinzip: Führung und Personalentwicklung im lernenden Unternehmen. Köln 2000a.

Arnold, R.: Menschenbildung neu gedacht. Auf dem Weg zu einer Schule der emotionalen Bildung. In: PädForum, 28/13 (2000b), 5, S. 397–399.

Arnold, R.: Die Polarität von Kognition und Emotion in der Erwachsenenbildung. In: DIE – Zeitschrift für Erwachsenenbildung, 8 (2001), S. 26–28.

Arnold, R./Giesecke, W. (Hrsg.). Die Weiterbildungsgesellschaft. 2 Bde. Neuwied 1999.

Buddrus, J.: Der pädagogische Umgang mit den Gefühlen – systematische Überlegungen. In: Buddrus, J. (Hrsg.): Die „verborgenen" Gefühle in der Pädagogik. Impulse und Beispiele aus der Humanistischen Pädagogik zur Wiederbelebung der Gefühle. Baltmannsweiler 1992, S. 78–96.

Ciompi L.: Die emotionalen Grundlagen des Denkens. Entwurf einer fraktalen Affektlogik. Göttingen 1997.

Cooper, R.K./Sawef, A.: Emotionale Intelligenz für Manager. München 1997.

Deletz, G./Deletz, B.: Die 7 Botschaften unserer Seele. [2]1997.

Fehr, B./Russel, J.A.: Concept of emotion viewed from a prototype perspective. In: Journal of Experimental Psychology, 113 (1984), S. 468–486.

Fromm, E.: Authentisch leben. Freiburg u.a. 2000.

Geißler, H.: Organisationspädagogik. Umrisse einer neuen Herausforderung. München 2000.

Göppel, R.: „Emotionale Intelligenz" als Bildungsziel? In: Neue Sammlung, 39 (1999), S. 563–582.

Götz, K.: Führungskultur. Teil 1: Die individuelle Perspektive. München 1999.

Goleman, D.: Emotionale Intelligenz. München 1996.

Goleman, D.: Der Erfolgsquotient. Wien 1999a.

Goleman, D.: Emotionale Kompetenzen kann jeder erwerben. In: Personalwirtschaft/Personalentwicklung, 16 (1999b), 8, S. 28–30.

Holodynski, M./Friedlmeier, W.: Emotionale Entwicklung und Perspektiven ihrer Erforschung. In: Holodynski, M./Friedlmeier, W. (Hrsg.): Emotionale Entwicklung. Funktion, Regulation und soziokultureller Kontext von Emotionen. Heidelberg/Berlin 1999, S. 1–28.

Jellouschek, H.: Mit dem Beruf verheiratet. Von der Kunst, ein erfolgreicher Mann, Familienvater und Liebhaber zu sein. Zürich 1996.

Joerger, K.: Einführung in die Lernpsychologie. Freiburg 1976.

Kaiser,A./Kaiser, R.: Metakognition. Denken und Problemlösen optimieren. Neuwied 1999.

Klippert, H.: Handlungsorientierter Politikunterricht. Anregungen für ein verändertes Lehr-/Lernverständnis. In: Bundeszentrale für politische Bildung (Hrsg.): Handlungsorientierung in der politischen Bildung. Schriftenreihe der Bundeszentrale für politische Bildung. Bd. 304. Bonn 1991, S. 1–30.

Konrad, S./Hendl, C.: Stark durch Gefühle. Lebenserfolg durch emotionale Intelligenz. Augsburg 1997.

Kühl, S.: Wenn die Affen den Zoo regieren. Die Tücken der flachen Hierarchien. Frankfurt/New York [2]1995.

Lange, K.: Wie du denkst, so lebst du. Konflikte lösen durch innere Erfahrungen. Stuttgart 2000.

Mandl, H./Huber, G.L.: Theoretische Grundpositionen zum Verhältnis von Emotion und Kognition. In: Mandl, H./Huber, G.L. (Hrsg.): Emotion und Kognition. München 1983, S. 1–60.

Maturana H.: Erkennen: die Organisation und Verkörperung von Wirklichkeit. Ausgewählte Arbeiten zur biologischen Epistemologie. Braunschweig 1985.

Miller, A.: Das Drama des begabten Kindes. Eine Um- und Fortschreibung. Frankfurt 1997.

Neuberger, O.: EQ – nur ein Marketingclou. In: Management & Training, 27 (2000), 8, S. 14–15.

Oerter, R.: Was sind Emotionen? Sozialwissenschaftliche Erklärungsversuche und Beispiele. In: Oerter, R./Weber, E. (Hrsg.): Der Aspekt des Emotionalen in Unterricht und Erziehung. Donauwörth 1975, S. 15–68.

Peters, A.: Emotionale Intelligenz entwickeln. In: Schwuchow, K./Gutmann, J. (Hrsg.): Jahrbuch Personalentwicklung/Weiterbildung 2000/2001. Neuwied 2000, S. 67–71.

Riemann, F.: Grundformen der Angst. Eine tiefenpsychologische Studie. München/Basel 1998.

Scheler, U.: Management der Emotionen. Emotionale Intelligenz umsetzen. Offenbach 1999.

Segal, J.: Fühlen will gelernt sein. Ein Praxisbuch zur Entwicklung emotionaler Kompetenz. München [2]1997.

Senge, P.: Die fünfte Disziplin. Kunst und Praxis der lernenden Organisation. Stuttgart 1996.

Steiner, C.: Emotionale Kompetenz. München 1997.

Ulich, D./Mayring, P.: Psychologie der Emotionen. Stuttgart u.a. 1992.

ELIAS JAMMAL

Kultur und kulturelle Balanceakte: Eine Einführung in das internationale Personalmanagement (IPM)

> „Wir sagen auch von einem Menschen, er sei uns durchsichtig. Aber es ist ... wichtig, dass ein Mensch für einen anderen ein völliges Rätsel sein kann. Das erfährt man, wenn man in ein fremdes Land mit gänzlich fremden Traditionen kommt; und zwar auch dann, wenn man die Sprache des Landes beherrscht. Man *versteht* die Menschen nicht. (Und nicht darum, weil man nicht weiß, was sie zu sich selbst sprechen.) Wir können uns nicht in sie finden."
>
> Ludwig Wittgenstein
> (Philosophische Untersuchungen)

Spätestens seit Anfang der achtziger Jahre[1] ist in der wissenschaftlichen Diskussion über Personalmanagement ein „international turn" zu verzeichnen: Das internationale Personalmanagement, IPM, ist in Mode gekommen.[2]

Zunächst wird die Frage zu klären sein, was IPM ist. Dabei wird es wohl kaum ausreichen, lediglich die zahlreichen gängigen Definitionen zusammenzufassen. Vielmehr ist es erforderlich, die Grundannahmen zu thematisieren. In diesem Papier geht es um drei zentrale Grundannahmen: *Erstens* um die Konzepte von Kultur und die Definitionen von Kulturunterschieden, *zweitens* um die Versuche zur Typologisierung internationaler Unternehmen und *drittens* um die Bestimmung dessen, was Auslandseinsätze und die Vorbereitung darauf erfolgreich bzw. weniger erfolgreich macht.

---

[1] Häufig wird die Tagung des Verbandes der Hochschullehrer für Betriebswirtschaftslehre zum Thema „Internationalisierung der Unternehmung" im Jahre 1982 als Geburtsstunde für „... eine umfassende Auseinandersetzung mit Fragen der internationalen Unternehmenstätigkeit in der deutschen Betriebswirtschaftslehre ..." gesehen (Perlitz 1997, S. 22).

[2] In zahlreichen Veröffentlichungen zu diesem Thema wird allerdings seitdem häufig auf die unzureichende theoretische Fundierung des IPM hingewiesen (vgl. z.B. Black, Mendenhall & Oddou 1991, S. 113; Scherm 1995, S. 3 ff.; Kammel & Teichelmann 1994, S. 32 f.). Zweifelsohne sind in den letzten Jahren zahlreiche empirische Untersuchungen durchgeführt worden, allen voran zu Fragestellungen aus dem Themenbereich der Personalentsendung, wie z.B. Rückrufraten, erforderliche Qualifikationen etc. (vgl. z.B. Bittner & Reisch 1996; Mendenhall & Oddou 2000). Was allerdings die konstatierte Theoriearmut anbelangt, so stellt Scherm mit Recht fest, dass sie generell dem Personalmanagement, also unabhängig von der Internationalisierung, anhaftet (ibid.). Ob nicht am Ende mehrere Funktionsbereiche der Betriebswirtschaft von dieser Theoriearmut betroffen sind und ob dies nicht zumindest teilweise aus einer Berührungsangst mit den Sozial- bzw. Geisteswissenschaften resultiert, all das sind Fragen, die den Rahmen dieses Aufsatzes sprengen würden (vgl. z.B. Weinand 2000).

Man kann den vorliegenden Aufsatz als eine Einführung in das IPM ansehen, dessen Schwerpunkte die drei o.g. Grundannahmen bilden. Die Thesen, welche darzustellen und zu diskutieren sein werden, sind:

a) Der Beitrag von Geert Hofstede zur Erfassung dessen, was Kulturunterschiede sind, reicht sowohl in theoretischer als auch in praktischer Hinsicht nicht aus.

b) Es ist bislang weder gelungen, den Erfolg von Auslandseinsätzen und den Vorbereitungen darauf – hier als Balanceakt bezeichnet – angemessen zu definieren, noch befriedigend zu beschreiben, wie ein gelungener Balanceakt zustande kommt.

c) Die Schwierigkeiten, Kulturunterschiede zu erfassen, sind nicht nur definitorischer Art, sondern auch und in mehreren Hinsichten auf methodische Fragen zurückzuführen.

In einem kurzen Ausblick werden am Ende dieses Papiers zwei Möglichkeiten zur besseren Erfassung von Kultur und Kulturunterschieden vorgestellt: Zum einen der Ansatz von Clifford Geertz und zum anderen die Umrisse des Konzepts eines eigenen Forschungsprojekts, das sich auf verschiedenen Ebenen auf den Ansatz von Geertz bezieht.

1   Was ist IPM? Eine erste Annäherung

Häufig beginnen Diskussionen über das IPM mit der Frage, was am IPM im Unterschied zum Personalmanagement anders sei (Scholz 1994, S. 761; Klimecki & Gmür 1998, S. 322 f.).

Ausgehend von einer Einteilung der Aktivitäten des Personalmanagements in Beschaffung, Einsatz, Aus- und Weiterbildung, Entlohnung, Beurteilung und Beförderung von Mitarbeitern, gelangt Perlitz zu folgender Beschreibung: IPM befasst sich mit den Besonderheiten der o.g. Aktivitäten, wobei jene sich aus der Internationalisierung von Unternehmen im Personalbereich ergeben (Perlitz 1997, S. 467). Bedingt werden diese Besonderheiten nach Perlitz einerseits durch die Verschiedenartigkeit der Umweltfaktoren (wirtschaftlicher, rechtlicher, politischer und soziokultureller Art) und andererseits durch die unterschiedliche nationale Zugehörigkeit der Mitarbeiter mit ihren divergierenden Wertvorstellungen, Handelsmustern und Erfahrungen (ibid.).[3]

Was die Umweltfaktoren anbelangt, so hat Scholz (1994) in Anlehnung an Dülfers Schichtenmodell (Dülfer 1991, S. 210) die Andersartigkeit des IPM umfassend zu analysieren versucht. Er unterscheidet zwischen folgenden „Schichten" (Beispiele dafür in Klammern): Natürliche Gegebenheiten (Klima, geographische Lage), ökonomische Rahmenbedingungen (Lohnniveau, Arbeitskräftepotenzial), politische Rahmenbedingungen (Parteiensystem, Gewerkschaften), rechtliche Rahmenbedingungen (Mitbestimmungsgesetze, Arbeitnehmerschutzgesetze), kulturelle Rahmenbedingungen (Gerechtigkeitsempfinden und Motivationsstruktur, Gleichberechtigung von Mann und Frau).[4]

Im Vergleich zum Personalmanagement führen die o.g. Besonderheiten letztendlich zu einer höheren Komplexität[5], was sich an bestimmten Faktoren zeigt, so z.B. am stärkeren Einfluss

---

[3] Folgt man den Ausführungen Hofstedes zum Kulturbegriff, so kann man diese beiden Arten von „Verschiedenartigkeit" als „Kultur 1" und „Kultur 2" bezeichnen (Hofstede 1997, S. 2 ff.).

[4] Problematisch an diesem Modell ist u.a. die Zuordnung des Faktors „Bildungssystem". Er wird unter den politischen Rahmenbedingungen aufgeführt, was so zumindest nicht selbstverständlich ist.

[5] In Anlehnung an Dörner kann man zur Erläuterung dieses Begriffs drei zentrale Aspekte der Komplexität aufführen: Dynamik, Vernetztheit und mangelnde Transparenz (vgl. Sader 2000, S. 114 ff.)

auf die Privatsphäre des Personals sowie an dem erhöhten Risiko. Letzteres bezieht sich z.B. auf Krankheiten, Kriege etc. (siehe z.B. Scholz 1994, S. 763 ff.).

Unterschiede in den Zielgruppen werden in der Regel anhand der Personaldreiteilung innerhalb des IPM in „host-country nationals", „parent-country nationals" und „third-country nationals" aufgezeigt.[6] Die Vor- und Nachteile des Einsatzes der drei Typen des Personals können wie folgt (unkommentiert) angegeben werden (in Anlehnung an Dowling, Welch & Schuler 1999, S. 69 ff., insbesondere S. 77):

Parent-Country Nationals (PCNs)

Advantages

• Organizational control and coordination is maintained and facilitated.
• Promising managers are given international experience.
• PCNs may be the best people for the job because of special skills and experiences.
• There is assurance that subsidiary will comply with company objectives, policies, and so on.

Disadvantages

• The promotional opportunities of HCNs are limited.
• Adaptation to host country may take a long time.
• PCNs may impose an inappropriate HQ style.
• Compensation for PCNs and HCNs may differ.

Third-Country Nationals (TCNs)

Advantages

• Salary and benefit requirements may be lower than for PCNs.
• TCNs may be better informed than PCNs about host-country environment.

Disadvantages

• Transfers must consider possible national animosities (e.g., India and Pakistan).
• The host government may resent hiring TCNs.
• TCNs may not want to return to their own countries after assignment.

Host-Country Nationals (HCNs)

Advantages

• Language and other barriers are eliminated.
• Hiring costs are reduced, and no work permit is required.
• Continuity of management improves, since HCNs stay longer in positions.
• Government policy may dictate hiring of HCNs.
• Morale among HCNs may improve as they see career potential.

Disadvantages

• Control and coordination of HQ may be impeded.
• HCNs have limited career opportunity outside the subsidiary.
• Hiring HCNs limits opportunities for PCNs to gain foreign experience.
• Hiring HCNs could encourage a federation of national rather than global units.

---

[6] Eine weitere Kategorie von Expatriates wird gelegentlich hinzugefügt: Als „Transpatriates" werden diejenigen Expatriates bezeichnet, die öfters „nach Ende einer befristeten Versetzung nicht ins Heimatland zurückkehren, sondern zu einem weiteren ausländischen Einsatzort wechseln" (Pawlik 2000, S. 3).

Diese Einteilung entspricht derjenigen, welche Perlmutter zur Unterscheidung von Grundstrategien der Internationalisierung eingeführt hat (Perlmutter 1969; Kammel & Teichelmann 1994, S. 30 ff.). In seiner theoretischen Arbeit (ohne Verwendung empirischen Materials) führte Perlmutter schwerpunktmäßig das Kriterium „Human Resource Management" an und gelangte zu drei Kategorien von internationalen Unternehmungen in Bezug auf deren IPM-Grundstrategien: *Polyzentrische, ethnozentrische* und *geozentrische* Unternehmungen (vgl. dazu z.B. Scholz 1994, S. 794 ff.).

Zur Gesamtdarstellung der Hauptelemente des IPM wird in der Literatur das folgende dreidimensionale Modell aufgeführt (siehe z.B. Dowling et al. 1999, S. 3):

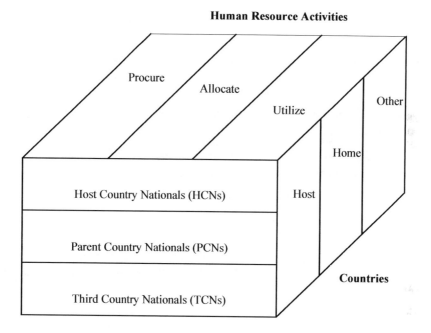

Abb. 1: Hauptelemente des IPM (vgl. Dowling et al. 1999)

2 Grundannahmen des IPM

Man kann nun die Antwort Perlitz' auf die Frage, was am IPM im Unterschied zum Personalmanagement anders sei, vereinfacht wie folgt zusammenfassen: IPM ist immer dann erforderlich, wenn Unternehmen international agieren und folglich mit kulturellen Unterschieden konfrontiert werden, die zum einen auf der Länder- bzw. Gesellschaftsebene (Umweltfaktoren), zum anderen auf der individuellen Ebene (Werte, Handlungsmuster und Erfahrungen) zu verorten sind. Insgesamt führen die Unterschiede zu einer höheren Komplexität, die mehr Konfliktpotenzial birgt.

Erläuterungsbedürftig in den Ausführungen Perlitz' sind mindestens zwei Aspekte:

a) der Begriff der Kultur[7] bzw. der kulturellen Unterschiede und

b) der Begriff der Internationalisierung.

2.1   Kultur[8] und kulturelle Unterschiede

In seiner ambitionierten Suche nach den „menschlichen Konstanten"[9] bei allen Veränderungen (Hofstede 1997) versteht Hofstede Kultur, freilich in einem metaphorischen Sinne, als mentale Software, „... welche Reaktionen angesichts der persönlichen Vergangenheit wahrscheinlich und verständlich ..." macht (ibid., S. 3). In einem Dreiebenenmodell lokalisiert er Kultur als Zwischenebene zwischen der menschlichen Natur auf der einen und der Persönlichkeit auf der anderen Seite (ibid., S. 5; vgl. Abb. 2).[10]

Und er fügt zur obigen Definition hinzu: „Kultur ... ist ein kollektives Phänomen ... sie ist die kollektive Programmierung des Geistes, die die Mitglieder einer Gruppe oder Kategorie von Menschen von einer anderen unterscheidet" (ibid., S. 4).

Die Erfassung von Unterschieden zwischen nationalen Kulturen im betrieblichen Kontext hat Hofstede in den Jahren 1969 bis 1973 in einer breit angelegten Studie in IBM-Niederlassungen (in über 50 Ländern, 116000 Fragebögen) mit Hilfe von vier Dimensionen[11] zu bewerkstelligen versucht, wobei eine Dimension „... ein Aspekt einer Kultur [ist], der sich im Verhältnis zu anderen Kulturen messen lässt" (ibid., S. 17) :

•   Dimension Machtdistanz: „spiegelt [sich in dem] Spektrum der möglichen Antworten wider, die in den verschiedenen Kulturen auf die Frage, wie man mit der Tatsache umgehen soll, dass die Menschen ungleich sind" (ibid., S. 27);

---

[7] Scherm sieht die Erfassung von Kultur als das „bis heute nicht gelöste Kernproblem der interkulturellen Managementforschung" (Scherm 1995, S. 32).

[8] Das Lehnwort aus dem Lateinischen („cultura" = Ackerbau) wurde erst mit Pufendorf als Gegenbegriff zur werklosen Natur verwendet und auf das Gruppenleben bezogen (Rudolph in Ritter 1976, S. 1310). Herder betonte zum ersten Mal die Geschichtlichkeit von Kultur und spricht von der „... Lebensgestalt und -form von Nationen, Völkern, Gemeinschaften ..." (ibid.). Einen umfassenden Überblick auf die verschiedenen Definitionen von Kultur (auch der zahlreichen von Kroeber und Kluckhohn) liefert Weinand (Weinand 2000, S. 14 ff.).

[9] Damit meint er vier Grundproblembereiche, die seiner Ansicht nach in allen Kulturen vorzufinden sind. Diese sind nach Hofstede: a) soziale Ungleichheit (einschließlich des Verhältnisses zur Autorität); b) Beziehungen zwischen dem Individuum und der Gesellschaft; c) Vorstellungen von Maskulinität und Femininität; d) die Art und Weise, mit Ungewissheit umzugehen. Unterschiede zwischen Nationalkulturen betreffen die Lösungsansätze zur Bewältigung dieser Grundproblembereiche (ibid. S. 16 f.). Die Annahme, dass menschliche Konstanten unabhängig von der kulturellen Einbettung existieren, wird von der modernen Anthropologie bestritten: „Whatever else modern anthropology asserts ... it is firm in the conviction that men unmodified by the customs of particular places do not in fact exist, have never existed, and most important, could not in the very case of nature exist" (Geertz 1993, S. 35).

[10] Der Zusammenhang zwischen Kultur und Persönlichkeit lässt sich besser als bei Hofstede mit den Worten von Holodynski und Friedlmeier wie folgt beschreiben: "Erzieher repräsentieren kulturspezifische Modelle ..." und Menschen „... transformier[en] die in der Kultur vorgezeichneten Modelle zu etwas Persönlichem, vermittelt durch die Sozialisation" (Friedlmeier & Holodynski 1999, S. 20).

[11] Hofstede hat in seinen späteren Arbeiten und basierend auf der Studie Bonds in Fernost (sogenannte chinesische Studie) eine fünfte Dimension aufgenommen, nämlich langfristige versus kurzfristige Orientierung im Leben (Hofstede 1997, S. 18, S. 226 ff.). Eine Weiterführung des Dimensionenkonzepts findet sich bei Trompenaars und Hall (vgl. z.B. Pawlik 2000, S. 47).

- Dimension Individualismus versus Kollektivismus: Hat das Interesse des Individuums Vorrang vor demjenigen der Gruppe, so wird die Kultur als individualistisch bezeichnet. Kollektivistische Kulturen dagegen liegen vor, wenn das Interesse der Gruppe demjenigen des Individuums übergeordnet ist (ibid., S. 64 f.);

- Dimension Maskulinität versus Femininität: Maskuline Eigenschaften sind u.a. Wettbewerbs- und Einkommensorientierung. Feminine Eigenschaften sind dagegen u.a. soziale und gefühlsbetonte Orientierungen;

- Dimension Unsicherheitsvermeidung: wird daran gemessen, wie stark „... die Mitglieder einer Kultur sich durch ungewisse oder unbekannte Situationen bedroht fühlen" (ibid., S. 156).

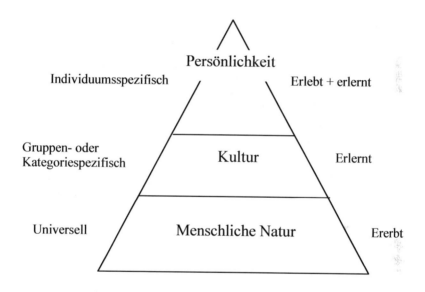

Abb. 2: Dreiebenenmodell (aus: Hofstede 1997, S. 5)

Durch die Bildung von Indizes bzw. auf der Basis ihrer Punktwerte für die vier Dimensionen kann man Ländergruppen identifizieren, die eine empirische Typologie darstellen: „Die über 50 Länder der IBM-Studie konnten nach ihren Punktzahlen für die vier Dimensionen in 13 derartige Ländergruppen eingeteilt werden" (ibid., S. 19). Abbildung 3 zeigt beispielhaft die Bildung von Ländergruppen.

Nun hat Hofstede nicht nur die allgemeinen Unterschiede zwischen Nationalkulturen im betrieblichen Kontext zu erfassen versucht. Darüber hinaus finden sich bei ihm Analysen zu Unterschieden innerhalb einer Nationalkultur, die durch sozialen Status, Beruf und Bildungsniveau bedingt sind. Hofstede geht in seinem Werk „Lokales Denken, globales Handeln" darauf ein, inwiefern die o.g. Variablen zu Unterschieden in der „mentalen Programmierung" führen. Er konzediert allerdings, dass sich Klassen- bzw. Subkulturen nur teilweise mithilfe der vier Dimensionen einteilen lassen (ibid., S. 22) und hebt damit die starke Verallgemeinerung der Ergebnisse seiner Studie hervor.

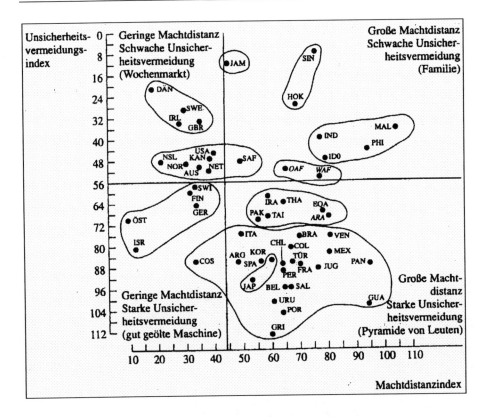

Abb. 3: Position der 50 untersuchten Länder und drei Regionen bezüglich der Dimensionen
         Unsicherheitsvermeidung und Machtdistanz (aus: Hofstede 1997, S. 197; für die
         Abkürzungen der Länderbezeichnungen vgl. S. 72)

Gerade in solchen Gesellschaften, die durch ausgeprägte Ungleichheiten gekennzeichnet sind,
was in der Regel mit sozialer Fragmentierung einhergeht, ist es fragwürdig, ob die Anwendung von Dimensionen über alle sozialen Schichten hinweg noch zulässig ist.[12] Es trifft also
zu, wenn Erten-Buch & Mattl, ausgehend von den Ausführungen Wimmers (Wimmer 1996),
schreiben: Es ist „.... nicht zielführend und zu vereinfachend, eine Kultur als homogenes,
unveränderliches Ganzes zu betrachten" (Erten-Buch & Mattl 1999, S. 330).

Unabhängig von der Diskussion um die Dimensionen zur Erfassung kultureller Unterschiede,
mag man die Annahme Hofstedes, dass es im Bereich des Management tatsächlich Kulturunterschiede gibt, hinterfragen. Der alte akademische Streit in der kulturvergleichenden Managementforschung zwischen Universalisten auf der einen und Kulturalisten auf der anderen
Seite kreist genau um diese Frage.[13]

---

[12] Auch im Lichte der Befunde des UNDP, wonach die Ungleichheit in den meisten Ländern in den
letzten 10 Jahren zugenommen hat (und positiv mit der Globalisierung korreliert), wirkt es noch unzulässiger, eine Gesellschaft als homogene kulturelle Entität zu verstehen und aggregierte Dimensionen-
Indizes (d.h. über alle sozialen Schichten hinweg) aufzustellen (vgl. UNDP 2000).

[13] Kulturalisten werden zuweilen Relativisten genannt (siehe z.B Kagitcibasi & Poortinga 2000).

Die *Universalisten* verweisen auf die Logik der Industrialisierung und beharren auf der These, dass effektives bzw. effizientes Management allgemeingültig und insofern in jedwede Kultur transferierbar sei. *Kulturalisten* hingegen postulieren die Abhängigkeit des Management von der Kultur und leugnen somit die Allgemeingültigkeit und folglich die schlichte Transferierbarkeit (vgl. z.B. Kammel & Teichelmann 1994, S. 37). Die Stimmen in der wissenschaftlichen Diskussion, welche davon ausgehen, dass „this issue will probably be seen more and more as a fruitless dichotomy" (Kagitcibasi & Poortinga 2000, S. 129), mehren sich.

Eine Einteilung der möglichen Antworten auf die Frage nach den Kulturunterschieden im betrieblichen Kontext drückt sich in den drei programmatischen Begriffen aus: *Kulturkonvergenz*, *Kulturdivergenz* und *Kulturkorridor*. Hinter diesen drei Begriffen steckt jeweils ein Programm:

Die Anhänger der Vorstellung von *Kulturkonvergenz* gehen davon aus, dass Kulturen sich annähern und dass es lediglich eine Frage der Zeit ist, bis sie sich angeglichen haben werden. Als Belege dafür werden meistens Kleidungs-, Essens- und Konsumentenpräferenzen aufgeführt (Jeans, McWorld etc.). Die voranschreitende Globalisierung wird als weitere Stütze für diese These verwendet (vgl. z.B. Kammel & Teichelmann 1994).

Der Begriff der *Kulturdivergenz* hingegen will die Unterschiede hervorheben und beinhaltet die These, dass Kulturen, auch wenn vielleicht hie und da äußere Angleichungen stattfinden, „im Kern" stets unterschiedlich sind und bleiben werden (ibid.). Belegt wird dieses Programm häufig mit Beispielen aus dem Bereich der interkulturellen Kommunikation. Es werden genauer sogenannte kritische Ereignisse („critical incidents") dargestellt, in denen die Kommunikation zwischen den Interaktionspartnern aufgrund von kulturellen Unterschieden und den dadurch bedingten Attributionsunterschieden schwierig und zum Teil konfliktgeladen wird (vgl. z.B. Thomas 1996).[14]

Das Programm „*Kulturkorridor*" schließlich, so Scholz, ist ein realistischer Kompromiss zwischen den beiden anderen extremen und kaum haltbaren Programmen (Scholz 1994, S. 778 ff.). Ausgehend von der These, dass Kulturen aus den drei Bestandteilen Artefakte, Werte und Grundannahmen bestehen,[15] konkretisiert Scholz den Begriff des Kulturkorridors räumlich als den Ort gemeinsamer kultureller Elemente, der eben zwei Kulturräume verbindet und außerhalb dessen Kulturunterschiede herrschen (ibid.). Der Kulturkorridor in Europa, so

---

[14] Wird die Frage nach Kulturkonvergenz bzw. -divergenz präzisiert und auf bestimmte Untersuchungsbereiche bezogen, so zeigt sich anhand empirischer Untersuchungen, dass die Antwort nicht in einem schlichten Ja bzw. Nein bestehen kann. Als Ergebnis einer empirischen Untersuchung zu der Frage, ob „policies" und Praktiken des Personalmanagement von Organisationen in verschiedenen Ländern konvergieren bzw. divergieren, kommen Sparrow, Schuler & Jackson zu folgendem Ergebnis: „The differences are probably better described as being more "in degree" than "in kind." Thus while it might be tempting to conclude that there is clearly a convergence rather than divergence in the practices and policies used by organisations to manage their human resources, this might be overstating the reality (as well as the complexity) of managing human resources effectively. Employees do reflect the larger society and culture from which they come to the organisation. From this they bring education and skill, attitudes toward work and organisation and general expectations about their role and responsibility in the organisation. The impact and relevance of these should not be understated. Thus while it may be tempting to conclude by using the term "convergence," it may be more an attempt to simplify reality prematurely" (Sparrow, Schuler & Jackson in Mendenhall & Oddou 2000, S. 66).

[15] Schein (1985) wie auch Scholz (1994) nehmen hier Bezug auf den erweiterten Kulturbegriff, der in der Ethnologie üblich geworden ist. Danach wird Kultur betrachtet als Bündel von wahrnehmbaren Phänomenen wie Handlungen, Sprachäußerungen, Artefakten (Objektivationen) und tiefer liegenden, nicht wahrnehmbaren Phänomenen wie Werten, Normen und Einstellungen (Subjektivationen) (Roth in Hahn 1999, S. 95 f.).

Scholz, ist der wertebezogene gemeinsame Nenner für die einzelnen Nationalkulturen (ibid.). Diese Betrachtung von Kulturen hat den erheblichen Vorteil, nicht nur Unterschiede, sondern ebenso die Gemeinsamkeiten, welche Kulturen aufweisen, in den Blick zu nehmen (vgl. auch Kammel & Teichelmann 1994, S. 33).

2.2   Internationalisierung und Typologisierung von Unternehmen

Wie oben bereits erwähnt wurde, ist der Begriff der Internationalisierung erläuterungsbedürftig. Denn: Neben der Tatsache, dass kaum eine einheitliche Verwendung dieses Begriffs festzustellen ist, reicht das Spektrum der Versuche, ihn zu definieren, von „... bestimmten Formen des Markteintritts ... zur Führung ausländischer Tochterunternehmen, bis hin zur abstrakten Gleichsetzung von Internationalisierung und grenzüberschreitender Auslandstätigkeit" (Perlitz 1997, S. 9). Und die Versuche, den Grad der Internationalisierung zu messen, sind ebenso zahlreich (Exportquoten, internationaler Wettbewerb, Direktinvestitionen etc.). Neben den Ansätzen, diesen Grad quantitativ zu erfassen, besteht eine qualitative Orientierung, wonach ein Unternehmen nur dann als international zu bezeichnen ist, wenn „... die Auslandsaktivitäten zur Erreichung und Sicherstellung der Unternehmensziele von wesentlicher Bedeutung sind" (Perlitz 1997, S. 11). Kammel & Teichelmann führen als qualitative Kriterien auf: Die Ausrichtung

- der Unternehmenspolitik auf die internationale Geschäftstätigkeit;

- der Organisationsstruktur und -kultur auf die internationale Geschäftstätigkeit;

- der Qualifikation und Struktur der Mitarbeiter auf die internationale Geschäftstätigkeit (Kammel & Teichelmann 1994, S. 6 f.).

In diesem Zusammenhang ist zu erwähnen, dass sich die Bezeichnung „Multinational Company (MNC)" in den letzten zehn Jahren im Rahmen der angelsächsischen Diskussion um die Typologisierung internationaler Unternehmen durchzusetzen scheint. So heißt es bei Harzing: „... we prefer to use the term multinational as a general term for companies operating internationally" (Harzing 2000, S. 116).

Den heute meist zitierten Ansatz zur Typologisierung von Unternehmen lieferten Bartlett und Ghoshal (vgl. Harzing 2000). Insgesamt sieben Kriterien zur Kategorisierung wurden dabei herangezogen: „Environment/Industry, Corporate level strategy, Corporate level organizational design, Subsidiary strategy/role, Subsidiary structure, Control mechanisms, Human resource practices" (Harzing 2000, S. 102). Ausgehend von diesen Kriterien und basierend auf empirischen Arbeiten gelangten Bartlett & Ghoshal zu vier Typen international agierender Unternehmungen: "Multinational, International, Global, Transnational". Harzing konnte nachweisen, dass die Unterscheidung in drei Typen von international agierenden Unternehmen („global, multidomestic[16], transnational") sinnvoll ist (Harzing 2000). Der zweite Typ, „international", hingegen gilt heute weder konzeptionell noch empirisch als abgesichert (ibid., S. 107). Die von Harzing für die Typologie verwendeten Kriterien lauten: „Corporate Strategy and Organizational Design, Local Responsiveness, Interdependence" (ibid.). *Globale MNCs* „operate in industries with relatively standardized consumer needs ... [they are] very dependent on headquarters for their sales and purchases ... If they are locally responsive, it is ... in the area of marketing adaptation" (ibid., S. 115). *Multidomestic MNCs* sind das Gegenteil von

---

[16] Harzing hat den Typus von Unternehmen, welcher bei Bartlett und Ghoshal „multinational" hieß, durch die Bezeichnung "multidomestic" ersetzt. „Multinational" wird also, wie bereits erwähnt, zum Oberbegriff.

globalen MNCs: "Products or services are differentiated ... Subsidiaries operate relatively independently from other subsidiaries and especially from headquarters ... [and] Subsidiaries are responsive to the local market" (ibid.). *Transnationale MNCs* schließlich "respond simultaneously to the sometimes-conflicting strategic needs of global efficiency and national responsiveness ... The company[ies] can be characterized as ... interdependent networks[s] ... Subsidiaries ... are more dependent on other subsidiaries for their inputs and outputs than on headquarters" (ibid.).

Vor allem dem Kriterium „local responsiveness" wird bei der Typologisierung hohe Bedeutung beigemessen (Kanter & Dretler in Mendenhall & Oddou 2000, S. 4 ff.). Darunter wird verstanden „... the extent to which subsidiaries respond to local differences in customer preferences ..." (Harzing 2000, S. 108). Gemessen wird "responsiveness" anhand folgender Faktoren: "local production, local R&D, product modification, adaptation of marketing" (ibid., S. 110).

In ihrer Analyse von "local responsiveness" ersetzen Kanter & Dretler den Begriff „multinational" durch "multilocal", um die Bedeutung des Aspekts der „local responsiveness" zu unterstreichen (in Mendenhall & Oddou 2000, S. 4ff.). Sie definieren erfolgreiche „multilocal companies" durch „... the link between global strategy and local mastery" (ibid.). Schuler, Dowling & De Cieri folgen diesem Ansatz, wenn sie die fundamentale Annahme des IPM wie folgt angeben: „Balancing the needs of co-ordination, control and autonomy and maintaining the appropriate balance are critical to the success ... in being locally competitive, efficient, sensitive to the local environment, flexible and capable of creating an organization in which learning and the transfer of knowledge are feasible" (Schuler, Dowling & De Cieri in Schuler & Jackson 1999, S. 327).

„Balancing the needs" auf der Unternehmensebene verläuft somit zwischen den zwei Extremen globaler Integration auf der einen und lokaler Anpassung auf der anderen Seite.[17] Nachfolgend soll darauf eingegangen werden, was „Balancing the needs" (ibid.) in Bezug auf Expatriates in den internationalen Einsätzen bedeutet.

2.3 Erfolgsfaktoren bei Auslandseinsätzen

Ausgehend von Ergebnissen der Migrationsforschung verwendet Tung zwei Determinanten, um eine Typologisierung von Verhaltensmustern in der Interaktion zwischen Expatriates und Einheimischen vorzunehmen: Zum einen „... preservation of own culture" und zum anderen „attraction to partner's culture". Sie gelangt zu den in Abbildung 4 dargestellten vier Typen (Tung in Mendenhall & Oddou 2000, S. 488).

Von den vier Interaktionsmustern wird die Integration als dasjenige Muster hervorgehoben, das in internationalen Einsätzen die besten Erfolgschancen hat. Aus ihrer breit angelegten Studie unter amerikanischen Expatriates folgert Tung, dass „... expatriates realize that in a global economy, they have to balance the conflicting demands between global integration, on the one hand, and local responsiveness, on the other" (ibid., S. 493). Integration ist somit als gelungener Balanceakt zu verstehen, eben zwischen Bewahrung der eigenen Kultur und „local

---

[17] Die zwei Pole (globale Integration und lokale Anpassung) durchziehen sowohl die Unterscheidung Perlmutters zwischen den o.g. drei Grundstrategien (siehe z.B. Scholz 1994, S. 794 ff.) als auch die drei Transferstrategien: Monokulturelle Strategie, multikulturelle Strategie und Mischkulturstrategie (ibid., S. 807 ff.).

responsiveness", d.h. Empfänglichkeit/Aufnahmebereitschaft etc. im Hinblick auf die Gastlandkultur. [18]

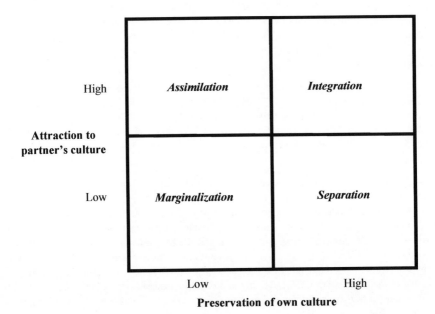

High   *Assimilation*   **Integration**

**Attraction to
partner's culture**

Low   *Marginalization*   *Separation*

Low   High
Preservation of own culture

Abb. 4: Typologisierung von Interaktionsmustern (aus: Tung in Mendenhall & Oddou 2000)

Will man nun genauer wissen, was dieser Balanceakt ist bzw. wie man ihn messen könnte, so stellt man bei Tung mit Verwunderung fest, dass in ihrer Studie keine expliziten Befragungsitems zum Thema „preservation of own culture" zu finden sind. Fragen zu Einstellungen gegenüber der Kultur des Gastlandes sind zahlreich, auch sind Items zum Loyalitätsverhältnis Muttergesellschaft versus Tochtergesellschaft vorhanden. Echte Fragen zum Verhältnis der Expatriates zur eigenen Kultur fehlen hingegen gänzlich (ibid.). Implizite Fragen zur eigenen Kultur sind entweder in Items zum Verhältnis der Expatriates zu den eigenen Landsleuten im Ausland (ibid., S. 493) sowie zur Muttergesellschaft oder in Items zur „Auswahl" von kulturellen Elementen aus der Gastlandkultur und der eigenen Kultur eingebettet. Letzteres weist jedoch einen logischen Lapsus auf: Elemente aus der eigenen Kultur können zumindest nicht in der Weise „ausgewählt" werden, wie man Elemente aus einer anderen Kultur auswählt. Ohnehin sind die Begriffe „... select ..." und „... choose ..." (ibid., S. 493). völlig ungeeignet, die Unterschiede in den Einstellungen von Expatriates zur eigenen Kultur zu beleuchten.

In den Ausführungen Tungs bleibt die Frage letztendlich offen, wie nun der oben genannte Balanceakt zu erfassen ist. Diese Unklarheit setzt sich auch in den Diskussionen um die Vorbereitung auf Auslandseinsätze fort.

---

[18] In seiner Untersuchung zu interkulturellen Arbeitsgruppen führt Thomas vier Arten auf, wie man interkulturelle Divergenzen regulieren kann. Die eine Art, genannt Synthese, entspricht dem Typus der Integration bei Tung (Thomas 1999, S. 528 f.).

2.4 Der Balanceakt in der Vorbereitung auf Auslandseinsätze

In der Literatur zur internationalen Personalentwicklung finden sich verschiedene Ansätze zur Kategorisierung von Trainingsmaßnahmen, die als Vorbereitung auf Auslandseinsätze dienen (vgl. z.B. Black & Mendenhall in Mendenhall & Oddou 2000, S. 442 ff.; Scholz 1994, S. 839 ff.; Klimecki & Gmür 1998, S. 330 f.).[19] Der Ansatz von Black & Mendenhall (ibid.) basiert auf der Theorie Banduras zum sozialen Lernen (Bandura in Gudjons 1999, S. 220 f.). Die verschiedenen Formen der Auslandsvorbereitung werden anhand der Kriterien „training rigor"[20] und „modeling process" kategorisiert, wobei beide Kriterien wiederum eingeteilt werden (Black & Mendenhall in Mendenhall & Oddou 2000, S. 453):

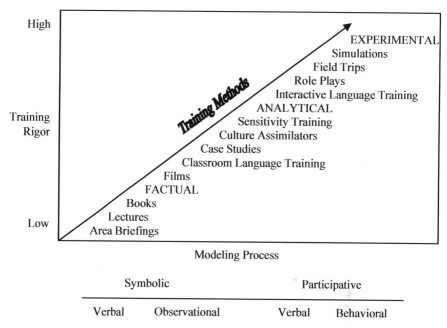

Abb. 5: Methoden der Auslandsvorbereitung (aus: Black & Mendenhall in Mendenhall und Oddou 2000, S. 453)

Nun mag es durchaus sinnvoll erscheinen, Trainingsmaßnahmen mit Hilfe der Theorie Banduras auf ihre Wirkung hin zu untersuchen und entsprechende Empfehlungen abzuleiten. Wirkung definiert sich aber bei Black & Mendenhall durch den Faktor, inwieweit eine Verhaltensanpassung an die fremde Kultur – im Sinne von Übernahme des Verhaltens – durch den Lernprozess evoziert werden kann: „... the more rigorous the training the more effective the training will be in terms of the trainee being able to actually and appropriately execute the learned behavior" (ibid.). Es geht also um die „reproduction proficiency". Und da stellt sich die Frage, ob die Übernahme fremder Verhaltensmuster das Ziel aller Trainingsmaßnahmen sein soll. Es ist nicht einleuchtend, dass die Determinante der „preservation of own culture" (siehe oben) schlicht ignoriert wird. Durch die Weglassung dieser Determinante kommen

---

[19] Üblich ist die Einteilung nach folgenden Kriterien: „Culture general" versus „culture specific" und „experiental discovery" versus „didactic expository" (vgl. z.B. Scherm 1995, S. 241 ff.).
[20] Rigor meint „... the degree of cognitive involvement of the learner or trainee" (ibid. S. 451).

Black & Mendenhall zu der Schlussfolgerung, dass z.B. „field visits ... are more rigorous than the culture assimilator" (ibid. S. 453).

3   Resümee

Unser Versuch, die eingangs vorgestellte Definition von IPM (Perlitz) zu analysieren, hat ergeben,

a) dass der Balanceakt zwischen globaler Integration und lokaler Anpassung als Grundannahme des IPM angesehen wird;

b) dass eben dieser Balanceakt dem Versuch von Harzing zugrunde liegt, international agierende Unternehmen im Rekurs auf den Ansatz von Bartlett & Ghoshal zu typologisieren;

c) dass auf der individuellen Ebene ein Balanceakt zwischen „local responsiveness" und „preservation of own culture" als Kriterium zur Unterscheidung zwischen Verhaltensmustern von Expatriates verwendet wird; und schließlich

d) dass der Haupterfolgsfaktor bei Auslandseinsätzen darin gesehen wird, inwieweit eben dieser Balanceakt gelingt.

Unsere Analyse sieht sich aber auch mit folgenden Problembereichen konfrontiert:

• Unklarheit in der Erfassung kultureller Unterschiede und Gemeinsamkeiten;

• Unklarheit in der Bestimmung des Erfolgs interkultureller Begegnungen (Auslandseinsätze) sowie der Vorbereitung auf sie.

Aus den Diskussionen der Ansätze von Hofstede, Tung sowie Black und Mendenhall u.a. ergeben sich vier Kritikpunkte:

1. Hofstedes Ansatz läuft darauf hinaus, Kulturen als homogene Entitäten zu behandeln. Die vier Dimensionen zur Erfassung von Unterschieden zwischen nationalen Kulturen sind ungeeignet, die Unterschiede innerhalb der nationalen Kulturen zwischen verschiedenen Gruppen (Subkulturen, Milieus etc.) zu beschreiben.

2. Von den zwei Determinanten zur Bestimmung des Erfolgs bei Auslandseinsätzen[21] („local responsiveness" auf der einen und „preservation of own culture" auf der anderen Seite) wird in den Untersuchungen Tungs die Determinante „preservation of own culture" nicht adäquat erfasst.

3. Dass diese Determinante unbelichtet bleibt, zeigt sich auch an den Ausführungen von Black & Mendenhall zu den Vorbereitungen auf Auslandseinsätze. Darüber hinaus bedeutet der Balanceakt bei ihnen lediglich die Reproduktion fremden Verhaltens.

4. Was ein gelungener Balanceakt zwischen „local responsiveness" auf der einen und „preservation of own culture" auf der anderen Seite nun ist und wie er zustande kommt, ist bis dato nicht befriedigend geklärt.

---

[21] Misst man den Erfolg von Auslandseinsätzen anhand betriebswirtschaftlicher Kriterien, so dient interkulturelle Verständigung nicht als Ziel an sich, sondern als Mittel, (funktional) um betriebswirtschaftliche Ziele zu erreichen. Gemeinhin beziehen sich Unternehmensziele auf Unternehmenswert, Marktwert, Shareholder Value, Gewinn u.ä. (vgl. dazu z.B. Hirschey & Pappas 1992, S. 4 ff.). In den Untersuchungen des Instituts für interkulturelles Management wird der Erfolg von Auslandseinsätzen hingegen nicht in Bezug auf betriebswirtschaftliche Unternehmensziele definiert. Die Befragten geben – ohne Vorgabe von Dimensionen o.ä. – an, welche Erfolgsfaktoren ihrer Ansicht nach entscheidend sind (Bittner & Reisch 1996).

Als sinnvolle Alternative zu den experimentellen Ansätzen[22] zur Analyse von Kulturen anhand von Dimensionen (Hofstede, Trompenaars, Hall) sei nachfolgend kurz und in Form eines Ausblicks auf die hermeneutische Vorgehensweise[23] von Clifford Geertz eingegangen. Abschließend wird ein Forschungsprojekt vorgestellt, das dem Themenkomplex „Erfolg von Einsätzen in arabischen Ländern" gewidmet ist.

4 Ausblick

4.1 Der Ansatz von Clifford Geertz

„Ich meine mit Max Weber, dass der Mensch ein Wesen ist, das in selbstgesponnene Bedeutungsgewebe verstrickt ist, wobei ich Kultur als dieses Gewebe ansehe" (Geertz 1987, S. 9). Die Verstrickung meint, dass Menschen sich in Symbolen, zunächst ohne ihr Zutun, befinden. Die Bedeutungsgewebe wiederum sind ein „... set of control mechanisms – plans, recipes, rules, instructions (what computer engineers call „programs") – for the governing of behavior" (Geertz 1993, S. 44). Die signifikanten Symbole, die Menschen zunächst vorfinden, sind "... words for the most part but also gestures, musical sounds, mechanical devices like clocks, or natural objects like jewels ..." (ibid. S. 45). Während die „... behavioral patterns of lower animals are, at least to a much greater extent, given to them with their physical structure ..." (ibid. S. 47), benötigen Menschen Kontrollmechanismen „... to put a construction upon the events through which [they] live, to orient [themselves] within the ongoing course of experienced things" (ibid.) Insgesamt sind wir, so Geertz, eher unfertige Geschöpfe, welche sich durch Kultur entwickeln. Dabei geht es ihm allerdings *nicht* darum, Universalien aufzustellen (wie dies z.B. Hofstede tut, siehe oben). Vielmehr will er die je einmalige Art und Weise beleuchten, wie jedes Individuum die vorgegebenen Bedeutungsgewebe in sein Handeln transformiert *und* diese dabei gestaltet. Auf der einen Seite formt uns die Kultur als Spezies oder als Angehörige eines bestimmten Kulturkreises. Auf der anderen Seite aber entstehen dabei durch unser Handeln stets unterschiedliche Individuen, die wiederum die Kultur formen (ibid.).

Mit diesem semiotischen Kulturbegriff[24] stellt Geertz das Programm für die hermeneutische Anthropologie auf, man möge sich „... von den funktionalistischen Beschreibungen der den Gesellschaften zugrunde liegenden Mechanismen [verabschieden,] ... sich um deutende Beschreibungen der von diesen Gesellschaften getragenen Lebensformen ..." der einzelnen Individuen bemühen (Geertz 1987, S. 288) und „the thrill of learning singular things" entdecken (Geertz 1993, S. 44). Die hermeneutische Untersuchung ist seines Erachtens keine experimentelle Wissenschaft, die nach Gesetzen, sondern eine interpretierende, die nach

---

[22] Eine breite Darstellung dieser Ansätze liefert Weinand (Weinand 2000).

[23] Hermeneutik ist die Kunst des Verkündens, Dolmetschens, Erklärens und Auslegens (Gadamer in Ritter 1976, S. 1062 ff.). Geertz' erklärtes Ziel war es „... to make of anthropology, or anyway cultural anthropology, a hermeneutical discipline" (Geertz 1995, S. 114).

[24] Ausgehend davon definiert Wimmer Kultur „... als einen offenen und instabilen Prozess des Aushandelns von Bedeutungen ..., der kognitiv kompetente Akteure in unterschiedlichen Interessenlagen zueinander in Beziehung setzt und bei einer Kompromissbildung zur sozialen Abschließung (von Gruppen) und entsprechenden kulturellen Grenzmarkierung führt" (Wimmer 1996, S. 413). Das Ergebnis des Aushandlungsprozesses ist ein kultureller Kompromiss, der sich dann einstellt, wenn die Interaktionspartner ihre Interessen in einer gemeinsamen Symbolik formulieren können (vgl. Erten-Buch & Mattl 1999, S 330 f.).

Bedeutungen sucht.[25] Die deutende Beschreibung unterliegt der Denkfigur des hermeneutischen Zirkels, wonach das Verstehen einzelner Bausteine das Verstehen des Ganzen voraussetzt – und umgekehrt. Geertz macht dies am Beispiel des Fußballs deutlich: „Um einem Fußballspiel folgen zu können, muß man wissen, was ein Tor, ein Freistoß, ein Abseits, ein Libero und so weiter ist und worum es in diesem Spiel, zu dem all diese ‚Dinge' gehören, überhaupt geht" (Geertz 1987, S. 307).

Zwar stimmen Geertz und Hofstede in der Annahme überein,[26] dass man, um eine Wissenschaft verstehen zu können, nicht in erster Linie ihre Theorien ansehen soll, sondern das, was ihre Praktiker tun. Ein entscheidender Unterschied zwischen beiden Sichtweisen besteht jedoch darin, dass Geertz Lebensformen deutend nachgeht und dabei erfahrungsnahe Begriffe[27] verwendet. Hofstede hingegen befragt die Praktiker und versucht, ihre Antworten auf die Schablone der vier erfahrungsfernen Begriffe (Dimensionen, siehe oben) abzubilden. Ein weiterer wesentlicher Unterschied liegt im Stellenwert der Einzelfälle: Geertz betont immer wieder, dass die deutende Beschreibung von Einzelfällen auszugehen hat[28]: „If we want to discover what man amounts to, we can only find it in what men are: and what men are, above all other things, is various" (Geertz 1993, S. 52).

Der Vorzug des Deutungsansatzes gegenüber dem generalisierenden Konzept der vier Dimensionen von Hofstede lässt sich an den Untersuchungsergebnissen zur marokkanischen Kultur ablesen. Während Hofstede sich mit einem Index für Individualismus/Kollektivismus begnügt (Hofstede 1997, S. 68 ff.), interpretiert Geertz Lebensbeschreibungen und gelangt zu der Deutung: „Wie individualistisch, ja eigensinnig die Marokkaner auch sein mögen, ihre Identität ist ein Attribut, das sie ihrer Umwelt entlehnen" und sie sind mithin „... kontextualisierte Personen" (Geertz 1987, S. 303 f.). Dieses, der Umwelt entlehnte Attribut, drückt sich in dem erfahrungsnahen Begriff der „nisba" aus (ibid., S. 302 f.). Das arabische Wort *nisba* wird in der Hauptsache dann verwendet, wenn ein natürlich gegebener Zusammenhang und Zusammenhalt zwischen Menschen vorliegt, vornehmlich durch Familien- und Clanzugehörigkeit.[29] Wie differenziert und für subkulturelle Unterschiede offen die Deutung, welche Geertz liefert, ist, verdeutlicht folgendes Zitat: „Kategorisierungen nach Art des nisba-Systems führen paradoxerweise zu einem Hyperindividualismus in den öffentlichen Beziehungen: da sie nämlich nur eine unausgefüllte ... Umrißzeichnung dessen liefern, was die handelnden Personen sind ... [. Der] Rest, das heißt, fast alles, [bleibt] im eigentlichen Prozess der Interaktion auszufüllen" (ibid., S. 306). Mit Geertz kann man also nicht nur die Generalisierung bei Hofstede kritisieren, welche aus der Reduktion vieler Variablen auf vier Dimensionen entspringt,[30]

---

[25] Damit knüpft Geertz an den bereits Ende des 19. Jahrhunderts von Heinrich Rickert und Wilhelm Windelband aufgestellten Gegensatz zwischen der nomothetischen (gesetzesförmigen) und der idiographischen (individualisierenden) Methode (vgl. Jung 1997) an. Eine eingehende Analyse dieses Gegensatzes muss hier ausbleiben, da sie den Rahmen dieses Aufsatzes sprengen würde.

[26] Dass beide bei den Versuchen, den Begriff der Kultur zu definieren, von „programs" sprechen, heißt nicht, dass beide vom gleichen Konzept ausgehen.

[27] Dies sind Begriffe, die Praktiker natürlich und mühelos verwenden. Der Begriff der Angst z.B. ist ein erfahrungsnaher Begriff, der Begriff „Phobie" hingegen ist ein erfahrungsferner Begriff, der eher von Spezialisten gebraucht wird (Geertz 1987, S. 291 f.).

[28] Dafür verwendet er den Begriff „circumstantial understanding" (Geertz 1993, S. 51).

[29] Für die weiteren Konnotationen dieses Begriffs vgl. Geertz 1987, S. 302 f.

[30] Thomas versteht Kultur als ein für eine Gesellschaft, Organisation und Gruppe „... sehr typisches Orientierungssystem", wobei die zentralen Merkmale des kulturspezifischen Orientierungssystems sich als sog. „Kulturstandards" definieren lassen (Thomas in Hahn 1999, S. 109). Es scheint kaum möglich zu sein, den Ansatz von Geertz mit dem Konzept der Kulturstandards, das Thomas geprägt hat, zu vereinbaren, auch wenn dieser betont, dass Kulturstandards in einem Kulturkreis innerhalb eines gewissen Toleranzbereiches variieren können (ibid., S. 110).

auch nicht nur, dass die vier Dimensionen für die Beschreibung von Subkulturen ungeeignet sind,[31] und auch nicht nur, dass Hofstede erfahrungsferne Begriffe verwendet (Individualismus/Kollektivismus), während Geertz den erfahrungsnahen Begriff „nisba" anführt, der unmittelbar der Lebenswelt der Informanten entlehnt ist. Darüber hinaus ist zu kritisieren, dass Hofstede Individualismus und Kollektivismus stets als Gegensätze versteht, diese aber, wie Geertz an der marokkanischen Gesellschaft zeigt, nicht immer und überall ein Gegensatzpaar bilden.[32]

Die Analyse von Kultur, diesem „Dokument, ... ist also das Herausarbeiten von Bedeutungsstrukturen". Sie gleicht, so Geertz, eher dem „... richtigen Erfassen eines Sprichworts ... oder dem Lesen eines Gedichts" (ibid., S. 309). Es ist aber *kein* starres Gebilde gemeint, sondern ein solches, das stets dem Wandel unterworfen ist. Ausgehend von diesem Ansatz haben mehrere Autoren, die z.T. der Denkschule von Wygotski verpflichtet sind (z.B. Cole, Greenfield u.a.), den Aspekt des Prozesshaften an der Kultur stärker betont und als „... production and reproduction of meanings in particular contexts in time and space" hervorgehoben[33] (Kashima 2000, S. 21; vgl. auch Weinand 2000, S. 319).

Unabhängig davon, welcher Ansatz zu Kulturdynamik gewählt wird, lassen sich folgende methodischen Überlegungen aufstellen und rechtfertigen:

a) Was bislang fehlt, ist eine Betrachtung der Interaktion zwischen Menschen verschiedener kultureller Zugehörigkeit. Es dominieren weiterhin Befragungen im quasi-experimentellen „Setting" (z.B. Bittner & Reisch 1996). Diese Dominanz bzw. den Mangel an Untersuchungen von Interaktionssituationen drückt Singelis wie folgt aus: „I am struck by the very few studies being done that actually look at the interaction between people ..." (Singelis 2000, S. 81).[34] Studien über Interaktionsbeziehungen, so Singelis, verursachen zwar einen enormen Interpretationsbedarf, ihr „Payoff" jedoch „... is their insights, the strength of their mundane realism, and the validity that accompanies it" (ibid.). Dies gilt im Übrigen nicht nur für die vergleichende Sozialpsychologie, sondern ebenso für wirtschafts- und organisationspsychologische Untersuchungen (Aycan 2000, S. 111);

b) „... researchers have accepted cultural characterization from previous research as accounting for observed differences in current work" (Singelis 2000, S. 82). Es werden schlicht Dimensionen o.ä. für universell gültig angesehen und zur Erklärung des Verhaltens von

---

[31] Dabei ist die „... Vielfalt der Subkulturen und der ihnen entsprechenden Werthaltungen ... nun gerade das wesentliche Merkmal moderner Nationen" (Triebel in Hahn 1999, S. 69).

[32] Hierbei setze ich die Begriffe Individualismus bzw. Kollektivismus als Leerstellen ein und übergehe die Unterschiede in den Auffassungen beider Autoren.

[33] Alle Ansätze in diesem Bereich werden mit der Frage nach der kulturellen Dynamik konfrontiert, d.i. die Frage, wie kulturelle Stabilität und kultureller Wandel möglich sind (Kashima 2000, S. 23 ff.). Darauf existieren bislang mindestens zwei Kategorien von Antworten. Die erste Kategorie betont die Rolle der Umwelt und versteht Kultur als ein „... adaptation device" (ibid.) an die Umwelt. Die zweite Kategorie basiert auf einem darwinistischen Ansatz: Analog zu Genen existieren „memes", das sind Ideen, Praktiken etc., die von einer Generation an die nächste weitergegeben werden und von denen diejenigen erhalten bleiben, welche Überleben und Prosperität ermöglichen und insofern die Kultur ausmachen (ibid.).

[34] Und wenn Interaktionsbeziehungen aufgeführt werden, dann ist oft ein unzulässiger Verallgemeinerungsgrad festzustellen. So finden sich in Werken mit dem beliebten Titel „Doing Business Internationally" o.ä. kurze Sätze, in denen gesamte Nationen auf einen geradezu absurden gemeinsamen Nenner gebracht werden (vgl. z.B. Brake, Walker & Walker 1995; sie stellen aufgrund von kurzen Beschreibungen Behauptungen und Empfehlungen zu Arabern insgesamt auf, die die komplexe Realität weit verfehlen).

Menschen in unterschiedlichen Kulturen verwendet.[35] Sogenannte Replikationsstudien, welche die Dimensionen Hofstedes bzw. die von ihm ermittelten Indizes zu bestätigen versuchen (vgl. z.B. Pratto et al. 2000), trifft genau diese Kritik.

Daraus kann man folgern, da die Wissenschaft ihre „... Sache ... mit der Methode begründet", dass demjenigen, der Kulturen und Kulturunterschiede bzw. -gemeinsamkeiten verstehen will, wenig übrig bleibt außer der gründlichen Deutung von Lebensformen, wofür jedoch mindestens drei Bedingungen erfüllt sein müssten:

a) die Akzeptanz durch die „Informanten" (Geertz 1987, S. 309). Dies bezieht sich darauf, dass die Informanten den Forscher als Person und die Zielsetzung seiner Arbeit akzeptieren;

b) die geeignete Methodik, um Einzelfälle in ihrem Kontext zu analysieren und zu verstehen; und

c) Anknüpfung an die Perspektive der Akteure (Weinand 2000, S. 79 f.).

Einige Problembereiche der hermeneutischen Ansätze

Problembereiche der hermeneutischen Ansätze konzentrieren sich zum einen auf strukturelle und inhaltliche Aspekte und zum anderen auf die Methodik.

Was Inhalte und Struktur anbelangt, so wird kritisiert, dass die Interaktion zwischen Beobachter und Beobachteten nicht genügend analysiert wird.[36] Es wird eingewendet, dass derjenige, der eine Kultur zu deuten versucht, sich selbst in einer Kultur befindet bzw. dass es wichtig ist zu akzeptieren, dass „ ... the interpreter is in the midst of the things s/he interprets. Members of a civilisation stay within what they are reading, they are encircled by the cultural text(ure), are caught in the web their ancestors have spun ..." (Fuchs in Bundesministerium für Wissenschaft 1999, S. 150).

Ein weiterer inhaltlicher Problembereich besteht in der Dynamik bzw. der kulturellen Entwicklung: Wie Brüche, Weiterführungen, Modifikationen etc. in einer Kultur zustande kommen können, was offensichtlich zuweilen der Fall ist, werde nicht hinreichend erklärt. Dies bezieht sich auf die Perspektive, welche heute in den Sozialwissenschaften überwiegt, wonach Kultur zum einen als vorgegebener und insofern bindender Kontext gesehen wird. Zum anderen wird darin die generierende und gestaltende Rolle der handlungsfähigen Subjekte bei der Bildung von Kultur betont (vgl. z.B. Lüders & Meuser in Hitzler & Honer 1997).

Was die methodischen Problembereiche anbelangt, so stellt Renate Schlesier lapidar fest, dass die „... avancierte angelsächsische Kulturanthropologie [es] noch zu keiner hermeneutischen Methodologie ... gebracht [hat]" (Schlesier in Bundesministerium für Wissenschaft 1999, S. 162 f.). Kritisiert wird vor allem, dass keine objektiven Kriterien für die Interpretation gegeben sind und dass keine objektiven Anhaltspunkte zur Auswahl repräsentativer Fälle vorlie-

---

[35] In seiner Kritik der empirischen Wissenschaften – vor allem der Geschichtswissenschaften seiner Zeit – findet sich bei Nietzsche folgende Beschreibung dieses Mangels in der wissenschaftlichen Methodik: „Der Mensch findet zuletzt in den Dingen nichts wieder, als was er selbst in sie hineingesteckt hat" (Nietzsche III, S. 482).

[36] An zahlreichen Stellen in seinen Texten berührt Geertz den Aspekt der Deutung der eigenen Kultur und betont, dass diese Deutung vertrackte und spezielle Probleme mit sich bringt (vgl. z.B. Geertz 1987, S. 22).

gen.[37] Die Gefahr ist, dass wir es hier mit einer „creative social science fiction" zu tun haben (Singelis 2000, S. 82; vgl. auch Weinand 2000, S. 79 ff.).

4.2 Das Forschungsprojekt

Das seitens des Bundesministeriums für Bildung und Forschung (BMBF) geförderte Projekt (Beginn im November 2000) hat zum Ziel, kulturelle Unterschiede und Gemeinsamkeiten sowie deren Auswirkungen auf die Interaktion zwischen deutschen und arabischen Geschäftspartnern aufzudecken und in einem Leitfaden zusammenzufassen.

Zum jetzigen Zeitpunkt können folgende Überlegungen zum Forschungsansatz festgehalten werden:

• Die Datengrundlage wird aus Beschreibungen durch Expatriates und deren „Counterparts" bestehen.

• Es sollen dabei jedoch *keine* Befragungsitems formuliert werden, anhand derer die Informanten Auskunft über Erfolgs- und Misserfolgsfaktoren geben. Eine solche Befragungsmethodik (siehe z.B. Bittner & Reisch 1996) hat u.a. den Nachteil, dass sie unreflektiert Antworten übernimmt, ohne Berücksichtigung von Interaktionssituationen und entscheidenden Kontextfaktoren (Lüders & Meuser in Hitzler & Honer 1997, S. 64 f.). Einfache Alltagssituationen zeigen deutlich, dass Kontextfaktoren für das Verständnis von Symbolen unerlässlich sind, wie dies Gilbert Ryle z.B. am Augenzwinkern ausführlich darlegt (Ryle zitiert in Geertz 1987, S. 12 ff.).

• Die Beschreibungen werden *nicht* anhand von vorab und wie auch immer festgelegten Dimensionen o.ä. analysiert.

• Wesentliches Element der Daten werden die sogenannten kritischen Ereignisse sein (siehe oben). Diese haben im Vergleich zu Befragungen den forschungsstrategischen Vorteil, dass in ihnen Kulturunterschiede und -gemeinsamkeiten durch den konfliktiven Charakter sichtbar werden können (ibid., S. 73).

• Die Analyse der Beschreibungen soll anhand von erfahrungsnahen Begriffen aus der zu untersuchenden Kultur erfolgen (siehe oben).

• Es soll *nicht* angestrebt werden, psychische Voraussetzungen zu schaffen, um die Dinge aus der Perspektive der Informanten zu sehen. Mit den Worten von Geertz ausgedrückt: Weder „... eine Ethnographie der Hexerei, geschrieben von einem Hexer ... noch ... eine Ethnographie der Hexerei, geschrieben von einem Geometer" sollen das Ziel sein. Vielmehr geht es darum herauszufinden, wie die Informanten sich selbst und den anderen verstehen (Geertz 1987, S. 291 f.). Die leitende Forderung hierbei ist, die „... Symbolsysteme anderer ... aus der Sicht der Handelnden darzustellen ..." (ibid., S. 21f.).[38]

Nun mag man akzeptieren, dass der Ansatz von Geertz – trotz der oben kurz erwähnten Problembereiche der hermeneutischen Ansätze – sowohl in theoretischer als auch in praktischer Hinsicht besser begründet und für die Praxis ergiebiger ist als Hofstedes Konzept der Dimen-

---

[37] Dabei geht es nicht um eine repräsentative Stichprobe im Sinne der quantitativen statistischen Analyse. Vielmehr steht die Frage im Vordergrund, wie man mit der Fülle des Datenmaterials umzugehen hat und welche Deutungsfälle gewählt werden sollen.

[38] Bereits Herders Verstehenskonzept beruhte darauf, dass man fremde Kulturen dann verstehen kann, wenn man sich in deren Lebens- und Denkweise hineinversetzt. Von daher bleibt für ihn die Methode des kulturellen Verstehens auf das Vermögen der Intuition und der Empathie eines jeden einzelnen Kulturforschers eingegrenzt (Jung 1997).

sionen. Auch mag die oben vorgebrachte Kritik der Vernachlässigung des Faktors der eigenen Kultur („preservation of own culture") und der unzureichenden Bestimmung dessen, was Auslandseinsätze erfolgreich macht, plausibel sein.

Fraglich bleibt dennoch, inwieweit kulturelle Balanceakte grundsätzlich der Theorie zugänglich sind (Jammal 1997). Mit anderen Worten: Man kann mit gewisser Berechtigung vermuten, dass das Verstehen von Balanceakten ein praktisches Wissen (Gadamer 1991) ist, das insofern letztlich nur den Praktikern im Tun erschlossen werden kann[39] und auf den Einzelfall bezogen bleibt.

Gleichsam wie im Falle des Haltens der Balance auf einem Fahrrad: Man kann die Gesetze der Mechanik und die Gleichgewichtstheorien verstehen und trotzdem noch nicht hinreichend beschrieben haben, wie Person X im Unterschied zur Person Y es geschafft hat, die Balance zu halten, und: Man würde durch die Beschreibung des Haltens der Balance noch lange nicht über die Fähigkeit verfügen, die es ermöglicht, tatsächlich Fahrrad fahren zu können.

So gesehen müsste man zugestehen, dass sich lediglich Extremsituationen und allgemeine Dispositionen theoretisch beschreiben lassen – um in der Analogie zu bleiben (ohne sie überzustrapazieren): Man kann z.B. angeben, dass eine abrupte Drehung des Lenkers bei hoher Geschwindigkeit mit großer Wahrscheinlichkeit zum Sturz führen würde. Oder, was die Dispositionen anbelangt: Man kann angeben, dass Mut erforderlich ist, um in Kauf nehmen zu können, dass man bei den ersten Versuchen mit Sicherheit hinfallen wird.

Zu ähnlich strukturierten Ergebnissen gelangen Bittner & Reisch, wenn sie zum einen allgemeine Dispositionen für den Erfolg (z.B. Persönlichkeit des Entsandten und dessen Lernfähigkeit etc.) und zum anderen Extremsituationen (z.B. Arroganz, Partnerprobleme) für den Misserfolg von Auslandseinsätzen benennen (Bittner & Reisch 1996), wenn auch ihr Verfahren keine Deutung von Interaktionsbeziehungen beinhaltet.

Akzeptiert man diese Sichtweise, so gewinnt die Analyse von praktischen Einzelfällen für das Verstehen von Erfolgs- und Misserfolgsfaktoren an Bedeutung. Und da bietet es sich an, einen hermeneutischen Ansatz zu verwenden und weniger auf Befragungen von Expatriates zurückzugreifen, wie dies Tung, Bittner & Reisch u.a. tun. Genau dies ist mit dem oben kurz skizzierten Forschungsprojekt beabsichtigt. Was die Theorie hier leisten kann und soll, besteht darin, die Erfahrungen in den Einzelfällen ex post systematisch im Kontext zu deuten und darauf basierend Handlungsempfehlungen für Dispositionen sowie für Extremsituationen herauszuarbeiten. Inwieweit diese Handlungsempfehlungen dann verallgemeinert werden können, ist eine methodische Frage, die alle Wissenschaften vom praktischen Wissen betrifft (so z.B. die Pädagogik). Eine Antwort auf diese Frage in der Analyse der zu sammelnden Fallbeschreibungen von kritischen Ereignissen in ausgewählten arabischen Ländern zu geben und wie die Ergebnisse systematisiert werden können – all das, als Beitrag zur Weiterführung der Forschung über Inhalte und Methoden der Hermeneutik in Bezug auf Kultur und Kulturunterschiede, steht noch aus.

Qualitative Sozialforschung, so Lüders & Meuser, muss diese Fragen mittelfristig lösen, will sie als Verfahren sozialwissenschaftlicher Erkenntnisgewinnung weiterhin bestehen (Lüders & Meuser in Hitzler & Honer 1997, S. 76). Die Alternative der Analyse mittels quantitativer statistischer Verfahren (Zählung, Analyse und Auswertung von standardisierten Antworten auf vorgegebene Fragen) muss zur Ergänzung der hermeneutischen Methode selbstverständ-

---

[39] Dies heißt nicht notwendigerweise, dass dem Einzelnen immer bewusst ist, was er gerade tut und warum er so handelt und nicht anders.

lich erwogen werden,[40] unbeachtet der von Geertz leise angedeuteten Kritik an dieser Alternative: „Es lohnt nicht ... um die ganze Welt zu reisen, bloß um die Katzen auf Sansibar zu zählen" (Geertz 1987, S. 24). Sein Ziel ist: "Seeing heaven in a grain of sand", was nicht nur „... Poeten zu vollbringen vermögen" (Geertz 1993, S. 44).

Literatur

Arnold, R.: Deutungsmuster. In: Zeitschrift für Pädagogik, 29, 1983, S. 893–912

Aycan, Z.: Cross-Cultural and Organizational Psychology: Contributions, Past Developments, and Future Directions. In: Journal of Cross-Cultural Psychology, Vol. 31, No. 1, 2000, pp. 110–128

Bittner, A./Reisch, B.: Anforderungen an Auslandsmanager – Erfolgs- und Misserfolgsfaktoren beim Auslandseinsatz. Institut für Interkulturelles Management, 1996

Black, J.S./Mendenhall, M./Oddou, G.: Toward a Comprehensive Model of International Adjustment: An Integration of Multiple Theoretical Perspectives. In: Academy of Management Review, Vol. 16, No. 2, 1991, S. 291–317

Brake, T./Walker, D.M./Walker, T.: Doing Business Internationally. The Guide to Cross-Cultural Success. McGraw-Hill, 1995

Bundesministerium für Wissenschaft und Verkehr & Internationales Forschungszentrum Kulturwissenschaften: The Contemporary Study of Culture. Turia + Kant, 1999

Deresky, H.: International Management. Managing across Borders and Cultures. Addison-Wesley, 2nd edition, 1997

Dowling, P.J./Welch D.E. /Schuler, R.S.: International Human Resource Management. Managing People in a Multinational Context. South-Western College Publications, 3rd Edition, 1999

Dülfer, E.: Internationales Management in unterschiedlichen Kulturbereichen. Oldenbourg, 1991

Erten-Buch, C./Mattl C.: Interkulturelle Aspekte von Auslandseinsätzen. In: von Eckhardstein, D. et al.: Management. Theorie – Führung – Veränderung. Schäffer-Poeschel, 1999

Friedlmeier, W./Holodynski, M. (Hrsg.): Emotionale Entwicklung. Spektrum, 1999

Gadamer, H.-G.: Vernunft im Zeitalter der Wissenschaft. Aufsätze. Suhrkamp, 3. Auflage, 1991

Geertz, C.: Dichte Beschreibung. Beiträge zum Verstehen kultureller Systeme. Suhrkamp, 1987

Geertz, C.: The Interpretation of Cultures. Fontana Press, 1993

Geertz, C.: After the Fact. Two Countries, Four Decades, One Anthropologist. Cambridge, 1995

Gudjons, H.: Pädagogisches Grundwissen. Klinkhardt, 1999

Hahn, H. (Hrsg.): Kulturunterschiede. IKO, 1999

Harzing, A.-W.: An Empirical Anaylsis and Extension of the Bartlett and Ghoshal Typology of Multinational Companies. In: Journal of International Business Studies, 31, 1, 2000, S. 101–120

Hirschey, M./Pappas, J.L.: Fundamentals of Managerial Economics. The Dryden Press, 1992

Hitzler, R./Honer, A. (Hrsg.): Sozialwissenschaftliche Hermeneutik. Leske und Budrich, 1997

Hofstede, G.: Lokales Denken, globales Handeln. Beck, 1997

Jammal, E.: Systementwicklung in der Berufsbildungshilfe. Pädagogische Materialien der Universität Kaiserslautern. Overall Verlag, 1997

Jung, H.: Personalwirtschaft. Oldenbourg, 2. Auflage, 1997

Jung, T.: Kultursoziologie. Fernuniversität Hagen, 1997

Kagitcibisai, C./Poortinga, Y.H.: Cross-Cultural Psychology. Issues and Overarching Themes. In: Journal of Cross-Cultural Psychology, Vol. 31, No. 1, 2000, pp. 129–147.

Kammel, A./Teichelmann, D.: Internationaler Personaleinsatz. Konzeptionelle und instrumentelle Grundlagen. Oldenbourg, 1994

Kashima, Y.: Conceptions of Culture and Person for Psychology. In: Journal of Cross-Cultural Psychology, Vol. 31, No. 1, 2000, pp. 14–32

Klimecki, R. /Gmür, M.: Personalmanagement. Lucius & Lucius, 1998

---

[40] Basierend auf den Überlegungen Gils u.a. empfiehlt Weinand eine „Kombination hermeneutischer mit ‚quasi-nomologischen' Methoden der Kausalerklärung" (Weinand 2000, S. 86).

Mendenhall, M. /Oddou, G.: Readings and Cases in International Human Resource Management. South-Western College Publications, 3rd edition, 2000

Merritt, A.: Culture in the Cockpit: Do Hofstede's Dimensions Replicate? In: Journal of Cross-Cultural Psychology, Vol. 31, No. 3, 2000, pp. 283–301

Nietzsche, F.: Friedrich Nietzsche Werke. Hrsg. Von Karl Schlechta. Ullstein, 1979

Oechsler, W.A.: Personal und Arbeit. Einführung in die Personalwirtschaft unter Einbeziehung des Arbeitsrechts. Oldenbourg, 1994

Pawlik, T.: Personalmanagement und Auslandseinsatz. Kulturelle und personalwirtschaftliche Aspekte. Gabler, 2000

Perlitz, M.: Internationales Management. Lucius & Lucius, 3. Auflage, 1997

Perlmutter, H.V.: The Tortuous Evolution of the Multinational Corporation. In: Columbia Journal of World Business, 1/1969, S. 9–18

Pratto, F. et al.: Social Dominance Orientation and the Legitimization of Inequality Across Cultures. In: Journal of Cross-Cultural Psychology, Vol. 31, No. 1, 2000, pp. 369 ff.

Ritter, J. et. al.: Historisches Wörterbuch der Philosophie. Bd. 4. Wissenschaftliche Buchgesellschaft Darmstadt, 1976

Sader, M.: Psychologie der Gruppe. Juventa, 7. Auflage, 2000

Schein, E.H.: Organizational culture and leadership – a dynamic view. Jossey Bass, 1985

Scherm, E.: Internationales Personalmanagement. Oldenbourg, 1995

Scholz, C.: Personalmanagement. Informationsorientierte und verhaltenstheoretische Grundlagen. Vahlen, 4. Auflage, 1994

Schuler, R.S./Jackson, S.E.: Strategic Human Resource Management. Blackwell, 1999

Singelis, T.M.: Some Thoughts on the Future of Cross-Cultural Social Psychology. In: Journal of Cross-Cultural Psychology, Vol. 31, No. 1, 2000, pp. 76–91

Thomas, A.: Mitarbeiterführung in interkulturellen Arbeitsgruppen. In: von Rosenstiel, L. et. al. (Hrsg.): Führung von Mitarbeitern. Handbuch für erfolgreiches Personalmanagement. Schäffer-Poeschel, 1999

Thomas, A.: Psychologie interkulturellen Handelns. Hogrefe, 1996

UNDP: Bericht über die menschliche Entwicklung. UNDP, 2000

Weinand, F.: Kulturbewusstes Personalmanagement. Lang, 2000

Wimmer, A: Kultur. Zur Reformulierung eines sozialanthropologischen Grundbegriffs. In: Kölner Zeitschrift für Soziologie und Sozialpsychologie, 1996, S. 401–425

Wittgenstein, L.: Philosophische Untersuchungen. Suhrkamp, 1980

HARALD GEIßLER

Konzepte und Modelle der lernenden Organisation

Wenn geklärt werden soll, was man unter Organisationslernen zu verstehen hat, reicht es nicht aus, den Blick auf die Praxis zu lenken in der Hoffnung, durch genaues Hinsehen zu erkennen, was Organisationslernen ist. Notwendig ist vielmehr, in einer bestimmten Art und Weise auf die Praxis zu schauen. Dieser Zusammenhang von Erkenntnisvoraussetzung und Erkenntnisgewinn wird mit Hilfe des sogenannten „hermeneutischen Zirkels" beschrieben.

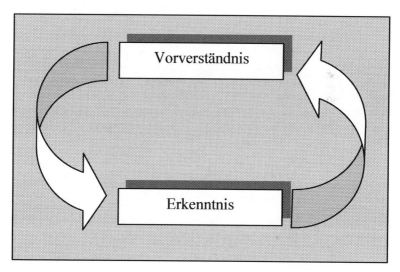

Abb. 1: Der hermeneutische Zirkel

Was Organisationslernen ist, entscheidet sich im Rahmen dieses Zirkels, d.h. im Wechselspiel des Blicks auf die Realität mit der Entwicklung der Vorstellungen über sie. Diesem Zusammenhang soll im Folgenden dadurch Rechnung getragen werden, dass zunächst einige theoretische Modelle vorgestellt werden, die für die Entwicklung des Vorverständnisses wichtig sind, um dann den Blick auf die Praxis zu lenken und über Praxiserfahrungen des Autors zu berichten.

Die theoretischen Modelle, die für das Verständnis von Organisationslernen wichtig erscheinen, setzen bei der Frage an, was eine Organisation eigentlich ist bzw. welche Vorannahmen hilfreich sind, um den Blick auf das Praxisphänomen „Organisation" in der richtigen Weise zu lenken. In der gleichen Weise befassen wir uns im zweiten Abschnitt mit dem Phänomen des Lernens. Wir stoßen dabei auf Erklärungsvorannahmen, die bei allen Differenzen in einem Punkt identisch sind, nämlich hinsichtlich der Vorannahme, dass man in diesem Zusammenhang auf das einzelne Individuum – Tier oder Mensch – schauen muss. Diese Vorannahme wird im dritten Abschnitt problematisiert, indem die Frage gestellt wird, wie sich der Blick auf die Realität ändert, wenn man von der Vorannahme ausgeht, dass Lernen sich ebenso gut auch auf Gemeinschaften beziehen kann. Dieser Gedanke wird im vierten Kapitel dahingehend konkretisiert, dass auf einen bestimmten Typus von Gemeinschaft eingegangen wird, nämlich auf Organisationen. So vorbereitet kann schließlich der Blick auf die Praxis gelenkt werden und im fünften Kapitel über Erfahrungen des Autor berichtet werden, die er in der mehrjährigen Zusammenarbeit mit einer lernenden Organisation gesammelt hat.

1   Was ist eine Organisation?

Die Frage, was eine Organisation ist, ist eine offene Frage. Mit diesem Satz wird zweierlei ausgesagt, nämlich erstens, dass es im organisationstheoretischen Diskurs keine Einigkeit darüber gibt, was eine Organisation ist (siehe z.B. Kieser 1995), und zweitens, dass dieser Dissens kein Defizit ist, das eines Tages überwunden wird oder überwunden werden sollte, sondern dass es ein *positives* Wesensmerkmal des Phänomens „Organisation" ist, unbestimmbar zu sein – und zwar in einer ganz ähnlichen Weise, wie das Wesen des Menschen unbestimmbar ist.

Dieser Blick auf Organisationen ist ein genuin pädagogischer, denn er entspricht einer *pädagogischen Anthropologie* (Prange 1978), die die Erkenntnis in den Mittelpunkt stellt, dass Menschen trotz aller Zwänge und Restriktionen, unter denen sie stehen, frei sind. Diese Sichtweise steht zum einen in der Tradition der europäischen Aufklärung mit ihrem Aufruf, die Möglichkeiten des Verstandes und der damit verbundenen Freiheitsmöglichkeiten lernend zu entfalten (vgl. Blaß 1978, S. 17 ff.). Zum anderen schließt sie an die neueren Erkenntnisse der Biologie (Maturana/Varela 1987) und der daran anschließenden psychologischen und soziologischen Forschungen (z.B. Luhmann 1984) an, die unter dem Stichwort der *Autopoiese* firmieren und deren zentrale Aussage es ist, dass physische, psychische und soziale Systeme strukturell geschlossen sind, d.h., dass sie nur bedingt durch ihre Umwelt determiniert werden können, weil sie die jeweils vorliegenden Umweltbedingungen nur selektiv aufnehmen und so verarbeiten, dass sie an die eigenen sozusagen internen Bedingungen angepasst werden.

Diese Sichtweise hat für das Verständnis von bzw. für den Blick auf Organisationen weitreichende Konsequenzen. Denn man muss Abschied nehmen von der traditionellen betriebswirtschaftlichen und organisationspsychologischen Vorannahme, dass Organisationen Phänomene sind, die einen *sachlichen* Charakter haben, d.h. wie Sachen objektiv bestimmbar und beschreibbar sind. Eine *pädagogische Sichtweise* muss dem entgegenhalten, dass Organisationen sich zunächst einmal dadurch auszeichnen, dass sie trotz aller Zwänge und Restriktionen, unter denen sie stehen, entwicklungsoffen sind und dass die Menschen, die in ihr sind, die nicht delegierbare moralische Mitverantwortung dafür haben, wie sich ihre Organisation weiterentwickelt.

Genauso wie einzelne Menschen sind Organisationen autopoietische Systeme. Das bedeutet, dass sie ihre Entwicklung weitgehend selbst bestimmen bzw. dass ihre Umwelt nur einen sekundären Einfluß hat (vgl. Willke 1996a, b). Es ist deshalb nicht möglich, sie wie Maschinen zu konstruieren oder zu verändern. Denn ob bzw. wie sie eine von außen kommende Intervention aufnehmen, wird weitgehend durch die in der Organisation bzw. in den jeweiligen Organisationseinheiten vorherrschenden Beziehungs- und Deutungsmustern bestimmt (vgl. Wollnik 1994).

Die strukturelle Geschlossenheit psychischer und sozialer Systeme ist Anlass für die Frage, ob bzw. inwieweit ein Determinismus vorliegt, der den Einzelnen von der *Verantwortung* für die Folgen seines Handelns entbindet. Diese Frage wird unterschiedlich beantwortet. Bezieht man jedoch einen explizit pädagogischen Standpunkt, ist die Freiheit und Verantwortung des Einzelnen eine unverzichtbare Vorannahme (Benner 1991, Siebert 1996).

Ausgehend von diesem Standpunkt lassen sich Organisationen als soziale Gebilde verstehen, deren vorrangige Entwicklungsaufgabe darin besteht, die Sichtweisen und Interessen der Menschen, die sie bilden, *auszubalancieren*. Gelingt eine solche Ausbalancierung nicht, gerät die Organisation in eine sozialtechnologische oder moralische Schieflage, die im Extrem ihre Existenz gefährden kann. Für diese Ausbalancierung bieten sich acht Bezugspunkte an (Geißler 2000), denn man kann sich orientieren

- an den Inhalten und Kriterien des Fachwissens und -könnens,

- an den Ordnung sichernden Geboten und Verboten,

- an der Balance zwischen dem, was man gibt, und dem, was man dafür bekommt,

- an der eigenen Stärke und Macht, die in Auseinandersetzung und Kampf zu erproben und zu verbessern ist,

- an übergeordneten idealistischen Werten,

- an der Zuneigung oder Abneigung, die man in sozialen Beziehungen erfährt,

- am eigenen Lust- oder Unlusterleben oder

- am Interesse, Altes in Frage zustellen, um gemeinsam Neues lernend zu entdecken.

Jeder dieser Bezugspunkte für die wechselseitige Ausbalancierung der Interessen und Sichtweisen in Gemeinschaften und insbesondere Organisationen impliziert eine Leitdifferenz, die bestimmt, was in diesem Zusammenhang relevant ist.

Bezugspunkt	Leitdifferenz	
fachliches Expertentum	professionell	laienhaft
Ordnung	ordnungsgemäß	ordnungswidrig
Tausch	Geben	Nehmen
Kampf/Auseinandersetzung	machtvoll	schwach
Werte	wertvoll	wertlos
Sympathie/Fürsorglichkeit	Zuneigung	Abneigung
Hedonismus	lustvoll	belastend
Kritik	innovativ	traditionell

Tab. 1: Acht organisationale Leitdifferenzen

Diese acht Bezugspunkte bzw. Leitkategorienpaare bieten sich dem Einzelnen an, wenn er sich in der Organisation orientieren will. Er macht dabei eine *intrapsychische* und eine *soziale* Erfahrung. Die erste besteht darin, dass es in seinem Inneren sozusagen acht verschiedene Stimmen gibt, die bestimmen wollen, welche Bezugspunkte und Leitkategorien für die Orientierung in der Organisation wichtig sind (vgl. Schulz von Thun 1998). Parallel hierzu liegt die zweite, d.h. die soziale Erfahrung, dass sich die anderen anders orientieren als man selbst. Jeder der acht Bezugspunkte bzw. Leitkategorien muss deshalb eine doppelte Anwendung finden, nämlich für die intrapsychische und für die interpersonelle Ausbalancierung.

Hinzu kommt eine spezifisch *organisationale Ausbalancierung*, denn ähnlich wie dem Einzelnen Individuum stellt sich auch der Organisation die Frage, wie stark die einzelnen Kategorien in den verschiedenen Organisationseinheiten und in der Organisation als ganzer ausgeprägt sein sollten.

Die Frage nach der Beziehung der acht organisationalen Bezugspunkte und Leitdifferenzen ist nicht nur eine Frage der *Praxis*, sondern auch der *Theorie*. Denn sie stehen in einer wechselseitigen Beziehung, die nicht nur durch die vorliegende Realität, sondern auch durch den *Wahrnehmungsstandpunkt* bestimmt wird, von dem aus man auf sie blickt. Im Folgenden wird dabei von einer doppelten Differenzierung ausgegangen, indem

- zum einen auf die gesellschaftlich-geschichtlichen Entwicklungslinien real existierender Organisationen
- und zum anderen auf die Begründungslogik organisationstheoretischer Überlegungen abgehoben wird.

Unter geschichtlichem Aspekt betrachtet

- rücken zum einen die organisationalen Komponenten der Arbeit, Ordnung und der sozialen Beziehungen und übergreifenden Werte zusammen, weil sie traditionell das Erscheinungsbild von Organisationen bestimmen bzw. für traditionelle Organisationen charakteristisch sind.
- Blickt man demgegenüber auf neuere Entwicklungen, wird die Bedeutung von Tausch, Auseinandersetzung, Hedonismus und Kritik/Lernen zunehmend wichtiger.

Wählt man auf der anderen Seite eine organisationstheoretische Betrachtung, stellt sich die begründungstheoretische Frage, ob es organisationale Komponenten gibt, die für andere organisationale Komponenten so etwas wie eine Voraussetzung oder ein Fundament bilden. In diesem Sinne

- scheinen die organisationalen Komponenten der Arbeit, Ordnung, des Tausches und der Auseinandersetzung mehr an der Oberfläche zu liegen,
- während die Komponenten der Werte, sozialen Beziehungen, des Hedonismus und der Kritik für jene die Grundlage bilden, weil sie – typisierend – die Motive beschreiben, warum Menschen in Organisationen arbeiten, wie sich die Ordnung der Organisation begründet, was Organisationen dazu bewegt, die Komponenten des Tausches und der Auseinandersetzung zur Entfaltung zu bringen oder zu unterdrücken.

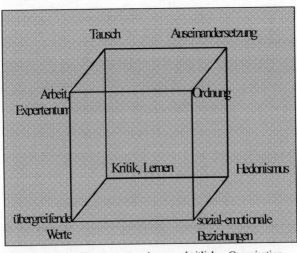

Abb. 2: Die acht organisationalen Komponenten einer ganzheitlichen Organisation

Schließt man sich diesem Betrachtungsstandpunkt an, kann man die oben dargestellten acht organisationalen Bezugspunkte bzw. Komponenten in Form eines *Würfels* symbolisieren. Denn ein Würfel hat eine obere und untere sowie eine vordere und eine hintere Fläche, wobei Oben und Unten für Oberfläche und Fundament, Vordergrund und Hintergrund für die traditionellen und innovativen Tendenzen der Erscheinung und Entwicklung von Organisationen stehen (vgl. Abb. 2).

Mit Bezug auf diese acht organisationalen Komponenten lassen sich Gemeinschaften und Organisationen beschreiben. Dabei fällt auf, dass bei ihnen jene Komponenten unterschiedlich stark vertreten sind. Das gilt auch für Kritik und Lernen, d.h., auch sie sind in verschiedenen Gemeinschaften und Organisationen unterschiedlich ausgeprägt. Mit Bezug auf die so zu beobachtende unterschiedliche Ausprägung lassen sich verschiedene Gemeinschafts- und Organisationstypen unterscheiden und eine *Typologie* für Organisationen erstellen. Ihr wesentliches Merkmal ist, dass jeweils eine der acht organisationalen Komponenten besonders dominant ist. In diesem Sinne lassen sich folgende acht Gemeinschafts- und Organisationstypen unterscheiden, nämlich:

Gemeinschaftstyp	Organisationstyp	Dominante organisationale Komponente
Tauschgemeinschaft	Erwerbswirtschaftliche Organisation	Tausch
Wertegemeinschaft	Idealistisch-weltanschauliche Organisation	Übergreifende Werte
Sympathiegemeinschaft	Sozial-fürsorgliche Organisation	Sozial-emotionale Beziehungen
Arbeitsgemeinschaft	Expertenorganisation	Fachliches Expertentum
Erkundungsgemeinschaft	Kompetenzvermittelnde Organisation	Kritik, Lernen
Ordnungsgemeinschaft	Hoheitlich-ordnungssichernde Organisation	Ordnung
Kampfgemeinschaft	Kämpferische Organisation	Auseinandersetzung
Erlebnisgemeinschaft	Erlebnisorientierte Organisation	Hedonismus

Tab. 2: Gemeinschafts- und Organisationstypen

Diese Kategorisierung ist geeignet, auch den organisationstheoretischen Diskurs zu strukturieren. So drückt sich in den neun Ansätzen, die Kieser (1995) unterscheidet, mit Blick auf die obigen acht Kategorien folgende Profilierung aus:

Organisationstheoretischer Ansatz	Besonderer Bezug zu den organisationalen Komponenten
M. Webers Bürokratie	Ordnung, fachliches Expertentum, übergeordnete Werte
Taylors Managementlehre	Ordnung, fachliches Expertentum, Tausch
Human Relations-Bewegung (z.B.: Hellpach/Lang 1922; Roethlisberger/Dickson 1939; Blake/Mouton 1968)	Soziale Beziehungen
Verhaltenswissenschaftliche Entscheidungstheorie (z.B. Barnard 1938; March/Simon 1958; Simon 1976)	Tausch
Situativer Ansatz (z.B. Pugh/Hickson 1971; Mintzberg 1979)	Auseinandersetzung
Institutionenökonomische Theorien (z.B. De Alessi 1980; Laux 1990; Williamson 1985)	Tausch, Ordnung
Institutionalistische Ansätze /z.B. Berger/Luckmann 1966; Meyer/Rowan 1977)	übergeordnete Werte, Ordnung
Evolutionstheoretische Ansätze (z.B. Hannan/Freeman 1984; McKelvey/Aldrich 1983; Probst 1987)	Auseinandersetzung, Lernen
Interpretative Ansätze (z.B. Weick 1979, 1995; Wollnik 1994)	Sozial-emotionale Beziehungen, übergeordnete Werte, Lernen

Tab. 3: Organisationstheoretische Ansätze und organisationale Komponenten

2   Welche Merkmale sind für Lernen wesentlich?

Auch Lernen ist etwas, das in der Wirklichkeit nur erkannt werden kann, wenn man eine Vorstellung davon hat, um was es sich eigentlich handelt. Die theoretischen Konzepte, die hierbei erkenntnisleitend sind, stammen im Wesentlichen aus der Lernpsychologie und nur am Rande aus der Erziehungswissenschaft.

Eine der wenigen pädagogischen Lerntheorien ist diejenige von Klaus Prange (1978). Sie setzt bei der im letzten Abschnitt bereits gestellten Frage nach dem Wesen des Menschen an und beantwortet sie mit dem Hinweis, dass der Mensch in seinem Kern ein Lern-Wesen – ein „homo discens" – ist, d.h., dass er sich im Prozess seines Lernens selbst bestimmt bzw. selbst bestimmen muss. Jede Erfahrung ist in diesem Sinne eine Lernerfahrung, so dass man in Anlehnung an das bekannte erste kommunikationstheoretische Axiom von Watzlawick sagen kann: *Man kann nicht nicht lernen.* Lernen wird in der pädagogischen Anthropologie von Prange also nicht als ein Prozess gedacht, der sich von anderen Lebensprozessen unterscheidet, sondern Leben heißt Lernen, weil der Mensch im Gegensatz zu Tier und Pflanze in seiner Entwicklung nicht durch Anlage und Umwelt vorherbestimmt ist, sondern sich selbst bestimmen muss.

Diesen Ansatz kann man in Anlehnung an die Überlegungen von Klaus Holzkamp (1993) als *subjekttheoretisch* bezeichnen. Denn Lernen wird hier nicht wie in den meisten lernpsychologischen Ansätzen als ein Prozess betrachtet, der von anderen Größen – wie etwa dem Lehren – abhängig ist, sondern als ein Prozess, der vom Subjekt einerseits ausgeht und ihn andererseits begründet.

Die Grundstruktur des so verstandenen Lernens zeichnet sich – grob vereinfacht – dadurch aus, dass der Mensch in einem mehrfachen Spannungsfeld lebt, nämlich

- zeitlich im Spannungsfeld zwischen *Vergangenheit und Zukunft,*

- sozial im Spannungsfeld zwischen *Individualität und Sozialität* sowie

- sachlich im Spannungsfeld zwischen *Objektivität und Subjektivität bzw. Faktizität und Intentionalität.*

Diese drei Spannungsfelder sind in ihrer Gesamtheit zu betrachten, wobei das letzte jedoch von besonderer Bedeutung ist. Denn um die Gegenwart, Vergangenheit und Zukunft des Einzelnen und seiner Gemeinschaft mit anderen angemessen erfassen zu können, muss man zwei sich in ihrer Gegensätzlichkeit ergänzende Standpunkte berücksichtigen, nämlich denjenigen der Ansammlung und Strukturierung von Daten und Fakten und denjenigen der Bilder und Visionen, in denen die Sehnsucht nach einer besseren Wirklichkeit durchschimmert. Vor allem der zweite dieser beiden Standpunkte ist für die Pädagogik wichtig, denn er lenkt den Blick auf ihre Selbstverpflichtung, zur Entwicklung einer besseren Welt beizutragen, indem die *Mündigkeit des Subjekts* angesprochen wird und es ermutigt wird, seine Vorstellungen von einer besseren Welt zu entwickeln und zu erproben.

Ausgehend vom Standpunkt einer solchen pädagogischen Anthropologie bzw. Lerntheorie lassen sich die vorliegenden lernpsychologischen Lerntheorien reformulieren bzw. lässt sich ihr subjekttheoretisches Defizit überwinden. Mit Blick auf die Theorien des Organisationslernens und auf die Erfahrungen des Autors mit der Praxis von Organisationslernen sind dabei die kognitionstheoretischen Überarbeitungen der „instrumentellen bzw. operanten Konditionierung" bzw. des „Lernens-am-Erfolg" besonders interessant. Was damit gemeint ist, lässt sich anhand des berühmten Katzenexperimentes von Thorndike (1911) verdeutlichen. Um seine Übertragung auf Menschen zu erleichtern, möchte ich es in einer narrativ-psychologisierenden Form darstellen:

Der Experimentator, Herr Thorndike, hat einen Käfig gebaut, den eine Katze durch einen Pfotendruck auf einen Hebel öffnen kann. Davon weiß die Katze von Herrn Thorndike natürlich nichts. Sie ist deshalb verwirrt, als sie von ihm gegriffen und in den Käfig gesperrt wird. Sie fühlt sich dort unwohl und will in die gewohnte Freiheit. Dieser Wunsch verstärkt sich noch dadurch, dass der Experimentator in dem Raum, in dem der Käfig steht, einige Mäuse ausgesetzt hat. Er kann nun ganz sicher sein, dass die Katze aus dem Käfig heraus will, denn auf Mäuse ist sie grundsätzlich immer scharf.

Der Katze wird schlagartig klar: Sie hat ein Problem. D.h., sie weiß genau, was sie will, nämlich aus dem Käfig herauskommen. Die Frage ist nur: wie? In dieser Situation besinnt sie sich auf ihre klassischen Problemlösungs-Tools, nämlich Beißen und Kratzen. Sie beginnt mit ersterem, indem sie willkürlich einen der Gitterstäbe aussucht und versucht, ihn durchzubeißen. Nach kurzer Zeit bemerkt sie, dass sie keinen Erfolg hat. Sie überlegt, was sie tun soll. Es bieten sich ihr mehrere Möglichkeiten an, nämlich

- weiter und vielleicht noch etwas heftiger an der ausgesuchten Stelle zu beißen,

- einen anderen Gitterstab wählen

- oder das Problemlösungs-Tool zu wechseln und auf Kratzen umzusteigen.

Wie die Wahl unserer Katze ausfällt, ist für den weiteren Verlauf der Geschichte unerheblich. Wichtig ist lediglich, dass die arme Katze trotz aller Anwendungsvariationen und -geschicklichkeiten ihrer beiden Problemlösungs-Tools keinen Erfolg hat. Der Erfolg stellt sich vielmehr völlig unverhofft dadurch ein, dass sie zufällig auf den Hebel drückt, mit dem sich eine Tür öffnen lässt.

Hocherfreut stürzt die Katze in die Freiheit und auf die verschreckten Mäuse. Bevor sie jedoch die erste zu fassen bekommt, ergreift sie der Experimentator und sperrt sie erneut in den Käfig.

Man kann sich vorstellen, wie verärgert unsere kleine Katze ist. In ihrer Wut überlegt sie nicht lange, sondern fängt an, wild zu kratzen und zu beißen. Natürlich ohne Erfolg. Etwas mehr zur Ruhe gekommen, besinnt sie sich, dass die vorliegende Situation ja gar nicht so neu ist, dass Beißen und Kratzen das letzte Mal nicht zum Erfolg geführt haben, sondern dass es irgendwie etwas anderes war, eine irgendwie andere Verhaltensweise, mit der sie Erfolg hatte.

Für den Fortgang der Geschichte ist es nun nicht so wichtig, wie intelligent bzw. wie lernfähig unsere Katze ist, d.h., wie schnell es ihr klar wird, dass der Druck auf den Hebel der Schlüssel zum Erfolg ist. Wesentlich ist, dass der Experimentator mit großer wissenschaftlicher Freude feststellen konnte, dass bei jedem erneuten Versuch die Zeiten für das Öffnen des Türchens kürzer wurden. Er schloss daraus, dass sie Schritt für Schritt lernte, dass in jener Situation das Drücken des von ihm installierten Hebels das richtige Problemlösungs-Tool ist.

Diese Zusammenhänge möchte ich systemtheoretisch interpretieren, indem – anschließend an den Grundgedanken der pädagogischen Anthropologie Pranges – zunächst einmal nach dem Strukturmuster gefragt wird, das tierischem und auch menschlichem Verhalten zugrunde liegt. Diese Grundstruktur lässt sich im Anschluss an die Handlungsregulationstheorie (siehe z.B. Hacker 1973) folgendermaßen rekonstruieren (vgl. Geißler 1998b, S. 42ff.):

Tierisches und menschliches Verhaltens lässt sich auf einen *Regelkreis* zurückführen, der aus vier grundlegenden Aktivitäten besteht, die durch ein vorgegebenes Ziel reguliert werden. Bei den vier Aktivitäten handelt es sich um

- *zielgerichtetes Handeln* (z.B. versuchen, die Stäbe des Katzenkäfigs durchzubeißen),

- *Wahrnehmen* zum einen der Effekte, die dieses Handeln auslösen, und zum anderen der Rahmenbedingungen, die ebenfalls eine Ursache für die sich einstellenden Effekte sein können,

- *Analysieren* der wahrgenommen Daten und Entwicklung von Ursache-Wirkungs-Erklärungen, wobei besonders wichtig ist zu klären, inwieweit und wie die wahrgenommen Effekte ursächlich auf das eigenen Verhalten zurückzuführen sind,

- und schließlich das Ziehen von *Konsequenzen*, wie man sich weiter verhalten soll.

Dieser Kreislaufprozess, auf den im Folgenden im Zusammenhang mit Organisationslernen zurückgegriffen werden wird, ist, folgt man der Argumentation von Prange, ein Lernprozess im Sinne von „mitgängigem" Lernen. Es ist ein erfolgreiches Lernen,

- wenn man die Effekte des eigenen Verhaltens und die Ursachen, die von anderen ausgehen und Einfluss auf die sich eingestellten Effekte haben, kurzfristig, klar, intensiv und unverzerrt wahrnimmt,

- wenn man mit Bezug auf die Fülle der so gewonnenen Daten das richtige Vorwissen hinreichend intensiv aktiviert und mit seiner Hilfe ein argumentativ stimmiges Realitätsbild entwickelt und auf diese Weise alle wichtigen Ursachen-Wirkungszusammenhänge, die das Zustandekommen der beobachteten Effekte erklären können, hinreichend genau erklären kann,

- wenn man aus diesen Analysen mit Blick auf das weitere eigene Verhalten hinreichend viele Handlungs- und Entscheidungsalternativen entwickelt und die günstigste wählt

- und wenn man den Mut und die Kraft hat, die eigenen Entschlüsse in der richtigen Situation tatkräftig und konsequent zu realisieren.

Anders formuliert: Man lernt schlecht,

- wenn man Probleme hat, der Wirklichkeit klar ins Auge zu schauen, d.h., wenn man (mutmaßlich) unangenehme Daten und Fakten übersieht oder nur unscharf wahrnimmt,

- wenn man sich nicht hinreichend Mühe gibt, aus den gewonnen Daten und Fakten argumentativ stichhaltige Ursache-Wirkungserklärungen zu entwickeln, oder wenn man die Daten und Fakten verbiegt, um auch ohne hinreichende empirische Belege zu einem bestimmten positiven Realitätsbild zu kommen,

- wenn man nicht alle möglichen Handlungs- und Entscheidungsalternativen bedenkt, weil bestimmte von ihnen in irgendeiner Weise unangenehm sind,

- und wenn man nicht den Mut hat, die geplanten Handlungen und Entscheidungen tatkräftig und konsequent umzusetzen, oder wenn man sie in der falschen Situation realisiert.

Mit Blick auf menschliches Handeln und Lernen ist dieser, von den Katzenexperimenten Thorndikes ausgehende Regelkreis im Anschluss an die pädagogische Lerntheorie Pranges um eine Kategorie der *Vision* bzw. *Utopie*, d.h. der Vorstellungen eines gelungenen Lebens zu erweitern. Denn, so muss man kritisch gegen die Handlungsregulationstheorie einwenden, Menschen wollen ihr Handeln nicht nur an Zielen ausrichten, die vorgegeben sind, d.h. die sie nicht selbst bestimmen können. Ihre lebenslange Lernaufgabe ist vielmehr, die richtigen Ziele und Vorstellungen eines gelungenen Lebens zu finden bzw. zu entwickeln.

In diesem Sinne lassen sich systemtheoretisch drei Lernebenen unterscheiden, nämlich

- *operatives Anpassungslernen* (*single-loop learning*), bei dem das Lernen sich an vorgegebenen Zielen ausrichtet und darin besteht, mit Bezug auf diese Ziele die günstigen Mittel und Verfahren zu finden bzw. Handlungskompetenzen zu entwickeln, die optimal für die anstehende Problemlösung eingesetzt werden können,

- *strategisches Erschließungslernen* (*double-loop learning*), bei dem die verfolgten Ziele, nicht jedoch die zugrunde liegenden Vorstellungen eines gelungenen Lebens in Frage gestellt werden, so dass der Lernprozess sich darauf konzentriert, die richtigen Ziele zu finden bzw. zu entwickeln,

- und *normatives Identitätslernen* (*triple-loop learning* bzw. *deutero learning*), das – die Gedanken Pranges aufnehmend – darin besteht, lernend die richtigen Vorstellungen eines gelungenen Lebens zu finden bzw. zu entwickeln.

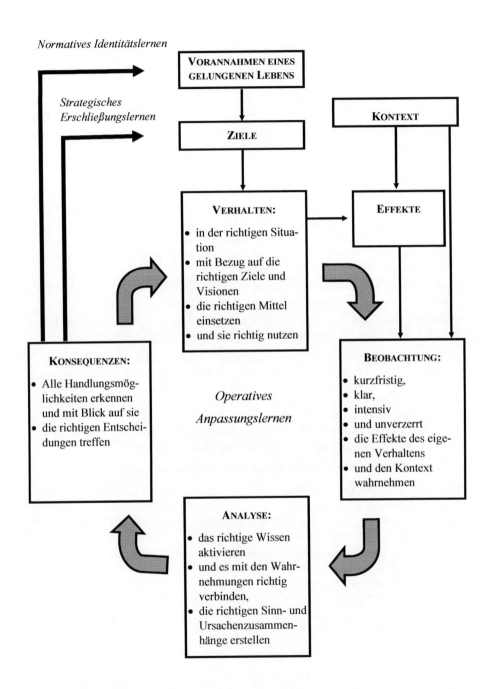

Normatives Identitätslernen

*Strategisches
Erschließungslernen*

**VORANNAHMEN EINES
GELUNGENEN LEBENS**

ZIELE

KONTEXT

VERHALTEN:
- in der richtigen Situation
- mit Bezug auf die richtigen Ziele und Visionen
- die richtigen Mittel einsetzen
- und sie richtig nutzen

EFFEKTE

KONSEQUENZEN:
- Alle Handlungsmöglichkeiten erkennen und mit Blick auf sie
- die richtigen Entscheidungen treffen

*Operatives
Anpassungslernen*

BEOBACHTUNG:
- kurzfristig,
- klar,
- intensiv
- und unverzerrt
- die Effekte des eigenen Verhaltens
- und den Kontext wahrnehmen

ANALYSE:
- das richtige Wissen aktivieren
- und es mit den Wahrnehmungen richtig verbinden,
- die richtigen Sinn- und Ursachenzusammenhänge erstellen

Abb. 3: Individuelles Lernen

Mit Bezug auf diese Zusammenhänge wird deutlich: Lernen ist nicht nur eine Verbesserung allein des beobachtbaren Verhaltens. Voraussetzung dafür ist nämlich, dass sich der gesamte Regelkreis mit allen seinen Kategorien verbessert. Ein in diesem Sinne ganzheitliches Lernen zielt deshalb auf die Verbesserung

- des Wahrnehmens,
- des Analysierens,
- des Konsequenzen-Ziehens,
- des Handelns
- und der diese vier Aktivitäten leitenden Ziele
- und Vorstellungen eines gelungenen Lebens.

Für die Beobachtung und als Ausgangspunkt für Folgeaktivitäten des Analysierens, Konsequenzen-Ziehens und Handelns bieten sich *zwei Bezugspunkte* an, nämlich

- zum einen derjenige, der auf das *eigene* Verhalten, auf die Effekte, die es hervorruft, und auf die anderen Phänomene, die jene Effekte mitverursachen, zielt,
- und zum anderen derjenige, der sich auf das Verhalten *anderer*, auf die Effekte, die ihr Verhalten hervorruft, und auf die Phänomene, die jene Effekte mitverursachen, konzentriert. Wird dieser zweite Ausgangs- bzw. Bezugspunkt gewählt, spricht man vom Lernen am Modell (Bandura 1979).

Diese Gedanken machen deutlich, dass Lernen sich immer auf zweierlei bezieht, nämlich auf ein Lernobjekt und auf die Aktivitäten des lernenden Subjekts, d.h., Lernen ist immer ein fremd- und selbstreferentieller Prozess. Die *Selbstreferentialität* des Lernens kann unterschiedlich stark ausgeprägt sein, denn man kann sich auf die Beobachtung des auch für die anderen wahrnehmbaren eigenen Verhaltens beschränken, oder aber den Fokus der Aufmerksamkeit weiten und auch die eigenen *intrapsychischen* Aktivitäten und Aktivitätskriterien beobachten, also die eigene Realitätswahrnehmung und das daran anschließende Analysieren und Konsequenzen-Ziehen sowie die Ziele, Emotionen und Vorannahmen.

In diesem Sinne lassen sich drei Lerntypen unterscheiden, nämlich

- das *„mitgängige"* *Lernen*, bei dem das Subjekt sich nur auf das eigene zielorientierte Verhalten konzentriert und in Kauf nimmt, dass die Beobachtung der mit ihm verbundenen anderen Aktivitäten unbewusst mitläuft (implizite Selbstreferentialität),
- das *explizite Lernen* (einfache explizite Selbstreferentialität) und
- das *Lernen des Lernens* (doppelte explizite Selbstreferentialität).

Das „mitgängige" Lernen zeichnet sich dadurch aus, dass das Subjekt nur unbewusst mental neben sich tritt und sich nur schemenhaft – sozusagen aus den Augenwinkeln heraus – selbst beobachtet. Erst wenn es Probleme gibt, d.h., wenn das angestrebte Ziel nicht wie erwartet erreicht wird, liegt in der Regel ein Anlass vor, bewusst mental neben sich zu treten, d.h. eine *Lernschleife* (Holzkamp 1993, S. 183) zu ziehen, um die eigenen Aktivitäten bewusst zu überprüfen und zu verbessern.

Eine solche explizite Selbstreferentialität kann in einfacher und in doppelter Gestalt auftreten. Denn wenn man mental neben sich tritt, um sich selbst wahrzunehmen und zu verbessern, bezieht man notwendigerweise einen Standpunkt, den man momentan nicht wahrnehmen kann und dessen Qualität deshalb fraglich ist. Um sie beurteilen zu können, muss man deshalb noch einmal neben sich treten, um auf jenen Standpunkt blicken zu können.

Verbindet man diese drei Lerntypen mit den weiter oben vorgestellten drei Lernebenen, wird erkennbar,

- dass operatives Anpassungslernen (single-loop learning) sich mit allen drei Lerntypen verbinden kann,
- während strategisches Erschließungslernen (double-loop learning) voraussetzt, dass man aus den alltäglichen Aktivitäten mit Hilfe einer Lernschleife heraustritt.
- Normatives Identitätserlernen (triple-loop learning bzw. deutero learning), d.h. das lernende In-Frage-Stellen der Vorannahmen und Visionen, von denen das Subjekt ausgeht, vollzieht sich schließlich nur als doppelte Selbstreferentialität, also als Lernen des Lernens.

	„mitgängiges" Lernen	explizites Lernen	Lernen des Lernens
operatives Anpassungslernen (single-loop learning)	X	X	X
strategisches Erschließungslernen (double-loop learning)		X	X
normatives Identitätslernen (triple-loop bzw. deutero learning)			X

Tab. 4: Lerntypen und Lernebenen

3   Vom Lernen des Individuums zum Lernen der Gemeinschaft bzw. der Organisation

Es gehört zu den Selbstverständlichkeiten der Psychologie und Erziehungswissenschaft, dass Lernen ein Prozess ist, der mit Einzelindividuen und nicht mit Gemeinschaften verbunden wird. Diese bislang ungeprüfte Selbstverständlichkeit lässt sich mit Bezug auf das von Schulz von Thun in die Diskussion gebrachte Konstrukt des *„Inneren Teams"* in Frage stellen. Es geht von der Alltagserfahrung aus, dass wir oft „zwei Seelen in unserer Brust" spüren, d.h. innerlich zerrissen sind, weil wir gegenläufige Intentionen verfolgen. Diese Erfahrung ist ein Anlass zu prüfen, ob man manche psychischen Prozesse nicht besser erklären kann, wenn man von der Vorannahme ausgeht, dass Menschen quasi-multiple Persönlichkeiten sind. Nachdem der Behaviorismus die Metapher der *Dominokette* und der Kognitivismus diejenige des *Computers* zugrunde gelegt hat, wird damit eine neue Metapher in die Psychologie eingeführt, nämlich diejenige des *Teams*.

Diese Metapher lässt sich mit dem *systemisch-kommunikationstheoretischen Paradigma* verbinden, indem Lernen als innerer Dialog und letztere als systemische Kommunikation konzipiert wird. Entscheidet man sich, diesen Weg zu erproben, liegt es nahe, von vornherein auch die Konsequenzen für das Verständnis interpersoneller Kommunikation mitzubedenken und die strukturelle Identität des Inneren Teams und der interpersonellen Kommunikationsgemeinschaft im Auge zu haben. In diesem Zusammenhang macht es Sinn, den Begriff des Lernens auch für Gemeinschaften anzuwenden und individuelles Lernen von Gemeinschaftslernen zu unterscheiden.

Individuen wie Gemeinschaften lernen, wenn sich ihre *Problemlösungskompetenzen* verändern. Mit anderen Worten: Gemeinschaften haben dann gelernt, wenn sie Probleme lösen können, die sie zuvor nicht lösen konnten. Hierfür gibt es zwei Möglichkeiten:

- Die erste besteht darin, dass einzelne Subjekte auf der Grundlage unproblematischer zwischenmenschlicher-organisationaler Beziehungen ihre fachlichen und/oder methodischen Kompetenzen verbessert haben.
- Die zweite Möglichkeit besteht darin, dass alle oder ein Großteil der Subjekte der Gemeinschaft ihre sozialen Kompetenzen und ihr Kommunikationsverhalten verbessern und sich infolge dessen, bezüglich ihres fachlichen und methodischen Wissens und Könnens besser unterstützen.

Diese beiden Quellen für Gemeinschaftslernen, d.h.

- zum einen fachliche und/oder methodische Kompetenzverbesserung weniger, vieler oder aller Gemeinschaftsmitglieder bei gleichzeitig guten Sozialkompetenzen bzw. günstigen Kommunikationsstrukturen der Gemeinschaft
- und zum anderen Verbesserung der Sozialkompetenzen und verbesserte Kommunikationsstrukturen bei unveränderten fachlichen und methodischen Kompetenzen der Mitglieder der Gemeinschaft

lassen sich dergestalt miteinander verbinden und optimieren, dass sich zunächst nur die Sozialkompetenzen der Gemeinschaft verbessern, was in einem nächsten Schritt zur Folge hat, dass sich die bedarfsbezogene Weitergabe problemlösungsrelevanten fachlichen und/oder methodischen Wissens und Könnens verbessert und die Einzelnen auf diese Weise fachlich und/oder methodisch lernen. Diese Verzahnung von Kommunikation und Lernen hat Heidack (1989) mit seinem Modell der *kooperativen Selbstqualifizierung* beschrieben.

Für Lernen gibt es nicht nur positive Beispiele, denn es gibt auch *gelernte Inkompetenz* (Seligman 1979). Sie entsteht immer dann, wenn die Subjekte einer Gemeinschaft lernen, dass es für sie persönlich ungünstig ist, wenn sie zum Beispiel ihr Wissen an andere weitergeben und damit ihren eigenen Einfluss in der Gruppe oder Organisation mindern oder wenn sie andere auf Fehler aufmerksam machen und dabei erfahren, dass dieses nicht als Hilfe, sondern als persönlicher Angriff gewertet wird. Im Zuge eines solchen Lernens bildet sich das heraus, was Argyris (1987) als „defensive Routinen" bezeichnet. Sie bewirken bzw. sind daran zu erkennen, dass die bedarfsbezogene Weitergabe von fachlichem und methodischem Wissen und Können behindert bzw. erschwert wird und deshalb die einzelnen in der Gemeinschaft mit den anderen ihre fachlichen und methodischen Kompetenzen schlecht entwickeln können.

4   Modelle und Ansätze des Organisationslernens

Die Geschichte des Organisationslernens lässt sich in drei Phasen gliedern:

- Nach den Pionierarbeiten von March/Olsen (1976), Argyris/Schön (1978) und Duncan/ Weiss (1979) und der daran anschließenden Abstinenz der 80er Jahre
- setzte in den 90er Jahren ein Boom ein, der vor allem auf den Bestseller von Senge (1996) zurückzuführen ist.
- Dieser Boom hält bis heute – allerdings unter verändertem Vorzeichen – an, denn seit der Mitte des letzten Jahrzehnts verband er sich mit dem Begriff des Wissensmanagements (Nonaka/Takeuchi 1997, Götz 2000, Willke 1998).

Trotz – oder vielleicht gerade wegen ihm – sind die konzeptionellen und empirischen Grundlagen von Organisationslernen bisher wenig geklärt (vgl. die Kritik von Wiegand 1996, S.309 ff.). So erstaunt, wie wenig Theorien und empirische Forschungen der Lernpsychologie und wie spärlich die vorliegenden gesellschaftskritischen und erziehungswissenschaftlichen Theorietraditionen aufgenommen worden sind und wie wenige empirische Untersuchungen es zum Organisationslernen gibt.

Versucht man, die lernpsychologischen Grundlagen der Theorien zum Organisationslernen zu rekonstruieren, wird deutlich, dass sie im Wesentlichen auf dem Paradigma des Problemlösungslernens bzw. Lernens am Erfolg fußen. Das gilt auch für die ersten Ansätze bei March/Olsen (1976) und ihrer *Verhaltenswissenschaftlichen Entscheidungstheorie*. Ihre grundlegende Vorannahme ist, dass Organisationen aus *individuellen und organisationalen Handlungen* bestehen. Letztere sind vor allem *organisationale Regeln* („organizational rules") und *Standardverfahren* („standard operating procedures"). Individuelle und organisationale Handlungen stehen unter dem Anspruch einer *Rationalität*, die sich durch das Kriterium des *Erfolgs* definiert, denn das, was gewollt wird, soll möglichst weitgehend erreicht werden. Um dieses Ziel zu erreichen, ist Lernen notwendig, d.h. die lernende Verbesserung individuellen Handelns und der organisationalen Regeln und Standardverfahren.

Dieser Ansatz wurde von Argyris/Schön (1978, 1999) zu einer differenzierten Konzeption weiterentwickelt. Ihr Kerngedanke ist, dass die Organisationsmitglieder kognitive Abbildungen („individual maps") ihrer Organisation entwickeln und ihre Gültigkeit im Zuge organisationalen Handelns überprüfen. Zentrales Prüfkriterium ist dabei die Übereinstimmung bzw. Differenz des – aufgrund der „individual maps" – erwarteten und des tatsächlich eingetroffenen Erfolgs. Bei dieser Prüfung bieten sich zwei grundlegend verschiedene Verfahren an, nämlich ein monologisches, das – im Rahmen von „single-loop learning" – einzelgängerisch auf soziale Dominanz und Kontrolle setzt, und ein dialogisches „double-loop learning" ermöglichendes Verfahren, bei dem Erkenntnissuche an einen herrschaftsfreien Diskurs gebunden ist. In diesem Sinne ist es eine der wichtigsten Aufgaben von Organisationslernen, die organisationale Kommunikation und in diesem Zusammenhang auch die „organizational rules" und „standard operating procedures" zu verbessern. Auf diese Weise verbindet sich Problemlösungslernen mit Kommunikationslernen.

Diese Erkenntnis und das konstruktivistische Paradigma der Theorie von Argyris/Schön ist in der Folgezeit mit dem Konzept des systemischen Denkens verbunden worden (Eberl 1996, Probst/Büchel 1994, Senge 1996, Willke 1998). Auch hier wird an das Modell des Lernens-am-Erfolg angeschlossen, indem herausgearbeitet wird, dass individuelles Handeln in Organisationen immer systemisch bedingt ist und deshalb die Unterscheidung von March/Olsen in individuelles Handeln und „organizational rules" nicht sinnvoll ist, denn individuelles Handeln ist grundsätzlich immer regelgeleitetes Handeln. Organisationslernen muss deshalb im Wesentlichen Kommunikationslernen sein. Metakommunikation wird auf diese Weise zum wichtigsten Medium von Organisationslernen.

Diese Akzentuierung sozialen Lernens sollte jedoch nicht vergessen machen, dass jede Kommunikation nicht nur einen Beziehungs-, sondern auch einen Inhaltsaspekt hat und dass Lernen nicht nur Steigerung der Sozialkompetenz, sondern auch die Verbesserung der Fach- und Methodenkompetenz meint. Systemisches Organisationslernen meint deshalb ein Lernen von Organisationsmitgliedern, die die – im weiteren gesellschaftlich bedingten – organisationalen Bedingungen, die ihr Arbeiten und Lernen in der Organisation mitbestimmen, zum Anlass und Medium eines vorrangig sozialen und in der Folge – wie oben vor allem mit Bezug auf Heidacks Konzept der kooperativen Selbstqualifikation dargestellt – fachlichen und methodischen Lernens machen.

So überzeugend der systemtheoretische Ansatz ist – er ist in den Sozialwissenschaften nicht ohne Kritik geblieben. Denn er verhält sich gegenüber Normen und Werten indifferent und ist deshalb nicht für normatives Identitätslernen anschlussfähig. Auf dieses Defizit hat der Autor dieses Beitrags immer wieder aufmerksam gemacht und versucht, Organisationslernen nicht nur systemtheoretisch, sondern auch *ethisch* zu begründen. Denn Erfolg kann auch die Verbesserung der Moral meinen. In diesem Sinne unterscheide ich – anschließend an die Argumentation des zweiten Abschnitts dieses Beitrags – drei Ebenen oder Stufen des Lernens-am-Erfolg, nämlich in diejenige

- des *operatives Anpassungslernens*,
- des *strategischen Erschließungslernens*
- und in diejenige des *normativen Identitätslernens*, das sich mit moralischen Ansprüchen auseinandersetzt (Geißler 2000).

Operatives Anpassungslernen verstehe ich dabei als ein Lernen, das sich im Medium von Fach- und Sozialkompetenz an klar vorgegebenen Zielen ausrichtet; strategisches Erschließungslernen ist ein Lernen, das mit den Schlüsselqualifikationen der Methoden- und Sozialkompetenz der Unkalkulierbarkeit der Zukunft Rechnung trägt; und normatives Identitätslernen greift auf die Schlüsselqualifikationen der Selbst- und Sozialkompetenz und ihre ethischen bzw. bildungstheoretischen Begründungszusammenhänge zurück.

Dieser Dreischritt ist in drei Systemen zu vollziehen, nämlich

- in den psychischen Systemen einzelner Individuen,
- in den sozialen Systemen einerseits der organisationalen Gruppen
- und andererseits der Organisationen als ganzer.

Diese drei Systeme sind in sich *strukturell geschlossen* und damit von den jeweils anderen unabhängig. Für das psychische System des Einzelnen sind deshalb die Gruppe und die Organisation *Umwelten*, ebenso wie für die Gruppe die psychischen Systeme der Gruppenmitglieder und das soziale System der Organisation *Umwelten* sind. Das bedeutet: Kein System kann das andere determinieren. Gleichwohl bestehen zwischen ihnen wechselseitige Abhängigkeiten, weil sie sich gegenseitig durchdringen (*interpenetrieren*) und dabei *strukturelle Koppelungen* entstehen. Das Problemlösungslernen der einzelnen Organisationsmitglieder ist deshalb aufs engste mit dem Problemlösungslernen seiner Gruppe und seiner Organisation verzahnt.

Aus diesem Grunde erscheint es gerechtfertigt, das (problemlösende) Lernen

- von Individuen,
- Gruppen
- und Organisationen

theoretisch strukturidentisch darzustellen.

Sowohl für das (problemlösende) Lernen von Individuen, Gruppen und Organisationen gilt dabei einheitlich,

- dass *operatives Anpassungslernen* ein Lernen meint, das sich auf den Kreislauf von Abstimmungsverhalten, Wahrnehmen, Analysieren und Konsequenzen ziehen beschränkt,
- während *strategisches Erschließungslernen* diesen Kreislauf öffnet, indem auch die ihn steuernden Ziele in Frage gestellt und für Verbesserungen durch Lernen geöffnet werden.
- *Normatives Identitätslernen* schließlich geht noch einen Schritt weiter, indem auch der normative Rahmen jener Ziele zu einer offenen Frage und damit für Lernen zugänglich wird.

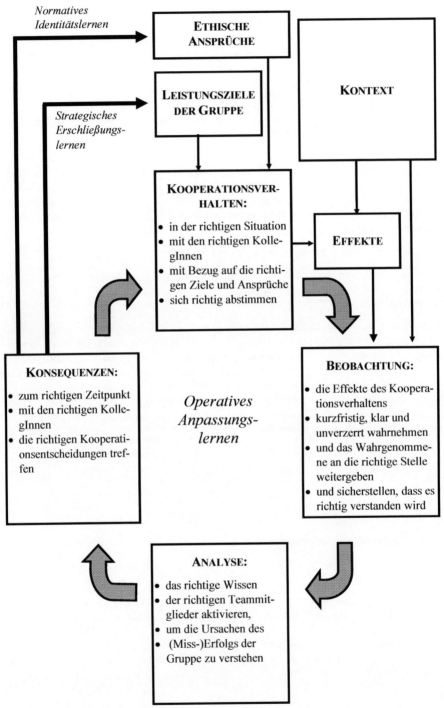

Abb. 4: Gruppenlernen

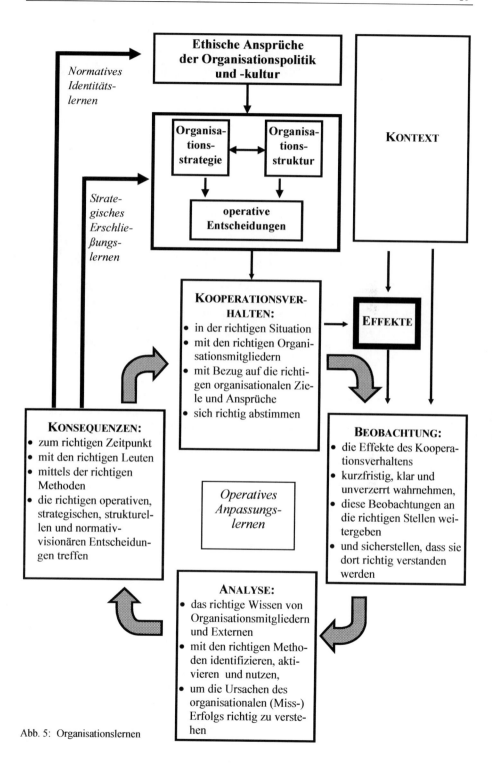

Ethische Ansprüche der Organisationspolitik und -kultur

Normatives Identitäts- lernen

KONTEXT

Organisa- tions- strategie ⟷ **Organisa- tions- struktur**

operative Entscheidungen

Strate- gisches Erschlie- ßungs- lernen

KOOPERATIONSVER- HALTEN:
- in der richtigen Situation
- mit den richtigen Organi- sationsmitgliedern
- mit Bezug auf die richti- gen organisationalen Zie- le und Ansprüche
- sich richtig abstimmen

EFFEKTE

KONSEQUENZEN:
- zum richtigen Zeitpunkt
- mit den richtigen Leuten
- mittels der richtigen Methoden
- die richtigen operativen, strategischen, strukturel- len und normativ- visionären Entscheidun- gen treffen

Operatives Anpassungs- lernen

BEOBACHTUNG:
- die Effekte des Koopera- tionsverhaltens
- kurzfristig, klar und unverzerrt wahrnehmen,
- diese Beobachtungen an die richtigen Stellen wei- tergeben
- und sicherstellen, dass sie dort richtig verstanden werden

ANALYSE:
- das richtige Wissen von Organisationsmitgliedern und Externen
- mit den richtigen Metho- den identifizieren, akti- vieren und nutzen,
- um die Ursachen des organisationalen (Miss-) Erfolgs richtig zu verste- hen

Abb. 5: Organisationslernen

5   Praxiserfahrungen

Der Autor hat in den letzten zwei Jahren zusammen mit Kolleginnen und Kollegen der „Projektgruppe wissenschaftliche Beratung" (PwB) die Gelegenheit gehabt, einen Betrieb auf dem Weg zur lernenden Organisation zu begleiten. Es handelte sich um einen Betrieb der High-Tech-Branche mit ca. 350 Mitarbeitern, der sich in den letzten Jahren enorm verschlankt hatte, so dass nach der Ersetzung der ehemaligen Gruppenleiter durch Gruppensprecher es zwischen der Geschäftsführung und den Mitarbeitern nur noch eine Führungsebene gibt.

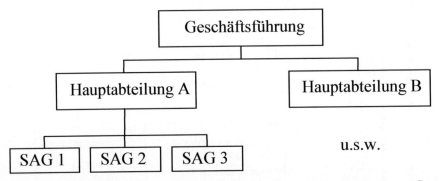

SAG =   selbststeuernde Arbeitsgruppe mit Gruppensprecher, der im Gegensatz zum Gruppenleiter nicht Vorgesetzter ist.

Abb. 6: Grundmodell der Organisationsstruktur

Die vielfältigen Erfahrungen, die bei der Begleitung des Betriebs gemacht werden konnten, bilden im Folgenden die Grundlage, um eine praxisfundierte, theoretisch anschlussfähige Vorstellung von Organisationslernen zu rekonstruieren, die im Folgenden vorgestellt werden soll. Aus diesem Grunde konzentriere ich mich auf diejenigen Managemententscheidungen, die sich für das Organisationslernen des betreffenden Betriebs ex post als besonders wichtig erwiesen haben. Es sind:

- die Ersetzung von Zielvorgaben durch *dialogverpflichtete Zielvereinbarungen,*
- die *Erweiterung der Entscheidungsfreiräume* durch die Einführung von *selbststeuernden Gruppen* (SAGs),
- die *bedarfsgerechte Unterstützung* der selbststeuernden Gruppen durch eine interne und eine externe Prozessbegleitung,
- und last not least die Entwicklung eines hoch differenzierten Systems der Leistungsmessung bzw. des *Leistungsfeedbacks* einschließlich Gruppenprämie.

Vor allem die letzte dieser vier Managemententscheidungen, die im Unternehmen als „*Glasnost der Zahlen*" bezeichnet wurde, erwies sich für das Lernen der Organisation als hoch wirkungsvoll. Sie bestand darin, dass zunächst mit den Abteilungsleitern versucht wurde, die angefallenen Kosten und den erbrachten Output der Abteilung möglichst genau zu messen. Nachdem die Abteilungsleiter mit dieser Methode hinreichend Erfahrungen gesammelt hatten, wurde sie auch auf die selbststeuernden Gruppen angewandt. Es wurde dabei bewusst in Kauf genommen, dass die Messrgebnisse nur annäherungsweise die gesamte Leistungsbreite der Abteilung bzw. Gruppe widerspiegelten. Denn die vom Controlling ermittelten Zahlen, Daten und Fakten berücksichtigten nur vage die qualitativen Aspekte der Leistung. Entscheidend war, dass die betroffenen Mitarbeiter intensiv an der *Entwicklung der Messinstrumente* und an der *Interpretation der so gemessenen Zahlen beteiligt* wurden.

Diese Managemententscheidung führte zu Effekten, die sich mit Hilfe der oben referierten Lerntheorie des Lernens am Erfolg bzw. mit Bezug auf den in diesem Zusammenhang rekonstruierten vierschrittigen Aktivitätskreislauf interpretieren lässt. Denn für Lernen-am-Erfolg ist es wichtig, dass zunächst die *Effekte des eigenen zielgerichteten Verhaltens* möglichst genau beobachtet werden. Wie schon March/Olsen (1976) bemerkt haben, ist es in Organisationen für den Einzelnen aber oft schwierig, Informationen darüber zu bekommen, was er mit seinem Verhalten jenseits seines Arbeitsplatzes bewirkt hat. Diese Informationslücke wird in der Regel durch subjektive Vermutungen gefüllt, die in der Regel so angelegt sind, dass sie den Einzelnen als Opfer und nicht als Verursacher organisationaler Probleme erscheinen lassen.

Durch „Glasnost der Zahlen" wurden zunächst die Abteilungsleiter und in einem nächsten Projektschritt die selbststeuernden Arbeitsgruppen regelmäßig mit Zahlen, Daten und Fakten konfrontiert, die Hinweise auf ihr Leistungsverhalten gaben. Diese *Selbstkonfrontation* wurde oft als unangenehm erlebt, weil eigene Versäumnisse oder Schwächen öffentlich wurden. Die Folge jedoch war, dass die Einzelnen ihr eigenes Arbeits- und Kooperationsverhalten und dasjenige der Kolleginnen und Kollegen bewusster wahrnahmen, was zu einem verbesserten Arbeits- und Kooperationsverhalten und in der Folge davon zu steigenden Organisationsgewinnen führte. Wie bereits betont, sind derart positive Wirkungen jedoch nur zu erwarten, wenn die Messmethoden des Controllings eine Mindestakzeptanz bei denjenigen haben, deren Leistung gemessen wird. Aus diesem Grunde ist es wichtig, sie möglichst weitgehend bei der Entwicklung der Messgrößen und -verfahren zu beteiligen.

Wie bereits angesprochen, wurde „Glasnost der Zahlen" in zwei Schritten eingeführt, indem zunächst nur der Abteilungs-Output und dann der Gruppen-Output gemessen wurde. Diese Entscheidung erwies sich als gut. Denn es wurde schnell deutlich, dass die Konfrontation mit den Leistung anzeigenden Zahlen, Daten und Fakten immer dann Stress auslöst, wenn sie den eigenen Ansprüchen nicht genügen. Dieser *Stress* erweist sich bemerkenswerter Weise als insgesamt organisationsdynamisch positiv, denn er liefert die *Energie*, die für Lernen, d.h. für eine Verbesserung des eigenen Arbeits- und Kooperationsverhaltens notwendig ist. Auf der anderen Seite hingegen muss mit aller Deutlichkeit betont werden, dass dieser Stress auch mit Risiken verbunden ist, denn wenn er von der Führung und Prozessbegleitung nicht geschickt gehandhabt wird, führt er schnell zu *Selbstblockierungen*. Es war deshalb günstig, „Glasnost der Zahlen" zunächst bei – stresserprobten – Führungskräften und erst danach bei den selbststeuernden Arbeitsgruppen einzuführen.

Diese Gefahr lenkt den Blick auf die Ziele, die das Management den Mitarbeiterinnen und Mitarbeitern anbietet bzw. abverlangt. Denn „Glasnost der Zahlen" konfrontiert nicht nur mit der Leistung, sondern auch mit den *Leistungsansprüchen*. Sind sie unrealistisch hoch, ist Demotivation vorprogrammiert, und diese fällt um so heftiger aus, je stärker der Einzelne mit seiner tatsächlichen Leistung konfrontiert wird. Eine solche Frustration kann schnell in Aggression gegen das Management, das den Einzelnen zu unrealistisch hohen Leistungszielen verpflichtet, umschlagen. „Glasnost der Zahlen" ist deshalb ein *organisationsdidaktisches* Tool, das in Verbindung mit top-down-verordneten Zielvorgaben eher zu Schwierigkeiten als zu Erfolgen führt. M.a.W.: Positives Organisationslernen ist nur dann zu erwarten, wenn sich klares, kurztaktiges, intensives und von allen Betroffenen sinnhaft interpretiertes Leistungsfeedback mit einer *dialogverpflichteten Zielvereinbarung* verbindet und damit den Mitarbeitern die Gelegenheit gibt, sich am strategischen und normativen Management des Betriebs zu beteiligen. Eine solche Beteiligung ist auch für das Unternehmen gewinnbringend, denn sie stärkt das *strategische Erschließungslernen* und *normative Identitätslernen* der gesamten Organisation.

Wenn die Mitarbeiterinnen und Mitarbeiter mit ihren Leistungen konfrontiert werden, damit sie sie selbst besser wahrnehmen und auf dieser Grundlage die Möglichkeiten eines besseren Arbeits- und Kooperationsverhaltens ausschöpfen, dann müssen sie auch die Möglichkeiten haben, neue Arbeits- und Kooperationsformen zu erproben. Das dritte Management-Tool – neben „Glasnost der Zahlen" und dialogverpflichteter Zielvereinbarung – ist deshalb die Gewährung von mehr Gestaltungsfreiheiten für Selbstorganisation – und zwar durch *selbststeuernde Arbeitsgruppen*.

Obwohl mit Gruppenarbeit inzwischen viel Erfahrung vorliegt (siehe z.b. Binkelmann/Braczyk/Seltz 1993), ist dieses Management-Tool in der Praxis immer noch schwer zu handhaben. Denn die Zurücknahme traditioneller Hierarchie ist mit einer Reduzierung der Regelungsdichte in den Arbeitsgruppen verbunden, was häufig die problematische Folge hat, dass in den Gruppen das Recht des Stärkeren aufblüht. Das aber kann nicht gewollt sein, weil es erstens die zwischenmenschlichen Beziehungen bzw. das Arbeitsklima belastet und weil es zweitens die Produktivität der Gruppe senkt. Die Verordnung von Selbstorganisation stürzt deshalb viele Gruppen in eine Krise, die sie nicht aus eigener Kraft bewältigen können. Denn sie brauchen ein funktionales Äquivalent zu der Ordnung, die durch die traditionelle Führung des Vorgesetzten sichergestellt wurde. Dieses funktionale Äquivalent kann nur in *einer von der Gruppe entwickelten und durchgesetzten Ordnung* bestehen.

Bei Einführung von Selbstorganisation können die dafür notwendigen Sozialkompetenzen aber noch nicht vorausgesetzt werden, denn sie werden im Rahmen des traditionellen Führungsstils nicht verlangt. Diese für die Einführung von Selbstorganisation typische Anfangskrise lässt sich nur mit Hilfe der Vorgesetzten überwinden. Ihre Aufgabe ist es, der Gruppe zu helfen, Regeln der gruppeninternen Zusammenarbeit zu finden, die von allen gutgeheißen und beachtet werden. *Bedarfsgerechte Unterstützung der selbststeuernden Gruppen* ist deshalb ein viertes organisationsdidaktisches Management-Tool, auf das nicht verzichtet werden kann, wenn die Organisation lernen soll.

Der Einsatz dieser vier Management-Tools macht – so unsere Beobachtung – eine *veränderte Ausbalancierung der acht organisationalen Komponenten und in der Folge Organisationslernen* notwendig. Veränderungsimpulse gingen dabei zum einen von der Zielvereinbarung mit Gruppenprämie und zum anderen von der Einrichtung selbststeuernder Arbeitsgruppen (SAGs) aus. Durch beide Maßnahmen wurde die *traditionelle Ordnung* der Organisation *relativiert*. Denn Zielvereinbarungen mit Gruppenprämie sprechen den *„inneren Kaufmann"* der Organisationsmitglieder an, der seine Arbeitsziele im Dialog mit dem Management aushandeln muss. Aus diesem Grunde wurde eine Kompetenz wichtig, für die es bisher in der Organisation so gut wie keine Verwendung gab, nämlich *Verhandlungskompetenz*. D.h.: MitarbeiterInnen und Führungskräfte mussten gemeinsam lernen, miteinander zu verhandeln, um zu guten Zielvereinbarungen zu kommen.

Die besondere Schwierigkeit bzw. die Besonderheit der Lernaufgabe, die sich dem Unternehmen in diesem Zusammenhang stellte, resultierte dabei nicht darin, allen Beteiligten hinreichende Verhandlungskompetenzen zu vermitteln, sondern darin, dass die zu führenden Verhandlungen durch die *traditionell hierarchische organisationale Ordnung* überlagert wurde. Denn die MitarbeiterInnen waren bei der Zielverhandlung weiterhin Untergebene und nur partiell gleichberechtigte Verhandlungspartner. Es musste also mit der Einführung von

Zielvereinbarungen bzw. Zielvereinbarungsverhandlungen von allen Beteiligten etwas geleistet werden, was zuvor nicht verlangt wurde, nämlich eine *stabile Ausbalancierung der organisationalen Komponenten Tausch und Ordnung.*

Dieses zu leisten, ist – so unsere Praxisbeobachtungen – eine höchst anspruchsvolle Lernaufgabe im Sinne *normativen Identitätslernens*, denn es ist notwendig, dass alle Beteiligten die „basic assumptions" ihres organisationalen Alltagshandelns verändern. Orientierende Hilfe könnte hierbei die *Didaktik schulischen Unterrichts* geben. Denn auch dort stellt sich der Lehrkraft die Aufgabe, auf der einen Seite den vorgegebenen Lehrplan umzusetzen, auf der anderen Seite jedoch die Motivation der Schülerinnen und Schüler zu gewinnen und ihnen wie ein Verkäufer den zu lernenden Stoff schmackhaft zu machen. Um erfolgreiche Zielvereinbarungsgespräche führen zu können, ist es deshalb notwendig, dass die Führungskräfte nicht nur genügend Verhandlungskompetenzen, sondern auch ausreichende *didaktische Kompetenzen* haben.

Den Mitarbeitern Verhandlungskompetenz und den Vorgesetzten didaktische Kompetenzen zu vermitteln, ist eine Aufgabe, die sich an die *Prozessbegleitung* wendet. Zu bevorzugen ist dabei ein pädagogisches Setting, das Schulungsmaßnahmen mit individuellem Coaching bzw. Gruppencoaching und so explizites mit „mitgängigem" Lernen systematisch verbindet.

Die den Führungskräften auf diese Weise zu vermittelnden didaktischen Kompetenzen sind nicht nur für die Zielvereinbarung, sondern auch für das *Leistungsfeedback* wichtig. Denn wie oben bereits angesprochen, reicht es nicht aus, den Output der Gruppe zu messen und ihr die Ergebnisse mitzuteilen. Entscheidend für das Lernen der Gruppe und Organisation ist nämlich, dass klar erkennbar wird, welche Arbeits- und Kooperationsaktivitäten den Output ursächlich bestimmt haben. Die Vorgesetzten haben deshalb die Aufgabe, den Output ihrer Abteilung und Gruppen qualitativ zu interpretieren und sich ein möglichst differenziertes Bild über die erfolgs- und misserfolgsbedingenden Arbeits- und Kooperationsaktivitäten ihrer Gruppe zu machen. Dieses Bild müssen sie ihr didaktisch kompetent vermitteln, und zwar so, dass sie dabei für alle korrigierenden und weiterführenden Anregungen von Seiten der Gruppe offen sind.

Ähnlich tiefgreifende Veränderungen und Lernherausforderungen wie bei der Einführung von Zielvereinbarungen mit Gruppenprämie ergaben sich im Zusammenhang mit der verstärkten Betonung von Selbstorganisation, d.h. mit der Einführung von selbststeuernden Arbeitsgruppen (SAGs). Denn auch durch dieses Management-Tool wurde die traditionelle Ordnung relativiert, und zwar dadurch, dass die Gruppen erweiterte Aufgaben, Kompetenzen und Verantwortlichkeiten bekamen und sich damit die Regelungsdichte verringerte. Wie bereits oben bemerkt, wurde dieses notwendig, um den Gruppen Gestaltungsfreiräume für die Erprobung neuer Arbeits- und Kooperationsformen und -verfahren zu geben.

Die Grundidee selbststeuernder Arbeitsgruppen ist, die vorliegende vom Management entwickelte und getragene organisationale Ordnung, die die Arbeit und Kooperation der Gruppenmitglieder bestimmt, durch die Gruppe revidier- und verbesserbar zu machen, denn niemand kennt sich mit den Besonderheiten, spezifischen Schwierigkeiten und Verbesserungsmöglichkeiten der Arbeits- und Kooperationsprozesse an der Basis der Organisation besser aus als die dort tätigen Organisationsmitglieder. In diesem Sinne ist es notwendig, dass die alte, den MitarbeiterInnen vom Management vorgegebene Ordnung durch eine neue Ordnung ersetzt wird, die durch die Arbeitsgruppe selbst entwickelt wird. Diese Aufgabe macht anspruchsvolle soziale Lernprozesse auf der Ebene *von operativem Anpassungslernen, strategischem Erschließungslernen und normativem Identitätslernen* notwendig.

Die Erfahrung hat gezeigt, dass Gruppen, wenn sie nicht ausreichend Unterstützung durch die Vorgesetzten bekommen, mit dieser Lernaufgabe überfordert sind. Die Einführung von selbststeuernden Gruppen ist deshalb nicht nur für die Gruppen, sondern auch für ihre Vorgesetzten eine anspruchsvolle Lernaufgabe. Denn ihre Führung muss sich grundlegend ändern. Konnten und mussten sie frühen weithin anweisen, durchsetzen und kontrollieren, sind sie nun aufgefordert, die Gruppe zu *coachen*. Aus diesem Grunde ist es notwendig, ihnen die entsprechende *Beratungskompetenz* zu vermitteln.

Literatur:

Argyris, C./Schön, D.A.: Organizational learning: a theory of action perspective. Reading/Mass. 1978

Argyris, C./Schön, D.A.: Die lernende Organisation. Grundlagen, Methode, Praxis. Stuttgart 1999.

Argyris, C.: Wenn Manager nicht offen miteinander reden. In: Harvard Manager 2/1987, S. 7–10

Bandura, A. Sozial-kognitive Lerntheorie. Stuttgart 1979

Barnard, C.I.: The function of the executive. Cambridge, MA 1938

Benner, D.: Allgemeine Pädagogik. Weinheim, München. 2. Aufl. 1991

Berger, P.L./Luckmann,, T.: The social construction of reality. New York 1966

Binkelmann, P./Braczyk, H.-J./Seltz, R.: Entwicklung der Gruppenarbeit in Deutschland. Frankfurt/M. 1993

Blake,R.R./Mouton, J.: Verhaltenspsychologie im Betrieb. Düsseldorf 1968

Blaß, J.L.: Modelle pädagogischer Theoriebildung. Bd. 1, Stuttgart u.a. 1978

Child, J.: Organizational structure, environment and performance. The role of strategic choice. In: Sociologiy 6, 1972, S. 1–22

De Alessi, L.: The economics of property rights. A review of the evidence. In: Research in Law and Economics 2, 1980, S. 1–47

Eberl, P.: Die Idee des organisationalen Lernens. Bern, Stuttgart, Wien 1996

Geißler, H.: Organisationslernen. In: Arbeitsgemeinschaft Qualifikations-Entwicklungs-Management Berlin (Hg.): Kompetenzentwicklung '98. Münster u.a. 1998a, S.129–142

Geißler, H.: Organisationslernen – eine Theorie für die Praxis. In: Geißler, H./Behrmann, D./Krahmann-Baumann, B. (Hg.): Organisationslernen konkret. Frankfurt/M. 1998b, S. 35–86

Geißler, H.: Organisationspädagogik. Umrisse einer neuen Herausforderung. München 2000

Götz, K. (Hg.): Wissensmanagement. Zwischen Wissen und Nichtwissen. 2. Aufl. München, Mering 2000

Hacker, W.: Arbeitspsychologie. Bern, Stuttgart, Toronto 1986

Hannan, M.T./Freeman, J.: Structural inertia and organizational change. In: Amerian Sociological Review 49, 1984, S. 149–164

Heidack, C.: Zum Verständnis von kooperativer Selbstqualifikation – Entwicklungen, Konzept, Übersicht. In: Heidack, C. (Hg.): Lernen der Zukunft. München 1989, S.16–29

Hellpach, W./Lang, R.: Gruppenfabrikation. Berlin 1922

Holzkamp, K.: Lernen. Frankfurt 1993

Kieser, A. (Hg.): Organisationstheorien. 2. Aufl. Stuttgart 1995

Laux, H.: Risiko, Anreiz und Kontrolle – Prinzipal-Agent-Konzept – Einführung und Verbindung mit dem Elegationswert-Konzept. Heidelberg 1990

Luhmann, N.: Soziale Systeme. Frankfurt/M. 1984

March, J.G./Olsen, J.P.: Ambiguity and choise in organizations. Bergen, Oslo, Tromsö 1976

March, J.G./Simon, H.A.: Organizations. New York 1958

Maturana, H. R./Varela, F. J.: Der Baum der Erkenntnis. Bern, München, Wien 1987

McKelvey, B./Aldrich, H.E.: Polulations, natural selction, and apllied organizational science. In: Administrative Science Quarterly 28, 1983, S.101–128

Meyer, J.W./Rowan, B.: Institutionalized organizations. Formal structure as myth and Ceremony. In: American Journal of Sociology 83, 1977, S. 340–363

Mintzberg, H.: The Structuring of organizations: A synthesis of the research. Englewood Cliffs 1979

Nonaka, I./Takeuchi, H.: Die Organisation des Wissens. Wie japanische Unternehmen eine brachliegende Ressource nutzbar machen. Frankfurt/M. 1997.

Pautzke, G.: Die Evolution der organisatorischen Wissensbasis. München 1989

Polanyi, M.: Implizites Wissen. Frankfurt/M. 1985

Prange, K.: Pädagogik als Erfahrungsprozeß. Stuttgart 1978

Probst, G.J.B.: Selbst-Organisation. Ordnungsprozesse in sozialen Systemen aus ganzheitlicher Sicht. Berlin 1987

Probst, G.J.B./Büchel, B.S.T.: Organisationales Lernen. Wettbewerbsvorteil der Zukunft. Wiesbaden 1994

Probst, G.J.B./ Raub, St./Romhardt, K.: Wissen managen. Frankfurt/M., Wiesbaden 1997

Pugh, D.S./Hickson, D.J.: Eine dimensionale Analyse bürokratischer Strukturen In: Mayntz, R. (Hg.): Bürokratische Organisation. 2. Aufl. Köln,Berlin 1971, S. 82–93

Roethlisberger,, FJ./Dickson, W.J.: Management and the worker. Cambridge, MA 1939

Schulz von Thun, F.: Miteinander reden, Bd. 3: Das "Innere Team" und situationsgerechte Kommunikation. Reinbek bei Hamburg 1998

Seligman, M.E.P.: Erlernte Hilflosigkeit. München 1979

Senge, P.M.: Die Fünfte Disziplin. Stuttgart 1996

Siebert, H.: Der Konstruktivismus als Realanthropologie. Die Antiquiertheit des modernen Menschen. In: Ahlheim, K./Bender,W. (Hg.): Lernziel Konkurrenz? Opladen 1996, S.197–209.

Simon, H.A.: Administrative behavior. A study of decision-making processes in administrative organizations. New York 1976

Thorndike, E.L.: Animal intelligence. New York 1911

Weick, K.E.: The social psychology of organizing. 2. Aufl. Reading 1979

Weick, K.E.: Sensemaking in organizations. London 1995

Wiegand, M.: Prozesse Organisationalen Lernens. Wiesbaden 1996

Williamson, O.E.: The economic instituions of capitalism. New York 1985

Willke, H.: Systemtheorie I: Grundlagen. Eine Einführung in die Grundprobleme der Theorie sozialer Systeme. 5. Auflage. Stuttgart 1996a.

Willke, H.: Systemtheorie II: Interventionstheorie. Grundzüge einer Theorie der Intervention in komplexe Systeme. 2. Auflage. Stuttgart 1996b.

Willke, H.: Systemisches Wissensmanagement. Stuttgart 1998

Wollnik, M.: Interventionschancen bei autopoietischen Systemen. In: Götz, K. (Hg.): Theoretische Zumutungen. Vom Nutzen der systemischen Theorie für die Managementpraxis. Heidelberg 1994, S. 118–159

GERHARD FATZER

Lernende Organisation und Dialog als Grundkonzepte der Personalentwicklung – Mythos und Realität

„Lernen" und „Lernende Organisation" stellen wichtige Grundlagen einer erfolgreichen Organisation und einen Wettbewerbsvorteil dar. Was ist Mythos und was Realität in diesen neuen mentalen Modellen der Organisationsentwicklung? Der Beitrag stellt den „state of the art" dar und unterzieht ihn einer kritischen Analyse jenseits von Trends. Zudem zeigt er „Dialog" als neue Weiterentwicklung der Fünf Disziplinen von Peter Senge.

Das Konzept des Lernens und der „lernenden Organisation" ist in den letzten Jahren immer wichtiger geworden und wird vor allem mit dem Werk unseres amerikanischen Kollegen Peter Senge (1990, 1993, 1996) vom Massachusetts Institute of Technology und dem dort geschaffenen „Organizational Learning Center" (OLC) in Verbindung gebracht. Wir möchten in unserem Beitrag einige *Ansätze zum Lernen und zur „lernenden Organisation"* vorstellen und den Ansatz der *Organisationsentwicklung* als einer immer wichtiger werdenden Disziplin von Veränderungsmanagement unterlegen. Wir möchten hier nicht alle Konzepte vorstellen, sondern verweisen auf ausführliche Darstellungen andernorts (Fatzer 1996, 2000, Sackmann 1993, Argyris 1993a, b, 1996, Senge 1993, 1996, Schein 1996, Fatzer/Marsick 1998, Zeitschrift „Profile" 1, 2001).

1   Lernen als Problemlösen

Wenn wir „Lernen" für den Bereich des Lernens von Erwachsenen verstehen, finden wir den Ansatz des amerikanischen Organisationspsychologen David Kolb (1983, Fatzer 1998) am geeignetesten. Lernen wird beschrieben als Problemlösung und setzt Fähigkeiten voraus, die sich in vier verschiedenen Lernstilen manifestieren:

- Lernen durch konkrete Erfahrung,
- Lernen durch reflektierende Beobachtung,
- Lernen durch abstrakte Konzeptualisierung,
- Lernen durch aktives Experimentieren.

Daraus entstehen vier Lerntypen:

1. Der „Diverger",
2. der „Assimilator",
3. der „Konverger",
4. der „Akkomodator" (Detailbeschreibungen in Fatzer 1998).

Die Grundaussage hinter diesem Modell beschreibt Lernen als Problemlösen, das die vier Stationen umfasst. Im Idealfall verfügt eine Person über unterschiedliche dieser Fähigkeiten, die dann als Ganzes die Fähigkeit zur Problemlösung ergeben (siehe Abb. 1).

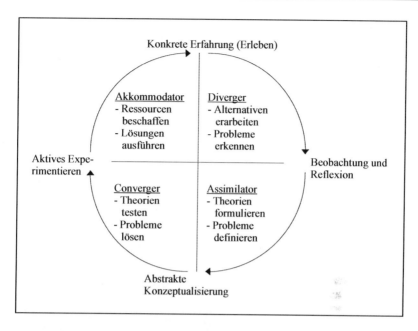

Abb.1:   Erfahrungsorientiertes Lernmodell (nach Kolb 1971)

Diese können in einem dazu entwickelten Lernstiltest eruiert werden (Fatzer 1998). Nehmen wir diesen Problemlösungs- oder Lernkreis, sehen wir darin auch bereits eine Beschreibung des Lernens von Teams und ganzen Organisationen. Wir haben diesen Lernbegriff und den dazugehörigen Test schon in sehr vielen Organisationsentwicklungsprojekten verwendet, um die Lernfähigkeiten, den Lernbedarf und die vorhandenen Lernressourcen oder -barrieren zu eruieren. In einem Fallbeispiel wurde dies mit dem Karriereanker (von Schein 1990) kombiniert, um so ein „Assessment" der Gesamtorganisation zu erreichen (Fatzer 1998).

Wir haben mit diesem Lernbegriff für Erwachsene begonnen, um ihn im Folgenden mit den Weiterentwicklungen zur „lernenden Organisation" zu verbinden. Zur lernenden Organisation stellen wir die „Fünf Disziplinen" von Peter Senge, die Grundlagen zur „lernenden Organisation" von Victoria Marsick (Marsick/Watkins 1990, 1995, 1996) sowie das Konzept von Chris Argyris vor.

2   Ausgewählte Konzepte der „lernenden Organisation"

2.1   Die „Fünfte Disziplin" als Grundlage der lernenden Organisation

1990 veröffentlichte Peter Senge sein Buch „Fünfte Disziplin", wo er die grundlegenden Disziplinen zur „lernenden Organisation" beschrieb. Das Buch wurde auch zum Erstaunen von Peter Senge zu einem Weltbestseller. Die Kernaussage des Buches hebt hervor, dass Lernen die Grundlage jeder erfolgreichen Organisation sein müsste. In den Fünf Disziplinen (siehe Abb. 2) beschrieb Senge das methodische Repertoire auf dem Weg zur lernenden Organisation.

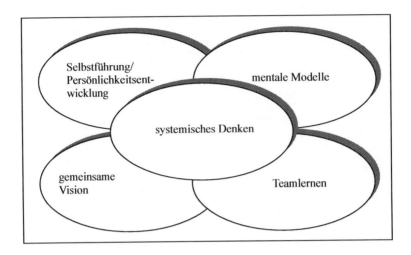

Abb. 2: Die fünf Disziplinen der lernenden Organisation nach Senge

Senge hatte diese Disziplinen in Zusammenarbeit mit einer Gruppe von Kollegen am M.I.T. entwickelt und zusammen mit einigen Firmen praktisch ausprobiert. Seine Kollegen waren: Fred Kofman für den philosophisch-linguistischen Teil (Kofman/Senge 1996), Daniel Kim für den Bereich der „System Dynamics" (vgl. die Beiträge von Kim in der Zeitschrift „Systems Thinker" 1993) zusammen mit der ganzen „System Dynamics"-Gruppe von Jay Forrester, William I. Isaacs für den Bereich des „Dialogs" (Isaacs 1996) und Edgar Schein als geistiger Vater (Schein 1996) zusammen mit Ed Nevis (Nevis 1998). Im Rahmen eines „Konsortiums lernender Unternehmen" wurden die „lernenden Organisationen" implementiert (Senge 1996).

Das Buch von Senge erschien erst sechs Jahre später in deutscher Übersetzung (Senge 1996) und wurde sehr gemischt aufgenommen. Wir erlebten selbst als praktische Organisationsentwickler bei verschiedenen Firmen, dass dieser Ansatz auf Skepsis, Unverständnis oder Ablehnung stieß. Wir wurden mit der Frage konfrontiert, ob nicht doch „jedes Unternehmen ein lernendes Unternehmen" sei. Auf der anderen Seite wurde klar, dass bei Senges „Fünf Disziplinen" ein eigentliches Modell der lernenden Organisation fehlt. Es wurde auch die Frage gestellt, ob das Ganze nicht einfach eine neue Welle im allgemeinen „Trendsurfen" darstelle (Shapiro 1996) und ob es nicht gar „einfach naiv" sei. Akademiker verstiegen sich gar zur Einschätzung, dass die Fünfte Disziplin eine „Strandlektüre" und der Ausfluss „amerikanisch-pragmatischer Naivität" darstelle. Hinter solchen Aussagen steckt natürlich häufig der Neid gescheiter, praxisferner, aber erfolgloser Akademiker oder auch die Überheblichkeit von Managern oder Firmen, die alles über Veränderungsprozesse schon längst und viel besser wissen als alle Berater. Allerdings ist einiges an der Skepsis auch gerechtfertigt.

Dies verhinderte allerdings nicht, dass die „Lernende Organisation" zum neusten Trend wurde und dass auch alle bekannten Expertenberatungsfirmen aus den Vereinigten Staaten behaupteten, sie würden jetzt überall die „lernende Organisation implementieren." Große Firmen erklärten im Rahmen ihrer Benchmarking-Programme das Jahr zum Jahr der „lernenden Organisation", und eine große Firma erklärte als eines ihrer strategischen Ziele, die „schnellst lernende Organisation" zu werden. Arthur D. Little kaufte „Innovation Associates", die Beratungsfirma, die Senge mitbegründet hatte, auf und wollte das „Produkt lernende Organisation" weltweit vermarkten. Die meisten Firmen entdeckten dann, dass der Weg zur „lernenden

Organisation" etwas mühseliger ist, als dies in den Hochglanzprospekten der Beratungsfirmen angeboten wurde, und heute gehört es bereits zum guten Ton, durch zynische Bemerkungen und spitze Anekdoten die Beschränktheit des Konzeptes aufzuzeigen und bereits auf die nächste „Trendwelle", nämlich Wissensmanagement, aufzuspringen.

Shapiro (1996) hat in ihrem scharfsinnigen Buch aufgezeigt, dass „Trendsurfen" die Beschäftigung vieler Manager, Veränderungsmanager (neudeutsch „Change Manager"), interner und externer Berater darstellt und letztlich auch die Orientierungskrise in der heutigen Managementwissenschaft widerspiegelt. Eine Vielzahl empirischer Studien hat aufgezeigt, dass Trends wie „Reengineering" (Hammer/Champy 1994, Vansina/Taillieu 1996) katastrophale Erfolgsquoten aufweisen und dass Veränderungen viel mehr Zeit brauchen und komplexer sind, als dies in den neusten Trendsellern weisgemacht wird. Hier können die beiden Gebiete der „lernenden Organisation" und der „Organisationsentwicklung" das nötige Know-how beitragen, wie Veränderungsprozesse ablaufen.

An diesem Punkt ist das „Know-how" der Organisationsentwickler nötig, die durch ihre Expertise in Prozessberatung (Schein 1987, 1988, 2000, Fatzer 1992) solche Prozesse kennen. Das gleiche gilt für viele TQM-Programme, die vielfach an ihrer Nicht-Implementierung scheitern. Unsere Erfahrungen in diversen Projekten bestätigen dies, wo wir als Organisationsentwickler nach Ablauf von TQM-Programmen in Firmen hineingeholt wurden.

Der Ansatz von Senge repräsentiert in dem Sinne die altbekannte, auf Lewin (1947) zurückgehende Botschaft, dass gute Organisationsentwicklung und die lernende Organisation nur dadurch möglich ist, dass „Betroffene zu Beteiligten gemacht werden." Jede Innovation und vor allem die Implementierung der lernenden Organisation kann nur durch die Beteiligten getragen werden. Dies bedingt auch, dass zuerst eine gründliche Diagnose des Ist- und Soll-Zustandes des Systems durchgeführt wird (Beckhard 1987, 1994), und zwar in Zusammenarbeit zwischen Berater und Auftraggebern. Hier kann auch die irreführende Feststellung vieler „systemischer Organisationsberater" nicht helfen, die uns weismachen wollen, dass „Diagnose im systemischen Verständnis von OE" gar keinen Sinn mache. Es ist natürlich jedem professionellen Organisationsberater klar, dass „jede Diagnose eine massive Intervention" darstellt (Schein 1987, 2000, Nevis 1998).

Für die „lernende Organisation" ist dringend zu empfehlen, die Lernfähigkeit oder das Problembewusstsein der Auftraggeberorganisation genau zu eruieren. Wir haben sehr oft die Erfahrung gemacht, dass der Hinweis, man sollte keine Zeit für eine Diagnose verlieren, eine Form der „defensiven Routine" (Argyris 1993b, 1996) darstellt, und dass eine solche Beratung mit einem Blindflug ohne Bordinstrumente verglichen werden kann. Regelmäßig haben solche Auftraggeber nachher auch das Nicht-Eintreffen von Erfolgen oder Resultaten dem Berater vorgeworfen. Mit einer sorgfältigen Diagnose hätte dies verhindert werden können. Hier scheint das Beispiel einer Bankengruppe auf, die uns einlud, den internen Trainern die „Fünf Disziplinen" vorzustellen und durch das „Bier-Spiel" eine Erfahrung von Systemdynamik zu vermitteln (ausführlich bei Senge 1996). Die Reaktion auf diese Simulation war eine derartige Widerspiegelung der internen Situation, dass wir diesem Kunden dringend davon abrieten, sich auf den Weg einer lernenden Organisation zu begeben.

Kritisch anzumerken ist bei Senges Ansatz, dass noch sehr wenig empirische Beispiele vorhanden sind (Roth et al. 1996, Roth/Kleiner 2001, Senge et al. 1997) und dass das Organizational Learning Center sich als selbständige Organisation aus dem M.I.T. ausgelagert hat durch die Gründung der S.O.L., der Society of Organizational Learning, wo diverse Universitäten und Firmen angegliedert sind. Fallbeispiele im deutschsprachigen Raum werden im Rahmen unseres Lern-Netzwerkes zusammengetragen und publiziert (Fatzer 2001).

2.2 Die „lernende Organisation" nach dem Ansatz von Victoria Marsick

Fast gleichzeitig mit Senges „Fünfter Disziplin" erschien Marsicks Buch „Sculpting the learning organization", das sie zusammen mit Karen Watkins verfasst hatte. Auf einer ähnlichen
Grundlage, nämlich „Action Science" von Argyris (1985, 1997), beschreiben sie die Dimensionen der lernenden Organisation, allerdings im Gegensatz zu Senge mit einem konkreten
Modell (siehe Abb. 3).

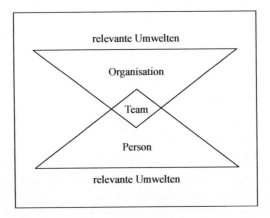

Abb. 3: Organisationslernen nach Marsick (Beucke-Galm 1999)

Die Schritte auf dem „Weg zur lernenden Organisation" werden angegeben und durch diagnostische Tests und Befragungen eruiert (Marsick/Watkins 1995, 1996). Im Gegensatz zu
Senge haben die beiden Autorinnen keinen Megatrend ausgelöst. Allerdings ist es der Verdienst von Marsick, eine Sammlung von Fallbeispielen zusammengetragen zu haben, wo auch
ein Vergleich verschiedener Ansätze zur lernenden Organisation erfolgt und ihre Wirksamkeit
in Fallbeispielen dargelegt wird. Bestechend an diesem Ansatz ist die Sorgfältigkeit der Fallbeispiele und die Gründlichkeit des Vorgehens. Dies hat auch zur Folge, dass das Ganze
akademischer und weniger verkaufsorientiert ist.

Kritisch anzumerken ist die Allgemeinheit und Abstraktheit des Modells, was es für Manager
entweder als abstrakt oder als banal erscheinen lassen mag. Der Einsatz der Vielzahl diagnostischer Instrumente mag es als kompliziert erscheinen lassen.

Überlegt man sich, wo das Konzept der „lernenden Organisation" das erste Mal auftaucht,
stößt man sowohl bei Senge als auch bei Marsick auf einen Autor, Chris Argyris, einen der
Pioniere des Feldes der Organisationsentwicklung und der Organisationspsychologie, der aus
der gleichen Generation stammt wie Ed Schein und auch im Rahmen der Senge-Gruppe eine
zentrale Rolle spielt.

2.3 Lernende Organisation nach Chris Argyris

Die Grundlage des Konzeptes der „lernenden Organisation" oder des „Organisationslernens"
ist 1978 durch den bekannten Organisationspsychologen Chris Argyris aus Harvard geschaffen worden (vgl. Argyris/Schön 1978). Sowohl Senge als auch Marsick stützen sich in großen
Teilen auf seiner Pionierarbeit ab. Er hat einen Großteil seines umfangreichen Werks der

Frage gewidmet, wie Organisationen lernen und wie gute Organisationsberatung aussieht. Dabei hat er als einer der wenigen auch genauestens, sozusagen auf der Mikroprozessebene, beschrieben, wie Veränderungsprozesse in Organisationen aussehen und wo es sich um *Abwehrroutinen* handelt (Argyris 1985,1993b).

Er unterscheidet in Anlehnung an Gregory Bateson zwei Formen des Lernens: Das sogenannte *Single-Loop-Lernen* und das *Double-Loop-Lernen*. Um dies bildlich auszudrücken: Einschlaufiges Lernen (Single-Loop) entspräche dem Thermostaten, der sich ein- oder abschaltet. Doppelschlaufiges Lernen (Double-Loop) wäre ein Thermostat, der die optimale Temperatur einstellen kann, indem nicht nur Fehler korrigiert werden, sondern indem das System lernt. Die gesamte Organisation lernt, indem z.b. Normen und Grundannahmen der Organisation, die Lernen verhindern, verändert werden.

Ein schönes Beispiel ist die Organisation, welche ein Produkt X lanciert hat, das sich als Misserfolg herausstellt. Die unterste Stufe der Organisation meldet dies in Form von Memos. Das mittlere Management findet diese Memos zu pessimistisch und beginnt, eigene Nachforschungen zu machen. Es gibt die Informationen nur verkürzt und dosiert weiter nach oben, um nicht in einem schlechten Licht dazustehen. Das Top-Management ergreift erst Maßnahmen, nachdem riesige Verluste eingetreten sind. Als Beispiel könnte in der Schweiz die Uhrenindustrie im Bereich von Luxusuhren genannt werden.

Stattdessen wäre es angebracht, diese „Organisations-Zwickmühle" dadurch zu entschärfen, dass widersprüchliche Normen thematisiert werden (hier: Fehler verstecken versus Fehler enthüllen). Solche „Organisations-Versteckspiele", wie dies Argyris benennt, sollten aufgedeckt und verändert werden. Wann geschieht nun dieses Organisationslernen oder „Lernen zweiter Ordnung"? Bei vitalen Bedrohungen einer Organisation, wie z.b. bei Umweltkatastrophen oder Wettbewerbsbedrohung (z.B. durch die Dominanz von Microsoft), bei einer Revolution innerhalb des Organisationssystems (neues Management übernimmt die Leitung) oder von außerhalb (politisch) oder bei einer Krise, die durch das eigene Management produziert wird, um die Organisation aufzurütteln. Dies kann ein Rationalisierungsunterfangen sein oder eine Umwälzung des Makrosystems.

Wenn wir hier lediglich Krisen als Möglichkeiten für Organisationslernen anführen, heißt dies nicht, dass nur Krisen Lernen ermöglichen. Allerdings ist die Idee, Lernen in einer Organisation auch in guten Zeiten zu institutionalisieren, neu. Bis jetzt zwangen im Allgemeinen erst Organisationskrisen die Organisation zum Lernen oder Umlernen.

2.4   Zusammenfassung

Zusammenfassend kann gesagt werden:

1. *Organisationslernen* muss eher als *Organisationsprozess* statt als individueller Prozess betrachtet werden. Auch wenn die einzelnen Mitglieder die Agenten des Lernens sind, über die Lernen stattfindet, ist der eigentliche Lernprozess durch ein viel breiteres Set von sozialen, politischen und strukturellen Faktoren beeinflusst.

2. Organisationslernen ist eng verknüpft mit der *Erfahrung*, welche die Organisation besitzt. Durch frühere Erfahrung in einem Bereich des Entscheidungsprozesses oder in einer Aktivität lernt die Organisation, ihre Ziele anzupassen, selektiv ihre Aufmerksamkeit auf ihre Umgebung zu richten und die Suche nach Lösungen für Organisationsprobleme anzupassen.

3. Das Resultat von Organisationslernen wird *organisationsübergreifend* mitgeteilt, gemeinsam bewertet und in die zukünftigen Entscheidungsprozesse eingebaut.

4. Lernen umfasst *grundlegende Veränderungen in den „Handlungstheorien"* („wie man's hier macht", „Sicht der Welt", „mentale Modelle" bei Senge).

5. *Lernen geschieht auf verschiedenen Ebenen der Organisation,* z.B. individuell – abteilungsbezogen – Organisation – Industrie oder Gesellschaft. Wichtig für Entscheidungen sind vor allem die Ebene der Organisation und der Umgebung. Erstere informiert über interne Ressourcen, Ziele, Möglichkeiten und Begrenzungen, letztere ermöglicht eine stimmige Wahrnehmung der Umgebung für Entscheidungen.

6. Organisationslernen ist institutionalisiert in Form von *Lernsystemen*, die formelle als auch informelle Ausprägungen von Informationsaustausch, Planung und Kontrolle umfassen.

Betrachten wir den Prozess, wie Menschen und Organisationen lernen, hat sich die *Veränderungskurve* speziell bewährt. Sie wurde von Jupp entwickelt und durch meine Kollegin Sonja Sackmann uns zugänglich gemacht (Sackmann 1993, Fatzer 1993). Sie beschreibt die typischen Phasen, die bei Veränderungs- und Lernprozessen durchlaufen werden.

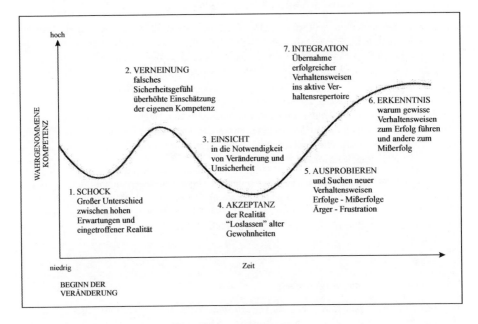

Abb. 4: Die sieben Phasen der Veränderungskurve (Fatzer 1993)

Wichtig an diesem Modell ist die Blockierungsphase, die mit den defensiven Routinen (von Argyris) vergleichbar ist. Häufig wird die Entwicklung zu einer lernenden Organisation extern begleitet.

3   Zur Rolle des Beraters in der lernfähigen Organisation

Organisationsentwicklung findet vielfach unter Anleitung eines externen Beraters statt. Die Rolle des OE-Beraters wird aus Gestalt- und Systemsicht als eine *Rolle an der Grenze* beschrieben. Der Berater muss einen Unterschied zum Klientensystem machen. Diese Rolle wird von Margulies et al. (1978) als *marginale Rolle* beschrieben. In diesem Zusammenhang sind die Gestalt-Sichtweisen von Nevis (1998) erhellend, der die Rolle des Beraters unter dem Aspekt *Kontakt, Präsenz und Intervention* beschreibt.

Kontakt ist eine der Grundlagen des OE-Prozesses und meint die Betonung und Anerkennung der Unterschiede zwischen Berater und Klientensystem. Die Organisation lernt dadurch, dass sie diese Unterschiede sieht und im Rahmen von Feedback-Prozessen hört. Bezogen auf das Modell des Organisations-Eisbergs heißt dies, dass die Aspekte unterhalb des Wasserspiegels, die der Organisation unbewusst sind, bewusst gemacht werden.

Präsenz bedeutet im Zusammenhang mit OE, dass sich der OE-Berater sowohl real als auch symbolisch seiner Rolle bewusst ist und dass er im Laufe seiner Arbeit mehr darüber erfährt, welche Übertragungen er auslöst.

Mit *Intervention* ist die Tatsache umschrieben, dass Beratung und jegliche Form des Beraterverhaltens ein Dazwischenkommen, eine Unterbrechung von ablaufenden sozialen Prozessen darstellt. Nevis geht sogar so weit zu sagen, dass OE-Interventionen eine Zumutung und eine Störung für das Klientensystem darstellen. Auf diesem Hintergrund ist auch verständlich, dass *Widerstände* ein Begleitphänomen von OE-Prozessen darstellen. Eine Organisation kann dann als *lernfähig* umschrieben werden, wenn sie mit diesen Irritationen umgehen kann, die durch den OE-Berater eingebracht werden können.

Wichtig für die Rolle des Beraters ist auch die Unterscheidung der *verschiedenen Beratermodelle* von Schein (1993, 2000): *Expertenberatung, Arzt-Patient-Beratung* und *Prozessberatung*. Wie wird der Berater von der Klientenorganisation eingesetzt, und in welcher Rolle kann er sie hilfreich unterstützen und lernfähig machen?

Ein weiterer wichtiger Punkt zur Rolle des Beraters umfasst die *defensiven Routinen*. Es ist zentral für die Lernfähigkeit der Organisation, ob der Berater die defensiven Routinen der Organisation beleuchten und reflektieren kann. Allzu häufig ist es so, dass Berater zusammen mit der Klientenorganisation gemeinsame defensive Routinen aufbauen, so dass die Organisation nicht mehr lernt. Besonders drastische Beispiele hat Argyris (1993b) dargelegt, wo die Organisationen mit den Beratern das unbewusste Bündnis zur Tabuisierung der defensiven Routinen eingingen mit dem Effekt, dass die Organisationen nicht mehr lernten.

Die Rolle des Beraters für die lernende Organisation besteht darin, diese marginale Rolle einzusetzen und lernwirksam zu machen, indem z.B. Wahrnehmungen, Einschätzungen, Feedbacks und auch Expertenbeiträge der Organisation einen Spiegel vorhalten.

4   Dialog im lernenden Unternehmen

Dialog ist eine vielversprechende neue Gesprächsform, die als Grunddisziplin einer lernfähigen Organisation betrachtet werden kann. Die Grundideen sind alt und auch schon in anderen Kontexten wie Therapie oder Politik lange bewährt. Neu ist diese Grundlage in ihrer Anwendung auf Veränderungsprozesse in Teams und Organisationen als auch im interkulturellen Kontext. Diese Anwendung wird immer wichtiger, da heute eine Vielzahl neuer Organisationsformen geschaffen werden – wie Fusionen, Joint Ventures, Mergers and Acquisitions – wo Dialog grundlegend ist.

Grundlagen und Grundfähigkeiten

Die Idee des Dialogs geht zurück auf Versuche in den 80er Jahren, neue Formen des Gesprächs und der Erkenntnis zu praktizieren und ist eng verbunden mit dem Atomphysiker und Erkenntnisphilosophen David Bohm. Die grundlegenden Ideen zum Dialog sind in seinem Buch „Der Dialog" (1993) ausgeführt. In diversen Dialog-Reihen zu verschiedenen Themen hat Bohm eine Vielzahl von Teilnehmern involviert und auch internationale Dialoge geführt (vgl. Garrett 1997). Dabei war es ihm nicht nur wichtig, Dialoge zu führen, sondern auch Gedanken zum Dialog selbst als Gesprächsform zusammenzutragen.

Diverse „Schüler", wie William I. Isaacs vom M.I.T. und Dialogos und Peter Garrett von Dialogos, dann eine Beratungs-Gruppe in Kalifornien um Linda Ellinor und Glenn Gerard und eine Gruppe von Mitarbeitern des Dialogue Projects vom M.I.T., haben diese Grundideen auf den Kontext der Team- und Organisationsentwicklung und auf die lernende Organisation übertragen.

Dialog ist eine Gesprächsform, die zum Ziel hat, „gemeinsam zu denken" und die grundlegenden Formen des Denkens darzustellen. Dialog ist eine Kunst und Praxis, die erlernt werden muss und die tiefe Formen der Erkenntnis ermöglicht. Dialog steht im Gegensatz zu einer Diskussion oder Debatte, wo es darum geht, dass einer der Beteiligten Recht hat. Im Dialog haben alle Recht, da alle die Grundlagen ihres Denkens, nämlich ihre Grundannahmen darstellen. Dialog geht aus von vier Grundfähigkeiten oder Dialog-Kernkompetenzen, die nötig sind, um einen Dialog zu führen, nämlich

- Listening (Zuhören),

- Voicing (Sprechen, sich ausdrücken; sozusagen als Gegenstück), dann

- Respecting (Respektieren) und

- Suspending (etwas in der Schwebe halten; vgl. Abb. 5).

Dialog wird, wie bereits erwähnt, als Gegensatz gesehen zu Diskussion oder Debatte, wo es darum geht, in einer Erörterung Recht zu haben oder einen Sieg davonzutragen.

Dialog geht davon aus, dass Wahrheit und Erkenntnis nur im gemeinsamen Erörtern gelingen kann. Wenn man diese Gesprächsform einsetzt als „Begleitform" oder „Reflexionsmöglichkeit" bei Veränderungs-, Lern- und Entwicklungsprozessen in Organisationen, bei Personen und Teams, dann kann man die Nützlichkeit und den Stellenwert dieser Gesprächsform für „lernende Organisationen" oder für Transformationsprozesse sehen.

Scharmer (1998) hat in Erweiterung der Fünf Disziplinen von Peter Senge eine neue Übersicht der Grunddisziplinen für Transformationsprozesse gemacht, und Dialog ist neben Prozessberatung eine der Grunddisziplinen (vgl. Abb. 6).

Im Dialog entsteht Kontakt nicht dadurch, dass man sich anschaut oder dass man emotionale Befindlichkeiten austauscht, sondern indem man zusammen denkt. Eine Dialoggruppe unterscheidet sich daher auch grundlegend von einer Selbsterfahrungs- oder Therapiegruppe.

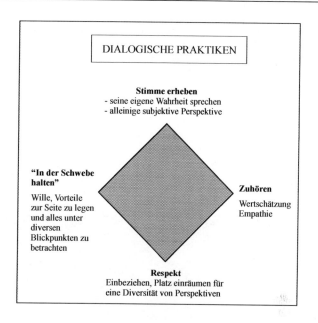

Abb. 5: Grundfähigkeiten des Dialogs nach Isaacs (Scharmer 1998)

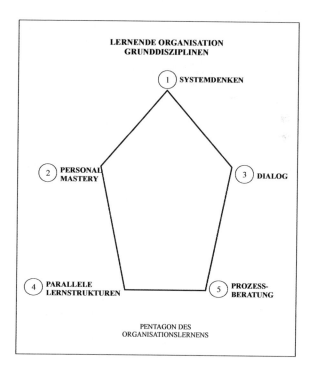

Abb. 6: Grundlagen der lernenden Organisation (Scharmer 1998)

Der *Dialog* ist primär ein Mittel zur *Entschleunigung*, das angesichts der immer schneller werdenden turbulenten Situationen in und außerhalb der Unternehmen oder Organisationen zentral ist. Die meisten Veränderungsprojekte oder Restrukturierungen scheitern daran, dass sie nicht genügend Zeit zum Experimentieren und Lernen zur Verfügung stellen.

Es sind heute verschiedentlich Gesprächsrunden in Form von Dialog etabliert worden, sei dies in der Form der „Runden Tische" als auch in Form „Strategischer Dialoge" von Vorstandsmitgliedern mit allen Beteiligten eines Transformationsprojektes in einem Unternehmen, sei dies Qualitätsentwicklung, Organisationsentwicklung oder Kulturentwicklung.

Der Dialog verfolgt das Ziel, einen sogenannten „Behälter" oder „Container" zur Verfügung zu stellen. Dialoge durchlaufen verschiedene Phasen und damit auch Krisen (vgl. Isaacs 2001). Normalerweise hat Alltagskommunikation bzw. das Gespräch in einem Team oder einer Organisation folgende Formen, wie sie auch bei Scharmer (1998) dargestellt wurden (vgl. Abb. 7). Solche Normalformen zeigen auf, warum Dialog nützlich und notwendig ist, um Lern- und Entwicklungsprozesse zu begleiten.

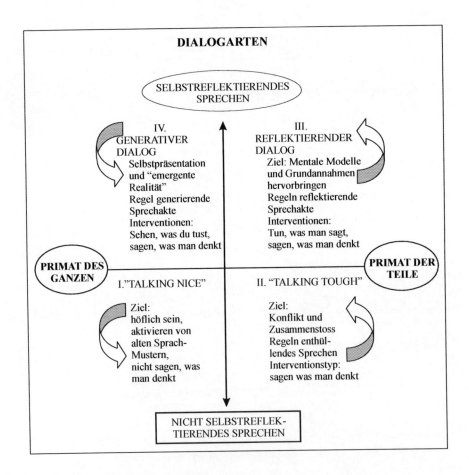

Abb. 7: Formen des Gesprächs (Scharmer 1998)

Wir haben verschiedentlich begonnen, die Grundformen des Dialogs in Ausbildungsgruppen, bei der Führungskräfteentwicklung oder bei gemischten Gruppen – bestehend aus Kunden, Beratern und Managern – durchzuführen, durchwegs mit positiven Erfahrungen. Dialog stellt unserer Meinung nach – neben den von Roth/Kleiner (2001) dargestellten „Lerngeschichten" von Unternehmen – eine entscheidende Weiterentwicklung der Ansätze der lernenden Organisation dar.

Literatur

Argyris, C.: Strategy, change and defensive routines. Boston, Pitman 1985.

Argyris, C.: Eingeübte Inkompetenz – ein Führungsdilemma, in: Fatzer, G. (Hrsg.): Organisationsentwicklung für die Zukunft. Ein Handbuch. Köln, Edition Humanistische Psychologie 1993a.

Argyris, C.: Defensive Routinen, in: Fatzer, G. (Hrsg.): Organisationsentwicklung für die Zukunft. Ein Handbuch. Köln, Edition Humanistische Psychologie 1993b.

Argyris, C.: Wenn gute Kommunikation das Lernen verhindert, in: Fatzer, G. (Hrsg.): Organisationsentwicklung und Supervision. Erfolgsfaktoren bei Veränderungsprozessen. Trias-Kompass 1. Köln, Edition Humanistische Psychologie 1996.

Argyris, C.: Wissen in Aktion. Eine Fallstudie zur lernenden Organisation. Stuttgart, Klett-Cotta 1997.

Argyris, C., Schön, D.A.: Organizational learning. Reading, Addison Wesley 1978.

Beckhard, R.: Organizational transitions. Reading, Addison Wesley 1987.

Beckhard, R.: Changing the essence. San Francisco, Jossey Bass 1994.

Bennis, W.: Führungskräfte. Berlin, Campus 1986.

Beucke-Galm, M., Fatzer, G., Rutrecht, R. (Hrsg.): Schulentwicklung als Organisationsentwicklung. Köln, Edition Humanistische Psychologie 1999.

Bohm, D.: Der Dialog. Stuttgart, Klett Cotta 1993.

Buber, M.: Das dialogische Prinzip. Heidelberg 1984.

Borwick, I.: Systemische Beratung von Organisationen, in: Fatzer G. (Hrsg.): Supervision und Beratung. 8. Auflage. Köln, Edition Humanistische Psychologie 2000.

Di Bella, T.: How organizations learn. San Francisco, Jossey Bass 1997.

Ellinor, L., Gerard, G.: Dialog im Unternehmen. Stuttgart, Klett Cotta 1999.

Fatzer, G.: Prozeßberatung als Organisationsberatungsansatz der neunziger Jahre, in: Wimmer R. (Hrsg.): Organisationsberatung. Neue Wege und Konzepte. Wiesbaden, Gabler 1992.

Fatzer, G. (Hrsg.): Organisationsentwicklung für die Zukunft. Ein Handbuch. Köln, Edition Humanistische Psychologie 1993 (2. Auflage, 1999).

Fatzer, G. (Hrsg.): Organisationsentwicklung und Supervision. Erfolgsfaktoren bei Veränderungsprozessen. Trias-Kompass 1. Köln, Edition Humanistische Psychologie 1996.

Fatzer, G.: Ganzheitliches Lernen. Humanistische Pädagogik, Schul- und Organisationsentwicklung. 5., erweiterte Auflage. Paderborn, Junfermann 1998.

Fatzer, G. (Hrsg.): Supervision und Beratung. Ein Handbuch. 8. Auflage. Köln, Edition Humanistische Psychologie 2000.

Fatzer, G.: Dialog in der lernenden Organisation, in: Profile – Internationale Zeitschrift für Veränderung, Lernen, Dialog, 1, 2001.

Fatzer, G., Jansen, H.H.: Gruppe als Methode. Weinheim, Beltz 1980.

Fatzer, G., Marsick, V.J.: Lernende Organisation – Ansätze und Fallbeispiele. Trias Kompass 3. Paderborn, Junfermann 1998.

Forrester, J.: System Dynamics. Cambridge, MIT Press 1961.

Garrett, P.: Strategic Dialogue, Kursmaterial Trias 1997.

Hammer, M., Champy, J.: Business Reengineering. Die Radikalkur für das Unternehmen. Frankfurt, Campus 1994.

Hartkemeyer, M., Hartkemeyer, J.F., Dhority L.: Miteinander Denken. Das Geheimnis des Dialogs. 2. Auflage. Stuttgart, Klett-Cotta 1999.

Isaacs, W.I.: Dialog, kollektives Denken und Organisationslernen, in: Fatzer, G. (Hrsg.): Organisationsentwicklung und Supervision. Erfolgsfaktoren bei Veränderungsprozessen. Trias-Kompass 1. Köln, Edition Humanistische Psychologie 1996.

Isaacs, W.I.: Dialogue – the art of thinking together. New York, Doubleday 1999 (dtsch. = 2001).

Isaacs, W.I.: Dialog als Kunst gemeinsam zu denken. Die neue Kommunikationskultur für Unternehmen. Köln, Edition Humanistische Psychologie 2001.

Kofman, F., Senge P.M.: Gemeinschaften voller Engagement: Das Herz der lernenden Organisationen, in: Fatzer, G. (Hrsg.): Organisationsentwicklung und Supervision. Erfolgsfaktoren bei Veränderungsprozessen. Trias-Kompass 1. Köln, Edition Humanistische Psychologie 1996.

Kolb, D.: Organizational psychology. Englewood Cliffs, Prentice Hall 1971.

Kolb, D.: Experiential learning. Englewood Cliffs, Prentice Hall 1983.

Lewin, K.: Frontiers in group dynamics: Social planning and action research, in: Human Relations, 1, 1947, S. 142–153.

Margulies, N. et al.: Conceptual foundations of OD. New York 1978.

Marsick, V.J., Watkins, K.E.: Sculpting the learning organization. San Francisco, Jossey Bass 1990.

Marsick, V.J., Watkins, K.E.: Team learning, ASTD 1995.

Marsick, V.J., Watkins, K.E.: Learning organizations, ASTD 1996.

Marsick, V.J., Watkins, K.E.: Facilitating learning organizations: Making learning count. Gower 1999

Nevis, E.C.: Organisationsberatung. Ein gestalttherapeutischer Ansatz. 3. Auflage. Köln, Edition Humanistische Psychologie 1998.

Roth, G. et al.: The Auto-Company, Working Paper M.I.T. 1996.

Roth, G., Kleiner, A.: Lerngeschichten von Organisationen. Organisationsgedächtnis durch Lerngeschichten entwickeln, in: Profile – Internationale Zeitschrift für Veränderung, Lernen, Dialog, 1, 2001.

Sackmann, S.: Unternehmenskultur. In: Sandner K. (Hrsg.): Politische Prozesse in Unternehmen. Berlin, Springer 1989.

Sackmann, S.: Die lernfähige Organisation, in: Fatzer, G. (Hrsg.): Organisationsentwicklung für die Zukunft. Ein Handbuch. Köln, Edition Humanistische Psychologie 1993.

Scharmer, C.O.: Darstellungen von der Trias-Konferenz zur „Zukunft der lernenden Organisation" in Stuttgart 1998 (zusammen mit Changework).

Schein, E.H.: Organizational culture and leadership. San Fransisco, Jossey Bass 1985 (dtsch. = 1995).

Schein, E.H.: Process consultation: Lessons for managers and consultants, Vol. 2. Reading, Addison-Wesley 1987.

Schein, E.H.: Process consultation: It's role on organization development, Vol. 1. Revised. Reading, Addison-Wesley 1988.

Schein, E.H.: Career anchors: Discovering your real values. Pfeiffer & Co 1990 (dtsch. = 1998).

Schein, E.H.: Organisationsberatung für die neunziger Jahre. in: Fatzer, G. (Hrsg.): Organisationsentwicklung für die Zukunft. Ein Handbuch. Köln, Edition Humanistische Psychologie 1993.

Schein, E.H.: Überleben im Wandel. Strategische Stellen- und Rollenplanung. Darmstadt, Looss 1994.

Schein, E.H.: Unternehmenskultur. Handbuch für Führungskräfte. Frankfurt, Campus 1995.

Schein, E.H.: Über Dialog, Kultur und Organisationslernen, in: Fatzer, G. (Hrsg.): Organisationsentwicklung und Supervision. Erfolgsfaktoren bei Veränderungsprozessen. Trias-Kompass 1. Köln, Edition Humanistische Psychologie 1996.

Schein, E.H.: Karriereanker, 2 Bde. Mit Trainerleitfaden. Darmstadt, Looss 1998.

Schein, E.H.: Prozessberatung für die Organisation der Zukunft. Köln, Edition Humanistische Psychologie 2000.

Schein, E.H.: Das Konzept des Klienten in der Prozessberatung. in: Profile – Internationale Zeitschrift für Veränderung, Lernen, Dialog, 1, 2001.

Senge, P.M.: Fifth discipline. New York, Doubleday 1990 (dtsch. = 1996).

Senge, P.M.: Die fünfte Disziplin – die lernfähige Organisation, in: Fatzer, G. (Hrsg.): Organisationsentwicklung für die Zukunft. Ein Handbuch. Köln, Edition Humanistische Psychologie 1993.

Senge, P.M.: Die fünfte Disziplin. Kunst und Praxis der lernenden Organisation. Stuttgart, Klett-Cotta 1996.

Senge, P.M., Kleiner, A., Roberts, C., Ross, R.B., Smith, B.J.: The fifth discipline fieldbook: Strategies and tools for building a learning organization. New York, Doubleday 1994 (dtsch. = 1997).

Senge, P.M., Kleiner, A., Roberts, C., Ross, R.B., Smith, B.J.: Das Fieldbook zur fünften Disziplin. 2. Auflage. Stuttgart, Klett-Cotta 1997.

Shapiro, V.: Trendsurfen in den Chef-Etagen. Frankfurt, Campus 1996.

Vansina, L., Taillieu, T.: Business Process Reengineering oder: Sozialtechnisches Systemdesign in neuen Kleidern?, in: Fatzer, G. (Hrsg.): Organisationsentwicklung und Supervision. Erfolgsfaktoren bei Veränderungsprozessen. Trias-Kompass 1. Köln, Edition Humanistische Psychologie 1996.

STEPHAN DUTKE/ALEXANDER WICK

Personalentwicklung als Transformation mentaler Modelle

Zusammenfassung

Das Konstrukt des mentalen Modells ist Gegenstand sowohl angewandter Ansätze zur Personalentwicklung als auch allgemeinpsychologischer Theorien menschlicher Kognition. Anhand zweier Literaturübersichten wird die Rolle mentaler Modelle in beiden Bereichen expliziert. Aus dem Vergleich beider Rollen wird kenntlich, dass Personalentwicklungsansätze, die sich auf mentale Modelle beziehen, vorrangig auf das Verstehen komplexer technischer, sozialer oder wirtschaftlicher Sachverhalte abzielen. Sie verfolgen damit höhere Ansprüche als reine Verhaltenstrainings, aber weniger umfassende Ansprüche als Maßnahmen, die auf Persönlichkeitsveränderungen gerichtet sind. Als in spezifischer Weise der mentalen Modellbildung förderliche Maßnahmen werden Simulations- und Selbstreflexionstechniken identifiziert. Hinweise zur Weiterentwicklung von Personalentwicklungsansätzen, die sich am Konstrukt des mentalen Modells orientieren, ergeben sich aus der weitgehenden Vernachlässigung der grundlagentheoretischen Position, mentale Modelle seien flüchtige und unter eng begrenzten kognitiven Ressourcen entstehende Konstruktionen des Arbeitsgedächtnisses. Defizite der Grundlagenforschung zu mentalen Modellen werden im Kontext sozial geteilter Repräsentationen benannt.

1   Einleitung

Personalentwicklung umfasst „alle planmäßigen person-, stellen- und arbeitsplatzbezogenen Maßnahmen zur Ausbildung, Erhaltung oder Wiedererlangung der beruflichen Qualifikation" (Holling & Liepmann, 1995, S. 286). Ein so breiter thematischer Rahmen impliziert Heterogenität bezüglich des Verhältnisses zwischen Theorie und Empirie. So wird beispielsweise beklagt, Taxonomien von zu entwickelnden Managementfähigkeiten basierten primär auf Spekulation und individuellen Meinungen und entbehrten weitgehend einer empirischen Basis (Latham & Seijts, 1998). Gleichwohl wird eine mangelnde theoretische Fundierung von Personalentwicklungsinterventionen wahrgenommen (Sonntag, 1992) und mit der Kluft zwischen allzu spezifischen Geltungsbedingungen psychologischer Grundlagentheorien einerseits und den komplexen Bedingungsgefügen praktischer Probleme andererseits begründet (Holling & Liepmann, 1995). In dieser Situation ist von Interesse, dass einige Ansätze zur Personalentwicklung sich zunehmend eines Begriffs bedienen, der in der kognitionspsychologischen Grundlagenforschung in vielfältiger Hinsicht zu Bedeutung gelangte: der Begriff des mentalen Modells (Johnson-Laird, 1983). Im vorliegenden Kapitel wird versucht, mentale Modelle sowohl aus der Sicht psychologischer Grundlagenforschung als auch unter der Perspektive anwendungsbezogener Personalentwicklung zu beschreiben. Ziele dieses Vergleichs sind, Spezifika jener Personalentwicklungsansätze herauszuarbeiten, die mentale Modelle als theoretische Grundlage beanspruchen und Anregungen zu ihrer weiteren Entwicklung zu geben.

2 Mentale Modelle als Gegenstand psychologischer Grundlagenforschung

Der Begriff des Modells ist nicht zufällig gewählt. Mentale Modelle sind *Modelle im Sinne der allgemeinen Modelltheorie* (Stachowiak, 1973), mit dem Unterschied, dass sie nicht gegenständlich oder verbal repräsentiert sind, sondern gedankliche Konstruktionen sind. Modelle sind Abbildungen eines Originals. Abbildung heißt, es gibt eine Zuordnung zwischen Attributen des Modells und Attributen des Originals. Der Schaltplan eines Fernsehers beispielsweise ist ein Modell des Fernsehers, weil Attribute des Originals (z. B. Verbindungen zwischen elektronischen Bauteilen) Attributen des Modells (gezeichnete Linien zwischen Symbolen) zugeordnet werden können. Ein Modell bildet aber nicht alle Attribute des Originals ab, sondern nur einige relevante. So werden beispielsweise Merkmale der Bedienelemente des Fernsehers nicht im Schaltplan abgebildet. Modelle sind also Reduktionen eines Originals. Daraus folgt: Je nach Auswahl der abgebildeten Attribute gibt es mehrere Modelle des gleichen Originals. Die Bedienungsanleitung ist auch ein Modell des Fernsehers, aber es bildet andere Attribute ab. Es sind pragmatische Entscheidungen, hauptsächlich über die potenzielle Modellverwendung, die zur Abbildung oder Vernachlässigung von Originalattributen führen. Alle drei Merkmale, Abbildung, Reduktion und Pragmatik, treffen wohl auch auf mentale Modelle zu. Die gedankliche Rekonstruktion der Funktionsweise eines Fernsehers, die der Reparateur erwirbt, ist eine reduzierte Abbildung physikalischer Prozesse, und sie unterscheidet sich (pragmatischerweise) von einem mentalen Modell, das ein Benutzer dieses Geräts erwirbt, denn beide Personen benötigen ihr Modell des Fernsehers zu unterschiedlichen Zwecken. In wissenschaftstheoretischer Hinsicht sind mentale Modelle somit *theoretische Konstrukte* im Sinne von MacCorquodale und Meehl (1948), indem sie einerseits individuelles Verhalten erklären können, andererseits nicht der direkten Beobachtung zugänglich sind, sondern aus beobachtbaren Indikatoren erschlossen werden müssen.

Der Begriff der Abbildung darf nicht im Sinne des passiven Abbildens eines Originals verstanden werden. Mentale Modelle entstehen durch *aktive Konstruktion*, durch Integration von Einzelwahrnehmungen. Besonders gut untersucht ist das beim Verstehen von Sprache und Text. Das mentale Modell des Geschehens beispielsweise, das in einem Text erzählt wird, entsteht schrittweise (Zwaan & Radvansky, 1998). Da der Text sequentiell verarbeitet wird, ist das entstehende Modell in permanenter Veränderung: Es wird dem mitgeteilten Geschehen angepasst, indem neue Informationen integriert werden, eventuell falsch inferierte Inhalte korrigiert werden oder bisher Geschehenes zusammengefasst wird. Auf ähnliche Weise entstehen auch mentale Modelle über physikalische (Hayes, 1978), technische (de Kleer & Brown, 1983), räumliche (Gärling, Böök & Lindberg, 1985) oder auch soziale Zusammenhänge. Von Hecker (1997) beispielsweise demonstrierte, wie Versuchsteilnehmer aus der schrittweisen Kenntnis der Sympathiebeziehungen zwischen je zwei Personen ein Modell der sozialen Struktur der gesamten Gruppe konstruierten. Obwohl die Teilnehmer nie mehr als die Beziehungen zwischen je zwei Personen mitgeteilt bekamen, wussten sie nach einiger Zeit recht genau, in wie viele Cliquen sich die Gesamtgruppe gliederte. Dies belegt: Mentale Modelle repräsentieren nicht die Mitteilung, den Text, die sprachliche Äußerung selbst, sondern die Situation, die diese Äußerungen beschreiben (Glenberg, Meyer & Lindem, 1987).

Dieser Konstruktionsprozess erfordert *Gedächtnis*, denn er vollzieht sich auf der Grundlage sowohl neu aufgenommener Informationen als auch bereits verfügbaren, langfristig gespeicherten Wissens. So gelang es Versuchsteilnehmern durchaus, aus einer Anzahl von Sätzen wie „Der Bleistift liegt rechts von der Zeitung", „Das Lineal liegt links vom Bleistift", „Der Kugelschreiber liegt hinter der Zeitung", ein zutreffendes mentales Modell von der Gesamtanordnung der Gegenstände zu formen. Viel leichter fiel es Ihnen jedoch, wenn es sich um Gegenstände wie Messer, Gabel, Teller, Glas und Löffel handelte (Dutke, 1993). Mitteleuropäer wissen, dass diese Gegenstände häufig in ganz bestimmten räumlichen Anordnungen auftreten. Dieses Wissen unterstützt die Modellbildung, sofern es kongruent mit der beschriebenen Objektanordnung erscheint.

In der Menge des Vorwissens, das in die Konstruktion mentaler Modelle eingeht, scheinen vor allem Wissensstrukturen eine Rolle zu spielen (Dutke, 1996), die *Schemata* genannt werden (Rumelhart, 1980). Schemata sind Bestandteile des semantischen Gedächtnisses und repräsentieren typische, häufig erfahrene, oft kulturell gewachsene Relationen zwischen Begriffen. Schemata sind Abstraktionen episodischer Erlebnisse oder Ereignisse, die durch häufige Wiederholung die Invarianzen dieser Erlebnisse konservieren. Dutkes oben genannte Versuchsteilnehmer hatten sicherlich nicht einen ganz bestimmten gedeckten Tisch vor Augen, sondern Wissen darüber, welche räumlichen Relationen „normalerweise" dort anzutreffen sind. Dabei spielt keine Rolle, ob es ein Wein- oder Wasserglas ist oder ob die Gabel links vom Teller oder zusammen mit dem Messer rechts vom Teller liegt. Gerade diese Unabhängigkeit von der konkreten Episode macht Schemata zu so mächtigen kognitiven Werkzeugen. Auch in völlig neuen Situationen ermöglichen sie Orientierung und unterstützen die Konstruktion mentaler Modelle. Personen, die ein Schema darüber besitzen, was sich typischerweise bei einem Restaurantbesuch ereignet, werden auch in einem noch nie besuchten Restaurant wissen, was von ihnen nach Aushändigung einer Speisekarte erwartet wird. Sie werden dieser Situation Bedeutung zumessen können, werden wissen, was zu tun ist und Erwartungen darüber entwickeln, was als nächstes geschehen wird. Neue Informationen werden auf der Grundlage etablierter Gedächtnisschemata zu einem mentalen Modell der aktuellen Situation integriert.

Während Schemata also als langfristig gespeicherte, sich träge verändernde Wissensstrukturen verstanden werden, sind mentale Modelle Repräsentationen aktueller Situationen (Brewer, 1987; Dutke, 1994). Bevorzugt werden mentale Modelle in Situationen gebildet, die Problemcharakter haben. Dabei wird „Problem" ohne die für die Umgangssprache typische, negative emotionale Konnotation verstanden. Problem bedeutet in diesem Zusammenhang nur, dass diese Situation nicht allein durch Anwendung routinierter Handlungs- oder Denkmuster bewältigt werden kann. So ist eine nicht erwartungsgemäß arbeitende Software ebenso ein Problem, wie den Inhalt einer gerade gehörten Aussage auf die Menge der zuvor gehörten Aussagen sinnstiftend zu beziehen. In diesem Sinne sind mentale Modelle kognitive Werkzeuge zur *Lösung von Problemen*. Das ist besonders gut an künstlichen Denkproblemen wie beispielsweise Syllogismen untersucht. Was folgt beispielsweise aus den Prämissen in Abbildung 1?

Vertreter des mentalen Modellansatzes (Johnson-Laird & Byrne, 1991; K. C. Klauer, Meiser & Naumer, 2000) können empirisch schlüssig belegen, dass Menschen ein solches Problem nicht durch die Anwendung logischer Regeln lösen, sondern durch die iterative Konstruktion mentaler Modelle der Prämissen. Ein mögliches Modell bestünde in der Vorstellung einer Gruppe von Schauspielern, die verschiedene Rollen spielen (Abbildung 1). Die Anzahl der Schauspieler ist dabei irrelevant, solange die Ein- und Ausschlussverhältnisse erhalten bleiben. So kann die erste Prämisse modelliert werden, indem alle, die einen Künstler darstellen, auch den Part eines Imkers übernehmen, solange es mindestens einen Imkerdarsteller gibt, der nicht zugleich einen Künstler spielt. Die zweite Prämisse könnte so modelliert werden: Alle Schauspieler, die Imker darstellen, sollen auch zusätzlich Chemiker spielen. Möglicherweise befinden sich darunter auch solche Imker-Darsteller, die nicht gleichzeitig auch Künstler spielen, vielleicht sogar Schauspieler, die keine der beiden anderen Rollen innehaben. Eine valide Konklusion „Alle Künstler-Darsteller sind auch Chemiker-Darsteller" ist in der letzten

Version des mentalen Modells unmittelbar repräsentiert und kann aus der Vorstellung der Situation „abgelesen" werden.

PRÄMISSEN:
P1: ALLE KÜNSTLER SIND IMKER
P2: ALLE IMKER SIND CHEMIKER

MODELLIERUNG P1:	ERWEITERUNG UM P2:
KÜNSTLER = IMKER	= CHEMIKER
KÜNSTLER = IMKER	= CHEMIKER
IMKER	= CHEMIKER
	CHEMIKER

Abb. 1: Beispiel modellbasierten Schließens

Die Anwendung logischer Regeln ist so für eine Lösung nicht erforderlich. Der wichtigste empirische Beleg für diese Theorie besteht darin, dass die Lösungen immer schwieriger werden, je mehr alternative Modelle der Prämissen gebildet werden können. So ähnlich könnten auch andere Problemlöseprozesse verlaufen. Beispielsweise durchdenkt der mit einem algorithmischen Problem konfrontierte Programmierer zunächst unterschiedliche Szenarien, bevor er sich entscheidet, die eine oder andere Variante probeweise zu programmieren. Das iterative Konstruieren alternativer mentaler Modelle kann man auch als eine Art gedanklicher *Simulation* von Prozessen beschreiben (Stevens & Collins, 1980, S. 182):

"Simulation models ... make it possible to represent certain properties of the world. The properties may be both incomplete and incorrect, but by knowing how they interact, it is possible to 'run' the model under different conditions to examine the consequences. Thus a simulation model is like a motion picture that preserves selected properties of the world."

Insbesondere Prozessen der Handlungsplanung und -steuerung kann man solches gedankliche Probehandeln unterstellen (Hacker, 1986; Hacker & Claus, 1976).

Zu kognitiven Simulationen sind Menschen auch dann in der Lage, wenn Zusammenhänge nicht direkt beobachtbar sind, wie beispielsweise viele soziale oder physikalische Prozesse. In solchen Fällen bauen mentale Modelle oft auf Analogien auf (Gentner, 1983). So könnte man sich beispielsweise einen Stromkreis mit Batterien, Leitungen, Widerständen und Verbrauchern als Wasserkreislauf mit Tanks, Röhren, Ventilen und Wassermühlen vorstellen. Gentner und Gentner (1983) fanden bei ihren Versuchsteilnehmern, dass das Verstehen elektrischer Schaltungen davon abhing, welche Analogien zur Modellbildung herangezogen wurden. Interessanterweise war nicht eine Analogie der anderen generell überlegen, sondern immer nur jeweils bei bestimmten Problemen. Dieser Befund macht darauf aufmerksam, dass mentale Modelle nicht richtig oder falsch sind, sondern zur Lösung eines Problems geeigneter oder ungeeigneter sind. In den meisten Fällen fehlt auch jedes Kriterium für die *Veridikalität* eines Modells. Selbstverständlich verhält sich Wasser anders als Strom, trotzdem kann aus der Analogie manches gefolgert werden, das sich gegenüber der Realität bewährt. Die Funktionalität eines mentalen Modells ist psychologisch oft wichtiger als seine Veridikalität (Kempton, 1986). Wir unterlassen es oft, unsere mentalen Modelle über das Verhalten technischer oder sozialer Systeme auf ihre Veridikalität zu prüfen, solange sie sich in dem Sinne bewähren, dass sie hinreichend oft die richtigen Vorhersagen erlauben. Funktionale mentale Modelle sind im Alltagsleben änderungsresistent, weil dem kognitiven Änderungsaufwand oft nur ein geringer Nutzen gegenübersteht oder zu stehen scheint (Oden, 1987).

3 Mentale Modelle als Gegenstand der Personalentwicklung

In der arbeits- und organisationspsychologischen Perspektive auf Personalentwicklung können Mentale-Modell-Ansätze auf der Individuen-, Gruppen- und Organisationsebene unterschieden werden.

3.1 Individuelle mentale Modelle: Systemisches Denken

Die angewandte Analyse individueller mentaler Modelle ist vor allem durch Forschungen zum Verhalten in komplexen Systemen stimuliert worden. Obwohl hierbei technische Systeme im Mittelpunkt des Interesses stehen (Staggers & Norcio, 1993), sind Analogien zu sozialen und wirtschaftlichen Systemen offenkundig.

Durch ihre Eigenschaften erschweren komplexe Systeme angemessenes Verhalten: Große Informationsmengen, Intransparenz, Vernetzung und Eigendynamik, räumliche und zeitliche Trennung von Eingriff und Wirkung, fehlende Verhältnismäßigkeit von Eingriff und Wirkung durch Trägheit und Aufschaukeln des Systems sind für den Handelnden schwer überschaubar und kaum beherrschbar (Dörner, Kreuzig, Reither & Staeudel, 1983).

Ein mentales Modell eines komplexen Systems ist die interne Repräsentation eines System-sachverhaltes in Form eines situationsspezifisch generierten kohärenten Problemraums (Newel & Simon, 1972), der die Komponenten und deren Verbindungen der vorliegenden Problemstellung umfasst (Kluwe, 1997). Es ist verständnis- und handlungsleitend, da es dem situativ erforderlichen Denken und Problemlösen zugrunde liegt (Whitfield & Jackson, 1982). Mentale Modelle sind ressourcensparend, sie enthalten genau die Informationen, die eine Person in einer gegebenen Situation für wichtig hält. Andere Merkmale und Komponenten werden systematisch vernachlässigt. Mentale Modelle ermöglichen mentale Simulationen, also eine Ergebnisvorwegnahme möglicher Abläufe (Serfaty, MacMillan, Entin & Entin, 1997).

In der Analyse komplexer Systeme spielen mentale Modelle deshalb eine hervorgehobene Rolle, weil es in solchen Systemen immer wieder Situationen gibt, die mit Routineverfahren, also mit der Anwendung bewährter Schemata, nicht zu bewältigen sind. Stattdessen muss auf der Grundlage von Gedächtnisschemata ein mentales Modell des akuten Systemzustands konstruiert werden, das ressourcensparend die Erarbeitung eines Handlungsplans ermöglicht (Lipshitz & Ben Shaul, 1997). Erfolgreicher Umgang mit dem System hängt also davon ab, dass ein extrem reduziertes mentales Modell gebildet werden kann, das aber gleichzeitig in seiner Begrenztheit die situativen Besonderheiten des Systemzustands repräsentiert.

Entwicklungsmaßnahmen

Wenn situativ angemessene mentale Modelle zu den Voraussetzungen adaptiven Verhaltens im Umgang mit komplexen Systemen gehören, dürfte ihre Beeinflussung erheblich auf die Arbeitsqualität in komplexen Umfeldern einwirken. Deshalb wird der Aufbau angemessener mentaler Modelle als Gegenstand von Maßnahmen zur Personalentwicklung betrachtet (Kluwe, 1997). Da mentale Modelle individuelle Repräsentationen sind, deren Bildung aus verschiedenen Quellen gespeist wird und deren Voraussetzungen interindividuell variieren, reichen einfache und isolierte Maßnahmen kaum aus, sie den Erfordernissen der Aufgabe angemessen zu verändern. Als Quellen der Bildung mentaler Modelle werden allgemeines Vorwissen, theoretisches und handlungsrelevantes Wissen über das System, Interaktionserfahrung mit dem System, die prozedurale Fähigkeit zur Bildung mentaler Modelle und die situativen Gegebenheiten genannt. Entsprechende Personalentwicklungsansätze sind Übung, Instruktion, Vermittlung theoretischen Wissens, Interaktion mit dem System und Prozesssimulation (Kluwe, 1997), Veranschaulichung, situiertes Lernen, Modellbildungstraining (Cannon-Bowers & Bell, 1997), Verhaltenstraining, Personalselektion und Technologieentwicklung (Seamster, Redding & Kaempf, 1997).

Interventionen „on the job"

Personalentwicklungsmaßnahmen im realen Kontext während der laufenden Geschäftstätigkeit können in selbstgesteuertes und direkt bzw. indirekt instruiertes Lernen unterteilt werden. In dynamischen, komplexen Situationen scheint, prima facie, Lernen durch Tun die besten Möglichkeiten zu bieten (Gruber, 1999). Im direkten Umgang mit dem System werden sowohl dessen eigendynamisches Verhalten als auch seine Reaktionen auf Eingriffe erfahren, was zu einer Aktualisierung des mentalen Modells führt. Die direkte Erfahrung allein allerdings ist nicht ausreichend und nicht per se positiv. Es ist nicht zwingend, dass eine im Umgang mit dem System erfahrene Person auch dessen Funktionsweise erkennt. Ferner kann ständiger Umgang mit Routinesituationen zu einer starken Informationsverdichtung führen, so dass zu globale mentale Modelle gebildet werden und Eingriffsnotwendigkeiten nicht mehr bewertet werden können (Kluwe, 1997). Im Falle nicht angemessener Modelle handelt die Person u. U. zielstrebig und in voller Überzeugung, das Richtige und Notwendige zu tun, ohne dass eine Relation zwischen ihren Steuerungsversuchen und dem Systemverhalten existiert. Um dieses abergläubische Verhalten (Spada, Ernst & Ketterer, 1990) zu verhindern, muss die selbstgesteuerte Exploration von gezielten Interventionen flankiert werden. Dazu müssen zusätzliche Informationsquellen zur Verfügung stehen, wie Instruktion (z. B. über Coaching oder Mentoring), theoretische Wissensvermittlung oder die Bereitstellung einer entsprechenden Informations- und Lerninfrastruktur für einen stärker reflektierten, selbstgesteuerten Lernprozess (Deitering, 1995). Ein wichtiger Aspekt aller Entwicklungsmaßnahmen mentaler Modelle besteht darin, dass sie zu bereichern bedeutet, ihre Sparsamkeit zu verringern. Differenzierend wirkende Interventionen sind also nur dann sinnvoll, wenn der Gewinn an Beherrschungseffizienz den Verlust an Sparsamkeit nachvollziehbar übertrifft (Lipshitz & Ben Shaul, 1997).

Direkte Instruktion vermittelt explizite Prinzipien und Strategien für effektives Vorgehen, beispielsweise auf der Basis einer Orientierung von Novizen an Experten oder der Vermittlung konkreter heuristischer Regeln. Da die Frage des Lerntransfers bei direkter Instruktion weitgehend ungeklärt ist (Lohbeck & Sonntag, 1995), wird die Kombination mit Techniken, die eine Übertragung in instruktionsfremde Situationen ermöglichen, als wichtig erachtet.

Indirekte Instruktion basiert darauf, dass jede Beobachtung der Systementwicklung dem Lernenden neue Information bietet, die dieser in seine Repräsentation einbauen kann. Diese strategische Fertigkeit, neue Information integrieren zu können, wird systematisch gefördert. Ein wirksames indirektes Instruktionsverfahren ist die sogenannte Selbstreflexionstechnik (Schaper & Sonntag, 1997). Die Lernenden üben, sich selbst Fragen hinsichtlich ihrer Aufgabe und ihrer Bewältigungsversuche zu beantworten (z. B. „Wie bin ich vorgegangen?", „Warum habe ich das so gemacht?", „Was habe ich erreicht?", „Was muss ich verändern?"). Dieses Verfahren der aktiven Wissensaktualisierung kann allgemein die Grundlage einer Verbesserung der Modellbildung sein. Die Anwendung der Technik verbessert die eigenständige Verhaltensorganisation, erhöht die Handlungsflexibilität und verbessert den Lerntransfer.

Interventionen „off the job"

Im Rahmen theoretischer Wissensvermittlung ist relevant, Verständnis für die Eigenschaften komplexer Systeme allgemein sowie Wissen über Struktur und Verhalten des konkreten Systems zu vermitteln. Eine Möglichkeit ist, konzeptuelle Modelle oder Metaphern zur Verfügung zu stellen, aufgrund derer die entsprechenden mentalen Modelle gebildet werden können (Cannon-Bowers, Salas & Converse, 1993; Dutke, 1994). Diese Technik bietet sich an bei weniger leistungsfähigen Lernern bzw. in sehr komplexen Situationen, in denen eine adäquate Modellbildung schwierig ist. Ansonsten birgt sie die Gefahr einer starren Übernahme fremdinduzierter Repräsentationsmuster.

Auch außerhalb des tatsächlichen Tätigkeitsfeldes können Erfahrungen im Umgang mit dem System gewonnen werden, wenn computerunterstützte Simulationen des Originalsystems zur Verfügung stehen bzw. das System selbst über einen Simulationsmodus verfügt (Paul, 1995). Diese Ansätze werden neuerdings gerne dem Konzept des „situierten Lernens" subsumiert (K. J. Klauer, 1999). Darunter wird die Gestaltung möglichst authentischer Lernsituationen verstanden. Es werden realistische Aufgaben dargeboten, in denen der Lernende sich unter realistischen Bedingungen bewähren soll. Neben der computergestützten Simulation werden auch Szenarien, Planspiele, Fallrekonstruktionen u.ä. benutzt. Erstrebenswert ist die Entwicklung von Simulationen, die jene Systemverknüpfungen repräsentieren, die auch in der Realität anzutreffen sind und die nicht aus Gründen der Vereinfachung über zufällige oder triviale Verknüpfungen verfügen (Funke & Geilhardt, 1996). Solche ökologisch validen Simulation ermöglichen dem Lernenden, sich in einem System, das für seine Berufstätigkeit unmittelbar relevant ist, zu orientieren und so die Voraussetzungen für die mentale Modellbildung zu schaffen. Die Entwicklung dieser Simulationsform wird derzeit gezielt vorangetrieben (Kersting, 1999; Strauß & Kleinmann, 1995). Für den Umgang mit Simulationen gelten jedoch die gleichen Einschränkungen wie für das Lernen durch Tun „on the job": Erst die begleitende und angeleitete Reflexion der gemachten Erfahrungen führt zu einer verbesserten Modellbildung.

Reine Verhaltenstrainings sind, isoliert angewandt, in der Regel nicht geeignet, die Bildung mentaler Modelle zu verändern. Im Gegenteil ist eher eine Routinisierung und Ökonomisierung von Handlungsmustern beabsichtigt, die gerade keine tiefergehende Durchdringung systeminterner Zusammenhänge erfordert. Verhaltenstraining kann jedoch indirekt die Modellbildung begünstigen, wenn die Routinebildung kognitive Ressourcen freisetzt, die der Konstruktion problemorientierter mentaler Modelle zugute kommen.

3.2   Mentale Modelle in Gruppen: sozial geteiltes Wissen

Erfolgreiche Arbeitsgruppen können das Verhalten ihrer Mitglieder mit einem Minimum an expliziter Kommunikation koordinieren. Grundlage hierfür ist eine gemeinsame Wissensbasis (Dutke & Paul, 1996). Sie entsteht schneller, umfassender und kohärenter, wenn häufige Kommunikation über das Aufgabenfeld, lange Zusammenarbeit, eine komplexe Aufgabe mit großen Koordinationsanforderungen und leistungskohärente Verstärker auftreten (Levine & Moreland, 1999). Die situative Ausprägung der gemeinsamen Wissensbasis wird als gemeinsames mentales Modell (shared mental model; Cannon-Bowers et al., 1993) bezeichnet und sichert den Gruppenmitgliedern ein ähnliches Verständnis ihrer Aufgabe(n) und der für ihre Bewältigung benötigten Fertigkeiten. Gemeinsame mentale Modelle enthalten Wissen in kultureller, gruppenstruktureller und fachlicher Hinsicht (Mathieu, Heffner, Goodwin, Salas & Cannon-Bowers, 2000). Cannon-Bowers et al. (1993) halten es für möglich, dass es getrennte, aber interdependente mentale Modelle für Aufgabe, Team, Interaktion usw. gibt. Ihr genauer Aufbau ist jedoch nicht geklärt, es gibt eine große Vielfalt von Umschreibungen bei geringer Präzision (Levine & Moreland, 1999).

Während einige Autoren betonen, gute Gruppenleistungen erforderten generell eine starke Überlappung der individuellen mentalen Modelle der Gruppenmitglieder, wenden Smith-Jentsch, Zeisig, Acton und McPherson (1998) ein, der optimale Grad an Überlappung hänge von der Aufgabe ab. Bei komplexen Aufgaben kann wegen der zu bewältigenden Informationsfülle eine komplette Repräsentation bei allen Mitgliedern nicht das Ziel sein, da sie zu kognitiver Überlastung oder/und einer schädlichen Übersimplifizierung der individuellen Modelle führt. In einfacheren Situationen kann eine starke Überlappung sinnvoll sein, da die sich so ergebende Redundanz beispielsweise die gegenseitige Ersetzbarkeit von Gruppenmitgliedern ermöglicht. Bei Aufgaben, die aufgrund ständig neuen Informationszuflusses intensive Koordination erfordern, ist das gemeinsame mentale Modell der Gruppe wichtiger als in weniger koordinationsintensiven Zusammenhängen (Garbis & Waern, 1999). Unter den Gruppenmitgliedern „identische" mentale Modelle dürfte nur selten eine ideale Zielvorstellung sein, denn eine zu starke Überlappung birgt gruppenpsychologische Gefahrenpotenziale, wie das Gruppendenken (Janis, 1972), Verantwortungsdiffusion (Levine & Moreland, 1999), Konformitätsdruck (Festinger, 1950), Risikoschubphänomene (Six, 1981), dysfunktionale Erstarrung von Macht- und Hierarchiestrukturen (Kelman, 1961). Insgesamt bewirkt eine übermäßige Übereinstimmung individueller mentaler Modelle eine sehr konservative Problembehandlung, die zumeist zu suboptimalen Leistungen führt.

Entwicklungsmaßnahmen

Maßnahmen zur Modifikation gemeinsamer mentaler Modelle sind oft an der Unterscheidung zwischen Team- und Aufgabenmodell orientiert. Das Teammodell umfasst die Repräsentation der Gruppe, ihrer Struktur und der sozialen Interaktionen. Um die Bildung entsprechender Modelle zu unterstützen, werden beispielsweise gruppendynamische Maßnahmen zur Teambildung (von Rosenstiel, 1992) vorgeschlagen, um Voraussetzungen für gemeinsame Repräsentationen zu schaffen. Hinzu kommen allgemeine und fachbezogene Kommunikationstrainings (Lammers, 1998). Das Aufgabenmodell, das die gemeinsame Vorstellung von Struktur und Beherrschung der Teamaufgabe enthält, kann beispielsweise beeinflusst werden durch Gruppeninstruktion im Novizen-Experten-Paradigma oder in institutionalisierten Maßnahmen nach dem Vorbild der Qualitätszirkel (Bungard, 1992). Eine weitere Technik ist das sogenannte Cross-Training (Blickensderfer, Cannon-Bowers & Salas, 1998), eine Art kurzfristiger Arbeitsplatzrotation, um die Erfordernisse und Erwartungen an den Arbeitsplätzen der Teamkollegen zu erfahren. Ferner werden Maßnahmen wie Moderation, Feedback- und Coaching-Runden oder Szenarien und Simulationen genutzt, die sowohl die Aufgabenmerkmale als auch die der Teamsituation nachbilden (Serfaty et al., 1997).

3.3   Mentale Modelle in Organisationen

Im organisationspsychologischen Kontext werden vor allen zwei Ansätze mit dem Konzept des mentalen Modells in Zusammenhang gebracht: die Arbeiten von Argyris zu Aktionstheorien und von Schein zur Organisationskultur.

Aktionstheorien als Determinanten organisationalen Verhaltens

Argyris' Arbeiten im Bereich der Aktions- oder Handlungsforschung (action research, Argyris, 1982, 1997; Argyris & Schön, 1974) finden in der nichtpsychologischen Literatur der Organisationsforschung größten Anklang. Senge (1990) hat sie explizit mit mentalen Modellen in Verbindung gebracht, allerdings ohne dabei eine Definition mentaler Modelle zu geben und die Übereinstimmung dieser mit Argyris' Konzepten der Aktionstheorien zu prüfen. Seit der Konstruktion dieser Verbindung in Senges (1990) erfolgreichem Beitrag zur Managementliteratur, wird Argyris gern als Urheber der Idee gesehen, Nutzen aus der Betrachtung mentaler Modelle in Organisationen zu ziehen (Edmondson & Moigneon, 1998; Fatzer, 1999).

Argyris unterscheidet hinsichtlich individuellen Verhaltens in Organisationen zwischen zwei sogenannten Aktionstheorien. Die eine ist jene Theorie, für die Handelnde eintreten (espoused theory). Sie umfasst Überzeugungen, Haltungen und Werte, die als handlungsleitend angegeben werden. Die andere ist die tatsächlich handlungsleitende Theorie (theory-in-use), also diejenige, nach der wirklich gehandelt wird. Sie kann dem Handelnden bewusst oder nicht bewusst sein, sie kann mit der espoused theory übereinstimmen oder nicht (Argyris & Schön, 1974). Aktionstheorien enthalten Annahmen über die eigene Person, andere Personen, die Situation, über Kontingenzen und Konsequenzen. Sie sind Mikrotheorien, die sowohl zwischen Personen als auch zwischen Situationen variieren, untereinander in Verbindung stehen, einander widersprechen und in verschiedenen Weisen (die Argyris nicht erschöpfend definiert) organisiert sein können. Diese offene Explikation ermöglicht bei weiter Auslegung, Aktionstheorien als mentale Modelle zu bezeichnen (Senge, 1990). Argyris (1993) selbst betont allerdings eher die langfristige Anlage von Aktionstheorien gegenüber situativ-aktuellen Repräsentationen.

Argyris geht davon aus, dass in vielen Unternehmen die Aktionstheorien, die dem Verhalten der Organisationsmitglieder zu Grunde liegen, die aktive Herbeiführung einer positiven Entwicklung der Organisation verhindern. Argyris und Schön (1974) unterscheiden zwei prototypische Fälle. Der erste Fall besteht darin, dass die Akteure sich nicht voll auf Sachziele und die Entwicklung entsprechender Strategien konzentrieren, sondern viel Kraft auf Nebenziele verwenden, deren Zweck es ist, unangenehme persönliche Gefühle zu vermeiden. Ihnen gegenüber wird ein Schutz aus defensiven Routinen aufgebaut. Dazu gehört beispielsweise die kognitive Unterdrückung negativer Gefühle und die Betonung der Vernunft beim eigenen Handeln. Defensive Routinen laufen auf das Bemühen hinaus, einseitige Kontrolle zu gewinnen und Komplexität und Vieldeutigkeit abzuwehren. Das Ergebnis sind Verhaltensweisen, die die gegebenen Möglichkeiten des Lernens und der Zielverfolgung nicht voll ausschöpfen. Die Organisation neigt zu Verhaltenskonformität, Entscheidungspolarisierung, Mikropolitik, Problemzuweisungen statt -lösungen und allgemein zur Unfähigkeit, sich weiterzuentwickeln (Argyris & Schön, 1978). Dieser Zustand kann in Routine- und Notfallsituationen, die keine qualitativ neuartigen Eingriffe erfordern, angemessen sein, doch im Hinblick auf eine gewünschte Weiterentwicklung der Organisation ist er ungeeignet.

Der zweite prototypische Fall (der anzustrebende Zielzustand) ist angemessen bei schwierigen Aufgaben, die nur durch Überlegen gelöst werden können und eine aktiv betriebene Entwicklung der Organisation erfordern. Das Ziel besteht darin, eine optimale Informations-, Kommunikations-, Lern- und Handlungssituation in Offenheit und Partnerschaftlichkeit zu schaffen und zu nutzen. Da die Schöpfung einer solchen idealen Situation, wenn überhaupt, nicht einfach zu leisten ist, wählt Argyris als angemessene Maßnahme einen langfristig angelegten Prozess der Organisationsentwicklung (Lewin, 1947).

Entwicklungsmaßnahmen

Die Entwicklung vom Ausgangs- zum Zielzustand beginnt damit, die Organisationsmitglieder erfahren zu lassen, dass sie Theorien (theories-in-use) verwenden, die von den ihrerseits vorgegebenen (espoused theories) abweichen. Die Verdeutlichung wird u. a. mittels der „Technik der linken Spalte" durchgeführt, mit der versucht wird, die verborgenen Aspekte der real verwendeten Theorie aufzudecken (Argyris & Schön, 1974). Daran anschließend wird erarbeitet, was die bisher verwendeten Theorien bewirkt haben. Mit der Technik der „Leiter der internen Schlussfolgerungen" (Argyris & Schön, 1978) kann beispielsweise vermittelt werden, wie aus Beobachtungen ungerechtfertigt Gesetzmäßigkeiten gefolgert werden, die zu Fehlbeurteilungen führen. Dann wird der Entwicklungsprozess zum Zielzustand initiiert und darauf aufbauend die Implementierung eines Modells des Zielzustands. Je besser die Vermittlung des neuen Modells an die Lerneigenschaften der Empfänger angepasst ist und je plausibler bzw. effizienter es in der Situation ist, desto besser sind seine Chancen auf Annahme, Übernahme und Anwendung.

Organisationskulturen

Nach Scheins (1985, 1992) Analysen beruhen Organisationskulturen auf sogenannten Grundprämissen, die als „unconscious, taken-for-granted beliefs, perceptions, thoughts, and feelings" (Schein, 1992, S. 17) bezeichnet werden. Weintraub (1995) identifiziert diese Grundprämissen mit mentalen Modellen. Schein selbst zieht bezüglich der Grundprämissen zwar Parallelen zu Argyris' theories-in-use, doch definiert er mentale Modelle anders: nämlich (zusammen mit Denkgewohnheiten und Sprachregelungen) als gemeinsame kognitive Setzungen, die Wahrnehmung, Denken und Sprache der Organisationsmitglieder lenken. Diese Setzungen sind nicht deckungsgleich mit den Grundprämissen und spielen in Scheins Argumentation keine weitergehende Rolle.

Entwicklungsmaßnahmen

Die Wirkung von Grundprämissen, Werten und Normen einer Organisationskultur werden als sozial vermittelte, strukturierende Elemente der Organisation betrachtet. Schein nimmt an, es gebe einen stabilen, im Einzelnen weder bestimmbaren noch manipulierbaren Zusammenhang zwischen Organisationskultur und Verhalten (Schein, 1992). Er nennt keine konkret anzustrebenden Inhalte der Grundprämissen, sondern geht eher pragmatisch vor und sucht allgemein nach jeweils angemessenen Organisationskulturinhalten, neuerdings dem Zeitgeist entsprechend, nach der Kultur der lernenden Organisation (z. B. Schein, 1998). Dabei geht er von der Wirksamkeit sowohl interner Interventionen (Kultivierung durch Führungskräfte; Schein, 1985) als auch kooperativer Interventionen aus (Unterstützung durch einen externen Berater; Schein, 1993). Die interne Kultivierung der Organisationskultur findet Parallelen in Neubergers Formen der symbolischen Führung (Neuberger, 1990), der durch den Berater moderierte Prozess entspricht dem klassischen Gedanken der Organisationsentwicklung (Schein, 1989).

Schein geht davon aus, dass die Grundannahmen nicht völlig offen liegen, also mit verschiedenen Techniken erschlossen werden müssen (z. B. Interviews, Artefaktanalyse). Kultivierende Interventionen sind Artefaktgestaltung, Personalselektion, Organisationsdesign, Ritual- und Ritenbildung, Vermittlung von Interpretationsschemata und selektive Wissensvermittlung (vgl. Neuberger & Kompa, 1987). Die Maßnahmen können sowohl Inhalte als auch Stärke einer Kultur betreffen. Eine stark ausgeprägte Kultur führt tendenziell zu größerer Verhaltenskonformität und zur Polarisierung der Bindungsstärke der Mitarbeiter an das Unternehmen, während eine weniger ausgeprägte Kultur eher die gegenteiligen Wirkungen unterstützt. Schein gibt zu bedenken, dass die Entwicklung der Organisationskultur nicht völlig durch geplante Maßnahmen bestimmt wird, sondern eine eigene Dynamik aufweist, die von weitaus mehr Faktoren abhängt als in einem Kultivierungsansatz verfolgt werden können.

4   Vergleich und Folgerungen

Welche Schlüsse können aus der Gegenüberstellung Mentaler-Modell-Ansätze in Grundlagenforschung und Anwendung gezogen werden? Zunächst ist erkennbar, dass die Kongruenz zwischen den Konstruktverwendungen in Grundlagen und Anwendung auf individueller Ebene am größten und auf organisationaler Ebene am geringsten ist. Dies mag zwei Gründe haben. Erstens hat die psychologische Grundlagenforschung überwiegend Fragen der individuellen Modellbildung in den Mittelpunkt ihrer experimentalpsychologischen Analysen gestellt und mentale Modelle im Gruppen- oder Organisationskontext relativ vernachlässigt. Zweitens scheint die Präzision der Konstruktexplikation von der individuellen Ebene, über die Gruppen- zur Organisationsebene abzunehmen. Im organisationspsychologischen Kontext dienen mentale Modelle hauptsächlich als Metaphern für bestimmte Arten von Wissensbeständen, oft unabhängig von ihren funktionalen Eigenschaften im Rahmen eines individuellen kognitiven Systems.

Trotzdem gibt es eine *Gemeinsamkeit* in der Verwendung dieses Konstrukts. In Übereinstimmung mit der grundlagenorientierten Sichtweise werden mentale Modelle auf allen Betrachtungsebenen als Elemente im Prozess des Verstehens komplexer Sachverhalte gesehen. Damit beanspruchen Personalentwicklungsansätze, die auf dem Konstrukt des mentalen Modells aufbauen, eine spezifische Klasse von Maßnahmen „in der Mitte" des Spektrums praktischer Personalentwicklung. Während Ansätze an einem Rand dieses Spektrums mit systematischem Verhaltenstraining hauptsächlich auf die Entwicklung bereichsspezifischer Fertigkeiten setzen, wird am anderen Rand durch die Einflussnahme auf „Motivation, Einstellungen, Interessen und andere Verhaltensdispositionen" (Holling & Liepmann, 1995, S. 286) die Veränderung von Aspekten der Persönlichkeit angestrebt. Beides entspricht nicht dem Anliegen, die Fähigkeit zur Konstruktion funktionaler mentaler Modelle zu fördern. Diese Fähigkeit erfordert mehr als die Festigung routinierter Handlungsmuster, impliziert andererseits aber keine Persönlichkeitsveränderung im engeren Sinne. Mentale Modelle sollen demgegenüber Orientierung geben und Antizipationen des Verhaltens sozialer, technischer oder wirtschaftlicher Systeme ermöglichen.

Praktische Maßnahmen im Kontext modellbasierter Personalentwicklungsansätze unterscheiden sich bezüglich ihrer Nähe zum theoretischen Konstrukt. Zu den *unspezifischen Maßnahmen* gehören alle, die auf Wissensvermittlung im weiteren Sinne abzielen. Solche Maßnahmen können zu Veränderungen der Modellbildung führen, weil mentale Modelle u. a. aus langzeitlich gespeichertem Wissen aufgebaut werden. Andererseits braucht Wissensvermittlung allein nicht zu einer veränderten Modellbildung zu führen, weil mentale Modelle nicht gleichbedeutend mit Wissen sind. Eine Vernachlässigung dieser Unterscheidung ist vor allem in den organisationspsychologischen Ansätzen erkennbar und führt vornehmlich dort zu begrifflichen Inkonsistenzen. Der in diesem Kontext vor allem durch die Sekundärliteratur eingeführte Begriff des mentalen Modells bezeichnet hier (a) langzeitlich gespeicherte schematische Wissensbestände, wie beispielsweise Scheins „Grundprämissen", (b) mentale Modelle im Sinne der Mentalen-Modell-Theorie, insofern sie als unmittelbare Grundlage der Handlungsregulation gelten, wie beispielsweise Argyris' „theories in use", oder (c) mentale Modelle zweiter Ordnung, wie beispielsweise Argyris' „espoused theories". Letztere sind situationsspezifische Repräsentationen der eigenen Beweggründe zum Handeln, insofern mentale Modelle über mentale Modelle. Von praktischer Bedeutung ist diese Differenzierung insofern, als verschiedene Repräsentationen auf unterschiedliche Weise entstehen und deshalb nicht mit gleichen Methoden verändert werden können. Schematische Wissensbestände entstehen durch einen auf wiederholter Erfahrung basierenden Abstraktionsprozess, während mentale Modelle durch einen situationsspezifischen Konkretisierungsprozess entstehen. Mentale Metamodelle hingegen entstehen durch Rekonstruktion eines mentalen Modells vor dem Hintergrund eigener Handlungsziele, des persönlichen Anspruchsniveaus, wahrgenommener sozialer Normen, der Unternehmensziele u.ä.

Zu den für den Aufbau mentaler Modelle *spezifischen Maßnahmen* gehören all jene, die nicht vornehmlich auf Wissensaneignung, sondern auf Wissensaktualisierung ausgerichtet sind. Versteht man mentale Modelle als aktive, situationsspezifische Konkretisierungen schematischen Wissens, treffen Maßnahmen, die die Aktualisierung, Vergegenwärtigung und Anwendung von Wissen in den Vordergrund stellen, den Kern des Modellkonstruktionsprozesses. Sie fördern die Proceduralisierung der Modellkonstruktion, indem beispielsweise geübt und erfahren wird, wie man Lücken oder Widersprüche in der Wissensbasis entdeckt oder wie man implizite Zusammenhänge expliziert. In diesem Zusammenhang verdienen vor allem Simulations- und Selbstreflexionstechniken besondere Beachtung. Simulationen, sei es gedankliches Durchspielen von Prozessen, gedankliches Probehandeln, Simulieren sozialer Prozesse in Rollenspielen oder Probeverhalten in rechnerunterstützten Simulationen, erfordern die Einbindung vorhandenen (u. U. passiven) Wissens in die Repräsentation einer konkreten Situation. Diese situationsspezifische Aktivierung erhöht die künftige Verfügbarkeit dieses Wissens und lässt eventuelle Unzulänglichkeiten unmittelbar hervortreten. Die Modellbildung in realen Entscheidungs- und Handlungssituationen kann so gebahnt werden. Reflexionstechniken dienen ähnlichen Zielen, erzeugen aber zusätzlich Metawissen. Das Reflektieren eigener Modellbildungsprozesse bei Entscheidungen oder Bewertungen kann Voreingenommenheiten, bevorzugte Strategien, systematische Nichtbeachtung bestimmter situativer Informationen o.ä. bewusst werden lassen. Solches Metawissen kann künftige Modellbildungsprozesse steuern helfen.

Einige grundlagentheoretische Aspekte mentaler Modelle finden in den referierten Personalentwicklungsansätzen bisher keine explizite Beachtung. Dazu gehört, dass mentale Modelle als flüchtige Konstruktionen des Arbeitsgedächtnisses begrenzten kognitiven Ressourcen unterliegen. Das Arbeitsgedächtnis ist nur in der Lage, Vorstellungen von begrenzter Komplexität als integrierte Modelle präsent zu halten. Komplexere Modelle treten phänomenal immer nur als Teile mit begrenzter Reichweite in Erscheinung. Es sind hauptsächlich drei Prozesse, die mentale Modelle trotz dieser Ressourcenbegrenzung zur Wirkung verhelfen. Alle drei Prozesse könnten Gegenstand von Personalentwicklungsmaßnahmen werden. (a) Mentale Modelle sind effizient, wenn sie viel Information implizieren, aber wenig explizit repräsentieren. Beispielsweise das mentale Modell einer Gruppe, bestehend aus mehreren

Cliquen, ist ein sparsames Modell, indem es explizit nur die Zugehörigkeit einzelner Personen zu einer der Cliquen repräsentiert. Die wesentlich speicheraufwendigere Vielzahl an Zweierbeziehungen innerhalb der Gesamtgruppe ist nicht explizit repräsentiert, sondern kann, je nach Bedarf, aus der Cliquenzugehörigkeit inferiert werden: Cliquenzugehörigkeit impliziert beispielsweise positivere Beziehungen zu Mitgliedern der eigenen Clique als zu Mitgliedern einer anderen Clique (von Hecker, 1997). (b) Modelle werden im Rahmen der allgemeinen Modelltheorie als reduzierte Abbildungen von Originalen betrachtet (Stachowiak, 1973). Je stärker die Reduktion ausfällt, umso leichter kann ein mentales Modell unter begrenzten Arbeitsgedächtnisressourcen präsent gehalten und genutzt werden. Insbesondere im Umgang mit komplexen sozialen, technischen oder wirtschaftlichen Systemen ist ein mentales Modell dann wirkungsvoll, wenn es eine möglichst radikale Reduktion auf jene Systemmerkmale darstellt, die, gemessen an den akuten situativen Anforderungen, zentraler Beachtung bedürfen. Damit ist keine generelle Übersimplifizierung gemeint, sondern die jeweils größtmögliche, situativ angemessene Reduktion. Die Betonung der situativen Angemessenheit macht darauf aufmerksam, dass wirkungsvolle Komplexitätsreduktion eine hohe gedankliche Flexibilität erfordert: Die größtmögliche Reduktion des gleichen Sachverhalts kann in unterschiedlichen Situationen zu grundlegend verschiedenen mentalen Modellen führen. Erwägungen, welches dieser Modelle falsch oder richtig ist, wäre u. U. kontraproduktiv. Ziel modellorientierter Personalentwicklungsmaßnahmen muss deshalb auch sein, Einsicht in die funktionalen Werte unterschiedlicher mentaler Modelle des gleichen Gegenstandes zu erzeugen. (c) Begrenzte Arbeitsgedächtnisressourcen können auch durch Externalisierung ausgeglichen werden. Externalisierung bedeutet, speicherintensive Teile mentaler Modelle außerhalb des eigenen Gedächtnisses zwischenzuspeichern. Notizen, Aufzeichnungen, sprachliches Benennen können Formen von Externalisierungen sein. Sie können das Arbeitsgedächtnis zeitweilig entlasten und eine Modellbildung ermöglichen oder begünstigen. Heute stehen ein Vielzahl technischer Einrichtungen zur externen Speicherung zur Verfügung. Allerdings muss ihre Benutzung in dem Sinne erlernt werden, als erstens die Formate externer Informationsspeicherung darüber entscheiden, ob Externalisiertes später wieder in die Modellbildung integriert werden kann, und zweitens reduziertes Wissen über Ort und Format des Externalisierten gebildet werden muss, damit eine spätere Nutzung möglich ist (Schönpflug, 1986). Dass Techniken zur Bildung hoch implikativer mentaler Modelle, zur Komplexitätsreduktion und zur Externalisierung im Rahmen von Personalentwicklungsmaßnahmen kaum systematisch diskutiert und praktiziert werden, kann darauf zurückgeführt werden, dass die in der Grundlagenforschung gängige Konzeptualisierung mentaler Modelle als flüchtige Arbeitsgedächtnisrepräsentationen in der praxisorientierten Literatur wenig rezipiert wurde.

Umgekehrt verweisen angewandte Mentale-Modell-Ansätze auf mindestens zwei Defizite in der grundlagenorientierten Theorienbildung. Erstens wird deutlich, dass der Schwerpunkt individueller mentaler Modelle der wachsenden Bedeutung des Konstrukts auf Gruppen- und Organisationsebene nicht gerecht wird. Koordination verteilter Problemlöseprozesse in Arbeitsgruppen (Reimer, Neuser & Schmitt, 1997) oder die Konstruktion von Anwendungsprogrammen zur multimedialen Unterstützung kooperativer Arbeit (Dutke & Paul, 1996) sind nur zwei aktuelle Anwendungsbereiche, die die Grenzen von Theorien über individuelle mentale Modelle kennzeichnen. Zweitens lassen organisationspsychologische Ansätze (Argyris & Schön, 1999) erkennen, dass mentalen Metamodellen in der Grundlagenforschung zu wenig Aufmerksamkeit zuteil wird. Während grundlagenorientierte Arbeiten zu mentalen Modellen die Möglichkeit der Metamodellbildung zwar nennen, aber nicht explizit zum Gegenstand ihrer Untersuchung machen, nehmen Forschungsarbeiten zu Fragen des Metagedächtnisses und der Metakognition (Nelson, 1992) keinen Bezug auf das Konstrukt des mentalen Modells.

Die hier punktuell identifizierten Diskrepanzen zwischen Grundlagenforschung und angewandter Personalentwicklung geben Impulse zu Ergänzungen und Weiterentwicklungen sowohl im theoretischen als auch im praktischen Bereich. Eine unmittelbare Anleitung zur Umsetzung bietet die vorliegende Arbeit nicht – eher Anregungen zur Bewertung bestehender Ansätze und zu einer Richtungsbestimmung künftiger Entwicklungsarbeit. Vor allem aber bietet sie Anlass, einer allzu pessimistischen Sicht auf das Theorie-Praxis-Verhältnis in der Psychologie entgegenzutreten – freilich nicht ohne die Feststellung, dass dem Gewinn einer Überbrückung des Trennenden erhebliche Kosten in Form theoretischer und praktischer Entwicklungsarbeit gegenüberstehen.

Literatur

Argyris, C. (1982): *Reasoning, learning, and action.* San Francisco: Jossey-Bass.

Argyris, C. (1993). Defensive Routinen. In G. Fatzer (Hrsg.), *Organisationsentwicklung für die Zukunft: ein Handbuch* (S. 179–226). Köln: Ed. Humanistische Psychologie.

Argyris, C. (1997): *Wissen in Aktion: eine Fallstudie zur lernenden Organisation.* Stuttgart: Klett-Cotta.

Argyris, C. & Schön, D. A. (1974). *Theory in practice: increasing professional effectiveness.* San Francisco, CA: Jossey-Bass.

Argyris, C. & Schön, D. A. (1978). *Organizational learning.* Reading: Addison-Wesley.

Argyris, C. & Schön, D. A. (1999). *Die lernende Organisation. Grundlagen, Methode, Praxis.* Stuttgart: Klett-Cotta.

Blickensderfer, E., Cannon-Bowers, J. A. & Salas, E. (1998). Cross-training and team performance. In J. A. Cannon-Bowers & E. Salas (Eds.), *Making decisions under stress: Implications for individual and team training* (pp. 299–311). Washington, DC: American Psychological Association.

Brewer, W. F. (1987). Schemas versus mental models in human memory. In P. Morris (Ed.), *Modelling cognition* (pp. 187–197). New York: Wiley.

Bungard, W. (Hrsg.). (1992). *Qualitätszirkel in der Arbeitswelt: Ziele, Erfahrungen, Probleme.* Göttingen: Verlag für Angewandte Psychologie.

Cannon-Bowers, J. A. & Bell, H. H. (1997). Training decision makers for complex environments: implications of the naturalistic decision making progress. In C. E. Zsambok & G. Klein (Eds.), *Naturalistic decision making* (pp. 99–110). Mahwah, NJ: Lawrence Erlbaum.

Cannon-Bowers, J. A., Salas, E. & Converse, S. (1993). Shared mental modells in expert team decision making. In N. J. Castellan, Jr. (Ed.), *Individual and group decision making* (pp. 221–246). Hillsdale, NJ: Erlbaum.

De Kleer, J. & Brown, J. S. (1983). Assumptions and ambiguities in mechanistic mental models. In D. Gentner & A. L. Stevens (Eds.), *Mental models* (pp. 155–190). Hillsdale, NJ: Erlbaum.

Deitering, F. G. (1995). *Selbstgesteuertes Lernen.* Göttingen: Verlag für Angewandte Psychologie.

Dörner, D., Kreuzig, H., Reither, F. & Stäudel, T. (1983). *Lohhausen: Vom Umgang mit Unbestimmtheit und Komplexität.* Bern: Huber.

Dutke, S. (1993). Mentale Modelle beim Erinnern sprachlich beschriebener räumlicher Anordnungen: Zur Interaktion von Gedächtnisschemata und Textrepräsentation. *Zeitschrift für experimentelle und angewandte Psychologie, 40,* 44–71.

Dutke, S. (1994). *Mentale Modelle: Konstrukte des Wissens und Verstehens. Kognitionspsychologische Grundlagen für die Software-Ergonomie* (Reihe Arbeit und Technik, Bd. 4). Göttingen: Verlag für Angewandte Psychologie.

Dutke, S. (1996). Generic and generative knowledge: Memory schemata in the construction of mental models. In W. Battmann & S. Dutke (Eds.), *Processes of the molar regulation of behavior* (pp. 35–54). Lengerich: Pabst Science Publishers.

Dutke, S. & Paul, H. (1996). Privatheit, Gruppenhandeln und mentale Modelle: Schlüsselkonzepte multimedial unterstützter Arbeit. In P. Brödner, H. Paul & I. Hamburg (Hrsg.), *Kooperative Konstruktion und Entwicklung. Nutzungsperspektiven von CAD-Systemen* (S. 147–181). München: Hampp.

Edmondson, A. & Moingeon, B. (1998). From organizational learning to the learning organization. *Management Learning*, 29 (1), 5–20.

Fatzer, G. (1999). Lernen und Lernende Organisation – Mythos und Realität. In Pühl, H. (Hrsg.), *Supervision und Organisationsentwicklung* (S. 199–207). Opladen: Leske und Budrich.

Festinger, L. (1950). Informal social communication. *Psychological Review*, 57, 271–282.

Funke, J. & Geilhardt, T. (1996). Diagnostik mit Hilfe von PC-Simulationen. In Arbeitskreis Assessment-Center e. V. (Hrsg.), *Assessment Center als Instrument der Personalentwicklung: Schlüsselkompetenzen, Qualitätsstandards, Prozessoptimierung* (S. 201–209). Hamburg: Windmühle.

Garbis, C. & Waern, Y. (1999). Team coordination and communication in a rescue command staff: The role of public representations. *Le Travail Humain*, 62, 273–291.

Gärling, T., Böök, A. & Lindberg, E. (1985). Adults' memory representations of the spatial properties of their everyday physical environment. In R. Cohen (Ed.), *The development of spatial cognition* (pp. 141–185). Hillsdale, NJ: Erlbaum.

Gentner, D. (1983). Structure mapping: A theoretical framework for analogy. *Cognitive Science*, 7, 155–170.

Gentner, D. & Gentner, D. R. (1983). Flowing waters and teeming crowds: Mental models of electricity. In D. Gentner & A. L. Stevens (Eds.), *Mental models* (pp. 99–129). Hillsdale, NJ: Erlbaum.

Glenberg, A. M., Meyer, M. & Lindem, K. (1987). Mental models contribute to foregrounding during text comprehension. *Journal of Memory and Language*, 26, 69–83.

Gruber, H. (1999). *Erfahrung als Grundlage kompetenten Handelns*. Bern: Huber.

Hacker, W. (1986). *Arbeitspsychologie*. Bern: Huber.

Hacker, W. & Clauss, A. (1976). Kognitive Operationen, inneres Modell und Leistung bei der Montagetätigkeit. In W. Hacker (Hrsg.), *Psychische Regulation von Arbeitstätigkeiten* (S. 88–102). Berlin: Deutscher Verlag der Wissenschaften.

Hayes, P. J. (1978). The naive physics manifesto. In D. Michie (Eds.), *Expert systems in the microelectronics age* (pp. 242–270). Edinburgh: Edinburgh University Press.

Hecker, U.v. (1997). How do logical rules help to construct social mental models? *Journal of Experimental Social Psychology*, 33, 367–400.

Holling, H. & Liepmann, D. (1995). Personalentwicklung. In H. Schuler (Hrsg.), *Lehrbuch Organisationspsychologie* (S. 285–316). Bern: Huber.

Janis, I. J. (1972). *Victims of groupthink*. Boston, MA: Houghton-Mifflin.

Johnson-Laird, P. N. (1983). *Mental models: Towards a cognitive science of language, inferences, and consciousness*. Cambridge, UK: Cambridge University Press.

Johnson-Laird, P. N. & Byrne, R. M. J. (1991). *Deduction*. Hillsdale, NJ: Erlbaum.

Kelman, H. C. (1961). Processes of opinion change. *Public Opinion Quarterly*, 25, 57–78.

Kempton, W. (1986). Two theories of home heat control. *Cognitive Science*, 16, 75–90.

Kersting, M. (1999). Computergestützte Problemlöseszenarien in der (Eignungs-)Diagnostik – (Charakteristische?) Defizite beim Forschungs-Praxis-Transfer. In W. Hacker & M. Rinck (Hrsg.), *Bericht über den 41. Kongreß der DGPs in Dresden 1998* (S. 357–365). Lengerich: Pabst Science Publishers.

Klauer, K. C., Meiser, T. & Naumer, B. (2000). Extending the theory of reasoning by mental models: Tests of new predictions. In U. von Hecker, S. Dutke & G. Sedek (Eds.), *Generative mental processes and cognitive resources: Integrative research on adaptation and control* (pp. 39–66). Dordrecht, The Netherlands: Kluwer

Klauer, K. J. (1999). Situated Learning: Paradigmenwechsel oder alter Wein in neuen Schläuchen? *Zeitschrift für Pädagogische Psychologie*, 13, 117–121.

Kluwe, R. H. (1997). Informationsverarbeitung, Wissen und mentale Modelle beim Umgang mit komplexen Systemen. In K. Sonntag & N. Schaper (Hrsg.), *Störungsmanagement und Diagnosekompetenz* (S. 13–37). Zürich: vdf Hochschulverlag.

Lammers, F. (1998). Personalentwicklung „off the job". In M. Kleinmann & B. Strauß (Hrsg.), *Potenzialfeststellung und Personalentwicklung* (S. 199–218). Göttingen: Verlag für Angewandte Psychologie.

Latham, G. P. & Seijts, G. H. (1998). Management development. In P. J. D. Drenth, T. Henk & C. J. de Wolff (Eds.), *Handbook of work and organizational psychology: Personnel psychology* (Vol. 3, pp. 257–272). Nijmegen, The Netherlands: Psychology Press.

Levine, J. M. & Moreland, R. L. (1999). Knowledge transmission in work groups: Helping newcomers to succeed. In L. L. Thompson, J. M. Levine & D. M. Messick (Eds.), *Shared cognition in organizations* (pp. 267–298). Mahwah, NJ: Erlbaum.

Lewin, K. (1947). Frontiers in group dynamics: concept, method, and reality in social science; social equilibria and social change. *Human Relations*, 1, 5–41.

Lipshitz, R. & Ben Shaul, O. (1997). Schemata and mental models in recognition-primed decision making. In C. E. Zsambok & G. Klein (Eds.), *Naturalistic decision making* (pp. 293–303). Mahwah, NJ: Erlbaum.

Lohbeck, B. & Sonntag, K. (1995). Konstruktion und Evaluation eines computergestützten Diagnosetrainings zur Störungsbewältigung. In K. Pawlik (Hrsg.), *39. Kongreß der Deutschen Gesellschaft für Psychologie. September 1994 in Hamburg. Abstracts Band II* (S. 25–29). Hamburg: Psychologisches Institut.

MacCorquodale, K. & Meehl, P. E. (1948). On a distinction between hypothetical constructs and intervening variables. *Psychological Review*, 55, 95–107.

Mathieu, J. F., Heffner, T. S., Goodwin, G. F., Salas, E., & Cannon-Bowers, J. A. (2000). The influence of shared mental models on team process and performance. *Journal of Applied Psychology*, 85, 273–283.

Nelson, T. (Ed.). (1992). *Metacognition: Core readings*. Boston, MA: Allyn & Bacon.

Neuberger, O. (1990). *Führen und geführt werden* (3. Auflage). Stuttgart: Enke.

Neuberger, O. & Kompa, A. (1987). *Wir, die Firma. Der Kult um die Unternehmenskultur*. Weinheim: Beltz.

Newell, A, & Simon, H. A. (1972). *Human problem solving*. Englewood Cliffs, NJ: Prentice-Hall.

Oden, G. C. (1987). Concept, knowledge, and thought. *Annual Review of Psychology*, 38, 203–227.

Paul, H. (1995). *Exploratives Agieren. Ein Beitrag zur ergonomischen Gestaltung interaktiver Systeme*. Frankfurt/M.: Lang.

Reimer, T., Neuser, A. & Schmitt, C. (1997). Unter welchen Bedingungen erhöht die Kommunikation zwischen den Gruppenmitgliedern die Koordinationsleistung in einer Kleingruppe? *Zeitschrift für Experimentelle Psychologie*, 3, 495–518.

Rosenstiel, L. von (1992). Entwicklung von Werthaltungen und interpersoneller Kompetenz – Beiträge der Sozialpsychologie. In K. Sonntag (Hrsg.), *Personalentwicklung in Organisationen. Psychologische Grundlagen, Methoden und Strategien* (S. 83–105). Göttingen: Hogrefe.

Rumelhart, D. E. (1980). Schemata: The building blocks of cognition. In R. Spiro, B. Bruce & W. Brewer (Eds.), *Theoretical issues in reading comprehension* (pp. 33–58). Hillsdale, NJ: Erlbaum.

Schaper, N. & Sonntag, K. (1997). Kognitive Trainingsmethoden zur Förderung diagnostischer Problemlösefähigkeiten. In K. Sonntag & N. Schaper (Hrsg.), *Störungsmanagement und Diagnosekompetenz* (S. 193–210). Zürich: vdf Hochschulverlag.

Schein, E. H. (1985). *Organizational culture and leadership*. San Francisco: Jossey Bass.

Schein, E. H. (1989). Organisationsentwicklung: Wissenschaft, Technologie oder Philosophie? *Organisationsentwicklung*, 8 (3), 1–10.

Schein, E. H. (1992). *Organizational culture and leadership (2nd ed.)*. San Fransisco, CA: Jossey Bass.

Schein, E. H. (1993). Informationstechnologie und Management – passen sie zusammen? In G. Fatzer (Hrsg.), *Organisationsentwicklung für die Zukunft* (S. 405–420). Köln: EHP.

Schein, E. H. (1998). Organisationsentwicklung und die Organisation der Zukunft. *Organisationsentwicklung*, 17 (3), 40–49.

Schönpflug, W. (1986). The trade-off between internal and external information storage. *Journal of Memory and Language*, 25, 657–675.

Seamster, T. L., Redding, R. E., & Kaempf, G. L. (1997). *Applied cognitive task analysis in aviation*. Aldershot, UK: Avebury/Ashgate.

Senge, P. M. (1990). *The fifth discipline: The art and practice of the learning organization*. New York: Doubleday/Currency.

Serfaty, D., MacMillan, J., Entin, E. E., & Entin, E. B. (1997). The decision-making expertise of battle commanders. In C. E. Zsambok & G. Klein (Eds.), *Naturalistic decision making* (pp. 233–246). Mahwah, NJ: Erlbaum.

Six, U. (1981). *Sind Gruppen radikaler als Einzelpersonen? Ein Beitrag zum Risikoschub-Phänomen*. Darmstadt: Steinkopff.

Smith-Jentsch, K. A., Zeisig, R. L., Acton, B., & McPherson, J. A. (1998). Team dimensional training: A strategy for guided team self-correction. In J. A. Cannon-Bowers & E. Salas (Eds.), *Making decisions under stress* (pp. 271–298). Washington, DC: American Psychological Association.

Sonntag, K. (1992). Personalentwicklung – ein (noch) unterrepräsentiertes Feld psychologischer Forschung und Gestaltung. In K. Sonntag (Hrsg.), *Personalentwicklung in Organisationen. Psychologische Grundlagen, Methoden und Strategien* (S. 3–16). Göttingen: Hogrefe.

Spada, H., Ernst, A. M. & Kletterer, W. (1990). Klassische und operante Konditionierung. In H. Spada (Hrsg.), *Allgemeine Psychologie* (S. 323–372). Bern: Hans Huber.

Stachowiak, H. (1973). *Allgemeine Modelltheorie*. Wien: Springer.

Staggers, N. & Norcio, A. F. (1993). Mental models: Concepts for humancomputer interaction research. *International Journal of Man Machine Studies*, 38, 587–605.

Stevens, A. L. & Collins, A. (1980). Multiple conceptual models of a complex system. In R. E. Snow, P. Federico & W. E. Montague (Eds.), *Aptitude, learning, and instruction* (Vol. 2, pp. 177–198). Hillsdale, NJ: Erlbaum.

Strauß, B. & Kleinmann, M. (Hrsg.). (1995). *Computersimulierte Szenarien in der Personalarbeit*. Göttingen: Verlag für Angewandte Psychologie.

Weintraub, R. (1995). Transforming mental models through formal and informal learning: A guide for workplace educators. In S. Chawla & J. Renesch (Eds.), *Learning organizations* (pp. 417–430). Portland, OR: Productivity Press.

Whitfield, D. & Jackson, A. (1982). The air traffic controller's picture as an example of mental model. In Johannsen, G. & Rijnsdorp, J. E. (Eds.), *Analysis, design and evaluation of manmachine systems*. (pp. 37–42). London: Controller, HMSO.

Zwaan, R. A. & Radvansky, G. A. (1998). Situation models in language comprehension and memory. *Psychological Bulletin*, 123, 162–185.

GILBERT J.B. PROBST/STEFFEN RAUB

Vom Human Resource Management zum „Knowledge Resource Management"? Möglichkeiten und Grenzen des Personalmanagements bei der Gestaltung organisationalen Wissens [1]

Im Vergleich zu anderen betriebswirtschaftlichen Fachdisziplinen verfügt das Personalmanagement über eine relativ kurze, jedoch sehr bewegte Geschichte. Im Laufe der Zeit waren dabei sowohl der Begriff Personalmanagement als auch seine Inhalte und Aufgaben bereits einer Reihe von tiefgreifenden Veränderungen unterworfen. Dies trifft auf die wissenschaftliche Disziplin Personalmanagement ebenso zu wie auf die betriebliche Personalpraxis (Raub et al. 1996).

Während die Aufgaben der „Personalverwaltung" anfänglich einen deutlich bürokratischen Beigeschmack hatten, lenkten die Entwicklungen auf dem Arbeitsmarkt die Aufmerksamkeit immer stärker auf die eigentlichen Managementaufgaben der Personalabteilung. Über die reine Verwaltung hinaus geht es dabei vor allem um die langfristige Sicherung eines ausreichenden Bestandes qualifizierter Mitarbeiter. Dieser Bedeutungswandel lässt sich an der zunehmenden Verbreitung eines neuen Begriffes festmachen: „Human Resource Management".

Der HRM-Begriff verdeutlicht in seinem Namen sowie in den damit verbundenen konzeptuellen Inhalten die zunehmende Wichtigkeit des Personalbereichs. Die „Humanressourcen" werden als eines der Kernelemente des Erfolgs von Unternehmen anerkannt. HRM wird damit erstmals zu einer Funktion, die auch strategische Bedeutung hat. Ohne angemessene Programme im Personalbereich, die mit den strategischen Stoßrichtungen der Unternehmung abgestimmt sind, ist eine langfristig positive Unternehmensentwicklung nicht mehr zu erzielen.

Trotz dieser deutlichen Aufwertung im Laufe der vergangenen Jahre lässt sich feststellen, dass das Personalmanagement in vielen schweizerischen Unternehmen nach wie vor als Stiefkind betrachtet wird. So sind in einer beachtlichen Anzahl schweizerischer Unternehmen beispielsweise die Personaldirektoren nicht auf der höchsten Managementebene angesiedelt. Offensichtlich bedarf es noch weiterer Argumente, um das Personalmanagement endgültig als strategischen Erfolgsfaktor in der Unternehmung zu verankern.

Die bereits vielfach diskutierten Entwicklungstendenzen hin zu einer „Wissensökonomie" sowie die daraus resultierenden Anforderungen an ein konsequentes „Wissensmanagement" der Unternehmung könnten diese endgültige Aufwertung des Personalmanagements einen entscheidenden Schritt weiter bringen. Wissensmanagement wird sich in den kommenden Jahren voraussichtlich zu einer zentralen Funktion des strategischen Managements entwickeln. Wissensmanagement weist darüber hinaus zahlreiche Berührungspunkte zum Perso-

---

[1] Dieser Aufsatz ist ursprünglich erschienen in Siegwart, H./Dubs, R./Mahari, J. (Hrsg.): Human Resource Management. Stuttgart: Schäffer-Poeschel; Zürich: Verl. Industrielle Organisation; Wien: Manz 1997. Wiederabdruck mit freundlicher Genehmigung der Autoren, der Herausgeber und des Schäffer-Poeschel-Verlages.

nalmanagement auf. Im folgenden Beitrag wollen wir ausführen, wo der Beitrag des Personalmanagements zum Wissensmanagement liegen könnte und welche Veränderungen für die Position des Personalmanagements in der Unternehmung daraus erwachsen könnten.

1 Herausforderungen der „Wissensgesellschaft"

Die wachsende Bedeutung des Faktors Wissen für die wirtschaftlichen und sozialen Prozesse unserer Gesellschaft ist in den Sozialwissenschaften kein neues Thema mehr (Drucker 1969, Bell 1973, Machlup 1980, Martin/Butler 1981). Auf ökonomischer Seite lassen sich in den vergangenen Jahren in der Tat eine Reihe von Faktoren beobachten, welche die veränderte Rolle von Wissen als Wettbewerbsfaktor illustrieren.

Nicht zuletzt lässt sich dies an den Wachstumsraten „wissensintensiver" Industrien wie beispielsweise der Unternehmensberatung, der Softwareindustrie aber auch des Medienbereiches festmachen. Die Erfolge „wissensbasierter" Unternehmen wie *Netscape* oder *Microsoft* stellen traditionellere Industrieunternehmen oft bei weitem in den Schatten. Das sogenannte „intellektuelle Kapital" jener neuen Generation von Unternehmen übertrifft ihr materielles Kapital um ein Vielfaches. Zahlreiche Managementtheoretiker ziehen hieraus die Schlußfolgerung, dass Wissen als „zentraler Wettbewerbsfaktor der Zukunft" zu betrachten ist (Quinn 1992, 1993).

Erfolgreiche Wettbewerber in „wissensintensiven Industrien" verstehen es, die immer stärkere weltweite Fragmentierung von Wissen (Badaracco 1991) zu überbrücken und weltweit verstreutes Wissen für ihre Zwecke nutzbar zu machen. Es gelingt ihnen außerdem, die steigende Wissensintensität von Produkten und Dienstleistungen zu ihrem Vorteil zu nutzen. In vielen Produktbereichen wird der entscheidende Wettbewerbsvorteil heute nicht mehr durch den Basisnutzen des Produktes, sondern durch einen „intelligenten" Zusatznutzen erzielt. Die Kreditkarte, welche die Muttersprache des Benutzers erkennt oder als „elektronischer Geldbeutel" verwendet werden kann, ist hierfür ein Beispiel. Ebenso das Buchungsprogramm, das statt eines einfachen Flugtickets einen Fensterplatz mit vegetarischem Menü nach den im System gespeicherten exakten Ansprüchen des Kunden ausdruckt.

Auch auf strategischer Ebene ist die Bedeutung des spezifischen Wissens von Unternehmen erkannt worden. Die gesamte Debatte um „Kernkompetenzen" (Prahalad/Hamel 1990) läuft nicht zuletzt darauf hinaus, die Mechanismen zu erklären, über die Wissen zu Wettbewerbsvorteilen führt. Diejenigen Unternehmen, die ihre Wissensbestände bwusst pflegen und „Kernkompetenzen" langfristig – gegebenenfalls auch unter Vernachlässigung kurzfristiger Finanzziele – aufbauen, werden nach Ansicht des Kernkompetenzen-Ansatzes dabei langfristig zu den Gewinnern gehören.

Genau an dieser Stelle rückt das Personalmanagement in den Vordergrund. Je höher nämlich die Wissensintensität einer Industrie ist und je mehr hochqualifizierte „wissensintensive" Produkte oder Dienste im Angebotsprogramm eines Unternehmens zu finden sind, um so höher wird in der Regel der Anteil hochqualifizierter Mitarbeiter an der Wertschöpfung des Unternehmens sein. Der Aufbau unternehmensspezifischer Kompetenzen erfolgt meist über diese zentralen Humanressourcen und unternehmenseigenes Wissen bleibt oft auch zu einem großen Teil in den Köpfen der Mitarbeiter gespeichert. Angesichts der oben beschriebenen Herausforderungen der Wissensgesellschaft lassen sich langfristige Wettbewerbserfolge meist nur durch Arbeitsprozesse erzielen, für die sich in der Zwischenzeit der Ausdruck „knowledge work" – beziehungsweise „Wissensarbeit" – eingebürgert hat.

Wissensarbeiter, als eine zentrale Ressource der Unternehmung, stellen neuartige Herausforderungen an das Personalmanagement (Harrigan/Dalmia 1991). Als gut informierte Experten leiden Wissensarbeiter häufig unter zentraler hierarchischer Koordination. Ihre Zielvorstellungen mit denen des gesamten Unternehmens in Einklang zu bringen, ist teilweise sehr schwierig. Herausfordernde Arbeitsbedingungen und Anerkennung durch andere hochqualifizierte Mitarbeiter sind für ihre Motivation oft wichtiger als Gehälter und Boni. Anreizsysteme und Arbeitsbedingungen für Wissensarbeiter müssen folglich grundlegend neuartigen Überlegungen folgen.

Als Fazit dieser Diskussion lässt sich festhalten, dass Personalmanager sich heute bereits mit einer Reihe veränderter Problemfelder konfrontiert sehen. Die Bedeutung der von ihnen betreuten „Ressource Mensch", als eine der bedeutendsten Quellen organisationalen Wissens, ist kontinuierlich im Wachsen begriffen. Andererseits verfügt das Personalmanagement immer noch nicht über die angemessene organisationale „Durchschlagskraft", um diesen neuen Herausforderungen gerecht werden zu können. Eine Lösung für diese Situation könnte darin liegen, dass das Personalmanagement durch die Übernahme von Aufgaben des „Wissensmanagements" seinen Einfluß in der Unternehmung stärkt.

In zahlreichen Unternehmen werden Wissensmanagementaufgaben heute bereits durch spezielle Managementpositionen oder Stabsstellen wahrgenommen. Diese Spezialisten nennen sich beispielsweise „Director of Intellectual Capital" (Skandia 1994), „Director Knowledge" oder „Director Intellectual Asset Management" (Stewart 1994). Anstatt eine spezifische Position zu schaffen, könnten diese Aufgaben auch im Bereich des Personalmanagements wahrgenommen werden. Das Human Resource Management könnte sich dadurch zu einem „Knowledge Resource Management" entwickeln, welches sich sowohl der Gestaltung der Wissensressource Personal als auch der Steuerung allgemeiner Wissensprozesse in der Unternehmung widmet.

Um diese neue Vision des Personalmanagements als „Betreuer organisationalen Wissens" weiter zu verdeutlichen, wollen wir im Folgenden die wesentlichen Aufgaben des Wissensmanagements kurz verdeutlichen. Anschließend werden wir darlegen, warum der Personalbereich für die Übernahme von Wissensmanagementaufgaben geeignet scheint. Anhand einer Betrachtung ausgewählter Aufgaben des Personalmanagements sollen schließlich Überschneidungsbereiche mit dem Wissensmanagement sowie Konsequenzen für ein erweitertes Verständnis des Personalmanagements als Gestalter organisatorischen Wissens abgeleitet werden.

2   Wissensmanagement – Konzept und Kernprozesse

Durch die anhaltende Debatte über das Thema organisationales Lernen wurde in den vergangenen Jahren die Aufmerksamkeit von Managementforschern wie auch von Praktikern verstärkt auf den Aspekt organisationalen Wissens gelenkt. Organisationales Wissen ist der Gegenstand organisationaler Lernprozesse. Organisationales Lernen kann demnach auch als die Gesamtheit der Veränderungsprozesse der organisationalen Wissensbasis definiert werden (vgl. Probst/Büchel 1994).

Während Beiträge zum organisationalen Lernen sich vorwiegend auf die theoretische Beschreibung von Lernprozessen beschränken, verfolgt der Wissensmanagement-Ansatz eine stärker gestaltungsorientierte Ausrichtung. Wissensmanagement setzt sich zum Ziel, durch die Einflussnahme auf organisationale Wissensbestände einen effizienteren Umgang mit der Ressource Wissen in der Unternehmung herbeizuführen. Während der Lernbegriff in seiner umgangssprachlichen Verwendung eher auf die Entstehung neuen Wissens beschränkt ist, umfasst Wissensmanagement alle organisationalen Prozesse, die einen Einfluss auf die Entstehung, Veränderung oder Bewahrung organisationalen Wissens ausüben.

An der Frage, worum es beim Thema Wissensmanagement in Theorie und Praxis wirklich geht, scheiden sich heute noch vielfach die Geister. Einige der bekanntesten Beiträge auf diesem Gebiet verfolgen demnach auch sehr unterschiedliche Ansatzpunkte. Aus einer japanischen Perspektive heraus widmet sich das Forscherteam Nonaka/Takeuchi (1995) beispielsweise hauptsächlich der Entstehung neuen Wissens in Form von Produkt- und Prozessinnovationen. Sie argumentieren, dass der Vorsprung japanischer Unternehmen im Innovationsbereich vor allem auf ihre Fähigkeit zurückzuführen sei, personengebundenes, schwer vermittelbares „tacit knowledge" in organisational verfügbares und beschreibbares „explicit knowledge" zu verwandeln.

Leonard-Barton (1992, 1995) widmet sich der Wissensentstehung unter einer stärker strategisch orientierten Fragestellung. Sie beschreibt verschiedene Prozesse, die zur Entstehung organisationaler Fähigkeiten beitragen. Ihre Betonung der Wichtigkeit interner Problemlösung und Experimentation einerseits sowie des Importes und der Integration externen Wissens andererseits erweitert das Spektrum des Wissensmanagements bereits etwas.

Von Krogh et al. (1994) untersuchen Wissensentstehungsprozesse im Unternehmen schließlich auf einer stark theoretisch verankerten Grundlage. Ihre „Epistemologie des Unternehmens" umfasst das Prinzip der „Selbstreferenz" als Quelle individueller Wissenskreation, den Mechanismus des „Languaging" als Austauschmedium zwischen Individuen sowie das Prinzip der „Selbstähnlichkeit" als Übertragungsprinzip der Wissensentstehung auf allen Ebenen des Unternehmens (Roos/von Krogh 1996).

Zusammenfassend lässt sich hier feststellen, dass die beschriebenen Ansätze einerseits eine große Bandbreite in der Behandlung des Themas Wissensmanagement aufweisen. Andererseits fällt ihre Konzentration auf Prozesse der Wissensentstehung oder -erschaffung auf. Wir haben uns entschieden, das Thema Wissensmanagement aus einer etwas umfassenderen und pragmatischeren Perspektive zu untersuchen. Zur Darstellung der gesamten Bandbreite von Wissensmanagementaufgaben verwenden wir ein Schema der „Kernprozesse" organisationalen Wissens (Probst et al. 1997). Ähnliche Schemata lassen sich dabei auch in anderen praxisorientierten Beiträgen zum Wissensmanagement nachweisen (Andersen 1995). In unserem Konzept (vgl. Abb. 1) unterscheiden wir als wesentliche „Bausteine" des Wissensmanagements demnach:

- die Wissensidentifikation

- den Wissenserwerb und die Wissensentwicklung

- die Wissensverteilung und Wissensnutzung

- die Wissensbewahrung

- die Definition von Wissenszielen und die Durchführung eines Wissenscontrolling.

Unter dem Stichwort *Wissensidentifikation* lässt sich eines der grundlegenden Probleme im Zusammenhang mit Wissensbeständen beschreiben. Die erhöhte Komplexität des externen Wissens, die Möglichkeiten neuer Medien, die Beschleunigung in der Entwicklung neuer Produkte und Technologien, all dies wirkt darauf hin, dass Unternehmen den Überblick über ihr externes Wissensumfeld sowie die darin relevanten Institutionen und Wissensträger zunehmend verlieren. Neben diesem externen Problem besteht jedoch ein oft genauso gravierendes Problem interner Intransparenz. Mitarbeiter mit Expertenwissen auf bestimmten Gebieten sind nicht bekannt oder können nicht erreicht werden. Die Ergebnisse bereits erfolgreich absolvierte Projekte können nicht abgerufen und dadurch nicht nutzbar gemacht werden. „Lessons learned" versickern dadurch und oft wird „das Rad an zwei verschiedenen Stellen gleichzeitig erfunden". Alle Maßnahmen zur Wissensidentifikation sind folglich darauf ausgerichtet, der Unternehmung einen besseren Überblick über interne und externe Wissensbestände zu verschaffen und dadurch weitere Fortschritte in den übrigen Bausteinen oft erst zu ermöglichen.

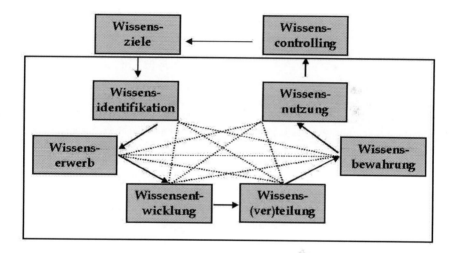

Abb. 1: Bausteine des Wissensmanagements

Wissenserwerb und *Wissensentwicklung* betreffen zwei verwandte Prozesse, die auf die Erweiterung der organisationalen Wissensbasis durch neue Wissensbestände ausgerichtet sind. Dabei kann es sich einerseits um den „Import" bereits bestehenden Wissens in die Unternehmung handeln, den wir mit dem Begriff Wissenserwerb belegen. Auf der anderen Seite ist die unternehmensinterne Schaffung neuen Wissens angesprochen, die auch als Wissensentwicklung bezeichnet werden kann. In diesem Bereich, der von der Literatur (siehe oben) oft als Kernbereich des Wissensmanagements eingestuft wird, geht es darum, die Innovationsfähigkeit des Unternehmens zu fördern, die Zusammenarbeit mit externen Wissensträgern zu nutzen sowie die Erweiterung der organisationalen Wissensbasis in die Bahnen der strategischen Grundausrichtung zu lenken.

Ein oft zweitrangig behandelter, jedoch unserer Ansicht nach immens wichtiger Aspekt des Wissensmanagements betrifft die *Wissens(ver)teilung*. Hierbei sind die innerorganisationalen Ströme des Wissens angesprochen. Die (Ver)teilung vorhandenen Wissens in der Organisation ist oft eine entscheidende Voraussetzung für die Entwicklung neuen Wissens. Bestehende Infrastrukturen und Anreizsysteme der Wissens(ver)teilung spielen eine zentrale Rolle für die Effizienz, mit der vorhandenes Wissen in der Organisation von Ort A zu Ort B transportiert wird. Untrennbar mit diesem Aspekt ist die Frage der *Wissensnutzung* verbunden. Die (Ver-) teilung von Wissen und seine Anwendung gehen oft mehr oder weniger Hand in Hand. Verteiler und Empfänger bewegen sich zudem in der gleichen Infrastruktur. Schließlich muss die Bereitschaft eines Mitarbeiters, sein Wissen mit anderen zu teilen, von der Bereitschaft anderer Mitarbeiter begleitet sein, dieses Wissen auch anzuwenden.

Mit einer effizienten Entstehung, Verteilung und Nutzung von Wissen sind alle Voraussetzungen zur Erreichung wissensbasierter Wettbewerbsvorteile gegeben. Die langfristige Sicherung dieser Position muss jedoch auch Prozesse der *Wissensbewahrung* berücksichtigen. Organisationales Wissens kann auf vielfältige Arten verloren gehen. Eine wesentliche Ursache hierfür ist die schleichende Entwertung des Wissens durch abnehmende Aktualität beziehungsweise die Entwicklung rivalisierenden Wissens. Aber auch abruptere Ursachen sind denkbar. So können etwa durch den Verlust zentraler Experten oder den Verkauf eines defizitären Geschäftsbereiches komplette individuelle und kollektive Wissensbestände schlagartig verloren gehen. Der Baustein Wissensbewahrung betrifft somit alle Maßnahmen, die darauf ausgerichtet sind, bestehendes Wissen in einer Unternehmung zu konservieren bzw. zu aktualisieren und dem Verlust von Wissensbeständen oder Wissensträgern vorzubeugen.

Diese eher auf operative Maßnahmen ausgerichteten Bausteine lassen sich in einen umfassenderen wissensbezogenen Managementkreislauf einbetten. *Wissensziele* betreffen dabei die allgemeinen Vorgaben für die Umsetzung der erwähnten operativen Wissensmanagementmaßnahmen. Dies betrifft vor allem auch den strategischen Aspekt der Definition und des Aufbaus organisationaler Kompetenzen. Wissensziele übersetzen außerdem herkömmliche strategische und operative Unternehmensziele in eine wissensorientierte Sprache. Die Erreichung dieser Ziele ist schließlich durch Maßnahmen des *Wissenscontrolling* sicherzustellen. Dieses betrifft sämtliche Aktivitäten, die auf die Steuerung und Messung von Wissen oder Lernprozessen ausgerichtet sind. Besonders in diesem letzten Bereich steht das Wissensmanagement heute noch vor großen Herausforderungen.

3   Wissensmanagement als Herausforderung für das Personalmanagement

Mancher Personalmanager wird sich fragen, warum die geschilderten Herausforderungen des Wissensmanagements ausgerechnet im Personalbereich aufgegriffen werden sollten. Ein action-research-orientiertes Forschungsprojekt (Probst/Raub 1995) über Wissensmanagementaktivitäten in schweizerischen Unternehmen führte zu der Erkenntnis, dass das Thema Wissensmanagement in der Praxis tatsächlich sehr häufig von Personalmanagern aufgegriffen wird und viele wissensrelevante Fragestellungen zunächst im Personalbereich angegangen werden. Hierfür lassen sich eine Reihe von Gründen nennen.

Der Personalbereich „besitzt" in seiner Managementverantwortung die Ressource Mensch. Hochqualifizierte Mitarbeiter stellen einen der wichtigsten Wissens-Produktionsfaktoren sowie einen zentralen Wissensspeicher des Unternehmens dar. Maßnahmen zur Steuerung dieser Ressource können von den Überlegungen, die im Bereich Wissensmanagement angestellt werden, in jeder Hinsicht profitieren.

Praktische Erfahrung zeigt darüber hinaus, dass Wissensmanagementprojekte oft einen sehr engen thematischen Bezug zu Personalfragestellungen oder verwandten Bereichen aufweisen. So konnten wir beispielsweise ein Projekt über die konsequentere Nutzung von „lessons learned" begleiten, das vom Ausbildungsbereich mitinitiiert wurde. Obwohl die eigentliche Ermittlung und Dokumentation von Projekterfahrungen in einer Fachabteilung erfolgte, war der Ausbildungsbereich an den allgemeinen Erkenntnissen über Möglichkeiten zur Förderung der Wissensteilung sehr interessiert. In einem anderen Projekt, das vom Personalbereich direkt ausging und die Möglichkeiten der Erstellung einer integrierten Experten- und Projektdatenbank betraf, zeigten sich unmittelbare Querverbindungen zu Problemstellungen des Wissensmanagements.

Last but not least erfüllt der Personalbereich in vielen Unternehmen auch die sehr nützliche und notwendige Funktion einer Art „Spinnerstelle". In diesem Tätigkeitsfeld bestehen oft am ehesten der Mut und die Bereitschaft, mit neuen Managementansätzen zu experimentieren und neuartige Themenstellungen für die Unternehmung zu erschließen.

Im Folgenden wollen wir anhand einiger ausgewählter Beispiele die Zusammenhänge zwischen Personal- und Wissensmanagement etwas eingehender betrachten. Wir untersuchen dabei, in welchen Bereichen das Personalmanagement bereits entscheidende Aktivitäten für das Wissensmanagement durchführt und wie diese noch stärker an Wissensaspekten ausgerichtet werden könnten.

4   Wissensmanagementaspekte im Personalmanagement

Eine der zahlreichen Möglichkeiten, die verschiedenen Aufgaben des Personalmanagments systematisch abzubilden, ist die Darstellung einer Personalbeziehung in Form eines „Lebenszyklus". Am Anfang dieses Zyklus steht dabei die Personalbeschaffung und -integration. Dieses Personal muss schließlich für die Unternehmung erhalten und nach Möglichkeit weiterentwickelt werden. Das Ende des Zyklus bildet schließlich der Austritt des Personals, der mit Maßnahmen der Personalfreistellung verbunden sein kann. Anhand dieser verschiedenen Phasen können aus der Perspektive des oben beschriebenen Wissensmanagementkonzeptes sehr unterschiedliche Aufgaben für das Personalmanagement abgeleitet werden.

4.1   Personalbeschaffung

Über die Personalbeschaffung erfüllt das Personalmanagement eine bedeutende Wissensmanagementaufgabe. Als Kernaufgabe der Personalbeschaffung kann man die Sicherstellung der Verfügbarkeit qualifizierter Mitarbeiter in ausreichender Menge, zur richtigen Zeit und am richtigen Ort verstehen. Die Personalbeschaffung sichert also den Zufluss von Wissensträgern, die mit ihren individuellen Kompetenzen die organisationale Wissensbasis erweitern.

Eine zentrale Bedeutung kommt in diesem Zusammenhang der Personalauswahl zu. Anhand eines definierten Katalogs von Kriterien geht es hierbei darum, mit angemessenen Methoden aus der Gesamtheit der Bewerber die für die gegebene Position geeignetste Person zu ermitteln. Die Entwicklung im Bereich der Auswahlmethoden hat dabei mit Interview- oder Testmethoden sowie komplizierteren Verfahren wie dem Assessment Center beachtliche Fortschritte gemacht. Probleme bestehen dagegen weiterhin in der Definition der Bewertungskriterien.

Betrachtet man Stellenanzeigen führender Unternehmen, so fällt die geringe Trennschärfe in der Formulierung des Anforderungsprofils auf. Die unternehmerisch denkende, dynamische, Herausforderungen suchende Bewerberin lässt sich ungefähr genauso gut der Revisionsabteilung eines Chemiekonzerns wie dem Marketing eines Konsumgüterherstellers zuordnen. Auch Stellenbeschreibungen, die sich an zu erfüllenden Aufgaben orientieren, geben über ein konkretes Soll-Fähigkeitsprofil des Wunschkandidaten oft wenig Auskunft.

Eine Personalauswahl, die den Anforderungen des Wissensmanagements gerecht werden soll, müsste sich an grundlegend anderen Kriterien orientieren. Kernelement eines solchen Vorgehens wäre der Übergang von der bisherigen Aufgaben- oder Stellenorientierung hin zu einer Fähigkeitsorientierung. Unter dem Stichwort „Skill-Management" (Bütler 1996) findet ein solches Vorgehen in einigen Unternehmen bereits praktische Anwendung.

Verfügt die Unternehmung über eine explizit formulierte Wissensstrategie, die beispielsweise zentrale Kompetenzen definiert oder zukünftige relevante Wissensfelder in Form von Produkten oder Technologien spezifiziert, dann kann hieraus ein Soll-Fähigkeitsprofil bis auf die Ebene des einzelnen Mitarbeiters heruntergebrochen werden. Eine solche „Wissensmatrix", welche die Übersetzungsleistung von der strategischen Ausrichtung auf die operative Personalmanagementebene erbringt, liefert ein relativ klares Bild über das momentan bestehende „Fähigkeitenportfolio" der Unternehmung.

Die Frage „Welche der für unsere Unternehmung kritischen Fähigkeiten besitzen unsere Mitarbeiter in welcher Ausprägung?" lässt sich damit beantworten. Stellt man sich darüber hinaus die Frage „Wie viele Mitarbeiter mit welchem Fähigkeitsprofil benötige ich in Zukunft?" und definiert auf dieser Basis das zukünftige Fähigkeitenportfolio, dann ist es möglich, eine Gap-Analyse durchzuführen. Durch deren Resultate wird einerseits die quantitative Personalplanung erleichtert. Anderseits lässt sich hieraus auch ein sehr viel trennschärferes Anforderungsprofil für die operativen Personalbeschaffungs- und -auswahlmaßnahmen ableiten. Lücken im Fähigkeitsportfolio lassen sich somit gezielt schließen.

4.2 Personalentwicklung

Eine „Wissensmatrix" im Sinne des Skill-Management-Ansatzes kann auch im Personalentwicklungsbereich gute Dienste leisten. Ergänzt man die Bewertung des Fähigkeitsportfolios durch konkrete Fähigkeits-Levels auf individueller Ebene, dann lassen sich auf der Basis der individuellen Bewertungsblätter Zielwerte für zukünftige Fähigkeiten ermitteln. Trainingspläne, die auf dieser Basis erstellt werden, orientieren sich einerseits viel stärker am individuellen Fähigkeitsprofil des Mitarbeiters. Andererseits sorgen sie dafür, dass Ausbildungsinvestitionen nicht „mit der Gießkanne" verteilt werden, sondern eine gezielte Weiterentwicklung unternehmensrelevanter Fähigkeiten bewirken.

Die erhöhte Transparenz durch die Einführung einer solchen Wissensmatrix lässt sich außerdem für eine stärker kollektiv orientierte Personalentwicklung nutzen. Während Personalentwicklung im klassischen Sinne nur auf den einzelnen Mitarbeiter abstellt, können mit diesem Hilfsmittel auch die kombinierten Fähigkeitsprofile von Projektteams oder ganzen Abteilungen analysiert werden. Personalentwicklungsmaßnahmen können dadurch so gestaltet werden, dass sie neben der Entwicklung des Einzelnen auch die Steigerung der Leistungsfähigkeit eines Kollektives berücksichtigt.

Bei der Umsetzung dieser Maßnahmen im Führungsbereich bietet sich die Adaption bereits bestehender Instrumente an. So kann beispielsweise der bekannte MBO-Ansatz durch Wissensziele erweitert werden. Das Erreichen bestimmter Fähigkeitsniveaus in bestimmten Wissensbereichen wird dann als persönliches Entwicklungsziel vereinbart. Ein solches „Management by Knowledge Objectives" ist unproblematisch umzusetzen und erhöht im Zusammenwirken mit anderen Maßnahmen die Effizienz einer fähigkeitsorientierten Personalentwicklungsstrategie.

4.3 Personalfreistellung

Während es bei Personalbeschaffung und -entwicklung um den wissensorientierten Aufbau und die Erweiterung der organisationalen Wissensbasis geht, hat auch das ungeliebte Thema Personalfreistellung einen (allerdings negativen) Wissensbezug. In diesem Bereich muss es nämlich vor allem darum gehen, den Verlust wichtiger organisationaler Wissensbestände durch das Ausscheiden von Mitarbeitern zu verhindern.

Im Wesentlichen bieten sich einem wissensorientierten Personalmanagement hier zwei Ansatzpunkte. Während der normalen Lebensdauer der Personalbeziehung müssen alle Anstrengungen darauf gerichtet sein, zentralen Wissensträgern ein ansprechendes Arbeitsumfeld zur Verfügung zu stellen und sich deren Dienste auch in außergewöhnlichen Situationen, beispielsweise in Perioden des Downsizing oder im Fall der Desinvestionen von Geschäftsbereichen, zu sichern.

Am natürlichen Ende der Personalbeziehung besteht dagegen die Herausforderung darin, einen möglichst umfassenden Transfer individuellen Wissens in den organisationalen Wissensbestand zu realisieren. Dies kann beispielsweise durch den Aufbau von Expertensystemen, also die Überführung individuellen Wissens in digitale Form, gelingen. Ein anderer Ansatzpunkt besteht darin, kritisches Wissen von Mitarbeitern auch über das Eintreten des Ruhestandes hinaus für die Unternehmung verfügbar zu machen. Eine Teilzeitbeschäftigung ausscheidender Mitarbeiter auf Beratungsbasis ist hierfür ein möglicher Ansatzpunkt.

5 Fazit

Unsere vergleichende Betrachtung von Personalmanagement und Wissensmanagement hat erhebliche Überschneidungen zwischen den beiden Bereichen verdeutlicht. Das Personalmanagement verfügt demnach über eine sehr gute Ausgangsposition zur Wahrnehmung von Wissensmanagementfunktionen.

Zahlreiche Projekte, die heute im Bereich des Personalmanagements durchgeführt werden, verfügen über das Potenzial, zu unternehmensweiten Unterstützungsfunktionen ausgebaut zu werden. Die Ergänzung einer Personaldatenbank im Sinne einer unternehmensinternen Experten- und Wissensbasis liefert hierfür nur ein Beispiel.

Eine Begriffserweiterung vom „Human Resource Management" auf ein „Knowledge Resource Management" – verbunden mit einer dementsprechenden Ausweitung des Aufgabengebietes – bietet der Unternehmung bei relativ moderatem Aufwand die Möglichkeit, Wissensmanagementaspekte zum Bestandteil der Unternehmensstrategie zu machen. Dem Personalmanagement könnte dies umgekehrt den endgültigen Sprung auf die Ebene der strategischen Managementfunktionen erlauben.

Literatur

Andersen, A.: The Knowledge Management Assessment Tool, Prototype Version, veröffentlicht am Knowledge Imperative Symposium, Houston, Texas, 11.–13. September 1995.

Badaracco, J.L.: The Knowledge Link – How Firms Compete through Strategic Alliances, Boston 1991.

Bell, D.: The Coming of Post-Industrial Society: A Venture in Social Forecasting, New York 1973.

Bütler, H.: Skill Management – Kennen und nutzen Sie das Wissen und die Fähigkeiten ihrer Mitarbeiter?, Vortrag auf der Tagung des SVD, Zürich, 18.04.1996.

Drucker, P.: The Age of Discontinuity, New York 1969.

Harrigan, K.R./Dalmia, G.: Knowledge Workers: The Last Bastion of Competitive Advantage, in: Planning Review 1991, Nr. 6, S. 4–9.

Leonard-Barton, D.: Core Capabilities and Core Rigidities: A Paradox in Managing New Product Development, in: Strategic Management Journal 1992, Special Issue, S. 111–125.

Leonard-Barton, D.: Wellsprings of Knowledge – Building and Sustaining the Sources of Innovation, Boston 1995.

Machlup, F.: Knowledge: Its Creation, Distribution, and Economic Significance, Princeton 1980.

Martin, J./Butler, D.: Viewdata and the Information Society, Englewood Cliffs 1981.

Nonaka, I./Takeuchi, H.: The Knowledge-creating Company, New York, Oxford 1995.

Prahalad, C.K./Hamel, G.: The Core Competence of the Corporation, in: Harvard Business Review 1990, Nr. 3., S. 79–91.

Probst, G.J.B./Büchel, B.S.T.: Organisationales Lernen: Wettbewerbsvorteil der Zukunft, Wiesbaden 1994.

Probst, G.J.B./Raub, S.: Action Research: Ein Konzept angewandter Managementforschung, in: Die Unternehmung 1995, Nr. 1, S. 3–19.

Probst, G.J.B./Raub, S./Romhardt, K.: Wissen managen: Wie Unternehmen ihre wertvollste Ressource optimal nutzen. Wiesbaden 1997.

Quinn, J.B.: Intelligent Enterprise: A Knowledge and Service Based Paradigm for Industry, New York 1992.

Quinn, J.B.: Managing the Intelligent Enterprise: Knowledge & Service-based Strategies, in: Planning Review 1993, Nr. 5, S. 13–16.

Raub, S./Büchel, B./Detzel, P./Gmür, M.: Personalmanagement im internationalen Vergleich, Glattbrugg 1996.

Roos, J./von Krogh, G.: The New Language Lab, in: Financial Times, 21.03.1996, Teile I und II.

Skandia: Skandia AFS – Balanced Annual Report on Intellectual Capital 1993, Stockholm 1994.

Stewart, T.A.: Your Company's Most Valuable Asset: Intellectual Capital, in: Fortune, 03.10.1994.

von Krogh, G./Roos, J./Slocum, K.: An Essay on Corporate Epistemology, in: Strategic Management Journal 1994, Special Issue, S. 53–71.

ECKART SEVERING

Wissensmanagement – durch Management-Wissen?
Anforderungen an Bildungseinrichtungen

Derzeit erscheint eine Fülle von Handbüchern, Leitfäden und Internet-Sites zum Thema Wissensmanagement. Sie alle beruhen auf der Unterstellung, dass sich die Pflege und Mehrung von Wissen durch die Anwendung geeigneter Management-Methoden gewährleisten lasse, und nicht wenige dieser Publikationen vermitteln den Eindruck, als würden erst mit der Implementation der Phasen-Modelle und Regelkreise der Wissenschaft vom Wissensmanagement die erfolgreiche Gewinnung und Pflege von Wissen in Organisationen möglich geworden sein. Dieser Beitrag will daran erinnern, dass es noch einen anderen Bereich gibt, der sich mit dem Erwerb und dem Transfer von Wissen befasst: ein Bildungswesen nämlich – sei es als Abteilung in Organisationen oder als Subsystem einer „Wissensgesellschaft". Es sollen zunächst einige Ausführungen dazu gemacht werden, wie sich in Unternehmen einerseits Wissensmanagement und andererseits betriebliche Personalentwicklung, Aus- und Weiterbildung zueinander verhalten, und dann in einem zweiten Schritt einige Folgerungen skizziert werden, die sich für betriebliche Bildungseinrichtungen in einer Wissensgesellschaft ergeben können.

1 Wissensmanagement – technische und integrative Ansätze

1.1 Ausgangspunkte

Die Ausgangspunkte der Konzepte des Wissensmanagements sind evident: Die Wertschöpfung der großen Wirtschaftszentren beruht zunehmend weniger auf materieller Produktion und ihrem sachlichen Arsenal, sondern auf der Gewinnung und Nutzung von Wissen. „Unsichtbare Aktiva" (Hamel, Prahalad 1993) bestimmen den Wert von Unternehmen. So wird gerne auf die krasse Differenz zwischen Buch- und Marktwert bei wissensbasierten Unternehmen hingewiesen, etwa mit dem Vergleich zwischen klassischen Industriebranchen und dem IuK-Sektor, und innerhalb dieses Sektors exemplarisch auf das Verhältnis der IBM zu Microsoft, die trotz höherem Anlagevermögen schlechter bewertet wird. Moderne Wissensbilanzen versuchen, intellektuelles Kapital, das die alte industrieorientierte Bilanzierung nicht kennt, in monetären Größen auszudrücken. Die Möglichkeit von Produktivitätssteigerungen durch weitere Verfeinerungen der Kombination und Organisation der klassischen Kapitalfaktoren erscheint eng begrenzt. Neue Herstellungstechnologien, günstige Standorte etc. sind in einer Weltökonomie grundsätzlich allen Unternehmen verfügbar. Die verbleibende imitationsgeschützte Ressource ist das Wissen, über das ein Unternehmen verfügt.

„In the old economy, people bought and sold ‚congealed resources' – a lot of material held together by a little bit of knowledge. In the new economy, we buy and sell ‚congealed knowledge' – a lot of intellectual content in a physical slipcase" (Arthur 1998).

Die Wettbewerbsfähigkeit von Unternehmen und ganzen Volkswirtschaften hängt insofern davon ab, wie Information und Wissen erworben werden, wie sie kombiniert und umgesetzt werden. Damit ergibt sich ein neuer Schwerpunkt des Managements: Wissen ist nicht nur

Individuen zuzurechnen, sondern als „organisationales Wissen" festzuhalten. Lern-, Informations- und Wissenspotenziale sind in Unternehmen ebenso zu bewirtschaften wie Boden, Kapital und Arbeit. *Ebenso?* Diese Frage soll verfolgt werden.

1.2   Probleme der Umsetzung

Bei aller Evidenz der Botschaft ist nicht aus den Augen zu verlieren, dass es an der erfolgreichen praktischen Umsetzung der Konzepte des Wissensmanagements mangelt: Aus vielen Fallbeispielen und Erhebungen geht hervor,

- dass Wissensmanagement vielfach thematisiert, aber nur selten praktisch angegangen wird und oft nur zum neuen Etikett für alte Funktionen und Positionen gemacht wird (vgl. Bullinger, Wörner, Prieto 1997);[1]

- dass in vielen großen Unternehmen Wissensmanagement nur in marginalen Projekten erprobt wird, isoliert von bestehenden Aktivitäten und auf einzelne Abteilungen beschränkt (Heisig, Vorbeck 1998[2]; Schneider 1996, 14);

- dass nach einer Untersuchung von McKinsey (1998) zwischen der theoretischen Verfügbarkeit von Wissenspools und deren tatsächlicher Nutzung große Lücken klaffen. Nur ein Viertel der Unternehmen, die Wissensmanagement-Systeme einsetzen, tun dies nach dieser Studie erfolgreich. Viele Anwender lehnen sie ab oder wissen nicht mit ihnen umzugehen;

- dass vor allem kleine und mittlere Unternehmen Wissensmanagement nicht betreiben, obgleich ihr wettbewerbsrelevantes Wissen regelmäßig an nur wenige Experten gebunden ist, und obgleich sie in besonderem Maße mit einer Entregionalisierung ihrer Märkte und mit einer höheren Komplexität ihrer Produkte konfrontiert sind (Bullinger, Wörner, Prieto 1997);

- und schließlich: dass viele ambitionierte Projekte scheitern (Hermsen, Vopel 1999).

Wenn wir den Ausgangspunkten des Wissensmanagements zustimmen, aber konzedieren, dass die praktische Durchdringung der Unternehmenspraxis zu wünschen übrig lässt, dann kann das an den Umsetzungskonzepten liegen, mit denen die Management-Wissenschaft vom Wissensmanagement sich der Praxis nähert.

Dieser Vermutung gilt es nachzugehen, denn die erfolgreiche Unterstützung der Anwendungspraxis ist nicht nur eine Quelle wissenschaftlicher Fragestellungen; an ihr entscheidet sich auch, ob Forschungen zum Wissensmanagement sich in einigen Jahren zur Disziplin verdichtet haben werden oder zur wissenschaftlichen Garnierung einer verebbenden Management-Mode geworden sein werden.

---

[1] Schriftliche Befragung des Fraunhofer-Instituts für Arbeitswirtschaft und Organisation (IAO) zwischen April 1997 bei Juli 1997 mit Rücklauf von 250 deutschen Unternehmen sowie 61 Interviews auf der Hannover Industriemesse 1997.

[2] 1. Deutsche Konsortium-Benchmarking-Studie Wissensmanagement des Fraunhofer IPK Berlin 1998: Befragung der 1000 umsatzgrößten deutschen und 200 europäischen Unternehmen sowie weiterer 100 bekannter Pionierunternehmen des Wissensmanagements.

1.3   Eigenheiten der Ressource Wissen

Die vielen narrativ dokumentierten Fallbeispiele der Managementliteratur sind als empirische Basis einer Prüfung der Konzepte des Wissensmanagements nur bedingt tauglich: Gerne wird hier die Geschichte – ex post – gelungener Produkte, Unternehmensgründungen und Umstrukturierungen als Beispiel erfolgreichen Wissensmanagements angeführt, ohne dass über das jeweils Besondere hinausgegangen würde. Daher vereinen sich in solchen Publikationen oft durchaus gegensätzliche Ziele und Verfahrensweisen als alternative Strategien von Wissensmanagement. Es erscheint insgesamt weiterführender zu untersuchen, woran Wissenserwerb und Wissenstransfer in Organisationen scheitern, als auf Fälle zu deuten, die gelungen sind.

In diesem Beitrag soll vor der Befassung mit dem *„ Wie "* des Wissensmanagements, vor allen praktischen Fragen also, davon die Rede sein, *was* da gemanaged werden soll. Wissen ist eine durchaus eigentümliche Ressource, die sich von den klassischen Kapitalfaktoren grundlegend unterscheidet.

Bemühen wir zur Bestimmung dieser Unterschiede einmal nicht die Management-Wissenschaft, sondern Disziplinen, die sich mit dem Erwerb und der Speicherung von Wissen befassen: Pädagogik und Psychologie. Hier setzten sich in den vergangenen Jahren zunehmend konstruktivistische Positionen durch. In Abkehr von der traditionellen Lernphilosophie, die von einem kontrollierbaren und zu kontrollierenden Transfer feststehender, gültiger und reproduzierbarer Wissenselemente von Lehrenden zu Lernenden ausgeht, folgen solche Ansätze der Annahme, dass Wissen individuell und in sozialen Interaktionen erst konstruiert wird (Gerstenmaier, Mandl 1995, 470). Dies hat Konsequenzen für Konzepte des Wissensmanagements:

- Der exponentiell wachsenden Wissensakzeleration steht ein immer höheres Obsoleszenztempo gegenüber. Wissen ist insofern ein flüssiger Stoff: Es ist stets neu zu erwerben und nicht einmal bereitzustellen.

- Wissen entsteht im Prozess seiner Aneignung durch die Integration mit bereits erworbenem Wissen und mit mentalen Modellen. Wissenserwerb ist nicht objektive Aneignung, sondern subjektive Rekonstruktion. Holzkamp (1993, S. 139) spricht davon, dass Wissen keinen dinglichen, sondern einen selbstreferentiellen Charakter hat. Lernen ist ein „aktivkonstruktiver Prozess" (Mandl, Reinmann-Rothmeier 1999). Dies ist der Grund dafür, dass Wissen im Unterschied zu anderen Ressourcen wirtschaftlichen Handelns durch Gebrauch vermehrt, nicht vermindert wird.

- Die Aneignung von Wissen wird vom Lerner und nicht vom Lehrer gesteuert. Der Lehrer hat unterstützende Funktion, kann aber einen Lernerfolg nicht durch standardisierte Routinen und Instrumente gewährleisten: „Lernen ist nicht mit Input-Output-Modellen zu erfassen. Wenn kognitive Systeme strukturdeterminiert sind, dann heißt dies, dass das System selbst entsprechend seiner eigenen, geschichtlich gewachsenen kognitiven Strukturen bestimmt, welche Bedeutung es den Ereignissen in seiner Umwelt zuschreibt" (Simon 1997, 152).

- Die Weitergabe von Wissen ist insofern ein prekärer Prozess, als große Teile des handlungsrelevanten Wissens „implizites Wissen" sind, die sich nicht einfach verbalisieren und dokumentieren lassen und auf Erfahrung und Übung beruhen (Polanyi 1985; Nonaka, Takeuchi 1997).

- Wissen entsteht in sozialen Prozessen – sei es unmittelbar oder vermittelt durch die soziokulturelle Prägung des Lernumfeldes. Wissen befindet sich jedoch stets in Eigentümerschaft derer, die es erworben haben. Alle Rede vom „organisationalen Wissen" darf nicht darüber hinwegtäuschen, dass Lernen, Behalten und Nutzen von Wissen ein Akt einzelner Individuen ist. Inwieweit Organisationen am Wissen ihrer Mitglieder teilhaben, hängt von der Bereitschaft und Fähigkeit ihrer Mitglieder ab, ihr Wissen mit der Organisation zu teilen: „Die Wissensarbeiter verfügen exklusiv über die ‚Produktionsmittel', genauer: sie verfügen über den entscheidenden Produktionsfaktor, nämlich hochprofessionalisierte Expertise als intellektuelles Kapital" (Willke 1998, 365).

1.4   Modelle des Wissens-Managements

Dieses Letzte ist der gewichtigste Grund, warum sich Wissen dem direkten Zugriff des Managements entzieht: Das Management-Ideal der Planbarkeit, Steuerbarkeit und Kontrollierbarkeit versagt. Offenbar muss das Management selbst, mehr noch, muss die ganze Organisation von Unternehmen sich verändern, wenn diese auf der Nutzung von Wissen beruhen. Sichten wir unter diesem Aspekt erneut die Ansätze des Wissensmanagements, die wir aus der Betriebswirtschaft kennen, erscheinen sie nicht mehr als einerlei. Sie unterscheiden sich darin, ob sie diese Konsequenz mitdenken oder nicht.

1.4.1   Technisches Wissensmanagement

Die Mehrzahl der Konzepte zum Wissensmanagement stützt sich auf einen instrumentell-technischen Entwicklungsstrang, der sich von der Daten- über die Informationsverarbeitung bis hin zum Wissensmanagement erstreckt. Wissensmanagement dient hier der Rationalisierung und Effektivierung des Umgangs mit Wissensressourcen. Dieser Ansatz unterstellt, dass Wissen positiv gegeben und weder personen- noch kontextgebunden ist. Es gilt als Fakten- und Verfügungswissen, das eine vorgegebene Realität abbildet (vgl. Siebert 1999, 127; Schneider 1996). In der praktischen Umsetzung solcher Konzepte wird Wissensmanagement folgerichtig nach dem „Law-and-Order-Modell" eingeführt: Ein „Chief Knowledge Management Officer" wird eingesetzt, der das Wissen im Unternehmen in Yellow Pages und das außerhalb in Blue Pages kartografiert, Wissensdatenbanken auflegt und die Mitarbeiter mit Sanktionen – Anweisungen und Prämien – dazu bewegen will, diese Datenbanken mit allem wichtigen Wissen zu füllen. Diesem Modell folgen nach einer Benchmarking-Studie der Fraunhofer IPK auch in Deutschland die meisten Realisierungsansätze: „Die Schwerpunkte liegen beim Identifizieren und Speichern von Wissen und Fragen der technischen Vernetzung von know how" (Heisig, Vorbeck 1998). Dieses Modell ist eine gleichsam ingenieurstechnische Realisierung von Wissensmanagement. Alle alten Instrumente des Managements werden auf eine neue Ressource angewandt. Ich will es daher *„Technisches Wissensmanagement"* nennen.

Regelmäßig wird vom Scheitern dieses Modells berichtet (für viele: Hermsen, Vopel 1999; Schneider 1999). Dies lässt sich vor allem auf drei Gründe zurückführen:

- Technisches Wissensmanagement zeichnet sich durch Misstrauen und Nichtbeachtung aller Verfahren des Wissensaustauschs aus, die in Organisationen bereits bestehen und – teilweise en passant und subkutan – bereits funktionieren, und setzt stattdessen auf die Einführung neuer hierarchischer Funktionen und Instrumente, die unplanbare, unvorhersehbare und kreative Prozesse einem Kontrollregime unterwerfen sollen.

- Es installiert neue, formalisierte Verfahren der Kanalisierung von und Zugriffsberechtigung auf Wissen, das auf den vorgefundenen Hierarchien im Unternehmen zugleich beruht wie ihnen widerspricht: Die Formalisierung ist nur durch Sanktionen durchsetzbar, die geforderte Transparenz und Verfügbarkeit von Expertise setzt jedoch eine Überwindung der eingerichteten Gegensätze von Geschäftsbereichen, Abteilungen und Verantwortungsträgern voraus (für viele Fallbeispiele kann hier das der „Skills Database" bei Siemens I&C stehen, Schneider 1999, 221).

• Wissen wird durch Entpersonalisierung in totes Wissen verwandelt. Ein großer Teil des Wissens, das in Unternehmen zirkuliert, ist totes Wissen, das keine Beziehung mehr zu den Voraussetzungen, Kontexten und Erfahrungen aufweist, unter denen es produziert wurde: Es wird zu „exposed theory", zum zur Schau gestellten Wissen (Argyris, Schön 1978). Wer nutzt etwa Wissensdatenbanken und Yellow Pages nach einem halben Jahr Fluktuation – der Mitarbeiter, der Inhalte und des Bedarfs? Wer kann wie evaluieren, dass das Speicherwissen handlungsrelevantes Wissen ist? Ist nicht zu erwarten, dass das implizite Wissen, das handlungsrelevant, aber nicht mitteilbar ist, in Datenbanken keinen Eingang findet? (vgl. Nonaka, Takeuchi 1997).

„Wissen hat ... einen zutiefst subjektiven und fluiden Charakter. Nimmt man diese Erkenntnis ernst, muss Wissensmanagement etwas grundsätzlich anderes sein als das Verwalten von objektiviertem Wissen, sondern es muss um das Aufweichen und die Verflüssigung von Grenzen gehen, die latent vorhandenes Wissen unzugänglich, d.h. unerkennbar bzw. unerkenntlich machen." (Geißler 1999, S. 24)

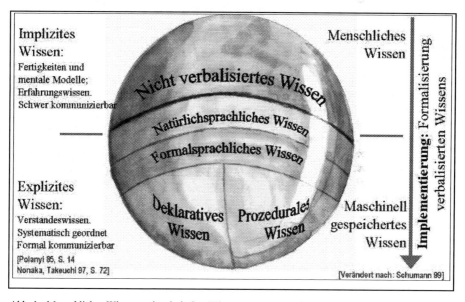

Abb. 1: Menschliches Wissen und technisches Wissensmanagement (modifiziert nach Schumann 1999)

Technische Modelle des Wissensmanagements neigen dazu, dies implizite Wissen zu ignorieren (Schumann 1999; vgl. Abb. 1). Ihre DV-Wissensspeicher beruhen auf Formalisierungen und erfassen daher nur verbalisierbares Wissen. Die Weitergabe impliziten Wissens beruht auf Internalisierung und Kombination, die sich nur schwer mediatisieren lassen (Geißler 1999).

Die Kritik an Konzepten des technischen Wissensmanagements kann sich nicht darauf beschränken, eine Beimengung von „Lernkultur", „bottum-up-Stategie" oder „Motivation der

Mitarbeiter" einzuklagen. Wenn immer wieder beobachtet werden kann, dass Wissensmanagement in formeller und DV-technisch orientierter Art und Weise implementiert werden soll, dann sind die Ziele zu identifizieren, für die dieses Vorgehen adäquat erscheint. Ohne die Diskussion dieser Managementziele wird „Lernkultur" regelmäßig bloß als legitimatorische Sprachregelung verstanden und entsprechend eingerichtet. Das Ideal des technischen Ansatzes von Wissensmanagement ist die Umkehrung der neuen Abhängigkeit der Unternehmen vom Wissen, ist eine Restauration alter Verhältnisse von Mitarbeiter und Unternehmen: Kontrollideale, die bereits in der industriellen produktiven Arbeit nur durch die Reduktion auf einfache Arbeit, durch die Trennung von Geist und Hand funktioniert haben. Schon die „wissenschaftliche Betriebsführung" Taylors kann als Versuch gelten, die Erfahrungen und Kenntnisse von Arbeitern in Regeln manueller Arbeit zu objektivieren. Die Klassifizierung des Wissens oblag jedoch nicht den Arbeitenden, sondern Ingenieuren und Arbeitsorganisatoren, die daraus eherne Gesetze der Arbeit machten (Taylor 1983, S. 38). Wissensmanagement scheint vielfach als Methode interessant zu sein, *geistige Tätigkeit zu taylorisieren*, das heißt, zu entpersonalisieren und zu formalisieren. Technische Verfahren des Wissensmanagements ignorieren aus diesem Grunde, dass Wissen in der modernen Produktion komplexes Wissen ist, d.h. in großem Maße subjekt- und erfahrungsgebunden bleibt, und dass seine organisationale Nutzbarmachung daher notwendigerweise auf der Mitwirkung der Subjekte beruht, und nicht darauf, diese zu geistigen Anhängseln des Arbeitsprozesses zu machen.

1.4.2   Integratives Wissensmanagement

Mit der steigenden Bedeutung der Ressource Wissen wird eine unumkehrbare Umkehr des Abhängigkeitsverhältnisses zwischen Experten/Mitarbeitern und Unternehmen eingeleitet. Dies ist die Kehrseite der Forderung an die Beschäftigten, ihre *Employability* sicherzustellen. Für viele Unternehmen ist es ungewohnt, dass sie sich um Experten bewerben müssen, und nicht Experten bei ihnen: Sie bemerken dies derzeit deutlich am Bewerbermangel bei hochqualifizierten Stellen insbesondere im IuK- und Dienstleistungsbereich bei zugleich dauerhaft hoher Arbeitslosigkeit im Umfeld.

So liegt der Trend zur selbständigen *Ausgründung von Wissenspools* (Gründungswelle von Unternehmensberatungen, Ingenieurbüros etc.) nicht nur in der selbstgewählten Beschränkung der Unternehmen auf Kernkompetenzen begründet, sondern beruht auch darauf, dass Prozesswissen als externe Dienstleistung marktfähig geworden ist. Das Verhältnis Lieferant/Kunde bildet diese Beziehung besser ab als das Verhältnis Arbeitnehmer/Arbeitgeber.

„Intellektuelles Spitzenkapital kann nicht gemanaged werden, sondern es entscheidet über die Zugehörigkeit zu einer Organisation aufgrund deren Attraktivität: sei es bezogen auf Vergütung, kulturelle Behandlung, individuelle Pflege, Freiraum für Professionalismus oder ähnliches. Intellektuelles Kapital wird nicht billig und verfügbar am Markt eingekauft, sondern das Unternehmen bewirbt sich darum. Insofern kann Wissenskapital nur angezogen werden und es verlässt die Organisation bei schlechter Behandlung" (Sattelberger 1999).

„Während auf allen herkömmlichen Arbeitsmärkten sich das Kapital zu seinen Bedingungen Arbeit sucht, suchen im Bereich von Wissensarbeit hochqualifizierte Wissensarbeiter Kapital zur Realisierung ihrer Ideen und Projekte" (Willke 1998, 365).

Daher ist es eine angemessene und keine idealistische Perspektive, Organisationen aus Sicht ihrer Wissensträger zu beurteilen. Experten sind nicht die Solisten, als die sie technisches Wissensmanagement unterstellen mag. Unternehmen werden von ihren Experten daran gemessen, ob sie Arbeitsbedingungen bieten, die komplexe Wissensarbeit erst ermöglichen:

Infrastruktur und Organisation der Kooperation von Experten sind die ersten Bedingungen wissensbasierter Arbeit. Wissensmanagement hat aus Sicht der Experten die Aufgabe, ihre Kooperation zu ermöglichen – und nicht die Aufgabe, ihnen ihr Wissen zu entziehen, um sie entbehrlich zu machen.[3]

	Technisches Wissensmanagement	Integratives Wissensmanagement
Zielsetzung	Abhängigkeit der Organisation von ihren Wissensträgern verringern	Interaktionsprozesse zwischen Wissensträgern moderieren
Vorstellung über Wissen	Wissen ist Faktenwissen: Es bildet die Realität ab, ist kontext- und subjektunabhängig. Wissen ist Input in Prozesse.	Wissen ist individuelle Rekonstruktion von Realität. Es ist kontextabhängig und an Subjekte gebunden. Wissen entsteht in Diskursen und Prozessen.
Differenzierung von Wissen	Wissen ist nach Brauchbarkeit für die Wertschöpfung zu unterscheiden: Verfügungswissen, know how versus junk knowledge	Wissen ist auch Orientierungswissen: know why und know what for als Basis für Innovationen. Wissen misst sich nicht an seiner aktuellen Benutzbarkeit.
Verhältnis Organisation – Experte	Wissensmanagement spiegelt die Machtstrukturen der Organisation wider: Bacon neu definiert: „Macht ist Wissen", Wissende oben, Nichtwissende unten ⇨ Formalisierte Kanalisierung des Wissens der Nichtwissenden nach oben.	Wissensmanagement durchbricht die vorgefundenen Machtstrukturen. Wissenstransfer wird quer zu den Hierarchien ermöglicht. Führungskräfte sehen sich als Förderer, Organisationen bewerben sich um Experten.
Modelle der Realisierung	Wissensmanagement ist eine dezidierte Aufgabe des Top Managements. CKO's, Betonung DV-technischer und organisatorischer Aspekte: Informationsmanagement, „Expertensysteme"	Wissensmanagement ist eine Aufgabe aller Mitarbeiter. Integration vorhandener informeller und formeller Wissensprozesse.
Verfahren und Arbeitsmittel	Normung der Regeln der Wissensweitergabe. Verfahrensanweisungen, Sanktionen zur Ablieferung von Wissen in Wissensspeicher, Informationen von oben nach unten, Berichte vice versa.	Deregulierung des Wissenstransfers, Knowledge communities, Tauschprozesse zwischen Experten, „wilde" Kommunikation, informelle Systeme des Wissensmanagements
Metawissen	Organisationsmitglieder kennen Regeln und Verfahrensweisen.	Organisationsmitglieder verfügen über Lehr- und Lernkompetenzen

Abb. 2: Technisches und integratives Wissensmanagement

---

[3] Ein Beispiel: In vielen Unternehmen werden *Yellow Pages* – Verzeichnisse des in einer Organisation verfügbaren Wissens und seiner Träger – nicht für sich geführt, sondern an die Dokumentation und Kommunikation betrieblicher Prozesse und Projekte geknüpft. Über Projektdatenbanken ist die Identifikation von Wissensträgern möglich. Wenn Yellow Pages hingegen nicht Referenzen auf Mitarbeiterwissen bereitstellen, sondern dieses Wissen selbst repräsentieren sollen, scheitern sie regelmäßig aus folgenden Gründen: (1) In statischen Datenbanklösungen sind eingegebene Informationen schnell veraltet. (2) Sie werden oft nur unter Sanktionsdruck mit unvollständigem Wissen gefüllt. (3) Implizites Wissen bleibt privat und ungenutzt.

Technisches und integratives Wissensmanagement lassen sich entlang der Übersicht in Abb. 2 typisieren – auch wenn sie in reiner Ausprägung nicht zur Anwendung kommen und regelmäßig in den Kochbüchern der Managementliteratur praktische Ableitungen aus beiden Modellen ohne Rücksicht auf ihre gegensätzlichen Zielsetzungen vermischt werden.

Unter Kontrollidealen konstruierte Konzepte des Wissensmanagements kranken daran, dass sie als extra Veranstaltung – getrennt etwa von PE/OE, Weiterbildung, Qualitätssicherung, Umfeldbeziehungen – gleichsam am grünen Tisch geplant werden. Sie dienen dann nicht der Integration bestehender Wissensbasen, sondern werden zum – dann oft wenig genutzten – zusätzlichen Instrument. Wissensmanagement ist jedoch nicht mit geschliffenen Instrumenten von oben durchsetzbar – zunächst ist aufzunehmen, dass und wie Wissen in Unternehmen bereits erworben, disseminiert und aufbewahrt wird. Es bestehen vielfältige bekannte formalisierte und vor allem weitgehend ignorierte informelle Prozesse, über die Informationen und Wissen in Unternehmen nutzbar gemacht werden.

2 Wissensmanagement: Konsequenzen für die betriebliche Bildung

Ich will mich in einem *zweiten Abschnitt* dieses Beitrags der Frage zuwenden, welche Konsequenzen das Vordringen wissensbasierter Arbeit für Bildungseinrichtungen hat. Dabei will ich mich auf betriebliche und außerbetriebliche Institutionen der beruflichen Bildung beziehen – diese Einrichtungen sind dem Veränderungsdruck, der von der Arbeitswelt ausgeht, unmittelbar ausgesetzt und vererben ihre Innovationen schon immer erst in langen Zeiträumen an vorgelagerte Bildungsinstitutionen.

2.1 Anforderungen an Bildungseinrichtungen

Die Förderung und Pflege der Ressource Wissen in Unternehmen durch Stabsstellen für Wissensmanagement vollzieht sich mehr und mehr neben der klassischen Bildungsarbeit: unter Umgehung oder mit nur randständiger Einbindung betrieblicher Weiterbildungsabteilungen (Freimuth, Haritz 1997; Geißler 1995), teilweise im Gegensatz zur betrieblich institutionalisierten Ausbildung und mit starker Gewichtung nur ablauforganisatorischer und DV-technischer Lösungsansätze (Willke 1998). Der neue Bedarf wird heute weniger von Bildungsexperten gedeckt als von Dienstleistern nicht-pädagogischer Provenienz: Softwareentwickler, Ingenieure, Arbeitsorganisatoren, Betriebswirtschaftler, Medienexperten. Das betriebliche Wissensmanagement erschließt neue Wissensquellen und organisiert Lernprozesse außerhalb der traditionellen lehrgangsförmigen Weiterbildung, der es vorwirft, Qualifizierung nicht strategisch zu planen, sondern nur aktuelle Defizite ad hoc zu beheben:

„Die dominierenden Weiterbildungsstrategien zeichnen sich ferner [neben der Kosten- statt Ertragsorientierung, d.V.] durch ihren reaktiven Charakter aus. ... Qualifizierungsmaßnahmen werden zumeist erst dann in die Wege geleitet, wenn bereits ein Qualifikationsdefizit offensichtlich geworden ist" (Pawlowski 1998, 34).

Staudt sieht ein grundsätzliches Problem darin, dass die betriebliche Bildung mit ihren verregelten Verfahrensweisen und langen Reaktionszeiten für sich dynamisch verändernde Qualifikationsbedarfe keine ausreichenden Angebote mehr machen könne: Sie könne die vorhandenen nicht-formalen Qualifikationen kaum noch abbilden, leide unter Prognoseproblemen in Bezug auf künftige Bildungsbedarfe und komme daher chronisch zu spät (Staudt, Kriegesmann 1999, 16):

„Insgesamt weisen die vorliegenden empirischen Befunde zum Nutzen von Weiterbildung auf hohe Streuverluste und mangelnde Verwertungsmöglichkeiten hin. Angestrebte Effekte werden nach Teilnahme an Weiterbildungsveranstaltungen oft verfehlt. ... Während sich die institutionalisierte Weiterbildung in relativ stabilen Verhältnissen zur Reproduktion und Vervielfältigung von Qualifikationen bewährt hat, zeigen sich in Entwicklungsprozessen Begrenzungen" (Staudt, Kriegesmann 1999, 10/14; ähnlich auch Erpenbeck, Heyse 1999, 444).

Mit dieser Absage geht viel betriebspädagogische und didaktische Professionalität verloren. Wir können feststellen, dass Kontroll- und Technikorientierung auf Seiten des Wissensmanagements und Seminarorientierung auf Seiten der betrieblichen Bildung eine Symbiose beider Bereiche verhindern. Diese Symbiose aber ist eine Voraussetzung erfolgreichen Wissensmanagements.

Technisches Wissensmanagement, das auf die Unterstützung von Lehr- und Lernprozessen verzichtet, stellt sich in der Anwendungspraxis regelmäßig als bloßes Daten- und Informationsmanagement dar.

„Unendliche Verwirrungen entstehen alleine dadurch, dass geradezu habituell von Wissenstransfer, Wissensaustausch, Dokumentation von Wissen, gespeichertem Wissen und Wissensgenerierung die Rede ist, wenn nicht Wissen, sondern Daten gemeint sind" (Willke 1998, 7).

Beziehen wir eine Unterscheidung von Daten/Informationen/Wissen als codierte Beobachtung/systemisch relevante Daten/Einbau von Informationen in Erfahrungskontexte (Bateson 1972, 453; Willke 1998, 8) auf das Aktionsfeld von technisch orientiertem Wissensmanagement, respektive das betrieblicher Bildung, finden wir eine *Teilung* vor: Ersteres stellt Daten und Informationen bereit, Letzteres vermittelt Wissen.

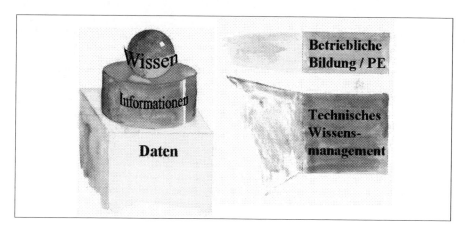

Abb. 3: Daten, Informationen, Wissen

2.2   Die Position von Bildungseinrichtungen

Integratives Wissensmanagement sieht Experten nicht nur als „Wissensträger", sondern selbst als Akteure des Wissensmanagements. Wenn Wissen nicht mit ihnen und durch sie weitergegeben wird, nutzen alle Anweisungen und Wissensdatenbanken nichts. Damit Experten Wissen weitergeben, sind jedoch eine Reihe von Voraussetzungen zu schaffen: Wissenstransfer setzt die *Fähigkeit* voraus, Wissen zu verbalisieren und zu dokumentieren, Wissensdefizite bei sich und anderen zu identifizieren sowie Wissen an andere zu vermitteln. Mit Geißler: „Die Verlebendigung dokumentierten Wissens ist eine der wichtigsten und schwierigsten Aufgaben, die nicht ohne didaktische Kompetenz gelöst werden kann" (1999, S. 26).

Über methodische Kenntnisse zum Wissenstransfer verfügen in Unternehmen *Bildungsabteilungen*. Sie beschäftigen Experten nicht für spezifische fachliche Inhalte, sondern für die Vermittlung von Wissen und für die Identifikation des Bedarfs. Diese Kompetenz prädestiniert sie für eine Schlüsselrolle bei der operativen Umsetzung des Wissensmanagements – auch wenn sie sich heute noch nicht in dieser Rolle sehen.

Das tun sie nicht, weil sie traditionell die Zulieferung von Wissen von außen für ihre zentrale Funktion halten. Ihr Unternehmen erscheint *ihnen nicht als eine Organisation, die Wissen produziert,* dessen Verteilung es zu organisieren gilt, *sondern als eine Organisation, die Wissen benötigt,* das außerhalb: in den Köpfen von Dozenten und Fachexperten, abrufbar vorliegt.

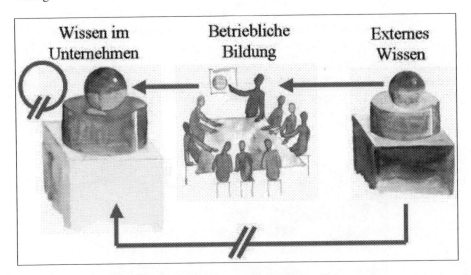

Abb. 4: Wissen im Unternehmen – betriebliche Bildung – externes Wissen

Dieser Figur – fertiges Wissen von außen in das Unternehmen einzubringen – entspricht die Vermittlungsform des Lehrgangs, der bis heute das überwiegend genutzte Instrument betrieblicher Bildung ist. Tatsächlich aber generiert erst die Produktionslogik von Bildungsabteilungen den „Teilnehmer" als den Regeltypus des Lerners. Die der schulischen Bildung entlehnten Formen des Lehrgangs, des Kurses, des Unterrichts stehen im Zentrum ihrer Tätigkeit. Bei all dem Wandel im Umfeld, von dem Bildungsabteilungen und ihre Auftragnehmer, die Bildungsträger, profitiert haben, haben sie sich selbst bislang nur wenig verändert. Sie haben sich in den vergangenen Jahrzehnten in einem derartigen Maß an Seminar und Lehrgang als die Standardform der Vermittlung von Wissen gewöhnt, dass sie ihre Leistung über dieses Produkt definieren und nicht über einen Bedarf, der sich zunehmend Alternativen zur lehrgangsförmigen Wissensbeschaffung von außen erschließt.

- Die *berufliche/betriebliche Ausbildung* beruht in ihren Grundlagen heute noch auf der Unterstellung eines intergenerativen Wechsels von Qualifikationen. In dem Maße, in dem das für ein Erwerbsleben nötige Wissen nicht mehr in einer begrenzten Ausbildungsphase erworben werden kann, wird die Ausbildung jedoch auf die Vermittlung von Grund- und Transversalqualifikationen zurückgeführt werden – eine Entwicklung, die bereits heute die Modernisierungsdiskussion zur beruflichen Ausbildung bestimmt. Tradierte Berufsbilder werden in ihren starren Abgrenzungen für eine flexibilisierte Arbeitsorganisation hinderlich (Kloas 1998).

- Die *betriebliche Weiterbildung* hat bislang auf punktuelle Interventionen mit Lehrgängen und Seminaren gesetzt. Diese Vermittlungsform stößt an ihre Grenzen, wenn sich Lernbedarfe verstetigen, wenn sie in nicht prognostizierbarer Weise auftreten und wenn der Anwendungstransfer am Arbeitsplatz in den Mittelpunkt rückt (Sattelberger 1999) und vor allem, wenn nicht isolierte fertige Wissenskonserven, sondern Wissen im lebendigen Kontext der Unternehmensorganisation vermittelt werden soll:

„Erfolgreiches Wissensmanagement setzt bei allen Mitarbeiterinnen und Mitarbeitern eine Systemorientierung, ein *„Denken in Zusammenhängen"*, voraus. Hierzu finden sich Forderungen, jedoch bisher kaum Hinweise, wie ein solches Denken zu entwickeln und aufzubauen wäre. Das gilt auch – und ganz besonders – für die zur Zeit vorherrschenden Ausbildungsmuster und Lernmaterialien" (Achtenhagen 1999).

Lernende Organisationen werden nicht durch eine Ausweitung von Seminarstundenvolumina realisiert; betriebliches Wissensmanagement entdeckt neue Ressourcen, um den wachsenden Bedarf an Erneuerung und Dissemination der organisationalen Wissensbasis zu decken. Nicht nur dem Einsatz neuer Lernmedien, sondern vor allem auch der organisationalen Integration des Wissenstransfers in die betrieblichen Abläufe gilt große Aufmerksamkeit.

Dadurch gerät die klassische Bildungsarbeit in Unternehmen unter Druck: Die einschlägigen, regelmäßig durchgeführten empirischen Erhebungen zur *betrieblichen* Weiterbildung berichten von einer stagnierenden Entwicklung der Seminare und Lehrgänge bei insgesamt steigendem Bildungsbedarf (Muskatewitz, Wrobel 1999; BMBF 1999; Weiß 1998).

2.3 Neue Formen des Lernens in Unternehmen

Mit der Implementation von Wissensmanagement in Unternehmen werden neue Lernformen bedeutsam: solche Lernformen nämlich, die eine im Vergleich zum Seminar größere Offenheit gegenüber den Quellen des vermittelten Wissens mitbringen und die sich leichter in Arbeitsprozesse integrieren lassen. Im Vordergrund stehen:

1. *die Weiterbildung am Arbeitsplatz*

2. *selbstorganisiertes und selbstgesteuertes Lernen*

3. *berufliche/betriebliche Weiterbildung mit neuen Medien.*

Es ist zu fragen, ob und wie die Entwicklung der neuen Lernformen ein Weg der Integration von Wissensmanagement und betrieblicher/beruflicher Bildung sein kann.

Erhebungen zu den Erwartungen betrieblicher Personalverantwortlicher zur zukünftigen Entwicklung von Vermittlungsformen spiegeln die wachsende Bedeutung der neuen Lernformen wider. Den Untersuchungen des Instituts der Deutschen Wirtschaft lässt sich entnehmen, dass 1995 der Anteil von internen und externen Seminaren am Gesamtvolumen der betrieblichen Weiterbildung noch 30,1% betrug, der des Lernens in der Arbeitssituation und des selbstgesteuerten Lernens hingegen bereits 55,7% (Weiß 1998). Aus einer Befragung eines laufenden Projekts des Bundesinstituts für Berufsbildung („Möglichkeiten von Bildungscontrolling als Planungs- und Steuerungsinstrument der Betrieblichen Weiterbildung") ergibt sich, dass Zuwächse bei externen Seminaren nicht mehr gesehen werden, hingegen bei allen alternativen Vermittlungsformen (Krekel, Seusing 1999). Andere Erhebungen stützen diese Einschätzungen (Kuwan et al. 2000; Muskatewitz, Wrobel 1999). Auch die öffentliche Förderkulisse verschiebt sich in Richtung auf offene Lernformen. So postuliert der ‚Berufsbildungsbericht 1999':

„Der Begriff ‚Weiterbildung' darf nicht auf ‚Kurse' verengt werden und muss die Vielfalt von Lernprozessen berücksichtigen" (BMBF 1999, 15).

Für die neuen Lernformen liegen zwar in der betriebspädagogischen Theorie kaum und weniger noch in der betrieblichen Praxis klare Begriffsbestimmungen und nachvollziehbare Abgrenzungen voneinander vor. Der Fokus dieser neuen Lernformen liegt auf einer jeweils anderen Dimension des Lernprozesses: der des Lernorts, der der Stellung des lernenden Subjekts zum Lernprozess und der der Vermittlungswege. Es sind vielfältige Überschneidungen denkbar, und es treten viele Mischformen mit klassischen Qualifizierungsformen auf (vgl. Grünewald et al. 1998; Severing 1994).

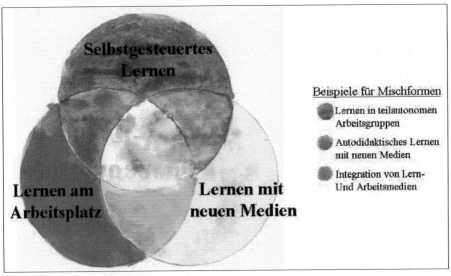

Abb. 5: Neue Formen des Lernens

Gemeinsam ist aber allen diesen neuen Vermittlungsformen ein Negatives: Sie stehen nicht einfach neben der unterrichtsförmigen Qualifizierung. Sie sind eine praktische Kritik an deren Effizienz.

Die neuen Formen der Wissensvermittlung sollen im Folgenden unter zwei Gesichtspunkten betrachtet werden:

1. Welche Leistungen kann die betriebliche/berufliche Bildung erbringen, damit die pädagogischen Potenziale der neuen Lernformen ausgeschöpft werden?

2. In welcher Weise lassen sich neue Qualifizierungsformen in Konzepte eines integrativen Wissensmanagements einbeziehen, so dass sie nicht nur unter Vermittlungsaspekten, sondern auch in Gegenrichtung: als Wissensquellen optimiert werden?

2.3.1 Weiterbildung am Arbeitsplatz

Im Mittelpunkt der Bemühungen um eine Verstetigung von Lernprozessen in einer sich schnell verändernden Arbeitswelt steht die Renaissance des Lernorts Arbeitsplatz (BMBF 1999; Grünewald et al. 1998; Severing 1994). Die Funktionsintegration und die dadurch bedingte größere Selbständigkeit der Arbeitstätigkeit bedingt sowohl die Notwendigkeit wie die Möglichkeit einer Integration von Lernen und Arbeiten. Von der Rückführung der betrieblichen Bildung an den Arbeitsplatz wird vor allem ein besserer Transfer des vermittelten Wissens in die Anwendungspraxis erwartet als er durch lehrgangsförmige Qualifizierung erreicht werden könnte (Dehnbostel 1992; Gerstenmaier, Mandl 1995; Renkl 1996). Der Umgang mit Anforderungen und Arbeitsmitteln ist nicht nur eine Zielgröße der Qualifizierung, sondern dient zugleich selbst als Lernfeld. Er wird nicht, wie im Lehrgang, vorgestellt und nachgebildet, sondern ist im Lernprozess präsent, inklusive aller besonderen Umfeldbedingungen (Severing 1994, 167).

Die aktuelle Diskussion zum Lernen am Arbeitsplatz macht allerdings nicht immer hinreichend deutlich, dass unter diesem Titel durchaus gegensätzliche Ausprägungen der Zusammenführung von Lernen und Arbeiten firmieren:

*   Unter den Kontrollidealen eines technischen Wissensmanagements wird Lernen am Arbeitsplatz als unmittelbare Subsumtion von Lernprozessen unter die aktuellen Anforderungen des Arbeitsprozesses aufgefasst. Die Arbeitsaufgabe selbst soll die zu ihrer Beherrschung nötigen Kenntnisse und Fertigkeiten bereitstellen. Lernen am Arbeitsplatz wird demgemäß als verstetigtes Anlernen gestaltet, das die Entwicklung übergreifender fachlicher Kompetenzen nicht erlaubt. Die Anforderungen des Arbeitsplatzes wirken hier gleichsam als Filter, der bewirkt, dass genau das und nur das gelernt wird, was zu ihrer Bewältigung benötigt wird.

*   Lernen am Arbeitsplatz kann aber auch ein Weg des Erwerbs beruflicher Kompetenzen sein, die über die aktuellen Anforderungen hinausweisen. Der Arbeitsplatz sichert dann die Authentizität des erworbenen Wissens und bietet ein Erprobungsfeld, aber er begrenzt die Lernmöglichkeiten nicht. Erst dadurch werden auch bei arbeitsintegriertem Lernen Qualifikationsreserven erhalten bzw. aufgebaut, die die Grundlage betrieblicher Innovationen sind.

Zur Umsetzung dieser Variante des Lernens am Arbeitsplatz gilt es, die Lerneignung von Prozessen sicherzustellen, die zunächst nur arbeitsorganisatorisch optimiert sind. Dazu bedarf es betriebspädagogischer Expertise bei der Gestaltung des Arbeitsumfelds. Hier stellen sich nicht nur in engerem Sinne didaktische Fragen (etwa nach der Möglichkeit einer „Echtzeitdidaktik" im Arbeitsprozess), sondern auch solche der Arbeitsorganisation, des Zeitregimes, der Ergonomie, der betrieblichen Sanktionierungssysteme etc.

Lernen am Arbeitsplatz wird bisher vor allem als Alternative zum Seminar diskutiert. Der Arbeitsplatz ist jedoch nicht nur aus der gewohnten Vermittlungsperspektive der Betriebspädagogik als Lernort zu sehen, sondern aus der Perspektive des Wissensmanagements auch als *Ort der Weitergabe und Dokumentation* von Wissen, das am Arbeitsplatz erst entsteht. Dazu sind Instrumente und Verfahren des integrativen Wissensmanagements bereitzustellen, mit denen individuelles Erfahrungswissen auch durch pädagogische Laien für andere verfügbar und nutzbar gemacht werden kann.

2.3.2 Selbstgesteuertes Lernen

Wenn in Unternehmen heute das selbstgesteuerte Lernen der Beschäftigten zu einem Schwerpunkt der Qualifizierungsdiskussion wird, dann verdankt sich das nicht der Wiederentdeckung bewährter berufspädagogischer Konzepte des autodidaktischen Lernens oder des Erfahrungslernens. Die Ausgangspunkte sind bildungsökonomischer Natur:

„Unternehmen werden – was die elastische, zum Teil aber auch die wettbewerbsfähige Belegschaft betrifft – in Zeiten zunehmend diskontinuierlicher Beschäftigung und geringerer Betriebsbindungen – verstärkt auf selbstgesteuerte Weiterbildung bauen und diese – wenn überhaupt – primär leistungs- und aufgabenbezogen fördern" (Sattelberger 1999, 8).

„In dem Maße, in dem eine dauerhafte Bindung zwischen Unternehmen und einem Teil der Belegschaft in Frage gestellt wird, bedarf es neuer Modelle eines Kosten-sharing" (Weiß 1998, 9).

Konzepte des selbstgesteuerten Lernens könnten eine neue Perspektive auf das Lernen außerhalb pädagogisch formalisierter Arrangements eröffnen. Diesem Ansatz käme in der betrieblichen Bildung besondere Bedeutung zu, weil erstens die Lernenden hier bereits über eigene Erfahrungshintergründe, Kenntnisse, Erwartungen und Interessen in Bezug auf ihre Qualifizierung verfügen, denen vorstrukturierte Curricula und feststehende Lehrmethoden nicht entsprechen können, und weil zweitens selbstgesteuertes Lernen zur geforderten Verstetigung von Lernprozessen beitragen kann.

Diese Potenziale selbstgesteuerten Lernens werden jedoch nicht ausgeschöpft, wenn auf Grundlage bloß bildungsökonomischer Kalküle den Mitarbeitern Verantwortung für die Organisation und Bereitstellung der eigenen Qualifikation zugewiesen wird, dabei aber entsprechende Konzepte selbstgesteuerten Lernens oder Ressourcen der Umsetzung nicht bereitgestellt werden. Lernen stellt sich nicht von selbst ein, wenn Unternehmen ihre Beschäftigten mit deren Qualifikationsnotwendigkeiten allein lassen.

Interventionen der betrieblichen Bildung können dazu betragen, ein geeignetes Umfeld selbstgesteuerten Lernens bereitzustellen. Dies betrifft: (1) die Lernautonomie der Akteure (Freiheit der Wahl der Lernmethoden, Lernmedien und Lernzeiten), (2) die Lerneignung des physischen Umfelds (Ausstattung mit Lernmitteln, Zugriffsmöglichkeiten auf externe Wissensressourcen, keine beeinträchtigenden Umgebungsbedingungen) und schließlich (3) die Lernkompetenz der Akteure.[4]

Erheblicher methodischer und didaktischer Aufwand ist nötig, wenn Beschäftigte eigene Qualifizierungsnotwendigkeiten identifizieren und eigeninitiativ beheben können sollen. So sind die *Lern- und Medienkompetenzen der Lerner* vorgängig zu erfassen und mit geeigneten

---

[4] Einen interessanten Ansatz verfolgt hier ein Modellprojekt eines Projektverbundes von DaimlerChrysler AG, Siemens AG, Telekom AG und Bildungswerk der Bayerischen Wirtschaft: Per Internet werden den Beschäftigten nicht nur entlang von Leitfragen Hinweise zum selbstgesteuerten Lernen gegeben (Leitthemen sind etwa: „Wozu eigene Bildungsplanung?", „Mein Arbeitsplatz, meine Gruppe, mein Produkt", „Meine Kompetenzen, mein Wissen", „Lerngelegenheiten/Wissensquellen entdecken", „Wie beurteile ich Lernangebote?", „Bilanzierung der eigenen Lernprozesse"), sondern auch interaktive Abgleiche zwischen eigenem Lernbedarf und verfügbaren Wissensquellen ermöglicht.

Hilfen sicherzustellen. Es *sind Expertise, Materialien und Hilfesysteme* bereitzustellen, auf die der Lernende zurückgreifen kann. Dabei muss im Vergleich zum Seminar besondere Sorgfalt walten: Ein Lehrer beobachtet stetig die Lernprobleme seiner Teilnehmer und kann entsprechend ihrer besonderen Voraussetzungen improvisieren; eine Lernumgebung für selbstorganisiertes Lernen befindet sich außerhalb seiner Reichweite. Die Interventionsmöglichkeiten in der Lernphase – in Lehrgängen und Seminaren das Mittel der kontinuierlichen Steuerung – nehmen ab.

Unter den Gesichtspunkten eines integrativen Ansatzes von Wissensmanagement kann es nicht nur um selbstgesteuertes Lernen, sondern muss es ebenso um *selbstgesteuertes Lehren* gehen: Bereits selbstgesteuertes Lernen in der betrieblichen Bildung ist nicht zu verstehen als individualisiertes Lernen vereinzelter Akteure. Es findet in sozialen Zusammenhängen statt, das heißt hier: im Arbeitsprozess von Unternehmen (Geißler 1999). Das heißt aber, dass den selbstständig Lernenden im Unternehmen Experten gegenüberstehen müssen, die bereit und in der Lage sind, ihr Wissen zu vermitteln. Selbstorganisiertes Lernen bringt eine *neue Aufgabenstellung auch für die Fach- und Führungskräfte* der Unternehmen mit sich, die als Multiplikatoren ihr Wissen explizit machen müssen, die aber selten über die notwendigen pädagogischen Kompetenzen verfügen (Haase 1988, 18; Wächter 1990, 56).

2.3.3 Neue Lernmedien

Lernen am Arbeitsplatz wie selbstgesteuertes Lernen bedürfen neuer, flexibler Lernmedien, die sich auch in nicht pädagogisch determinierte Umgebungen einpassen lassen. Dies – und nicht etwa der technische Fortschritt der Informations- und Kommunikationstechnologie für sich – ist der Grund für die große Geschwindigkeit, mit der die Nutzung neuer Lernmedien vor allem in großen Unternehmen vorangetrieben wird. Mit Computer Based Training (CBT) und Web Based Training (WBT) lassen sich Lerninhalte direkt an den Arbeitsprozess heranführen und an vielen Arbeitsplätzen aufgrund der Identität des Computers als Lern- und Arbeitsmittel nahtlos integrieren. Seminare und Lehrgänge sind zu sperrig für viele Anforderungen moderner dezentraler Arbeitsorganisation: Für viele große Unternehmen ist insofern wichtiger als die Frage nach der Kostenreduzierung der betrieblichen Bildung durch neue Lernmedien[5], dass Lerninhalte in standardisierter Qualität, schnell, simultan (ggf. zugleich in mehreren Sprachen) und an vielen Orten und leicht aktualisierbar bereitgestellt werden können. Entwicklung und Produktion, vor allem aber Vertrieb und Service können auf diese Weise in vielen Niederlassungen auf gleichem Stand arbeiten (Möhrle 1996, 4).

Mit der Entwicklung der Nachfrage nach neuen Lernmedien hält deren didaktische Qualität noch nicht Schritt (Schenkel 1993; Zimmer 1996; Kerres 1998). Bislang werden technische Möglichkeiten zu immer perfekteren Nachbildungen des lehrerzentrierten Frontalunterrichts und des Lernens aus Büchern genutzt. Didaktische Modelle, die die Interaktivität und Kommunikativität der neuen, vor allem der netzbasierten neuen Lernmedien ausschöpften, liegen noch kaum vor. Sie werden weniger durch multimediale Effekte realisiert, als dadurch, dass ihre Adaptivität sich verbessert, dass der Dialog der Lernenden untereinander über das Medi-

---

[5] Bildungsökonomische Kalküle beschränken den Kreis der Nutzer neuer Lernmedien allerdings heute noch auf große Unternehmen bzw. die Anwender von Standardprodukten: Erst ein vielfach höherer Teilnehmerdurchlauf führt im Vergleich zu Seminaren zu einer Senkung der Weiterbildungskosten pro Teilnehmer. Entsprechend werden Freistellungskosten durch die neuen Lernmedien gemindert. Die Weiterbildung wird zumindest teilweise außerhalb der Arbeitszeiten oder in Lücken des Arbeitstages absolviert. Auch direkte Nebenkosten der Weiterbildung wie Reise- und Sachkosten werden reduziert.

um gefördert wird, dass gemeinsame Problemlösungen und nicht die Vermittlung von Verfügungswissen im Vordergrund stehen und nicht zuletzt dadurch, dass die Lernmedien sich in wissensbasierte Arbeitsmittel integrieren, so dass Lernen und Arbeiten auch medial verschmelzen.[6]

Neue Lernmedien, die betriebliches Wissensmanagement unterstützen sollen, sind darüber hinaus nicht allein aus einer eingleisigen Vermittlungsperspektive zu gestalten: Wenn neue Lernmedien Prozesse des Wissensaustauschs unterstützen sollen, dann kommt ihrer Adaptivität, Adaptierbarkeit und Erweiterbarkeit besondere Bedeutung zu. Anders als Lernprogramme für abgeschlossene Lerngegenstände der allgemeinen beruflichen Bildung, die in der Regel einmal erstellt und dann kaum noch aktualisiert werden, müssen Medien des betrieblichen Wissenstransfers offene Medien sein. Jeder, der über betrieblich relevante Wissensinhalte verfügt, muss ohne dezidierte DV-Kenntnisse in der Lage sein, diese Inhalte in Wissensdatenbanken, Expertensysteme und Lernnetze einstellen zu können. Dies gilt um so mehr für anwendungsnahe Lerninhalte, die einer besonders starken betriebsindividuellen Ausprägung unterliegen und die sich beständig ändern.

	Lernen am Arbeitsplatz	Selbstorganisiertes Lernen	Neue Lernmedien
Technisches Wissensmanagement	Verstetigtes Anlernen. Inhalte entsprechen direkt aktuellen Anforderungen des Arbeitsplatzes	Verantwortung für Lernen an Beschäftigte delegiert. Aufwand für Bildung privatisiert.	Ideal der behavioristischen Lernmaschine: Reproduzierbares Verfügungswissen. Dirigistische Medien.
Betriebliche Bildung	Erwerb von Berufskompetenzen in authentischer Umgebung.	Sicherung der Umfeldbedingungen: Lernautonomie, Lernmittel, Lernkompetenzen	Integration des Dialogs der Lernenden und der Tutoren. Planspiele und Simulationen.
Integratives Wissensmanagement	Arbeitsplatz auch als Wissensquelle organisiert. Betriebliche Lernnetzwerke.	Selbstgesteuertes Lernen mit organisationaler Basis. Um selbstgesteuertes Lehren ergänzt.	Offene Medien: Veränderbar durch Wissen der Lernenden. Integration in den Arbeitsprozess.

Abb. 6: Neue Lernformen, betriebliche Bildung und Wissensmanagement

Die Zukunft der neuen Lernmedien in Unternehmen wird nicht in ihrer Vollendung als behavioristische Lernmaschinerie, sondern in ihrer Nutzung als Instrument des Wissensmanage-

---

[6] Erst in einigen Modellprojekten sind Intranet-basierte Lernprogramme erprobt worden, die sich durch die Verwendung betrieblicher Echtdaten statt didaktisch konstruierter Fallbeispiele im Lernstoff und durch größtenteils aufgabenorientierte Aufbereitung des Lernstoffs weitgehend in den Arbeitsprozess integrieren. Dies führt dazu, dass die Lernenden im Einzelfall nur noch schwer unterscheiden können – und auch gar nicht mehr unterscheiden müssen – ob sie gerade lernen oder arbeiten (vgl. Severing 1999, 330, sowie entsprechende Projektbeschreibungen der bfz Bildungsforschung: http://bildungsforschung.bfz.de). Was heute bereits in manchen PC-Programmen realisiert ist – der fließende Übergang von plausibler Programmoberfläche über kontextsensitive Hilfetexte über integrierte Lernprogramme bis hin zur tutoriellen Unterstützung per Internet – könnte die Zukunft einer Vielzahl komplexer Arbeitsmittel sein.

ments liegen: sei es als didaktische Schale um betriebliche Wissensdatenbanken und Expertensysteme, sei es als gestaltungsoffenes Instrument des unmittelbaren Wissenstransfers.

2.4 Wissensmanagement und betriebliche Bildung: Wege einer Integration

Die Diskussion zum Wissensmanagement geht heute an der betrieblichen Bildung vorbei. Dies hat problematische Konsequenzen sowohl für das Bildungswesen wie auch für das sich etablierende Wissensmanagement in Unternehmen:

- Bildungsabteilungen setzen neue Lernformen, die eine Brücke zum Wissensmanagement sein könnten, zwar ein. Sie nutzen sie aber in der Regel als bloßes Zubehör und/oder Substitut zum Seminar. Der pädagogische Dirigismus des Lehrgangs vererbt sich so in die neuen Lernformen. Sie werden nur unter dem Gesichtspunkt der Tauglichkeit zur Vermittlung externen, fertigen Wissens als Alternative zum Seminar beurteilt und angewandt. Ihre Potenziale zur Unterstützung der betrieblichen Wissensgenerierung und -zirkulation bleiben ungenutzt.

- Auf der anderen Seite wird Wissensmanagement vielfach nur als technisches Wissensmanagement installiert: als Ensemble von hierarchischen Funktionen, Arbeitsanweisungen und Ablaufbeschreibungen samt zugehöriger DV-technischer Kommunikations- und Speichermedien. Der lebendige und subjektive Charakter von Wissen gilt als Schranke und nicht als Grundlage seiner wirtschaftlichen Nutzung, die mit solchen Mitteln überwunden werden soll. Pädagogische Expertise, die sich mit der Gestaltung von Wissensgenese und -transfer in Unternehmen befassen könnte, bleibt unbeachtet (Laur-Ernst 1999, 15). Vielfach wird versucht, Lernprozesse unter sachfremden Gesichtspunkten zu mechanisieren.

Integratives Wissensmanagement hat diese Bereiche zusammenzuführen. Erst dadurch wird das pädagogische Fenster genutzt, das sich in Unternehmen öffnet, deren wirtschaftlicher Erfolg auf der Anwendung von Wissen beruht. Die neue betriebliche Bildung ist allein mit betriebswirtschaftlichen, arbeitsorganisatorischen und technischen Mitteln nicht zu realisieren. Einschlägige Berichte von in dieser Weise angegangenen und gescheiterten Projekten des Wissensmanagements zeigen, dass Wissensmanagement um Expertise zur Gestaltung von Lehr-/Lernprozessen zu ergänzen ist (Hermsen, Vopel 1999).

Diese Anforderung gilt nicht nur für betriebliche Bildungsabteilungen, sondern in gleicher Weise auch für *externe Bildungsanbieter*, die als Auftragnehmer großbetrieblicher Bildungsabteilungen agieren oder die für kleine und mittlere Unternehmen als externe Dienstleister die Funktionen eigener Bildungsabteilungen ersetzen. Die externen Bildungsträger stehen dabei keineswegs besser als die Bildungsabteilungen in Unternehmen. Im Gegenteil: Ihre weitgehende Abtrennung von den internen Prozessen der Unternehmen, ihr Zugang nur über punktuelle Marktbeziehungen machen es ihnen besonders schwer, Konzepte des betrieblichen Wissensmanagement zu unterstützen. Manchmal widerwillig haben externe Anbieter den Übergang vom Standardlehrgang zum betriebsindividuellen Seminar mitgemacht, wo es der Markt verlangt hat. Ihre Binnenstruktur und ihre Arbeitsweise sind jedoch ganz auf die Vermakelung klassischer lehrgangsförmiger Bildungsmaßnahmen ausgerichtet. Die Mehrzahl der Bildungsträger ist daher in keiner Weise für die gravierenden Veränderungen in ihren Tätigkeitsfeldern gerüstet.

Die Anforderungen, die Wissensmanagement in Unternehmen an Bildungseinrichtungen stellt, werden sie mit ihrer bisherigen Produktpalette, ihren üblichen Organisationsformen und der vorliegenden Qualifikation ihres Personals kaum bewältigen können.

Eine Öffnung der betrieblichen Bildung gegenüber den Anforderungen des Wissensmanagements bedeutet vor allem eine Entgrenzung pädagogischer Tätigkeit.

Das heißt für Bildungseinrichtungen, dass sich die Schnittstelle zu ihren Kunden verbreitert, d.h. eine Diversifikation ihrer Angebotsformen, eine stärkere Integration ihrer Bildungsangebote in innerbetriebliche Prozesse und dass die Bereitstellung externer Dienstleistungen außerhalb des eigentlichen Bildungsbereiches notwendig wird. Im Einzelnen:

- Die Vermittlung von Lern- und Medienkompetenzen tritt in den Vordergrund. Es wird vielfach weniger wichtig, Fachwissen und Informationen bereitzustellen als Wissen darüber, wo Wissensquellen aufgefunden werden können und wie Wissen selbstgesteuert erworben werden kann.

- Es geht nicht mehr nur darum, den pädagogisch organisierten Zufluss von Wissen in Organisationen zu sichern, sondern auch darum, solche Wissensquellen zu identifizieren und zu erschließen, die außerhalb pädagogischer Arrangements wirksam sind. Die Rolle von Bildungsexperten ist dabei, didaktische Schalen zu gestalten, die Voraussetzung der erfolgreichen Internalisierung solcher Wissensquellen sind.

- Unternehmen selbst sind als Quelle von Wissen zu betrachten. Zur Sicherung der internen Wissenszirkulation sind die Beschäftigten daher in die Lage zu versetzen, voneinander zu lernen. Bildungsexperten müssen dazu ihr Wissen über Lehren und Lernen so aufbereiten und vermitteln, dass es pädagogischen Laien zugänglich wird.

- Wenn der Wissenstransfer außerhalb von dezidierten Lernarrangements in den Vordergrund rückt, dann sorgen neue Wissensressourcen für ein diffuseres Angebot und neue Wissensbedarfe für eine diffusere Nachfrage. Auf dieser Grundlage wird die *Organisation von Lernnetzwerken* zwischen disparaten Kooperationspartnern zu einer zentralen Aufgabe von Bildungsdienstleistern. Wissensmanagement hat schließlich nicht nur eine innerbetriebliche Dimension und geschieht nicht nur aus der Perspektive von Unternehmen. Bislang werden solche Leistungen von Bildungsträgern, wenn überhaupt, nur aus einer Projektperspektive in begrenzten Modellversuchen (z.B. zur Lernortkooperation in der Dualen Ausbildung, zur „Lernenden Region" etc.) erbracht, aber kaum je als Geschäftsstrategie verfolgt und als Regelleistung vermarktet.

- Entgrenzung beruflicher Bildung bedeutet auch, dass Diversifizierungsstrategien von Bildungseinrichtungen sich auf Felder erstrecken können, die prima face als pädagogische Tätigkeiten nicht wahrgenommen werden. Wenn Produkte und Verfahrensweisen zunehmend komplexer werden und spezifisches Wissen der Anwender voraussetzen, dann sind zu ihrer Beherrschung Lernprozesse vorzubereiten: sei es in Gebrauchsanleitungen und Handbüchern, in integrierten Hilfestellungen (wie z.B. in Hilfs- und Lernprogrammen, die zum unentbehrlichen Zubehör von DV-Programmen geworden sind) oder in lernfreundlichen Bedieneroberflächen, die die Komplexität von Produkten so reduzieren, dass sie intuitiv benutzbar werden. Wenn Arbeitsplätze zunehmend mehr selbsterklärend sein sollen und dazu Lernsysteme bereitstellen, die punktuelle Herstellerschulungen durch arbeitsbegleitendes Lernen ersetzen, dann gibt es auch hier ein weites Betätigungsfeld für Experten der beruflichen Bildung: Produzenten von Maschinen, verfahrenstechnischen Anlagen, Leitständen, DV-Programmen etc. benötigen didaktische Unterstützung zur Gestaltung lernfreundlicher Produkte. Didaktische Beigaben, die bisher ohnehin nur bei DV-Programmen und im Maschinenbau für die ME-Industrie üblich waren, werden zu potenziell eigenständigen Produkten. Die Qualität und Vermarktbarkeit von Arbeitsmitteln entscheidet sich schließlich zunehmend auch daran, wie leicht, wie wenig fehleranfällig, wie wenig einarbeitungsintensiv sie gestaltet sind. Komplexe Arbeitsmittel benötigen daher eine pädagogische Schale.

Die kommenden Jahre werden für Bildungseinrichtungen einen Abschied von der Konzentration auf Routinetätigkeiten mit sich bringen. Es sind nicht mehr in immer gleichen Lernformen gelegentlich neue Inhalte zu vermarkten, sondern Beiträge zum betrieblichen Wissensmanagement zu entwickeln, durch die Lernen außerhalb pädagogischer Institutionalisierung ermöglicht und gefördert wird.

Wenn Bildungseinrichtungen in der Wissensgesellschaft professionelle Unterstützung bei der Gewinnung, Verbreitung und Nutzung von Wissen in Organisationen vermarkten wollen, dann setzt dies einen profunden Wandel ihrer eigenen organisatorischen Strukturen und ihrer Wissensbasis voraus (Kade 1997). Dieser Wandel wird ebenso wenig wie die Wissensentwicklung bei ihren Kunden allein durch interne Lehrgänge zu bewältigen sein. Die Transformation zur Wissensgesellschaft beginnt bei ihren Bildungseinrichtungen; wirtschaftsnahe Bildungsabteilungen und -träger sind dem entsprechenden Veränderungsdruck weit eher ausgesetzt als Institutionen der Schul- und Berufsausbildung. Regeln des Wissensmanagements gelten rekursiv gerade für Einrichtungen, die Wissenstransferleistungen anbieten:

- So ist die Modernisierung von Bildungseinrichtungen nicht eine isolierte Aufgabe von deren interner Personalentwicklung. Sie ist ein integrierter Prozess, der alle Arbeitsbereiche erfasst.

- Die Modernisierung von Bildungseinrichtungen ist darüber hinaus kein Prozess, dessen Zielpunkt bereits klar definiert wäre und der entlang einer akkuraten Blaupause umgesetzt werden könnte. Weil sich die Formen und die Inhalte der Nachfrage nach Bildung in rasantem Wandel befinden, muss die künftige Organisation von Bildungsträgern Raum für kontinuierliche Innovation bieten. Dies gilt für große Bildungseinrichtungen in besonderem Maße: Sie können sich nicht in regionalen oder sektoralen Nischen an von Wettbewerbern initiierte Entwicklungen anhängen, sondern müssen die Fortentwicklung der Bildungslandschaft selbst prägen.

- Innovation bei Bildungsträgern ist kein linearer Prozess (etwa nach dem Modell "Manager > Entwickler > Mitarbeiter > Kunde"), der von oben verordnet werden kann. Selbst bei Industrieunternehmen wird heute die isolierte Produktentwicklung in F+E-Abteilungen als problematisch angesehen. Bei Dienstleistungen wie der betrieblichen Bildung muss sie versagen. Es gilt, Neuerungen in engem Kontakt mit der Anwendungspraxis zu entwickeln und die Marktnähe der operativen Einheiten zu nutzen, um neue Bedarfe zu erkennen und neue Konzepte zu erproben. Die Innovationskraft von Bildungseinrichtungen entscheidet sich an der systematischen Förderung der Kreativität der einzelnen Mitarbeiter und einem "Innovationsmilieu" auch quer zu den Hierarchien.

Das Wort Innovation hat eine doppelte Bedeutung: Es bezeichnet sowohl ein Ergebnis als auch einen Prozess. Innovationsförderung bei Bildungseinrichtungen kann nicht auf punktuelle Ergebnisse abzielen. Es geht vielmehr darum, einen *Innovationsprozess* zu initiieren, zu verstetigen und zu moderieren, der die Fähigkeit von Bildungseinrichtungen verbessert, mit neuen Herausforderungen von außen: mit dem Bildungs- und Beratungsbedarf wissensbasierter Unternehmen, erfolgreich umzugehen.

Diese Aufgabe hat das Wissensmanagement von Bildungseinrichtungen zu bewältigen. Dafür allerdings stehen geeignete Instrumente und Verfahren noch kaum bereit. Bildungseinrichtungen haben der systematischen Pflege ihrer Wissensbasis traditionell weniger Aufmerksamkeit beigemessen als beispielsweise große Unternehmensberatungen (vgl. Willke 1998, S. 114). Die erste Aufgabe wird also sein, Konzepte von Wissensmanagement zu entwickeln, die für Bildungseinrichtungen geeignet sind. Auf dieser Grundlage gilt es, nicht nur in Seminarräumen Lehren, sondern auch in Büros und Fabriken Lernen zu organisieren.

Die Entwicklung der Wissensgesellschaft vollzieht sich nicht durch die Ausweitung des Internets: Sie setzt eine neue Orientierung ihrer Bildungseinrichtungen voraus. Diese müssen die Diffusion von Lernformen und die Entgrenzung von Bildungsprozessen gestalten.

Literatur

Achtenhagen, F.: Zur Optimierung von Lehr- und Lernprozessen beim Aufbau und bei der Entwicklung eines systemorientierten betriebswirtschaftlichen Wissens. Vortrag am 24.11.1998 im Rahmen der Ringvorlesung „Wissensmanagement und Wissensmärkte". Dokumentation. Göttingen 1999

Argyris, C; Schön, D.A.: Organizational Learning. A Theory of Action Perspective. Reading (MA) 1978

Arthur, G.: Planning as Learning. In: Harvard Business Review, 1998, 4, S. 70–74

Bateson, G.: Steps to an Ecology of Mind. New York: Ballentine 1972

BMBF: Berufsbildungsbericht 1999. Bonn: Bundesministerium für Bildung, Wissenschaft, Forschung und Technologie 1999

Bullinger, H.-J.; Wörner, K.; Prieto, J.: Wissensmanagement heute – Daten, Fakten, Trends. Fraunhofer-IAO-Studie. Stuttgart: IAO 1997

Dehnbostel, P: Ziele und Inhalte dezentraler Berufsbildungskonzepte. In: Dehnbostel, P.; Holz, H.; Novak, H.: Lernen für die Zukunft durch verstärktes Lernen am Arbeitsplatz – Dezentrale Aus- und Weiterbildungskonzepte in der Praxis. Berlin: BIBB 1992, S. 9–24

Erpenbeck, J.; Heyse, V.: Die Komptenzbiographie. Strategien der Kompetenzentwicklung durch selbstorganisiertes Lernen und multimediale Kommunikation. Münster: Waxmann 1999

Freimuth, J.; Haritz, J.: Personalentwicklung auf dem Wege zum Wissensmanagement? In: Freimuth, J.; Haritz, J.; Kiefer, B.-U. (Hrsg.): Auf dem Wege zum Wissensmanagement – Personalentwicklung in lernenden Organisationen. Göttingen: Verlag für Angewandte Psychologie 1997

Geißler, H.: Managementbildung und Organisationslernen für die Risikogesellschaft. In: Geißler, H. (Hrsg.): Organisationslernen und Weiterbildung. Neuwied: Luchterhand 1995

Geißler, H.: Konzepte, Modelle und Tools des Wissensmanagements. In: Schwuchow, K.; Gutmann, J. (Hrsg.): Jahrbuch Personalentwicklung und Weiterbildung 1999/2000. Neuwied: Luchterhand 1999, S. 24–28

Gerstenmaier, J.; Mandl, H.: Wissenserwerb unter konstruktivistischer Perspektive. In: Zeitschrift für Pädagogik, 41 (1995), S. 867–888

Grünewald, U.; Moraal, D.; Draus, F.; Weiß, R.; Gnahs, D.: Formen arbeitsintegrierten Lernens – Möglichkeiten und Grenzen der Erfaßbarkeit informeller Formen der betrieblichen Weiterbildung. Reihe: QUEM-Report, Heft 53. Berlin: QUEM 1998

Haase, P: Weiterbildungsverantwortung im Betrieb. Das Unternehmen als „learning company". In: Lernfeld Betrieb, 14 (1988), S. 14–21

Hamel, G., Pralahad, C.K.: Strategy as Strech and Leverage. In: Harvard Business Review, 71 (1993), 2, S. 75–84

Heisig, P.; Vorbeck, J.: Benchmarking Wissensmanagement: Best Practice in Deutschland und Europa. 1. Deutsche Konsortium-Benchmarkingstudie Wissensmanagement. Informationszentrum Benchmarking am Fraunhofer IPK. Berlin 1998

Hermsen, T.; Vopel, O.: Wissensmanagement – Warum so viele Projekte scheitern. In: Wirtschaft & Weiterbildung, 11 (1999), 2, S. 50–56

Holzkamp, K: Lernen – Subjektwissenschaftliche Grundlegung. Frankfurt, New York: Campus 1993

Kade, J.: Vermittelbar/nicht vermittelbar: Vermitteln: Aneignen – Im Prozeß der Systembildung des Pädagogischen. In: Lenzen, D.; Luhmann, N. (Hrsg.): Bildung und Weiterbildung im Erziehungssystem – Lebenslauf und Humanontogenese als Medium und Form. Frankfurt a.M.: Suhrkamp 1997, S. 30–48

Kerres, M.: Multimediale und telemediale Lernumgebungen. Konzeption und Entwicklung. München: Oldenbourg 1998

Kloas, P.-W.: Modulare Ausbildung: Bedingungen für ein tragfähiges Konzept. In: Berufsbildung, Heft 48, S. 44–47

Krekel, E.M.; Seusing, B. (Hrsg.): Bildungscontrolling – ein Instrument der betrieblichen Weiterbildung. Bielefeld: Bertelsmann 1999

Kuwan, H.; Gnahs, D.; Seidel, S.: Berichtssystem Weiterbildung VII. Integrierter Gesamtbericht zur Weiterbildungssituation in Deutschland. Bonn: BMBF 2000

Laur-Ernst, U.: Berufsbildung für die Wissensgesellschaft – welche Aufgaben stellen sich? In: Kompetenz Heft 28. Berlin, Bonn: IFA 1999, S. 11–16

Mandl, H.; Reinmann-Rothmeier, G.: Unterrichten und Lernumgebungen gestalten. In: Weidenmann, B. (Hrsg.): Pädagogische Psychologie Weinheim: Beltz 1999

McKinsey & Comany (Hrsg): Wissensmanagement als Erfolgsfaktor. Studie. Düsseldorf 1998

Möhrle, M.G.: Betrieblicher Einsatz computerunterstützten Lernens. Zukunftsorientiertes Wissensmanagement im Unternehmen. Braunschweig: Vieweg 1996

Muskatewitz R., Wrobel, M., 1999: Weiterbildungsszene Deutschland 98/99 – Studie über den Weiterbildungsmarkt in Deutschland, Österreich und der Schweiz. Bonn: managerSeminare, Gerhard May Verlags GmbH, 1999

Nonaka, I., Takeuchi, H.: Die Organisation des Wissens: Wie japanische Unternehmen eine brachliegende Ressource nutzbar machen. Frankfurt a. M., New York: Campus 1997

Pawlowski, P: Integratives Wissensmanagement. In: Pawlowski, P. (Hrsg.): Wissensmanagement – Erfahrungen und Perspektiven. Wiesbaden: Gabler 1998, S. 9–45

Polanyi, M.: Implizites Wissen. Frankfurt a.M.: Suhrkamp 1985

Probst, G.; Raub, S.; Romhardt, K.: Wissen managen – Wie Unternehmen ihre wertvollste Ressource optimal nutzen. Wiesbaden: Gabler 1999[3]

Probst, G.; Romhardt, K: Bausteine des Wissensmanagements – ein praxisorientierter Ansatz. In: http://www.cck.uni-kl.de/wmk/papers/public/Bausteine

Renkl, A: Träges Wissen: Wenn Erlerntes nicht genutzt wird. In: Psychologische Rundschau, 47 (1996), S. 78–92

Sattelberger, T: Strategische Qualifikationspolitik: Mehr als nur ein Lippenbekenntnis. In: Technische Akademie Esslingen (Hrsg.): Dokumentation zur Tagung „Berufliche Weiterbildung – ein wichtiger Faktor zur Standortsicherung. Dezember 1998. Zugleich in: Sattelberger, T. (Hrsg.): Wissenskapital und Söldnerheer. Wiesbaden: Gabler 1999

Schenkel, P. et al. (Hrsg): Didaktisches Design für die multimediale, arbeitsorientierte Berufsbildung. Berlin: BIBB 1993

Schneider, U.: Wissensmanagement – Die Aktivierung des intellektuellen Kapitals. In: Schneider, U. (Hrsg.): Wissensmanagement – Die Aktivierung des intellektuellen Kapitals. Frankfurt a. M.: FAZ Wirtschaftsbücher 1996, S. 7–12

Schneider, U.: Auf dem Weg zu einem wissensbasierten Unternehmen – das Beispiel Siemens. In: Papmehl, A.; Siewers, R. (Hrsg.): Wissen im Wandel – Die lernende Organisation im 21. Jahrhundert. Wien: Ueberreuter 1999, S. 204–227

Schumann, M.: Repräsentation und Distribution von Wissen. Vortrag am 24.11.1998 im Rahmen der Ringvorlesung „Wissensmanagement und Wissensmärkte". Dokumentation. Göttingen 1999

Severing, E.: Arbeitsplatznahe Weiterbildung – Betriebspädagogische Konzepte und betriebliche Strategien. Neuwied: Luchterhand 1994

Severing, E.: Einsatz neuer Lernmedien im Betrieb – Szenarien und Perspektiven. In: Bundesinstitut für Berufsbildung (Hrsg.): Berufliche Bildung – Kontinuität und Innovation. Dokumentation des 3. BIBB-Fachkongresses. Band II. Berlin 1997, S. 723–725

Severing, E.: Arbeitsintegriertes Training mit neuen Lernmedien. In: Schöni, W.; Sonntag, K. (Hrsg.): Personalförderung im Unternehmen – Bildung, qualifizierende Arbeit und Netzwerke für das 21. Jahrhundert. Zürich, Chur: Rüegger 1999. S. 325–336

Siebert, H.: Pädagogischer Konstruktivismus. Neuwied: Luchterhand 1999

Simon, F.: Die Kunst, nicht zu lernen. Heidelberg: Auer 1997

Staudt, E.; Kriegesmann, B: Weiterbildung: Ein Mythos zerbricht. Typoskript. Bochum 1999

Taylor, F.W.: Die Grundsätze wisssenschaftlicher Betriebsführung. München 1983

Vossenkuhl, W.: Vom Nutzen und Nachteil interdisziplinärer Forschung und Lehre. In: Bayerisches Staatsinstitut für Hochschulforschung und Hochschulplanung. Heft 1. 1999, S. 51–60

Wächter, H.: Forschungsaufgaben der Personalwirtschaftslehre. In: Zeitschrift für Personalwirtschaft, 1990, 1, S. 55–60

Weiß, R.: Betriebliche Weiterbildung. Ergebnisse der Weiterbildungserhebung der Wirtschaft. Reihe: Kölner Texte und Thesen Nr. 21. Köln: IW 1994

Weiß, R: Betriebliche Weiterbildung unter ökonomischem Veränderungsdruck. Thesenpapier zum Workshop „Kompetenzentwicklung für die Arbeitswelt der Zukunft – Forschungsstand und Forschungsperspektiven" (25. Juni 1998), Göttingen 1998

Wikström, S.; Normann, R.; Anell, B.; Ekvall, G.; Forslin, J.; Skärvad, P.H.: Kunskap och Värde (Företag som ett kunskapsprocessande och värdeskapande system). Stockholm: Nordstedts (Farådet) 1992

Willke, H.: Systemisches Wissenmanagement. Stuttgart: Lucius & Lucius 1998

Zimmer, G.: Berufliche Aus- und Weiterbildung. In: Diepold, P. (Hrsg.): Berufliche Aus- und Weiterbildung. Konvergenzen/Divergenzen, neue Anforderungen/alte Strukturen. Nürnberg (IAB), BeitrAB 195, 1996, S. 67–72

PETER CONRAD

Mitarbeiterführung in der lernenden Unternehmung

Zusammenfassung

Analysiert werden Möglichkeiten der Mitarbeiterführung, um organisationales Lernen zu beeinflussen. Mitarbeiterführung wird von angrenzenden Konzepten unterschieden und als ein Teilgebiet des Personalmanagement dargestellt. Verschiedene Auffassungen zum organisationalen Lernen werden kurz referiert. Organisationales Lernen wird als Gestaltungsziel und als Randbedingung für die Führung von Mitarbeitern bestimmt. Aufgrund der begrenzten Einflussstärke von Mitarbeiterführung wird zugunsten einer Kombination personaler und indirekter Führung argumentiert, um organisationales Lernen zu erzielen und zu verstetigen.

1 Mitarbeiterführung in der lernenden Unternehmung

Die Fähigkeit einer Unternehmung, sich wechselnden Bedingungen ihres wirtschaftlichen, sozialen und kulturellen Umfeldes anzupassen und sich vorausschauend auf Veränderungen einzustellen, ist ein wichtiger Erfolgsfaktor, den das Management in seinem Sinne zu gestalten versucht. Diese Kompetenz, Änderungschancen und -notwendigkeiten zu erkennen, aufzunehmen und in dauerhafte Wettbewerbsvorteile umzusetzen, wird in den letzten Jahren unter dem Oberbegriff des organisationalen Lernens verhandelt. Im Kern wird behauptet, dass dauerhafter wirtschaftlicher Erfolg und Bestanderhalt auch auf die Wandlungsfähigkeit und den Wandel in und von Unternehmungen zurückzuführen ist. Sie vollzieht sich im Medium von Lernen.

Organisationales Lernen und Mitarbeiterführung sind miteinander verknüpft. Einerseits gilt die Führung von Mitarbeitern als ein Mittel, um die organisationale Lernbereitschaft positiv zu beeinflussen. Andererseits bildet die organisationale Lernfähigkeit ein erfolgsentscheidendes Kompetenzfeld von Unternehmungen. Sie gibt den Rahmen ab, um Mitarbeiter zu führen und ist gleichzeitig Gestaltungsziel. Um die Verschränkung beider Bereiche deutlich zu machen und in ihrer Bedeutung für Veränderungshandeln zu bestimmen, müssen zuvor die zugrundeliegenden Konzepte geklärt werden.

1.1 Organisationales Lernen

Die heute große Popularität des Lernkonzepts, um institutionellen Wandel und seine Bewältigung zu interpretieren, darf nicht so verstanden werden, als ob es sich bei den damit beschriebenen betrieblichen Phänomenen um grundsätzlich neue Erscheinungen handelte. Wandel, Veränderung und Lernen von Institutionen werden seit langem erforscht (vgl. ursprünglich z.B. Wright 1935/1936; zusammenfassend z.B. Grün 1973; Pautzke 1989). Theoretisch neu sind weder Wandel noch Veränderung, neu ist die über-individuelle Perspektive und ‚Kollektivierung' des individuellen Lernkonstrukts, um solche Phänomene zu beschreiben und zu interpretieren. Meta-theoretisch gesehen ist Lernen ein mehrdimensionales Konstrukt, das von unterschiedlichen Wissenschaftsdisziplinen erforscht wird (vgl. Conrad 1998). Es inkorporiert individuelles Lernen, stellvertretendes Lernen wichtiger Akteursgruppen (Lernen für die Unternehmung oder Organisation), Lernen des Gesamtsystems Unternehmung (vgl. zusammenfassend z.B. Staehle/Conrad/Sydow 1999) und – im Sinne einer lateralen Dimension – die

Verbindung der genannten Bereiche über soziale Kommunikation (vgl. z.B. Aderhold 1999). Verkomplizierend tritt hinzu, dass verschiedene theoretische Perspektiven diskutiert werden, um Lernen, Lernvorgänge, Lernarten oder ihre Funktionen in den genannten Gegenstandsbereichen im einzelnen zu erforschen. Diese Zugangsweisen sind oft nicht direkt miteinander vermittelbar (vgl. Wiegand 1996). Es dominieren – der Standardfall in den Verhaltens- und Sozialwissenschaften – Partialtheorien. Deren spezielle Anwendungsbereiche und Erklärungsgrenzen werden nur wenig diskutiert und eine empirische Bestimmung ihrer Lösungskapazität unterbleibt zumeist (vgl. Schreyögg/Eberl 1998). Somit kann – irrigerweise – leicht der Eindruck entstehen, dass das Konzept des organisationalen Lernens besonders erklärungskräftig ist und sich für die Interpretation höchst unterschiedlicher Fragestellungen eignet. Faktisch ist es beim gegenwärtigen Entwicklungsstand des Konstrukts aber so, dass dadurch seine Leistungsfähigkeit überdehnt wird. Erwartungstäuschungen über den theoretischen wie praktischen Stellenwert sind die Folge. Die Gefahr steigt, dass es zum bloßen Modethema verkommt oder zum Allerweltsbegriff ohne großen Erklärungswert herabsinkt. Entsprechend vage und mehrdeutig fallen dann viele Definitionsversuche aus.

Statt organisationales Lernen über eine weitere Nominaldefinition einzugrenzen, soll es anhand dreier zentraler Themen umrissen werden (vgl. Aderhold 1999, S. 50 f.). So kann man wesentliche Anwendungsfelder kenntlich machen und das Bedeutungsspektrum aufzeigen:

a) organisationales Lernen wird als Diskrepanzverarbeitung von verfolgter Absicht und erzieltem Handlungsresultat verstanden. In dieser kognitiv-reflexiven Interpretation ist Lernen Ausdruck eines organisationalen Problemlösungsprozesses. Klaffen Absicht und Wirkung auseinander, entsteht Problembewusstsein, das zu korrigierenden Handlungen führt. Veränderte Reaktionsweisen sind Indikatoren realisierter Lernprozesse. Zumindest implizit werden so Lernen und Handeln bzw. Lernen und Erfolg verknüpft;

b) Lernen kann als Erfahrungssammlung in der Zeit auf der Basis des Unterschieds von Organisation und Organisationsumwelt interpretiert werden. Hier geht man davon aus, dass Handlungen über ihre Konsequenzen gesteuert werden. Die aus der Umwelt der Organisation stammenden Signale, die auf Handlungen folgen, markieren ihren Erfolg oder Misserfolg. Im Zeitablauf entsteht ein Erfahrungsschatz, der durch die Unternehmung und ihre Entscheidungsträger interpretativ verwertet werden kann und sich sowohl auf zukünftige Handlungen als auch andere Handlungsbereiche übertragen lässt. In dieser Interpretation wird Lernen mit der Speicherung und dem Wiederfinden von Wissen assoziiert und indirekt mit organisationaler Handlungsplanung, Entscheidung und Umsetzung verknüpft;

c) zwischen einem Lernen auf der Ebene der Person und dem der Organisation existiert eine Differenz, ihre Bedeutung ist aber bislang theoretisch noch nicht adäquat aufgeklärt. Organisationales Lernen ist zwar mehr und anderes als Lernen des Individuums, bleibt aber auf individuelles Lernen rückbezogen, da Unternehmungen bzw. Organisationen nicht an sich lernen können. Dabei darf der hier verwendete Begriff der Ebene nicht im Sinne hierarchischer ‚Schichten' (Lernen des Individuums, der Gruppe, der Organisation) verstanden werden, er meint vielmehr insbesondere ‚laterale' Aspekte, die sich als Handlungsmuster oder Regelmäßigkeiten des Handelns in Bezug auf die Organisation insgesamt zeigen und in denen sich Lernen als Veränderung ebenfalls manifestiert. Eine direkte Zurechenbarkeit auf ein lernendes Individuum erfolgt somit nicht (vgl. Prange 1996).

Die im Konstruktbereich selbst angesiedelten offenen Fragen verschärfen sich noch dadurch, dass es an einer übergreifenden, empirisch gehaltvollen Theorie des Verhaltens und Handelns von Unternehmungen oder Organisationen fehlt. Erst in einem solchen Bezugsrahmen kann organisationales Lernen seinen systematischen Ort entwickeln. Zwar gab es in der Vergangenheit prominente Entwürfe verhaltenswissenschaftlicher Organisations- bzw. Unternehmungstheorien (vgl. z.b. Cyert/March 1963), eine ähnlich breit akzeptierte Fortentwicklung unter Einbezug eines modernen Verständnisses des organisationalen Lernens steht aber bislang aus (vgl. Prange 1996). Zur Zeit bietet es sich aus verhaltenswissenschaftlicher Sicht an, das mehrdimensionale Konstrukt organisationales Lernen als Teil eines umfassenderen Entwurfs zu denken, der das Verhalten und Handeln von Organisationen insgesamt untersucht. Organisationales Lernen fungiert hier als eine Komponente eines umfassenderen Bezugsrahmens. Dessen Teile und sein Ganzes lassen sich so zumindest ansatzweise, im Sinne einer ‚Prototheorie', bestimmen. Komponenten sind z.b. organisationales Wissen, Entscheidungsverhalten und strategisches Handeln. Im Grunde geht es um eine neue verhaltenswissenschaftliche Theorie der Unternehmung, die bislang aber erst in Umrissen erkennbar ist.

In der weiteren Ausdifferenzierung einer solchen Grundvorstellung liegen nicht nur theoretische Vorteile. Sie ist gestalterisch aus zwei Gründen wichtig:

- Erstens ergibt sich die Gestaltungsmächtigkeit und Bedeutung des organisationalen Lernens nicht aus der Binnenperspektive des Konstruktes selbst, sondern aus dem Zusammenhang der einzelnen vorgenannten Komponenten. Erst indem man die Verkopplung berücksichtigt, wird eine Wirkungsabschätzung möglich, wenn Eingriffe in einzelne Teile eines Bezugsrahmens vorgenommen werden. Die vielfältigen unternehmerischen Handlungsprobleme lassen sich nicht alleine auf Fragen des Lernens zurückführen oder mittels Lernkonzepten deuten. Konzeptionell schlägt sich dies in den zahlreichen Versuchen nieder, organisationales Lernen begrifflich adäquat zu konzipieren, es empirisch fassbar zu machen und mit seiner betrieblichen Gestaltung zu verknüpfen. Man kommt nicht ohne eine Verbindung des Lernkonstrukts mit z.B. Wissen, Entscheiden oder Handeln aus, denn Lernen – individuelles wie institutionelles – ist nicht direkt beobachtbar. Es handelt sich um einen theoretischen Begriff, auf den über seine beobachtbaren Konsequenzen rückgeschlossen werden muss. Veränderte Wissensbasen, andere Entscheidungsroutinen oder Entscheidungsergebnisse und verändertes Handeln indizieren vorangegangenes Lernen.

- Zum zweiten geht es darum, in dem spezifischen Bereich des organisationalen Lernens solche Einflussgrößen zu finden, die auch managerial direkt oder indirekt beeinflussbar sind und deren Veränderung sich wirtschaftlich oder sozial auswirkt. Die weitere Untersuchung dieser Fragestellung ist deswegen besonders reizvoll, weil die mit der Lernmetapher assoziierten Rationalitätskonstruktionen des Wandels und seiner Beherrschbarkeit brüchig sind. Heute charakteristische Umfeldkonstellationen einer Unternehmung lassen keine ex-ante Festlegungen mehr zu, die die Angemessenheit bestimmter Wandlungsinstrumente oder Führungsansätze belegen könnte. Dieser prinzipiellen Beschränkung unterliegt auch das Lernkonstrukt. Überdauernde, situationsübergreifende oder allgemein gültige Regeln existieren nicht, sozialer Wandel ist nicht deterministisch planbar (vgl. Kühl 1999). Die Gestaltung von Kontexten, das Management von Barrieren bieten sich hier als Alternativen an, um Handlungsspielräume zur Verfügung zu stellen und Unsicherheitszonen zu begrenzen (vgl. z.B. Probst/Büchel 1997; Conrad/Ridder 1999). Innerhalb solcher Rahmen können sich die Aktivitäten der Organisationsmitglieder entfalten, wobei ein gehöriger ‚Rest' von Nicht-Planbarkeit durch Führung bestehen bleibt, der als grundsätzliches internes Handlungsrisiko typisch für Unternehmungen ist. Dadurch ändern sich die Annahmen über die Gestaltbarkeit sozialer Veränderungen und die zur Wahl von Instrumenten, um Mitarbeiter zu führen.

1.2   Führung, Mitarbeiterführung, Personalmanagement

Klassischerweise wird Führung als zielorientierte Gestaltung (vgl. Bea 1997) beschrieben. In dieser instrumentellen Sichtweise ist sie Mittel für die erfolgreiche Bewältigung von Handlungsproblemen in Unternehmungen oder – allgemeiner – Organisationen. Bezieht sie sich auf Personen spricht man von Personalführung bzw. Personalmanagement, bezieht sie sich auf die Unternehmung, einen Betrieb oder eine Organisation als ganzes, so ist die Rede von Unternehmungs- bzw. Betriebsführung oder auch General Management. Davon zu unterscheiden sind die Personen oder die Personengruppe, die die Aufgaben der Führung im einzelnen übernehmen. Sie werden als Führungskraft, Vorgesetzter oder Manager bezeichnet .

Vor allem in der betriebwirtschaftlichen Führungsliteratur sind weitere gegenstandsrelevante Unterscheidungen entwickelt worden, die zeigen, dass sich unterschiedliche Bezeichnungen wie ‚Führung', ‚Mitarbeiterführung', ‚Personalmanagement' oder ‚Management' nicht auf den Status bloßer Synonyme reduzieren lassen. Es geht um unterschiedliche Gegenstandsauffassungen und damit auch unterschiedliche Ansatzpunkte, um zu gestalten und zu verändern. Dies ist gerade auch für das Verhältnis von Mitarbeiterführung und organisationalem Lernen von Bedeutung, das in Abschnitt 3 näher betrachtet wird.

Weitverbreitet ist die Unterscheidung von sachbezogener und personenbezogener Führung. Sachbezogene Führung meint die klassischen Koordinationsaufgaben Planung, Organisation, Entscheidung und Kontrolle, als Managementprozesse werden sie in allen unternehmerischen Funktionsbereichen realisiert. Personalführung ist aus zwei Hauptaufgaben zusammengesetzt zu denken:

- Sachbezogene Personalführungsaufgaben bestehen in der Entwicklung von Systemen zur Personalplanung, Personalbedarfsdeckung, Personalfreisetzung, Personalentwicklung, Planung der Arbeitsbedingungen und der materiellen Anreizgestaltung (Vergütung). Ein weiterer Bereich sind die Serviceaufgaben der Personaladministration (vgl. für viele z.B. Berthel 1997).

- Personenbezogene Führung – auch als Mitarbeiterführung bezeichnet – hingegen beschreibt die Aufgaben, die auf die Motivierung, Konflikthandhabung und soziale Beeinflussung der Mitarbeiter gerichtet sind. Der direkte Interaktionsbezug steht im Vordergrund. Im Zuge der Mitarbeiterführung durch Vorgesetze wird des weiteren auch auf solche Führungssysteme zurückgegriffen, die durch die sachbezogene Personalführung bereitgestellt werden. Es handelt sich um mehr oder weniger stark formalisierte Regelwerke und Vorgaben, die eine Führungskraft im täglichen Prozess der Mitarbeiterführung zu berücksichtigen hat. Sie betreffen die oben genannten Aufgabenbereiche, also z.B. die Personalbedarfsdeckung, die Freisetzung oder die Personalentwicklung. In jedem dieser Felder gibt es – zumindest in den mittleren und größeren Unternehmungen – ein Mindestmaß an Regelungen, die für alle oder bestimmte Gruppen von Mitarbeitern Geltung haben. Führungskräfte wenden diese Regeln an, Mitarbeiter wissen um ihre Geltung. Entscheidungsbedarfe können so reduziert werden, das Handeln der Führungskräfte wird kanalisiert und vereinheitlicht.

Das Aufgabenspektrum der Mitarbeiterführung ist enger als das der Personalführung und dient im wesentlichen der zielgerichteten, sozialen Beeinflussung und Kontrolle. In ihrem Kern ist Mitarbeiterführung die Beeinflussung der Einstellungen (mentale Strukturen, Handlungsbereitschaften, kognitive Aspekte) und Verhaltensweisen (Handlungsrealisation und -kontrolle) von Einzelnen oder in und zwischen Gruppen, um organisationale oder unternehmerische Ziele zu erreichen. Im Allgemeinen wird die Führungskraft als Handelnde(r) der

Führungssituation aufgefasst, als Gegenstand von Führung gelten zumeist die Geführten (als Einzelne, als Gruppe), die Führungstätigkeiten werden als Einflussnahme, Verhaltensbeeinflussung, Steuerung und Gestaltung des Handelns, Handlungslenkung oder Verhaltenssteuerung gesehen, aber auch mit Fremdbestimmung, Fremd-Willensdurchsetzung und der Durchsetzung von Herrschaft assoziiert (vgl. Neuberger 1990). Weitet man Personalführung (sach- und personenbezogene Führung) auch auf Betriebe ohne Gewinnerzielungsabsicht aus und hebt ihren Herrschaftscharakter hervor, kommt man zum Konzept des Personalmanagement. So verstanden umfasst Personalmanagement die personenbezogene Mitarbeiterführung, die sachbezogenen Personalführungsaufgaben und die personalspezifischen Herrschaftssicherungsaufgaben. Es ist nicht nur in Unternehmungen notwendig, sondern in Betrieben überhaupt, eine institutionelle Besonderung entfällt.

2 Funktionswandel des Personalmanagement

Führung und Personalarbeit werden heute verstärkt unter dem Blickwinkel ihrer Beiträge für den Unternehmenserfolg betrachtet (vgl. Wunderer/Kuhn 1995). Man spricht davon, dass Führungskräfteentwicklung und Selbstmanagement aller Mitarbeiter an Bedeutung gewinnen (vgl. als Überblick hierzu: Sattelberger 1995). Außerdem wird festgestellt, dass die Internationalisierung der Führungstätigkeiten und der Führungsmannschaften nach neuen Instrumenten, Qualifikationen und kultureller Sensibilität verlangt (vgl. als zusammenfassender Überblick: Marr 1991). Man sucht Führungskräfte, die in „grenzenlosen" Unternehmungen tätig sein können (vgl. Picot/Reichwald/Wigand 1996). Fasst man die sehr heterogenen Aussagen in diesem Bereich zusammen, so kommt es zu drei Entwicklungen, die dafür verantwortlich sind, dass sich das Aufgabengesamt des Personalmanagement ändert und sich der Zugriff auf die zentrale Bezugsgröße menschliche Arbeitsleistung wandelt.

2.1 Änderungsimpulse

Änderungsimpulse gehen vom unternehmerischen Umfeld aus, sie sind Konsequenz von innerbetrieblichen Rationalisierungsbestrebungen sowie durch Innovationen in Praxis und Wissenschaft bedingt. Veränderte Anforderungen an die Unternehmungsführung, ihre Konsequenzen für das Personalmanagement und der konzeptionelle Diskurs, der die Analyse unternehmerischer Handlungsprobleme betrifft, sind miteinander verschränkt:

- Zum ersten handelt es sich um die Verbindung von Personalmanagement mit unternehmerischen Geschäftsfeldstrategien. Unabhängig von den möglichen Verknüpfungsformen beider Bereiche, wird hier dem Personalmanagement eine besondere, herausgehobene Bedeutung für die betriebliche Wertschöpfung zugewiesen. Personalmanagement unterstützt die strategischen Gesamtzielsetzungen oder es bildet einen Engpassfaktor, der die Zielerreichung stark beeinträchtigen bzw. verzögern kann (vgl. z.B. Bühner 1997). Personalmanagement dient dem Aufschließen solcher menschlicher Handlungs- und Leistungspotenziale, die für die langfristigen betrieblichen Zwecke vernutzt werden und Konkurrenzvorteile erwirtschaften können; verhandelt wird dies unter den Konzepten des internationalen und des strategischen Personalmanagement (vgl. z.B. Riedl 1995; Weber et al. 1998; Ringlstetter/Gauger 1999).

- Zum zweiten geht es um solche Partizipationsstrategien, die auf die Mitarbeiter in ihrer Gesamtheit oder wichtige Mitarbeitergruppen (z.B. Führungskräfte oder Spezialisten) und ihre immaterielle Beteiligung am betrieblichen Geschehen gerichtet sind (vgl. zusammenfassend z.B. Kocyba/Vormbusch 2000). Gemeint sind die mit sozialwissenschaftlichen

Mitteln betriebene Mitarbeiterintegration und das stark rechtlich geprägte unternehmungs-interne Herrschaftsgefüge und seine Steuerung, wie es sich in der betrieblichen Mitbe-stimmung im Rahmen des vorgegebenen Systems der industriellen Arbeitsbeziehungen entwickelt hat. Konflikthandhabung, Interessenausgleich und Legitimationsaufgaben ge-genüber den verschiedenen Stakeholder-Gruppen einer Unternehmung sind Kernaufga-ben, die ein strategisch ausgerichtetes Partizipationsmanagement zu leisten hat (vgl. Schettgen 1996; Wegner 1998).

Der grundsätzliche Wandel in den betrieblichen Produktions- und Organisationsbedin-gungen verlangt nach veränderten Arrangements, um Mitarbeiter zu integrieren. Zumin-dest partielle Autonomie im Arbeitshandeln wird notwendig, denn menschliches Arbeits-vermögen kann nur dann erfolgreich und langfristig in konkrete betriebliche Arbeitsleis-tung transformiert werden, wenn die Mitarbeiter Handlungsspielräume und Partizipati-onschancen erhalten (vgl. Türk 1981; Breisig 1990; Brünnecke 1998; Conrad/Sneikus 2000; Ridder/Conrad/Schirmer/Bruns 2001). Im Unterschied zum erstgenannten Ver-ständnis dient strategisches Personalmanagement hier nicht in erster Linie der Unterstüt-zung marktgerichteter Unternehmungsstrategien, sondern der sozialen Integration in einen Betrieb. Es handelt sich um funktionsnotwendige Partizipationsstrategien. Inwieweit sich so auch die innerbetriebliche Herrschaftsteilung und Interessengegensätze zwischen Kapi-tal und Arbeit auflösen lassen, ist bislang theoretisch umstritten. Es muss beim gegenwär-tigen Stand der Diskussion offen bleiben, ob die neuen Ordnungs- und Managementkon-zepte lediglich eine veränderte legitimatorische Fundierung beinhalten oder ob sie den be-trieblichen Herrschaftsmodus selbst in Frage stellen (vgl. Türk 1995). Man kann hier eine orthodoxe Interpretation einer ,begrenzt optimistischen' Sicht gegenüberstellen. Orthodox interpretiert verlangt die ,soziale Rationalisierung' (Mayer 1951) der Unternehmung heu-te nach neuen Methoden der Mitarbeiterintegration. Wie bisher dominieren die betriebli-chen Zwecke gegenüber individuellen und kollektiven Zielsetzungen. Die arbeitsteilige Zergliederung der Produktions- und Leistungsprozesse wird nicht aufgehoben, sondern sie wird durch neue Führungs- und Managementverfahren erweitert, verändert und raffi-niert. Für das Personalmanagement bleiben die bisherigen Herrschaftssicherungsaufgaben erhalten, teilweise kommen neue sachliche Funktionen hinzu oder bisherige Kooperati-onsmuster der Personalarbeit und des Personalmanagement wandeln sich (vgl. z.B. Eigler 1997), ohne dass dies auf das innerbetriebliche Herrschaftsgefüge wesentlich durchschla-gen würde. In einer ,begrenzt optimistischen' Interpretation werden neue Führungs- und Organisationskonzepte nicht nur im Hinblick auf ihre Zumutungen und Bedrohungen für den Einzelnen analysiert. Höhere Problemlösungskompetenz des Einzelnen und in Grup-pen, die Reintegration dispositiver Funktionen in die ausführenden Ebenen und eine hohe Bindung der Mitarbeiter sind notwendig, um den Betriebszweck zu erreichen (vgl. z.B. die ,verantwortliche Autonomie' bei Friedman 1977). Diese organisatorischen Arrange-ments und post-tayloristischen Gestaltungsprinzipien sind einerseits betrieblich notwen-dig, andererseits enthalten sie Autonomiechancen für die Mitarbeiter. Als neue Formen sozialer Rationalisierung sind sie nicht per se emanzipationsfeindlich. Sie korrespondie-ren vielmehr mit veränderten Ansprüchen und Erwartungen, die Mitarbeiter an ihre beruf-liche Arbeit und ihre Arbeitssituation stellen; eine verstärkte Nachfrage nach Identifikati-onsmöglichkeiten, ein größeres Verlangen nach emotionalen, sozialexpressiven und inte-grativen Bezügen von beruflicher Tätigkeit indiziert dies (vgl. Baethge 1991.).

Begrenzt optimistisch ist diese Sicht, weil einerseits die Partizipationschancen neuer Füh-rungs- und Gestaltungsansätze erkannt werden, andererseits aber auch die spezifischen Belastungsfolgen für die Mitarbeiter benannt werden, die den Neuerungen anhaften kön-nen. Beispiele sind Leistungsverdichtungen und verstärkte Übergriffe der beruflichen

Sphäre in die Lebenswelt mit einer übermäßigen Vereinnahmung der Lebenszeit und der Lebensenergie durch betriebliche Arbeit (vgl. Behr 1995).

• Zum dritten geht es um die verschiedenen Ansätze des Human Resources Management einschließlich seiner strategischen Varianten (vgl. Boxall 1992). Ursprünglich entstammen diese Überlegungen der strategischen Unternehmungsführung (Bamberger/Wrona 1996). Übertragen auf das Management der Humanressourcen werden dessen Effizienzvoraussetzungen und -wirkungen für die Unternehmung als ganzes betont. Erreicht werden sollen nachhaltige Wettbewerbsvorteile, die sich aus spezifischen Kernfähigkeiten entwickeln lassen (vgl. zusammenfassend z.B. v. Knyphausen 1999) und besondere Managementmaßnahmen erforderlich machen (vgl. Hall 1993). Um das menschliche Arbeitsvermögen umfassend zu erschließen sind seine strategische Analyse, die zukunftsbezogene Ausrichtung des Personalmanagement und die Berücksichtigung der internationalen Verflechtungen bei weltweit tätigen Unternehmungen notwendig (vgl. Wernerfelt 1984; Ridder, 1996, 1999). Das ‚Programm' des (strategischen) Human Resources Management lässt sich anhand folgender Annahmen charakterisieren:

1. Die Ressource Mensch (als menschliche Arbeitsleistung verstanden) unterscheidet sich qualitativ von den anderen betrieblichen Produktionsfaktoren. Betriebliches Personalmanagement muss beim Einsatz dieser Ressource auf Voraussetzungen zurückgreifen, die es nicht selbst – zumindest aber nicht unmittelbar, direkt – erzeugen kann. Subjektive Arbeitsorientierungen, Leistungsbereitschaft und Sozialverhalten sind sozialisatorisch vorgeprägt. Die darauf aufbauenden individuellen Handlungskompetenzen, Erwartungen und Ziele für die berufliche Tätigkeit lassen sich mit den betrieblichen Möglichkeiten häufig nur zeitlich oder sachlich begrenzt in Übereinstimmung bringen. Gelingt dies nur unzureichend, wird das Leistungspotenzial nicht voll ausgeschöpft, kreative Ressourcen verfallen. Daher muss das Personalmanagement neue Nutzungs- und Zugriffsformen auf menschliches Arbeitsvermögen entwickeln, die die individuellen Besonderheiten und Prägungen in Zustimmung zu den betrieblichen Bedingungen transformieren können (vgl. Türk 1995). Erst wenn diese Umformung gelingt, wird sich individuelles Leistungsverhalten betrieblich voll entfalten. Um dies zu erreichen, müssen betriebliche Führungs- und Kontrollsysteme genügend Spielräume und Anpassungsmöglichkeiten besitzen. Dann lassen sie sich flexibel mit den individuellen Leistungseigenschaften verkoppeln. Administrative, organisatorische oder manageriale Standardlösungen taugen hier ebenso wenig wie starre Vorgaben durch Vorgesetzte. Auf die Mitarbeiter abgestimmte und spezifische Lösungen, die sich je nach betrieblicher Situation unterscheiden, sind zu entwickeln. Insoweit findet man hier eine große Übereinstimmung mit den oben genannten Partizipationskonzepten zur Integration der Mitarbeiter.

2. Über einen unternehmungstypischen Einsatz von Managementinstrumenten gelingt es auch, spezifische Humanressourcen überhaupt erst zu erzeugen. Potenzialerschließung und Potenzialschaffung führen zu unternehmerischen Kernkompetenzen. Solche Handlungsfähigkeiten einer Unternehmung sind unter den verschärften, globalen Wettbewerbsbedingungen notwendig, weil sie dauerhaft Wettbewerbsvorteile erzeugen können, es handelt sich um eigenständig wertschöpfende Potenzen.

3. Aus dem oben skizzierten Aufgaben- und Funktionswandel ergeben sich veränderte und neue Anforderungen an die Führungskräfte, gleich ob sie in einer Personalfunktion tätig sind oder Führungsaufgaben in anderen Funktionsfeldern einer Unternehmung übernehmen. Mitarbeiter sind Ressourceneigner und Führung muss dies be-

rücksichtigen, wenn sie erfolgreich sein will. Indem sie dies tut, rückt sie den Mitarbeiter zwar nicht in den Mittelpunkt des betrieblichen Geschehens, aber sie reduziert ihn auch nicht auf eine bloßes Instrument. Von der freiwilligen Integration der Mitarbeiter in das Leitungs- und Leistungsgefüge hängt das ‚normale Funktionieren' einer Unternehmung in hohem Umfang ab (vgl. Large 1995).

Konzipiert man Human Resources Management so wie hier skizziert, geht es sowohl über das Personalmanagement als auch über ein strategisch angelegtes Partizipationsmanagement hinaus. Es akzentuiert nicht nur die Leistungen des Personalmanagement für die unternehmungsstrategischen Zielsetzungen, sondern auch die funktionsnotwendige Mitarbeiterintegration und Partizipation (vgl. Hendry/Pettigrew 1990). Human Resources Management vollzieht sich nicht in einem betrieblichen Herrschaftsvakuum, es ist Teil eines fortlaufenden, risikobehafteten unternehmungspolitischen Prozesses. Die Anforderungen, die der Mitarbeiterführung zufallen, wandeln sich demzufolge, das Mischungsverhältnis von personaler und indirekter Führung verändert sich (vgl. zusammenfassend Guest 1997). Die Substitution personaler Führung durch partielle oder gelenkte Autonomie, Selbststeuerung, Selbstmanagement, Selbstabstimmung in Gruppen und Intrapreneurship treten an die Stelle von Vorgaben und direkter Verhaltensbeeinflussung durch den Vorgesetzten.

2.2 Theoriegeschichtliche Widerspiegelungen

In den vergangenen Jahrzehnten war die Führungsforschung im Wesentlichen auf die Untersuchung von Führung als Einflussprozess in Bezug auf Individuen und Mehrpersonensituationen sowie auf die Ausrichtung des Verhaltens auf Ziele konzentriert (vgl. Weibler 1996). Führung wurde hauptsächlich im Sinne von Mitarbeiterführung interpretiert. Seit Mitte der achtziger Jahre zeichnet sich hier ein deutlicher Umbruch ab. Erstens wandelt sich die Perspektive von einer Ausrichtung und Gestaltung von Verhaltensprozessen der Geführten zur Gestaltung von Bedeutungen, Bedeutungsstiftung und Vermittlung grundlegender unternehmerischer Absichten sowie zur Entwicklung von Konsens. Außerdem werden Führungsaufgaben zu den Geführten verlagert. Bei den historisch ältesten Konzeptionen, den Eigenschaftsansätzen, wurde nach den persönlichen Charakteristika erfolgreicher Führer gesucht. Es ging um das Aufspüren angeborener, tief verwurzelter Persönlichkeitseigenschaften, um nicht lehr- oder lernbare Verhaltensweisen. Da für diese Annahmen nur magere empirische Bestätigungen gefunden wurden, untersuchte man daraufhin die Bedeutung und die Einflussstärke von Führungsstilen auf das Verhalten von Geführten. Im Zuge der empirischen Untersuchungen zeigte sich relativ bald der moderierende Einfluss situativer Variablen auf den Führungserfolg unterschiedlicher Verhaltensstile. Außerdem mehrten sich methodische Einwände, dadurch konnten jetzt Kontingenz- oder Bedingtheitsansätze größere Aufmerksamkeit gewinnen. Kontingenzkonzepte suchten nach situativen Faktoren, um Effizienzunterschiede von Führung zu erklären. Da auch diese Ansätze inkonsistente empirische Ergebnisse erbrachten und sich keine homogenen Operationalisierungen wichtiger Konstrukte durchsetzten, schwand das Interesse an diesen Ansätzen. Seit mehreren Jahren schälen sich nun zwei Entwicklungen in der Führungsforschung heraus, die man als ‚Neue Führungsansätze' kennzeichnen kann (vgl. Bryman 1996; Steyrer 1999). Einmal geht es um die Untersuchung von Führungsleistungen im Sinne der transformationalen Führung nach Bass (1985). Erforscht werden hier außerordentliche Führungsleistungen vor allem der Unternehmungsspitze, mit dem Schwerpunkt bei der individuellen Führung. Außerdem gewinnen qualitative Ansätze der Führungsforschung stark an Bedeutung. Kritisch anzumerken ist in diesem Zusammenhang die Wiederkehr eigenschaftstheoretischer Annahmen, die bereits den Beginn der Führungsforschung kennzeichneten, aber nur bescheidene empirische Bewährung verbuchten. Wenn transformationale Führung auf vage Konstrukte wie ‚Charisma' und ‚Vision' als Erklärungs-mittel für Erfolg zurückgreift, verbrämt dies eher einen Erklärungsnotstand. Zur wissenschaft-lich befriedigenden Deutung von Führung tragen solche Arbeiten wenig bei, es sei denn man analysierte sie ideologiekritisch (vgl. z.B. Steyrer 1999).

Anders sieht dies aus, wenn man den zweiten Strang neuer Führungsansätze betrachtet. Die unter dem Begriff des ‚dispersed leadership' (vgl. Bryman 1996) behandelten Vorstellungen weisen keinen personalistischen Bias auf. Führung dient hier dazu, die Handlungskompeten-zen der Geführten so zu erweitern, dass sie in die Lage versetzt werden, sich weitgehend selbst zu führen. Es geht im Kern um Substitute personaler Führung (vgl. dazu: Con-rad/Schirmer 1991; Staehle/Conrad/Sydow 1999). ‚Verteilte Führung' basiert auf enthierar-chisierten Beziehungen, dem eigenbestimmten, zielorientierten Handeln der Mitarbeiter und der Selbstabstimmung in Teams. Die Integration der Einzelhandlungen erfolgt normativ, da hohes Commitment mit den institutionellen Zielen erforderlich ist. Koordinations- und Kon-trollleistungen, die bislang mittels Mitarbeiterführung ‚erzeugt' wurden, werden nun durch den einzelnen Mitarbeiter selbst erbracht oder sie vollziehen sich in Arbeitsgruppen auf dem Weg der Selbstabstimmung. Zusätzlich werden nicht-strukturelle Koordinationsmittel einge-setzt, wie man sie z.B. in der Form starker Organisationskulturen findet (vgl. Heinen et al. 1987).

3 Gestaltbarkeit und Gestaltung von Mitarbeiterführung

Führung ist ein zentraler Einflussfaktor auf Effektivität und Effizienz, sie bestimmt die Ge-samtleistungsfähigkeit einer Unternehmung wesentlich mit. Diese instrumentelle Sicht macht den Gedanken naheliegend, Führung in seiner Gesamtheit zu optimieren, denn ‚bessere' Instrumente sollten in der Lage sein, auch bessere Führungsergebnisse zu erbringen. Gestal-tungsüberlegungen können unterschiedlich ansetzen. Dies kann man verdeutlichen, wenn man Führung als System versteht, das aus Komponenten und Beziehungen besteht. Ein Führungs-system besteht aus den Führungsaufgaben (Führungsfunktionen), der Art und Weise ihrer Verknüpfung (Führungsorganisation), den Führungskräften, ihren Persönlichkeits- und Leis-tungseigenschaften (Führungspersonal), ihren Arbeits- und Verhaltensweisen (Führungsver-haltensweisen) und den zur Führung eingesetzten Instrumenten (Führungsinstrumente). Diese Teilbereiche wirken zusammen auf die betriebliche Leistungsfähigkeit ein, sie entfalten sich im Führungsprozess unter den spezifischen betrieblichen Bedingungen und im Hinblick auf die konkret geführten Mitarbeiter mit ihren Persönlichkeits- und Leistungseigenschaften (vgl. Becker 1999).

Die Effizienz von Führung lässt sich bislang nur näherungsweise bestimmen. Dies kann in drei Dimensionen erfolgen (vgl. Witte 1987; Berthel 1997; Bühner 1999):

- die Ermittlung der generellen ökonomische Effizienz betrifft die wert- und mengenmäßi-ge Ergiebigkeit der Leistungserstellung und -verwertung. Auf sie und ihre Veränderung im Zeitablauf kann Führung rückbezogen werden;

- ähnlich geht man vor, wenn die Effizienz des Leistungsprozesses (Sach- oder Dienstleis-tung) anhand mehrerer Merkmale beschrieben wird. Die hierzu entwickelten Kennzahlen oder Kennzahlensysteme können ebenfalls mit der Güte der Führung assoziiert werden;

- die Feststellung der Personen- und Sozialeffizienz von Führung arbeitet mit arbeitsbezo-genen und individuellen Einstellungsmaßen, um über diese ‚weichen' Dimensionen Er-folgsunterschiede zu bestimmen.

In allen drei Bereichen trifft die Feststellung zu, dass bislang erhebliche Einschränkungen bestehen, wenn man den Nutzen von Führung für den betrieblichen Erfolg exakt ermitteln will. Weder existiert eine verbindliche Auswahl von Erfolgskriterien, noch lässt sich die Güte von Führung eindeutig festlegen. Nüchtern konstatiert heißt dies, dass es beim heutigen Stand der Wissenschaft nicht möglich ist, die verschiedenen Zielerreichungsbeiträge bestimmter Führungssysteme, Führungspersonen oder Führungshandlungen exakt zu isolieren (vgl. Berthel 1997). Dies wirft die Frage nach dem Stellenwert theoretischer Erkenntnisse für die Praxis der Mitarbeiterführung auf. Man darf bislang eher einen mittelbaren Nutzen erwarten. Aus der Auseinandersetzung mit theoretischen Argumenten werden umfassendere gedankliche Bezugsrahmen entwickelt, in die sich Führungsverhalten einordnen lässt. Aus der Brechung eigener Führungserfahrungen mit theoretischen Argumenten entstehen Innovationen und neue Perspektiven. Die relative Bedeutung und die Konsequenz, neben und zusätzlich zur Mitarbeiterführung andere Koordinationsinstrumente einsetzen zu müssen, um Gestaltungserfolge zu erzielen, werden nachvollziehbar. Außerdem eignet sich theoretisches Raisonnieren dazu, das Führungsgeschehen unabhängiger von den unmittelbaren Zwängen des Betriebsalltags zu reflektieren und kritisch zu hinterfragen. Dadurch wird ein Reflexionsprozess angeregt, der selbst Ausdruck organisationalen Lernens ist.

3.1   Mitarbeiterführung als Mittel der Gestaltung von organisationalem Lernen

Eine systematische Gestaltung gelingt nur auf der Grundlage eines gedanklichen Grundgerüsts, handelt es sich um ein empirisch bewährtes Modell, steigt die Erfolgswahrscheinlichkeit. Solch gesichertes Wissen fehlt in weiten Bereichen der Mitarbeiterführung ebenso wie im Fall des organisationalen Lernens. Im Führungsalltag müssen aber ständig Lösungen für Handlungsprobleme gefunden oder entwickelt werden. Führungskräften bleibt unter diesen Bedingungen kaum etwas anderes übrig, als systematisch experimentierend und auf der Grundlage persönlicher Überzeugungen nach subjektiv plausiblen Konzepten zu suchen, die sie für ihre Führungspraxis einsetzen können (vgl. Drumm 1995, S. 419). Theoretische Überlegungen dienen hier als Strukturierungshilfen.

Eingangs war Mitarbeiterführung als zielgerichtete, soziale Beeinflussung und Kontrolle skizziert worden; dazu bedient sie sich der Einflussnahme auf mentale Strukturen, Handlungsbereitschaften und manifeste Handlungen. Die Idee, als Führungskraft quasi instrumentalistisch an den mentalen Strukturen oder Handlungsbereitschaften der Geführten ansetzen zu können, gerät aber unweigerlich mit der oben entfalteten Idee funktionsnotwendiger, partizipativer Mitarbeiterintegration in Konflikt. Dies hat zur Konsequenz, dass viele in der Vergangenheit eingesetzte verhaltenswissenschaftliche Techniken zur Mitarbeiterführung ihre Bedeutung unter neuen Situationsbedingungen verlieren dürften. Andere, eher organisatorisch und administrativ gerichtete Führungsmittel müssen ihre Leistungsfähigkeit unter den veränderten Umständen einer lernenden Unternehmung erst noch belegen. Dies gilt für Führungsstile und ihr Training ebenso wie für die Gestaltung von materiellen und immateriellen Anreizen, Zielvereinbarungen, Mitarbeitergesprächen oder Leistungsbeurteilungen. Ihre Anwendung unter dem Aspekt einer Veränderbarkeit des organisationalen Lernniveaus ist weder theoretisch noch empirisch ausreichend geklärt. Mit einiger Sicherheit kann man bislang lediglich sagen, dass erfolgreiches organisationales Lernen nicht auf dem Wege über Mitarbeiterführung verordnet werden kann (vgl. z.B. Willke 1998, S. 329f.). Mitarbeiterführung ist aber in der Lage, Wandel zu initiieren, Veränderungsnotwendigkeiten zu kommunizieren, Wandlungsziele zu vermitteln und Veränderungsprozesse durch Anreize und Sanktionen in begrenztem Umfang zu beeinflussen. Die institutionelle Lernbereitschaft kann über Mitarbeiterführung symbolisiert werden, indem neue Verfahren und Instrumente in den Führungsprozess eingeführt werden, die mit der Zielvorstellung einer lernenden Unternehmung kompatibel sind. Die grundsätzlich begrenzte Leistungsfähigkeit von Mitarbeiterführung lässt sich außerdem erweitern, indem man sie mit indirekter Führung abstimmt und verbindet. Ein Management von Lernkontexten tritt gleichberechtigt neben die Mitarbeiterführung als sozialem Kommunikations- und Kontrollprozess. Personale Führung wird durch strukturell abgesicherte partielle oder gelenkte Autonomie ergänzt. Selbststeuerung, Selbstmanagement, Selbstabstimmung in Gruppen und die Stärkung von Intrapreneurship-Verhalten sind die neuen Ziele, auf die Mitarbeiterführung ausgerichtet ist. In dem begrenzten Umfang, in dem solche Handlungsfähigkeiten betrieblich erzeugt werden können, wird die Mitarbeiterführung auf die verschiedenen Methoden der Personalentwicklung und des Change Management zurückgreifen. Außerdem nimmt die Bedeutung der Personalrekrutierung zu, die ihre Suche nach Mitarbeitern daran orientiert, dass diese über die genannten Potenziale bereits verfügen.

3.2 Organisationales Lernen als Randbedingung der Mitarbeiterführung

Ein entscheidender Mangel bisheriger Forschungen zum organisationalen Lernen besteht in der empirischen Armut zentraler Annahmen. Theoretische Überlegungen können aber auch ohne strenge empirische Prüfung praktisch Sinn machen. Mögliche Anknüpfungspunkte für zielgerichtete Veränderungen können sichtbar gemacht und abgewogen werden. Praktische Bedeutung erlangen theoretische Überlegungen deswegen, weil sie im Sinne von ‚naiven' Erklärungen oder als (Teil einer umfassenderen) Managementphilosophie zu Entscheidungsprämissen von Führungskräften werden. Lässt man sich z.B. von der Idee leiten, individuelles Lernen zum Ansatzpunkt für verändertes organisationales Lernen zu machen, wird man mehr an die herkömmlichen Instrumente und Techniken aus dem Bereich Personalentwicklung denken (z.B. Aus- und Weiterbildung). Sie sind ‚atomistisch' konzipiert und setzen am Einzelnen an. Betrachtet man hingegen organisationales Lernen als Moment des Systems Unternehmung, sind Einzelinterventionen nicht länger Methoden der Wahl. Es geht dann um strukturelle Parameter und um die Steuerung von Handlungskontexten, die Geltung für viele Einzelfälle und Einzelhandlungen besitzen. Auch empirisch nicht gesicherte Annahmen steuern, sofern subjektiv von ihrer Richtigkeit oder Angemessenheit ausgegangen wird, Entscheidungen und Handeln. Als bewusst wahrgenommene Ideen lassen sie sich explizieren und zum Gegenstand kritischer Reflexion machen.

Betrachtet man organisationales Lernen als Randbedingung von Mitarbeiterführung, so geht es darum, dass Führungsverhalten und Führungsinstrumente dieses Fähigkeitspotenzial als Nebenbedingung bei Gestaltungshandlungen integrieren müssen. Das Führungssystem in seiner Gesamtheit muss auf Lernfähigkeit und Lernbereitschaft ‚konditioniert' werden. Mitarbeiterführung kann dazu individuelle Lernbereitschaften erhalten, fördern und steigern. Sie kann Lernatmosphären oder Lernklimata schaffen, nicht aber Lernergebnisse erzwingen, sondern höchstens nachträglich kontrollieren.

Literatur

Aderhold, J. (1999): Die Suche nach dem Besonderen der lernenden Organisation: ein Richtungsvorschlag und drei Gestaltungshinweise, in: Baitsch, C./Delbrouck, I./Jutzi, K. (Hrsg.): Organisationales Lernen – Facetten aus Theorie und Praxis, S. 49–74, München/Mering.

Bamberger, I./Wrona, T.(1996): Der Ressourcenansatz und seine Bedeutung für die Strategische Unternehmensführung, in: Zeitschrift für betriebswirtschaftliche Forschung (zfbf), 48 (2), S. 130–153.

Bass, B.M. (1985): Leadership and Performance beyond Expectations, New York/London (dt.: Charisma entwickeln und zielführend einsetzen, Landsberg/Lech 1986).

Bea, F.X. (1997): Einleitung: Führung, in: Bea, F.X./Dichtl, E./Schweitzer, M. (Hrsg.): Allgemeine Betriebswirtschaftslehre, Band 2: Führung, 7. überarbeitete Auflage, S. 1–19, Stuttgart.

Baethge, M. (1991): Arbeit, Vergesellschaftung, Identität – zur zunehmenden Subjektivierung der Arbeit, in: Soziale Welt, 8 (1), S. 6–19.

Becker, M. (1999): Personalentwicklung, 2., überarbeitete und erweiterte Auflage, Stuttgart.

Behr, M. (1995): Regressive Gemeinschaft oder zivile Vergemeinschaftung?, in: Zeitschrift für Soziologie, 22 (5), S. 325–344.

Berthel, J. (1997): Personalmanagement, 5. Auflage, Stuttgart.

Boxall, P.F. (1996): The Strategic HRM Debate and the Resource-Based View of the Firm, in: Human Resource Management Journal, 6 (3), S. 59–75.

Breisig, T. (1990): Betriebliche Sozialtechniken – Handbuch für Betriebsrat und Personalwesen, Neuwied.

Brünnecke, K.C. (1998): Autorität des Managements, Wiesbaden.

Bryman, A. (1996): Leadership in Organizations, in: Clegg, S.R./Hardy, C./Nord, W.R. (Eds.): Handbook of Organization Studies, pp. 276–292, London etc.

Bühner, R. (1997): Personalmanagement, 2., überarbeitete Auflage, Landsberg/Lech.

Bühner, R. (1999): Betriebswirtschaftliche Organisationslehre, 9. Auflage, München/Wien.

Conrad, P. (1998): Organisationales Lernen – Überlegungen und Anmerkungen aus betriebswirtschaftlicher Sicht, in: Geissler, H./Lehnhoff, A./Petersen, J. (Hrsg.): Organisationales Lernen im interdisziplinären Dialog, S. 31–45, Weinheim.

Conrad, P./Ridder, H.-G. (1999): Human Resources Management – An Integrative Perspective, Discussion Papers No. 5/1999, Institute of Human Resources Management, University of the Federal Armed Forces Hamburg, Hamburg.

Conrad, P./Schirmer, F. (1991): Führungssubstitute, Stand der Forschung und Ansätze zur Weiterentwicklung, Arbeitspapier 65/1991, Institut für Management, Freie Universität Berlin, Berlin.

Conrad, P./Sneikus, A. (2000): Organizational Citizenship Behavior (OCB), 2. überarbeitete und erweiterte Auflage, Discussion Papers 5/2000, Institut für Personalmanagement, Universität der Bundeswehr Hamburg, Hamburg.

Cyert, R./March, J.G. (1963): A Behavioral Theory of the Firm, Englewood Cliffs, N.J.

Drumm, H.J. (1995): Personalwirtschaftslehre, 3., neu bearbeitete und erweiterte Auflage, Berlin/Heidelberg.

Eigler, J. (1997): ‚Grenzenlose' Unternehmung – ‚Grenzenlose' Personalwirtschaft?, in: Schreyögg, G./Sydow, J. (Hrsg.): Managementforschung, Band 7: Gestaltung von Organisationsgrenzen, S. 159–197, Berlin/New York.

Friedman, A.(1977): Industry and Labour, London.

Guest, D.E. (1997): Human Resources Management and Performance: A Review and Research Agenda, in: The International Journal of Human Resource Management, 8 (3), pp. 263–276.

Grün, O. (1973): Das Lernverhalten in Entscheidungsprozessen der Unternehmung, Tübingen.

Hall, R. (1993): A Framework Linking Intangible Resources and Capabilities to Sustainable Competitive Advantage, in: Strategic Management Journal, 14 (4), pp. 607–618.

Heinen, E. et al. (1987): Unternehmenskultur, München/Wien.

Hendry, C.; Pettigrew, A. (1990): Human Resource Management: An Agenda for the 1990s, in: International Journal of Human Resource Management, 1 (1), pp. 17–44.

Kocyba, H./Vormbusch, U. (2000): Partizipation als Managementstrategie, Frankfurt/M.

Knyphausen, D. v. (1999): Auf dem Weg zu einem ressourcenorientierten Paradigma?, in: Ortmann, G./Sydow, J./Türk, K. (Hrsg.): Theorien der Organisation, 2. Auflage, S. 452–480, Opladen.

Kühl, S. (1999): Die Grenzen der lernenden Organisation, in: Baitsch, C./Delbrouck, I./Jutzi, K. (Hrsg.): Organisationales Lernen – Facetten aus Theorie und Praxis, S. 35–48, München/Mering.

Large, R. (1995): Unternehmerische Steuerung von Ressourceneigner, Wiesbaden.

Marr, R. (Hrsg., 1991): Euro-strategisches Personalmanagement, 2 Bände, München/Mering.

Mayer, A. (1951): Die soziale Rationalisierung des Industriebetriebs, München/Düsseldorf.

Neuberger, O. (1990): Führen und geführt werden, 3. Auflage, Stuttgart.

Pautzke, G. (1989): Die Evolution der organisatorischen Wissensbasis. Bausteine zu einer Theorie des organisationalen Lernens, München.

Picot, A./Reichwald, R./Wigand, R.T. (1996): Die grenzenlose Unternehmung, 2. Auflage, Wiesbaden.

Prange, C. (1996): Interorganisationales Lernen: Lernen in, von und zwischen Organisationen, in: Schreyögg, G./Conrad, P. (Hrsg.): Managementforschung, Band 6: Wissensmanagement, S. 163–189, Berlin/New York.

Probst, G.J.B./Büchel, B.S.T. (1997): Organizational Learning, London etc.

Ridder, H.-G. (1996): Human Resources Management: Leitideen für die Personalarbeit der Zukunft, in: Bruch, H./Eickhoff, M./Thiem, H. (Hrsg.): Zukunftsorientiertes Management, Handlungshinweise für die Praxis, S. 263–283, Frankfurt/M.

Ridder, H.-G. (1999): Personalwirtschaftslehre, Stuttgart.

Ridder, H.-G./Conrad, P./Schirmer, S./Bruns, H.-J. (2001): Strategisches Personalmanagement, Landsberg/Lech, i.V.

Riedl, J. (1995): Strategie und Personal. Ansätze zur Personalorientierung der strategischen Unternehmungsführung, Wiesbaden.

Ringlstetter, M./Gauger, J. (1999): Internationales Humanressourcenmanagement, in: Kutschker, M. (Hrsg.): Perspektiven der internationalen Wirtschaft, S. 127–164, Wiesbaden.

Sattelberger, T. (Hrsg., 1995): Innovative Personalentwicklung, 3. Auflage, Wiesbaden.

Schettgen, P. (1996): Arbeit, Leistung, Lohn. Analyse und Bewertungsmethoden aus sozio-ökonomischer Perspektive, Stuttgart.

Schreyögg, G./Eberl, P.(1998): Organisationales Lernen: Viele Fragen, noch zu wenig neue Antworten, in: Die Betriebswirtschaft, 58, S. 516–536.

Staehle, W.H./Conrad, P./Sydow, J. (1999): Management, 8. Auflage überarbeitet von Conrad, P./Sydow, J., München.

Steyrer, J. (1999): Charisma in Organisationen – zum Stand der Theorienbildung und empirischen Forschung, in: Schreyögg, G./Sydow, J. (Hrsg.): Managementforschung, Band 9: Führung – neu gesehen, S. 143–197, Berlin/New York.

Türk, K. (1981): Personalführung und soziale Kontrolle, Stuttgart.

Türk, K. (1995): ‚Die Organisation der Welt', Opladen.

Weber, W./Festing, M./Dowling, P.J./Schuler, R.S. (1998): Internationales Personalmanagement, Wiesbaden.

Wegner, R. (1998): Ideologie im Management, Die Veränderungen ideologischer Schwerpunkte bei der Führung von Wirtschaftsunternehmen, Frankfurt/M.

Weibler, J. (1996): Führungslehre – Ursachensuche für die Heterogenität einer Disziplin, in: Weber, W. (Hsrg.): Grundlagen der Personalwirtschaft, S. 185–221, Wiesbaden

Wernerfelt, B. (1984): A Resource Based View of the Firm, in: Strategic Management Journal, 5 (7), pp. 171–180.

Wiegand, M. (1996): Prozesse organisationalen Lernens, Wiesbaden.

Willke, H. (1998): Systemtheorie III: Steuerungstheorie, 2. Auflage, Stuttgart.

Witte, E. (1987): Effizienz der Führung, in: Kieser, A./Reber, G./Wunderer, R.(Hrsg.): Handwörterbuch der Führung, Sp. 163–175, Stuttgart.

Wright, T.P. (1935/1936): Factors Affecting the Cost of Airplanes, in: Journal of the Aeronautical Sciences, 3, pp. 122–128.

Wunderer, R./Kuhn, T. (Hrsg., 1995): Innovatives Personalmanagement, Theorie und Praxis unternehmerischer Personalarbeit, Neuwied/Kriftel/Berlin.

Kooperation in Organisationen

1 Einführung

Kooperation in Organisationen ist angesichts zunehmend horizontaler Organisation, sich selbstorganisierender Teams, Netzwerkorganisationen und internationaler Joint Ventures wieder zu einem aktuellen Thema geworden. In einer Kooperation geht es um das Erreichen eines gemeinsamen Zieles und sie entsteht in einer bestimmten sozialen Situation. Ergebnisse der klassischen sozialpsychologischen Forschung haben gezeigt, dass sich kooperative und wettbewerbsorientierte Situationen in ihren Wirkungen unterscheiden: In der kooperativen Situation sind die Ziele der Akteure positiv aufeinander bezogen und erzeugen eine entspannte Atmosphäre, während sie in der wettbewerbsorientierten Situation in einem negativen Zusammenhang zueinander stehen und Spannungen zur Folge haben (Deutsch, 1949). Eine wesentliche Funktion von erfolgreicher Kooperation besteht in der Erzeugung emotional positiver Effekte zwischen den Partnern (Lu & Argyle, 1991).

Vielleicht rührt es daher, dass Kooperation häufig in einem positiven Licht gesehen wird und die negativen Seiten wenig thematisiert werden. Aber Kooperationen zwischen Menschen, Gruppen und Organisationen können auch schädigende Wirkungen für die anderen und für die Leistung haben, z. B. durch Gruppendenken, das diejenigen ausschließt, die nicht kooperieren. Aktive Kooperation beinhaltet ein großes Maß an Aufwendungen, die mitunter auch als Belastungen erlebt werden. So stellt die Gruppenarbeit hohe Anforderungen an die Kommunikations- und Kooperationsfähigkeiten der Mitarbeiter. Die Mitglieder einer solchen Arbeitsgruppe müssen z. B. lernen, sich ihre Tätigkeiten selbst einzuteilen und sich selbst zu koordinieren (Ruppert, 1999; Smith, Carroll & Ashford, 1995; Spieß, 1996).

Das in einer Kooperation gegebene Beziehungsverhältnis der Interaktionspartner ist auch durch gegenseitige Abhängigkeit im Zuge der gemeinsamen Zielerreichung gekennzeichnet (Marr, 1992). Dies ließe sich auch als ein *Paradoxon* der Kooperation bezeichnen, denn die in der Kooperation erforderlichen Entscheidungs- und Handlungsspielräume können sich im Verlauf einer Zusammenarbeit verengen. Daraus kann sich auch ein Konflikt zwischen den Interaktionspartnern ergeben, somit sind Kooperation und Konflikt als ineinander übergehende Prozesse anzusehen (Spieß, 2001).

2 Elemente der Kooperation in Organisationen

Im Folgenden werden wesentliche Elemente, die auch für die Kooperation in Organisationen gelten, beschrieben.

2.1 Ziele, Werte und Einstellungen

Kooperatives Verhalten orientiert sich an bestimmten Zielen, die es mit einem Interaktionspartner zu erreichen gilt. Schon der Weg einer gemeinsamen Zielfindung kann ein mühseliger und konfliktreicher Prozess sein. Ist jedoch dieses gemeinsame Ziel erreicht, erfüllt dies eine wichtige motivationale Funktion: Alle Parteien orientieren sich an diesem Ziel und richten ihre Handlungen danach aus, ebenso „treibt" dieses Ziel an, bildet quasi den Motor der weiteren Handlungen.

Ziele wiederum sind durch bestimmte *Werte* beeinflusst. Werte gelten als eine Konzeption des Wünschenswerten, die die Auswahl verfügbarer Handlungen und Ziele beeinflusst (Kluckhohn, 1951). Für den Einzelnen haben Werte Maßstabscharakter und bilden eine Richtlinie für das Denken und Handeln, für die Gesellschaft stellen Werte eine Legitimationsgrundlage dar (von Rosenstiel, 1998). In einer idealeren Sichtweise beinhalten die Werte, die Kooperationen beeinflussen, soziales Interesse und soziale Verantwortung sowie ganz generell eine prosoziale Orientierung (Korsgaard, Meglino & Lester, 1997). Die Fähigkeit, kooperativ zu handeln, enthält somit auch Komponenten der sozialen Kompetenz. Hierzu gehören Fähigkeiten wie Einfühlungsvermögen, Kommunikationsfähigkeit oder Verhandlungsgeschick (Marr, 1992).

Eine kooperative Situation setzt ein gewisses Maß an Entscheidungs- und Handlungsfreiheit der beteiligten Partner voraus. Eine positive Zusammenarbeit ist nur zwischen solchen Menschen möglich, die sich als gleichrangig empfinden. Dies bedeutet nicht unbedingt, dass man sich auf dem gleichen Wissensstand oder der gleichen Position befindet, sondern es ist vor allem eine wertschätzende Haltung des anderen nötig (Thomas, 1993). Fehlt diese Wertschätzung des anderen, kann dies die Kooperation beeinträchtigen.

2.2   Formale Strukturen

Eher formale bzw. strukturelle Bedingungen von Kooperation sind Zeit, Intentionalität, Raum und Anzahl (Hacker, 1998). Ob eine Zusammenarbeit kurz- oder längerfristig erfolgt, kann den Charakter der Kooperation sehr verändern. Für eine kurzfristige Zusammenarbeit können sich auch in ihren Werthaltungen unterschiedliche Partner für ein Ziel zusammentun, bei längerfristigen Kooperationen können diese unterschiedlichen Wertvorstellungen jedoch zum Problem werden.

Zusammenarbeit kann sich eher zufällig ergeben oder sie wird systematisch geplant und in die Wege geleitet. Letzteres ist eher für längerfristige Zusammenschlüsse charakteristisch. Dennoch können sich auch aus zunächst zufällig entstandenen Kooperationen längerfristige Modelle der Zusammenarbeit entwickeln.

Die Kooperation kann direkt – face-to-face – erfolgen im selben Raum, sie kann aber auch über weite Entfernungen und virtuell angelegt sein. Für die virtuelle Kooperation, die des sinnlichen Elementes entbehrt, aber angesichts der technologischen Möglichkeiten wie durch das Internet immer häufiger wird, gibt es noch wenig Forschungsbefunde (vgl. z. B. Stengel, 1998).

Selbst die pure Anzahl – ob lediglich zwei Personen, eine kleinere Gruppe oder auch hunderte von Personen miteinander zusammenarbeiten – prägt die Form der Kooperation. Für die Zusammenarbeit einer großen Anzahl von Menschen ist eine andere Organisationsform notwendig als für eine übersichtliche Kleingruppe. Die betriebliche Arbeitsteilung legt die Inhalte und Formen der erforderlichen Kooperation fest (Hacker, 1998). Vergangene Erfahrungen wirken ebenso wie der gesamte soziale und kulturelle Kontext auf die Qualität der Kooperation ein (Smith, Carroll & Ashford, 1995). Kooperation kann durch vertragliche Verpflichtungen und formale Kontrollstrukturen, Hierarchien und Regeln strukturiert sein und mit der Zeit in informelle Kooperation übergehen.

2.3   Die Rolle des Vertrauens

Vertrauen gilt als eine wesentliche Voraussetzung für Kooperation, häufig wird das Konzept des Vertrauens mit dem der Kooperation verbunden (Ross & Lacroix, 1996). Vertrauen wird in der neueren amerikanischen Managementliteratur (z. B. McAllister, 1995; Kramer & Tyler, 1998) als wichtige Variable für das Verhalten in Organisationen herausgearbeitet.

Um erfolgreich ein bestimmtes Ziel gemeinsam erreichen zu können, ist man zeitweilig auf die Arbeitsleistung des Kooperationspartners angewiesen, man muss sich auf ihn verlassen können. Gerade für zukünftige Handlungen steht jedoch häufig nicht fest, wie die Interaktionspartner handeln werden. Insofern ist Vertrauen mit Risiko verbunden.

Vertrauen ist sowohl ein Persönlichkeitsmerkmal als auch durch verschiedene situative Gegebenheiten hervorrufbar: Die Firma hat einen guten Ruf, also erscheint ihr Vertreter in einem positiven Licht. Vertrauen ist die verallgemeinerte Erwartung, dass man sich auf das Wort oder Versprechen eines anderen verlassen kann (Rotter, 1971). Vertrauensvolles Verhalten enthält aber stets auch ein gewisses Risiko, dass dieses Vertrauen nicht erwidert, sondern vielmehr ausgenutzt wird. Gerade Beziehungen im Arbeitsbereich sind aber auch von Misstrauen geprägt, z. B. dass der Interaktionspartner manipulative Techniken einsetzt (Bierhoff 1992).

Wenn kooperativ orientierte Personen verhandeln, zeigen sie ein flexibleres Verhaltensmuster als wettbewerbsorientierte Personen. Diese gehen stets davon aus, dass alle anderen auch wettbewerbsorientiert sind und handeln somit immer nach dem gleichen Handlungsmuster. Kooperativ eingestellte Personen hingegen geben der anderen Partei zunächst einen Vertrauensvorschuss. Erst wenn sie merken, dass diese sich wettbewerbsorientiert verhält, schwenken sie auf deren Verhaltenstaktik ein (Bierhoff, 1998).

Bislang wurden Vertrauen und Misstrauen als ein bipolares Konstrukt beschrieben, Vertrauen wurde generell als positiv bewertet und Misstrauen als schlecht. Dies vernachlässigt aber den sozialen Kontext und die Dynamik von Beziehungen. Eine neue Sichtweise nimmt hingegen an, dass Vertrauen und Misstrauen unabhängige Dimensionen sind, es wird auch die Möglichkeit einer Koexistenz zwischen Vertrauen und Misstrauen angenommen (Lewicki, McAllister & Bies, 1998). Gerade im betrieblichen Kontext erscheint die Möglichkeit, dass zugleich ein hohes Vertrauen neben hohem Misstrauen existiert, ein häufig anzutreffender Befund zu sein. Dies ist Ausdruck der Ambivalenz in bestimmten Situationen, in denen eine Partei sowohl Gründe für ein hohes Vertrauen in den anderen in einem bestimmten Bereich hat, doch ebenso Gründe für extremes Misstrauen.

2.4   Die Bedeutung von Kommunikation

Kommunikation erleichtert eine kooperative Abstimmung unter Gruppenmitgliedern, die Partner werden über ihre gegenseitigen Absichten und Einstellungen informiert. Kommunikation ist in großen Gruppen schwieriger zu realisieren als in kleinen, entsprechend muss sie auch anders organisiert werden (z. B. in großen Betrieben über Betriebszeitungen, Versammlungen, Intranet etc.).

Einen großen Anteil an der Kommunikation macht in Organisationen nach wie vor der vertikale Infomationsfluss aus. Dabei wird in vielen Forschungsbeiträgen die Bedeutsamkeit der zweiseitigen Kommunikation mit dialogischem Charakter betont. Wichtige Merkmale einer gelungenen Kommunikation sind die Kommunikationspolitik der Organisationsleitung, die Kommunikationsstrukturen und das Kommunikationsverhalten der Organisationsmitglieder.

So gilt ein Kommunikationsstil, der Offenheit, Tranparenz und Ansprechbarkeit betont, als wichtige Bedingung zur Herstellung von Vertrauen (Spieß & Winterstein, 1999).

Durch die zunehmende Gruppen- und Teamarbeit sind die Anforderungen an die Kommunikationsfähigkeit gestiegen. Da diese vielfach nicht ausgebildet ist, müssen betriebliche Mitarbeiter in ihrer Fähigkeit, effektiv zu kommunizieren, häufig geschult und weitergebildet werden. Es muss im klassischen Watzlawickschen Sinne vermittelt werden, dass jede Kooperation einen Inhalts- und einen Beziehungsaspekt hat. Die Anforderungen an die Kooperation bestehen nicht nur darin, sachliche Probleme zu lösen wie z. B. etwas zu löten oder zu verschrauben, vielmehr gilt es die zwischenmenschlichen Aspekte zu berücksichtigen, z. B. in welchem Ton eine Anweisung gegeben wird oder wie ein Gespräch zu führen ist. Das Erkennen und der Umgang mit Emotionen, die auch im betrieblichen Alltag eine häufig nicht berücksichtigte Rolle spielen, gilt es zu lernen (Ruppert, 1999; Harteis, 2000).

2.5   Merkmale misslungener und gelungener Kooperation

Es gibt im betrieblichen Alltag sehr viele Fälle, die Ausdruck davon sind, dass das Miteinander nicht gelingen will. Nicht immer muss es sich hier um die extremste Form misslungener Kooperation, das Mobbing, handeln. Dieses in den letzten Jahren besonders von der Presse aufgegriffene Phänomen beinhaltet feindselige Handlungen, die regelmäßig und über einen längeren Zeitraum andauern, und die ein großes Konfliktpotenzial sowohl für das Individuum als auch für die Organisation darstellen. Zapf (1999) hat dazu die wichtigsten Forschungsergebnisse zusammengefasst und zehn Risikofaktoren ausgemacht, die das Auftreten von Mobbing begünstigen: geringe Arbeitsplatzchancen des Opfers, eine Tätigkeit als Angestellter, Beamter und Führungskraft, ein schlechtes Betriebsklima und eine problematische Arbeitsgruppe, arbeitsorganisatorische Probleme, eine konfliktscheue und wenig unterstützende Führung, drohende Entlassungen, unsicheres bzw. problematisches soziales Verhalten des potenziellen Opfers.

Die „normalen" Probleme in Betrieben mit der Kooperation liegen häufig darin, dass es Unklarheit über das gemeinsam zu erreichende Ziel gibt, bzw. dies wird nicht durch die Unternehmenskultur kommuniziert. Ebenso führen Zeitdruck und konzeptlose Umstrukturierungen dazu, dass die sog. „Schnittstellenproblematiken" nicht berücksichtigt werden (Moldaschl, 1996). Dies bedeutet, dass es aufgrund mangelnder Kommunikation zu keinen Absprachen kommt, dass die verschiedenen Gruppen, die aufgrund der betrieblichen Erfordernisse zusammenarbeiten müssen, wie z. B. Werker und Controller oder Innen- und Außendienst, sich nicht abstimmen und es im Extremfall zu gegenseitigen Blockaden kommt.

Die in Unternehmen erforderliche Kooperation kann zu *Pseudokooperation* führen. Dabei wird von einer Gemeinsamkeit ausgegangen, die nicht oder nicht mehr vorhanden ist. Pseudokooperation bedeutet, dass eine verzerrte Wahrnehmung der Situation vorliegt: Obgleich die Grundlagen für eine „echte" Kooperation (z. B. gemeinsame Ziele) gar nicht (mehr) gegeben sind, wird so getan, als ob sie (noch) vorhanden wären. Es findet jedoch kein wechselseitiger Austausch mehr statt, die Kommunikation erfolgt an der Oberfläche oder zum Schein bzw. auf der formalen Ebene. Ebensowenig besteht wechselseitiges Vertrauen. Man täuscht sich und andere, indem man von gemeinsam vorhandenen Zielen und Werten ausgeht, die es nicht (mehr) gibt.

Ein Kennzeichen von Pseudokooperation könnte der in vielen Führungsgrundsätzen proklamierte kooperative Führungsstil sein, der jedoch in der Realität häufig wenig umgesetzt wird (Wunderer, 1987). Hier klaffen Ideal und Realität auseinander, die Kooperation wird nicht im alltäglichen Umgang der Mitarbeiter erlebt, sondern sie wird einfach proklamiert, obgleich sie im Bewusstsein vieler Mitarbeiter nicht (mehr) existiert (Spieß, 1996).

Für das Gelingen von Kooperation bedarf es Möglichkeiten der Zielabstimmung und des Informationsaustausches, wechselseitiger Kommunikation und gegenseitiger Unterstützung, konstruktiver Problemdiskussionen und einer längeren Zeitperspektive, in der die Form der Kooperation erprobt wird und sich das Vertrauen in den jeweiligen Kooperationspartner entwickeln kann (Tjosvold, 1988; Spieß, 1996; 1998). Im kooperativen Handeln ist der Bezug auf andere gedacht: Man kann nicht mit sich selbst kooperieren. Dadurch entstehen Abhängigkeiten der Kooperationspartner voneinander, die zu Konflikten führen können (Spieß, 2001). Deshalb ist es auch wichtig, ein effektives Konfliktmanagement zu lernen.

3   Betriebliche Akteure

Betriebliche Instanzen, die sich um Kooperation bemühen und die den Ausgleich zwischen divergierenden Interessen suchen, sind klassischerweise die Gewerkschaften und das Management bzw. deren Vertreter. Die klassischen Parteienkonflikte sind allerdings im Rückgang begriffen (Trimpop, 1995). In den USA nimmt das Beschwerdewesen einen zentralen Stellenwert im Umgang mit betrieblichen Konflikten ein, doch auch in Europa gibt es zunehmend Literatur darüber (Breisig, 1996; Olson-Buchanan, 1997). Die Beschwerde gilt als Ausdrucksform des interindividuellen Konfliktes, wobei diese Konflikte zwischen Personen (z. B. Konkurrenz um einen Aufstieg), zwischen Individuen und Gruppen (z. B. Vorgesetzter und Mitarbeiter) und zwischen Gruppen (z. B. Betriebsrat und Unternehmensleitung) stattfinden können. Das Beschwerdesystem in Organisationen ist in den USA eine formale Prozedur, die Klagen der Angestellten über ihre Arbeitgeber zu bearbeiten (Carnevale & Kennan, 1992). Wichtig für eine Beschwerde ist, dass sie einen erkennbaren Dienstweg geht und somit offiziellen und formalen Charakter annimmt.

Die Beschwerdeprozeduren waren sehr lange von Übereinkünften zwischen Gewerkschaften und Management dominiert, in jüngster Zeit haben jedoch viele Organisationen davon unabhängig Beschwerdesysteme eingerichtet, z. B. die Einrichtung einer offenen Tür, ein Ombudsmann oder eine mehrschrittige Beschwerdeprozedur (Donnellon & Kolb, 1994). Zugleich ist die zunehmende Befassung mit dem „Beschwerdewesen" auch ein Ausdruck davon, dass der gewerkschaftliche Einfluss in den Betrieben am Schwinden ist (Hodson, 1997).

Häufige Themen von Beschwerden sind die Arbeitsgestaltung, die Entlohnung, sozialpolitische Fragen und die Arbeitgeber/Arbeitnehmerbeziehungen. Beschwerdegegner wie z. B. ein Vorgesetzter können im Beschwerdeprozess in eine psychisch schwierige Situation geraten. Sie tendieren dazu, die Beschwerde als Kritik an der eigenen Fähigkeit zu interpretieren. Manchmal hat dies Repressalien gegen den Beschwerdeführer zur Folge (Carnevale & Kennan, 1992).

4   Besonderheiten der Kooperation in der Hierarchie

Bisher wurden Merkmale von Kooperation vorgestellt, die eher die *laterale* Kooperation kennzeichnen, die aufgabenbezogene Interaktionsprozesse zwischen Stellen und Abteilungen innerhalb eines Unternehmens zum Gegenstand haben, die eine annähernd gleichwertige, ranghierarchische Position innehaben (Marr, 1992).

Hier lässt sich nun vielfach ein Dilemma konstatieren: Bei interner Kooperation werden die üblichen Normen kollegialen Verhaltens gefordert. Geht es dagegen um abteilungsübergreifende Kooperation, so verwandelt sich mancher Mitarbeiter in jemanden, der auf den eigenen Interessen seiner Organisationsabteilung beharrt und extern extrem unkollegiale Verhaltensweisen zeigt. Lediglich wenn sich dieser Mitarbeiter als Verbindungsglied zwischen diesen Organisationseinheiten und als Mitglied des übergeordneten Systems der Unternehmung versteht, ist eine kooperative Zusammenarbeit mit anderen Einheiten möglich. Auch hier spielt das übergeordnete, gemeinsame Ziel, dem sich alle verpflichtet fühlen, eine wichtige Rolle (Wunderer, 1987; Bierhoff & Müller, 1993).

Die Abhängigkeiten kooperativen Handelns in einer Hierarchie entstehen nun nicht nur durch den Sachzusammenhang des gemeinsamen Zieles, sondern im Falle des Verhältnisses von Vorgesetzten und Mitarbeitern auch durch Position bzw. Rollendefinition. Dies vereinfacht Kooperation nicht, sondern erzeugt Widersprüche und Ambivalenzen. Mitarbeiter betrachten z. B. eine von Seiten des Unternehmens propagierte Mitmenschlichkeit eher skeptisch, da ihnen das Handeln des Vorgesetzten nicht uneigennützig erscheint, sondern sie vermuten, dass dieses Handeln vor allem dem Vorantreiben der eigenen Karriere dient. Dieses Misstrauen der Mitarbeiter ist ebenso ein Bestandteil des Verhaltens in Organisationen, denn Menschen sind Sender und Empfänger verschiedener Rollen, durch die sie in Konflikte geraten können. Misstrauen und Konfliktpotenziale sollten thematisiert und bearbeitet werden, nur so lässt sich auch wieder Vertrauen herstellen (Schönhammer, 1985; Lewicki, McAllister & Bies, 1998).

Kooperation in Organisationen wird häufig als strategisches Handeln verstanden, das rational und zielgerichtet seinen Nutzen kalkuliert. Der strategisch kooperativ Handelnde setzt sich Ziele, die er mit anderen erreichen will, sucht sich Partner und ist darauf bedacht, dass beim gemeinsamen Handeln – im Unterschied zum alleinigen Handeln – effektiv gearbeitet wird. Strategische Kooperation kann somit als die bewusst gestaltete, geplante und kontrollierte Zusammenarbeit in Organisationen gesehen werden, um eigene Interessen voranzubringen (Neuberger, 1998). Der Mensch gilt als Nutzen maximierendes und rational kalkulierendes Wesen. Die Fähigkeit, sich in den anderen hineinzuversetzen – „Empathie" –, fehlt bei diesem Handeln.

Bei der empathischen Kooperation ist der Handelnde bemüht, sich in die Intentionen des Partners hineinzuversetzen. Die Fähigkeit zur Rollenübernahme bzw. zum Perspektivenwechsel stellt somit ein wesentliches Bestimmungsmerkmal dar. Wichtig ist die Verständigung über die Art und Weise, wie das gemeinsame Ziel zu erreichen ist. Der andere wird also nicht lediglich in das eigene Zielvorhaben „eingespannt", sondern es wird auch geprüft und diskutiert, inwieweit er das gleiche Ziel hat. Empathische Kooperation betont also stärker die kommunikativen und affektiven Aspekte, da Ziele nicht selbstverständlicher und unhinterfragter Ausgangspunkt sind, sondern erst in einem gemeinsamen Prozess entwickelt werden. Sie bildet eine sinnvolle Ergänzung zur strategischen Kooperation (Spieß, 1996; 1998). Zudem weisen verschiedene Konstrukte, wie das „prosoziale Verhalten" in Organisationen (Müller & Bierhoff, 1994) – man zeigt gegenüber Kollegen oder Vorgesetzten Hilfsbereitschaft, die vertraglich nicht vorgesehen ist – oder das „organizational citizenship behavior" (OCB), eine Nähe zur empathischen Kooperation auf. Organ (1997) hat den Begriff des „organizational citizenship behavior" geprägt und eine rege Forschungstätigkeit sowohl in den USA als auch in Deutschland zu diesem Konstrukt ausgelöst. Organ versteht darunter Verhaltensweisen in Organisationen, die weder in formalen Stellenbeschreibungen noch vertraglich festgeschrieben sind und sich dennoch positiv auf das gesamte Unternehmen auswirken. Spieß (2000) konnte einen positiven Zusammenhang zwischen prosozialen Werten, OCB, Empathie und Arbeitszufriedenheit empirisch nachweisen: Je höher Kollegialität, Hilfsbereitschaft und Empathie eingeschätzt wurden, desto größer war auch die Arbeitszufriedenheit.

5   Flache Hierarchien und Diversität

Die Entwicklung in den Unternehmen in den letzten Jahren zeigt eine Verschlankung der Hierarchien und eine Zunahme der Gruppen- und Teamarbeit. An die Mitarbeiter werden neue Anforderungen gestellt: Teamfähigkeit ist gefragt und damit auch die Fähigkeit zu kooperieren. Teamarbeit unterscheidet sich von anderen Formen der Zusammenarbeit durch eine noch stärkere wechselseitige Beziehung unter den Mitgliedern, Gemeinschaftsgeist und Gruppenzusammenhalt (Podsiadlowski & Spieß, 2000). Der Übergang zwischen Teamarbeit und anderen Formen der Gruppenarbeit bzw. Zusammenarbeit erscheint fließend. Vorteile der Teamarbeit werden in Synergieeffekten gesehen. Dies bedeutet, dass optimale Teamarbeit über die bloße Addition der Einzelleistungen der Mitglieder durch deren Koordination und Integration hinausgeht und die Einzelnen im Team produktiver sind. Als Nachteile der Teamarbeit gelten der größere Zeitaufwand (besonders in der Anfangsphase), die Gefahr der Dominanz einiger Mitglieder, zu hohe Anforderungen an die einzelnen Teammitglieder oder auch Probleme mit sogenannten Außenseitern.

Die zunehmende Team- und Gruppenarbeit bringt Veränderungen sowohl für die Mitarbeiter als auch für deren Vorgesetzte mit sich: Müssen sich die Mitarbeiter neue Fähigkeiten der Kommunikation und Kooperation aneignen, so verlieren insbesondere die Meister oftmals ihre angestammten Funktionen. Sie müssen lernen, Verantwortung zu delegieren (Ruppert, 1999).

In den USA findet seit einiger Zeit eine rege Forschungs- und Publikationstätigkeit zum Thema Diversität (diversity) statt, doch ebenso gilt dies inzwischen für den deutschsprachigen Bereich (Podsiadlowski & Spieß, 2000). Gemeint ist zunächst jede Form von Unterschiedlichkeit, mit der sich Unternehmen zunehmend auseinandersetzen müssen. Seit neue soziale Gruppen ins Arbeitsleben eintreten und in Organisationen aufsteigen, sind Konflikte, die ihre Wurzel in Herkunft, Geschlecht, Rasse und Ethnizität haben, häufiger geworden. Das klassische Konfliktmanagement geht mit diesen Problemen bislang wenig konstruktiv um. In den neuen Formen von Organisationen sind die ehemals etablierten Autoritätslinien und formalisierten Regeln nicht mehr in dieser Form vorhanden. Um die Leute zu motivieren, kann man sich immer weniger auf Autorität berufen, sondern man muss mit einer Vielzahl von Organisationsmitgliedern kommunizieren und verhandeln (Donnellon & Kolb, 1994).

Als eher soziologische Unterscheidungsmerkmale gelten Rasse, Geschlecht, Nationalität, ethnische Zugehörigkeit, Kulturraum, Beruf, Profession und geographischer Ursprung. Diversität umfasst aber auch Unterschiede in der Weltanschauung sowie psychologische Unterschiede wie Werte, Normen und Einstellungen, die zu potenziellen Verhaltensunterschieden zwischen Personen innerhalb von Gruppen führen können. In Organisationen gibt es „divers" zusammengesetzte Gruppen auf verschiedenen Ebenen, auf der Ebene der Geschäftsführung, der Projektgruppen oder in der Produktion (Milliken & Martins, 1996).

Empirische Befunde zu Diversität in Gruppen weisen auf höhere Produktivität und Effektivität hin, wenn die Gruppenmitglieder komplementäre Fähigkeiten, die für die zu lösende Aufgabe relevant sind, einbringen können. Gruppen, die sich aufgrund des Geschlechts, der Rasse oder der Ethnizität unterscheiden, könnten von dieser Vielfalt profitieren, denn diese ermöglicht es ihnen, eine größere Anzahl an Alternativen in einer Aufgabe zu berücksichtigen. Idealerweise entwickeln sie dann qualitativ bessere Ideen, sind kreativer und anpassungsfähiger als homogene Gruppen. Werden die Gruppenmitglieder jedoch nicht im Umgang mit Konflikten trainiert, können negative Effekte auftreten, z. B. wird die Unterdückung von Minoritäten, Fluktuation und Abwesenheit wahrscheinlicher und die Kommunikation erschwert (Podsiadlowski, 1998).

6   Kulturelle Einflüsse auf die Kooperation in Unternehmen

Die zunehmende Internationalisierung der Unternehmen führt auch dazu, dass Menschen ganz unterschiedlicher Kulturen aufeinandertreffen. Kultur stellt ein Wert- und Orientierungssystem für das Denken, Fühlen und Handeln dar (z. B. Thomas, 1993). Durch die unterschiedliche kulturelle Prägung unterscheidet sich das wertgeleitete Handeln von Angehörigen verschiedener Nationen. Das Konstrukt „Individualismus – Kollektivismus" gilt als bedeutsamste weltweit kulturelle Differenzierung. Es wird in Angehörige von individualistischen Kulturen, die aus der westlichen Hemisphäre stammen wie z. B. die USA, und in Angehörige von kollektivistischen Kulturen wie z. B. Korea unterschieden (Brüch, 1998). Für kollektivistisch geprägte Personen sind Werte wie Harmonie, Verpflichtung gegenüber den Eltern, Zurückhaltung, Gleichheit in der Gewinnverteilung und Befriedigung der Bedürfnisse anderer wichtig. Die zentralen Werte der Individualisten sind Freiheit, soziale Anerkennung, Hedonismus und Gerechtigkeit. Das soziale Verhalten der Kollektivisten ist zudem stärker von sozialen Normen und Gefühlen der Verpflichtetheit bestimmt. Individualisten sind eher aufgabenorientiert, während Kollektivisten stärker an einer harmonischen Beziehung interessiert sind (Chen, Chen & Meindl, 1998).

In kollektivistischen Kulturen wird eine größere Unterscheidung zwischen In- und Outgroup getroffen als in individualistischen Kulturen. Für Individuen, die in einer individualistischen Kultur groß geworden sind, sind persönliche Ziele gegenüber Gruppenzielen vorrangig. Zwar besteht bei dem Konstrukt des „Individualismus – Kollektivismus" die Gefahr, dass es aufgrund seiner dualen Sichtweise komplexe Zusammenhänge vereinfacht, doch hat es zumindest im anglosächsischen Bereich eine rege Forschungstätigkeit dazu ausgelöst.

Chen, Chen und Meindl (1998) haben ein „kulturelles Modell der Kooperation" entworfen: Kulturelle Werte beeinflussen das kooperative Verhalten entweder direkt oder über die Beziehungen zwischen den Zielen. Um die Kooperation zu verbessern, schlagen sie folgende Maßnahmen vor: Bilden übergeordneter Ziele, das Schaffen von Gruppenidentität und Vertrauen, Berechenbarkeit, Kommunikation und die Herstellung von entsprechenden Belohnungsstrukturen und Anreizen. Diese Maßnahmen werden in Bezug auf das Konstrukt „Individualismus – Kollektivismus" diskutiert. Demnach sind Kollektivisten eher bereit, gemeinsame Ziele zu teilen, sie haben eine größere Gruppenidentität, sind verlässlicher und kommunikativer und haben ein Belohnungssystem, das eher auf Gleichheit beruht.

7   Ausblick

Kooperation im Unternehmen besteht also aus mehreren Komponenten (vgl. Tab. 1): Auf der individuellen Seite gibt es die Ziele und die hiermit verbundenen Motive, Werthaltungen, Einstellungen, Persönlichkeitsmerkmale wie z. B. die Bereitschaft, Vertrauen zu zeigen oder sich zu engagieren, auf Seiten der Organisation vorgesehene Positionen, Rollen und Aufgaben, es gibt darüberhinaus Einflüsse von Seiten der das Unternehmen beeinflussenden Kultur bzw. im Falle von Diversität die Zusammenarbeit mit Personen verschiedener Herkunft. Sowohl Individuum und Organisation als auch Organisation und Kultur stehen in einem interaktiven Verhältnis zueinander.

Komponenten der Kooperation in Unternehmen	
Individuum	Ziele, Werthaltungen, Einstellungen, Motive, Persönlichkeitsmerkmale
↑↓ Organisation	Positionen, Rollen, Aufgaben, technische Entwicklungen, Interessenvertretungen
↑↓ Kultur	Diversität

Tab. 1: Die Komponenten der Kooperation in Organisationen (↑↓ = Wechselwirkung)

Angesichts der zunehmenden Unternehmenszusammenschlüsse erscheint es wichtig, den Blickwinkel von der innerbetrieblichen Kooperation auch auf die interorganisationale Kooperation zu lenken. Interorganisationale Kooperation unterscheidet sich eher graduell von den Problemen einer intraorganisationalen Kooperation. So fehlt z. B. das bindende Element eines gemeinsamen organisationsspezifischen Normengeflechtes. Die Neigung zum Einsatz von Machtmitteln ist größer, die Toleranz gegenüber Beeinträchtigungen des eigenen Nutzens geringer. Entsprechend ist auch das Konfliktpotenzial höher (Marr, 1992). Der Zusammenschluss unterschiedlicher Unternehmenskulturen und Wertvorstellungen bedarf eines kompetenten Konfliktmanagements, das die gemeinsam zu erreichenden Ziele in den Vordergrund rückt und dies auch im Sinne einer empathischen Kooperation vollzieht, d. h., von beiden Seiten muss der Perspektivenwechsel geübt werden. Stress bei Unternehmenszusammenschlüssen entsteht durch Wandel, der Unsicherheiten und Ängste auslöst und zu nachlassendem Vertrauen führt. Die Abwanderung gilt besonders beim Management als zentrales Problemfeld, z. B. liegt die Fluktuation innerhalb der ersten zwei Jahre nach einem Unternehmenszusammenschluss bei 39%, bei feindlichen Übernahmen gar bei 51% (Hornung, 1998).

Im Rahmen von Restrukturierungsmaßnahmen wird häufig die innerbetriebliche Kooperation als Ziel propagiert, die nötigen Rahmenbedingungen dafür werden aber nicht bereitgestellt. Deshalb sollten die von Reorganisationen betroffenen Mitarbeiter an der Planung von Veränderungen beteiligt werden. Indem die Betroffenen zu Beteiligten gemacht werden, werden Ängste und Widerstände vor Innovationen und Veränderungen gemindert (Peltzer, 1998; Zink, 1995). So lassen sich Organisationen am besten dadurch verändern, dass gezielt die Verhaltensweisen ihrer Mitglieder modifiziert werden, nach dem Motto: „Betroffene zu Beteiligten machen – Beteiligte zu Betroffenen machen" (von Rosenstiel, 1997, S. 197).

Um das kooperative Verhalten in Organisationen zu fördern, sollten Wissen und Handlungskompetenzen über kooperative Prozesse vermittelt werden. Die soziale Verantwortung sollte durch implementierte Werte und Normen gestärkt werden, wobei es wichtig ist, dass diese durch die Unternehmenskultur auch gelebt werden (Bierhoff, 1998). Um zu verhindern, dass Kooperation in Organisationen zur Phraseologie verkommt, gilt es, sie in konkrete Maßnahmen der Organisations- und Personalentwicklung umzusetzen. Gelungene Kooperation ist immer auch eine Frage einer verwirklichten kooperativen Unternehmenskultur.

Literatur

Bierhoff, H. W. (1992). Vertrauen in Führungs- und Kooperationsbeziehungen. In E. Gaugler & W. Weber (Hrsg.), *Enzyklopädie der Betriebwirtschaftslehre – Handwörterbuch des Personalwesens* (2. Aufl.). (S. 2028–2038). Stuttgart: Schäffer-Poeschel.

Bierhoff, H. W. (1998). *Sozialpsychologie: ein Lehrbuch*. Stuttgart: Kohlhammer.

Bierhoff, H. W. & Müller, G. F. (1993). Kooperation in Organisationen. *Zeitschrift für Arbeits- und Organisationspsychologie, 37*, 42–51.

Breisig, T. (1996). *Betriebliche Konfliktregulierung durch Beschwerdeverfahren in Deutschland und in den USA*. München und Mering: Hampp.

Brüch, A. (1998). Individualismus–Kollektivismus als Einflussfaktor in interkulturellen Kooperationen. In E. Spieß (Hrsg.), *Formen der Kooperation – Bedingungen und Perspektiven*. (S. 177–192). Göttingen: Hogrefe.

Carnevale, P. J. & Kennan, P. A. (1992). The resolution of conflict: negotiation and third party intervention. In J. F. Hartley & G. M. Stephenson (Eds.), *Employment Relations* (pp. 225–245). Oxford: Blackwell Publishers.

Chen, C. C., Chen, X. - P. & Meindl, J. R. (1998). How can cooperation be fostered? The cultural effects of individualism–collectivism. *Academy of Management Review, 23*, 285–304

Deutsch, M. (1949). A theory of cooperation and competition. *Human Relations, 2*, 129–151.

Donnellon, A. & Kolb, D. M. (1994). Constructive for whom? The fate of diversity disputes in organizations. *Journal of Social Issues, 50*, 139–155.

Hacker, W. (1998). *Arbeitspsychologie*. Bern: Huber.

Harteis, C. (2000). Beschäftigte im Spannungsfeld ökonomischer und pädagogischer Prinzipien betrieblicher Personal- und Organisationsentwicklung. In C. Harteis, H. Heid & S. Kraft (Hrsg.), *Kompendium Weiterbildung*. (S. 269–288). Opladen: Leske & Budrich.

Hodson, R. (1997). Individual voice on the shop floor: the role of union. *Social Forces, 75*, 1183–1212.

Hornung, F. A. (1998). *Integrationsmanagement*. Bern: Paul Haupt.

Kluckhohn, C. (1951). Values and value orientations in the theory of action. An exploration in definition and classification. In T. Parsons & E.A. Shils (Eds.), *Toward a general theory of action*. (S. 388–433). Cambridge/Mass.: University Press.

Korsgaard, M. A., Meglino, B. M. & Lester, S. W. (1997). Beyond helping: Do other-oriented values have broader implications in organizations? *Journal of Applied Psychology, 82*, 160–177.

Kramer, R. M. , Tyler, T. R. (1998). Trust in organizations: Frontiers of theory and research. *Administrative Science Quarterly, 43*, 186–188.

Lewicki, R. J., McAllister, D. J. & Bies, R. J. (1998). Trust and distrust: New relationships and realities. *Academy of Management Review, 23*, 438–459.

Lu, L. & Argyle, M. (1991). Happiness and cooperation. *Personality and Individual Differences, 12 (10)*, 1019–1030.

Marr, R. (1992). Kooperationsmanagement. In E. Gaugler & W. Weber (Hrsg.), *Handwörterbuch des Personalwesens, Bd. 5*, (S.1154–1675). Stuttgart: Schäffer-Poeschel.

McAllister, D. J. (1995). Affect- and cognition-based trust as foundations for interpersonal cooperation in organizations. *Academy of Management Journal, 38*, 24–60.

Moldaschl, M. (1996). Kooperative Netzwerke und Demokratisierung. In P. Schönsleben, E. Scherer & E. Ulich (Hrsg.), *Werkstattmanagement*. (S. 131–156). Zürich: Hochschulverlag.

Milliken, F. J. & Martins, L. L. (1996). Searching for common threads: Understanding the multiple effects of diversity in organizational groups. *Academy of Management Review, 21*, 402–433.

Müller, G. F. & Bierhoff, H. W. (1994). Arbeitsengagement aus freien Stücken – psychologische Aspekte eines sensiblen Phänomens. *Zeitschrift für Personalforschung, 4*, 367–379.

Neuberger, O. (1998). Strategische Kooperation (Mikropolitik). In E. Spieß (1998). (Hrsg.), *Formen der Kooperation – Bedingungen und Perspektiven*. (S. 37–52) Göttingen: Hogrefe.

Organ, D. W. (1997). Organizational citizenship behavior. *Human Performance, 10 (2)*, 85–97.

Olson-Buchanan, J. B. (1997). To grieve or not to grieve: Factors related voicing discontent in an organizational simulation. *The International Journal of Conflict Management, 8*, 132–147.

Peltzer, U. (1998). Auswirkungen neuer Organisationsformen. In E. Spieß (Hrsg.), *Formen der Kooperation – Bedingungen und Perspektiven*. (S. 169–176). Göttingen: Hogrefe.

Podsiadlowski, A. (1998). Zusammenarbeit in interkulturellen Teams. In E. Spieß (Hrsg.), *Formen der Kooperation – Bedingungen und Perspektiven*. (S. 193–210). Göttingen: Hogrefe.

Podsiadlowski, A. & Spieß, E. (2000). Teamarbeit und freiwilliges Arbeitsengagement. *Gruppendynamik und Organisationsberatung, 31*, 197–212.

Rosenstiel, L. von (1997). Verhaltenswissenschaftliche Grundlagen von Veränderungsprozessen. In M. Reiß & L. von Rosenstiel (Hrsg.), *Change Management*. Stuttgart: Schäffer-Poeschel. (S. 191–212).

Rosenstiel, L. von (1998). Wertewandel und Kooperation. In E. Spieß (Hrsg.), *Formen der Kooperation – Bedingungen und Perspektiven*. (S. 279–294). Göttingen: Hogrefe.

Ross, W. & LaCroix, J. (1996). Multiple meanings of trust in negotiation theory and research: A literature review and integrative model. *The International Journal of Conflict Management, 7*, 314–360.

Rotter, J. B. (1971). Generalized expectancies for interpersonal trust. *American Psychologist, 26*, 443–452.

Ruppert, F. (1999). Kommunikation, Kooperation und Gesprächsführung in Arbeitsbeziehungen. In Carl Graf Hoyos & Dieter Frey (Hrsg.), *Arbeits- und Organisationspsychologie*. (S. 537–557). Weinheim: Psychologie Verlags Union.

Schönhammer, R. (1985). *Psychologisches Führungstraining und die Mentalität von Führungskräften*. Berlin: Duncker & Humblot.

Smith, K. G., Carroll, S. J. & Ashford, S. J. (1995). Intra- and interorganizational cooperation: Toward a research agenda. *Academy of Management Journal, 38*, 7–24

Spieß, E. (1996). *Kooperatives Handeln in Organisationen*. München und Mering: Hampp.

Spieß, E. (1998). Das Konzept der Empathie. In E. Spieß (Hrsg.), *Formen der Kooperation – Bedingungen und Perspektiven*. (S. 53–62). Göttingen: Hogrefe.

Spieß, E. (2000). Berufliche Werte, Formen der Kooperation und Arbeitszufriedenheit. *Gruppendynamik und Organisationsberatung, 31*, 185–196.

Spieß, E. (2001). Kooperation und Konflikt. In H. Schuler (Hrsg.), *Enzyklopädie der Psychologie, Organisationspsychologie*. i.D.

Spieß, E. & Winterstein H. (1999). *Verhalten in Organisationen*. Stuttgart: Kohlhammer.

Stengel, M. (1998). Kooperation in virtueller Realität. In Spieß, E. (Hrsg.) *Formen der Kooperation – Bedingungen und Perspektiven*. (S. 247–264). Göttingen:Hogrefe.

Thomas, A. (1993). Psychologie interkulturellen Lernens und Handelns. In A. Thomas (Hrsg.), *Kulturvergleichende Psychologie*. (S. 377–423). Göttingen: Hogrefe.

Tjosvold, D. (1988). Cooperative and competitive interdependence. *Group & Organization Studies, 13*, 274–289.

Trimpop, R. M. (1995). Union commitment: Conceptual changes in the German context. *Journal of Organizational Behavior, 16*, 597–608.

Wunderer, R. (1987). Laterale Kooperation als Führungsaufgabe. In A. Kieser, G. Reber & R. Wunderer (Hrsg.), *Enzyklopädie der Betriebswirtschaftslehre – Band 10: Handwörterbuch der Führung*. (S. 1299–1311). Stuttgart: Schäffer-Poeschel.

Zapf, D. (1999). Mobbing in Organisationen – Überblick zum Stand der Forschung. *Zeitschrift für Arbeits- und Organisationspsychologie, 43*, 1–25.

Zink, K. J. (1995). *TQM als integratives Managementkonzept*. München: Hanser.

KLAUS J. ZINK/STEFAN BEHRENS

Qualitätsmanagement und Personalentwicklung

1   Begriffliche Grundlagen

1.1   Qualitätsmanagement

Im Rahmen einer zunehmenden Internationalisierung und Dynamisierung des Wettbewerbs wird es für eine Organisation immer wichtiger, sich auf die Bedürfnisse der Kunden schnell und flexibel einzustellen. Deren Ansprüche gegenüber Produkten und Dienstleistungen sowie gegenüber Service und Beratung sind stark gestiegen. Aufgrund dieser Rahmenbedingungen ist es für eine Organisation notwendig, ihre Produkte und Prozesse auf die Bedürfnisse des Kunden auszurichten, d.h., die Qualität der eigenen Leistungen kontinuierlich zu verbessern. Qualität wird dabei als „Erfüllung von (vereinbarten) Anforderungen zur dauerhaften Kundenzufriedenheit" (Zink 1995, S. 28) verstanden. Hierzu ist ein unternehmerisches Qualitätskonzept erforderlich. Dieses kann in drei Ausprägungen realisiert werden.

Wenn das Konzept zur Erfüllung festgelegter Standards hinsichtlich Leistungs- und Qualitätsniveau dient, ist ein Qualitätsmanagement-System nach der DIN ISO-Normenreihe 9000 gegeben. Durch eine Zertifizierung soll die Einhaltung vereinbarter Qualitätsziele in der Leistungserstellung nachgewiesen werden. Zusätzlich wird der gesetzlichen Anforderung entsprochen, die Bemühungen der Organisation, sichere Produkte in den Verkehr zu bringen, zu belegen.

Sobald über die Erfüllung einzuhaltender Standards hinaus die Befriedigung der internen und externen Kunden im Mittelpunkt steht, rückt Total Quality Management (TQM) in den Mittelpunkt der Betrachtung. Ein solcher Ansatz betrifft das gesamte Unternehmen und erfordert eine Ausrichtung der gesamten Organisation auf eine Qualitätsphilosophie und deren Konkretisierung. Damit werden die Aktivitäten nicht nur auf bestimmte Bereiche oder Prozesse beschränkt. In diesem Sinne geht es um Führungsaufgaben mit Querschnittsfunktion. Die uneingeschränkte Ausrichtung auf die Ermittlung und Befriedigung von Kundenwünschen ist ein wesentlicher Baustein von TQM, was in der DIN ISO 9000 bis zur Revision 2000 nicht der Fall war.

Die dritte Ausprägung greift das Modell der European Foundation for Quality Management (EFQM-Modell) als Bewertungsansatz auf. Der aktuelle Ist-Zustand der Organisation kann anhand des Kriterienkataloges des Modells ermittelt werden. Stärken und Verbesserungsbereiche sollen dabei aufgezeigt werden. Zur Realisierung eines TQM-Ansatzes kann das EFQM-Modell wertvolle Hinweise liefern, ohne als „Bewertungsmodell" dessen Realisierung vollständig gewährleisten zu können.

Die drei Ausprägungen von Qualitätsmanagement werden im zweiten Abschnitt genauer beschrieben.

1.2   Personalentwicklung

Durch die aktuelle Situation der Organisation sind die Aufgaben der Personalentwicklung festzulegen. Sie bewegt sich im Rahmen der unternehmerischen Zielsetzungen und trägt nachhaltig zur Umsetzung von Politik und Strategie bei (vgl. Betzl/Hase/Moll 1997, S. 154).

Personalentwicklung kann verstanden werden als „Mittel zur Veränderung und persönlichkeitsförderlichen Weiterentwicklung des Mitarbeiters nicht nur in geplanten und systematischen Maßnahmen, sondern auch in der Arbeitstätigkeit selbst" (Sonntag 1999, S. 18). Die hier zugrundeliegende Definition bezieht sich nicht nur auf formale Qualifikationen, die in geplanten bzw. organisierten Maßnahmen erworben werden. Auch die Kompetenzerweiterung durch informelles Lernen am Arbeitsplatz bzw. im Arbeitsprozess wird angesprochen.

Eine andere Definition beschreibt Personalentwicklung als Summe von Tätigkeiten, die für das Personal nach einem einheitlichen Konzept systematisch vollzogen werden. Diese haben für einzelne Mitarbeiter aller Hierarchie-Ebenen eines Betriebes Veränderungen ihrer Qualifikationen und/oder Leistungen durch Bildung, Karriereplanung und Arbeitsstrukturierung zum Gegenstand (vgl. Berthel 2000, S. 221). Personalentwicklungsmaßnahmen setzen vorwiegend bei einzelnen Mitabeitern an, sind jedoch eng mit Veränderungen auf der Gruppenebene und auf der Organisationsebene verbunden (vgl. Wunderer 1997, S. 337). Dementsprechend umfasst die Personalentwicklung „Bildungs- Beratungs- und Planungsmaßnahmen, Maßnahmen zur Gestaltung von Arbeits- und organisatorischen Bedingungen sowie Kombinationen dieser Maßnahmen zur Förderung der beruflichen Qualifikation" (Holling/Liepmann 1995, S. 286).

Unter dem Konzept OE „sollen alle Ansätze zusammengefasst werden, die durch eine Änderung der Einstellung und des Verhaltens von Einzelnen und Gruppen sowie eine Veränderung von Organisationsstrukturen und Technologien eine Organisation leistungsfähiger, die Zusammenarbeit zwischen Arbeitsgruppen effizienter und die Arbeitsbedingungen für den Einzelnen befriedigender gestalten wollen" (Zink 1995, S. 55). Strukturelle Veränderungen können einerseits notwendig werden, um die Motivation und Fähigkeit der Mitarbeiter zu erhöhen andererseits können organisatorische Veränderungen erst durch die erfolgreiche Qualifizierung des Personals wirksam werden (vgl. Berthel 2000, S. 229).

Die Funktionen der Personalentwicklung gehen, legt man die obigen Definitionen zugrunde, über die Aufgabe der formalen Qualifizierung hinaus. Sie betreffen die Strukturen und Abläufe der Organisationen und sind an deren Veränderung beteiligt.

Grundsätzlich können die Phasen der Personalentwicklung derart strukturiert werden, dass zuerst die Analyse des Entwicklungsbedarfs erfolgt, an die sich die Gestaltung geeigneter Maßnahmen anschließt. Hierzu zählen insbesondere der Entwurf didaktisch-methodischer Konzeptionen, die Beschreibung notwendiger Qualifikationen und Empfehlungen zur Gestaltung der strukturellen Regelungen. Diese Maßnahmen sind danach zu realisieren und zu evaluieren (vgl. Berthel 2000, S. 237).

2   Vergleich verschiedener Qualitätskonzepte

2.1   QM-Systeme als Grundlage einer Zertifizierung

Die Einführung eines Qualitätsmanagementkonzeptes führt in der Regel zu einem systematischen Aufbau eines Managementsystems, in dem die „produkt"bezogene Qualitätspolitik im

Mittelpunkt steht. Dazu werden die notwendigen Anforderungen bezüglich der Leistungserstellung definiert.

Im Rahmen der internationalen Kooperation wurde es zunehmend wichtig, Qualitätssysteme einheitlich zu gestalten, was 1987 durch die International Standards Organisation (ISO) geschehen ist. Einen erheblichen Bedeutungszuwachs gewann die Normenreihe durch den Beschluss der EU, rechtsverbindlich funktionierende Qualitätssicherungssysteme zu verlangen und hierfür die ISO-Normenreihe zu nutzen (vgl. Seghezzi 1996, S. 204).

Die Zahl der Unternehmen, die sich nach der ISO 9000-Normenreihe haben zertifizieren lassen, ist in den letzten Jahren weltweit rasant gestiegen. Allein in Deutschland waren Ende 1999 rund 30.000 Unternehmen zertifiziert (vgl. ISO 1999). Zudem kann davon ausgegangen werden, dass fünf- bis zehnmal mehr Organisationen ein normenkonformes Qualitätsmanagementsystem aufgebaut haben, ohne es zertifizieren zu lassen (vgl. Seghezzi 1996, S. 204).

Indem Unternehmen die Forderung nach einer Zertifizierung über ihre direkten an ihre indirekten Zulieferer weitergegeben haben, ist eine wahre „Zertifizierungswelle" entstanden, die auch immer mehr kleine und mittlere Unternehmen (KMU) erfasst hat. Ursprünglich nur im Industriesektor verbreitet, führte die wachsende Popularität der Normenreihe darüber hinaus dazu, dass auch Dienstleistungsunternehmen, öffentliche Verwaltungen und soziale Einrichtungen ein Qualitätsmanagementsystem nach der 9000er Normenreihe eingeführt haben.

Das Zertifikat nach der Normenreihe bescheinigt die normen- bzw. qualitätsgerechte Entwicklung und Erstellung der betrieblichen Leistung. Die Qualität der Leistung bzw. die Qualität der Leistungserstellung stehen im Mittelpunkt. In einem Audit durch Externe wird die Einhaltung der Forderungen des Qualitätsmanagement überprüft, d.h., es handelt sich um einen systematischen und unabhängigen Prozess zur Erlangung von Nachweisen (vgl. Deutsches Institut für Normung e.V. 2000, S. 36, S. 38, S. 48). Die Gesamtausrichtung des Unternehmens wird nicht thematisiert, weswegen die Ansprüche, wie sie z.B. im Kontext von TQM thematisiert werden, durch eine erfolgreiche Zertifizierung nur teilweise erfüllt sind (vgl. Richter 1999, S. 36).

Ein anderer wesentlicher Grund für die Bedeutung von Qualitätsmanagementsystemen ist eine veränderte Produzentenhaftung. Aufgrund des Produkthaftungsgesetzes ist der Hersteller eines Produktes verpflichtet, sich von der vermuteten Schuld zu befreien, ein fehlerhaftes Produkt in den Verkehr gebracht zu haben. Dabei wird nicht mehr auf das Verschulden abgestellt, sondern eine verschuldensunabhängige Haftung des Produzenten angenommen, der verpflichtet ist, seine Schuldbefreiung (Exkulpation) nachzuweisen. Diese Verpflichtung betrifft auch Händler, die ein Produkt nur leicht verändern bzw. in Verkehr bringen. Wenn einem Unternehmen eine Verschuldung unterstellt wird, kann es durch das Vorweisen eines Qualitätsmanagementsystems nach DIN ISO 9000–9004 seine Unschuldsvermutung unterstützen (vgl. Kamiske/Brauer 1995, S. 116–118).

Die Normen wurden vor dem Hintergrund der Entwicklungen im Bereich des TQM als ungenügend empfunden, da weder die Idee der kontinuierlichen Verbesserung noch die Kundenorientierung oder das Management von Schlüsselprozessen angemessene Berücksichtung fanden (vgl. Zink 1995, S. 41). Aufgrund dieser Defizite war eine gründliche Überarbeitung und Aktualisierung der DIN EN ISO 9000ff. notwendig. Da die letzte Revision der ISO-Normen bereits 1994 stattgefunden hatte, wurde im Jahr 2000 eine Großrevision durchgeführt, die die notwendigen Änderungen umsetzen sollte. Deutlich wird dies in der veränderten Definition von Qualität als „Vermögen einer Gesamtheit inhärenter Merkmale eines Produktes, Systems oder Prozesses zur Erfüllung von Forderungen von Kunden und anderen interessierten Parteien" (Deutsches Institut für Normung e.V. 2000, S. 16).

2.2   TQM als qualitätsorientierte Veränderungsstrategie

Bei einem TQM-Konzept sind die Bedürfnisse der tatsächlichen oder potenziellen Kunden der wesentliche Maßstab für die Qualität der unternehmerischen Aktivitäten. Der Begriff des Kunden wird dabei auf interne Kunden erweitert, womit eine Ausrichtung auf die Bedürfnisse der internen und externen Anspruchsgruppen verfolgt wird. In TQM-Konzepten werden darüber hinaus auch die Ansprüche der anderen Interessengruppen einer Organisation thematisiert (vgl. Zink 1998, S. 12).

Die „erstellte" Qualität bezieht sich somit nicht nur auf die technischen oder sonstigen Eigenschaften einer Leistung, sondern impliziert die qualitätsorientierte Ausrichtung der gesamten Organisation. Für die erfolgreiche Umsetzung dieser Philosophie sind ein entsprechender organisatorischer Rahmen sowie angemessene Werkzeuge notwendig, wodurch die Qualität umsetzbar und messbar wird. Dazu sind die präventive Ausrichtung der Qualitätsbemühungen sowie die Einbeziehung der Mitarbeiter notwendig (vgl. Zink 1995, S. 59; Seghezzi 1996, S. 45).

Grundlegende Voraussetzung ist, dass die Qualitätsphilosophie von den Führungskräften entwickelt, getragen und verbreitet wird. Diese muss in Unternehmensgrundsätzen oder speziellen Qualitätsgrundsätzen niedergeschrieben werden und als Richtlinie für das Handeln aller Führungskräfte dienen. Insbesondere das Top-Management muss sich sichtbar und nachhaltig engagieren, vor allem aber seine Rolle als Vorbildfunktion internalisieren und vorleben sowie aktiv an der Umsetzung des Konzeptes mitwirken (vgl. Zink 1995, S. 94; Wunderer/Gerig/Hauser 1997, S. 71; Seghezzi 1996, S. 131).

Aus Sicht der Mitarbeiter muss das Total Quality-Konzept so klar aufgebaut sein, dass sie es verstehen, ihm vertrauen und daher ein Interesse an der Umsetzung haben, weil sie einen Nutzen darin erkennen. Die Identifikation und Motivation müssen als zentrale Voraussetzungen anerkannt werden. Nur so kann die Qualitätsphilosophie im Unternehmen wirksam werden bzw. werden alle Führungskräfte und ausführenden Mitarbeiter eingebunden.

Zusammenfassend lassen sich folgende Kernelemente einer umfassenden Qualitätsphilosophie herausarbeiten (Zink 2001):

- „Qualität wird als ein wesentliches Organisationsziel mit langfristigem und dauerhaftem Charakter verstanden.

- Qualität umfasst mehrere Dimensionen und beschränkt sich nicht nur auf die Qualität von Produkten bzw. Dienstleistungen. Zu integrieren sind auch die Qualität der Prozesse, der Arbeit(sbedingungen) sowie der Außenbeziehungen im weitesten Sinne.

- Qualität wird als organisationsweite Aufgabe betrachtet. Alle Mitarbeiter sind aktiv in ein solches Konzept einzubeziehen.

- Die Qualitätsbemühungen müssen vor allem präventiv gestaltet werden. Daraus leitet sich einerseits eine systematische Klärung von Kundenanforderungen ab sowie andererseits eine Abkehr von der ergebnisorientierten Qualitätssicherung und daher eine stärkere Betrachtung von Arbeitsabläufen als notwendige Voraussetzungen für frühzeitige Eingriffsmöglichkeiten."

Ein umfassendes Verständnis von Qualität kann nur realisiert werden, wenn geeignete Voraussetzungen und Strukturen geschaffen werden. Die Einführung von TQM kann als Prozess der Organisationsentwicklung angesehen werden, der sich aus personellen und strukturellen Komponenten zusammensetzt (vgl. Zink 1995, S. 56f.). Dabei wird eine Veränderung von Einstellung und Verhalten der Mitarbeiter sowie der Organisationsstrukturen angestrebt. Die Neuausrichtung einer Organisation ist eine kontinuierliche Aufgabe, die unter Einbeziehung aller Betroffenen durch die Führungskräfte und Mitarbeiter durchgeführt wird. Eine Initiierung als zusätzliches OE-Projekt führt zu einer großen Distanz zum betrieblichen Handlungsgeschehen (vgl. Steinmann/Schreyögg 1997, S. 450f.).

Für die erfolgreiche Implementierung von TQM-Konzepten ist der Einsatz von entsprechenden Werkzeugen notwendig. Hierzu gehören z.b. Self-Assessment, Benchmarking oder Policy Deployment. Durch die Selbstbewertung anhand eines Business Excellence Modells (vgl. Zink 1995, S. 225–230; Zink 1998, S. 161–163) sowie durch den Vergleich mit anderen einschließlich der Ermittlung von Ursachen für die Unterschiede (Benchmarking) werden wesentliche Arbeiten zur Ist-Zustands- und Fortschrittsmessung eines TQM-Konzeptes durchgeführt (vgl. Zink 1995, S. 259–261; Zink 1998, S. 178–181). Die Verantwortung für das Realisieren von TQM wird in die Bereiche verlagert, die unmittelbar von den Veränderungen in ihren Arbeitsabläufen betroffen sind. Die Bereiche übernehmen selbst Verantwortung für die qualitätsorientierte Optimierung ihrer Prozesse sowie für die Verbesserung ihrer Ergebnisse bzw. für die erfolgreiche Umsetzung der internen und externen Kundenorientierung. Damit Qualität als eine langfristige und dauerhafte Aufgabe mit strategischer Relevanz verstanden wird, ist eine Zusammenführung aller unternehmerischen Potenziale erforderlich. Es wird ein umfassender Managementansatz anstatt eines Partialkonzeptes realisiert, in dem verschiedene Aspekte und ihre Wechselwirkungen untereinander zusammengeführt werden (vgl. Zink 1995, S. 41).

2.3   Das EFQM-Modell für Business Excellence als Bewertungskonzept

Verschiedene Ansätze zum Thema TQM sind z.T. relativ abstrakt gehalten und bedürfen der Konkretisierung (vgl. Zink 1998, S. 12). Eine Möglichkeit dazu liefern die internationalen Qualitätspreise, die rund um den Globus (z.B. Asien, Europa, USA, Australien) eingeführt wurden. Im Vordergrund stand dabei immer die Idee, durch umfassende Qualität zu exzellenten Ergebnissen zu kommen. Daher hat man wegen der Mehrdeutigkeit des Qualitätsbegriffes diesen jeweils durch Business Excellence, Performance Excellence, Organizational Excellence – oder einfach Excellence ersetzt (vgl. Zink 2001). Die Modelle sind so offen genug formuliert, dass sie auf verschiedenartige Organisationen bezogen werden können (vgl. Zink 1998, S. 12).

Durch eine Bewertung nach den Kriterien eines Excellence-Modells kann eine Analyse des Ist-Zustandes vorgenommen werden. Hierbei werden die Stärken der bewerteten Organisation herausgestellt. Daran schließen sich Überlegungen zur Ableitung von Verbesserungsbereichen an. Durch weitere Bewertungen werden die durchgeführten Verbesserungen überprüfbar (vgl. Zink 1998, S. 12; Wunderer/Gerig/Hauser 1997, S. 18).

Der European Quality Award (EQA) wurde 1992 zum ersten Mal vergeben. Er wird durch die European Foundation for Quality Management (EFQM) verliehen, die sich zum Ziel gesetzt hat, die Wettbewerbsfähigkeit europäischer Organisationen zu steigern und die Bedeutung von Qualität in allen Funktions- und Tätigkeitsbereichen zu fördern. Sie will Ansporn und Unterstützung bei der Entwicklung von Maßnahmen zur Qualitätsverbesserung geben. Das dem Preis zugrunde liegende Kriterienmodell wurde kontinuierlich gepflegt und weiterentwickelt und stellt sich heute in seiner Grundstruktur gemäss der folgenden Abbildung dar.

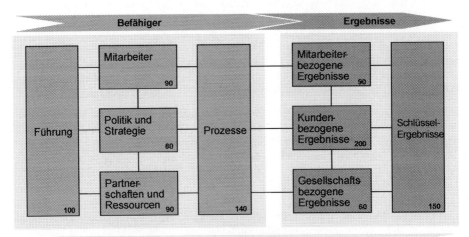

Abb. 1: EFQM Excellence Modell 2000 (EFQM 1999, S. 8)

Bei der Verleihung werden die Kategorien „Unternehmen", seit 1996 „Öffentliche Dienstleistungsbetriebe" und seit 1997 „Operationelle Einheiten" (wesentliche Unternehmensteile, die sich nicht als selbständige Einheiten bewerben können: Fabrikstätten, Montagewerke, Funktionseinheiten) sowie „Kleine und mittlere Unternehmen" unterschieden. Zu diesem Zweck wurden spezielle Bewerbungsunterlagen entwickelt.

Charakteristisch für das Europäische Modell sind die folgenden Merkmale:

- die Trennung zwischen Gestaltungsfaktoren, die für das Erreichen exzellenter Ergebnisse erforderlich sind, und Ergebnisse, die durch diese Aktivitäten erreicht werden,

- die Integration der Mitarbeiterorientierung, die sich nicht nur in dem gleichnamigen Baustein widerspiegelt, sondern auch ergebnisorientiert überprüft wird („Mitarbeiterorientierte Ergebnisse") und im Führungsverhalten eine wesentliche Rolle spielt,

- die Beherrschung der Geschäftsprozesse („Wertschöpfung") und die Vermeidung von Verschwendung durch optimale Ressourcennutzung,

- die Integration der Kundenzufriedenheit bzw. der Kundenbindung und

- die Berücksichtigung der gesellschaftlichen Verantwortung und des Ansehens, das die jeweilige Organisation in ihrem Umfeld genießt.

Durch die Trennung in Gestaltungsfaktoren und Ergebnisse wird in starkem Maße auf die für den Erfolg relevanten strategischen Potenziale hingewiesen, gleichzeitig werden diese deutlich von den Ergebnissen getrennt. Wenn man darüber hinaus spezifische Schwerpunkte des Modells sucht, kann man – über die Aufteilung in die zwei Kriteriengruppen hinaus – eine explizite Ausrichtung auf alle beteiligten Partner (engl: „Stakeholder") feststellen.

Der wesentliche Kern der letzten Überarbeitung des EFQM-Modells besteht vor allem in der stärkeren Betonung strategischer Elemente: Die Bewertung einer Organisation beruht daher grundsätzlich auf der Fragestellung, inwieweit alle ihre Aktivitäten der Umsetzung von Politik und Strategie – oder allgemeiner des Unternehmenszwecks dienen (vgl. Zink 2001).

Wie oben schon skizziert, sind in der Version 2000 die „Partner" als wesentliche weitere Erfolgsvoraussetzung hinzugekommen. Der Begriff Qualität spielt nur noch eine untergeordnete Rolle. Es geht nun darum darzustellen, was die Organisation tut, um ihre Politik und Strategie umzusetzen – oder ihrer Vision näher zu kommen. In den veränderten Bewertungsdimensionen wird die Ausrichtung auf die erwünschten Ergebnisse noch einmal betont. Das ständige Messen und kritische Infragestellen soll Lernprozesse initiieren und den kontinuierlichen Verbesserungsprozess vorantreiben. Den dafür vorgesehenen Zyklus zeigt die folgende Abbildung:

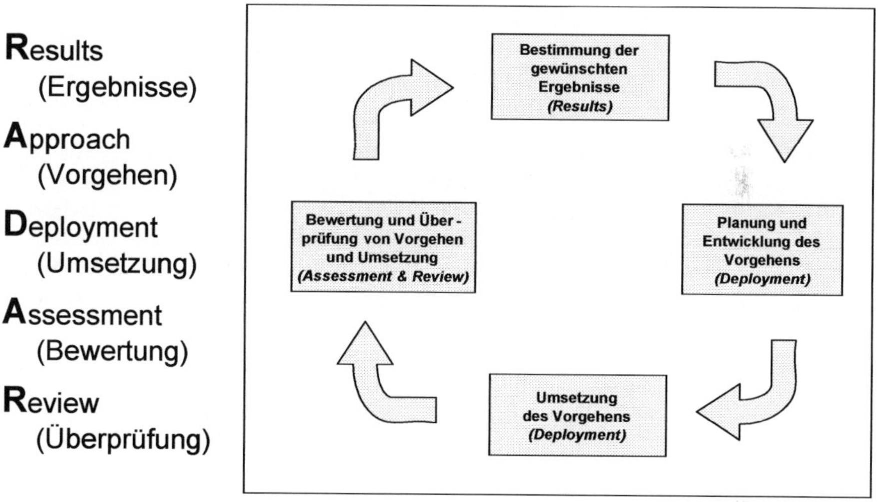

Results
(Ergebnisse)

Approach
(Vorgehen)

Deployment
(Umsetzung)

Assessment
(Bewertung)

Review
(Überprüfung)

Bestimmung der gewünschten Ergebnisse
(Results)

Planung und Entwicklung des Vorgehens
(Deployment)

Umsetzung des Vorgehens
(Deployment)

Bewertung und Überprüfung von Vorgehen und Umsetzung
(Assessment & Review)

Abb. 2: Radar-Systematik (in Anlehnung an EFQM 1999, S. 10)

Basierend auf den Kernaussagen und grundlegenden Prinzipien, besitzt jedes Excellence Modell verschiedene Kriterien mit Unterkriterien, um die Mitarbeiterorientierung zu messen. Insbesondere in den Kriterien 3 (Mitarbeiter) und 7 (Mitarbeiterbezogene Ergebnisse) des EFQM-Modells werden die mitarbeiterrelevanten Aspekte thematisiert, die insgesamt 18% der möglichen Punkte des Gesamtmodells ausmachen (vgl. EFQM 1999, S. 34). Dabei wird zwischen Konzepten, deren Umsetzung und den damit erzielten Ergebnissen im Sinne von Wohlbefinden und Zufriedenheit unterschieden. Die folgende Aufzählung zeigt die Merkmale einer Mitarbeiterorientierung:

- Personalplanung und -management
- Entwicklung von Wissen und Kompetenzen
- Empowerment, Einbeziehung, Teamarbeit
- Information und Kommunikation
- Anerkennung, Belohnung, Sorge für die Mitarbeiter

Die anteilige Umsetzung der mitarbeiterorientierten Grundsätze durch die Personalentwicklung sind Gegenstand nachfolgender Ausführungen.

3   Aufgaben der Personalentwicklung

In Anlehnung an ein Phasenmodell der Personalentwicklung können deren Aufgaben in Analyse des Bedarfs, Entwicklung von Maßnahmen (didaktische Konzeption, Empfehlungen zur Gestaltung der strukturellen Veränderungen, Beschreibung von erforderlichen Qualifikationen), Realisierung sowie Evaluation der durchgeführten Vorhaben unterschieden werden (vgl. Berthel 2000, S. 237). Die Ausführungen in den Abschnitten 3.1 und 3.3 orientieren sich an dieser Differenzierung.

3.1   Rolle der Personalentwicklung im Kontext von QM-Systemen

Der Personalentwicklungsbedarf ergibt sich aus den Anforderungen der ISO-Normenreihe. Erforderlich sind Fähigkeiten zur Erfüllung und Dokumentation der festgelegten Qualitätsforderung und Kenntnisse der einzuhaltenden Standards. Durch die Untersuchung der Merkmale einer Leistung hinsichtlich der festgelegten Qualitätsforderung wird die Einhaltung der Vorgaben nachgewiesen. Ein Unternehmen benötigt qualifizierte und kompetente Mitarbeiter, die die Voraussetzungen für eine erfolgreiche Zertifizierung schaffen.

Den Qualifizierungsbedarf kann die Personalentwicklung durch die Analyse der vorhandenen Mitarbeiterqualifikationen und durch die Analyse der Aufgabenveränderungen feststellen, die sich aus dem Prozess der Zertifizierung ergeben (vgl. Berthel 2000, S. 238). Der festgestellte Bedarf kann durch Schulungen bzw. Seminarkonzepte abgedeckt werden, die die erforderlichen Kenntnisse und Fähigkeiten vermitteln. Es ist ein unmittelbarer Bezug zu der Anwendungssituation gegeben, wodurch die Bedeutung der Inhalte für die lernenden Mitarbeiter deutlich wird (vgl. Faulstich 1998, S. 126). Die Aufgabe der Personalentwicklung ist es, durch den Einsatz geeigneter Veranstaltungsformen, Methoden und Referenten (vgl. Berthel 2000, S. 317) die notwendigen Inhalte selbst zu vermitteln oder sich daran zu beteiligen. Strukturelle Veränderungen sind nur teilweise notwendig, weil die Nutzung der ISO-Normenreihe nicht alle Aspekte der Unternehmensführung beinhaltet (vgl. Richter 1999, S. 36).

Nach Abschluss der Schulungen ist eine Evaluation des eingesetzten didaktischen Konzeptes notwendig, um den Prozess der Vermittlung mitsamt seinen Rahmenbedingungen anzupassen und zu verbessern (vgl. Götz/Häfner 1999, S. 160).

3.2   Mitwirkung des Personalentwicklungsbereiches bei der Einführung und Umsetzung von TQM

Für die erfolgreiche Realisierung von TQM sind die Veränderungen von Einstellungen und Verhalten von grundlegender Bedeutung. Die Führungskräfte und Mitarbeiter müssen realisieren bzw. internalisieren, dass Qualität keine technische Funktion oder Eigenschaft ist, sondern ein systematischer Prozess, der das gesamte Unternehmen durchdringt. Diese Form von Qualität muss sowohl am einzelnen Arbeitsplatz als auch in der Zusammenarbeit zwischen Abteilungen sichergestellt werden. In allen Bereichen muss die Idee der kontinuierlichen Verbesserung umgesetzt und „gelebt" werden. Der Maßstab für die Qualität wird ausschließlich durch die Bedürfnisse der internen und externen Kunden festgelegt. Um dieses anspruchsvolle Ziel dauerhaft zu erreichen, sind die Anstrengungen aller Mitglieder der Organisation notwendig. Alle Beschäftigten müssen erkennen, dass die Ausrichtung des gesamten Unternehmens auf eine umfassende Qualitätsphilosophie zur Erzielung dauerhafter Wettbewerbsvorteile notwendig ist.

Gegenüber den Kunden muss sich die Einstellung durchsetzen, dass sie nicht als „Unterbrechung" der Arbeit angesehen werden, sondern die Umsetzung ihrer Anforderungen die treibende Vorstellung ist. Erkannte Fehler müssen als Ansporn fungieren, sie zukünftig zu vermeiden sowie Lern- und Verbesserungsprozesse abzuleiten. Dementsprechend muss das Gefühl der persönlichen Verantwortung für die eigene Arbeit dominieren. Eine Verlagerung dieser verantwortungsbewussten Einstellung auf eine spätere Qualitätskontrolle ist nicht akzeptabel. Die Qualität kann nicht erst nach Abschluss einer Handlung überprüft werden, sondern muss durch die präventive Zusammenführung von Planung, Ausführung und Kontrolle erfolgen (vgl. Zink 1995, S. 56).

Aus diesen skizzierten Einstellungen müssen Verhaltensweisen folgen, die den festgestellten und potenziellen Bedürfnissen der Kunden die höchste Priorität einräumen. Das Engagement und die Initiative der Beschäftigen darf sich nicht funktional auf die eigene Abteilung beschränken, sondern muss durch Prozessdenken und -handeln die Erstellung der als richtig erkannten Leistungen in den Mittelpunkt der Betrachtung nehmen. Dabei kann es zur Überschreitung der bisherigen Bereichsgrenzen und -zuständigkeiten kommen, was durch die Arbeit in – z.T. wechselnden – Teams bewältigt wird. Es muss eine schuldfreie Atmosphäre möglich werden, in der zu konstruktiver Kritik ermuntert wird. Dadurch wird permanentes Lernen ein Element der täglichen Arbeit (vgl. Zink 1995, S. 57).

Im Kontext der veränderten Einstellungen und Verhaltensweisen besteht eine wesentliche Aufgabe der Führungskräfte darin, die ihnen zufallende Vorbildfunktion bei der Implementierung eines TQM-Konzeptes auszuüben. Es obliegt ihnen, für die umfassende Qualitätsorientierung Verantwortung zu übernehmen. Dazu müssen sie die Philosophie internalisieren und zu ihrer eigenen machen und in einen unternehmensspezifischen Ansatz „übersetzen". Indem sie ihrer Vorbildfunktion entsprechen, kann ein aktives Engagement für andere betriebliche Akteure nachahmenswert werden.

Jeder Mitarbeiter ist gefordert, seine Rolle im Unternehmen zu überdenken. Von ihm wird eine verantwortungsbewusstere Einstellung zum eigenen Unternehmen bzw. zu dessen Zielen und zu internen bzw. externen Kunden erwartet. Dies beinhaltet auch mehr Eigenverantwortung für die Prozesse und Ergebnisse bzw. für die erfolgreiche Umsetzung der internen und externen Kundenorientierung im TQM-Ansatz.

Zur Realisierung dieser Einstellungs- und Verhaltensänderungen bedarf es Personalentwicklungsaktivitäten, die sich in inhaltlichen und methodischen Aufgaben niederschlagen, die nachfolgend beschrieben werden.

Da auch die Mitarbeiter der ausführenden Ebene unmittelbar in die Realisierung des TQM-Ansatzes eingebunden sind, benötigen sie dazu TQM-Werkzeuge, wofür sie zu qualifizieren sind. Durch den Einsatz der verschiedenen Werkzeuge werden sie u.a. für die verschiedenen Kundenbeziehungen sensibilisiert (z.B. durch die Analyse von Kunden-Lieferanten-Beziehungen) und setzen sich systematisch mit den betrieblichen Schlüssel- und Supportprozessen auseinander. Eine horizontale und vertikale Funktionsintegration führt zu verschiedenen Formen der Gruppenarbeit (vgl. Zink 1995, S. 84). Im Rahmen der Gruppenkonzepte können die Mitarbeiter im und mit dem Team an der Bewältigung anspruchsvollerer Aufgaben mitwirken (vgl. Zink 1995, S. 318–322; Wunderer/Gerig/Hauser 1997, S. 71).

Für die vermehrte Gruppenarbeit (z.B. teilautonome Arbeitsgruppen, Projektgruppen, Quality Circles) wird eine entsprechende Teamfähigkeit der Mitarbeiter notwendig. Sie müssen über die Sozialkompetenz verfügen, mit der sie sich an gruppendynamischen Prozessen beteiligen können. Sozialkompetenz umfasst die Dispositionen, um „kommunikativ und kooperativ selbstorganisiert zu handeln, d.h. sich mit anderen kreativ auseinander- und zusammenzusetzen, sich gruppen- und beziehungsorientiert zu verhalten, um neue Pläne und Ziele zu entwickeln" (Erpenbeck/Weinberg 1999, S. 154). Diese Teilkompetenz wird immer dann notwendig, wenn die Aufgabendurchführung in Kooperation mit Kollegen erfolgt und wenn der Beschäftigte direkt mit internen oder externen Kunden zu tun hat. Nichtstandardisierbare Situationen sollen durch diese Kompetenzart bewältigt und soziale Beziehungen im Arbeitsleben sachorientiert und möglichst rational gestaltet werden können. Die zielgerichtete Förderung sozialer Kompetenz beinhaltet die Möglichkeit einer bewussteren Gestaltung der sozialen Beziehungen insbesondere im Hinblick auf eine Steigerung der Lernfähigkeit und eine Freisetzung brachliegender Potenziale von Wissen, wodurch Teams und Mitarbeiter entsprechend ihrer Bedeutung für TQM-Konzepte in die Veränderungsprozesse integriert werden (vgl. Meyer 1997, S. 131).

Im Arbeitsvollzug treten unbekannte Problemstellungen auf, welche durch die Mitarbeiter zu strukturieren und zu lösen sind. Methodenkompetenz soll die Mitarbeiter befähigen, lösungsorientiert zu reagieren, selbstständig neue Wege zu finden sowie Erfahrungen sinnvoll auf andere Arbeitsprobleme zu übertragen. Der Mitarbeiter soll in der Lage sein, Problemlösungen methodisch kreativ zu gestalten und das Vorgehen zu strukturieren (vgl. Erpenbeck/Weinberg 1999, S. 154). Dazu gehört insbesondere die Vermittlung von Techniken zur Problemanalyse und -lösung sowie zur Analyse von Kunden-Lieferanten-Beziehungen (vgl. Zink 1995, S. 61).

Durch TQM-Konzepte werden die Arbeitsinhalte ganzheitlicher. Die Mitarbeiter haben die Möglichkeit, selbstständig Ziele zu setzen, welche in einen übergeordneten betrieblichen Zielkontext eingeordnet werden müssen. Dadurch werden die Beschäftigten über die weitere Bedeutung ihrer Leistung informiert. Durch die Übernahme dispositiver Aufgaben der Planung, Steuerung und Kontrolle werden alle Arbeitsschritte zusammengefasst, die zu einem abgeschlossenen und eigenständigen Arbeitsergebnis führen. Das Ergebnis und das Vorgehen werden abschließend mit den gesetzten Zielen verglichen und ggf. verbessert. Die Anforderungen an die Mitarbeiter werden dadurch komplexer und erfordern entsprechende Fähigkeiten, um ganzheitliche Arbeitsinhalte zu bewältigen (vgl. Kluge 1997, S. 64f.; Frieling 1999, S. 168f.).

Im Rahmen von ganzheitlichen Arbeitsinhalten ist die kontinuierliche Verbesserung der Leistungen, Prozesse und Potenziale ein wesentliches Element. Die Mitarbeiter sind der dauerhaften Herausforderung ausgesetzt, sich am Prozess der kontinuierlichen Verbesserung zu beteiligen. Sie müssen sich mit neuen Lösungen und Inhalten auseinander setzen und diese in die eigene Arbeit integrieren. Eine dafür angemessene Fähigkeit zum eigenverantwortlichen bzw. selbstorganisierten Lernen muss durch Personalentwicklungsmaßnahmen ausgebildet werden (vgl. Baethge/Schiersmann. 1998, S. 36).

Die Einführung und Nutzung von Gruppenarbeitskonzepten führt dazu, dass die Führungskräfte die Funktion eines Moderators übernehmen. Durch die Moderation soll die Kommunikation in den entstehenden Arbeitsgruppen initiiert und gesteuert werden. Die moderierende Funktion der Führungskraft soll eine motivierte und aktive Mitwirkung aller Gruppenmitglieder bewirken.

Die Führungskraft muss sich als Begleiter und Motivator der Gruppenprozesse verstehen, die die Entscheidungen im Sinne der Unternehmensziele zu steuern hat. Dabei soll sie das Gruppengeschehen aufmerksam wahrnehmen können, Vertrauen zur Gruppe entwickeln, Konflikte erkennen und lösen können sowie die fachlichen Notwendigkeiten und Zusammenhänge verdeutlichen (Hausmann/Stürmer 1999, S. 5, S. 84f.).

Im Verhältnis zu den Mitarbeitern und Gruppen kommt es zur Abgabe von Macht und zur Reduktion eines evtl. Informationsvorsprungs. Dafür müssen die Führungskräfte vorbereitet werden. Außerdem sollten sie das Engagement und den Widerspruch der Mitarbeiter einfordern, um deren Mitwirkung zu erreichen. Bei diesen Veränderungen ist nicht nur bei den Mitarbeitern mit Widerständen zu rechnen, sondern auch bei den Führungskräften, was eine entsprechende Unterstützung durch den Personalentwicklungsbereich erforderlich macht (vgl. Eberle/Hartwich 1995, S. 50).

Eine spezifische Form der individuellen Beratung und Betreuung ist das Coaching, um die beruflichen Potenziale und Kompetenzen der Mitarbeiter zu fördern. Der Vorteil bzw. die Notwendigkeit eines Coaching durch Vorgesetzte wird hauptsächlich darin gesehen, dass es zu den Aufgaben der Führungskräfte gehört, bei Problemen ihrer Mitarbeiter einzugreifen. Ausgerichtet wird das Coaching auf berufliche Situationen, die sich aus den Veränderungen aufgrund der TQM-Einführung ergeben. Auftretende Problemstellungen sollen von den Mitarbeitern und Führungskräften konstruktiv aufgegriffen und Lösungsansätze entwickelt werden.

Schwierig am Coaching ist, dass die Beziehung zwischen Vorgesetztem und Mitarbeiter nicht frei von Zwängen und potenziellen Konflikten ist. Der Mitarbeiter kann das Coaching evtl. nicht freiwillig beenden, was eine Voraussetzung für ein effektives Vorgehen ist. Zugleich ist das offene Gespräch über fachliche Probleme belastet, weil die Führungskraft die Mitarbeiter später zu beurteilen hat, was zu Widerständen seitens der Beschäftigen führen kann (vgl. Schreyögg 1995, S. 199f.).

Die Führungskraft als Moderator und Coach muss sich um ein positives emotionales Umfeld und um eine tragfähige Beziehung zum Mitarbeiter bemühen und durch ihre Glaubwürdigkeit einen Zugang zu dem Mitarbeitern finden (vgl. Scholz 2000, S. 962; Comelli/von Rosenstiel 1995, S. 228). Um die Rolle als Moderator und Coach authentisch ausüben zu können, sollte eine Führungskraft grundsätzlich über ein Menschenbild verfügen, das den Mitarbeiter als Persönlichkeit wahrnimmt und akzeptiert. Dann strebt dieser nach Autonomie und Selbstverantwortung und ist zu Initiative und Engagement bereit, wenn die Arbeit einen Sinn vermittelt (vgl. Comelli/von Rosenstiel 1995, S. 250f.).

Für Führungskräfte werden oftmals externe Berater als Coach hinzugezogen, die als „objektive" und professionelle Gesprächspartner Problemlösungen erarbeiten. In einer Situationsanalyse kann im Coaching das bisherige Verhaltensrepertoire der Führungskraft thematisiert und anhand neuer Anforderungen reflektiert werden, die sich aus der TQM-Philosophie ergeben. Die Übernahme neuer Aufgabenfelder soll auf diese Weise vorbereitet werden. Dabei können auch persönliche Probleme bei der notwendigen Verhaltensänderung aufgegriffen werden (vgl. Sonntag/Schaper 1999, S. 228, S. 232).

In struktureller Hinsicht ist es erforderlich, ein qualitätsorientiertes Anreizsystem zu entwickeln. Durch die Orientierung des Entgeltsystems an den als wesentlich erkannten Qualitätszielen kann eine motivationale Voraussetzung dafür geschaffen werden, dass diese Ziele erreicht werden. Gefördert werden muss hierbei die Bereitschaft der Mitarbeiter, die eigene Qualifikation und Flexibilität einzubringen und zu erhöhen. Die Maßstäbe dafür müssen gegenüber den Mitarbeitern transparent und von ihnen akzeptiert sein (vgl. Schultz-Wild 1997, S. 61; Schmierl 1997, S. 116).

Durch ein Beurteilungssystem wird dem Mitarbeiter eine direkte Rückmeldung über seine Leistung und sein Verhalten gegeben. Im individuellen Gespräch mit dem Vorgesetzten sollte dem Mitarbeiter mitgeteilt werden, welcher Grad der Zielerreichung gegeben ist. Bei Abweichungen müssen diese geklärt und Überlegungen zur Erreichung der vereinbarten Ziele ange-stellt werden. Ein solches Beurteilungsgespräch läuft nach vorher bekannten Regeln und Maßstäben ab. Dem Mitarbeiter muss eine ausreichende Gelegenheit eingeräumt werden, seine Meinung darzulegen (vgl. Comelli/von Rosenstiel 1995, S. 84). Die Aufgabe der Perso-nalentwicklung besteht hierbei darin, an der Entwicklung und Erklärung entsprechender Beurteilungsmaßstäbe mitzuwirken sowie die Durchführung derartiger Personalgespräche durch die Bereitstellung eines Leitfadens und eine entsprechende Schulung zu begleiten (vgl. Schuler/Prochaska 1999, S. 191f.).

Die Personalbeurteilung kann sich zusätzlich auf die Vorgesetzten beziehen, damit diese ein systematisches Feedback über ihr Führungsverhalten bekommen und dieses mit ihrem Selbst-bild vergleichen können. Dazu werden sie von ihren Mitarbeitern beurteilt. Für eine effektive Durchführung ist es notwendig, dass die Anonymität für die beurteilenden Mitarbeiter ge-währleistet ist und dass die Führungskräfte bei der Analyse und Neuorientierung fundiert beraten werden, damit sie einen Nutzen in der Änderung ihres Verhaltens sehen (vgl. Scholz 2000, S. 440–443). In der Beurteilung von Führungskräften sind das Erreichen von Qualitäts-zielen, das Engagement für oder die Initiierung von Qualitätsprojekten, die Förderung und Unterstützung von Problemlösungsgruppen beispielhafte Bausteine für eine „qualitätsorien-tierte" Beurteilung.

Bestimmte Aufgaben im Rahmen der Einführung von TQM können mit einem sog. Train-the-Trainer-Konzept umgesetzt werden. Dabei werden alle Führungskräfte als interne Trainer eingebunden. Das oberste Management wird für die Konzeption und Durchführung eines Management-Workshops zunächst von externen Experten unterstützt.

Der Workshop ist der Ausgangspunkt für die Top-down-Schulung und befähigt die Unter-nehmensleitung, die nachfolgenden Führungsebenen zu trainieren. Durch die Nutzung inter-aktiver Elemente (z.B. Rollenspiele oder Kleingruppenarbeit) soll die Akzeptanz und der Lernfortschritt beim Top-Management erhöht werden. Danach schulen die Mitglieder der Unternehmensleitung die ihnen unmittelbar unterstehenden Führungskräfte, die anschließend ihren Mitarbeitern wesentliche Inhalte und Techniken des TQM-Konzepts vermitteln. Auf diese Weise wird das Qualitätskonzept kaskadenförmig im gesamten Unternehmen bekannt gemacht. Während der Umsetzung des Train-the-Trainer-Konzepts soll kompetente Beratung in inhaltlichen und didaktischen Belangen bereitstehen, um die internen Trainer zu unterstüt-zen (vgl. Zink 1997, S. 89f., S. 105).

Für die Gestaltung von Seminaren im eigenen Bereich müssen sich die Vorgesetzten mit den Veränderungen und den neuen Instrumenten intensiv auseinandersetzen. Dadurch soll bei ihnen das Verständnis für die Qualitätsphilosophie erhöht und eine ggf. erforderliche Verhal-tensänderung initiiert werden. Indem die Führungskräfte selbst die ihnen unterstehenden Mitarbeiter schulen, können sie ihre Überzeugung authentisch zum Ausdruck bringen. Zugleich können sie die Schulungsmaßnahmen den betrieblichen Besonderheiten anpassen (vgl. Zink 1998, S. 192).

Voraussetzung für ein erfolgreiches Train-the-Trainer-Konzept ist, dass die Führungskräfte über ausreichende Methoden- und Sozialkompetenz verfügen, um als Trainer auftreten zu können. Sie müssen mit den TQM-Instrumenten (z.B. Problemanalyse- und -lösungsmetho-den) kompetent umgehen, um die Mitarbeiter für den Umgang mit ihnen zu befähigen. Dies setzt schließlich auch voraus, dass sie die Philosophie von TQM selbst akzeptieren und zu ihrer eigenen machen, um sie authentisch vermitteln zu können.

Nach Beendigung von Trainingsmaßnahmen ist eine Evaluation erforderlich. Durch die Überprüfung der „Übertragbarkeit des ... Gelernten in das Arbeits- oder Funktionsfeld" (Götz/Häfner 1999, S. 159) soll der Erfolg der Schulungen nachgewiesen werden. Dabei werden alle relevanten Faktoren einbezogen, die den unmittelbaren Verlauf und den Erfolg beeinflussen können. Die Überprüfung der hier eingesetzten Instrumente der Personalentwicklung dient zugleich ihrer kontinuierlichen Verbesserung.

3.3 Aufgaben der Personalentwicklung beim Einsatz des EFQM-Modells

Der Personalentwicklungsbedarf ergibt sich aus der Struktur und der angestrebten Verwendung des EFQM-Modells. Es ist festzulegen, welche Führungskräfte und Mitarbeiter mit dem Modell arbeiten werden. Für eine Selbstbewertung ist das Assessorenteam zu bestimmen und die für die Datenerhebung zuständigen Mitarbeiter sind auszuwählen. Die Assessoren sind oftmals Multiplikatoren in der eigenen Organisation, um den Prozess der kontinuierlichen Verbesserung einzuleiten. Deswegen ist in besonderer Weise auf deren Potenzial zur Erfüllung ihrer Aufgaben zu achten (vgl. Zink 1998, S. 198).

Um die Struktur und inhaltlichen Zusammenhänge zu erkennen, müssen alle Kriterien des Modells verstanden werden. Die relativ allgemein gehaltene Beschreibung der Modellteile müssen auf die eigene Organisation übertragen werden können (vgl. Wunderer/Gerig/Hauser 1997, S. 95). Es sollen im eigenen Unternehmen Beispiele und Anknüpfungspunkte gefunden sowie Verbesserungsmöglichkeiten identifiziert werden können. Dafür sind ausreichende Fachkenntnisse über das Modell aufzubauen. Allgemeine oder persönliche Fähigkeiten sind notwendig, um sich in komplexen Zusammenhängen und Gruppenprozessen kompetent verhalten zu können. Für den Aufbau dieser Kompetenzen muss die Personalentwicklung passende Schulungskonzepte entwickeln, die die Inhalte praktisch und theoretisch verdeutlichen (vgl. Zink 1998, S. 193, S. 198). Für den Aufbau allgemeiner Fähigkeiten sind ergänzende Schulungsmaßnahmen (z.B. Moderationstechniken, Projektmanagement) zu entwickeln, wofür die Personalentwicklung zuständig ist. Lern- oder transferförderlich ist der unmittelbare Anwendungsbezug der Schulungsinhalte. Diese Maßnahmen können zu Beginn unter Mitwirkung erfahrener externer Referenten durchgeführt werden, jedoch steht die Personalentwicklung in der Verantwortung, eigene Trainingskompetenz aufzubauen (vgl. Wunderer/Gerig/Hauser 1997, S. 91; Zink 1998, S. 197–199).

Wenn das EFQM-Modell für eine Selbstbewertung genutzt wird, ist zusätzliche Kompetenz erforderlich, um die notwendige Datenerhebung erfolgreich durchführen zu können. Die verantwortlichen Mitarbeiter müssen befähigt werden, die zutreffenden Daten zu erheben und den entsprechenden Kriterien des Modells zuzuordnen (vgl. Zink 1998, S. 201; Wunderer/Gerig/Hauser 1997, S. 96).

Die Vermittlung der erforderlichen Kompetenzen erfolgt durch Seminare unter Verwendung von Fallstudienmaterial, in denen in moderierten Kleingruppen die Kriterien des Modells erarbeitet werden. Der Umgang mit dem Modell, die Konsensfindung im Assessorenteam sowie die Ableitung von Verbesserungsbereichen sind Inhalte dieser Schulungen. Zusätzlich werden die für die Datenerhebung zuständigen Mitarbeiter in den entsprechenden Techniken (Fragebogenentwicklung und -auswertung, Einsatz von Standardformularen) unterwiesen (vgl. Zink 1998, S. 206–209). Nach Beendigung der Schulungen ist schließlich deren Effektivität und Transferwirksamkeit zu evaluieren, um die vorhandenen Konzepte weiterzuentwickeln und zu verbessern.

4 Anwendung von Qualitätskonzepten auf den Personalentwicklungs-Bereich

4.1 Qualitätsmanagement-Konzepte als Grundlage für die Personalentwicklung

Die ISO-Normen können auf den Bereich der Personalentwicklung selbst bezogen werden, indem dessen Leistungen betrachtet werden. Für die Konzepte und Maßnahmen der Personalentwicklung sind dementsprechende Qualitätsstandards zu entwickeln. Beispielhaft können sich die Anforderungen auf Beratung und Information, Service, Qualifikation der Mitarbeiter sowie Zuverlässigkeit beziehen (vgl. Dietz 1996, S. 27). Durch die Anwendung der ISO-Normen soll es zum Aufbau eines Systems kommen, das den Gesamtprozess der Personalentwicklung dokumentiert und nach festgelegten Standards bewertet. Die Leistungserstellung durch die Personalentwicklung kann durch ein solches System standardisiert werden (vgl. Dietz 1996, S. 35).

Problematisch ist dabei, dass viele qualitätsrelevante Faktoren für eine Messung nur bedingt zugänglich sind. Die unreflektierte Anwendung der Normenreihe birgt die Gefahr einer Bürokratisierung in sich. Außerdem werden die Konzepte der Personalentwicklung inhaltlich nicht überprüft (vgl. Arnold/Wieckenberg 2000, S. 102). Lernprozesse erfolgen sehr individuell und der Erfolg ergibt sich aus der unmittelbaren Interaktion zwischen Personalentwicklung und Mitarbeitern bzw. Kunden. Viele Einflussfaktoren liegen außerhalb des Einflussbereichs des Anbieters, z.B. Anwendung in der alltäglichen Arbeit, obwohl sie wesentlich sind für die erfolgreiche Umsetzung des Gelernten (vgl. Dietz 1996, S. 10f.).

Bei Nutzung eines TQM-Konzeptes wird die Personalentwicklung als Teilfunktion im Gesamtunternehmen gesehen. Die unternehmensweit geltenden Qualitätsvorstellungen werden auf die Abteilung bezogen und für diese konkretisiert. Dafür kann eine – zumindestens vorübergehende – Betrachtung als eigenständiger Bereich erforderlich werden (vgl. Wunderer/Gerig/Hauser 1997, S. 101). Für diesen ist zu klären, wie das langfristige Qualitätsverständnis definiert wird und wie alle Mitarbeiter in diese umfassende Aufgabe einbezogen werden können bzw. welche Qualitätsphilosophie für die Personalentwicklung gilt. Von zentraler Bedeutung ist die Klärung der Kundenbedürfnisse. Dies setzt voraus, dass die gesamte Personalentwicklung durch eine verstärkte Prozessorientierung auf den Kunden ausgerichtet werden muss. Innerhalb der Personalentwicklung müssen ggf. personelle und strukturelle Veränderungen vorgenommen werden, durch die Mitarbeiter des Bereichs ihre Kompetenz weiterentwickeln können und durch die organisatorische Voraussetzungen für die Realisierung der Qualitätsphilosophie geschaffen werden. Insbesondere die Führungskräfte sollen durch ihre authentische Vorbildfunktion verdeutlichen, dass die Personalentwicklung als interner Dienstleister aktiv an der qualitätsorientierten Ausrichtung der gesamten Organisation mitwirkt.

In der Anwendung des Business Excellence Modells nach dem EFQM-Ansatz werden alle Kriterien auf die Personalentwicklung transformiert. Während bei den Aspekten der Mitarbeiterorientierung und der Führung wenig Veränderungen zu erwarten sind, muss beispielsweise für Politik und Strategie die Perspektive verändert werden. Für die Ausarbeitung der bereichsspezifischen Missions und Werte soll das eigene Selbstverständnis als Bereich geklärt werden. Für diesen Entwicklungsprozess muss festgelegt werden, wer zu den Interessengruppen zählt, welche Kernkompetenzen die Personalentwicklung aufweist und welche Entwicklungsperspektiven für den Bereich angestrebt werden (vgl. Zink 1998, S. 62; EFQM 1999, S. 15). Durch den Einsatz des EFQM-Modells wird ein Prozess der kontinuierlichen Verbesserung initiiert (vgl. Arnold/Wieckenberg 2000, S. 102).

Ein wichtiges Thema – wie oben dargestellt – ist die Kundenorientierung der Personalentwicklung, die in den kundenbezogenen Ergebnissen des Kriteriums 6 gemessen wird. Innerhalb der Personalentwicklung ist daher zu diskutieren, wer zu den Kunden dieses Bereiches gehört (vgl. EFQM 1999, S. 22). Es ist zu überlegen, in welchem Verhältnis die Kundengruppen Mitarbeiter und Unternehmen zueinander stehen oder ob noch weitere (potentielle) Gruppen hinzuzufügen sind. Die Messung der entsprechenden Ergebnisse kann durch Befragungen zur Zufriedenheit der verschiedenen Kundengruppen erfolgen (vgl. Arnold 1996, S. 252).

4.2   Kunden- und Prozessorientierung als ausgewählte Aspekte

Für eine konsequente Kundenorientierung ist es erforderlich, dass sich die Personalentwicklung auf die Bedürfnisse der Mitarbeiter und der Organisation einstellt. Diese sollen durch eine Bildungsbedarfsanalyse erfasst werden. Dadurch soll konkret und authentisch festgestellt werden, welche Qualifikationen bestimmte Kunden- oder Mitarbeitergruppen erwerben müssen (vgl. Arnold 1996, S. 201). Aufgrund der verstärkten Eigenverantwortung von Personen und Teams müssen diese grundsätzlich in der Lage sein, zusammen mit der Personalenwicklung ihren unternehmensbezogenen Weiterbildungsbedarf zu erkennen. Die Bildungsbedarfsanalyse soll sich dabei nicht nur reaktiv am aktuellen Bedarf orientieren, sondern muss in regelmäßigen Abständen die zukünftig erforderlich werdenden Kompetenzen antizipieren (vgl. Arnold 1996, S. 204; Faulstich 1998, S. 105f.).

Die Umsetzung des festgestellten Bildungsbedarfs der Kunden erfolgt in enger Abstimmung mit der Personalentwicklung, die für die Konzeption und Durchführung der Qualifizierungsmaßnahmen verantwortlich ist. Dafür ist es erforderlich, die Kenntnisse und Fähigkeiten der Mitarbeiter sowie der Führungskräfte fundiert einschätzen zu können. Für deren Weiterentwicklung müssen entsprechende Werkzeuge entwickelt und zur Verfügung gestellt werden bzw. adäquate Schulungen durchgeführt werden (vgl. Betzl/Hase/Moll 1997, S. 159f.; Faulstich 1998, S. 51–53).

Ein Teil der verschiedenen Schulungsmaßnahmen kann durch externe Anbieter durchgeführt werden, wenn diese über umfangreichere Fachkenntnis und Erfahrungen im Umgang mit TQM-Konzepten und dazugehörigen Werkzeugen verfügen (vgl. Betzl/Hase/Moll 1997, S. 150). Es ist eine Kernaufgabe der Personalentwicklung, an der Auswahl kompetenter und erfahrener Anbieter mitzuwirken, diese über die festgestellten Bildungs- oder Kundenbedürfnisse zu informieren und deren Engagement im eigenen Unternehmen kritisch zu begleiten, damit die Kundenanforderungen konsequent erfüllt werden (vgl. Schwuchow 1997, S. 178; Zink 1998, S. 204).

Die Auswahl externer Anbieter kann aber nur eine vorübergehende Lösung sein. Die Entwicklung der eigenen Kompetenz durch die Personalentwicklung ist eine weitere Kernaufgabe. Denn ihr obliegt es, die Kompetenzen der Mitarbeiter selbst weiterzuentwickeln. Da der TQM-Ansatz sehr eng mit der Organisationsentwicklung verbunden ist, ist die aktive Mitwirkung an strukturellen Veränderungen eine weitere Aufgabe. Für die Bewältigung der personellen und strukturellen Aufgaben sind unternehmensindividuelle Konzepte erforderlich. Die Ausarbeitung dieser Konzepte muss sich konsequent an den Bedürfnissen der Mitarbeiter bzw. der Organisation orientieren. Für die erfolgreiche Umsetzung ist es erforderlich, dass die Personalentwicklung über eigene Kenntnisse und Erfahrungen im Umgang mit der TQM-Philosophie verfügt. Der Aufbau einer eigenen Kompetenz ist für die Personalentwicklung dringend geboten, um ihrer Verantwortung für den erfolgreichen Umgang mit TQM gerecht zu werden und um die Kundenorientierung authentisch zu realisieren (vgl. Wunderer/Gerig/Hauser 1997, S. 90f.).

Im Kontext der Prozesse des gesamten Unternehmens sind auch die Schlüsselprozesse der Personalentwicklung zu identifizieren und zu verbessern. Damit werden die wesentlichen Aktivitäten und kritischen Erfolgsfaktoren der Personalentwicklung zum Betrachtungsgegenstand (vgl. Zink 1998, S. 109). In einer prozessorientierten Sichtweise der Personalentwicklung wird eine punktuelle Analyse der Weiterbildungsaktivitäten vermieden (vgl. Baethge/Schiersmann 1998, S. 49). Durch die Festlegung der internen Schnittstellen sowie der internen Verpflichtungen werden klare Verantwortlichkeiten für die Leistungen der Personalentwicklung benannt. Diese müssen Personen oder Teams klar zugeordnet werden, die ihrerseits in der Lage sind, die Prozesse zu managen und kontinuierlich zu verbessern. Für die Prozesse müssen konkrete Zielgrößen vorliegen, um sie zu nachhaltig zu sichern (vgl. Zink 1995, S. 76; Zink 1998, S. 114). Somit können z.b. für die Entwicklung, Durchführung und Evaluation bestimmter Schulungsmaßnahmen oder für die Auswahl externer Anbieter für Führungskräfteseminare die Prozesse identifiziert und Prozessverantwortliche ausgewählt werden. Für diese Prozesse wie auch für die Realisierung des Train-the-Trainer-Konzeptes oder für das Coaching von Problemlösungsgruppen müssen messbare Qualitätskriterien vereinbart werden.

Für die Aufbauorganisation bedeutet dies eine flachere Hierarchie, was durch die steigende Eigenverantwortung der Bereichsmitglieder bedingt ist. Die Struktur des Bereiches hat sich in konsequenter Weise an den Schlüsselprozessen zu orientieren, um die Kundenzufriedenheit zu erhöhen (vgl. Zink 1998, S. 109). Es werden kleine und überschaubare Einheiten oder Teams gebildet, die für einen in sich abgeschlossenen kundenorientierten Prozess verantwortlich sind. Die traditionelle Bereichshierarchie wird durch die prozessorientierte Organisation und durch matrixähnliche Strukturen ersetzt. Durch diese Strukturformen soll die Flexibilität und Anpassungsfähigkeit der Personalentwicklung gewährleistet werden.

5   Fazit und Schlussbetrachtung

Aufgrund der engen Beziehung zur Organisationsentwicklung umfasst die Personalentwicklung weit mehr als die Schulung von Einzelnen oder Teams. Im Rahmen von Qualitätsmanagement-Konzepten übernimmt sie umfangreiche Aufgaben. Insbesondere im umfassenden TQM-Ansatz müssen personelle und strukturelle Entwicklungen vorangetrieben werden. Dafür muss die Personalentwicklung angemessene Konzepte und Instrumente entwickeln, anwenden und verbessern, um ihrer Verantwortung sowohl für die Mitarbeiter und Führungskräfte als auch für die Organisation gerecht zu werden. Durch die unmittelbare Anwendung der TQM-Philosophie auf die Personalentwicklung wird dieser Bereich selbst veranlasst, sein Qualitätsverständnis zu konkretisieren und dadurch zur Erreichung der unternehmerischen Zielsetzung nachhaltig beizutragen.

Literatur

Arnold, R./Wieckenberg, U.: Qualitätssicherung aus pädagogischer Sicht, in: EB – Erwachsenenbildung, Vierteljahresschrift für Theorie und Praxis, 3/2000, S. 100–104

Arnold, R.: Weiterbildung, München 1996

Baethge, M./Schiersmann, C.: Prozessorientierte Weiterbildung – Perspektiven und Probleme eines neuen Paradigmas der Kompetenzentwicklung für die Arbeitswelt der Zukunft, in Arbeitsgemeinschaft Qualifikations-Entwicklungs-Management (Hrsg.): Kompetenzentwicklung '98 – Forschungsstand und Forschungsperspektiven, Münster, New York, München, Berlin 1998, S. 15–87

Berthel, J.: Personal-Management. Grundzüge für Konzeptionen betrieblicher Personalarbeit, 6. überarbeitete und erweiterte Auflage, Stuttgart 2000

Betzl, K./Hase, B./Moll, K.: Information und Qualifikation als Voraussetzung für ein mitarbeiterorientiertes, umfassendes Qualitätsmanagement, in: Hirsch-Kreinsen, H. (Hrsg.): Organisation und Mitarbeiter im TQM, 1997, S. 137–187

Comelli, G./von Rosenstiel, L.: Führung durch Motivation, München 1995

Deutsches Institut für Normung e.V. (Hrsg.): E DIN EN ISO 9000: 2000-01: Qualitätsmanagement-Systeme, Grundlagen und Begriffe, Berlin 2000

Dietz, S.: Qualitätsmanagement in Weiterbildungseinrichtungen, Münster 1996

Eberle, W./Hartwich, E.: Brennpunkt Führungspotential-Persönlichkeitseinschätzung als unternehmerische Aufgabe, Frankfurt 1995

Erpenbeck, J./Heyse, V.: Berufliche Weiterbildung und Kompetenzentwicklung, in: Arbeitsgemeinschaft Qualifikations-Entwicklungs-Management (Hrsg.): Kompetenzentwicklung '96 – Strukturwandel und Trends in der betrieblichen Weiterbildung, Münster, New York, München, Berlin 1996, S. 15–152

Erpenbeck, J./Weinberg, J.: Lernen in der Leonardo-Welt – Von der Weiterbildung zur Kompetenzentwicklung in offenen und selbstorganisierten Lernarrangements, in: Arnold, R./Gieseke, W. (Hrsg.): Die Weiterbildungsgesellschaft – Band 1: Bildungstheoretische Grundlagen und Analysen, Neuwied, Kriftel, 1999, S. 144–160

European Foundation for Quality Management (EFQM): Das EFQM-Modell für Excellence, Brüssel 1999

Faulstich, P.: Strategien der betrieblichen Weiterbildung, München 1998

Frieling, E.: Unternehmensflexibilität und Kompetenzerwerb, in: Arbeitsgemeinschaft Qualifikations-Entwicklungs-Management (Hrsg.): Kompetenzentwicklung '99 – Aspekte einer neuen Lernkultur, Münster, New York, München, Berlin 1999, S. 147–202

Götz, K./Häfner, P.: Didaktische Organisation von Lehr- und Lernprozessen, 5. Auflage, Weinheim 1999

Hausmann, G./Stürmer, H.: Zielwirksame Moderation, 2. Auflage, Rennigen-Malsheim 1999

Holling, H./Liepmann, D.: Personalentwicklung, in: Schuler, H. (Hrsg.): Lehrbuch Organisationspsychologie, 2. Auflage, Bern, Göttingen, Toronto, Seattle 1995, S. 285–316

ISO (Hrsg.): The ISO Survey of ISO 9000 and ISO 14000 Certificates, 9th cycle, 1999, in: http://www.iso.ch (10.10.2000)

Kamiske, G. F./Brauer, J.-P.: Qualitätsmanagement von A bis Z – Erläuterungen moderner Begriffe des Qualitätsmanagements, 2. Auflage, München, Wien 1995

Kluge, A.: Erfahrungsmanagement in lernenden Organisationen, Göttingen 1997

Meyer, A.: Soziale Kompetenz und Führungshandeln – ein Paradigma der Managementbildung in lernenden Organisationen? In: Freimuth, J./Haritz, J./Kiefer, B. (Hrsg.): Auf dem Wege zum Wissensmanagement, Göttingen 1997, S. 125–138

Richter, M.: Personalführung im Qualitätsmanagement, München, Wien 1999

Schmierl, K.: Elemente qualitätsförderlicher Entlohung bei prozessorientiertem Qualitätsmanagement, in: Hirsch-Kreinsen, H. (Hrsg.): Organisation und Mitarbeiter im TQM, 1997, S. 97–119

Scholz, C.: Personalmanagement, 5. Auflage, München 2000

Schreyögg, A.: Coaching. Eine Einführung für Praxis und Ausbildung, Frankfurt/Main 1995

Schuler, H./Prochaska, M: Ermittlung personaler Merkmale – Leistungs- und Potentialbeurteilung von Mitarbeitern, in: Sonntag, K. (Hrsg.): Personalentwicklung in Organisationen, 2. Auflage, Göttingen, Bern, Toronto, Seattle 1999, S. 182–210

Schultz-Wild, R.: Arbeitsorganisation und Personalwirtschaft im Qualitätsmanagement, in: Stieler-Lorenz, B. (Hrsg.): Mensch und Qualität – Qualitätsförderliche Reorganisation im turbulenten Umfeld, Stuttgart 1997, S. 43–64

Schwuchow, K.-H.: Weiterbildungsangebote für Fach- und Führungskräfte, in Geißler, H. (Hrsg.): Weiterbildungsmarketing, Neuwied, Kriftel, Berlin 1997, S. 170–186

Seghezzi, H. D.: Integriertes Qualitätsmanagement, München, Wien 1996

Sonntag, K.: Personalentwicklung – ein Feld psychologischer Forschung und Gestaltung, in Sonntag, K. (Hrsg.): Personalentwicklung in Organisationen, 2. Auflage, Göttingen, Bern, Toronto, Seattle 1999, S. 15–29

Sonntag, K./Schaper, N.: Förderung beruflicher Handlungskompetenz, in Sonntag, K. (Hrsg.): Personalentwicklung in Organisationen, 2. Auflage, Göttingen, Bern, Toronto, Seattle 1999, S. 211–244

Steinmann, H./Schreyögg, G.: Management, 4. Auflage, Wiesbaden 1997

Wunderer, R.: Führung und Zusammenarbeit, 2. Auflage, Stuttgart 1997

Wunderer, R./Gerig, V./Hauser, R.: Qualitätsmanagement durch und im Personalmanagement – Konzeptionelle Grundlagen und Folgerungen für die Personalabteilung, in: Wunderer, R./Gerig, V./Hauser, R. (Hrsg.): Qualitätsorientiertes Personalmanagement – Das Europäische Qualitätsmodell als unternehmerische Herausforderung, München, Wien 1997, S. 1–104

Zink, K.J.: TQM als integratives Managementkonzept, München, Wien 1995

Zink, K.J. (Hrsg.): Qualitätswissen – Lernkonzepte für moderne Unternehmen, Berlin, Heidelberg 1997

Zink, K.J.: Bewertung ganzheitlicher Unternehmensführung – Am Beispiel des Ludwig-Erhard-Preises für Spitzenleistungen im Wettbewerb, München, Wien 1998

Zink, K.J.: Neuere Entwicklungen im Qualitätsmanagement – Relevanz in Werkstätten für Behinderte, in: Schubert, H.-J./Zink, K.J. (Hrsg.): Qualitätsmanagement im Gesundheits- und Sozialwesen, 2. erw. und geänd. Auflage, Berlin, Neuwied 2001

JOACHIM MÜNCH

Kundenorientierung als Leitbild für ein lernendes Unternehmen

1 Vom alltäglichen Qualitätsbegriff zum kundenorientierten Qualitätsbegriff

In der Alltagssprache sind „Kunde" und „Qualität" sehr häufig benutzte Begriffe und jeder, der sich ihrer bedient, hat eine wenigstens ungefähre Vorstellung davon. Der Kunde ist jemand, der im Marktgeschehen ein Produkt oder eine Dienstleistung kauft, wobei dieser in der Regel darauf achtet, dass er für sein Geld „gute" Qualität erhält. Zur Verdeutlichung von „Kundenorientierung", die ja im Mittelpunkt des folgenden Beitrages steht, wollen und müssen wir aber genauer wissen, was ein Kunde ist und was mit Qualität im Einzelnen gemeint ist bzw. gemeint sein kann. Bevor die Auslotung des Kundenbegriffes in eigenen Kapiteln durchgeführt wird, soll zunächst der Qualitätsbegriff in seinen verschiedenen Ausprägungen ausgeleuchtet werden (vgl. Münch 1996, S. 31 ff.).

- *Der alltägliche Qualitätsbegriff*

  Im Alltagsleben bewerten wir permanent, häufig unbewusst und unausgesprochen, Menschen, Sachen materieller und immaterieller Art, Situationen, Entwicklungen usw. Wir kommen zu „Qualitätsurteilen", anhand von „Qualitätsmodellen", die sich in unserem Kopfe durch Lernen und Erfahrungen entwickelt und mehr oder weniger fest verankert haben. Eine systematische Reflexion der „Qualitätskriterien" ist selten Grundlage für unsere Urteile, so dass „Vor"urteile die Folge sein können. Ob etwas gut oder schlecht bewertet wird, ob etwas von guter oder schlechter Qualität ist, ist stark subjektiv bestimmt, und was für den einen „gut" ist, mag für den anderen „schlecht" sein.

- *Der normativ-subjektive Qualitätsbegriff*

  Dieser Qualitätsbegriff ist ebenfalls durch ein hohes Maß von Subjektivität der Ansprüche und Erwartungen an zu beurteilende Menschen und zu bewertende Güter gekennzeichnet, bestimmt sich aber durch eine stärkere Bewusstheit verinnerlichter Normen und Werte der bewertenden Subjekte. Wer zum Beispiel Partizipation, Kooperation und partnerschaftliche Beziehungen für hohe Werte hält, wird bestimmte arbeitsorganisatorische und unternehmenskulturelle Gegebenheiten anders bewerten als derjenige, der ein elitäres Menschenbild verinnerlicht hat.

- *Der kriteriengeleitete Qualitätsbegriff*

  Insbesondere bei komplexen „Gegenständen", wie es z.B. das derzeit stark diskutierte Hochschulsystem ist, sind normativ bestimmte und durch Interessenlagen (Staat, Gesellschaft, Wirtschaft, Professoren, Assistenten, Studenten usw.) geleitete Pauschalurteile (fast) die Regel. Die „Qualität" der Hochschulen ist aber kein bloß empirischer und aus der Realität abzuleitender, sondern ein normativer Begriff. Mit Hilfe von Qualitätskriterien bemüht man sich, einer Pauschalierung von Urteilen entgegenzutreten, um auf diese Weise zu einem kriteriengeleiteten Urteil zu kommen, z.B. zu einem Ranking, wie es in den USA und Japan gang und gäbe ist und seit einiger Zeit auch in Deutschland Platz greift (vgl. dazu das Beispiel bei Münch 1999b, S. 151).

  Dass solche kriteriengeleiteten Qualitäts„zugriffe" zwar ein größeres Maß an Rationalität in eine wie immer geartete Qualitätsdebatte einzubringen vermögen, ist nicht zu bestreiten. „Objektive" Qualität ist aber auch damit nicht zu erfassen und zu „messen", weil die Auswahl, Festlegung, Gewichtung der Kriterien normativ bestimmt sind. Man vergleiche z.B. die unterschiedlichen Erwartungen der Professoren, der Studenten und der abnehmenden Wirtschaft an die Hochschulen! Die Qualitätsdiskussion über und um die Hochschulen ist nur ein Beispiel zur Verdeutlichung des kriteriengeleiteten Qualitätsbegriffes und deshalb hier nicht weiter zu verfolgen. Als Resümee ist lediglich festzuhalten, dass kriteriengeleitete Qualitäts„messungen" immerhin Annäherungen an eine „objektive" Qualität zu bewirken vermögen. Im Vorgriff auf nähere Ausführungen zum Kundenbegriff kann hier bereits festgestellt werden, dass es *den* Kunden nicht gibt und geben kann!

- *Der technisch-objektive Qualitätsbegriff*

Bei technischen Produkten, z.B. bei einem Auto oder einem Computer, kann die Qualität mit Hilfe technischer Spezifikationen überprüfbar und vergleichbar gemacht werden. Technische Normen bestimmen die (technische) Qualität eines Produktes, die höher oder niedriger, aufwendiger oder weniger aufwendig, kostspieliger oder weniger kostspielig sein kann. Im Sinne des technisch-objektiven Qualitätsbegriffes ist Qualität nach DIN 55350 die „Gesamtheit von Eigenschaften und Merkmalen eines Produktes oder einer Tätigkeit, die sich auf deren Eignung zum Erfüllen gegebener Erfordernisse beziehen". Mit der Formulierung „Eignung zum Erfüllen gegebener Erfordernisse" wird ein Moment ins Spiel gebracht, das außerhalb der objektiv-technischen Spezifikationen liegt und den Nutzer, nämlich den Kunden, eines solchen Produktes ins Spiel bringt.

- *Der kundenorientierte Qualitätsbegriff*

Die Kunden als Nachfrager und Nutzer von Gütern knüpfen an diese Qualitätserwartungen, die sich nicht ausschließlich und in erster Linie an der technischen Machbarkeit bzw. an der technisch-objektiven Qualität orientieren. Für diese steht bei der Qualitätsbewertung eines Gutes die Frage im Vordergrund, inwieweit das Gut geeignet ist, die von ihnen definierten Zwecke optimal zu erfüllen. So spricht Juran (1979) in diesem Zusammenhang von „Fitness for use". Bei Philipps erklärt man lapidar: „Qualität ist die Erfüllung von Anforderungen. Über die Erfüllung entscheidet nur der Kunde!" (Zink 1994, S. 127). Grinda u.a. (1993, S. 200) betonen schließlich: „Qualität ist nicht der Aufwand, den der Hersteller in das Produkt steckt, Qualität ist der Nutzen, den der Kunde aus dem Produkt zieht". Wenn eine (hier nicht zu nennende) Bank mit der Bezeichnung „Beraterbank" Werbung macht, so wird damit ein Qualitätskriterium zur Geltung gebracht, dass über die Produktqualität im engeren Sinne hinausgeht. Dies gilt auch bei komplexen und langlebigen Gütern und Dienstleitungen, für die „Nachbetreuung" des Kunden. Daran zeigt sich, dass kundenorientierte Qualität sich auch durch kommunikative und kooperative Beziehungen zwischen Lieferanten und Kunden bestimmt.

2 Externe Kundenorientierung als Beziehungsmanagement

Die Orientierung der Qualität von Produkten und/oder Dienstleistungen an den Kundenerwartungen und Kundenbedürfnissen ist zwar eine wichtige Richtschnur für unternehmerisches Handeln, erfüllt aber allein noch nicht das Prinzip der Kundenorientierung. Dieses ist sowohl Leitbild für das unternehmerische Handeln, bzw. sollte es sein, als auch Ausdruck für ein sehr komplexes Aktionsfeld und Beziehungsgeflecht zwischen den Dienstleistern und den Kunden. Wie das Unternehmen stets mehr ist als der Erzeuger von Produkten und Dienstleistungen, so ist auch der Kunde stets mehr als Abnehmer und Käufer. Die Beziehungen zwischen beiden sind also nicht auf Verkauf und Kauf beschränkt, sondern durch vielfältige Kommunikation und Interaktion bestimmt. Es ist deshalb gerechtfertigt, von einem Beziehungsmanagement zu sprechen, dessen Ausgestaltung zu allererst eine Aufgabe des Unternehmens ist.

Dass der Kunde nicht nur Besteller, Empfänger und Bezahler eines Produktes oder einer Dienstleistung, sondern eine das Unternehmen intervenierende und stimulierende Institution oder Person ist bzw. sein sollte, zeigt die folgende Definition des Kunden aus der Sicht eines Unternehmens.

Ein Kunde –	ist die wichtigste Person in unserem Unternehmen, gleich ob er persönlich da ist, schreibt oder telefoniert.
Ein Kunde –	hängt nicht von uns ab, sondern wir von ihm.
Ein Kunde –	ist keine Unterbrechung für unsere Arbeit, sondern ihr Sinn und Zweck.
Ein Kunde –	ist jemand, der uns seine Wünsche bringt. Unsere Aufgabe ist es, diese Wünsche gewinnbringend für ihn und uns zu erfüllen.
Ein Kunde –	ist keine halbe Statistik, sondern ein Mensch aus Fleisch und Blut, mit Irrtümern und Vorurteilen behaftet.
Ein Kunde –	ist nicht jemand, mit dem man ein Streitgespräch führt oder seinen Intellekt misst. Es gibt niemanden, der je einen Streit mit einem Kunden gewonnen hätte.
Ein Kunde –	ist kein Außenstehender, sondern ein lebendiger Teil unseres Geschäftes. Wir tun ihm keinen Gefallen, indem wir ihn bedienen, sondern er tut uns einen Gefallen, wenn er uns Gelegenheit gibt, es zu tun.

Abb. 1: Was ist ein Kunde? (MHD-Berzelius, Duisburg)

Das komplexe Beziehungsgeflecht zwischen dem Leistungserbringer und dem Kunden wird noch deutlicher, wenn man die nachstehenden „Anforderungen an das Kundenkontaktpersonal" einer genauen Betrachtung unterzieht (vgl. Abb. 2).

Diese hohen Anforderungen werden allerdings in vielen Unternehmen von den Mitarbeitern bei weitem noch nicht erfüllt. Dies liegt vor allem daran, dass Kundenorientierung als Leitbild eines lernenden Unternehmens zwar in der Theorie großgeschrieben wird, aber in der Praxis nicht gelebt, insbesondere von den Führungskräften nicht vorgelebt wird. „... noch nicht einmal ein Bruchteil der Mitarbeiter, die mit Kunden zu tun haben, können von sich behaupten, das Gefühl zu haben, als wichtigste Ressource des Unternehmens ernst genommen zu werden" (Ederer/Seiwert 1998, S. 21).

Die aufgelisteten und erläuterten Anforderungen an das Kundenkontaktpersonal (vor allem Verkäufer und Kundenberater) erweisen sich, bei näherer Analyse, als nützliche und notwendige Verhaltensdimensionen auch für den Umgang, für Kommunikation und Kooperation der Mitarbeiter *innerhalb* eines Unternehmens. Anders formuliert, es gibt nicht nur die Notwendigkeit *externer* Kundenorientierung, sondern auch eine solche der *internen* Kundenorientierung. Ja, es lässt sich behaupten, dass eine ausgeprägte interne Kundenorientierung wesentliche Voraussetzung für eine optimale externe Kundenorientierung ist, so wie die „Erzeugung" zufriedener Kunden nur mit zufriedenen Mitarbeitern denkbar ist. Im folgenden Kapitel ist im Einzelnen darzustellen, was es mit dieser internen Kundenorientierung auf sich hat, und inwiefern diese eine wichtige unternehmenskulturelle Komponente ist.

„Kommunikation:	Fähigkeit, sich in den Interaktionen mit dem Kunden verbal und schriftlich klar auszudrücken.
Einfühlungsvermögen:	Fähigkeit, die Gefühle und den Standpunkt des Kunden anzuerkennen und darauf einzugehen.
Entscheidungsfähigkeit:	Bereitschaft, Entscheidungen zu treffen und etwas zu unternehmen, um Kundenwünsche zu erfüllen.
Energie:	Hoher Grad an Wachheit und Aufmerksamkeit im gesamten Interaktionsprozess.
Flexibilität:	Fähigkeit, den eigenen Service-Stil entsprechend der jeweiligen Situation oder der Persönlichkeit des Kunden zu variieren.
Verlässlichkeit:	Zeitgerechte und adäquate Leistung entsprechend der gemachten Zusagen.
Äußerer Eindruck:	Saubere und ordentliche Erscheinung, positiver Eindruck auf den Kunden.
Initiative:	Eigene Aktivitäten, um Kundenerwartungen immer wieder zu erfüllen oder zu überfüllen.
Integrität:	Einhaltung hoher sozialer und ethischer Standards im Umgang mit den Kunden.
Fachkenntnis:	Vertiefte Kenntnisse bezüglich des Angebots und der kundenbezogenen Leistungsprozesse.
Urteilsvermögen:	Fähigkeit, verfügbare Informationen richtig zu beurteilen und zur Entwicklung von Problemlösungen zu nutzen.
Motivation, dem Kunden zu dienen:	Eigenschaft, Gefühl der Arbeitszufriedenheit aus dem Umgang mit dem Kunden, der Erfüllung seiner Bedürfnisse und der Behandlung seiner Probleme gewinnen zu können.
Überzeugungsfähigkeit/ Verkaufstalent:	Fähigkeit, mit seinen Ideen und Problemlösungen beim Kunden Akzeptanz zu finden und ihn vom Angebot des Unternehmens zu überzeugen.
Planungsvermögen:	Fähigkeit, die kundenbezogene Arbeit zeitlich und sachlich richtig vorzubereiten.
Belastungsfähigkeit:	Fähigkeit, unerwartete Kundenprobleme, unvorhersehbaren Arbeitsanfall oder Arbeitsdruck während des Kundenkontaktes auszuhalten.
Situationsanalyse:	Sammlung und logische Analyse von wichtigen Informationen über die Situation des Kunden.
Hohes Anspruchsniveau:	Hohe Ziele im Kundendienst und ständige Bemühung, diese Ziele zu erreichen."

Abb. 2: Anforderungen an das Kundenkontaktpersonal (zitiert bei Becker 1999, S. 281)

3 Interne Kundenorientierung als unternehmenskulturelle Komponente

3.1 Prinzipien der internen Kundenorientierung

Masaaki Imai (1992) verdeutlicht das Prinzip der internen Kundenorientierung an einem einfachen Beispiel: „Wenn ein Arbeiter in einem Autowerk eine Schraube nicht fest genug anzieht, sind am fertigen Auto wahrscheinlich die Folgen nicht ersichtlich. Was spielt es schon für eine Rolle, ob die Schraube fest sitzt oder nicht? Wenn man sich aber den Kollegen vom nächsten Arbeitsplatz am Fließband als Kunden vorstellt, wird das Problem personalisiert und die Festigkeit der Schraube wird sehr wohl eine Rolle spielen" (S. 76). Diese Einsicht hat sich zu dem mittlerweile berühmt gewordenen Slogan „Der nächste Prozess ist der Kunde" verdichtet. Ingenieure und Arbeiter sehen ihre Kunden nicht mehr ausschließlich auf dem Markt, in den Käufern ihrer Produkte, sondern auch in den Kollegen nachgelagerter Bereiche, an die sie ihre eigene Arbeit weitergeben. Ungeachtet der Tatsache, dass bisher nur der kleinere Teil von Produktionsfirmen (vgl. Weber u.a. 1999, S. 39 ff.) diese Prinzipien in ihren Unternehmungen umgesetzt haben, wird nun auch in den Dienstleistungs- und Verwaltungsbereichen das Konzept der internen Kundenorientierung diskutiert und teilweise auch realisiert. Der Grundgedanke dieses Konzeptes ist der, dass alle inneren Abläufe eines Unternehmens als Marktgeschehen zu verstehen und zu organisieren sind. Mit anderen Worten: Organisationen werden als Märkte begriffen, sind durch Kunden-Lieferanten-Beziehungen bestimmt, wobei in vielen Fällen und Situationen die Mitarbeiter gleichzeitig Kunden und Lieferanten sind. Lehnhoff/Petersen (2000, S. 290 f.) verdeutlichen das Konzept der internen Kundenorientierung mit Hilfe folgender Grundannahmen:

- „Jede Tätigkeit muss als Prozess verstanden werden, der ein ‚Produkt' hervorbringt.

- Der Empfänger dieses Produktes ist der Kunde, der über die Qualität des Produktes entscheiden kann und muss.

- Zur Erstellung eines Produktes sind Zulieferungen nötig, die von einem Lieferanten erbracht werden.

- Jeder Mitarbeiter ist somit zugleich Kunde und Lieferant in einem Wertschöpfungsprozess, da häufig auch einzelne Kunden-Lieferanten-Beziehungen in beide Richtungen verlaufen.

- Somit müssen sich auch die Führungskräfte konsequent als Kunden und Lieferanten organisationsinterner Leistungen bzw. Produkte definieren.

- Die Kunden und Lieferanten müssen über die produktspezifischen Anforderungen und Ergebnisse kommunizieren, so dass der Begriff des ‚Co-Makership', der ursprünglich im Rahmen des Total-Quality-Managements eine Form der Zusammenarbeit zwischen externen Lieferanten und dem Unternehmen meint, auf die interne Zusammenarbeit im Wertschöpfungsprozess übertragen wird."

Damit die interne Kundenorientierung die gewünschte Wirkung zu erzielen vermag, nämlich die Realisierung eines Total-Quality-Managements als Basis für externe Kundenorientierung, müssen allerdings einige Voraussetzungen erfüllt werden, und zwar

- arbeitsorganisatorische Voraussetzungen,

- dialogkulturelle Voraussetzungen und

- führungsphilosophische Voraussetzungen.

3.2   Arbeitsorganisatorische Voraussetzungen

Zunächst: In einer stark arbeitsteiligen, standardisierten und „von oben" gesteuerten Ablauforganisation der Arbeitsprozesse lassen sich nur sehr bedingt Kunden-Lieferanten-
Beziehungen installieren, bzw. lassen sich Dienstleistungen mit starker und enger Fremdkon-
trolle nicht sinnvoll als Kundenbeziehung charakterisieren (vgl. Stauss/Neuhaus 1999, S.
140). „Echte" Kundenbeziehungen können sich nur in einer ganzheitlichen Arbeitsorganisation und in einer lernoffenen Unternehmenskultur mit flachen Hierarchien und mit einem Ver-
trauensmanagement entwickeln. Insofern gibt es einen engen Zusammenhang zwischen internen Kunden-Lieferanten-Beziehungen einerseits und einer innovativen Unternehmenskultur
andererseits. Allerdings: In realistischer Einschätzung betriebsbedingter Notwendigkeiten ist
dabei zwischen *sequenzintegrierten internen Dienstleistungen* und *sequenzunabhängigen
internen Dienstleistungen* (vgl. Stauss/Neuhaus 1999, S. 137) zu unterscheiden.

Im ersteren Falle handelt es sich um Aktivitäten, die von verschiedenen Mitarbeitern in einer
relativ strikt vorgegebenen Reihenfolge erledigt werden müssen. Sofern Arbeitsbereiche oder
Mitarbeiter in einer solchen Prozesskette miteinander verbunden sind, bestimmt sich deren
Qualität der Arbeit zum einen durch die vorgelagerten Stufen bzw. „Lieferanten" und zum
anderen durch die Anforderungen der nachfolgenden Stufen bzw. „Kunden". Demgegenüber
sind sequenzunabhängige interne Dienstleistungen („off-stream-service") nicht in mehr oder
weniger starre Abläufe eingebunden, sondern werden im Rahmen eines breiteren Spektrums
von Entscheidungs- und Leistungsmöglichkeiten geliefert. Solche offen-situativen Rahmenbedingungen ermöglichen und erfordern ein Beziehungsmanagement, mit dessen Hilfe Art
und Qualität des Angebotes vom internen Kunden und/oder Lieferanten situationsangepasst
festgelegt werden können. Letzte und oberste Richtschnur des Handelns ist und bleibt dabei
das Ziel, die externen Kunden zufriedenzustellen. Alle betrieblichen Prozesse werden auf
diese Weise als ein Netzwerk interner Kunden und Lieferanten verstanden, mit dessen Hilfe
die Bedürfnisse der externen Kunden retrograd in das Unternehmen hineintransportiert werden.

Bei *abteilungsübergreifenden* sequenzintegrierten Dienstleistungen erschweren häufig
Schnittstellenprobleme die Realisierung einer strikten internen Kundenorientierung. Aufgrund
von Abteilungsegoismen fehlt es häufig an wechselseitiger Information und gegenseitigem
Verständnis. Hier hilft vor allem die Verankerung der TQM-Philosophie in den Köpfen der
Mitarbeiter, aber insbesondere in den Köpfen der Führungskräfte! Erneut wird also der enge
Zusammenhang zwischen dem Konzept der internen Kundenorientierung und dem Total
Quality Management-Konzept deutlich!

3.3   Dialogkulturelle Voraussetzungen

Für eine wirkungsvolle Umsetzung interner Kundenorientierung bedarf es des weiteren der
Entwicklung und Pflege einer Dialogkultur, die im übrigen gleichzeitig eine entscheidende
Voraussetzung für die Entfaltung des Lernpotenzials in einer Unternehmung ist. Als Kommu-
nikationsmittel ist der Dialog stets mehr und anderes als Gespräch und Diskussion, wobei
beide weiterhin ihren Platz im kommunikativen Netzwerk eines Unternehmens behalten, aber
durch eine Dialogkultur eine Akzentuierung in Richtung einer gleichberechtigt-
partnerschaftlichen Kooperation erfahren. Auf die verschiedenen Formen und Zwecke inner-
betrieblicher Gesprächsführung (Entscheidungsgespräch, Informationsgespräch, Problemlö-
sungsgespräch, Motivationsgespräch, Beurteilungsgespräch usw.) ist hier nicht einzugehen.
Aber zur Charakterisierung des Dialogs, dessen Prinzipien insbesondere auf Gedanken von

Buber (1997) und Bohm (1998) gründen, ist dieser mit seinen Hauptmerkmalen der Diskussion gegenüberzustellen.

Diskussion	Dialog
Wissen	Lernen
Vorhandene Ideen selektieren	Ideen gemeinsam weiterentwickeln
Blick auf einzelne Punkte	Blick für Zusammenhänge
Antworten	Fragen
Gewinnen oder verlieren	Gemeinsamen Sinn teilen
Machtposition	Radikaler Respekt und Achtung
Kontrolle	Sich dem Ungewohnten öffnen
Position beziehen	Erkundende Haltung einnehmen
Verteidigung einer Position	Zuhören, Empathie, eigene Annahmen suspendieren
Ansichten, Meinungen verbreiten	Einsichten gewinnen
Überzeugen, Überreden	Gemeinsamer Erkenntnisprozess

Abb. 3: Diskussion versus Dialog (nach Thomas 2000, S. 55)

Beim Dialog geht es also vor allem darum, eine partnerschaftliche Lernhaltung und Handlungsoffenheit zu kultivieren, die auf Sensibilität und Empfänglichkeit gegenüber den Meinungen, Gedanken, Gefühlen, Bedürfnissen und Erwartungen des Dialogpartners gründet. „Der Dialog wird nicht als beliebige Diskussion oder Meinungsaustausch angesehen, sondern hat die Steigerung der Problemlösungsfähigkeit und die Zukunftssicherung von Organisationen zum Ziel" (Lehnhoff/Petersen 2000, S. 283). Im dialogischen Verständnis heißt dann interne und externe Kundenorientierung nichts anderes, als gemeinsam die besten Wege und Mittel für die Erfüllung der Kundenwünsche zu entwickeln und zu gestalten.

3.4 Führungsphilosophische Voraussetzungen

Dies hat Konsequenzen für die Rolle der Führungskräfte. Sie müssen die interne und externe Kundenorientierung und mit ihr das dialogische Prinzip vorleben und „den Kunden persönlich an die erste Stelle setzen" (Dehr/Biermann 1996, S. 41). Nicht von ungefähr legt das amerikanische Total Quality Management-Modell des Malcom Baldrige Award besonderes Gewicht auf die Kundenorientierung und deren Sicherung insbesondere durch die Führungskräfte (vgl. Abb. 4).

Im Vordergrund stehen also:

- *Kundenorientiertes Qualitätsverständnis*: Kundenzufriedenheit ist der letztlich entscheidende Maßstab für Qualität.

- *Qualität als Führungsaufgabe*: Die oberste Führungsebene muss treibende Kraft im Total Quality-Prozess sein (und damit auch für die Kundenorientierung, d. V.).

- *Mitarbeiterbeteiligung und -entwicklung*: Mitarbeiterzufriedenheit ist zentrale Voraussetzung für Kundenzufriedenheit.

Qualität in Amerika - Der Kriterienkatalog des Malcom Baldrige Award

Kundenorientiertes Qualitätsverständnis	Kundenzufriedenheit ist der letztendlich entscheidenen Maßstab für Qualität
Qualität als Führungsaufgabe	Die obere Führungsebene muß treibende Kraft im total-Quality-Prozeß sein
Kontinuierliche Verbesserung	Verbesserungsansätze dürfen nicht auf Projekte begrenzt sein, sondern müssen Bestandteil der täglichen Arbeit werden
Mitarbeiterbeteiligung und -entwicklung	Mitarbeiterzufriedenheit ist zentrale Voraussetzung für Kundenzufriedenheit
Kurze Reaktionszeit	Schnelligkeit der Reaktion auf Kundenwünsche ist ein wesentlicher Qualitätsmaßstab des Baldrige Award
Entwicklungsprozeß	Vorbeugende Problemvermeidung bereits im Entwicklungsprozeß durch hohe Qualität sowohl der Produkte als auch der Produktionsprozesse
Langfristige Orientierung	Starke Zukunftsorientierung, qualitativ hochwertige strategische Planung und der Wille, gegenüber Kunden, Angestellten, Zulieferern und der Gesellschaft langfristige Verpflichtungen einzugehen
"Management by Fact"	Operationalisierung der Ziele (insb. Der Qualitätsziele) auf der Basis von zuverlässigen Informationen, Daten und Analysen
Eingehen von Partnerschaften	Zielorientierter Aufbau von unternehmensinternen und -externen Partnerschaften
Gesellschaftliche Verantwortung	Berücksichtigung gesellschaftlich relevanter Aspekte (z.B. Umweltschutz) als Rahmen unternehmerischen Handelns

Abb. 4: Qualität in Amerika – Der Kriterienkatalog des Malcom Baldrige Award (zit. nach Münch 1997a, S. 73)

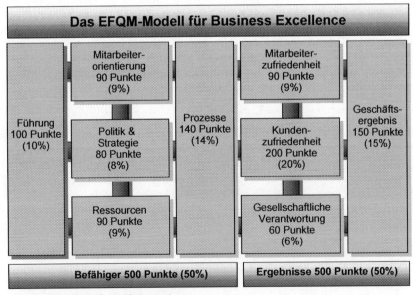

Abb. 5: Das EFQM-Modell für Business Excellence (vgl. EFQM 1999)

Unternehmen, die in den USA mit dem Malcom Baldrige Award ausgezeichnet werden wollen, müssen sich vor allem an diesen Kriterien messen lassen!

Auch die European Foundation For Quality Management in Brüssel räumt in ihrem Qualitätsmodell (EFQM-Modell) den Kriterien Kundenzufriedenheit, Mitarbeiterzufriedenheit und Führung das größte Gewicht ein (vgl. Abb. 5).

Folgt man allerdings der Annahme, dass die Zufriedenheit externer Kunden nicht nur, aber auch, wesentlich aus der internen Kundenorientierung und aus der Mitarbeiterzufriedenheit resultiert, dann ist dieses Modell, mit seinen „Richtlinien für die Identifizierung und Behandlung von Business Excellence-Aspekten" durchaus verbesserungsfähig!

4 Kundenorientierung in Non-Profit-Organisationen

Non-Profit-Organisationen in dem hier gemeinten Sinne sind Schulen und Hochschulen ebenso wie Stadtverwaltungen, Finanzämter, Krankenhäuser und Rehabilitationszentren. Ihre Leistungserbringung wurde bis in die jüngste Zeit hinein nicht mit der Philosophie der Kundenorientierung verknüpft. Diese liefern zwar Leistungen, haben also den Charakter von „Lieferanten", sind aber in der Regel nicht auf Entgelt ausgerichtet, wie dies bei einem Kunden eines Wirtschaftsunternehmens (Profit-Organisation) der Fall ist. Seit einiger Zeit halten jedoch Konzepte des Total-Quality-Managements und damit auch die Ideen der Kundenorientierung, wenn auch unter anderer Begrifflichkeit, Einzug in Non-Profit-Organisationen. Der Bürger als „Kunde" von dienstleistenden Rathäusern, Finanzämtern, Hochschulen und Krankenhäusern, der im Vertrauen auf exzellente Dienstleistungen seinen Obolus in Form von Steuern und Abgaben im voraus entrichtet hat: Diese Bewusstseinslage ist bei weitem noch nicht verinnerlicht, wird aber mehr und mehr ein entscheidender Impuls für die Umsetzung von Kundenorientierung auch in Non-Profit-Organisationen.

Öffentliche und quasi-öffentliche Dienstleister müssen umgekehrt davon ausgehen (können), dass sie es mit mündigen Bürgern und mit Dialogpartnern zu tun haben. Dass es dazu auch neuer Organisationskulturen bedarf, ist evident und hier nicht im Einzelnen darzulegen. Kundenorientierung bedeutet stets mehr, dies gilt in gleicher Weise für Profit-Organisationen und Non-Profit-Organisationen, als ein lediglich technisches Beziehungsmanagement mit angenehmen und zuverlässigen Formen der Kommunikation und des Kontaktes von Lieferanten/Dienstleistern und Kunden. Der Personalrat der Stadtverwaltung Dortmund sieht zum Beispiel im Rahmen eines „neuen Steuerungsmodells" und einer „Output-Steuerung" die Orientierung seiner Dienstleistungen am Bürger als „Kunden" der Verwaltung als eine zentrale Aufgabe. Man erhofft sich davon, dass der Wandel von der „Ordnungs- und Eingriffsverwaltung" zu einem modernen Dienstleistungs"unternehmen", das ein Verständnis des Bürgers als Kunden/in zur Folge hat, damit weiter beschleunigt wird. (Personalrat 1996, S. 7)

Als Voraussetzung für neue Steuerungsmodelle in der Verwaltung wird aber auch zunehmend eine Kundenorientierung angesehen, die auf Leistungsoptimierung und Kostenminimierung abzielt, die also sicherstellt, dass Leistungen wirklich wirtschaftlich erbracht, oder anders gewendet, dass die bereits geleisteten Aufwendungen der Bürger bzw. der Kunden bei möglichst bester Qualität ökonomisch verwendet werden.

Monika Bobzien (1996, S. 41 ff.) diskutiert den Kundenbegriff in der „sozialen Arbeit" mit einigem Vorbehalt. Sie weist darauf hin, dass die Dienstleister im Sozialbereich meist nicht die direkten Auftragnehmer bzw. Lieferanten für die NutzerInnen sind. Öffentliche Aufgaben werden im Rahmen des Subsidiaritätsprinzips an Einrichtungen überwiegend der Spitzenverbände der Freien Wohlfahrtspflege in Auftrag gegeben. Aus der Sicht dieser Einrichtungen sei daher von einem „doppelten" Kundenbegriff auszugehen, der Zuschussgeber (z.B. Kommunen oder Träger) und die direkten NutzerInnen umfasst. Die „Kundenpflege" sei sowohl gegenüber dem Zuschussgeber als auch gegenüber der eigentlichen Zielgruppe wichtig. Wegen der teilweise gegebenen Einschränkung der Wahlfreiheit für bestimmte soziale Dienste, beispielsweise beim Sozialamt, glaubt Bobzien eine Einengung des Prinzips der Kundenorientierung erkennen zu müssen. Dem vermag der Verfasser nicht zuzustimmen, der sich sehr wohl ein kundenfreundliches Sozialamt vorstellen kann!

Auch in Krankenhäusern wird neuerdings die Kundenorientierung mit der Begrifflichkeit der „Patientenorientierung" diskutiert und hier und dort wenigstens ansatzweise realisiert. An die Stelle eines passiven, abhängigen und unmündigen Patientenverständnisses habe, so die Verfechter von Kundenorientierung auch in Krankenhäusern, eine eher aktives, selbstbestimmtes Kundenverständnis zu treten. Das Etikett „Kunde" macht unmissverständlich klar, wofür ein Krankenhaus und seine Mitarbeiter da sind! Mit der „patientenorientierten Pflege" im Klinikum Minden stellt Ursula Ilbertz (2000) ein interessantes und vielversprechendes Projekt vor, in dem die Patienten in den Mittelpunkt des Geschehens gerückt werden, und zwar dadurch, dass alle Abläufe und Handlungen im Krankenhaus auf die „Kundenbedürfnisse und -anforderungen" ausgerichtet werden. Als Referenzrahmen dient das EFQM-Modell in krankenhausspezifischer Modifikation, das im Folgenden vorgestellt wird (vgl. Abb. 6).

Es ist zu erkennen, dass das Kriterium „Kundenzufriedenheit" in „Zufriedenheit der Leistungsempfänger" umbenannt wurde und dass damit die direkten Leistungsempfänger (Patienten, Angehörige, Kostenträger) und die indirekten Leistungsempfänger (niedergelassene Ärzte, Selbsthilfegruppen, andere Kliniken usw.) gemeint sind. Das Kriterium „Mitarbeiterzufriedenheit" – an den engen Zusammenhang zwischen Mitarbeiterzufriedenheit und Kundenzufriedenheit sei an dieser Stelle nochmals erinnert – ist in „Zufriedenheit der Leistungsbringer" umbenannt. Diese umfassen die medizinischen, (medizin-)technischen, pflegerischen und administrativen Mitarbeitergruppen, die im Sinne interner Kundenorientierung miteinander kooperieren.

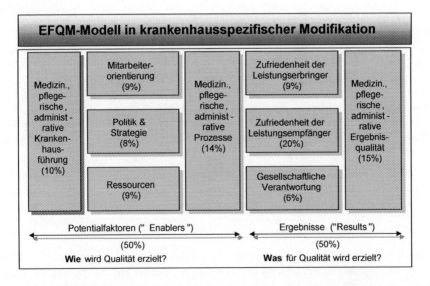

Abb. 6: EFQM-Modell in krankenhausspezifischer Modifikation (Präger/Möller 1997, S. 243)

Die hier referierten Beispiele und Ansätze zur Umsetzung von Kundenorientierung in Non-Profit-Organisationen lassen sich selbstverständlich auch auf Schulen und Hochschulen und andere öffentliche Einrichtungen übertragen. Man stelle sich einmal vor, der Gedanke der Kundenorientierung würde auch in Hochschulen Platz greifen! Der Professor erkennt in dem Studenten einen Kunden und umgekehrt, die Hochschulverwaltung behandelt das Lehr- und Forschungspersonal als Kunden und umgekehrt! Im letzteren Fall wäre dann eine (durchaus mögliche und sehr wünschenswerte) interne Kundenorientierung gegeben. Eine Entsprechung fände diese in der externen Kundenorientierung auf der Grundlage eines dialogischen Beziehungsmanagements zwischen Wissenschaftsministerium und Hochschule und umgekehrt, zwischen Hochschule, Wirtschaft und Gesellschaft und umgekehrt.

5 Kaizen und Beschwerdemanagement als Komponenten der Kundenorientierung

Vorbemerkung: Es mag zunächst überraschen, dass im Folgenden Kaizen und Beschwerdemanagement als Komponenten der Kundenorientierung begründet und erläutert werden. Aber sowohl Kaizen (ständige Verbesserung in kleinen Schritten) als „Fehlervermeidungsstrategie" als auch das Beschwerdemanagement als „Mängelbehebungsstrategie" sind nicht nur Mittel zur Optimierung der Kundenzufriedenheit, sondern Ausdruck einer innovativen Lernkultur und damit auch eines lernenden Unternehmens.

5.1 Kaizen als Fehlervermeidungsstrategie

„Kaizen geht von der Erkenntnis aus, dass es keinen Betrieb ohne Probleme gibt. Kaizen löst diese Probleme durch die Etablierung einer Unternehmenskultur, in der jeder ungestraft das Vorhandensein von Problemen eingestehen kann" (Imai 1992, S. 18). Diese zunächst als trivial und selbstverständlich erscheinende Aussage entpuppt sich bei näherer Reflexion als ein entscheidender Motor für permanentes Lernen, für ständige Verbesserung und damit auch für Kundenorientierung. Im Sinne interner und externer Kundenorientierung müssen alle Mitarbeiter ein Qualitätsverständnis entwickeln und verinnerlichen, das wesentliche Voraussetzung für die Sicherung von Kundenzufriedenheit ist.

Wurde ursprünglich die Kaizenphilosophie für die industrielle Produktion entwickelt und implementiert, und zwar vornehmlich in Japan, so ist sie aber auch für andere Unternehmen und Unternehmensbereiche, und damit ebenfalls für den Dienstleistungssektor, und zwar unter der Bezeichnung „Kontinuierlicher Verbesserungsprozess (KVP)", ein äußerst fruchtbarer Managementansatz, der aber nach Auffassung des Autors noch viel zu selten Eingang in die Praxis findet. Eine ausführliche Darstellung von Kaizen findet sich im einschlägigen Standardwerk von Imai (1992). Im Kontext dieses Beitrages ist hier nicht im Einzelnen darauf einzugehen.

Wenn Kaizen bzw. KVP gelegentlich als „eine spezielle Technik zur Identifizierung von Schwachstellen, zur sofortigen Beseitigung von Fehlern an Produkten und Produktionseinrichtungen und schließlich zur Beseitigung von Verschwendung" (Weber u.a. 1999, S. 26) verstanden wird, so stellt dies eine Verkürzung des Kaizen-Konzeptes dar. Mindestens genauso wichtig ist es, mit Hilfe von Kaizen eine allgemeine Bewusstseinslage für Innovationen und Kundenorientierung zu schaffen. Es ist dies vor allem eine Aufgabe der Führungskräfte und der Personalentwicklung als Teil einer Unternehmenskultur, in der die häufig anzutreffende „Erledigungsmentalität" durch interne und externe Kundenorientierung ersetzt wird. Schließlich ist noch darauf hinzuweisen, dass das Lern- und Entwicklungspotenzial des *Vor-*

schlagswesens, das in einem engen Zusammenhang mit der Kaizen-Philosophie steht, von deutschen Unternehmen bei weitem nicht ausgeschöpft wird.

5.2   Beschwerdemanagement als „Mängelbehebungsstrategie"

So wie es kein Unternehmen ohne Probleme gibt, so gibt es kein Unternehmen ohne Beschwerden. Durch eine strikte interne und externe Kundenorientierung lässt sich die Zahl der Beschwerden zwar minimieren, aber sie lassen sich nie ganz vermeiden. Das Problem ist nicht, dass es sie immer wieder gibt, sondern wie man damit umgeht. Beschwerden werden überwiegend noch als unberechtigte Klagen abgewehrt, als Störungen des Geschäftsablaufs wahrgenommen und dementsprechend „behandelt". Dabei wird zumeist übersehen, dass die Art und Weise, wie mit Beschwerden umgegangen wird, wesentlich zur Kundenzufriedenheit bzw. -unzufriedenheit beiträgt. Die folgende Abbildung macht deutlich, dass die Beschwerdezufriedenheit und damit letztlich auch die Kundenzufriedenheit in manchen Branchen noch sehr im Argen liegt.

Ganz davon abgesehen, dass enttäuschte (und abgewanderte) Kunden in Heller und Pfennig nachweisbare Verluste bringen, wird verkannt, dass ein dialogisches Beschwerdemanagement, ein solches also, das den Beschwerdebringer nicht als Störenfried mit weniger Kompetenz „behandelt", erhebliche Lern- und Entwicklungspotenziale enthält. So gesehen lässt sich das Beschwerdemanagement als Vorschlagswesen mit umgekehrtem Zeichen definieren, das im Sinne von Kaizen zur ständigen Verbesserung der Produkte und Dienstleistungen beiträgt und damit letztlich wiederum einen entscheidenden Beitrag zur Kundenorientierung leistet.

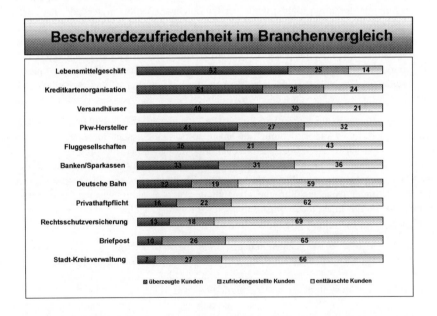

Abb. 7: Beschwerdezufriedenheit im Branchenvergleich (Das Deutsche Kundenbarometer 1996)

Es ist hier weder auf die verschiedenen Formen der Beschwerden (vgl. Kuhnert/Ramme 1998, S. 108 f.) einzugehen, noch sind hier die organisationalen und technischen Abläufe eines Beschwerdemanagements zu präsentieren und zu diskutieren. Fortschrittliche Unternehmen entwickeln und unterhalten ein solches Beschwerdemanagement (als Komponente eines Total Quality Managements!), das aber wiederum ähnlich wie beim Prinzip des Kaizen nicht bei technisch-organisationalen Lösungsalgorithmen der Kommunikation mit den Kunden halt machen darf, sondern, und zwar wiederum im Verein mit allen Führungskräften und der Personalentwicklung, die unternehmenskulturelle Devise verbreiten und sichern muss, dass der Kunde nicht nur im Märchen, sondern in der Realität König ist! (vgl. Ederer/Seiwert 1998).

6 Kundenorientierung und lernendes Unternehmen – eine notwendige Symbiose

„Kundenorientierung – losgelöst von einer entsprechenden Unternehmenskultur und Unternehmenstrategie – verpufft und bleibt letztendlich wirkungslos" (Ederer/Seiwert 1998, S. 74). Wie wahr! Diese Aussage kann man noch weiter zuspitzen: Die Unternehmenskultur im Sinne eines lernenden Unternehmens ist im Grunde genommen ziel- und orientierungslos, wenn sie nicht die Befriedigung des Kunden in den Mittelpunkt ihres Denkens und Handelns stellt. Letztlich stehen alles individuelle Lernen in einem Unternehmen und alles kollektive Lernen eines Unternehmens im Dienste des realen oder/und potenzialen Kunden. Der Erfolg eines Unternehmens zeigt sich in letzter Konsequenz darin, wieweit es gelingt, Kunden zu erreichen, zu gewinnen und zu halten. Kundenorientierung ist damit *das Leitbild* für Führungskräfte und Mitarbeiter, Wegweiser für Kommunikation und Kooperation in allen Bereichen, auf allen Stufen von Produktion und Dienstleistung. Damit werden Kundenorientierung und Kundensensibilität zu charakteristischen und dominierenden Eigenschaften einer lernenden Organisation, und zwar ganz schlicht auch deshalb, weil sie ohne diese beiden Eigenschaften in einer konkurrenzbestimmten Marktwirtschaft sehr bald ohne Kunden dastehen wird. Kundensensibel ist eine Organisation dann, wenn sie alle Personen und alle Institutionen, mit denen sie im Austausch steht, als Kunden betrachtet und behandelt. Der Nutzen für die Kundschaft wird zum Leitbild für die Entwicklung des Unternehmens und Kundenorientierung zu einem „dynamischen Prozess" (Wildemann 1997), der alle internen und externen Aktivitäten des Unternehmens steuert. „Die Kardinalfrage ist bei jeder Maßnahme: Was bringt das für den Kunden? Wenn der Kundennutzen nicht eindeutig belegbar ist, muss die Maßnahme in Frage gestellt werden" (Wildemann 1997, S. 11).

Es gibt mancherlei Hinweise dafür, dass erfolgreiche Unternehmen der Kundenorientierung in der Vergangenheit mehr Bedeutung geschenkt haben als die weniger erfolgreichen Unternehmen. Allerdings: Kundenorientierung war fast immer (und ist es weitgehend noch) nur eine der Produktion oder Dienstleistung nachgeschaltete Disziplin des Marketings. Kundenorientierung als Leitbild der lernenden Unternehmung, und, daraus resultierend, das Konzept einer „dynamischen Kundenorientierung" gehen aber über die herkömmliche Auffassung von Kundenorientierung weit hinaus. Danach darf die Hinwendung zum Kunden nicht erst nach der Fertigstellung der Produkte und Bereitstellung der Dienstleistungen und dem Einsetzen des Marketings erfolgen, sondern der Kunde muss schon vom ersten Schritt zu einem Produkt oder einer Dienstleistung an permanent (zumindest gedanklicher) „Wegbegleiter" aller Aktionen der Führungskräfte und Mitarbeiter sein. Die Verwirklichung eines solchen radikalen Ansatzes der Kundenorientierung gründet selbstverständlich auf hervorragende qualifikatorische Voraussetzungen aller Mitarbeiter, bestimmt sich aber vor allem durch eine mentale

Prägung aller Akteure eines Unternehmens, die wir als kundenorientierte Unternehmenskultur bezeichnen.

Literatur

Arnold, R. (2000): Das Santiago-Prinzip. Führung und Personalentwicklung im lernenden Unternehmen. Köln.

Becker, F. G. (1999): Marketingorientierte Ausrichtung der Personalentwicklung in Dienstleistungsunternehmen – Am Beispiel von Finanzdienstleistern. In: Bruhn, M. (Hrsg.): Internes Marketing. Integration der Kunden- und Mitarbeiterorientierung. Grundlagen – Implementierung – Praxisbeispiele. Wiesbaden, 2. Auflage, S. 271–292.

Bobzien, M.: (1996): Qualitätsmanagement. Alling.

Bohm, D. (1998): Der Dialog, das offene Gespräch am Ende der Diskussion. Stuttgart.

Buber, M. (1997): Das dialogische Prinzip. Heidelberg.

Dehr, G./Biermann, T. (Hrsg.) (1996): Kurswechsel Richtung Kunde. Die Praxis der Kundenorientierung. Frankfurt am Main.

Ederer, G./Seiwert, L.J. (1998): Das Märchen vom König Kunde. Offenbach.

European Foundation for Quality Management (EFQM) (1999): Das EFQM-Modell für Excellence. Brüssel.

Friedemann, W. u.a. (1999): Umgestaltung der Führungsstrukturen im Rahmen der Implementierung des internen Marketing. In: Bruhn, M. (Hrsg.): Internes Marketing. Integration der Kunden- und Mitarbeiterorientierung. Grundlagen – Implementierung – Praxisbeispiele. Wiesbaden, 2. Auflage, S. 175–1999.

Grinda, S. u.a. (1993): Vom Mitarbeiter zum Mitdenker – Gestaltungsbausteine für die dezentrale Organisation. Düsseldorf/Köln.

Ilbertz, U. (2000): Einführung von Qualitätsmanagement im Krankenhaus anhand des EFQM-Modells (European Foundation for Quality Management) mit dem Schwerpunktthema „Reorganisationsprozesse im Pflegebereich zur Verbesserung der Kunden- bzw. Patientenorientierung". Diplomarbeit Pädagogische Hochschule Erfurt.

Imai, M. (1992): Kaizen. Der Schlüssel zum Erfolg der Japaner im Wettbewerb. München.

Juran, J.M. (1979): Basic concepts. In: Juran, J.M./Gryna, F.M./Bingham, R.S. (Hrsg.): Quality Control Handbook. New York u.a., 3. Auflage.

Kuhnert, W./Ramme, I. (1998): So managen Sie Ihre Servicequalität. Frankfurt am Main.

Lehnhoff, A./Petersen, J. (2000): Dialogisches Management als erwachsenenpädagogische Herausforderung. In: Dewe, B. (Hrsg.): Betriebspädagogik und berufliche Weiterbildung. Wissenschaft – Forschung – Reflexion. Bad Heilbrunn/Obb.

Münch, J. (1993): „Die" Weiterbildung als begriffliches und bildungspolitisches Problem. In: Sommer, K.H./Twardy, M. (Hrsg.): Berufliches Handeln, gesellschaftlicher Wandel, pädagogische Prinzipien. Esslingen, S. 61–81.

Münch, J. (1995): Die lernende Organisation – eine Weiterentwicklung des lernorttheoretischen Ansatzes? In: Arnold, R/Weber, H. (Hrsg.): Weiterbildung und Organisation. Zzwischen Organisationslernen und lernenden Organisationen. Berlin, S. 84–94.

Münch, J. (1996): Qualitätsbegriffe und Qualitätsmodelle. In: Münch, J. (Hrsg.): Ökonomie betrieblicher Bildungsarbeit. Qualität – Kosten – Evaluierung – Finanzierung. Berlin, S. 30–51.

Münch, J. (1997a): Personal und Organisation als unternehmerische Erfolgsfaktoren. Hochheim.

Münch, J. (Hrsg.) (1997b): Qualifikationspotenziale entdecken und fördern. Beispiele innovativer Personalentwicklung aus deutschen Unternehmen. Berlin.

Münch, J. (1999a): Betriebliche Weiterbildung zur Förderung des internen Marketing. In: Bruhn, M. (Hrsg.): Internes Marketing. Integration der Kunden- und Mitarbeiterorientierung. Grundlagen – Implementierung – Praxisbeispiele. Wiesbaden, 2. Auflage, S. 293–311.

Münch, J. (1999b): Qualifikation als Standortfaktor. Deutschland, USA und Japan im Vergleich. Hochheim am Main.

Paeger, A./Möller, J. (1997): Interne Qualitätssicherung im Krankenhaus. In: f.u.w. – Führen und Wirtschaften, 3, S. 242–245.

Personalrat Stadtverwaltung Dortmund (1996): Kleines Lexikon zur „neuen Steuerung". Neue Begrifflichkeiten im Zuge des Verwaltungsreformprozesses. Typoskript.

Sattelberger, T. (1991): Die lernende Organisation. Konzepte für eine neue Qualität der Unternehmensentwicklung. Wiesbaden.

Senge, P.M. (1990): The fifth discipline. The art and practice of the learning organisation. New York.

Stahl, T.A. (1993): Die lernende Organisation. Eine Vision der Entwicklung der Humanressourcen. Brüssel.

Stauss, B./Neuhaus, P. (1999): Interne Kundenzufriedenheit als Zielgröße einer Personalmanagement-Abteilung. In: Bruhn, M. (Hrsg.): Internes Marketing. Integration der Kunden und Mitarbeiterorientierung. Grundlagen – Implementierung – Praxisbeispiele. Wiesbaden, 2. Auflage.

Thomas, M.-T. (2000): Dialog und die Entwicklung von dialogischer Handlungskompetenz als Schlüsselfaktor auf dem Weg in eine lernende Organisation. Diplomarbeit Pädagogische Hochschule Erfurt.

Weber, H./Königstein, K./Töpsch, S.: Hochleistungsorganisation. Wettbewerbsfähigkeit und Restrukturierung. München.

Wildemann, H. (1997): Kundenorientierung als dynamischer Prozess. FAZ, 3.2.1997, S. 11.

Zink, K.J. (1994)(Hrsg.): Qualität als Managementaufgabe: Total Quality Management, Landsberg/Lech, 3. Auflage.

Lernen mit Neuen Medien in der betrieblichen Bildungsarbeit

1   Lernen mit Neuen Medien

„Lernen mit Neuen Medien" oder „Multimediale Lernumgebungen" sind Marketingbegriffe und zugleich mehrdeutige Schlagworte und damit als wissenschaftlich-analytischer Terminus wenig geeignet (Weidenmann, 1995). Versuche, solche Schlagwörter im wissenschaftlichen Kontext durch präzisere Bezeichnungen zu ersetzen, sind allerdings in der Vergangenheit meist kläglich gescheitert. Es scheint daher angemessener jeweils zu explizieren, was mit dem Begriff gemeint ist. „Lernumgebung" bezeichnet die Gesamtheit der externen, also nicht in der Person eines Lerners liegenden Einflussfaktoren auf einen Lernenden: Relevante, irrelevante und störende Informationsquellen, Handlungsalternativen, andere Personen, Maschinen, Material, Merkmale des Raums, Geräusche, Licht, usw. Lernen mit Neuen Medien auf der Basis „multimedialer Lernumgebungen" bezeichnet heute zumeist ein System aus multimedialer Lernsoftware, der entsprechenden Hardware (PC, Monitor, evtl. spezielle I/O-Geräte) und (optional) einem WWW-Anschluss; seltener ist die komplette Lernumgebung, die diese Komponenten enthält, gemeint. Der Einfachheit halber wird der Begriff in diesem Beitrag im Sinne der ersten, gebräuchlicheren Bedeutung verwendet.

Die Verwendung des Begriffs „Multimedia" setzt genau genommen voraus, dass klar ist, was mit einem Basismedium gemeint ist. Ein Basismedium wird hier definiert durch die Kombination je einer Merkmalsausprägung aus mindestens vier Facetten:

- Symbolsystem (Code): gesprochener Text, geschriebener Text, Abbilder, Grafiken, Bewegtbilder (Film), Musik, ...

- Sinneskanal (Mode): Hören, Sehen, Fühlen/Bewegen, Riechen

- Technik der Informationsspeicherung und -übertragung: PC, CD-ROM, WebSites, digitales Fernsehen, Kombinationen unterschiedlicher Techniken

- Kommunikationsintention: Bildung (Beeinflussung von Persönlichkeitsmerkmalen), News (aktuelle Informationen), Verhaltensänderungen erzielen (z.B. Konsumverhalten), Unterhaltung (z.B. Spielen), sozialer Austausch als Selbstzweck (Chat, Foren), Handlungsmöglichkeiten (z.B. Online-Banking), Erhöhung der Arbeitseffizienz (z.B. Performance Support Systems), Informationen einholen (z.B. Fragebogenerhebungen, webbasiertes Testen)

„Multimedia" meint in der Regel eine Kombination von mehr als jeweils einer Merkmalsausprägung, insbesondere aus den Facetten Code („Multicodalität") und Mode („Multimodalität").

Eine in diesem Sinne gestaltete Lernumgebung kann die Basis dafür darstellen, dass günstige Bedingungen für ein effizientes Lernen, insbesondere in der betrieblichen Bildungsarbeit, geschaffen werden. Welche Gestaltungsprinzipien dabei zu beachten sind, wird später detailliert in diesem Kapitel aufgegriffen. Aus lernpsychologischer Sicht lassen sich aber einige generelle Einflussfaktoren benennen, die den Lernerfolg unterstützen. Dazu gehört die Möglichkeit, das Tempo selbst zu bestimmen, beim Lernen interaktiv mit zu erwerbenden Inhalten umgehen zu können, Inhalte in unterschiedlicher Form – besonders auch grafisch/bildlich –

dargestellt zu bekommen und möglichst schnelle und direkte Rückmeldungen beim eigenen aktiven Lernen zu erhalten. Genau diese Einflussfaktoren lassen sich in multimedialen Lernumgebungen hervorragend realisieren. Wir werden später darstellen, wie diese und weitere Einflussfaktoren auszudifferenzieren sind. Für die betriebliche Weiterbildung kommt noch hinzu, dass solche multimedialen Lernangebote zeit- und ortsunabhängig genutzt werden können – ein Vorteil für den Lerner, aber auch für die Organisation der betrieblichen Bildungsarbeit.

2   Konzeption multimedialer Lernumgebungen

2.1   Konzeption als wissenschaftliche Disziplin: Science of Design

Ingenieurwissenschaftler werden sich eher über die Frage wundern, ob das systematische Konzipieren Gegenstand einer wissenschaftlichen Disziplin sein könnte; schließlich ist das Entwerfen von Artefakten oder auch Handlungsverläufen der Kern von Technikwissenschaften und darüber hinaus der meisten angewandten Wissenschaften, einschließlich der Medizin, der Betriebswirtschaft sowie der klinischen und pädagogischen Psychologie. Vertreter der in Deutschland dominierenden geisteswissenschaftlichen Pädagogik mochten aber ihre Wissenschaft hier nicht einordnen und versuchten, sie von der methodologisch eher naturwissenschaftlich orientierten Psychologie strikt zu trennen. Dies führte dazu, dass sich Aussagen zur Planung und Vorbereitung von Unterricht aus dieser Pädagogik im Wesentlichen darauf beschränken, Faktoren zu erörtern, die bei der Konzeption von Unterricht zu berücksichtigen sind. Empirisch fundierte Antworten auf konkrete Fragen nach der – jeweils unter bestimmten Randbedingungen – zweckmäßigsten Sequenz der Lehrinhalte, nach der effektivsten Auswahl und Zusammenstellung von Beispielen und Übungsaufgaben, nach Maßnahmen zur Sicherstellung des Lerntransfers usw. sucht man daher in der traditionellen deutschen Didaktik vergeblich. In den englischsprachigen Ländern, aber z.B. auch in den Niederlanden und in der Schweiz, hat es die absurde Trennung von Pädagogik und (pädagogischer) Psychologie nicht gegeben. Dort wurden seit den sechziger Jahren technologische Ansätze zur Konzeption von Lernumgebungen entwickelt und empirisch erprobt. Sie gibt es also und auf sie wird später eingegangen.

Einschlägige wissenschaftstheoretische Überlegungen zum Status einer „Science of Design" (Entwurfswissenschaft) und zum Verhältnis von Grundlagenwissenschaft und angewandter Wissenschaft haben u.a. Herbert A. Simon (1996) und Th. Herrmann (1979) vorgelegt. Wichtig ist hier vor allem die Feststellung, dass es zu den Charakteristika einer Entwurfswissenschaft gehört, nach sorgfältigen Analysen für alle relevanten Entscheidungen Gestaltungsalternativen zu finden bzw. zu erfinden oder zu schaffen, diese anhand nachvollziehbarer und begründbarer Kriterien vergleichbar zu machen und schließlich geeignete Entscheidungsverfahren zu finden und anzuwenden. Dieses Vorgehen erfordert sowohl den Rückgriff auf basiswissenschaftliches Hintergrundwissen wie auch eigene empirische Forschung, die sich von der basiswissenschaftlichen (hier vor allem der psychologischen Grundlagenforschung) in der Art und der Granularität der untersuchten Variablen deutlich unterscheidet. In diesem Kontext ist auch die Unterscheidung zwischen operativ-technologischen und inhaltlich-technologischen Theorien von Bedeutung (Bunge, 1967; Herrmann, 1994): Operativ-technologische Theorien beinhalten Aussagen über die zweckmäßigen Verfahrensweisen und ihre Effizienz, inhaltlich-technologische Theorien bestehen aus Aussagen über relevante Variablen und deren Beziehungen.

Bei der Konzeption digitaler Lernumgebungen auf der Basis der Neuen Medien spielen beide Theorien eine Rolle: „Instructional Systems Design" bezeichnet in der Regel ein Modell der Vorgehensweise, während „Instructional Design Theories" inhaltlich-technologische Theorien sind mit Aussagen zur Zuordnung von Lehrzielkategorien und bestimmten Methoden, zur Wahl einer geeigneten Sequenzierung der Inhalte, zur Medienwahl, zur Festlegung einer angemessenen Instruktionsstrategie usw.

2.2   Instructional Systems Design: Vorgehensweisen bei der Konzeption multimedialer Lernumgebungen

Für die Konzeption multimedialer Lernumgebungen haben sich Modelle bewährt, die grob vier Phasen unterscheiden

- Analysen
- Entwurf (Design) im engeren Sinn
- Produktion im engeren Sinn
- Implementierung und Einsatz

In jeder Phase sind zudem Maßnahmen der Qualitätssicherung und Qualitätskontrolle zu treffen. Die Abfolge der vier Phasen ist in der Praxis der Medienkonzeption und -entwicklung keineswegs linear, während die Produktion i.e.S. bereits begonnen hat, werden oft Designentscheidungen revidiert oder es werden sogar Analyseschritte vertieft oder erneuert.

a)   Analysen

Die unterschiedlichen Analysen stellen einerseits die kritischste Phase in der Konzeption digitaler Lernumgebungen dar, gleichzeitig aber werden sie in der Praxis am meisten vernachlässigt. Es gilt, folgende Bereiche gründlich zu analysieren: Problem und Bedarf, Adressaten (Zielgruppe), Inhalte (zu vermittelndes Wissen), Ressourcen und Einsatzkontext.

Der Entscheidung, eine digitale Lernumgebung zu entwickeln, sollte vor allem im Bereich der betrieblichen Weiterbildung eine sorgfältige Analyse des damit zu lösenden Problems sowie des tatsächlichen Bedarfs vorausgegangen sein. Bei der *Problemanalyse* geht es darum festzustellen, ob eine Bildungsmaßnahme tatsächlich die geeignete Problemlösung darstellt oder ob die Wurzeln des Problems nicht in anderen Ursachen liegen, z.B. im Bereich der betrieblichen Organisation bzw. der Managementverfahren. In der *Bedarfsanalyse* wird ermittelt, welche Kompetenzen bei welchen Adressaten aufgebaut werden sollen. Dabei werden unterschiedliche Verfahren der empirischen Sozialforschung angewendet (z.B. Fragebogenerhebungen, Interviews mit Führungskräften). Die *Adressatenanalyse* ermittelt die Lernvoraussetzungen der Zielgruppe. Relevante Personenmerkmale sind insbesondere Vorwissen, vorhandene relevante Erfahrungen, Position und Funktion im Betrieb, Lerngeschichte, Bildungsstand, Lernmotivation, Interessen und persönliche Zielsetzungen. Am häufigsten unterschätzt und dementsprechend vernachlässigt wird in der Praxis die *Analyse der Lehrinhalte und Lernaufgaben* des zu vermittelnden Wissens. Das hängt damit zusammen, dass die Autoren digitaler Lernumgebungen oft Inhaltsexperten sind und im Bewusstsein ihrer Fachkompetenz wenig Anlass sehen, sich auf detaillierte Aufgaben- und Wissensanalysen einzulassen. Tatsächlich geht es bei diesen Analysen aber nicht in erster Linie um die Inhaltsstruktur, sondern um mögliche didaktische Strukturierungen. Die Inhalte sind nach Wissensarten bzw. Arten der angestrebten Kompetenzen und deren Relation sowie den lernerseitig auszuführenden kognitiven und motorischen Operationen zu analysieren, um eine Grundlage für spätere Designentscheidungen hinsichtlich Lehrstrategien, geeigneten Medien, Methoden und Lernhilfen zu bekommen. Die Durchführung einer Aufgaben- bzw. Wissensanalyse setzt also beträchtliche lern- und kognitionspsychologische Kenntnisse voraus. Hilfsmittel können vielfältige, oft grafische Strukturierungsverfahren sein (Jonassen, Tessmer & Hannum, 1999; Niegemann, 1999); diese liefern u.a. die Grundlage für die hypermediale Strukturierung. Ohne systematische Wissens- und Aufgabenanalyse kann die Entwicklung einer digitalen Lernumgebung kaum wissenschaftliche Fundierung beanspruchen, da sich dann die wenigsten Designentscheidungen rational begründen lassen.

Weniger aufwändig ist in der Regel die *Analyse der verfügbaren Ressourcen*: Personal, Sachmittel (Budget) und die verfügbare Zeit liefern wesentliche Rahmenbedingungen für spätere Designentscheidungen. Die *Analyse des späteren Einsatzkontexts* wird wiederum häufiger vernachlässigt. Neben Fragen der Rechnerausstattung der Adressaten spielen die physikalischen (Licht, Geräusche) und sozialen Merkmale der Lernumgebung im eigentlichen Sinn eine Rolle.

b) Entwurf im engeren Sinn

Der Entwurf einer digitalen Lernumgebung resultiert aus einer Vielzahl mehr oder weniger voneinander abhängiger Designentscheidungen auf unterschiedlichen Ebenen. Wie bereits einleitend erwähnt, kommt es jeweils darauf an, Alternativen zu finden oder zu entwickeln, diese vergleichbar zu machen und auf der Grundlage der vorgenommenen Analysen zu entscheiden.

Je nachdem, welcher Art das zu vermittelnde Wissen ist, welche Lernvoraussetzungen die Lernenden mitbringen und welche Ressourcen zur Verfügung stehen, ist zu entscheiden, ob eine „drill and practice"- oder eine einfache tutorielle Strategie hinreichend effizient wäre, ob und welche Fallstudienvariante bzw. welches Modell von „problem-based instruction" (Dijkstra & van Merrienboër, 1997; van Merrienboër, 1997) geeignet erscheint, ob die Lernumgebung sich am „cognitive apprenticeship"-Modell orientiert (Brown, Collins & Duguid, 1989; Collins, Brown & Newman, 1989) oder am Modell der „goal-based scenarios" (Schank, 1997; Schank, 1998; Schank, Berman & Macpherson, 1999). Die früher im Bereich des Computer-Based Training (CBT) klar unterscheidbaren Formate (Übungsprogramme, tutorielle Programme, Simulationsprogramme) spielen in reiner Form kaum noch eine Rolle, es kommt jeweils darauf an, Lehrstrategien zu entwickeln, die am ehesten gewährleisten, dass die angestrebten komplexen Lehrziele erreicht werden.

Die Entscheidung für eine bestimmte Strategie hat in der Regel bereits Implikationen für weitere Entscheidungen auf „niedrigerem", d.h. konkreterem Niveau: Die Entscheidung für das aktuelle „goal-based scenarios (GBS)"-Modell erfordert oft den Einbezug mehrerer Videofilme, was u.a. voraussetzt, dass die nötigen Ressourcen verfügbar sind. Es ist klar, dass Entscheidungen über die Lehrstrategie umso kompetenter erfolgen können, je besser das Wissen über die möglichen Alternativen ist.

2.3   Instruktionsdesign-Theorie

a)   Grundidee

Die Grundideen aller klassischen wie der meisten neueren ID(Instruktionsdesign)-Theorien lässt sich wie folgt beschreiben:

Wir wissen einiges über die internen und die externen Bedingungen menschlichen Lernens und Denkens. Um die Wahrscheinlichkeit zu erhöhen, dass erwünschte Lernprozesse stattfinden und nachhaltige Resultate zeitigen, müssen wir die bekannten Prinzipien bei der Gestaltung der Lernumgebung systematisch nutzen. Diese technologische Nutzung von Lerngesetzmäßigkeiten erfolgt keineswegs immer auf die (wissenschaftstheoretisch) eher naive Weise, wie dies Skinner bei der Entwicklung des „Programmierten Lernens" tat. Er verwandelte die empirisch bestätigte Gesetzmäßigkeit „Wenn ein Verhalten V verstärkt wird, erhöht sich die Wahrscheinlichkeit seines Auftretens" in eine technologische Aussage der Form „Wenn es das Ziel ist, dass ein Verhalten X regelmäßig auftritt, dann verstärke dieses Verhalten bei jedem Auftreten". Dass dieses Verfahren methodologisch unzulänglich ist, ist mittlerweile unumstritten. Die meisten aktuellen ID-Theorien berücksichtigen jedoch den Einfluss von Randbedingungen und beziehen ihre Empfehlungen auf praktisch handhabbare Variablen. Die Wirksamkeit der so postulierten Empfehlungen muss in jedem Fall empirisch geprüft werden; dies ist bei den verschiedenen ID-Theorien bisher in unterschiedlichem Maße der Fall.

Was wir umgangssprachlich und in der Bildungspraxis „Lernen" nennen, ist kein homogener Prozess: Je nach Ziel (z.B. „§ 1 der Straßenverkehrsordnung kennen", „mit Zirkel und Lineal ein Sechseck konstruieren können", „Entscheiden, welches Kostenrechnungsmodell unter gegebenen Bedingungen angemessen ist") spielen unterschiedliche Faktoren eine Rolle, gelten z.T. unterschiedliche Prinzipien. Es kommt daher zunächst darauf an, die *Ziele des Lernens zu identifizieren und zu kategorisieren.* ID-Theorien enthalten in der Regel ein System von Zielkategorien und differenzieren danach ihre Empfehlungen.

Neben den externen Bedingungen des Lernens (Lernumgebung) müssen die internen Bedingungen (Lernvoraussetzungen, Eingangsbedingungen) berücksichtigt werden. Als wichtigste Lernvoraussetzung gilt meist das bereits vorhandene Wissen. Die Bedeutung des Vorwissens als Prädiktor für den Lernerfolg ist empirisch belegt. Da sich die Voraussetzungen im Verlauf eines Lernprozesses verändern, spielt die Sequenzierung des Lernstoffs jeweils eine wichtige Rolle.

Es gibt eine endliche, recht überschaubare Menge von Vorgehensweisen im Sinne von „Lehrschritten", „Lehrstrategien" oder dergleichen, die für die meisten Lehr-Lernsituationen hinreichend sind. Solche Vorgehensweisen werden in ID-Theorien häufig systematisiert und benannt, um sie unterschiedlichen Zielkategorien und Eingangsbedingungen zuzuordnen.

Die meisten ID-Theorien enthalten Aussagen zur Anwendung der Empfehlungen, in denen oft vor einer allzu rigiden Umsetzung gewarnt wird. Offensichtlich ist den Autoren bewusst, dass es sich bei ihren Empfehlungen um Heuristiken handelt, die keineswegs sicher zum erwünschten Ziel führen: Das Minimalkriterium ist eine im statistischen Mittel deutlich höhere Erfolgswahrscheinlichkeit als bei einem Vorgehen, das sich nicht an ID-Theorien orientiert – „best guess".

b)   Methoden und Medien

Eine grundsätzliche methodische Überlegung betrifft das Ausmaß der Selbstregulation bzw. der Programmregulation. Es handelt sich dabei weder um ein Entweder-Oder noch um ein einfaches Mehr-oder-Weniger. Selbstregulation bezeichnet das Ausmaß an Freiheitsgraden des Lerners auf mehreren Merkmalsdimensionen. Abbildung 1 stellt dies anschaulich dar. Wichtig ist, dass die empirischen Untersuchungen seit Beginn der Erforschung des computergestützten Lernens (Niegemann, 1998; Niegemann & Hofer, 1997) ergeben haben, dass in hohem Maße selbstreguliertes computergestütztes Lernen selten zu besseren Lernerfolgen geführt hat als ein stärker angeleitetes (programmreguliertes) Lernen. Entscheidend für einen relativen Lernerfolg ist die Konzeption integrierter Lernhilfen (Kommers, 1996).

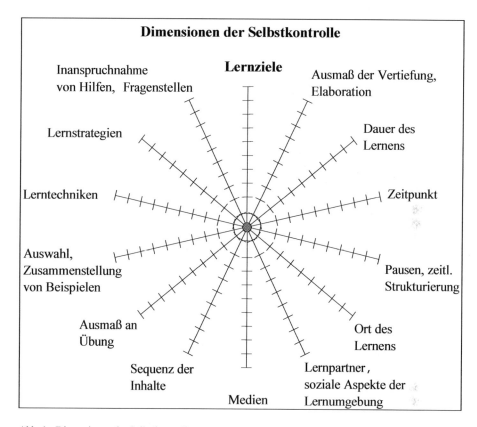

Abb. 1: Dimensionen der Selbstkontrolle

Ähnlich wie computergestütztes Lernen oft von vornherein als selbstreguliertes Lernen einge-schätzt wird, wird die Bezeichnung „interaktive Lernumgebungen" als Synonym für „digitale Lernumgebungen" verwendet. Tatsächlich sind viele der so bezeichneten Programme etwa so „interaktiv" wie ein Buch: Man kann auswählen, wo man beginnen möchte, man kann belie-big blättern, es gibt evtl. einen Index, vielleicht ein Glossar und Querverweise. Oft wird nicht viel mehr an Interaktivität geboten, bestenfalls noch ein Multiple-Choice-Test mit simplen Richtig/Falsch-Rückmeldungen. Tatsächlich ist „Interaktivität" ein unscharfer Begriff. Am zweckmäßigsten scheint eine Definition, die „interaktiv" als dialogähnlichen Informations-austausch und wechselseitige Verhaltensbeeinflussung beschreibt. Zu den wichtigsten Inter-aktionsmöglichkeiten gehören: Wahlmöglichkeiten der Lernenden hinsichtlich der Sequenz, Beispiele und Aufgaben, stellvertretende Handlungsentscheidungen („wie würden Sie ent-scheiden" mit entsprechenden Programmverzweigungen), Aufgaben und Fragen seitens des Programms, Rückmeldungen seitens des Programms, Fehleranalysen und fehlerdiagnostische Rückmeldungen, Anforderung von Hilfe seitens der Lernenden (passive Hilfen), aktive Hilfe-angebote seitens des Programms (aktive Hilfen), Fragen der Lernenden an das Programm.

Darüber hinaus können beim webbasierten Lehren und Lernen auch „echte" Interaktionen zwischen Lernenden bzw. zwischen entfernt arbeitenden Lernenden und (Tele-)Tutoren ermöglicht werden.

Eine weitere Eigenschaft, die computergestütztem Lernen häufig pauschal zugeschrieben wird, ist Adaptivität. *Adaptivität* ist in dem Maße gegeben, in dem eine Lernumgebung „ihr Verhalten" an die individuell unterschiedlichen Lernvoraussetzungen bzw. Lernfortschritte Lernender anpasst. Diese Anpassung kann sich auf die Lehrziele, die Lernzeit, auf die Selektion bzw. die Sequenz des Lehrstoffs oder auf Lehrmethoden beziehen. Adaptive Lernumgebungen haben sich als durchaus effektiv erwiesen, ihre Entwicklung ist allerdings technisch relativ aufwändig und erfordert einschlägige Kenntnisse der Wechselwirkungen zwischen Persönlichkeitsmerkmalen von Lernenden und Merkmalen von Lernumgebungen (vgl. Leutner, 1992; Leutner, 1995).

Die Navigation in modernen digitalen Lernumgebungen basiert zu einem beträchtlichen Teil auf *Hypermedia-Technik*. Beim Aufkommen von Hypertext und Hypermedia hatten viele Entwickler und Forscher die Hypothese, dass die Darbietung eines Lehrstoffs in einem hypermedialen Format wegen der Affinität zum Netzwerkcharakter des Langzeitgedächtnisses bzw. wegen der Erwünschtheit „vernetzten Denkens" besonders vorteilhaft sein müsste. Diese Annahmen haben sich inzwischen weitgehend als Fehlschlüsse erwiesen (Tergan, 1997, 1999). Eine hypermediale Struktur ist offensichtlich kein Ersatz für eine systematische didaktische Strukturierung, kann jedoch Vorteile im Bereich der Navigation bieten, vorausgesetzt, man orientiert sich an den mittlerweile vorliegenden Forschungsbefunden (Kommers, 1996). Weitere Methodenentscheidungen beziehen sich u.a. auf Aspekte wie kooperatives Lernen am Computer bzw. im Netz, Spielkomponenten, Angebote bzw. Aufforderungen zur Interaktion.

c)   Ausgewählte Theorien

Im Folgenden werden zwei in ihrer Konzeption durchaus unterschiedliche Ansätze dargestellt, gemeinsam ist ihnen, dass sie in der letzten Zeit dadurch an Bedeutung gewonnen haben, dass bei der Konzeption von multimedialen Lernumgebungen häufig auf sie Bezug genommen wurde oder gar direkt nach ihnen der Aufbau konzipiert worden ist. Aber auch wenn man nicht direkt von ihnen ausgeht, so machen sie doch deutlich, welche Wirkungsmechanismen beim Lernen mit solchen Lernumgebungen zugrunde gelegt werden.

J. S. Brown, A. Collins u.a.: Cognitive Apprenticeship – Wie die alten Handwerksmeister

In Analogie zur traditionellen Handwerkslehre haben Brown, Collins und Duguid (1989) ihr Modell als "Cognitive Apprenticeship"-Ansatz bezeichnet. Sie gehen davon aus, dass die Lernenden nach anfänglicher starker Stützung durch einen Lehrer oder Tutor Schritt für Schritt mehr in die eigene Selbstständigkeit entlassen werden. Damit soll sichergestellt werden, dass zu Anfang das neue Wissen oder neue Verhalten adäquat erworben und dann aber auch selbstgesteuert und selbstkontrolliert genutzt bzw. ausgeführt werden kann.

Die konkrete Vorgehensweise setzt sich zusammen aus sechs Lehrschritten. Die ersten drei Schritte umfassen "Modeling", "Coaching" und "Scaffolding" und dienen im Einzelnen dazu, neues Wissen und neue Verhaltensweisen zu erwerben. Die zwei nächsten sind "Articulation" und "Reflection". Sie dienen dazu in bewusster und kontrollierter Weise mit dem neu Gelernten auch schon selbstgesteuert umzugehen. Der letzte Schritt "Explication" betont vor allem die Autonomie der Lernenden in der Vorgehensweise auch in der Definition und Formulierung von Problemen.

Die Schritte im Einzelnen:

- *Modeling*. Hier führt ein Experte eine Problemlösung, Vorgehensweise usw. so vor, dass er von den Lernenden dabei umfassend beobachtet werden kann. Dabei wird erwartet, dass die Lernenden auf dieser Basis ein eigenes konzeptuelles Modell der erforderlichen Schritte und Prozesse entwickeln, das es ihnen später erlaubt, die Handlungen selbst auszuführen. Zu den Aufgaben des Experten gehört es insbesondere, über die sonst nur intern ablaufenden Strategien und Prozesse zu berichten und sie zu begründen.

- *Coaching*. Führen die Lernenden im nächsten Schritt die Verhaltensweisen selbst aus, werden sie von einem Experten direkt betreut. Er prüft ihr Vorgehen, gibt ihnen Rückmeldungen aber auch Tipps, erinnert sie an fehlende Komponenten und macht gelegentlich auch einzelne Schritte noch einmal vor. Er agiert ähnlich wie ein guter Trainer oder Coach im Sport.

- *Scaffolding*. Dieser Schritt setzt voraus, dass der Experte bzw. Lehrer in der Lage ist, die beim Lernenden bereits entwickelte Fähigkeit sehr genau einschätzen zu können, um zu beurteilen, wie viel die Lernenden schon selbst können und wie viel noch übernommen oder unterstützt werden muss. D.h., hier geht es um eine Kooperation zwischen Lehrer und Schüler, die dem Schüler bereits so viel Selbstständigkeit wie möglich zubilligt. Zu dieser Methode gehört daher auch, dass der Lehrer/Experte sich Schritt für Schritt zurückzieht oder ausblendet (Fading).

- *Articulation*. Artikulation bedeutet, dass all das angesprochen wird, was dazu dienen kann, das eigene Wissen, Denken und konkrete problemlösende Vorgehen zu benennen. Dazu können gezielte Fragen dienen, aber auch die Aufforderung, etwas neu zu definieren (Redefining).

- *Reflection*. Die Reflektion soll Lernende in die Lage versetzen, ihr eigenes Wissen, ihre eigene Vorgehensweise im Vergleich zu einem Experten oder anderen Lernenden zu bewerten. Dazu ist es häufig erforderlich, sich das eigene Wissen oder Vorgehen bewusst zu machen und diesen Prozess durch geeignete Betrachtungstechniken – zu denen auch Videoaufzeichnungen gehören können – zu unterstützen.

- *Exploration*. Selbstständige Exploration stellt in gewisser Weise das Endstadium des "Cognitive-Apprenticeship"-Ansatzes dar, nachdem sich der Lehrer/Experte komplett ausgeblendet, also zurückgezogen hat. Der Lernende sollte jetzt in der Lage sein, zu einem Sachverhalt die richtigen Fragen zu stellen, den richtigen Bezugsrahmen zu finden und die richtigen Antworten zu generieren.

Der gesamte Einsatz dieser sechs Lehrschritte ist im Zusammenhang mit anderen Vorgehensweisen zu sehen. So spielt sicherlich die richtige praxisbezogene "Situierung" hier eine wichtige Rolle und auch die Nutzung unterschiedlicher Perspektiven und Kontexte ist wichtig.

Explizit angesprochen wird im Cognitive-Apprenticeship-Ansatz auch ein spezifischer Sequenzierungsaspekt. Danach sollte die Komplexität des zu erwerbenden Wissens bzw. der zu erwerbenden Fähigkeiten stetig ansteigen. Das bedeutet, dass mit geringer Komplexität begonnen wird. Das Gleiche gilt für die Diversität und Variabilität von Vorgehensweisen, Strategien und Fähigkeiten, die es zu lernen gilt. Damit soll auch eine zu enge kontextuelle Bindung verhindert und die Transferwahrscheinlichkeit verbessert werden. Die letzte Empfehlung bezieht sich auf die zeitlich voranzustellende Präsentation einer globalen Perspektive – ähnlich wie in der Elaborationstheorie („zooming") – bevor dann eher lokale Aspekte beachtet werden. Die globale Perspektive soll helfen, zuerst ein integratives konzeptuelles Modell des betreffenden gesamten Wissens oder der gesamten Handlung aufzubauen. Dadurch wird auch gewährleistet, dass das Zusammenspiel der einzelnen Teilkomponenten richtig gesehen werden kann.

R. Schank: Goal-Based Scenarios

Ziel der Methode der „Goal-Based Scenarios" ist die Förderung von Fertigkeiten (Können) und der Erwerb von Faktenwissen im Kontext möglicher Anwendungen. Dazu werden Aufgabenstellungen entwickelt, die den realen Problemstellungen, mit denen Lernende außerhalb der Lernumgebung zu tun haben werden (zumindest strukturell), ähnlich sind.

Theoretischer Hintergrund der Konzeption sind die früheren Forschungsarbeiten von R. Schank im Bereich von Kognitionspsychologie und „Künstlicher Intelligenz", insbesondere zur Bedeutung von „stories" für die Gedächtnisorganisation. „Stories" sind Berichte über typisierte Handlungsabläufe und dabei auftretende unerwartete oder erwartungswidrige Ereignisse (Schank, 1998). Besonders nachhaltige Lernprozesse werden ausgelöst, wenn Erwartungen, wie sie bei der Verfolgung eines Handlungsziels bzw. der entsprechenden Handlungsplanung generiert werden, enttäuscht werden („expectation failures"): Das Bedürfnis nach einer Erklärung ist dann besonders stark und die Bedingungen für effektives Lernen demzufolge besonders günstig. Bei späteren Versuchen, ein ähnliches Problem zu lösen, bewahrt die Erinnerung an einen Fall früheren Scheiterns und die Erklärung dafür oft vor weiteren Fehlschlägen („Learning by doing"). Lernwirksam ist allerdings auch, wenn Lernende einen möglichen Fehler antizipieren und zum richtigen Zeitpunkt die richtigen Fragen stellen (Schank, Berman & Mcpherson, 1999; S. 170 ff.).

Das Instruktionsdesignmodell „Goal-Based Scenarios" umfasst sieben wesentliche Komponenten:

- *Lernziele*; unterschieden werden: (a) Prozedurales Wissen (process knowledge) und (b) Inhaltswissen (content knowledge). Unabdingbar ist seitens der Designer eine klare Vorstellung von dem, was gelernt werden soll: Was sollen Lernende am Ende *können* und welches Wissen benötigen sie dazu?

- *Ein* (Arbeits- oder Erkundungs-)*Auftrag* (mission) wird erteilt, um eine Situation zu konstruieren, in der Lernende ein Ziel verfolgen und Pläne machen: Die entsprechende Aufgabe soll für die Lernenden attraktiv (interessant) und halbwegs realistisch sein.

- *Eine Cover Story* (Rahmenhandlung) muss den Kontext für den Auftrag (mission) liefern und die Relevanz der Aufgabenstellung vermitteln. Im Verlauf der cover story müssen hinreichend Gelegenheiten geboten werden, um Fertigkeiten zu üben, und Anreize, sich Information zu beschaffen (Wissen erwerben). Auch die cover story muss für die Lernenden hinreichend interessant sein.

- *Die Rolle, die dem Lernenden im Rahmen der cover story zugedacht ist* muss so konzipiert werden, dass die notwendigen Fertigkeiten und das Wissen im Verlauf des Rollenhandelns benutzt werden. Jede Rolle eines Lernenden muss motivierend sein, d.h. interessant, hinreichend attraktiv.

- *Die Szenario-Handlungen, die der Lernende ausführt*; alle Handlungen müssen eng auf den Auftrag (mission) und die Ziele bezogen sein. Der Handlungsverlauf muss Entscheidungen vorsehen, deren jeweilige Konsequenzen deutlich dargestellt werden. In den Handlungsfolgen sollen für den Lernenden Fortschritte im Hinblick auf die Auftragserfüllung erkennbar sein. Bei negativen Konsequenzen muss klar sein, dass es sich um unerwartete oder erwartungswidrige Ereignisse handelt. Wichtig ist auch, dass das Szenario nicht zu wenige Handlungen von den Lernenden fordert; allerdings sollten auch nicht mehr Handlungen enthalten sein als die Zielerreichung erfordert; d.h., auf rein ausschmückende Handlungsalternativen sollte verzichtet werden.

- *Die Ressourcen,* d.h. alle Informationen, die Lernende benötigen, um den Auftrag auszuführen, müssen zur Verfügung gestellt werden. Sie müssen gut strukturiert und leicht zugänglich sein. Informationen werden wiederum am besten in Form von Geschichten (stories) angeboten; Wissen und Fertigkeiten werden so am günstigsten registriert; die verwendeten „stories" sollten jeweils als Besonderheiten bekannter Handlungsabläufe verständlich sein.

- *Rückmeldungen (Feedback)* müssen situationsbezogen und „just-in-time" gegeben werden, damit erwartungswidrige Ereignisse mit den relevanten Kontextbedingungen entsprechend verknüpft werden können und Lernende sie im Handlungsverlauf sogleich berücksichtigen können. Rückmeldungen können auf dreierlei Arten gegeben werden: (a) durch Konfrontation mit den Handlungsfolgen (man sieht z.B., dass etwas wie erwartet funktioniert bzw. dass das Erwartete nicht eintritt); (b) durch multimedial präsentierte „Coaches" (bei einem Fehler startet eine Videosequenz, in der ein Experte erläutert, weshalb z.B. eine eingeschlagene Vorgehensweise nicht zum Erfolg führen kann bzw. weshalb der Weg richtig ist) und (c) durch Berichte von Inhaltsexperten über ähnliche Erfahrungen (Videosequenz oder auch abgezeigter Text).

Das GBS-Modell liefert damit Anleitungen zu wesentlichen Aspekten multimedialen projektbasierten Lernens. R. Schank und seine Mitarbeiter haben in den vergangenen Jahren auf der Basis dieses Modells eine Reihe multimedialer Lernumgebungen für Unternehmen, Organisationen und Universitäten entwickelt. Die publizierten Berichte sprechen von positiv verlaufenen Evaluationen. Im Vergleich zu ähnlichen Konzeptionen (z.B. „anchored instruction") ist beim GBS-Modell das Ausmaß an Führung (Anleitung) durch das Medium deutlich höher, wobei die Einschränkungen der Selbstregulation funktional begründet sind.

2.4   Gestaltungsanforderungen jenseits von ID-Theorien

In der älteren Mediendidaktik ging es bei „Medienentscheidungen" häufig um Fragen wie: Wann – d.h. unter welchen Rahmenbedingungen – ist ein Tafelbild angemessen? Wann die Overheadfolie? Wann ein Lehrfilm, wann Dias, wann Modelle? Versuche, diese Fragen wissenschaftlich fundiert zu beantworten, gelten als gescheitert, Hinweise für die Beantwortung ähnlicher Fragen im Bereich digitaler Lernumgebungen wird man dort kaum finden. Im Kontext der Konzeption computer- und webbasierten Lernens stellen sich eher Fragen wie: Ist es lernwirksamer, einen Text gleichzeitig geschrieben und gesprochen darzubieten als nur über einen Sinneskanal? Wenn ein Sachverhalt durch eine Animation dargestellt wird: Sind Behalten und Transfer besser, wenn dazu (a) nur Text angezeigt wird, (b) nur eine gesprochene Erklärung erfolgt oder (c) wenn beides gleichzeitig verwendet wird? Wann ist eine Folge von Einzelbildern einer Videosequenz vorzuziehen? Welche Art von Visualisierung fördert Behalten, Verstehen und Transfer bei einem bestimmten Lehrinhalt besser: Eine fotografische Abbildung, eine Grafik, eine Schemazeichnung? Zu allen diesen Fragen liegen in der Instruktionspsychologie theoretisch fundierte experimentelle Befunde vor (z.B. Mayer, Bove, Bryman, Mars & Tapangco, 1996; Mayer, Moreno, Boire & Vagge, 1999; Moreno & Mayer, 1999; Schnotz, 1997). Nach erfolgter Entscheidung über die Kombination von Codes und Modes stehen jeweils weitere Designentscheidungen an: Inwieweit beeinflussen bestimmte Kameraeinstellungen (z.B. Totale, nah, ganz nah) die Einstellungen Lernender? (Reeves & Nass, 1996). Wie beeinflusst der Filmschnitt das Lernen? (Garsoffky, Schwan & Hesse, 1998).

Auch wenn manche Befunde sich nur begrenzt generalisieren lassen, liefern sie doch oft die bestmöglichen Entscheidungsheuristiken („best guess"). Leider gibt es bisher kein Lehrbuch, das alle diese Befunde und die zugrunde liegenden Theorien leicht zugänglich macht. Um sie in der Praxis berücksichtigen zu können, ist es daher notwendig, die einschlägigen pädagogisch-psychologischen und medienpsychologischen Fachzeitschriften systematisch auszuwerten.

Aber auch für eine Reihe von konkreten Anforderungen bei der Umsetzung und Entwicklung der multimedialen Lernumgebungen ist zusätzliches Umsetzungswissen erforderlich, wie es sich nicht aus der zuvor dargestellten Konzeption ableiten lässt. So sind hier zumeist spezifische informationstechnische Kompetenzen gefragt: Auch wenn manche Autorensoftware mit der Möglichkeit einer Erstellung von Lernsoftware ohne Programmierkenntnisse wirbt, ist zumindest bei der Entwicklung nicht-trivialer Lernprogramme die Beherrschung der jeweiligen Scriptsprache (bei Macromedia Director etwa LINGO) unumgänglich. Darüber hinaus gehört der sichere Umgang mit weiteren Multimedia-Werkzeugen (Bildbearbeitungssoftware, digitaler Audio- und Videoschnitt, Animationsprogramme usw.) zum Profil eines Multimedia-Entwicklers. Bei webbasierten Lernumgebungen ist außerdem die Beherrschung eines DHTML-Editors (z.B. Dreamweaver, Frontpage) erforderlich, ferner gute Kenntnisse in Javascript, Java sowie webspezifischer Tools. Da viele anspruchsvolle Lernumgebungen zweckmäßigerweise auf Informationen zugreifen, die in Datenbanken organisiert sind, werden auch dazu hinreichende Kenntnisse gefordert.

Im Folgenden soll an zwei Beispielen gezeigt werden, wie solche Fragen aussehen, die sich jenseits der großen Würfe von ID-Theorien zusätzlich ergeben, welche Bedeutung sie haben können und welche Antworten sich hier ergeben können. Der Auflösungsgrad und die Art dieser Fragen machen deutlich, dass hier nicht die volle Bandbreite solcher Fragen adressiert werden kann. Interessierte Leser können allerdings eine Reihe von zusätzlichen Empfehlungen, die sich ganz praktisch auch auf Detailfragen der Gestaltung von Lernumgebungen beziehen, bei Hesse und Mandl (2000) finden.

Beispiel 1: Screen-Design

Lernprogramme sind in der Regel stark „textlastig". Es ist daher bei der Bildschirmgestaltung insbesondere auf die Lesbarkeit der Texte zu achten. Einschlägige Befunde hinsichtlich Schriftart, Schriftgröße, Buchstaben- und Zeilenabstand, Zeilenlänge, Kontraste usw. hat Wandmacher (1993) zusammengestellt. Für das Layout und die grafische Gestaltung insgesamt gelten allgemeine Normen wie Ausgewogenheit, Harmonie und Einfachheit, deren Realisierung in unterschiedlichen Dimensionen (Farben, räumliche Anordnung, Gewichtung, Zeichenstil usw.) stets auch von „Moden" beeinflusst werden. Die Verfügbarkeit leistungsfähiger Werkzeuge kann hier allerdings die professionelle Kunstfertigkeit nicht ersetzen.

Die Wirkung des Screendesign, insbesondere origineller Gestaltung und Animationen, auf Lernmotivation und Lernerfolg wird von vielen Praktikern eher überschätzt: Zwar kann ein schlechtes Design die Akzeptanz einer Lernumgebung durchaus negativ beeinflussen, es gibt jedoch keine Belege dafür, dass eine ungünstige didaktische Strukturierung durch ein ästhetisch besonders gelungenes Screendesign ausgeglichen werden könnte.

Beispiel 2: Storyboard oder Prototyping

Die fertige Konzeption einer Lernumgebung präsentiert sich im Allgemeinen als Storyboard. Ein Storyboard ist für eine digitale Lernumgebung, was ein detailliertes Drehbuch für einen

Film ist: Eine genau Anleitung für die informationstechnische Umsetzung der Konzeption in eine Software (alle Texte, Bilder, Musik, Geräusche, Videoeinblendungen, Zeiten, Navigationsmöglichkeiten bzw. Hyperlinks, Sequenzen, Funktionen usw.) sowie Vorgaben bzw. Vorschläge für das grafische Screendesign. Eine mögliche, nicht unumstrittene Alternative zur Erstellung eines Storyboards kann die unmittelbare Entwicklung eines „Prototyps" sein („rapid prototyping"), d.h., es werden alle Bildschirmseiten zunächst ohne Programmierung der Funktionalität vorläufig grafisch erstellt und nach Bestätigung von Qualität und Akzeptanz ausprogrammiert und grafisch komplettiert. Beide Vorgehensweisen haben Vor- und Nachteile.

2.5   Evaluation von multimedialen Lernumgebungen

a)   Qualitätskriterien

Für die Analyse und Bewertung der Qualität digitaler Lernumgebungen sind im Wesentlichen drei Klassen lernprozessbezogener Qualitätskriterien zu berücksichtigen: Handhabung und Motivierung, allgemeindidaktische bzw. pädagogisch-psychologische Kriterien sowie fachdidaktische Kriterien; hinzu kommen ethische und ästhetische Aspekte. Zum Schluss dieses Abschnitts sollen die wichtigsten Kriterien in einer Tabelle als Übersicht dargestellt werden. Die Bedeutung vieler dieser Kriterien ist schon vom Augenschein her plausibel, einige dieser Kriterien waren aber auch bereits zuvor Gegenstand unserer Ausführungen zur Gestaltung multimedialer Lernumgebungen. In ihrer Groborientierung beziehen sie sich sowohl auf die Handhabung und Motivierung von Lernen mit multimedialen Lernumgebungen als auch auf allgemein- und fachdidaktische Perspektiven.

Unter die Kategorie *Handhabung und Motivierung* sind zunächst technische und software-ergonomische Kriterien subsumiert, da sich entsprechende Mängel aus psychologisch-didaktischer Sicht insbesondere demotivierend auswirken. Kriterien, die sich unmittelbar auf die Motivierung beziehen, sind aus einschlägigen Theorien der Förderung der Lernmotivation hergeleitet (vgl. Keller & Suzuki, 1988; Prenzel, Drechsel & Kramer, 1998). Ein Angebot geeigneter Selbsttests ist eine Voraussetzung für die Einschätzung eigener Leistungen und Grundlage sachorientierter Rückmeldungen.

Die Kategorie *Allgemeindidaktische Kriterien* fasst Kriterien zusammen, die sich aus generalisierbaren, empirisch bewährten Instruktionsdesignmodellen und kognitionspsychologischen Theorien begründen lassen. Ihre Anwendung setzt umfassende Kenntnisse der zugrundeliegenden Theorien und der einschlägigen empirischen Befunde voraus. Ein Problem besteht darin, dass eine umfassende Darstellung dieser Informationen bisher fehlt, es also mühsam sein kann, alle relevanten Informationen zu recherchieren (vgl. aber Reigeluth, 1999).

Als *Fachdidaktische Kriterien* werden Kriterien bezeichnet, die spezifisch für das entsprechende Wissensgebiet (Domäne) sind und ohne einschlägige Kenntnisse nicht angewendet werden können. Die Kategorien *Ethische* und *Ästhetische Aspekte* bedürfen hier keiner weiteren Erläuterung.

Auch wenn die in Tabelle 1 zusammengestellten Kriterienklassen theoretisch teilweise eng verknüpft sind, empfiehlt sich eine unabhängige Erfassung bzw. Einschätzung in der Praxis der Evaluation.

Handhabung und Motivierung	Allgemeindidaktische Kriterien	Fachdidaktische Kriterien
Technische Stabilität, Handhabung	Schlüssige Lehrstrategie, Methodenentscheidung	Fachliche Korrektheit
Übersichtlichkeit des Programms, Orientierungshilfen	Klarheit, Verständlichkeit der Texte	Fachdidaktisch zweckmäßige Stoffauswahl (Selektion)
Funktionalität des Screen-Design	Verwendung vorstrukturierender Texte, Zusammenfassungen	Curriculare Validität von Tests, Selbsttests, Übungsaufgaben
Systematik der Handhabung	Beispiele zur Verdeutlichung u. Erklärung (auch Negativbeispiele)	Fehleranalytische Funktionen, Fehlerdiagnostik
Angabe der Lehrziele bzw. möglicher Lernziele	Aufgaben (Übungsmöglichkeiten); unterschiedliche Schwierigkeitsgrade	Begleitmaterial (Arbeitshefte, Aufgabenblätter; auch zum Ausdrucken)
Angemessenheit des Kommunikationsstils	Interaktivität (u.a. eig. Wahlmöglichkeiten, Spracheingabe, eig. Aktivitäten, stellvertretende Handlungsmöglichkeiten, Fragenstellen)	Hinweise für die curriculare Integration (wie kann Programm in Kurse, Seminare etc. sinnvoll integriert werden)
Lernhilfen, Lerntipps	Lernwirksame Rückmeldungen	Besonderheiten (Simulationen, Links zum WWW usw.)
Aufmerksamkeitslenkung	Adaptivität (Anpassung an indiv. Lernvoraussetzungen)	
Vermittlung der Bedeutung des jew. Lehrstoffs, der jew. Lerneinheit	Zweckmäßigkeit der verwendeten Codes und Modi und deren Kombination	**Ethische Aspekte** (z.B. nicht-sexistische u. nicht-rassistische Darstellungen; Urheberrechte, Jugendschutz usw.)
Ermutigung, motivationale Lernunterstützung (einschl. Förderung von Autonomie- und Kompetenzerleben)	Qualität von Abbildern, Grafiken etc.	**Ästhetische Aspekte** (Lesbarkeit, Harmonie, Ausgewogenheit, Einfachheit)
Leistungsbewertung (Transparenz, Sachlichkeit)	Qualität eingesetzter Filme (Kamera, Licht, Regie, ...)	
Selbsttests		

Tab. 1: Übersicht über Qualitätskriterien digitaler Lernumgebungen

b)   **Entwicklung von Evaluationsinstrumenten und Usability-Tests**

In vielen Fällen gehört zur Entwicklung multimedialer Lernumgebungen auch die Entwicklung geeigneter Evaluationsinstrumente: Tests, Fragebögen, Interviewleitfäden, Kategoriensysteme für Beobachtungsdaten. Besonders wichtig, aber auch aufwändig sind Usabilitytests nach Fertigstellung einer vorläufigen Version, einer sogenannten Betaversion. Dabei gilt es, vor der endgültigen Distribution einer (Lern-)Software eventuelle Schwächen in der Handhabung und Funktionalität festzustellen und zu beseitigen (z.B. Nielsen, 1993; 2000).

Bei Tests bietet es sich an, die spezifischen Möglichkeiten des computer- bzw. webbasierten Testens zu nutzen. Aufgrund der Auswertung des jeweiligen Zwischenergebnisses nach jeder einzelnen Antwort kann auf Verfahren des adaptiven und sequenziellen Testens zurückgegriffen werden. Beim adaptiven Testen erfolgt die Auswahl der jeweils folgenden Testaufgabe in Abhängigkeit von der bisherigen Leistung. Die Messgenauigkeit der Leistungsmessung kann dadurch verbessert werden. Sequenzielles Testen ermöglicht eine deutliche Verringerung der

Anzahl der Aufgaben, die nötig sind, um eine diagnostische Entscheidung (z.B. „bestanden" vs. „nicht-bestanden") zu treffen (Niegemann, 2000a).

Eine bloße Ergebnisevaluation ist häufig nicht hinreichend, um die Schwierigkeiten Lernender zu erkennen und zu analysieren. Es ist daher zweckmäßig, zumindest im Rahmen der Evaluation das Navigationsverhalten der Lernenden (automatisch) zu protokollieren und zu analysieren (Niegemann, 2000b).

3 Schlussbemerkung

Das Lernen mit Neuen Medien auf der Basis multimedialer Lernumgebungen ist in seiner prinzipiellen Organisation und auf der Grundlage der dafür geeigneten Gestaltungsrichtlinien in vielen Bereichen denkbar. Es ist in besonderer Weise geeignet, das Lernen Erwachsener zu unterstützen und sich dabei auf Inhalte zu beziehen, wie sie sich besonders in der innerbetrieblichen Bildungsarbeit ergeben. Über die Überlegungen in diesem Kapitel hinaus werden sich in der nächsten Zukunft – eigentlich hat diese schon begonnen – weitere Frage ergeben, wie sie sich vor allem auf das kooperative Lernen, den Wissensaustausch (s. dazu Hesse, Garsoffky & Hron, 2001) untereinander und die stärkere Integration von Lernen und Arbeiten ergeben. Die damit zusammenhängenden Überlegungen zur Schaffung einer geeigneten Lernkultur und die damit zusammenhängenden organisatorischen Fragen der innerbetrieblichen Akzeptanz verdienen allerdings ein eigenes Kapitel. Herausgestellt und unterstrichen werden sollten zum Schluss, dass innerbetriebliche Bildungsarbeit heißen muss, dass es ein Nebeneinander von Lernen mit Neuen Medien und persönlicher Unterweisung und Betreuung geben muss. Manches lässt sich sehr gut mit Neuen Medien realisieren, anderes weniger gut oder gar nicht. Zudem wird manches, misst man es an der möglichen Effizienz, viel zu aufwändig in der Herstellung sein. Gelingt es aber, für die innerbetriebliche Bildungsarbeit Schritt für Schritt das Zusammenspiel von Lernen mit Neuen Medien und entsprechend angepassten Formen der bisherigen, weniger medienbasierten Bildungsarbeit zu entwickeln, stellen die Neuen Medien ein hervorragendes Ergänzungspotenzial dar.

Literatur

Brown, J. S., Collins, A., & Duguid, P. (1989). Situated cognition and the culture of learning. *Educational Researcher, 18*, 32–41.

Bunge, M. (1967). *Scientific research* (Vol. 1/2). Berlin.

Collins, A., Brown, J. S. & Newman, S. S. (1989). Cognitive apprenticeship: Teaching the crafts of reading, writing and mathematics. In L. B. Resnick (Ed.), *Knowing, learning and instruction* (pp. 453–494). Hillsdale, NJ.: Lawrence Erlbaum.

Dijkstra, S. & van Merrienboër, J. J. G. (1997). Plans, procedures, and theories to solve instructional design problems. In R. D. Tennyson, F. Schott, N. Seel & S. Dijkstra (Eds.), *Instructional design. International perspective* (Vol. 2, pp. 23–43). Mahwah, NJ: Lawrence Erlbaum.

Garsoffky, B., Schwan, S. & Hesse, F. W. (1998). Zum Einfluß von Filmschnitt und Bildausschnittsgröße auf die Aktivation sowie auf die Gedächtnisrepräsentation formaler Bildcharakteristika. *Medienpsychologie, 10 (2)*, 110–130.

Hesse, F. W. & Mandl. H. (2000). Neue Technik verlangt neue pädagogische Konzepte. In Bertelsmann Stiftung & Heinz Nixdorf Stiftung (Hrsg.), *Studium online*. Gütersloh: Verlag Bertelsmann Stiftung.

Hesse, F. W., Garsoffky, B. & Hron, A. (2001). Netzbasiertes kooperatives Lernen. In L. J. Issing & P. Klimsa (Hrsg.), *Information und Lernen mit Multimedia und Internet*. Weinheim: Psychologie Verlags Union.

Herrmann, T. (1979). Pädagogische Pychologie als psychologische Technologie. In J. Brandtstädter, G. Reinert & K. A. Schneewind (Hrsg.), *Pädagogische Psychologie: Probleme und Perspektiven* (S. 209–236). Stuttgart: Klett-Cotta.

Herrmann, T. (1994). Forschungsprogramme. In T. Herrmann & W. H. Tack (Hrsg.), *Enzyklopädie der Psychologie, Serie I, Bd. I: Methodologische Grundlagen der Psychologie* (S. 251–294). Göttingen: Hogrefe.

Jonassen, D. H., Tessmer, M. & Hannum, W. H. (1999). *Task analysis methods for instructional design.* Mahwah, NJ: L. Erlbaum.

Keller, J. M. & Suzuki, K. (1988). Use of the ARCS motivation model in courseware design. In D. H. Jonassen (Ed.), *Instructional designs for microcomputer courseware* (pp. 401–434). Hillsdale, NJ: Erlbaum.

Kommers, P. A. M. (1996). Research on the use of hypermedia. In P. A. M. Kommers, S. Grabinger & J. C. Dunlap (Eds.), *Hypermedia learning environments. Instructional design and integration* (pp. 33–75). Mahwah, NJ: L. Erlbaum.

Leutner, D. (1992). *Adaptive Lehrsysteme: Instruktionspsychologische Grundlagen und experimentelle Analysen.* Weinheim: Psychologie Verlags Union.

Leutner, D. (1995). Adaptivität und Adaptierbarkeit multimedialer Lehr- und Informationssysteme. In L. J. Issing & P. Klimsa (Hrsg.), *Information und Lernen mit Multimedia* (S. 139–150). Weinheim: Psychologie Verlags Union.

Mayer, R. E., Bove, W., Bryman, A., Mars, R. & Tapangco, L. (1996). When less is more: Meaningful learning from visual and verbal summaries of science textbook lessons. *Journal of Educational Psychology, 88 (1),* 64–73.

Mayer, R. E., Moreno, R., Boire, M. & Vagge, S. (1999). Maximizing constructivist learning from multimedia communications by minimizing cognitive load. *Journal of Educational Psychology, 91 (4),* 638–643.

Moreno, R. & Mayer, R. E. (1999). Cognitive principles of multimedia learning: The role of modality and contiguity. *Journal of Educational Psychology, 91 (2),* 358–368.

Niegemann, H. M. (1998). Selbstkontrolliertes Lernen und Didaktisches Design. In G. Dörr & K. L. Jüngst (Hrsg.), *Lernen mit Medien* (S. 121–139). Weinheim/München: Juventa.

Niegemann, H. M. (1999). Wissensstrukturierung im Didaktischen Design. In W. K. Schulz (Hrsg.), *Aspekte und Probleme der didaktischen Wissensstrukturierung* (S. 29–47). Frankfurt a. M.: P. Lang.

Niegemann, H.M. (2000a). *Computer- und webbasiertes Testen: Einsatzmöglichkeiten in Fortbildung und Marketing.* Corporate AV (S. 29–33). Waiblingen: Medienreport Verlag.

Niegemann, H. M. (2000b). EDASEQ – A log file analysis program for assessing navigation processes. In S. S.-C. Young, J. Greer, H. Maurer & Y.S. Chee (Eds.), *Learning societies in the new millennium: Creativity, caring and commitments. Proceedings of the 8th International Conference on Computers in Education/International Conference on Computer-Assisted Instruction 2000* (pp. 514–518*).* Taipei, Taiwan.

Niegemann, H. M. & Hofer, M. (1997). Ein Modell selbstkontrollierten Lernens und über die Schwierigkeiten, selbstkontrolliertes Lernen hervorzubringen. In H. Gruber & A. Renkl (Hrsg.), *Wege zum Können. Determinanten des Kompetenzerwerbs* (S. 263–280). Bern: Hans Huber.

Nielsen, J. (1993). *Usability evaluation and inspection methods.* Paper presented at the Interchi'93 Tutorial notes.

Nielsen, J. (2000). *Designing web usability.* Indianapolis, IN: New Riders.

Prenzel, M., Drechsel, B. & Kramer, K. (1998). Lernmotivation im kaufmännischen Unterricht: Die Sicht von Auszubildenden und Lehrkräften. In K. Beck & R. Dubs (Hrsg.), *Kompetenzentwicklung in der Berufserziehung* (S. 169–187). Stuttgart: F. Steiner.

Reeves, B. & Nass, C. (1996). *The media equation. How people treat computers, televisions, and new media like real people and places.* New York: Cambridge University Press.

Reigeluth, C.M. (Ed.) (1999). *Instructional-design – Theories and models. A new paradigm of instructional theory.* Mahwah, NJ: Erlbaum

Schank, R. (1997). *Virtual learning. A revolutionary approach to building a highly skilled workforce.* New York: McGraw Hill.

Schank, R. C. (1998). *Tell me a story. Narrative and intelligence* (2nd ed.). Evanston, Illinois: Nortwestern University Press.

Schank, R. C., Berman, T. R. & Macpherson, K. A. (1999). Designing instruction for constructivist learning. In C. M. Reigeluth (Ed.), *Instructional-design – Theories and models. A new paradigm of instructional theory* (pp. 161–182). Mahwah, NJ: Erlbaum.

Schnotz, W. (1997). Zeichensysteme und Wissenserwerb mit neuen Informationstechnologien. In H. Gruber & A. Renkl (Hrsg.), *Wege zum Können. Determinanten des Kompetenzerwerbs* (S. 218–235). Bern: Hans Huber.

Simon, H. A. (1996). *The sciences of the artificial* (3rd ed.). Cambridge, Mass.: The MIT Press.

Tergan, S.-O. (1997). Lernen mit Texten, Hypertexten und Hypermedien: Retrospektive und State of the Art. In H. Gruber & A. Renkl (Hrsg.), *Wege zum Können. Determinanten des Kompetenzerwerbs* (S. 236–249). Bern: Hans Huber.

Tergan, S.-O. (1999). Förderung der Wissensstrukturbildung durch Hypermedien? In W. K. Schulz (Hrsg.), *Aspekte und Probleme der didaktischen Wissensstrukturierung* (S. 131–147). Frankfurt a. M.: P. Lang.

van Merrienboër, J. J. G. (1997). *Training complex cognitive skills. A four-component instructional design model for technical training.* Englewood Cliffs, NJ: Educational Technology Publications.

Wandmacher, J. (1993). *Software-Ergonomie.* Berlin: de Gruyter.

Weidenmann, B. (1995). Ist der Begriff "Multimedia" für die Medienpsychologie ungeeignet? *Medienpsychologie, 7* (*4*), 256–261.

ANTJE KRÄMER-STÜRZL/WOLFGANG STÜRZL

Projektkultur als Spiegelbild der Unternehmenskultur und Basis für erfolgreiches Projektmanagement

> „*Nicht*, weil es schwer ist, wagen wir es nicht, sondern weil wir es nicht wagen, ist es schwer."
>
> Seneca

Projektmanagement hat viel mit der Kenntnis und Anwendung von Instrumenten und Werkzeugen zu tun, das ist unumstritten. Oft scheint es jedoch, als sei die Suche und der Ruf nach ständig neuen, ausgeklügelteren Instrumenten, Werkzeugen und erfolgreichen Rezepten im Projektmanagement für die Beteiligten das Wichtigste. Ein wesentlicher Aspekt in der Diskussion aber, obwohl schon lange bekannt und jederzeit präsent, scheint in der Praxis häufig in den Hintergrund zu treten. Vielleicht auch, weil es ein manchmal schmerzlicher Prozess ist, die in der Vergangenheit, Gegenwart und Zukunft vertretenen Werte und Grundannahmen zu hinterfragen und zu reflektieren. Bei Projekten, eigentlich bei Veränderungsvorhaben jeglicher Art in Organisationen, spielt – neben der Kenntnis und dem flexiblen, maßgeschneiderten Umgehen mit Instrumenten – die Einstellung, das Verhalten, die Grundhaltung der Beteiligten eine wichtige, wenn nicht sogar die wichtigste Rolle. Insofern erlebt der Begriff der Unternehmenskultur bzw. der Projektkultur eine „Neuauflage".

In diesem Sinne schrieb Weule (1995, S. 12): „Die meisten Methoden und Instrumentarien des Projektmanagement sind nichts Neues, relativ neu ist aber die Einsicht, dass ihre Wirksamkeit nicht ohne den Geist und die Haltung des Menschen auskommt, der sich ihrer bedient. Insofern hat Projektmanagement (PM) einen deutlich sozialen Charakter, führt zur Integration der einzelnen Bereiche und zu einer besonderen Kultur im Umgang miteinander".

Und auch Schlick (1999, S. 318) meint, dass Projektmanagement wesentlich mehr ist „als eine Anhäufung von Methoden und Techniken; nämlich eine besondere Arbeits-, Denk und Verhaltensform. ... Und insofern ist das Projektmanagement auch ein Spiegel der Unternehmenskultur."

Projekte müssen idealerweise „anschlussfähig" an die Unternehmenskultur sein, d.h. vereinbar mit den übergreifend in einer Organisation vereinbarten und gelebten Grundannahmen und Einstellungen.

In diesem Sinne wird in dem vorliegenden Beitrag die Bedeutung der Übereinstimmung oder besser Vereinbarkeit von Unternehmens- und Projektkultur sowie mögliche Wege dorthin und die Nähe zum Konzept der Lernenden Organisation skizziert. Die Autoren greifen dabei auf eigene Erfahrungen bei der Durchführung von Veränderungsprojekten zurück. Fragen, die in diesem Zusammenhang angerissen werden, sind u.a.:

- Was haben Veränderungsprozesse in Unternehmen mit Unternehmenskultur zu tun?
- Wie wird der Begriff der Unternehmenskultur definiert?
- Welche Bedeutung hat die Unternehmenskultur für die Durchführung von Projekten und die Umsetzung der Maßnahmen in der Praxis?
- Welche Wege können helfen, Unternehmenskultur zu verändern bzw. sie bewusster wahrzunehmen?
- Welche Schlüsselfunktion hat Personalentwicklung im Prozess der Veränderung?

1 Verständnis und Bedeutung der Unternehmenskultur

„Obwohl wir an der Schwelle zum 3. Jahrtausend das Industriezeitalter überwunden haben und auf dem Weg in eine Lern- und Wissensgesellschaft sind, ist die Architektur der meisten Organisationen oft noch im (post-)industriellen Zeitalter verhaftet" (Fischer 2000, S. 32). Unternehmensveränderung aber bedeutet *ganzheitliche* Betrachtung des Unternehmens. Dies ist die zentrale Herausforderung und entscheidende Aufgabe des Top-Managements. Sie verlangt, altgewohnte Strukturen und Verhaltensweisen – auch die eigenen – zu hinterfragen und zu ändern. Dies führt zu einer Betonung der sog. „weichen" Faktoren.

Nachhaltig wirksame Veränderungen sind immer getragen durch kulturellen Wandel. Dieser wird unterstützt von Kräften, die helfen, Veränderungsbedarf wahrzunehmen, zu akzeptieren, die notwendigen Veränderungen einzuleiten und durchzuführen. Voraussetzung dafür, dass eine fundamentale Veränderung im Sinne kulturellen Wandels möglich wird, ist, dass gängige Verhaltensmuster der Organisation und der Menschen betrachtet und reflektiert werden *dürfen*.

Dabei können Grundannahmen und Wertorientierungen bewusst werden, die die Herausbildung und Verhärtung bestehender Muster begünstigen. Gewohnte, liebgewonnene und oft unbewusste kulturelle Muster sind nämlich eine der entscheidenden Ursachen für die verbreitete Unfähigkeit zur rechtzeitigen Veränderung. Der Wandel wird behindert

- von Mustern, die das Unternehmen daran hindern, die neuen äußeren Bedingungen wahrzunehmen, wahr haben zu wollen, zu interpretieren und den daraus resultierenden Anpassungsbedarf zu beschreiben,
- von Mustern, die das Unternehmen daran hindern, die notwendigen Anpassungen vorzunehmen,
- von Mustern, die das Unternehmen daran hindern, die Veränderungen so zu vollziehen, dass dabei gleichzeitig ein Lernprozess stattfindet, der darauf gerichtet ist, die Veränderungsfähigkeit des Unternehmens zu verbessern.

Die Entwicklung einer Organisation hängt zum einen davon ab, wie effizient sie in der Lage ist, ihr Alltagsgeschäft zu bewältigen, und zum anderen davon, wie sie sich an neue, wechselnde Rahmenbedingungen anpassen kann. Wenn es immer schwieriger wird, die Zukunft einer Organisation, ihre Entwicklung und die sie umgebenden Bedingungen vorherzusagen und zu beschreiben, um so bedeutender wird die Entwicklung von Anpassungsfähigkeit und Flexibilität eines sozialen Systems, und um so bedeutender ist, dass sich die Mitglieder der Organisation über erforderliche Veränderungen verständigen und sie nachvollziehen können.

„Die Qualität der Unternehmensführung wird demnach zunehmend gemessen werden müssen an der Zielstrebigkeit und dem Fingerspitzengefühl, mit denen sie Einfluss nimmt auf die Entwicklung der (Lern-)kultur der Organisation" (Vollrath 2000).

Je dynamischer und komplexer sich die Märkte entwickeln, um so notwendiger ist die Stärkung des menschlichen Faktors. Ein möglicher und wirksamer Weg: Mehr dezentrale Verantwortung in vernetzten Strukturen. Jedes Mitglied der Organisation muss bereit und in der Lage sein, an seinem Platz zu entscheiden, auch wenn es dabei nicht auf (Wenn-Dann-)Entscheidungsregeln zurückgreifen kann.

Unternehmen zukunftsorientierter Branchen entfernen sich infolgedessen zunehmend von Organisationsformen mit strikt getrennten Geschäftseinheiten mit Ressortgrenzen und Hierarchieebenen. Dahinter steht die Erkenntnis, dass solch rigide Strukturen neuen Geschäftsprozessen und kompetenzorientierten Erfordernissen eher im Wege stehen als sie fördern. Zukünftige Werte, Visionen und die entsprechenden Unternehmenskulturen erfordern wandlungsfähige Organisationsformen. Oft werden dazu flexible Lernstätten mit Team- und Projektcharakter geschaffen.

Die Veränderung eines Unternehmens lässt sich nur dann optimal erreichen, wenn Systeme, Strukturen, Abläufe und Aktionen zielgerichtet, systematisch und strategieorientiert zusammenwirken. Das Ziehen aller Beteiligten an einem Strang, in die gleiche Richtung kann u.a. über die Ausrichtung der Werte und Normen, der Unternehmenskultur, erreicht werden. Strategien, neue Ansätze, Veränderungen können aber dann in das Gesamtunternehmen integriert werden, wenn der Unternehmens*kern* stabil ist und gemeinsame Werte geteilt werden bzw. die Einheiten miteinander verbinden.[1] Unternehmenskultur wird als „weicher" Wettbewerbsfaktor um so bedeutender, je stärker ein Unternehmen darauf angewiesen ist, dass sein Personal in immer neuen Situationen selbstverantwortlich Entscheidungen trifft bzw. treffen muss, Verantwortung übernimmt und Risiken eingeht. Merkmale und Fähigkeiten, die (auch) im Projektmanagement eine entscheidende Rolle spielen.

2   Zum Begriff der Unternehmenskultur

„Die Bedeutung der Unternehmenskultur ist für den langfristigen Unternehmenserfolg unumstritten. Nachdem das Thema in den USA in den frühen achtziger Jahren u.a. durch Autoren wie Peters und Watermann („Auf der Suche nach Spitzenleistungen') eine Renaissance erfuhr, haben z.B. Untersuchungen von Kotter in den USA und Simon in Deutschland („Die heimlichen Gewinner') positive Zusammenhänge zwischen Unternehmenskultur und Markterfolg nachgewiesen ... Unternehmenskultur setzt sich im Unterbewusstsein fest und beeinflusst so die Handlungen der Mitarbeiter eines Unternehmens mehr als viele „offizielle" Verfahrensweisen und Regeln" (Otte 1999, S. 69).

Die bekannteste Definition von Unternehmenskultur hat Pümpin (1986) geliefert. Er definiert sie als „die Gesamtheit an Normen, Wertvorstellungen und Denkhaltungen, die das Verhalten der Mitarbeiter aller Stufen und somit das Erscheinungsbild eines Unternehmens prägen".

Simon (1990) versteht darunter „ein von allen Mitarbeitern anerkanntes und als Verpflichtung angenommenes Werte- und Zielsystem eines Unternehmens."

Schein beschreibt Organisationskultur als „... the patterns of basic assumptions that a given group has invented, discovered, or developes in learning to cope with it's problems of external adaptions and internal integration, and that have worked well enough to be considered

---

[1] Stabil heißt nicht starr; es ist auch erforderlich, kontinuierlich Unternehmenskultur und Werte zu reflektieren.

valid, and, therefore, to be taught to new members as the correct way to percieve, think, and feel in relation to those problems" (Schein 1984, S. 10).

Organisationskultur äußert sich in „hard facts" und in „soft facts", in Organisationsstrukturen und in Firmengeschichten, in Visionen und im Führungsstil.

Die unterschiedliche Erkennbarkeit der unternehmenskulturellen Prägung verdeutlicht Schein in seinem Dreiebenen-Schema der Organisationskultur (vgl. Schein 1984):

- Auf der obersten Ebene liegen die sicht- und hörbaren Ausprägungen der Unternehmenskultur (*Artefakte*), wie z.b. Gebäude, Einrichtungen, Geschichten, die erzählt werden. Die hinter dem Was und Wie stehende Logik (das Warum) kann auf dieser Ebene jedoch (noch) nicht verstanden werden.

- Die zweite Ebene bilden die Werte. Sie geben Aufschluss über das Warum, sind aber nicht direkt beobachtbar. Mit Hilfe der Analyse von Aussagen, z.b. in Interviews oder über Datenmaterial, können sie abgeleitet werden. Oft bleiben die tatsächlichen Gründe jedoch im Hintergrund.

- Auf der dritten Ebene befinden sich die Grundannahmen, die tatsächlich die Wahrnehmung, das Denken und Fühlen der Mitarbeiter bestimmen. Sie umfassen z.b. Menschenbilder oder Annahmen über die Art der zwischenmenschlichen Beziehungen.

Solche Grundannahmen werden meist als gegeben hingenommen, selten hinterfragt, reflektiert oder bewusst gemacht. Die in der Unternehmenskultur verankerten Werte wirken wie eine Brille, durch die Situationen in einer bestimmten Weise gesehen und interpretiert werden. Damit ist Unternehmenskultur zum einen Sicherheit und Orientierung, führt zum anderen aber auch zur Einengung des Blicks und damit zur Einschränkung möglicher Handlungsalternativen (vgl. Bögel 1999; Dierkes u.a. 1996; Wollert 1999).

3   Zur Bedeutung der Unternehmenskultur für Projekte

Als Unternehmenskultur bezeichnet man – wie bereits ausgeführt – den sinnstiftenden Zusammenhang betrieblicher Kooperation. D.h. zum einen, dass jedes Unternehmen (immer schon) eine Unternehmenskultur hat, die durch Werte, Stile, Traditionen und Routinen gekennzeichnet ist, die die Interaktion und Kooperation prägen und bestimmen. Zum anderen steht der Unternehmenskulturbegriff für eine normative Komponente im Sinne einer Sammlung zentraler Normen nach dem Motto: „So wollen wir untereinander und mit unseren Kunden umgehen". Für die Gestaltung der Projektorganisation sollte insofern auch der Aspekt der Unternehmenskultur (Partizipationskultur, Kommunikationskultur, Führungskultur) immer beachtet werden.

Nach Straub u.a. (2001) beinhalten Kultur-Fähigkeiten z.B. wirkungsvolles Kommunizieren, produktives Umgehen mit Konflikten und Meinungsverschiedenheiten, respektvollen Umgang, Schließen klarer Vereinbarungen, Auseinandersetzung mit Werten und Positionen, Umgehen mit Hierarchie und Machtgefügen. Wollert (1999) fügt explizit den Begriff der Glaubwürdigkeit hinzu. „Inwieweit diese Fähigkeiten zur Verfügung stehen, das definiert die Grenze für die Erhöhung der Leistungsfähigkeit" (Straub u.a. 2001, S. 35).

Für das Projektmanagement und den Projekterfolg sind – auf der Basis einer Untersuchung von Gemünden und Lechler (1999, 5.23, S. 5) – insbesondere fünf Schlüsselfaktoren festzuhalten, die hier in Stichworten wiedergegeben werden (vgl. auch Krämer-Stürzl 2000).

- *Projektziele:* Klare, verbindliche Zieldefinition sowie kontinuierliche Überprüfung der Ziele bzw. Teilzielerreichung.

- *Partizipation: A*ktive Beteiligung führt zu stärkerer Identifikation mit den Ergebnissen.

- *Information und Kommunikation:* Vereinbaren eines Informationssystems; Regeln für den Umgang miteinander.

- *Planung und Steuerung:* Systematische, zielorientierte Vorgehensweise; kontinuierliches Überprüfen der Planung und des Zielerreichungsgrades.

- *Akteure:* Positive Wirkung des Engagements des Top-Managements; Demonstration des „Verantwortlich-sein für ..."; Kompetenzen der Projektleiter und -mitglieder; bewusste Auswahl der Beteiligten; Freiräume für selbständige Entscheidungen schaffen.

Diese Erfolgskriterien entsprechen der Umsetzung einer Unternehmens- *und* Projektkultur. Schwarz (1988) beschreibt Projektkultur wie folgt: „Eine Projektkultur bestimmt die grundlegenden gemeinsamen Einstellungen der Projektmitarbeiter. Sie verleiht einem Projektteam eine Identität und unterscheidet es von anderen Personengruppen. Die Projektkultur setzt einen Rahmen für das Verhalten der Mitarbeiter und determiniert dadurch den Stil der Zusammenarbeit innerhalb des Projektes und die Beziehungen zu anderen Bereichen." Für Schein (1995) ist sie „zum einen die Fähigkeit des Systems, eine Verhaltenswirkung im Sinne interner Stabilität durch gemeinsame Wahrnehmung, Interpretation der Bedeutung von Situationen und die gemeinsame Orientierung hervorzurufen; zum anderen bestimmt sie die Möglichkeiten, eine Anpassung an externe Anforderungen durch abgestimmte Reaktionen vorzunehmen."

Nicht ohne Grund wird z.B. der Auftragsklärung im Projektmanagement eine so große Bedeutung beigemessen. Hier werden Klärungen zu den oben beschriebenen Aspekten im Vorfeld erforderlich, damit reibungslose Arbeit möglich wird. Grundannahmen können so (noch einmal) geklärt, unnötige Um-Wege oder Konflikte vermieden werden.

Auftrag klären

Ziel der Auftragsklärung ist es,
- das Problem genau abzugrenzen,
- die Ziele des Auftraggebers festzulegen,
- den Überblick über die Probleme der Beteiligten und Betroffenen zu gewinnen,
- die inhaltlichen Ziele zu klären,
- die Projektmitglieder kennenzulernen,
- die potentiellen Konflikte zu identifizieren,
- die organisatorischen Fragen zu klären (z.B. Einzelschritte, Ressourcen),
- die Rollen zu klären.

Zu klärende Fragen in der Phase der Auftragsklärung:

Projektbezeichnung
- Welchen Namen/Titel trägt das Projekt?

Projektziele
- Wie sieht der Ist-Zustand aus? Auf welchen Vorarbeiten kann das Projekt aufbauen?
- Wer ist Kunde bzw. Nutzer der Ergebnisse? Für wen werden die Ergebnisse erarbeitet?

- Was genau soll durch das Projekt erreicht werden? Welchen Beitrag zur Unternehmensstrategie soll es leisten?
- Welche Qualitätsziele müssen erreicht werden? Woran lässt sich die Qualität der Ergebnisse erkennen bzw. messen? Welchen Zusatznutzen soll das Projekt bringen (z.B. Modellprojekt für weitere Projekte, Ausbildung)?
- Was ist nicht Projektziel?
- Wie sieht das Budget aus? Kosten-Nutzen-Analyse und Projektkostenplan (geringer Detaillierungsgrad)
- Wie sehen die Rahmenbedingungen aus? Wann beginnt das Projekt, wann endet es? Gibt es organisatorische/gesetzliche Einschränkungen? Welche Ressourcen stehen zur Verfügung/müssen zusätzlich bereitgestellt werden (finanziell, materiell, personell)?
- Welcher grobe zeitliche Ablauf ist geplant (Phasen, Meilensteine, Aktivitäten, Termine)?

Aufbauorganisation
- Wer ist Auftraggeber des Projekts?
- Wer leitet das Projekt? Aus welchem Bereich soll er/sie kommen? Über welche Qualifikationen soll er/sie verfügen? Welche Anforderungen an die Verfügbarkeit müssen gestellt werden?
- Wer begleitet das Projekt? Für welche Aufgaben? Aus welchem Bereich (intern/extern)? Über welche Qualifikationen soll er/sie verfügen? Welche Anforderungen an die Verfügbarkeit müssen gestellt werden?
- Wer gehört zum Projektteam? Aus welchen Bereichen? Über welche Qualifikationen sollen sie verfügen? Wer ist in welchem Maß verfügbar?
- Wer kann beraten, Input geben? Welche Betroffenen können beteiligt werden? Wer ist in welchem Maß verfügbar?
- Wer gehört zum Lenkungsausschuss? Wer trifft Entscheidungen? Mit wem wird die Zielvereinbarung getroffen? Wer nimmt die Ergebnisse ab? Wer ist in welchem Maß verfügbar?
- Wie sehen die Aufgaben der Externen aus?
- Welche Regeln gibt es für die Zusammenarbeit des Teams? Welche Regeln gelten für die Zusammenarbeit mit dem Projektleiter?

Nahtstellen
- Welche Nahtstellen gibt es zwischen Linie und welche zu anderen Projekten? Mit welchen anderen Projekten muss dieses Projekt kooperieren/sich abstimmen? Wer ist von den Ergebnissen betroffen?

Informations- und Berichtswesen
- Wie soll das Informations- und Berichtswesen gestaltet werden? Wer ist dafür verantwortlich?

Sonstiges
- Was ist noch wichtig und soll geregelt werden?

Abb. 1: Auftragsklärung im Projektmanagement (Mayrshofer/Kröger 1999, S. 128)

Je größer der Projektumfang, desto eher müssen Funktionen im Zusammenhang mit den Projekten formell wahrgenommen und institutionalisiert werden. „Eine klare Struktur und damit geordnete Machtverhältnisse stellen den sicheren Boden dar, auf dem die Projektarbeit ruhen kann. Sie entlasten die einzelnen Projektmitarbeiter davon, sich ihren Platz im Projekt ständig neu zu erkämpfen, und sie befreien sie davon, sich in ihrer Arbeit an den Machtver-hältnissen außerhalb des Projekts zu orientieren. So werden sie frei für ihre sachliche Arbeit und für kreative Lösungen und erfüllen damit die Aufgaben, für die das Projekt gegründet wurde" (Mayrshofer/Kröger 1999, S. 108).

Je konsequenter die Projektkultur mit der Unternehmenskultur (und umgekehrt) vereinbar ist, je ganzheitlicher die Betrachtung ist, um so wahrscheinlicher scheint es – auf langfristige Sicht –, dass die Ziele eines Unternehmens umgesetzt werden, weil Projektkultur ihr Spiegel-bild in der Unternehmenskultur hat (und umgekehrt) und Grundannahmen geklärt sind bzw. reflektiert werden können.

4   Veränderungen in der Unternehmenskultur

Die Organisationsentwicklung beschreibt verschiedene Möglichkeiten zum Umgehen mit Veränderung, mit Projekten oder mit der Einführung von Entwicklungsprozessen (Comelli 1985, S. 109f.). Dies sind u.a. die Top–down-Strategie, die Bottom-up–Strategie, die Bipolar-oder Sandwich-Strategie, die Keil- oder Mittelbau-Strategie und die Multiple-nucleus- bzw. Insellösungs-Strategie.

Strategie	Vorteil	Gefahr
Top–down-Strategie (Start an der Spitze)	Gute Steuerung des Prozes-ses möglich	Untere Hierarchieebenen werden nicht beteiligt, es entsteht Misstrauen, Prozesse können blockiert werden
Bottom-up–Strategie (Start an der Basis)	Erwartungen der unteren Hierarchieebene werden berücksichtigt	Die vorgesetzten Ebenen tragen die Erwartungen und entwickelten Lösungen nicht mit
Bi-polar- oder Sandwich-Strategie (Start an Spitze und Basis)	Schnelles Verbreiten der Ideen und Vermitteln der Ziele	Diskrepanzen zwischen den Ebenen führen evtl. zu Miss-verständnissen, Konflikten und Blockaden
Keil- oder Mittelbau-Strategie	Eine breite und qualifizierte Mitarbeiterschicht wird mit der Strategie der Organisati-onsentwicklung und der „Philosophie" vertraut ge-macht. Auch nach einem eventuellen Wechsel von Führungsebenen bleibt sie so erhalten.	Zu wenig Durchsetzung der Mitarbeiter bei der Umset-zung und Verbreitung, vor allem nach oben; Angst vor Verantwortungsübernahme
Multiple-nucleus- bzw. Insellösungs-Strategie (Start in vielen Bereichen)	An wesentlichen Stellen kann *begonnen* werden („Fuß-in-die-Tür-Technik"); viele kleinere Projekte füh-ren zum Ziel	Kein Zusammenhang unter den einzelnen Vorhaben, die Gesamtsicht geht verloren; Projekte verselbständigen sich unter eigenen Vorstellungen, die nicht unternehmenskon-form sind

Abb. 2: Strategien der Organisationsveränderung (in Anlehnung an Comelli 1985)

Ideal ist, wenn die Unternehmensspitze die erforderlichen Entscheidungen trifft und gemeinsam – über verschiedene Instrumentarien, z.B. Steuerkreis – mit den Beteiligten in einem
(festgelegten) inhaltlichen und organisatorischen Ablauf dialogisch die verschiedenen Phasen
des Projektmanagements bearbeitet. Dabei ist von wesentlicher Bedeutung, dass die Wahl der
Projektbeteiligten sehr bewusst vorgenommen wird. Die wichtigsten Personen müssen an dem
Vorhaben beteiligt sein.

4.1   Vorgehen bei Veränderungsprozessen

Auch bei dem Vorgehen bei Veränderungsprozessen gibt es kein Modell, kein Rezept, lediglich Gemeinsamkeiten, die sich aus der Erfahrung heraus als günstig erweisen (vgl. u.a.
Baumgartner u.a. 1992; Comelli 1985; Hausschildt 1993). Die zu erbringende Leistung einer
Organisation liegt in der „Anpassung" auf die eigenen Gegebenheiten. Verschiedene Phasen
und die jeweiligen Tätigkeitsschwerpunkte sind in Abb. 3 dargestellt.

4.2   Aufgabe und Verantwortung des Steuerkreises

Im Zusammenhang dieses Beitrages wird nur auf die Funktion des *Entscheider- oder Steuer-
kreises* eingegangen, weil er (unserer Meinung nach) besonderen Einfluss auf die Entwicklung bzw. Veränderung der Unternehmenskultur hat. Mit den Entscheidungen, die dort getroffen werden, werden auch immer Grundannahmen „angekratzt".

Jedes[2] Projekt sollte über einen *Entscheiderkreis* oder ein *Entscheidungsgremium* (Steuerkreis oder Lenkungsausschuss) verfügen, der/das der eigentlichen operativen Projektorganisation übergeordnet ist. Dieses Gremium besteht in der Regel aus Vertretern der Unternehmensleitung bzw. dem Auftraggeber, Vertretern des Personal- bzw. Betriebsrates sowie dem/den
verantwortlichen Projektleiter/n. Zu welchen Zeitpunkten, mit welcher Regelmäßigkeit und
welchen Inhalten dieses Gremium tagt, hängt von dem Projekt selbst (Komplexität, Zusammensetzung etc.) ab. Der bzw. die Projektleiter informieren das Entscheidungsgremium über
Projektergebnisse, Abläufe etc.

Diesem Gremium unterliegt z.B. die Aufgabe der Festlegung der Strategie, die Benennung
des Projektleiters, Schlichtung bei strittigen Fragen.

Zu weiteren Aufgaben gehören u.a.:

- Formulierung des Projektauftrages mit Grobziel und mit allen nötigen oder gewünschten
  Randbedingungen (möglichst schriftlich).
- Ernennen eines Projektleiters, Festlegen der grundsätzlichen Projekt-Organisation und
  Entscheidungskompetenzen des Projektleiters gegenüber der Linienhierarchie.
- Festlegen von gewünschten Projektphasen und Entscheiden zwischen den einzelnen
  Phasen.
- Fällen von sog. Meilenstein-Entscheidungen.
- Festlegen von Projekt-Prioritäten.
- Unterstützung der Projektleiter gegenüber den Linienvorgesetzten.

---

[2] Dies ist sicherlich abhängig von der Komplexität. Es gibt auch Projekte, in denen Auftraggeber und
Projektleiter in Personalunion agieren. Dies ist hier nicht gemeint. Hier geht es um komplexere Projekte.

- Durchsetzen der übergeordneten Unternehmensinteressen gegenüber Projektleiter und Linienchefs.

Phase	Schwerpunkt
Vorphase/ Orientierung	• Kennenlernen, „ortskundig" machen, Vertrauensbildung, Akzeptanz schaffen, Hypothesen bilden • Auftragsklärung, Erarbeiten einer Grobstruktur (Ziele, Probleme, Vorgehen, Komplexität, Dauer, Kapazitäten, Informationspolitik) • Klären und „vermitteln": Bedeutung des Erfolgsfaktors „Unternehmenskultur" für den Veränderungsprozess • Vorbereiten aller Beteiligten der Organisation auf den Veränderungsprozess
Analyse[3]	• Unternehmenskultur – Ist-Analyse (Diagnose) • Gemeinsames Verständnis von der Ist-Situation schaffen • Analyse geschäftsrelevanter Kernprozesse • Identifizieren der Hauptaktionsfelder • Ggf. Einrichten von Pilotprojekten
Zukunftskonzept	• Veränderungsziele formulieren, konkretisieren • Entwickeln eines Unternehmenskultur-Soll-Konzepts (Ziele, Grundannahmen, Vision) • Aufgaben des Managements, Vorgehensweise, Steuerungsstruktur (Steuergruppe, Projektleitung, Teams), Sitzungskultur festlegen
Information und Kommunikation	• Transparenz über Vorgeschichte, laufende Aktivitäten, künftige Ausrichtung und weiteres Vorgehen • Unternehmensweite Präsentation der Ergebnisse der Analyse und Vision • Kontinuierliche Information über die Prozesse (Status, Erfolge, Probleme, offene Fragen, Entscheidungen, weiteres Vorgehen)
Umsetzung	• Umsetzen des Veränderungsvorhabens/Konzept • Bearbeiten der ausgewählten Ziele (in Teilprojekten) • Umsetzungsunterstützung durch Qualifizierungsmaßnahmen • Moderation der Prozesse
Kontrolle/ Nachsteuerung	• Standortbestimmung • Evtl. Korrektur eingeleiteter Maßnahmen • Bearbeiten im Prozess neu entstandener Fragestellungen
Evaluation	• Soll-Ist-Vergleich • Erfolgseinschätzung • Rückblick auf den Prozess; Auswertung • Unterstützung individueller Entwicklungsprozesse • Klären weiterer Maßnahmen

Abb. 3:   Vorgehen bei Veränderungsprozessen (Phasen; zusammengestellt u.a. nach Baumgartner u.a. 1992; Comelli 1985; Hausschildt 1993)

Zur Verdeutlichung der Phasen und der Bedeutung des Steuer- bzw. Lenkungskreises in diesen Phasen ist die folgende Abbildung wiedergegeben. Sie gibt einen Überblick über die

---

[3]   Auf die Analyse-Phase wird in Kap. 4.3 noch einmal Bezug genommen.

Projektstruktur und die Phasen des Prozessverlaufs bei der Einführung von Teamarbeit (Uhlmann/Kramer 2001, S. 37):

Projektstruktur und Phasen des Prozessverlaufs bei der Einführung von Teamarbeit bei Lenze

Ständige Begleitung und Kontrolle des Einführungsprozesses durch das Projektteam

Auftaktveranstaltung im Lenkungsausschuss

- regelmäßige Information an Lenkungsausschuss durch den Projektleiter oder das Projektteam über den Prozeßverlauf
- Verabschiedung von wichtigen Entscheidungen durch den Lenkungsausschuss

Vorbereitung:
- Festlegung Pilotbereiche
- Festlegung Pilotteams
- Festlegung Pojektteams

Zielformulierung

Ausarbeitung und Gestaltung eines Zielsystems im Projektteam

Ausarbeitung und Festlegung der Daten für das Info-System

Mitarbeiter-Info-Veranstaltung:
- Vorstellung Zielsystem
- Vorstellung Werbekonzept
- Vorstellung Teamaufgaben

Wahl des Team-sprechers

Moderations- und Präsentationstraining der Teamsprecher und Stellvertreter

- Erfolgskontrolle der Teams anhand des Info-Systems
- Umsetzung von konkreten Maßnahmen in den Teams

Einführung von begleitenden Mitarbeitergruppen (KVP-Teams)

Infoveranstaltungen mit den Peripheriebereichen

- regelmäßige Teambesprechungen in den Teams
- Team- und Teamsprechercoaching

regelmäßige Teamsprecher-Erfahrungsrunden

Ausdehnung der Teamarbeit

Start (nach Monaten) 3   6   9   12   15   18   21

Ständige Kontrolle des Projektverlaufs

Abb. 4: Projektstruktur und Phasen des Prozessverlaufs (Beispiel; aus Uhlmann/Kramer 2001)

Auch die oben formulierten Aufgaben können zum „reinen" Instrumentalismus werden, wenn es dem Entscheider- oder Steuerkreis nicht gelingt, deutlich zu machen, welche Grundannahmen hinter den mit den Projekten verbundenen Veränderungen stehen, welche Annahmen bestehenbleiben (und damit Orientierung und Stabilität bieten) und welche Grundannahmen verändert werden und sich damit in anderen Verhaltensweisen, anderem Handeln äußern (und damit zunächst Unsicherheiten hervorrufen). Allen Beteiligten sollte u.E. immer klar sein, in welchem unternehmensstrategischen Kontext das Projekt steht.

Hier geht es um die Auseinandersetzung mit den Grundannahmen und veränderten Bedingungen sowie um die Frage nach der Identität eines Unternehmens. Identitätsarbeit muss ein immer wiederkehrender Schwerpunkt des Geschäftsbereichs/Unternehmens sein: Die Ziele, Werte, Normen und Regeln einer Organisation müssen dabei im Vordergrund stehen.

Identität ist das persönlichste eines Menschen und auch eines Unternehmens. Sie ist der Kern der Unternehmenskultur und basiert auf einem über die Zeit gewachsenen, tiefen Einverständnis der Mitglieder der Organisation im Sinne gemeinsam geteilter Grundüberzeugungen und Werte – wenn auch dieses Einverständnis zum Teil unbewusst bleibt. Kultureller Wandel wird dann möglich, wenn das Unternehmen beginnt, die gemeinsam geteilten Grundannahmen zu reflektieren, die die Ziele und Strategien, Strukturen und Prozesse, Konflikte, ihre Lösungen und Entscheidungen bestimmen. Verantwortlich dafür, dass dies geschieht, ist die Unternehmensführung. Sie selbst beginnt mit einem Reflexionsprozess, setzt gegebenenfalls neue kulturelle Normen, lebt sie vor (vgl. Vollrath 2000).

Für die Unternehmenskultur ist es entscheidend, inwieweit die Beteiligten eines Projektes oder Veränderungsvorhabens (groß oder klein) die Ziele, Werte und Überzeugungen des Unternehmens kennen und teilen. „Wenn es zwischen dem, was mir gesagt wird, und dem, was ich als die ‚wahren' Ziele und Werte des Unternehmens erfahre, einen Gegensatz gibt, dann wird dies mein Verhalten bestimmen" (Lambert 1998, S. 292).

Veränderungen, auch die Veränderungen von Werten, haben unterschiedliche Folgen in den Empfindungen und letztendlich im Verhalten der Beteiligten: Unsicherheit, Angst, Orientierungslosigkeit, Lerndruck, Sinnverlust. Wer dem aktiv begegnen und Stabilität (auch wenn Wandel zur Normalität wird ...) gewährleisten möchte, muss die in der Organisation gelebten Werte ergründen, bewusst machen, damit arbeiten.

4.3   Analyse der Unternehmenskultur

Im vorangegangenen Kapitel wurde bereits kurz auf ein mögliches Vorgehen bei Veränderungsvorhaben eingegangen. Im Folgenden geht es insbesondere um die Analyse-Phase. Diagnoseinstrumente zur Analyse der Unternehmenskultur gibt es zahlreiche (vgl. u.a. Baumgartner u.a. 1992; Graf-Götz/Glatz 1998; Scholz 1990; Scott-Morgan 1994).

Als Beispiele werden hier zwei Instrumente genannt. Z.B. sollten folgende Fragen in der Analyse-Phase und in der kontinuierlichen Reflexion des Prozesses beantwortet bzw. reflektiert werden:

Identität:
Wer sind wir?

Vision:
Was wollen wir (sein)?

Strategie:
Was haben wir vor? Wie gehen wir vor?

Ziele:
Woran messen wir uns?

Strukturen:
Welche Struktur geben wir uns?

Prozesse:
Welche Prozesse unterstützen die Identität,
Strategien und Ziele?

Abb. 5: Fragen zur Analyse und kontinuierlichen Prozessreflexion

Die oben dargestellten Fragen geben eine erste Richtung an. U.a. Lambert (1998, S. 291) hat zwei weitere Vorschläge zur Analyse des Unternehmens entwickelt (vgl. auch Scholz 1990; Scott-Morgan 1994; Wollert 1999, S. 10). Einer der Vorschläge, die „Unternehmens-Analyse zur Beurteilung der Unternehmenskultur", wird im Folgenden wiedergegeben (vgl. Abb. 6).[4]

---

[4] Der zweite Vorschlag ist eine Checkliste „Analyse der Unternehmenskultur" mit 30 Fragen für interne Change-Agents (s. Lambert 1998, S. 293f.).

Unternehmenszweck

- Ist der langfristige Unternehmenszweck klar definiert?
- Wird er von allen akzeptiert und unterstützt?
- Spiegelt das Verhältnis zwischen Management und Mitarbeitern stets den Unternehmenszweck wider?
- Ist der Unternehmenszweck sowohl bei dem heutigen als auch dem zukünftig zu erwartenden Geschäftsumfeld relevant?

Organisationsstruktur

- Spiegelt das Organigramm wider, „wer was tut"?
- Gibt es eine Statushierarchie?
- Unterstützt oder bedroht die Existenz einer formalen Hierarchie die Erreichung der Unternehmensziele?
- Fallen bestimmte wichtige Aspekte aus dem Verantwortungsraster?
- Werden solche Verantwortlichkeiten als „überflüssiger Luxus" betrachtet, oder werden sie bei Nichtbeachtung von der Unternehmensleitung aufgegriffen?

Kommunikationsbeziehungen

- Wer muss mit wem kommunizieren?
- Wer kommuniziert tatsächlich mit wem?
- Was passiert im Falle von Gegensätzen oder Widersprüchen?
- Wird im Unternehmen das Konzept des „internen Kunden" praktiziert?

Belohnungs- und Sanktionssystem

- Sind Gehälter, Löhne, Gratifikationen und Anreize auf den konkreten Beitrag einzelner Mitarbeiter und/oder Gruppen zur Erreichung der Ziele abgestimmt?
- Was wird tatsächlich belohnt und bestraft?
- Ist das Belohnungs-/Sanktionssystem für die Erreichung der Unternehmensziele sinnvoll?
- Gibt es geeignete psychologische Anerkennungen bzw. Belohnungen, um erwünschte Verhaltensweisen zu verstärken?

Führungsstil

- Ist der vorherrschende Führungsstil auf den Unternehmenszweck, die Ziele und Werte des Unternehmens ausgerichtet?
- Ist der vorherrschende Führungsstil ein geeignetes Vorbild für die jüngeren Manager?
- Entspricht der Führungsstil der Reife, den Fähigkeiten, dem Sachwissen und den Erwartungen der Mitarbeiter?

Systeme

- Entsprechen Budgetplanung, langfristige Unternehmensplanung, das Management-Informationssystem (MIS) und andere Systeme den Zielen und Werten des Unternehmens?
- Dienen einige Systeme anderen Zwecken?
- Werden einige Systeme überhaupt nicht benutzt?
- Gibt es wirksame Kommunikationssysteme?

Abb. 6: „Unternehmensanalyse zur Beurteilung der Unternehmenskultur" (Lambert 1998, S. 291)

Diese Instrumente der Analyse können jedoch nur ein Hilfswerkzeug, ein Ausgangspunkt sein, um Kulturaspekte in einem Unternehmen bewusst zu machen und kontinuierlich zu reflektieren. Ob sie helfen, zu den wirklichen Grundannahmen vorzudringen, bleibt fraglich. „Hierfür ist eher ein entsprechendes *Bewusstsein* für die wichtige *Rolle* der *Unternehmenskultur*, ein Gespür für den *informellen* und *inoffiziellen* Ablauf in einem Unternehmen und eine entsprechende *Sensibilität* für die Probleme des zwischenmenschlichen *Miteinanderumgehens* unumgänglich" (Dierkes u.a. 1996, S. 325, Hervorhebungen im Original).

4.4   Unternehmens- und Projektkultur als Regelwerk

Die Analyse erfolgreicher Unternehmenstransformationen gibt Hinweise für den erfolgreichen Wandel von Organisationen (vgl. Fischer 2000). „Zur Unterstützung der Unternehmenstransformation trägt eine zukunftsfähige, ereignisoffene Unternehmenskultur bei, der es gelingt, gleichgewichtig Freiräume zu ermöglichen und Stabilität zu bewahren. Eine solche Kultur erlaubt das Brechen von Regeln zur Förderung von Wandlungsbereitschaft und ist gleichzeitig fehlertolerant. Die zum Zusammenhalt nötige Stabilität wird durch die Wahrung fester und verbindlicher Kernwerte aufrechterhalten" (ebd., S. 33).

Wenn Unternehmens- und Projektkultur als Regelwerk im Unternehmen gelten soll, dann gilt es Rahmenbedingungen zu setzen und zu leben, innerhalb deren sich Kultur entwickeln bzw. weiterentwickeln oder verändern kann:

1.   Eine für alle Mitarbeiter nachvollziehbare Vision,

2.   Symbole und gemeinsame Aktivitäten,

3.   gelebte Wertschätzung gegenüber allen Mitarbeitern,

4.   explizite Grundsätze,

5.   Qualität in der Kommunikation vorleben.

Dies trifft auch auf die Kern-Kriterien zu, von denen im Zusammenhang mit Projektmanagement gesprochen wird (vgl. u.a. Bögel 1999; Krämer-Stürzl 2000, Mayrshofer/Kröger 1999; Wollert 1999).

Stärkung dezentraler Verantwortung, z.B. durch Projektarbeit, in einem Unternehmen heißt:

1.   Entwicklung der situativen Selbststeuerungsfähigkeit in dezentralen Strukturen;

2.   Rückbildung hierarchischer Koordinations- und Kontrollmechanismen soweit sie verantwortungsbewusstes und flexibles Handeln verhindern;

3.   Entwicklung von Leitbildern als Entscheidungsbasis für Organisationen, Bereiche, Gruppen und Individuen;

4.   Entwicklung einer ‚Kultur der Koevolution', die gekennzeichnet ist durch einander ergänzende und verstärkende Systeme und Prozesse der Personalentwicklung und der Unternehmensentwicklung (Vollrath 2000, S. 40).

Eine solche Kultur kann entstehen, wenn

•   es eine nicht-delegierbare und vordringlichste Aufgabe von Unternehmensleitung und Führungskräften ist, Bedingungen und Möglichkeiten zu schaffen, die Lernen und Entwicklung ermöglichen,

•   es eine Feedback-Kultur gibt und Erfolge und Misserfolge zeitnah rückgekoppelt werden,

•   Fehler erlaubt sind,

- lernorientierte Einstellungen und Verhaltensweisen anerkannt werden (z. B. ihren Platz in Zielvereinbarungen und Leistungsbeurteilungen haben),

- *Signale* gesetzt werden, welche Einflüsse z.B. auf die Gestaltung von Arbeitsprozessen genommen werden können,

- Entscheidungen transparent bzw. verstehbar sind,

- Führungskräfte zeigen, dass sie am Lernprozess aktiv beteiligt sind,

- Vertrauen, Wertschätzung, Offenheit nicht nur Lippenbekenntnisse sind, sondern sich in aktivem Handeln widerspiegeln,

- kontinuierliche Reflexionen stattfinden und vereinbarte Maßnahmen umgesetzt werden.

Diese Aspekte lassen nahezu zwangsläufig an das Konzept der Lernenden Organisation denken (s. Kap. 5; vgl. Arnold 2000; RKW 1999; Wieselhuber & Partner 1997).

5 Zur Schlüsselfunktion von Personalentwicklung

Zum einen hat Personalentwicklung sicherlich die Aufgabe, die Kompetenzen, Ressourcen, Qualifikationen zur Verfügung zu stellen, die für die Übernahme zukünftiger Anforderungen erforderlich sind. Sie hat sicherlich auch die Aufgabe, den Beteiligten der Organisation Handwerkszeuge und Hilfsmittel zur Verfügung zu stellen, die ihnen helfen, die (neuen) Wege zu beschreiten.

Sie hat aber auch die Aufgabe, wenn wir davon sprechen, dass Unternehmens- und Projektkultur etwas mit Bewusstsein, Sensibilität, Gespür (für „das Ganze") zu tun haben, diese immer wieder ins Gespräch zu bringen und die Verbindung von Unternehmenskultur zu Strategien, Zielen, Beteiligten etc. herzustellen.

5.1 Unternehmenskultur und das Konzept der Lernenden Organisation

Lernen findet in lebenden Systemen statt. Menschen und Organisationen sind lebende Systeme (vgl. u.a. Baumgartner u.a. 1992; König/Volmer 1996 und 1997; Königswieser/Exner 1999). Beiden ist gemeinsam, dass Lernen häufig in gewohnten Mustern abläuft. Wenn Lernen in alten Mustern abläuft, die Basis starre Grundannahmen sind, beharrend auf alten, gewohnten, liebgewonnenen Verhaltensweisen, dem Muster „mehr-Desselben" (Watzlawick) folgend, dem Drang folgend, Scheitern dadurch zu kompensieren, indem das einmal gewählte Verhalten verstärkt wird, dann hat Personalentwicklung die Aufgabe, „den Finger in die Wunde zu legen".

Um das Muster „mehr-Desselben" zu vermeiden, muss Lernen so organisiert sein, dass die Bedingungen, unter denen Erfahrungen bisher gemacht wurden, stets einbezogen und verglichen werden mit aktuellen Bedingungen und absehbaren zukünftigen Bedingungen. Zu den Bedingungen gehören neben neuen Umfeldbedingungen auch die eigenen Grundannahmen. Es geht dann um bewusste Einflussnahme in Form „organisierter Reflexion". Denn es ist eine Frage der Kultur,

- ob und mit welcher Qualität organisierte Reflexion stattfindet,

- ob kritische Situationen rechtzeitig bzw. frühzeitig transparent gemacht werden können,

- ob neben technischen Fragen auch Fragen der Zusammenarbeit, der Konfliktsteuerung, der Identifikation, der Unternehmenskultur stehen,

- ob Teamleistungen und Einzelleistungen gewürdigt werden,

- ob die Erkenntnisse aus der Reflexion konsequent zur kontinuierlichen Verbesserung genutzt werden,

- ... (vgl. Vollrath 2000).

Auch hier wird die Nähe zum Konzept der Lernenden Organisation deutlich, denn auch hier geht es darum, eine Unternehmenskultur zu gestalten, in der Lernen nicht dem Zufall überlassen bleibt bzw. zufällig geschieht oder losgelöst von Arbeitsprozessen stattfindet, sondern systematisch und strategisch geplant verläuft (obwohl natürlich dennoch auch Lernen zufällig passiert).

Das Konzept der Lernenden Organisation bildet die „Plattform für eine Umorientierung und die Entwicklung neuer Wandelkonzepte, die stärker die Notwendigkeit des permanenten Wandels betonen. Diese Konzeption startet mit der Idee, dass der Basismodus von Leistungsorganisationen das Lernen ist. Das organisatorische Geschehen stellt sich als Komplex fortlaufender, untereinander vielfältig verknüpfter Lernprozesse dar. Dies bedeutet zu allererst, dass Organisationen *dynamisch* und eben nicht statisch gedacht werden. Das Verständnis von Lernprozessen als Basismodus verweist darauf, dass Veränderung ein durchgängiger Prozess ist, der von der gesamten Organisation auf allen Ebenen zu leisten ist" (Schreyögg 2000, S. 42).

Unternehmen und Einrichtungen als lernende Organisationen sollten nach heutigen Erkenntnissen folgende Bedingungen erfüllen:

- Die Gestaltung von Unternehmenskultur, -philosophie und -strategie sowie deren Realisierung, Bewertung und Verbesserung sind *bewusst* als Lernprozesse strukturiert.

- Die Mitarbeiter der Organisation beteiligen sich auf breiter Basis an der Diskussion über Organisationskultur, -philosophie und -strategie und identifizieren sich mit ihr.

- Neben Produkten und Dienstleistungen tauschen die Organisationsmitglieder auch Informationen hinsichtlich ihrer Erwartungen aus, ermöglichen die Rückkopplung von Informationen, um damit den Lernprozess zu fördern.

- Organisationsmitglieder transferieren ihr Know-how und lernen gemeinsam und mit Kunden und Lieferanten.

- Die Unternehmenskultur und der Führungsstil innerhalb der Organisation begünstigen Innovationen sowie ein Lernen und Entwickeln aus Erfolgen und Misserfolgen.

In lernenden Unternehmen herrschen ganzheitliche Arbeitsaufgaben vor und gehört selbständiges, permanentes, alle Organisationsmitglieder einschließendes Lernen zur Unternehmenskultur. Um diesen Lernprozess so effizient wie möglich zu gestalten, haben „lernende Unternehmen" eine klare und gemeinsame Vorstellung von den Erfolgsfaktoren und der strategischen Grundrichtung ihres Geschäfts. Sie besitzen ein gemeinsames „mentales Modell" ihres Erfolgs, an dem alle Verantwortungsbereiche gemeinsam arbeiten.

Damit ist gemeint, dass Verantwortungsträger ihre Erkenntnisse und Erfahrungen aus ihrem Zuständigkeitsbereich heraus kommunizieren, Handlungskonsequenzen ableiten, die abgestimmt sind, ein mit den anderen Organisationsmitgliedern geteiltes mentales Modell des Unternehmenserfolgs haben und dies zur Diskussion stellen (können).

Wäre bzw. ist dem nicht so, wären/sind Meinungs- und Handlungswidersprüche zwischen Verantwortungsträgern unvermeidlich. „Und weil jeder nach bestem Wissen und Gewissen im Interesse des Unternehmens zu handeln glaubt, werden die abweichenden Handlungsweisen und Ansichten anderer Führungskräfte jeweils als zu bekämpfende Irrtümer oder gar egoistische Schädigung des Unternehmens angesehen. Entscheidungen werden zu Meinungskämpfen ..." (Sommerlatte o.J., S. 129).

Lernhindernisse aus unterschiedlichen Perspektiven: Initiatoren, Projektteam, Belegschaft

„Spätestens, wenn die ersten Maßnahmen für ein Veränderungsprojekt ins Leben gerufen werden, zeigt sich oft, dass das Verständnis über deren Ziel und Zweck weit auseinanderliegt. Es ist ein Trugschluss zu glauben, dass gemeinsam verabschiedete Absichtserklärungen die Handlungen von Belegschaft, Betriebsrat und Unternehmensleitung in eine Richtung lenken. Auch schriftlich formulierte Ziele werden von Vertretern unterschiedlicher Interessen sehr unterschiedlich wahrgenommen.

Die mit der Veränderung beauftragten Gestalter – in der Regel ein aus Organisationsmitgliedern zusammengesetztes *Projektteam* – müssen beispielsweise sehr schnell erkennen, dass:

- die vom Auftraggeber bereitgestellten Ressourcen(zeitlich, finanziell) im Widerspruch stehen zu den hohen Zielsetzungen ...,
- sie selbst nur wenig Zeit haben, neben dem Tagesgeschäft ein aufwendiges Projekt verantwortungsvoll zu begleiten,
- die Einarbeitung in neue Themenfelder (wie „Mitarbeiterorientierung", „wandelndes Führungsverständnis") erforderlich ist,
- Fortschritte in Lern- und Veränderungsprojekten schwerer zu messen sind als in technischen Projekten,
- Man schließlich keine Erfahrungen mit derartigen Veränderungsprojekten hat und mit Entscheidungen konfrontiert wird, die eine neue zeitliche und inhaltliche Dimension bedeuten.

Der *Mitarbeiter* bringt im Gegensatz dazu folgendes zum Ausdruck:

- Keine Einsicht in die Notwendigkeit von Veränderungen: Warum wird Bewährtes in Frage gestellt? Was bringt das Neue mir und dem Unternehmen?
- Unverständnis für die zur Zielerreichung eingesetzten Mittel: Wie will man auf diesem Wege erfolgreicher werden?
- Unzufriedenheit über die durch Veränderungen herbeigeführten zusätzlichen Belastungen: Wie soll man im Chaos der Veränderungen seiner eigentlichen und wertschöpfenden Tätigkeit noch nachkommen?

Damit die Initiatoren des Lern- und Veränderungsprozesses und die Belegschaft nicht bald anfangen, sich gegenseitig den Schwarzen Peter für die Lernhindernisse zuzuschieben, muss in Bezug auf das Projektteam vorab geklärt werden:

- Welches Verständnis besteht über Rollen und Aufgaben des Projektteams?
- Wie nehmen alle Mitglieder die Ausgangssituation wahr?
- Wie beschreibt jedes einzelne Mitglied seine Vision vom „veränderten Unternehmen"?
- Welche Strategie soll verfolgt werden, um die gesetzten Ziele zu erreichen?

– Welche Befürchtungen haben die Mitglieder des Projektteams in Bezug auf die geplante Veränderung (z.B. zur Verfügung stehende Zeit, fachliche Unterstützung, ausreichend finanzielle Ressourcen, Durchführbarkeit von Maßnahmen)?

Ebenso müssen die Initiatoren den Dialog mit den Mitarbeitern suchen. Die Ein-Weg-
Großveranstaltung vor der gesamten Belegschaft kann nur der Auftakt zur Gesprächser-
öffnung sein. Der Königsweg besteht im persönlichen Gespräch zwischen Initiatoren einerseits und Mitarbeitern andererseits. Ziel dieses Dialogs ist, ein gemeinsames Bild vom
zukünftigen Unternehmen zu formulieren und zu konkretisieren. Inhalt des Gesprächs
mit den Mitarbeitern muss sein:

– Wie und wann werden die Mitarbeiter konkret an ihrem Arbeitsplatz von der Veränderung betroffen sein?

– In welcher Form werden sie die Veränderung tatsächlich mitgestalten – was wird von
ihnen erwartet?

– Welche Maßnahmen sind aus ihrer Sicht erforderlich, um sie auf Neuerungen vorzubereiten?

– Was erwartet, was befürchtet die Belegschaft in Bezug auf diese Veränderungen?

Trotz aller Vorbereitung und dem Bemühen um Austausch werden Missverständnisse
und Konflikte im laufenden Veränderungsprozess zwangsläufig auftreten. Sie werden
nicht in erster Linie von der Veränderung selbst verursacht, sondern von der Art, auf die
das Unternehmen bisher mit Problemen umgegangen ist. Deswegen sind die ständige
Selbstreflexion und das aktive Einholen der Meinungen aller beteiligten Interessengruppen die Türöffner für die gemeinsame Weiterentwicklung. Solche Feedback-Phasen sollten von Anfang an eingeplant werden. Sie sollten nicht als werbewirksame Nebensache,
sondern als Erfolgskriterium betrachtet werden."

Abb. 7: Lernhindernisse aus unterschiedlichen Perspektiven: Initiatoren, Projektteam, Belegschaft
(Schmitt o.J., S. 137/138)

Die Unternehmensführung hat hier eine wesentliche Vorbildfunktion. Visionen, Grundannahmen, Leitbilder können im *Dialog* gelebt werden. Widersprüche zwischen Aussagen und
Handeln können in einem konstruktiven Feedbackprozess angesprochen werden. Sie bieten
damit die Chance, tiefliegende, zum Teil auch unbewusste Denk- und Handlungsmuster zum
Vorschein zu bringen, zu reflektieren, neue Annahmen zu entwickeln und im Handeln zu
erproben. Auf diese Weise können gemeinsame Grundannahmen, gemeinsame „mentale
Modelle" entwickelt und verändert werden. Lernen wird so zu einem kontinuierlichen Lernprozess, der gemeinsam geplant, gelebt, reflektiert und weiterentwickelt wird. Die strategische Aufgabe der Unternehmensführung liegt darin, förderliche Strukturen und Rahmenbedingungen zu schaffen, um diesen Prozess zu initiieren, ihn vorzuleben, zu fördern und zu
gestalten.

5.2   Personalentwicklung als strategisch-innovatives Konzept

Hier schließt sich der Kreis zur *Personalentwicklung als strategisch-innovativem Konzept*,
das bedeutet, dass Unternehmen über eine hohe interne Dynamik verfügen und Personalent-
wicklungskonzepten eine hohe Bedeutung beimessen. Sie kann die Unternehmensführung in
den oben beschriebenen Aufgaben und Prozessen unterstützen. Dadurch kommt es zu einer

Kooperation mit Unternehmensführung, zwischen Personalressorts und anderen Fachabteilungen. Es zeichnet sich „ein Paradigmenwechsel dahingehend ab, dass in Zukunft erforderlich werdende lernende Organisationen Personal- und Organisationsentwicklung als Lernen im Prozess der Arbeit im Rahmen der Verbesserung der Arbeitsgestaltung sehen. Organisationale Veränderungen können so nicht mehr losgelöst von Fragen der Arbeits- und Lebensqualität sowie der kontinuierlichen Förderung des individuellen und kollektiven Entwicklungs- und Qualifikationspotenzials betrachtet werden" (QUEM 1996, S. 415).

In diesem Sinne gehören zu einer Personalentwicklungsstrategie bzw. „state of the art"-Personalentwicklungskonzeption grundsätzlich u.a. folgende Bestandteile (vgl. Stiefel 1996) :

1. Die Erhaltung und Erweiterung der Leistungsfähigkeit sowie die Unterstützung der Mitarbeiter bei der Lösung der Probleme von heute und die personale Zukunftssicherung im Unternehmen (*Ziele*). Die Bearbeitung der einfach klingenden, aber richtungsweisenden Frage: „Was heißt eigentlich für unser Unternehmen erfolgreiches Lernen?" gibt darauf Hinweise, ob die Ziele der gegenwärtig vorhandenen Personalentwicklungskonzeption im Aushändigen von „Schnittblumen" als „Bauchladen-Prinzip" besteht oder ob die Führungskräfte und Mitarbeiter qualifiziert sind, selbst für ihr Lernen und ihre Entwicklung initiativ zu werden und notwendige Veränderungen des Unternehmens in Gang zu setzen.

2. Festhalten und Weiterentwickeln der im Unternehmen eingesetzten *Entwicklungsmechanismen und Handlungsfelder*, mit denen die Entwicklung der Führungskräfte und Mitarbeiter verfolgt wird. Personalentwicklung zeichnet sich dann durch ein breites Repertoire von Möglichkeiten aus, die neben den direkten Maßnahmen von Trainings, Workshops und Programmen auch auf die Laufbahnplanung und die begrenzte Verweildauer auf Positionen im Unternehmen als Entwicklung zurückgreift.

3. Formulieren der *Zielgruppen, organisatorischen Einheiten und Schlüsselpersonen*, die aufgrund der Alterspyramide, Daten, Arbeitsmarktsituation der Branche oder der strategischen Erfolgspositionen (SEP) des Unternehmens Bedeutung haben.

4. Aussagen treffen zu den *Trägern* und der arbeitsteiligen Organisation in der Aufgabenwahrnehmung. Dabei wird es insbesondere für einzelne Personengruppen notwendig sein, relativ eindeutige Aufgaben, Kompetenzen und Verantwortlichkeiten zu formulieren:

   • die Geschäftsführung,

   • die oberen Führungskräfte als Gruppe im Unternehmen,

   • die direkt vorgesetzte Führungskraft eines Mitarbeiters,

   • ausgewählte Führungskräfte mit „Zugpferdfunktion" in der Personalentwicklung,

   • die Führungskräfte und Mitarbeiter selbst,

   • die haupt- und nebenamtlichen Personalentwickler und Multiplikatoren (interne Berater, Trainer, Moderatoren und Projektleiter),

   • die externen Berater, Trainer und Moderatoren,

   • die organisatorischen Bereiche, die über ständige Schnittstellenprobleme mit der Personalentwicklungsabteilung in Verbindung stehen (EDV, Organisation, Controlling).

Bei der Formulierung der Träger und ihrer jeweiligen Aufgaben muss auch die vorhandene Unternehmensstruktur berücksichtigt werden, die dann in der grundlegenden Personalentwicklungskonzeption organisatorisch und prozessual abgebildet wird.

5. Formulieren der *wertmäßigen Plattform* und des Bedingungsrahmens für eine längerfristig erfolgreiche Arbeit im Unternehmen. Dazu gehört neben der eigenen Entwicklung der Personalentwicklung und ihrer (eigenen) Kultur, auch die ausdrücklich festgelegte Unabhängigkeit der Entwicklungsarbeit, ohne die ein mentalitätsverändernder Auftrag nicht dauerhaft realisiert werden kann. „Nein" sagen zu können gegenüber Auftraggebern im Unternehmen muss eine grundsätzliche Möglichkeit des Handelns einer erfolgreich arbeitenden Personalentwicklung sein.

6   Fazit

Projektkultur – Unternehmenskultur ... Unternehmenskultur – Projektkultur ... Gleich wie: Sie sind miteinander verwoben. Und je eindeutiger, systematischer und transparenter über Kulturfragen „verhandelt" wird, darüber gesprochen wird, wie etwas gesehen wird, warum und mit welchem Ziel, um so eher ist eine Vereinbarkeit von (isolierten) Projekten mit Unternehmenskultur möglich. Dezentrale Strukturen, selbstorganisiertes Arbeiten, Umsetzung und reibungsloser Ablauf von Prozessen werden gefördert, wenn die übergreifende Strategie oder Kultur deutlich ist. Widersprechen sich Unternehmenskultur und Projektkultur, stehen zum Teil unnötige Dinge im Wege, die die Arbeit erschweren. Konflikte, Widerstände, zeitraubende Diskussionen könnten vermieden werden, wenn Klarheiten geschaffen wären. Dabei geht es um Kernaussagen, um Aussagen zur Identität, nicht um Gleichmacherei oder Standards bzw. Rezepte, die für alle Fälle und jede Situation gelten. Dabei geht es auch nicht um einen einmaligen Akt, sondern um einen kontinuierlichen Prozess, der mit anderen Fragen und Problemstellungen einhergeht.

Veränderungen, gerade wenn sie die Kultur und über teilweise Jahrzehnte angewandte Wahrnehmungs-, Denk- und Verhaltensmuster betreffen, sind schmerzhaft. Fragen nach der grundlegenden Notwendigkeit zur Veränderung, Widerstände, Blockaden, Konflikte sind da Normalität. Dies um so mehr, je weniger transparent die Erfordernisse der Veränderung für die Mitarbeiter, d.h. Anzeichen für eine notwendige Veränderung noch nicht sichtbar, sind.

Dennoch vernachlässigen es Unternehmen, die Frage nach der zugrunde liegenden Unternehmenskultur und den Grundannahmen zu stellen. Es herrscht immer noch häufig die Meinung, dass man sich, z.B. in Krisenzeiten, mit „handfesten" Problemen auseinandersetzen muss (Ablauforganisationen, Strukturen, technische Probleme) und man sich mit derartigen „weichen" Faktoren (noch) nicht beschäftigen kann. Dennoch werden sie gerade von diesen Phänomenen „eingeholt": Auftretende Konflikte, Widerstände, Fragen, Probleme in der Kommunikation, Auseinandersetzungen mit Führungskräften etc. machen es erforderlich – im Nachhinein –, daran zu arbeiten.

Es erscheint erforderlich, sich immer wieder deutlich zu machen, kulturelle Fragen in die Bearbeitung „harter" Fakten einzubeziehen. Bei der Gestaltung von Veränderungsprozessen ist bedeutsam, dass die impliziten und expliziten Regeln, die sich in einem Unternehmen im Laufe der Jahre herausgebildet haben, die „mentalen Modelle", bewusst (gemacht) werden. Wir müssten häufiger die Frage stellen, wie Verbesserung von Kommunikation, Führung, Abläufen etc. und die Entwicklung einer Kultur der Zusammenarbeit im Unternehmen zusammenhängen. Wenn wir die Zusammenhänge nicht erkennen, und jeden Bereich einzeln angehen, bemerken wir nicht, wie sehr sie einander überlappen. Wenn wir z.B. die Art und Weise ändern wollen, in der wir miteinander kommunizieren, müssen wir einen Weg finden, die Grundannahmen, Wertvorstellungen und mentalen Modelle, die uns in unserer Kommunikation behindern, ans Licht zu bringen, um auf dieser Basis neue Verhaltensweisen zu fördern. Das Konzept der Lernenden Organisation und der *Dialog* (Bohm 1998, Ellinor/Gerard

2000; Hartkemeyer/Dhority 1998) bieten die Chance, die Herausforderungen unterschiedlicher Veränderungsprozesse aktiv zu gestaltet, neue Strategien und Lösungen für neue Fragestellungen zu finden, die internen Denk- und Handlungsressourcen zu identifizieren, zu nutzen und weiterzuentwickeln.

Beim Thema Unternehmenskultur geht es nicht um Sozialromantik oder ausschließlich um „Humanisierung des Arbeitslebens" (Wollert 1999, S. 19). Ziel der Beschäftigung mit Unternehmens- und Projektkultur ist letztlich die Verbesserung der Wettbewerbsvorteile und der Produktivität der Unternehmen.

Vielleicht aber ist die zunehmende und bereits schon länger anhaltende Beschäftigung mit dem Thema Unternehmenskultur der Versuch, in einer (fast) unplanbaren, sich wandelnden Welt, Stabilität und Orientierung zu bekommen. Werte, Normen, Identität und Orientierung werden zur Überlebensnotwendigkeit. Unternehmenskultur gibt Antworten auf Fragen wie z.B. Wo sollen wir hin? Wie gehen wir unseren Weg?

Gerade unter diesem Gesichtspunkt hat das Thema in diesen Tagen besondere Relevanz. „Die Herausforderung liegt darin, dass dies[5] nicht zu einer Entfremdung zwischen Unternehmen einerseits und Mitarbeitern andererseits führt, sondern alle an die Überlebensfähigkeit ihres Unternehmens glauben ..." (Wollert 1999, S. 20).

Literatur

Arnold, R.: Personalentwicklung – Grundlagen und Einführung (Studienbrief „Personalentwicklung"). Zentrum für Fernstudien und Universitäre Weiterbildung. Kaiserslautern 2000.

Bögel, R.: Organisationsklima und Unternehmenskultur. In: v. Rosenstiel, L./Regnet, E./Domsch, M. E. (Hg.): Führung von Mitarbeitern. Handbuch für erfolgreiches Personalmanagement. Stuttgart 1999, S. 729–743.

Baumgartner, J. u.a.: OE-Prozesse. Die Prinzipien systemischer Organisationsentwicklung. Bern u.a. 1992.

Bohm, D.: Der Dialog – Das offene Gespräch am Ende der Diskussion. Stuttgart 1998.

Comelli, G.: Training als Beitrag zur Organisationsentwicklung. München/Wien 1985.

Dierkes, M./Hähner, K./Raske, B.: Theoretisches Konzept und praktischer Nutzen der Unternehmenskultur. In: Bullinger, H.-J./Warnecke, H. J. (Hg.): Neue Organisationsformen im Unternehmen. Ein Handbuch für das moderne Management. Berlin u.a. 1996, S. 315–332.

Ellinor, L./Gerard, G.: Der Dialog im Unternehmen. Inspiration, Kreativität, Verantwortung. Stuttgart 2000.

Fischer, K.: Schnell und ausdauernd. In: ManagementBerater 12/2000, S. 32–43.

Gemünden, H.G./Lechler, Th.: Schlüsselfaktoren des Projekterfolges. Eine Bestandsaufnahme der empirischen Forschungsergebnisse. In: Knauth, P./Wollert, A. (Hrsg.): Human Resource Management. Neue Formen betrieblicher Arbeitsorganisation und Mitarbeiterführung. Loseblattsammlung. Grundwerk Oktober 1999. 5.23, S. 1–30.

Graf-Götz, F./Glatz, H.: Organisation gestalten. Neue Wege und Konzepte für Organisationsentwicklung und Selbstmanagement. Weinheim 1998.

Hartkemeyer, M.& J.F./Dhority, L.F.: Miteinander Denken – Das Geheimnis des Dialogs. Stuttgart 1998.

Hausschildt, J.: Innovationsmanagement. München 1993.

König,E./Volmer,G.: Systemische Organisationsberatung. Grundlagen und Methoden. Weinheim 1996.

König,E./Volmer,G. (Hg.): Praxis der Systemischen Organisationsberatung. Weinheim 1997.

---

[5] D.h.: die Veränderung der Kultur der Unternehmen angesichts der wirtschaftlichen Situation.

Königswieser, R./Exner, A.: Systemische Intervention. Architekturen und Designs für Berater und Veränderungsmanager. Stuttgart 1999.

Krämer-Stürzl, A.: Projektmanagement (Studienbrief „Personalentwicklung"). Zentrum für Fernstudien und Universitäre Weiterbildung. Kaiserslautern 2000.

Lambert, T.: Management-Praxis. Konzepte und Erfolgsmodelle für die Unternehmensführung. St. Gallen/Zürich 1998.

Mayrshofer, D./Kröger , H. A.: Prozesskompetenz in der Projektarbeit. Ein Handbuch für Projektleiter, Prozessbegleiter und Berater. Mit vielen Praxisbeispielen. Hamburg 1999.

Otte, M.: Unternehmenskultur meßbar machen. FAZ 22. Mai 1999, S. 69.

Pümpin, C.: Management strategischer Erfolgspositionen. Bern und Stuttgart 1986.

RKW (Rationalisierungs- und Innovationszentrum der Deutschen Wirtschaft e.V.) (Hg.): Erfolgreich durch Lernen. Innovationstechniken Zukunftskonferenz, Projektmanagment, KVP, Gruppenarbeit. Köln 1999.

QUEM (Arbeitsgemeinschaft Qualifikations-Entwicklungs-Management) (Hg.): Kompetenzentwicklung '96: Strukturwandel und Trends in der betrieblichen Weiterbildung. Münster u.a. 1996.

Schein, E.H.: Coming to a New Awareness of Organizational Culture. In: Sloan Management Review Vol. 24, Nr. 2, 1984, S. 1–16.

Schein, E.H.: Unternehmenskultur – Handbuch für Führungskräfte. Frankfurt am Main 1995.

Schlick, G.H.: Projektmanagement – Gruppenprozesse – Teamarbeit. Wege, Hilfen und Mittel zu schnittstellenminimierter Problemlösungskompetenz. Renningen-Malmsheim 1999.

Schmitt, V.: Lernhindernisse aus unterschiedlichen Perspektiven: Initiatoren, Projektteam, Belegschaft. In: Spezialreport Wissensmanagement: Wie Firmen Wissen profitabel machen. O.J., S. 137–138.

Scholz, C.: Trugschlüsse zur Unternehmenskultur. In: Simon, H. (Hg.): Herausforderung Unternehmenskultur. USW-Schriften für Führungskräfte, Bd. 17, Stuttgart 1990, S. 47–63.

Schreyögg, G.: Neuere Entwicklungen im Bereich des Organisatorischen Wandels. In: Busch, R. (Hg.): Change Management und Unternehmenskultur. Konzepte in der Praxis. München und Mering 2000, S. 26–44.

Schwarz, G.: Möglichkeiten zur Gestaltung von Unternehmenskultur. In: Krüger, W. (Hg.): Gießener Management Workshop '88. Gießen 1988.

Scott-Morgan, P.: Die heimlichen Spielregeln. Frankfurt und New York 1994.

Simon, H.: Herausforderung Unternehmenskultur. Stuttgart 1990.

Sommerlatte, T.: Das lernende Unternehmen – was ist das? In: Spezialreport Wissensmanagement: Wie Firmen Wissen profitabel machen. O.J., S. 128–131.

Stein, B./Westermayer, G.: Die Notwendigkeit der Entwicklung von Lernkulturen in Zeiten rasanten Wandels. In: Busch, R. (Hg.): Change Management und Unternehmenskultur. Konzepte in der Praxis. München und Mering 2000, S. 84–101.

Stiefel, R.Th.: Lektionen für die Chefetage. Personalentwicklung und Management Development. Stuttgart 1996.

Straub, W.G./Forchhammer, L.S./Brachinger-Franke, L.: Bereit zur Veränderung. (Un)Wege der Projektarbeit. Hamburg 2001.

Uhlmann, U./Kramer, U.: Denken in Prozessketten und Teamorientierung. In: Zeitschrift für Personalführung 1/2001, S. 34–39

Ulrich, D.: Strategisches Human Resource Management. München und Wien 1999.

Vollrath, K.: Die Verantwortung für die Unternehmenskultur annehmen. In: ManagementBerater 10/2000, S. 30–43.

Weule, H.: Die Kräfte bündeln – Projektmanagement im Ressort Forschung und Technik. Daimler-Benz AG, Stuttgart 1994.

Wieselhuber, N. & Partner (Hg.): Handbuch Lernende Organisation. Unternehmens- und Mitarbeiterpotenziale erfolgreich erschließen. Wiesbaden 1997.

Wollert, A.: Unternehmenskultur. In: Knauth, P./Wollert, A. (Hg.): Human Resource Management. Neue Formen betrieblicher Arbeitsorganisation und Mitarbeiterführung. Loseblattsammlung. Grundwerk Okt. 1999. 4.4, S. 1–22.

Lernkulturen in der New Economy – Herausforderungen an die Personalentwicklung im Zeitalter der Wissensgesellschaft

1 Einführung – Auf dem Weg zur Wissensgesellschaft

Unsere heutige Gesellschaft wird vielfach als „Wissensgesellschaft" bezeichnet, um die derzeitigen sozialen, wirtschaftlichen und technologischen Veränderungen in einem Begriff zusammenzufassen. Allerdings ist die Idee der Wissensgesellschaft nicht neu. Bereits in den 60er Jahren sprach Robert E. Lane von einer „Knowledgeable Society" und auch Amitai Etzioni sowie Daniel Bell haben in den 70er Jahren auf die besondere Rolle des Wissens und wissensbasierter Dienstleistungen postindustrieller Gesellschaften verwiesen. „Die nachindustrielle Gesellschaft (...) organisiert sich zum Zwecke der sozialen Kontrolle und der Lenkung von Innovation und Wandel um das Wissen, wodurch sich neue soziale Verhältnisse und neue Strukturen herausbilden (...)" (Bell 1975, S. 36). Ein Vierteljahrhundert nach Bells zeitgeschichtlicher Diagnose lassen sich heute eine Reihe dieser wissenszentrierten Tendenzen identifizieren:

Wissen als Produktionsfaktor: Wissen hat sich zu einer unmittelbaren Produktivkraft in der Wirtschaft entwickelt. Entscheidend für den wirtschaftlichen Erfolg und die Innovationskraft einer Unternehmung ist vor allem der Zugang und die Verarbeitung von Wissen sowie die Gestaltung von Methoden und Techniken zum Umgang mit Information (vgl. Stock u.a. 1998, S. 10f.).

Wissen als Humanressource: Unter dieses Stichwort fällt die zunehmende Bedeutung sogenannter „intangible assets" (Hoch u.a. 2000), d.h. immaterieller Werte wie das Wissen und die Talente der Menschen sowohl in wirtschaftlicher wie auch gesellschaftlicher Hinsicht. Gleichzeitig bildet Wissen die Ressource und Basis sozialen Handelns (vgl. Stehr 1994, S. 208), weil davon die Lebenschancen des Einzelnen wesentlich abhängen.

Wissensexplosion als lebenslange Lernanforderung: Der Anspruch zum lebenslangen bzw. lebensbegleitenden Lernen verstärkt sich besonders auch dadurch, dass einmal Gelerntes durch das exponentielle Wissenswachstum immer schneller veraltet (vgl. Willke 1998, S. 355). Die Kommunikations- und Informationstechnologien sind dabei sowohl „Verursacher" als auch „Bewältigungsmedium" der Wissensexplosion und Informationsflut.

Wissen als Spiegel des Nicht-Wissens – zwischen Orientierung und Verunsicherung: Allerdings sind die Bewältigungsmöglichkeiten im Umgang mit der „Wissensflut" begrenzt: Mit zunehmendem Wissen steigt auch das Nicht-Wissen und die Notwendigkeit, sich aus der unübersichtlichen Menge an Informationen die für einen selbst bedeutsamen zu selektieren und mit widersprüchlichen Informationen umzugehen sowie sich von vertrauten, aber nicht mehr funktionalen Wissensbeständen zu verabschieden. Die damit verbundenen Folgen werden u.a. mit der Vokabel der „reflexiven Modernisierung" umschrieben (vgl. Beck/Giddens/Lash 1996).

Wissen als soziale Ordnungskategorie: Die zunehmende Bedeutung von Wissen im wirtschaftlichen und sozialen Leben und die Informationstechnik als Medium kommunikativer Prozesse prägen schließlich auch soziale Beziehungen. Dabei spielen traditionelle Hierarchien immer weniger eine Rolle, weil Wissen global und quer zu gesellschaftlichen Statusgruppen, z.B. mit Hilfe des Internet, zugänglich wird. Damit verbunden sind aber auch neue, auf unterschiedlichem Wissen basierende Formen sozialer Ungleichheit.

Wissen als organisationales Strukturierungs- und Steuerungsprinzip: Die beschriebenen sozialen Transformationen der Wissensgesellschaft wirken sich ebenso auf ihre Institutionen und Regelsysteme aus. Kennzeichnend für moderne Organisationen ist eine abnehmende hierarchische Strukturierung und die Arbeit in temporären Arbeitsgruppen, deren Ziel es ist, Probleme mit Hilfe von Wissen, Ideen und Konzeptionen zu lösen. Ein solcher Problemlösungsprozess verlangt eine lernende Organisation, die von Fehlertoleranz, Vertrauen, Heterogenität, aber auch Dissens geprägt ist.

Die beschriebenen Tendenzen unserer heutigen Wissensgesellschaft prägen zugleich unsere Arbeitsgesellschaft, d.h. die Bedingungen, in denen gearbeitet und gelernt wird. Exemplarisch lassen sich diese Entwicklungen in der New-Economy-Branche nachzeichnen, denn gerade in diesem Feld ist Wissen nicht nur entscheidender Produktionsfaktor, sondern selbst auch wieder Motor und Medium von Wissensproduktion, weshalb man synonym auch von der „Knowledge Economy" (vgl. Neef 1998) spricht.[1] Diese Mehrdimensionalität ist für das Feld der Personal- und Organisationsentwicklung[2] sowie Weiterbildung in mehrfacher Hinsicht von besonderem Interesse:

- An der New-Economy-Branche lassen sich beispielhaft die Chancen und Risiken der Wissensgesellschaft für den betrieblichen Kontext veranschaulichen und nach *Herausforderungen für die Personalentwicklung und Weiterbildung* fragen.

- In diesem neuen Markt stehen der Mensch und sein Wissen und Können im Zentrum wirtschaftlichen Handelns. Nicht mehr Betriebsstandort und -mittel sind allein entscheidende Produktionsfaktoren, sondern auch das Wissen und die Ideen der Beschäftigten. Die Innovationskraft einer Unternehmung hängt damit von ihren Kompetenzen ab und bildet derart die zentrale Aufgabe der Personalentwicklung: *Kompetenzen erkennen und fördern.*

- Der Blick auf die New-Economy erschließt zudem ein neues betriebliches Handlungsfeld, das u.E. in der Personalentwicklung und Weiterbildung noch nicht hinreichend beleuchtet wurde. Was heißt es beispielsweise für Personalentwicklung in Zeiten hoher Fluktuations- und Zuwachsraten der Beschäftigten eine einheitliche Unternehmenskultur zu entwickeln? Welche alternativen und neuen Instrumente kann Personalentwicklung bereit stellen, die den derzeitigen Anforderungen der New Economy entsprechen und zur bewussten *Gestaltung von Lernkulturen* beitragen?

Im Folgenden werden zunächst die Grundzüge und (Binnen-)Logik der New Economy erläutert (Kapitel 2), um daran anschließend Auswirkungen auf das Arbeiten und Lernen für die Beschäftigten zu diskutieren (Kapitel 3). Da diese Auswirkungen immer auch die Lernkultur einer Unternehmung beeinflussen, die selbst wiederum den Ermöglichungsrahmen organisationalen Lernens bildet, werden Bedeutung, Diagnose und Gestaltungsrahmen von Lernkulturen näher betrachtet (Kapitel 4). Aus diesen Überlegungen lassen sich Anforderungen an Personalentwicklung und Weiterbildung im Zeitalter der New Economy aufzeigen und einige

---

[1] Im vorliegenden Beitrag schließt der Begriff New Economy die Knowledge Economy mit ein, vgl. Kapitel 2.

[2] In diesem Beitrag wird eine integrative Betrachtung von Personal- und Organisationsentwicklung verfolgt, weil die hier beschriebenen Personalentwicklungsprozesse in Wechselbeziehung mit klassischen Organisationsentwicklungsfragen stehen.

beispielhafte Gestaltungsvorschläge ableiten (Kapitel 5). Welche weiterführenden Überlegungen und offenen Fragen sich auf dieser Grundlage für eine Personalentwicklung im lernenden Unternehmen in Zukunft ergeben, ist Gegenstand des abschließendes Resümees (Kapitel 6).

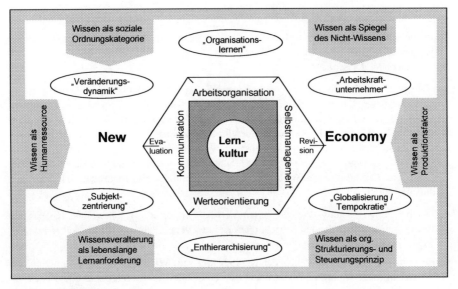

Abb. 1: Inhaltsübersicht

2   Grundzüge und (Binnen-)Logik der New Economy

Lernkulturen in der New-Economy zu betrachten setzt natürlich zunächst voraus, ein Verständnis des Begriffs zugrunde zu legen. Allerdings zeigt sich hier, dass unter *New Economy* ganz Unterschiedliches gefasst wird, je nachdem von welchem Standpunkt (wirtschaftlich, technologisch oder sozial) aus man sich diesem Begriff nähert, weshalb Peter Rudin (2000, S. 6) zuzustimmen ist: „Eine allgemein verbindliche Definition, was denn unter dem Begriff New Economy zu verstehen ist, gibt es nicht". Für die Einen steht der Begriff New Economy für ein anhaltend „hohes inflationsfreies Wachstum bei gleichzeitiger niedriger Arbeitslosigkeit" (Stierle 2000, S. 549), was zu der Diagnose führt, „dass in den europäischen Volkswirtschaften (...) noch keine New Economy festgestellt werden (kann)" (ebd., S. 557). Für die Anderen steht dieser Terminus beinahe synonym für die „Digital"- und „Internet-Economy", weil er „die zunehmende Bedeutung der Informations- und Kommunikationsdienstleistungen" betont (Clement 2000, S. 542) und damit längst Einzug in nahezu alle Wirtschaftbereiche gehalten hat, auch jene der Old Economy, z.B. Maschinen-, Automobilbau (vgl. Rudin 2000, S. 7). Für Dritte ist die „New Economy ein alter Hut" (vgl. Glogowski 2000), weil ihre technologische Entwicklung von ihrer Bedeutung für gesellschaftliches und wirtschaftliches Leben in etwa vergleichbar ist mit der Erfindung des Buchdrucks durch Johannes Gutenberg. Um diesem uneinheitlichen Begriffsverständnis zu begegnen, sollen im Folgenden die wesentlichen Kennzeichen der New Economy zusammenfassend heraus gearbeitet werden. Zentraler Ausgangspunkt der Überlegungen bildet die These, dass diese Branche durch eine wissensbasierte Struktur gekennzeichnet ist, in der der Mensch, sein Wissen und seine Kompetenzen ein axiales Prinzip – quasi die Speerspitze der Wissensgesellschaft – bilden, weshalb daher sinngemäß auch von einer *„Knowledge Economy"* gesprochen werden kann: „Knowledge in the form of complex problem solving, technological innovation, creative exploitation of new markets, and the development of new product of service offerings is central to success in these areas" (Neef 1998, S. 2).

Analog zur Wissensgesellschaft lassen sich daher auch ähnliche Kennzeichen für die New Economy feststellen. Diese Kennzeichen werden im Folgenden in vorwiegend deskriptiver Weise skizziert, wobei bereits auf solche Merkmale fokussiert wird, die für das Arbeiten und Lernen eine hohe Relevanz aufweisen und die im darauf folgenden Kapitel in Bezug auf Lernkulturen in der New Economy kritisch untersucht werden.

„Subjektzentierung" – die hohe Bedeutung immaterieller Werte: Weniger materielle Werte wie Firmenkapital, Maschinen, Gebäude etc. sind für den unternehmerischen Erfolg entscheidend als vielmehr personengebundene immaterielle Werte, wie Ideen, Wissen, Know-how. Dies zeigt sich daran, dass die Produkte vorrangig wissensbasiert sind. Wissensbasierte Produkte erlangen erst dann Wertschöpfungscharakter, wenn der „Faktor" Mensch durch seine immaterielle Leistung, sein Wissen, den Gebrauch dieser Produkte erst ermöglicht. Die Produktion und das Wachstum einer Unternehmung hängen somit weniger vom Vorhandensein umfangreicher technologischer und materieller Ausstattung ab, sondern vielmehr von seiner Innovationskraft und dem Wissenspotenzial seiner MitarbeiterInnen,[3] weshalb sinngemäß auch von einer Verschiebung von „brawn to brains-based economies" (Neef 1998, S. 4) gesprochen werden kann.

„Globalisierung und Tempokratie" – die New Economy als Entgrenzungs- und Beschleunigungsfaktor: Entfernungen und geographische Räume verlieren für das Geschäft und den Handel wissensbasierter Dienstleistungen zunehmend ihre Bedeutung. Regionale Wettbewerbsvorteile verschwinden, entscheidend ist es, neue Produkte möglichst schnell am Markt zu platzieren („first-mover-advantage"). Die Schnelllebigkeit der Branche zeigt sich z.B. daran, dass bei den meisten Firmen die Produkte, die sie heute verkaufen, nicht älter als vier Jahre sind, weshalb man in der Branche auch in so genannten „web years" rechnet (zum Vergleich: Hewlett Packard erzielt heute 77 Prozent seiner Erlöse mit Produkten, die weniger als zwei Jahre alt sind, zit. n. Deckstein/Felixberger 2000, S. 20). Parallel dazu verschärft sich der Wettbewerb. Z.B. hatte IBM 1965 noch ungefähr 2 500 Mitbewerber für seine Produkte und Dienstleistungen, 1992 waren es bereits 50 000 an der Zahl (zit. n. ebd., S. 19). Die Notwendigkeit, ständig neue Produkte auf den Markt zu bringen, führt entsprechend zu verkürzten Produkt- und Technologielebenszyklen, was wiederum bedeutet, dass nicht nur Produkte und Prozesse an den konstanten Wandel angepasst werden müssen, sondern auch die Kompetenzen der MitarbeiterInnen, weil deren „Wissenslebenszyklen" sich ebenfalls rasant verkürzen.

„Organisationslernen" – Notwendige Koppelung von Lernen und Arbeiten: Die kurzen Produkt-, Technologie- und Wissenslebenszyklen in der New Economy verweisen darauf, dass Wandel und Veränderung der Normalfall sind, d.h., die Firmen werden im Wettbewerb überleben, die wandlungs- sowie veränderungsbereit und zum organisationalen Lernen fähig sind. Denn über das organisationale Lernen werden Wissens- und Kompetenzressourcen aufgebaut, die nur schwer handelbar sind, weil sie weder imitiert noch substituiert werden können, dafür aber auf neue Produkte und Dienstleistungen transferierbar sind (Osterloh/Frost 2000, S.

---

[3] Im folgenden Beitrag werden männliche und weibliche Bezeichnungen abwechselnd oder in der oben gewählten Form verwendet und schließen immer beide Geschlechter mit ein.

49f.). Individuelles Human-Kapital kann zwar abgeworben werden, soziales Human-Kapital (Beziehungsstrukturen) erweist sich aber nur über den Preis einer Firmenübernahme als handelbar. Die Wettbewerbsfähigkeit wird zudem dadurch gesichert, dass Unternehmen durch organisationales Lernen über institutionelle Kapazitäten zur Änderung von Regeln und Routinen verfügen und somit erfolgreicher mit der zunehmenden Veränderungsdynamik umgehen können. Es geht dabei nicht nur um die Bereitstellung einer technologischen Infrastruktur für Wissensmanagement zur Aufarbeitung und Implementierung externer und interner Informationen. Viel bedeutsamer wird es, Lernen und Weiterbildung in Wirtschafts- und Produktionsprozesse zu integrieren und eine Lernkultur zu gestalten, die organisationales Lernen ermöglicht: „Die Lernkultur eines Unternehmens ist insbesondere in Zukunftsbranchen eine der entscheidenden Ressourcen für die strategische Unternehmensentwicklung und die internationale Wettbewerbsfähigkeit" (Erpenbeck/Sauer 2001, S. 49).

„Enthierarchisierung" – *veränderte Arbeits-, Kooperations- und Kommunikationsformen:* Die neuen Interaktions- und Kommunikationsmedien, wie z.B. das Internet, beeinflussen unsere Gesprächskulturen und führen dazu, dass sich Menschen unabhängig von hierarchischen Positionen miteinander verständigen, Beziehungen knüpfen und Wissen miteinander austauschen können. Auch der Kunde verändert sich vom Konsumenten zum Prosumenten, indem er aktiv über seine Wünsche das Warenangebot mit bestimmt. Dies führt auch dazu, dass die Marken- oder Firmentreue schwindet und KundInnen die Produkte bzw. Angestellte die Firmen „über Nacht" wechseln. Der Prozess der Enthierarchisierung ist schließlich auch Ergebnis struktureller Gesetzmäßigkeiten: Wissensintensive Dienstleistungen umfassen sogenannte Vertrauensgüter, z.B. eine Beratungsleistung. Der Output solcher Leistungen ist allerdings schwer messbar, weil das „Produkt" immateriell ist, da es sich um Leistungs- und Potenzialversprechen handelt, deren Qualität u.a. auch von der Aktivität der Kunden abhängt. Somit ist nicht nur der Output schwer zurechenbar, sondern auch der Input, der ein hohes Maß an implizitem Wissen enthält (vgl. Frey/Osterloh 2000, S. 53ff.). Zwischen Vorgesetzten und MitarbeiterInnen in dieser Branche herrscht daher sehr oft eine Informationsasymmetrie, da der Mitarbeiter meist im aktuellen Problemlösungsprozess eines Projektes über mehr Wissen verfügt als die vorgesetzte Person. Auch der Servicebereich zeichnet sich durch ein hohes Maß an Unvorhersehbarkeit aus, so dass sich die Arbeit einer vorausschauenden Planung, Steuerung und Kontrolle durch den Vorgesetzten entzieht (vgl. Baukowitz/Boes 2000). Aufgrund dieser Reduktion von Kontroll- und Steuerungsmöglichkeiten entsteht ein Mess- und Zurechenbarkeitsproblem, so dass Leistungen nur noch schwer hierarchisch angewiesen werden können. Das Entstehen und die „Produktion" dieser Vertrauensgüter setzt wiederum selbst einen „Fair Process", d.h. eine Vertrauenskultur im Unternehmen voraus (vgl. Kim/Mauborgne 1999). Dieses strukturelle Merkmal findet seine Korrespondenz in dem in dieser Branche häufig favorisierten stärker eigenverantwortlichen Arbeitsstil.

„Veränderungsdynamik" – *Instabile Unternehmenskulturen in der New Economy:* Die hohe Veränderungsdynamik führt dazu, dass Firmen Partnerschaften, Allianzen, Firmenübernahmen und kurzfristige Zweckbündnisse eingehen, um den flexiblen Marktanforderungen gerecht zu werden und um sich Käufergruppen, neue Technologien oder Know-how zu sichern. Dabei kann der größte Konkurrent auf Gebiet A schon morgen der engste Verbündete auf Gebiet B sein (vgl. WISU 2000, S. 1192). Die Entwicklung einer Unternehmenskultur gestaltet sich daher in der New Economy äußerst schwierig. Erstens muss es Unternehmen gelingen, den eigenen Systemerhalt bzw. die eigene Identität zu sichern, auch wenn eine nötige

Abgrenzung zur Umwelt kaum noch erhalten werden kann,[4] was sich vor allem bei virtuellen Unternehmungen (vgl. Littmann/Jansen 2000) problematisch gestaltet. Zweitens stellt sich die Herausforderung, trotz hoher Fluktuations- und Zuwachsraten von MitarbeiterInnen *eine* gemeinsame Basis von Werten, Normen und Wissensstrukturen aufzubauen, die zur Integration neuer Beschäftigter und Identifikation mit den Unternehmenszielen hoch bedeutsam wird. Und drittens wird es schwierig, das Unternehmen als einen historisch gewachsenen Organismus mit einer Kultur zu etablieren, wenn das Durchschnittsalter der Beschäftigten oftmals unter 30 Jahren liegt, ältere ArbeitnehmerInnen frühzeitig aus der Firma ausscheiden oder erst gar keine Beschäftigungschancen erhalten und dadurch nicht nur Erfahrungswissen und Seniorität abhanden kommen, sondern auch ein Stück der Kultur sowie notwendige „Gegenhorizonte" verloren gehen.

„Arbeitskraftunternehmer" – *Beschäftigte im Spannungsfeld von Selbstverwirklichung und Selbstökonomisierung:* Beschäftigte in der New Economy werden als sogenannte „Yetties" (young, entrepreneurial, tech-based Internet-Elites) typisiert: Junge Menschen, die genau wissen, was sie wollen, ungebunden und flexibel sind, meist noch keine Verantwortung für Kinder oder Familienangehörige tragen, aber auch wissen, dass sie sich vermarkten müssen. Diese Beschäftigten sind gezwungen, sich wie eine „Ich-Aktie" auf den Markt zu bringen, d.h. „sich selbst als Produkt immer wieder neu zu entwickeln und zu verkaufen" (vgl. Voß 2000). Von den Beschäftigten wird allerdings erwartet, im Team zu arbeiten, mit anderen zu kooperieren und in diesem Zusammenhang ihr Wissen zu teilen. Die „Ich-Zentrierung" der ArbeitnehmerInnen konfligiert mit der geforderten „Wir-Zentrierung" des Unternehmens. Damit verschärft sich auch der Wettbewerb unter den Beschäftigten und es entstehen neue Ungleichheiten. Während die Bildungs- und Berufseliten von diesem Trend profitieren, gehören schwächer Qualifizierte zu den Verlierern. Insgesamt sinkt in der New Economy die Sicherheit des langfristigen beruflichen Engagements. So wird die mittlere Beschäftigungsdauer bei einer Firma heute weniger als fünf Jahre eingeschätzt (vgl. Deckstein/Felixberger 2000, S. 22). Damit verbunden sind allerdings biographische Risiken für alle Beschäftigten und eine höhere Leistungsanforderung, um sich auf diesem kompetitiven Markt zu behaupten.

Die dargestellten Kennzeichen der New Economy – hier in Abgrenzung zur Old Economy (vgl. Abb. 2) – verweisen letztlich auf eine Entwicklung in Richtung einer wissensbasierten Ökonomie und Gesellschaft, die vor allem durch einen ständigen Wandel und damit verbundene Risiken und Unsicherheiten gekennzeichnet ist. Die Wissensökonomie beschert nicht nur Wachstum, verbesserte Lebensverhältnisse und hoch qualifizierte Jobs, sondern auch zunehmende Beschäftigungs- und Qualifizierungsrisiken (Atkinson/Court 1999): Es wird „WissensarbeiterInnen" mit hohen Qualifikationsprofilen und guten Einkommen geben, aber auch Beschäftigte in ungesicherten Arbeitsverhältnissen, die einfache, aber vor allem emotio-

---

[4] Niklas Luhmann weist in seiner Systemtheorie auf die nötige Abgrenzung von System und Umwelt aus Gründen einer nötigen Systemerhaltung hin: „Systeme sind nicht nur gelegentlich und nicht nur adaptiv, sie sind strukturell an ihrer Umwelt orientiert und könnten ohne Umwelt nicht bestehen. Sie konstruieren und sie erhalten sich durch Erzeugung und Erhaltung einer Differenz zur Umwelt, und sie benutzen ihre Grenzen zur Regulierung dieser Differenz. (...) In diesem Sinne ist Grenzerhaltung (boundary maintenance) Systemerhaltung" (Luhmann 1984, S. 35). Da Systeme durch eine selbstreferentielle Geschlossenheit gekennzeichnet sind, d.h. in ihren elementaren Operationen sich immer nur auf sich selbst beziehen können bzw. müssen, dient die Umwelt als „notwendiges Korrelat selbstreferentieller Operationen" (vgl. ebd., S. 25). Folgen wir dieser systemtheoretischen Betrachtung, dann brauchen Unternehmen als Systeme eine notwendige Abgrenzung gegenüber ihrer Umwelt zur eigenen Systemstabilisierung, Orientierung und Erzeugung von Informationen.

nal belastende Tätigkeiten in tayloristischen Strukturen mit geringem Verdienst ausüben (z.B. Arbeit in Call-Centers, vgl. Halm 2000).

	Old Economy	New Economy
Menschenbild/Arbeitsmotiv	„Produktiv-Arbeiter", Sicherheitsstreben	Wissensarbeiter, Selbstökonomisierung, persönliche Entfaltung
Werte- und Normensystem	Schaffen von materiellen Werten	Schaffen einer innovationsförderlichen Lernkultur
Kooperationsverhalten	Weitergabe von Wissen, individuelles Lernen	Wissensteilung und -generierung, Lernen in Teams
Unternehmensumfeld	National, international	Global
Wettbewerber	Konkurrent, Feind	Potenzieller Partner
Strukturprinzip	Pyramide, Zentralisation	Vernetzung relevanter Bezüge: intern: Mitarbeiter, Abteilungen etc.; extern: Kunden, Partner
Unternehmen/Organisation	Unternehmen als soziales, produktives System	Unternehmen als soziales, wissensverarbeitendes und -generierendes System
Kernkompetenz	Fachqualifizierung, Tradierung und Aneignung von Vertrautem	Wissensarbeit, Innovationskompetenz, Lernfähigkeit
Wertschöpfungsinput/ Produktivvermögen	Arbeit, Kapital, Boden, individuelles Wissen	Intellektuelles Kapital, organisationales Wissen
Wertschöpfungsergebnis	Materielle/immaterielle Güter	Intelligente Güter, Vertrauensgüter
Kommunikationsinfrastruktur, technologische Vernetzung	optional	zwingend

Abb. 2: Kennzeichen der New Economy im Vergleich zur Old Economy[5]

Mit der Frage, wie diese Entwicklungen sich auf das Arbeiten und Lernen der Beschäftigen auswirken und somit letztlich auch die Lernkultur einer Unternehmung prägen, wird sich das folgende Kapitel genauer beschäftigen.

3 Auswirkungen auf Arbeiten und Lernen der Beschäftigten in der New Economy

Mehr als in anderen Branchen sind in der New Economy *Wissen* und *Kompetenzen* die entscheidenden Ressourcen, die den Unternehmen ihre Wettbewerbsfähigkeit und den Beschäftigten ihre „Employability" sichern. Wenn allerdings Wissen – in Anlehnung an Luhmann (1995) – als „veränderungsbereite" und als wahr geltende, aber sozial konstruierte „Realitätsgewissheit" gilt, dann erweist sich unsere heutige Wissensgesellschaft als ein Pool an ver-

---

[5] Synopse zur deskriptiven, wertfreien Kennzeichnung der wichtigsten Unterscheidungskriterien (vgl. WISU 2000).

schiedenen, sozial ausgehandelten Realitätsgewissheiten, die nur in der jeweiligen Kommunikationsgemeinschaft ihre Plausibilität wahren. Dies bedeutet aber auch, dass es keine einheitlichen, von allen geteilten Verbindlichkeiten oder eine Wahrheit an sich gibt. In einer solchen wissensbasierten Gesellschaft zu leben und zu arbeiten, fordert die Individuen in vielerlei Hinsicht heraus: Sie müssen eine stärkere Bereitschaft zur Infragestellung eingelebter Wahrnehmungs- und Handlungsmuster – also die Veränderung ihrer eigenen Realitätsgewissheit – mitbringen, um in den verschiedenen sozialen Zusammenhängen, in denen sie sich bewegen, handlungsfähig zu sein. Dies stellt nicht nur eine *permanente Lernanforderung* dar, sondern setzt auch die Reflexion und Revision eigener Denk- und Handlungsstrukturen voraus. Dieser erhöhte Selbstreflexionsanspruch verweist auch auf eine höhere Selbstverantwortung gegenüber den eigenen Wirklichkeitskonstruktionen und eine *notwendige Selbstorganisation* der eigenen Lebensführung. Der wachsende Anspruch an das eigene Selbst setzt sich auch in der *Notwendigkeit kooperativen Handelns* fort, welches kennzeichnend für das Arbeiten in der New Economy ist. Es verlangt vom Einzelnen, andere Sichtweisen als gleichberechtigte zu akzeptieren und auf einen gerechten Konstruktions- und Aushandlungsprozess zu vertrauen, um überhaupt eine mit Anderen geteilte Wirklichkeit zu konstruieren. Die aufgezeigten Ansprüche, die sich den Individuen in der New Economy – als Spiegel der Wissensgesellschaft – stellen, sind allerdings nicht frei von Friktion und Paradoxien, wie im Folgenden gezeigt werden soll (im Überblick vgl. Abb. 3). Diese Widersprüchlichkeiten und die daraus erwachsenden Lernnotwendigkeiten zu erkennen, wird daher für Personalentwicklung und Weiterbildung in der New Economy hoch bedeutsam. Es reicht nämlich nicht mehr aus, Qualifizierungsbedarfe zu ermitteln und darauf Maßnahmen abzustellen, sondern es müssen vor allem die für die Wissensgenerierung notwendigen Rahmenbedingungen sowie Möglichkeiten zur Kompetenzentwicklung gestaltet werden, um Menschen zur Kooperation (gemeinsame Wissenskonstruktion), zur Kommunikation (Wissensaustausch) und zur Reflexion (zur Bewältigung der damit verbundenen Anforderungen) zu befähigen.

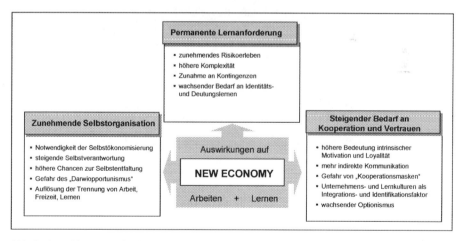

Abb. 3: Auswirkungen auf Arbeiten und Lernen in der New Economy

3.1   Zunehmender Selbstorganisationsanspruch in Arbeit und Weiterbildung

Die Bedingungen des Beschäftigtseins und Arbeitens werden sich durch die New Economy erheblich verändern (vgl. Sennett 1998, Bolz 1999, Burton-Jones 1999, Drucker 1999,

Cross/Israelit 2000). So zwingt der Innovationsdruck Firmen u.a. auch zu einer Veränderung der Arbeitsorganisation: Ideen, Problemlösungen und Entwicklungsvorhaben werden in temporären Arbeits- und Projektgruppen, inner- und überbetrieblichen Netzwerken, Task-Forces oder Qualitätszirkeln möglichst zeit- und ressourceneffizient bearbeitet, in externe Abteilungen ausgelagert (Outsourcing) oder von früheren Angestellten übernommen, die allerdings nun häufig als Scheinselbstständige arbeiten. Damit sinken auch Vollzeitanstellungen, während Teilzeit- und Projektanstellungen sowie zeitlich befristete Werkverträge zunehmen. Verbunden ist dies mit einer Abkehr von tayloristischen Prinzipien der Rationalisierung von Arbeit und Unternehmen hin zu einer zunehmenden Flexibilisierung, Enthierarchisierung sowie Deregulierung und einer damit verbundenen größeren Selbststeuerung und Selbstkontrolle der Arbeitenden.

Die Auswirkungen dieser Selbststeuerungsmöglichkeiten auf die Beschäftigten wird in der aktuellen Literatur bisher noch uneindeutig diskutiert. Zunächst könnte man annehmen, dass eine vermehrte Eigenverantwortlichkeit und Selbstorganisation in der Arbeit Kennzeichen humaner Arbeitsplatzgestaltung sind, denn nach arbeitspsychologischen Konzepten (vgl. Hacker 1978) galt eine Arbeit dann als human, wenn möglichst viele Freiheitsgrade in der Handlungsregulation gegeben waren. Es gibt allerdings eine Reihe von Autoren, die aufzeigen, dass eine Zunahme von Wahlmöglichkeiten nicht automatisch eine Zunahme an Autonomie und Selbstentfaltung beinhaltet, denn die selbstgesteuerte Arbeit bleibt immer Unternehmenszielen untergeordnet und entspricht somit eher einer „fremdgesteuerten Selbstorganisation" (Pongratz/Voß 1997). Können zwar die Ziele noch mit ausgehandelt werden, so wird die Zielerreichung nur noch von geringen Strukturvorgaben und bereitgestellten Ressourcen unterstützt. Erwartet werden die selbständige Zeiteinteilung, die Bereitschaft zur Kooperation, die individuelle Sinngebung und Eigenmotivation für die Tätigkeit. Eine direkte Arbeitssteuerung wird zwar reduziert, aber von indirekten Strategien betrieblicher Steuerung abgelöst, die vor allem mit einer Steigerung des Leistungsdrucks verbunden sind (vgl. Baukrowitz/Bös 1997, Fergen/Pickshaus/Schaumburg 2000). Der „Arbeitskraftunternehmer" verfügt zwar über eine erweiterte Selbstkontrolle, steht aber im Zwang zur forcierten Ökonomisierung der eigenen Arbeitsfähigkeiten und -leistungen. Zudem ist er zur „Selbstrationalisierung der alltäglichen Lebenswelt und Biographie" (Voß 2000, S. 154) gezwungen, weil fachspezifische Fähigkeiten gegenüber fachübergreifenden Kompetenzen zunehmend an Bedeutung verlieren (u.a. Arnold/Müller 1999). Die heute geforderten Kompetenzen schließen nämlich die Gesamtheit der Persönlichkeitseigenschaften und Lebensfähigkeiten von Menschen ein. Um diese im Hinblick auf die geforderte „Employability" zu erhalten, gilt es, auch die Freizeit dazu zu nutzen, arbeitsmarktkompatible und damit verwertbare Kompetenzen auszubilden. Mit dieser Verbetrieblichung der alltäglichen Lebensführung löst sich auch die Trennung von Arbeit und Freizeit sukzessive auf, was durch die Unternehmen der New Economy selbst noch forciert wird (vgl. Conrady 2000). Gleichzeitig bekommt der Beschäftigte die größere Selbstständigkeit (z.B. in Gruppenarbeit, Teamstrukturen) von oben verordnet („Sei-Selbständig-Dilemma"). Auf den ersten Blick erweitern sich damit zwar die Handlungsspielräume der Beschäftigten, aber mit dem Effekt einer „systematisch vertieften Ausbeutung menschlicher Arbeitsvermögen und einer neuartigen Qualität betrieblicher Herrschaft" (Voß 2000, S.153).

Die Gefahr besteht, dass sich Unternehmenskulturen entwickeln, die von einem „Darwiopportunismus" gekennzeichnet sind (Scholz 2000). Dieses Wortkonstrukt vereinigt die Begriffe Darwinismus und Opportunismus und beschreibt zum einen das darwinistische Prinzip von Wettbewerb und Auslese vieler Unternehmen (d.h., nur die Einheiten überleben, die schneller, besser oder flexibler reagieren). Zum anderen entwickelt sich dadurch ein vermehrter Opportunismus, der darin zum Ausdruck kommt, dass viele MitarbeiterInnen nicht für das Unternehmen arbeiten, sondern sich lediglich nur ihren eigenen Vorteil suchen. „Die Darwiopportunisten folgen den Handlungsmaximen der Generation Y: Spaß, harte Arbeit, leistungsbezogener Wettbewerb und grenzenlose Selbstentwicklung" (ebd., S. 1195). Nach Scholz' Analyse entwickelt sich dadurch allerdings ein Wertesystem, welches nicht mehr auf Loyalität beruht, da es dem Mitarbeiter egal wird, für welches Unternehmen er arbeitet. Kritisch zu fragen wäre dann, wie ein solches Wertesystem sich auf das Arbeitsklima und die Lernkultur auswirkt, wenn Lernen zwar Partizipation, Offenheit und Vertrauen voraussetzen, der Arbeitskraftunternehmer im Darwiopportunismus sich diese Werte aber gar nicht mehr leisten kann. Schließlich müssen sich auch die Unternehmen fragen, wie demzufolge „das unerlässliche Engagement und die unabdingbare Loyalität der Beschäftigten auf Dauer hergestellt werden können" (Baitsch 2000, S. 19).

Daneben gibt es aber auch eine Reihe von Stimmen, die die Zunahme an Eigeninitiative und Selbstmanagement in der Arbeit als Chancen sehen, der Entfremdung kapitalistischer Industriearbeit gerade entgegen zu wirken (vgl. Deckstein/Felixberger 2000, S. 45). Als „Unternehmer des eigenen Intellekts" (Littmann/Jansen 2000, S. 208) könnten Beschäftigte mehr denn zuvor ihre persönlichen Fähigkeiten zur Geltung bringen, weil es gerade diese personalen Ressourcen sind, die nachgefragt und zukünftig gefördert werden. Arbeit würde dann der „Persönlichkeitsentwicklung und Lebenserfüllung" (Deckstein/Felixberger 2000, S. 49) dienen und die eigene Weiterbildung könnte dann stärker auf die persönliche Kompetenzentwicklung gerichtet werden und weniger auf eine unternehmensspezifische Qualifizierung beschränkt bleiben. Flexible Arbeitszeiteinteilung und die Wahl des Arbeitsortes (z.B. bei Telearbeitsplätzen) würden die persönliche Entfaltung jedes Einzelnen sogar unterstützen. Selbstverantwortung, Eigeninitiative und ein Großteil persönlicher Fertigkeiten und Fähigkeiten müssten nicht mehr an der Betriebspforte abgegeben werden, um sie gegen Sicherheit, d.h., die Garantie eines berufslebenslangen Erhalts des Arbeitsplatzes und unternehmerischer Fürsorglichkeiten einzutauschen – für die ohnehin kaum ein Unternehmen mehr bürgen kann – sie würden vielmehr in die Arbeit integriert (vgl. ebd., S. 74).

Trotz der differenten Bewertung der derzeitigen Beschäftigungssituation in der New Economy sind sich Kritiker wie auch Optimisten in einem Punkt einig: Die New Economy stellt eine erhöhte Herausforderung an das eigene Selbst. „Selbstvertrauen, Selbstinitiative, Selbstverantwortung, Selbstsicherheit und Selbstmanagement. Die Schlüsselgrößen für den Menschen in der Arbeitsgesellschaft von morgen beginnen mit dem *Selbst*; vor allem mit der Selbst-Erkenntnis. Wer bin ich? Woher komme ich? Was kann ich? Was sollte ich damit anfangen? Wohin will ich damit?" (vgl. ebd., S. 40). Durch die wachsende Selbstverantwortung und erweiterte Selbstbezüglichkeit in der Arbeit ist das Individuum kontinuierlich aufgefordert, die eigene Arbeitskraft und die zu verrichtenden Tätigkeiten zu reflektieren (vgl. Voß 2000, S. 156).

Mit der erhöhten Selbstverantwortung der eigenen Arbeit ist auch eine zunehmende Zuständigkeit des Einzelnen für seine Lern- und Weiterbildungsanstrengungen verbunden. Es wird kritisch zu prüfen sein, wie die Betroffenen diese Ambivalenz zwischen einer lebenslang geforderten selbstständigen Erneuerung und Erweiterung des eigenen Wissens und der ökonomischen Notwendigkeit der stetigen Selbstvermarktung der eigenen Arbeitskraft auflösen. Es stellt sich die Frage, ob sich „ArbeitskraftunternehmerInnen" eine Weiterbildungsteilnahme und damit einen möglichen Ausfall auf dem freien Arbeitskräftemarkt leisten können oder aber müssen. Schwierig dürfte sich dann auch die Weiterbildung innerhalb einer Arbeitsgruppe gestalten, wenn die Gruppe den Ausfall alleine zu verantworten hat und keine Unterstützung seitens des Unternehmens erhält. Wenn allerdings Unternehmen ein Interesse an den

Selbstorganisationskräften und dem Selbstmanagement der MitarbeiterInnen haben, muss Personalentwicklung realisierbare Möglichkeiten entsprechender Kompetenzentwicklung zur Verfügung stellen.

3.2   Zunehmendes Risikoerleben und permanente Lernanforderungen

Für viele Beschäftigte ist das höhere Beschäftigungs-, Qualifikations- und Entlohnungsrisiko in dieser „High-Speed-Economy" (WISU 2000) oftmals mit Stress und starken Ängsten verbunden, die hoch belastend wirken und sich auch negativ auf das eigene Lernverhalten auswirken. Nach einer Studie der Fachhochschule Köln gaben z.b. 69 Prozent der befragten Führungskräfte an, dass sie aufgrund anhaltenden Leistungsdrucks täglich mit Angst vor Arbeitsplatzverlust ins Büro gehen würden (zit. n. Gerstmann 2000). Darüber hinaus lassen Berufswechsel, wissenschaftlich-technischer Fortschritt und Basisinnovationen vorhandenes Wissen häufig überflüssig werden. Der Flexibilisierungsanspruch steigt somit für die Beschäftigten auch im Hinblick auf die eigene Lernfähigkeit. In immer kürzeren Zyklen müssen neue Wissens- und Kompetenzbereiche – möglichst selbstständig – erschlossen und alte Routinen und Handlungsmuster wieder verlernt werden: „Permanentes Lernen ist somit notwendig für das berufliche Überleben, es ist zugleich äußerst riskant, da die nächsten Schritte auf der individuellen Laufbahn zum gegebenen Zeitpunkt nicht eindeutig bekannt sind" (Baitsch 2000, S. 18). Dem „knowledge worker" stellt sich in diesem Zusammenhang auch die Frage, wie er eine eigene Identitätskontinuität angesichts des stetigen Wandels wahren kann. Wenn unsere Gesellschaft nicht nur durch Innovationen bestimmt ist, sondern auch durch eine zunehmende Komplexität und Ungewissheit, da alle eingeübten Wahrnehmungs-, Beziehungs-, Handlungs- und Entscheidungsmuster prinzipiell jederzeit in Frage gestellt werden können (vgl. Beck 1986, Welsch 1991) und auch einmal erworbene Berufserfahrung, ja der Beruf an sich an Gültigkeit verliert, dann wird fragwürdig, worin stabilisierende Elemente überhaupt noch bestehen können: „Menschen stehen vor der Notwendigkeit, entweder die Konstruktion ihrer beruflichen Identität wiederholt neu vorzunehmen oder aber andere Quellen für das Selbstverständnis und die Selbstdarstellung zu benutzen" (Baitsch 2000, S. 19). Wenn Unternehmen in dieser Situation nicht mehr die Kontinuität der Anstellung sicherstellen oder den Beschäftigten Perspektiven zur persönlichen Kompetenzentwicklung – als eine mögliche Form der Identitätsstabilisierung – eröffnen können, dann dürfen sie auch nicht mehr auf eine bisher selbstverständliche Leistungsbereitschaft und Identifikation der Mitarbeiter mit dem Unternehmen hoffen. Es ist aber gerade diese Vertrauens- und Identifikationsbasis, die einer Unternehmenskultur zugrunde liegen muss. Deutlich daran wird, dass berufliche Unsicherheiten und eine fehlende Identitätskontinuität der Mitarbeiter auch die Integrität und Kultur eines Unternehmens gefährden. Der Aufbau einer Unternehmenskultur ist somit auch an eine Lernkultur gekoppelt, in der nicht nur Qualifikations-, sondern auch Identitäts- und Deutungslernen ermöglicht wird (vgl. Schüßler 2000), und die auf diesem Wege die reflexiven Kompetenzen sowie Selbstorganisationskräfte der Beschäftigen stärkt und somit eine wichtige Handlungsorientierung für das berufliche und alltägliche Leben bietet.

3.3   Zunehmender Kooperations- und Vertrauensanspruch

Vertrauen und Fairness gewinnen als sinnstiftendes Moment auf allen Ebenen wirtschaftlichen Handelns in der New Economy entscheidende Bedeutung: Zwischen den MitarbeiterInnen im Bereich der Teamarbeit, zwischen Vorgesetzten und Beschäftigten im Bereich des Informationsaustauschs, zwischen Unternehmen und Kunden im Bereich der Dienstleistung, da es sich um Vertrauensgüter handelt. D.h., die Kunden müssen ein Vertrauen gegenüber

Leistungs- und Potenzialversprechen der Unternehmung aufbringen. Dieses Vertrauen ist notwendig, damit sich der Kunde aktiv als Prosument in den Wertschöpfungsprozess einbindet und so letztlich zur Produktqualität mit beiträgt.

Insbesondere die Arbeit in Team- und Projektstrukturen verlangt Vertrauen als unerlässliche Voraussetzung gelingender Kooperation. Zum einen ist es notwendig, eigenes Wissen preiszugeben, zum anderen muss auf die fachlichen Kompetenzen und persönliche Integrität der Partner vertraut werden. Allerdings bringt die geforderte Kooperationsbereitschaft den Beschäftigten in ein Dilemma: Eine derartige Haltung gefährdet sein einziges Kapital, nämlich das eigene Wissen und Können (vgl. Baitsch 2000, S. 17). Die Explikation eigenen Wissens, z.b. zur Etablierung eines Wissensmanagementsystems, verlangt zusätzlich eine Vertrauensbasis zwischen Beschäftigten und Unternehmen. Fehlen vorab vereinbarte Verbindlichkeiten und eine „Verteilungs- und Verfahrensfairness" (Weibel/Rota 2000, S. 197ff.), wird der Mitarbeiter kaum die einzige Legitimationsquelle seiner Beschäftigung gefährden, sondern zur „Maske der Kooperativität" (Sennett 1998, S. 151) greifen, d.h. Kooperationsbereitschaft vorspielen. Eine solche Haltung sieht Sennett als Konsequenz des „neuen Kapitalismus": In den enthierarchisierten Strukturen gibt zwar das Management Autorität ab, aber um den Preis, dass das Team nun die alleinige Verantwortung für die Arbeit übernehmen müsse. An die Stelle des Zwangs von oben, tritt nun der Druck durch andere MitarbeiterInnen, was Individuen zwinge, „ihr Auftreten und ihr Verhalten anderen gegenüber zu manipulieren" (vgl. ebd., S. 150). Man muss nicht der radikalen Analyse von Sennett folgen, um doch feststellen zu können, dass durch die Arbeit in temporären Arbeitsgruppen kaum mehr Zeit für Teamentwicklungsprozesse bleibt, die aber notwendig ist, damit sich überhaupt ein Wir-Gefühl, Gruppenkohäsion, gemeinsame Arbeitsnormen und letztlich ehrliches Vertrauen als Grundlagen kooperativen Handelns ausbilden können. Wenn dann der Austausch nicht mehr direkt, sondern über ein Kommunikationsmedium erfolgt und somit para-linguistische Handlungsanforderungen wie Körpersprache, affektive Sinngehalte, Kontextualität sprachlicher Bedeutungen sowie intentionale und normativ-moralische Gehalte der Sprechhandlungen fehlen, wird zudem der Aufbau einer gemeinsamen Deutungsperspektive und die Übersetzung von Information in geteiltes Wissen zusätzlich erschwert.

Vertrauen und Intimität sichern nicht nur die Kooperationsfähigkeit, sondern auch die Verbundenheit des Mitarbeiters mit dem Unternehmen. Insbesondere Unternehmen der New Economy stehen nämlich vor dem Problem, MitarbeiterInnen zu werben und langfristig an das Unternehmen zu binden, um dadurch u.a. eine Kontinuität im Produkt-Support, eine konsistente Marktansprache und stabile Kundenbeziehungen aufzubauen. Dabei kann die Zufriedenheit und Motivation der Beschäftigten nicht nur über monetäre Entgeltsysteme oder Aktienoptionen angeregt werden. Diese fördern weder die Kreativität und Innovationsfähigkeit von MitarbeiterInnen noch begünstigen sie das notwendige Vertrauen und die Loyalität der Organisationsmitglieder, worauf z.B. Christian Brauner hinweist: „Wenn ein Unternehmen nur auf die gute Bezahlung setzt, um Mitarbeiter zu halten, kann aus einer ursprünglich intrinsischen Motivation eine extrinsische werden. Ein sehr hohes Gehalt wird schnell als Schmerzensgeld wahrgenommen, wenn die Aufgaben und die Unternehmenskultur nicht stimmen" (Brauner 2000). Brauner plädiert daher für eine entsprechende „Lern- und Ergebniskultur", in der Mitarbeiter u.a. dafür belohnt werden, dass sie ihr Wissen an andere weitergeben. Diese Kultur ist weniger von einem Shareholder-Value- als von einem Stakeholder-Management-Ansatz geprägt. Führungskräfte sind sich der unterschiedlichen Interessen, Bedürfnisse und Abhängigkeiten aller Organisationsmitglieder bewusst und schaffen Möglichkeiten der Einflussnahme und Partizipation an unternehmerischen Aktivitäten. Ein wesentliches Bindungs- und Motivationsinstrument liegt daher in den Lern- und Entwicklungschancen, die MitarbeiterInnen erhalten. Unternehmen, die die Weiterbildung von Beschäftigen fördern und finanzieren, signalisieren zugleich auch Vertrauen in die Beschäftigten und wirken somit selbst am Aufbau einer Vertrauenskultur mit. Bestätigt wird dies durch eine Untersuchung der Bertelsmann-Stiftung, nach der eine Unternehmenskultur, die durch Fairness, Teamgeist, Entfaltungsmöglichkeiten und Vertrauen geprägt ist, mehr motiviert als materielle Anreize (Bertelsmann-Stiftung 2000a). Schließlich wird die eigene Kompetenzentwicklung auch für den Mitarbeiter subjektiv hoch bedeutsam, weil sein Wissen zukünftig wichtiger wird als einmal erworbene Berufsabschlüsse und er nur über „lebenslanges Lernen" seine Beschäftigungchancen dauerhaft wahren kann.

Kooperatives Verhalten und eine damit verbundene Verantwortungsübernahme werden aber auch durch die Anforderungen unserer „Multioptionsgesellschaft" (Gross 1994) gefährdet. Man mag sich nicht mehr festlegen und keine Verbindlichkeiten mehr eingehen, sondern angesichts der Pluralität von Handlungsmöglichkeiten flexibel bleiben. Dies spiegelt sich beispielsweise auch im Konsumverhalten wider, welches als „Optionismus"[6] umschrieben wird. Was bedeutet ein solcher „Optionismus" und die Aufgabe von Verbindlichkeiten für kooperatives Handeln und letztlich für eine Unternehmenskultur? Wie muss eine Lernkultur gestaltet sein, in der das notwendige Vertrauen wachsen und sich kooperatives Handeln entwickeln kann?

Um diesen Fragen nachzugehen, werden im Folgenden Lernkulturen als „Ermöglichungsrahmen organisationalen Lernens" betrachtet. Dazu wird der Begriff Lernkultur von dem der Unternehmenskultur abgegrenzt, Möglichkeiten der Diagnose erläutert und auf die Relevanz der bewussten Gestaltung von Lernkulturen in der New Economy verwiesen. Mit diesen Schritten soll der Handlungs- und Gestaltungsrahmen für Personalentwicklung und Weiterbildung aufgespannt werden, der im fünften Kapitel mit einigen Beispielen illustriert wird.

4 Lernkulturen als Ermöglichungsrahmen für organisationales Lernen

Organisationales Lernen basiert auf der Vorstellung, dass das Wissen von Organisationen in ihren Regeln und Routinen verankert ist. Die Lern- und Innovationsfähigkeit von Organisationen hängt dann davon ab, inwieweit diese Regeln und Routinen angesichts neuer Herausforderungen verändert werden können. Die Lernkultur eines Unternehmens beeinflusst schließlich die Qualität dieses organisationalen Lernens. Findet lediglich *Anpassungslernen* (single loop learning) als effektive Adaption an vorgegebene Ziele und Normen statt, wodurch bestehende Handlungstheorien zwar bestätigt und angepasst, aber nicht grundsätzlich verändert werden, oder ist die Organisation auch zum *Veränderungslernen* (double loop learning) und *Prozesslernen* (deutero learning) fähig? D.h., das Unternehmen hat Lernstrategien zur Modifikation des Verhaltensrepertoires entwickelt und kann wie beim Prozess- oder Metalernen auch noch den eigenen Lernprozess sowie Problemlösungsstrategien reflektieren und analysieren und die Ergebnisse in das weitere Handeln integrieren (vgl. Agyris/Schön 1999; Stäbler 1999, S. 42ff.). Für Unternehmen der New Economy, die unter einem erhöhten Innovationsdruck stehen, reicht ein Anpassungslernen alleine nicht mehr aus. Sie müssen daher eine Lernkultur etablieren, die Veränderungs- und Prozesslernen zulässt und aktiv fördert. Solche

---

[6] Das Hamburger „Trendbüro", ein Beratungsunternehmen für gesellschaftlichen Wandel (http://www. trendbuero.de, Stand 2001) beschreibt diesen Optionismus folgendermaßen „Nach der Prämisse der ‚Ich-AG': ‚Ich will mich definitiv nicht entscheiden' möchte man sich auch bei der Kaufentscheidung Flexibilität bewahren, wie dies z.B. bei Handyverträgen möglich ist: Ich kaufe kein Produkt, sondern zahle für die Nutzung".

innovativen Lernkulturen zeichnen sich z.B. dadurch aus, dass Unsicherheiten und Fehler nicht vermieden, sondern toleriert werden, dass Regeln und Konventionen in Frage gestellt werden können und Möglichkeiten des Experimentierens sowie der kreativen Ideenfindung gezielt unterstützt werden. Lernkulturen bilden somit gewissermaßen einen Ermöglichungsrahmen für organisationales Lernen (vgl. Abb. 4).

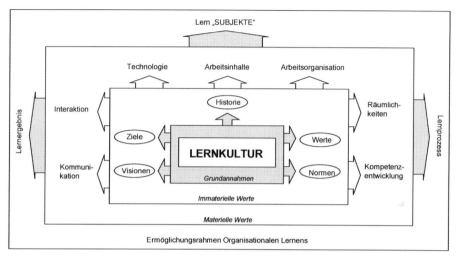

Abb. 4: Lernkultur als Ermöglichungsrahmen organisationalen Lernens

4.1 Zum Begriff der Unternehmens- und Lernkultur

Unter „Kultur" lässt sich allgemein ein System von Wertvorstellungen, Verhaltensnormen, Denk- und Handlungsweisen verstehen, das von einem Kollektiv von Menschen erlernt und akzeptiert worden ist und bewirkt, dass sich diese soziale Gruppe deutlich von anderen Gruppen unterscheidet. Der Begriff der „Unternehmenskultur" projiziert die Vorstellung des Entstehens von Werten und Normen und ihres Einflusses auf menschliche Verhaltensweisen auf die produktiven sozialen Systeme, die durch sie ihre soziale Identität finden. In ihnen bewirkt die Unternehmenskultur eine informelle Integration von traditionellen und gegenwärtigen Orientierungen, die die Grundlage zukünftiger Innovationen bilden. Dies können z.B. Erfahrungen sein, die die Unternehmung in der Vergangenheit mit gelungenen und misslungenen Problemlösungen gesammelt hat und die zu ungeschriebenen Gesetzen herauskristallisiert wurden, die nun die Werte, Einstellungen und das Verhalten der Systemmitglieder bei zukünftig zu bewältigenden Problemen prägen. Diese grundlegenden Muster von nicht mehr hinterfragten, selbstverständlichen Voraussetzungen des Verhaltens und Handelns in einem Unternehmen führen letztlich zu einer „kollektiven Programmierung des menschlichen Denkens" (Hofstede 1993, S. 18f.), die über ein System von Symbolen, Mythen, Zeremonien, Ritualen und Erzählungen kommuniziert und sichtbar wird. Dabei ist es nicht einfach, die „Tiefenstruktur" einer kulturellen Prägung von Unternehmen aufzudecken. Auch wenn sich zwischen Unternehmen gleicher Branche deutliche Unterschiede abzeichnen, so lassen sich die dahinter stehenden Werte, Normen und Grundannahmen kaum mehr erfassen; vor allem deshalb nicht, weil sie von den Beteiligten meist als selbstverständlich vorausgesetzt werden und somit nur als implizites Wissen vorhanden sind.

Unternehmenskulturen sind trotz zahlreicher Definitionen und synonymen Begriffsbezeichnen, wie z. B.: „Unternehmensphilosophie", „Corporate identity", zusammenfassend durch folgende Aspekte gekennzeichnet (vgl. Schreyögg 1992, Schein 1995):

- Implizites, unspezifisches, immaterielles Phänomen, das gemeinsame Werthaltungen, Überzeugungen, Orientierungsmuster, kognitive Fähigkeiten und Denkmuster der Mitglieder einer Organisation umfasst und deren Selbstverständnis prägt,

- vom Großteil der Angestellten geteilt, getragen und als selbstverständlich hingenommen,

- Ergebnis sozialen Lernens in Gruppenprozessen bei der Bewältigung externer Probleme,

- eine Größe, die Sinn und Orientierung vermittelt, Motivationspotenziale schafft und Konsens bzw. Identität stiftet,

- nicht bewusst erlernt, aber prinzipiell wandelbar.

Herkömmliche Lernkultur	Zukunftsorientierte, innovative Lernkultur
• Vermittlung von Kenntnissen und Fertigkeiten als Reaktion auf Entwicklungen im Unternehmen und in dessen Umfeld • Lernen in strukturierten, didaktisch-intentional angelegten Lernumgebungen • Lerninhalte werden als geschlossene Wissenssysteme bzw. Teile davon verstanden • Erwerb von Theoriewissen, im Wesentlichen von didaktisch reduziertem Fachwissen • Präzise Reproduktion des Wissens in vorhersehbaren, festgelegten Handlungssituationen • Lernende machen nach, nehmen auf, sind rezeptiv • Lehrende leiten an, machen vor, erklären; sie sind Vermittler von Theoriewissen • Erzeugungsdidaktisches Lernarrangement	• Ausrichtung des Lernens auf Kompetenzentwicklung und den Erwerb reflexiver Handlungsfähigkeiten • Lernen in „natürlichen" Lernumgebungen als Erfahrungslernen, Vernetzung mit intentionalem Lernen innerhalb und außerhalb der Arbeit • Lerninhalte bzw. Wissen sind nicht abgeschlossen, sie sind abhängig von individuellen und sozialen Kontexten; Wissen wird aus komplexen Lernsituationen konstruiert, Erfahrungswissen wird erworben und mit Theoriewissen verbunden • Wissen wird in offenen, gestaltbaren Handlungssituationen angewandt und nutzbar gemacht • Lernende organisieren und steuern Arbeits-Lern-Prozesse weitgehend selbständig • Lehrende sind Berater und Mitgestalter von Lernprozessen; sie schaffen die Voraussetzungen, Denk- und Lernprozesse auszulösen • Ermöglichungsdidaktisches Lernarrangement[7]

Abb. 5: Unterschiede zwischen herkömmlicher und traditioneller Lernkultur (nach Dehnbostel 2001, S. 89)

---

[7] Zum Konzept der Erzeugungs- und Ermöglichungsdidaktik vgl. Arnold/Schüßler 1998, S. 120ff.

Was unterscheidet Unternehmenskulturen nun von Lernkulturen? Zunächst einmal ist festzuhalten, dass „eine Lernkultur immer nur Teil einer umfassenderen Unternehmenskultur (ist)" (Dehnbostel 2001, S. 87), d.h., die Ziele, Botschaften, Normen und Werte einer Unternehmenskultur wirken somit auch prägend auf eine Lernkultur. Während sich die Unternehmenskultur auf die Gesamtheit organisationalen Handelns bezieht, fokussiert die Lernkultur auf alle mit dem *Lernhandeln* verbundenen kognitiven, kommunikativen und sozial-strukturellen „Ausführungsprogramme" (vgl. Erpenbeck/Sauer 2001, S. 29). Ähnlich wie die Unternehmenskultur sinn- und orientierungsstiftend wirkt, schafft die Lernkultur für die Organisationsmitglieder Orientierung für ihr Lehr-Lern-Handeln. Lernkulturen basieren letztlich auf deren individuellen und kollektiven Bildern von Lehren und Lernen. Diese „lerntheoretischen" Grundannahmen und biographisch erworbenen bzw. organisationshistorisch entwickelten Lernroutinen beeinflussen Ziele, Visionen und das Normengerüst der Organisation und fließen somit auch in jede Lernsituation ein. Sie konstruieren darüber eine soziale Realität, die sich z.b. in der Arbeitsorganisation über die Lernhaltigkeit von Arbeitsaufgaben materialisiert. Selten ist den Beteiligten allerdings bewusst, dass sie die bestehende Lernkultur zu einem großen Teil selbst erzeugen. „Lernkulturen sind somit in und durch Lehr-Lern- sowie Kooperations- und Kommunikationsprozesse(n) immer wieder aufs Neue hergestellte Rahmungen, die ihren Gruppenmitgliedern spezifische Erntwicklungsmöglichkeiten bieten, andere aber vorenthalten" (Arnold/Schüßler 1998, S. 4f.).

Die Lernkultur ist ein lernleitender, integrativer und latenter Orientierungs- bzw. Ermöglichungsrahmen, der in seinen Wirkungen alle Akteure, wie Individuen, Gruppen und Abteilungen, erfasst und Ergebnis und Prozess des Lernens beeinflusst.

Damit ist ausgesagt, dass wir in Unternehmen immer eine Lernkultur vorfinden, offen ist allerdings zunächst, inwieweit diese Lernkultur organisationales Lernen ermöglicht. Eine solche zukunftsorientierte, innovative Lernkultur müsste sich gegenüber einer herkömmlichen Lernkultur durch die in Abb. 5 dargestellten Merkmale auszeichnen.

4.2 Möglichkeiten der Diagnose von Lernkulturen im Unternehmen

Der Ist-Analyse von Lernkulturen kommt daher besondere Bedeutung zu, weil sie Aufschluss darüber geben kann, inwieweit Unternehmen überhaupt innovationsfähig sind und somit über ausreichend Potenzial verfügen, die wachsenden Wandlungsanforderungen lernend zu bewältigen. Sie verweist auch auf die Qualität organisationalen Lernens (Anpassungs- oder Prozesslernen). Und sie eröffnet schließlich den Blick dafür, welche Bedeutung dem Lernen als „eine wesentliche Instanz zur Festschreibung und Weiterentwicklung der Unternehmenskultur" (Sonntag 1999, S. 253) zukommt. Eine Ist-Analyse der Lernkultur müsste erfassen, über welche Basisannahmen Beschäftigte, das Management, aber auch Personal- und Weiterbildungsverantwortliche zum Lernen verfügen und welche Werte und Normen diesen Annahmen zugrunde liegen. Fragen, die in diesem Zusammenhang Relevanz gewinnen, sind z.B. (vgl. u.a. Sonntag 1999, S. 261ff.):

- Welchen Stellenwert genießt das Lernen im Unternehmen und inwieweit wird die Potenzialförderung als integraler Bestandteil der Unternehmensplanung angesehen, entsprechender Support geleistet, eine qualitative Personalplanung und -entwicklung betrieben, werden alle Organisationsmitglieder hierarchieübergreifend am Lernprozess beteiligt?

- Betrachten alle Beteiligten Lernen als integralen Bestandteil ihrer Arbeit, verstehen sie sich daher immer auch in der Rolle als Berater, Lehrende und Lernende und wird die Ansicht vertreten, dass grundsätzlich alle MitarbeiterInnen lernfähig sind, was sich letztlich auch in einem lernorientierten Leitbild spiegelt?

- Schafft das Management Voraussetzungen im Arbeitsprozess, die die Kompetenzentwicklung gewährleisten, und verstehen die Führungskräfte ihre Rolle als „Vermögensberater", deren wichtigste Aufgabe darin besteht, das Potenzial der MitarbeiterInnen zu erkennen und zu fördern?

- Inwieweit verfügt das Unternehmen über Netzwerke zum Zwecke des Lernens, einen Informationsaustausch mit anderen Unternehmen, Universitäten, Beratungsinstituten etc. und welche weiteren Lernquellen (Zugang zu Fachpublikationen, Teilnahme an Kongressen etc.) stehen den MitarbeiterInnen zur Verfügung?

- Inwieweit ist das betriebliche Lernen mit einer Karriereplanung verknüpft; findet die ständige Bereitschaft zum Lernen auch in realen und für die MitarbeiterInnen transparenten und nachvollziehbaren Aufstiegs- und Entfaltungsmöglichkeiten ihren Anreiz?

- Welche Rolle nimmt die Personalentwicklung im Unternehmen ein, beschränkt sich das Human Ressource Management nur auf die Personalverwaltung oder versteht es sich als Gestalter und Arrangeur von Lerngelegenheiten?

- Wird der Blick nur auf die Weiterbildung von Individuen gerichtet oder werden auch Feedback-Schleifen und Reflexionsprozesse so im Arbeitsablauf integriert, dass sie das Lernen von Teams und ganzen Abteilungen i.S. organisationalen Lernens anregen und unterstützen?

Diese Fragen lassen sich allerdings nicht so ohne weiteres klären, da die Einstellungen, Normen und Werte zum Lernen nicht unmittelbar zugänglich sind, sondern nur indirekt über Rituale, Kommunikationsstile, routinisierte Arbeitsabläufe etc. sichtbar werden. Auch Interviews, Fragebögen und Dokumentenanalysen lassen nur eine begrenzte Interpretation zu, weil sie den Blick vorrangig auf die geäußerte, nicht aber *gelebte* Lernkultur einer Unternehmung frei geben. Hilfreich erscheint es aus diesem Grunde, alltägliche Arbeitsabläufe hinsichtlich ihres Lerngehaltes zu analysieren. Dazu einige Beispiele:

- Beobachtung von *Besprechungen, Sitzungen bzw. Meetings* unter folgender Fragestellung: Folgen die Gesprächssituationen einer „didaktisch-methodischen" Struktur, d.h., werden Vereinbarungen über Ablauf, Ziel, Leitung etc. getroffen sowie Sitzung als auch Ergebnisse dokumentiert? Werden die Ergebnisse i. S. eines Wissensmanagement aufbereitet, für alle zugänglich abgelegt und für weitere Besprechungs- und Arbeitssituationen nutzbar gemacht oder entspricht der Sitzungsverlauf eher einem Zufallsergebnis?

- Untersuchung der *Lernhaltigkeit von Arbeitsaufgaben*, -strukturen und -plätzen unter folgenden Fragestellungen (vgl. Richter/Wardanjan 2000, S. 177): Inwieweit entsprechen die auszuübenden Tätigkeiten einer vollständigen Handlung (Integration von Planungs-, Steuerungs- und Korrekturanforderungen), geben Gelegenheiten zur Entwicklung von Selbstständigkeit (Entscheidungs- und Handlungsspielräume, zeitliche Freiheitsgrade), eröffnen Möglichkeiten zu einem dialogischen Lernen in der Arbeit, sind transparent und dadurch beeinflussbar gehalten, regen zu geistigen Anforderungen an (Anteil von Problemlösungsprozessen im Gegensatz zu Routinehandlungen) und unterstützen die aktive Nutzung bereits erworbener Qualifikationen bzw. das Aufzeigen verbleibender Lernerfordernisse.

- Analyse der *Projektabwicklung*: Folgt das Projektmanagement klar definierten Phasen (Definitionsphase, Projektvorbereitung, -planung, -durchführung und -kontrolle sowie Projektabschluss) und sind innerhalb des Teams die Aufgaben- und Zuständigkeitsbereiche geklärt und für alle transparent? Wird z.B. der Projektabschluss auch dazu genutzt, die Projektgruppenarbeit und Kooperation kritisch zu reflektieren, Konsequenzen für zukünftige Projektarbeit zu ziehen, entsprechende Lern- bzw. Weiterbildungsbedarfe abzuleiten? Wird das erarbeitete Wissen dokumentiert und weitergegeben (existiert ein funktionierendes Wissensmanagementsystem)?

• Untersuchung zur *Bedarfsermittlung* und der eingesetzten *Lernformen* im Unternehmen (vgl. Schaper/Sonntag 1999): Wie wird der Lernbedarf der MitarbeiterInnen festgestellt und in welche Trainings- und Lernformen übersetzt? Zielt die Weiterbildung vorrangig auf die unmittelbare Qualifizierung oder schließt sie die umfassende Kompetenzentwicklung (außerfachliche Kompetenzen) der MitarbeiterInnen mit ein? Wie flexibel und teilnehmerorientiert sind die Lern- und Weiterbildungsmöglichkeiten gestaltet (Berücksichtigung von Projektstrukturen und mobilen Arbeitsorten)? Werden neben klassischen seminaristischen Lernformen z.B. auch computerunterstützte Methoden (z.B. Übungssysteme, tutorielle Systeme, Hypermediasysteme, Simulationsprogramme) und szenariogestützte Lernformen (z.B. Fallstudien, Planspiele, Lernbüros) angeboten?

Zur Analyse von Lernkulturen eignen sich somit konkrete Arbeitsabläufe auf allen Organisationsebenen. Dabei wird der Blick darauf gelegt, inwieweit Tätigkeiten und Arbeitsstrukturen den Erfordernissen organisationalen Lernens entsprechen (wie z.B. bei der Frage nach dem Ablauf von Sitzungen und der organisationsweiten Nutzung der Ergebnisse) sowie nach lernpsychologischen Prinzipien ausgerichtet sind (wie z.B. bei der Frage nach der Lernrelevanz von Arbeitsaufgaben). Die Untersuchung der Ist-Situation im Unternehmen erlaubt es, ungenutzte Lernpotenziale zu identifizieren und bewusst Lernarrangements zu gestalten. Personalentwicklung und Weiterbildung hätte demnach die Aufgabe, Lernkulturen so zu gestalten, dass sie die Kompetenzentwicklung der MitarbeiterInnen und organisationales Lernen unterstützen. Diese Aufgabe erstreckt sich über alle Organisationsbereiche, weshalb betriebliche Weiterbildung mehr und mehr in alle Unternehmensprozesse diffundiert, d.h. Arbeits- mit Lernprozessen verbindet. Damit wird auch deutlich, dass Personalentwicklung und Weiterbildung zum integralen Bestandteil der Unternehmensplanung werden und nicht in einen – von betrieblichen Prozessen abgespaltenen – traditionell ausgerichteten Angebotsbereich abgedrängt werden dürfen. In diesem Zusammenhang stellt sich Ihnen aber auch die Aufgabe, „das im Zuge der Einführung neuer Formen der Arbeitsorganisation in den Unternehmen geöffnete ‚pädagogische Fenster'" (Severing 1999, S. 75) nach betriebs*pädagogischen* Prinzipien auszufüllen.

5 Gestaltungsmöglichkeiten von Personalentwicklung und Weiterbildung für New Economy Unternehmen

Personalentwicklung in der New Economy hat stärker noch als in der Old Economy die Aufgabe, das Wissens- und Humanpotenzial der MitarbeiterInnen zu fördern. Dabei erweisen sich ökonomische und humane Interessen als reziprok. D.h., die Unternehmen kommen aufgrund der Sicherung ihrer Wettbewerbsfähigkeit nicht umhin, die Kompetenzen ihrer MitarbeiterInnen in einer Art und Weise zu fördern, dass diese zum selbstorganisierten und reflexiven Arbeiten und Lernen in der Lage sind. Durch dieses Lernen erwerben die Beschäftigten gleichzeitig aber auch solche Kompetenzen, die sie autonomer gegenüber betrieblichen Forderungen machen. Denn ihr Wissen befähigt sie ebenso zur kritischen Reflexion ihrer Arbeitssituation. Die New Economy muss sich aber auf dieses „Qualifikationsrisiko" (Arnold 1997, S. 136) einlassen, wenn sie ihre wichtigste Ressource – den Mensch und sein Wissen – sichern will. Gleichzeitig verlagert sich die Sichtweise auf das mit dem Wissensaufbau verknüpfte Aneignungsverhalten der Lernsubjekte. Mag diese Sichtweise für die Personalentwicklung der New Economy neu sein, die damit verbundenen pädagogischen Forderungen, mit denen dieses Aneignungsverhalten ermöglicht werden kann, sind es nicht: Denn der Wissensaufbau stellt sich aus pädagogischer und lernpsychologischer Sicht als ein selbstorganisierter Aneignungsprozess dar, was u.a. auch durch konstruktivistische Theorien in den letzten Jahren unterstrichen wurde (vgl. u.a. v. Glasersfeld 1996):

1. Dieser Konstruktionsprozess umfasst eine *Sinn- und Werteorientierung*, die Richtung und Ziel der Wissensentwicklung vorgeben.

2. Zum selbstorganisierten Lernen bedarf es aber auch metakognitiver Kompetenzen und eines, in diesem Zusammenhang stehenden *Selbstmanagement* des Lernenden.

3. Da Wissen immer von sozialen und situativen Kontexten abhängig ist, kommt den *Kommunikations- und Interaktionsbedingungen* als Handlungsrahmen sowie dem

4. *Arbeits- und Lernarrangements*, in denen Menschen Erfahrungen sammeln und Wissen generieren, besondere Bedeutung zu.

5. Beim organisationalen Lernen tritt schließlich noch die *Evaluation* und *Reflexion* gewonnener Erfahrungen und ihre Nutzbarmachung für organisationale Problemlösungs- und Entscheidungsprozesse hinzu.

Wie im Folgenden gezeigt werden soll, sind es diese fünf Bereiche, in denen sich ein Gestaltungsbedarf für die Personalentwicklung der New Economy abzeichnet.

5.1   Herausforderungen aus der Unternehmenspraxis

Unternehmen der New Economy haben einen Lern- und Weiterbildungsbedarf zwar erkannt, aber „gegenwärtig kann man sicherlich anzweifeln, ob (...) der Pflege des Gut ‚Mensch' durch stetige Weiterbildung ausreichende Aufmerksamkeit gewidmet wird" (Bertelsmann Stiftung 2000b, S. 12). Zu dieser Einschätzung gelangt auch eine Studie von Roland Berger & Partner zum Thema „Personalmanagement und -entwicklung in Unternehmen der New Economy". Befragt wurden im Zeitraum von September 2000 bis Januar 2001 insgesamt 82 Softwareunternehmen, vom kleinen Start-up-Unternehmen bis hin zum großen etablierten Softwarekonzern. Diese Studie zeigt u.a. folgende bemerkenswerte Ergebnisse: So legen aufstrebende Start-ups ihren Fokus primär auf die Aspekte Lohn- und Gehaltsabrechnung, Rekrutierung von MitarbeiterInnen und Vergütungsmodelle. Aspekte der Entwicklung von Beschäftigten und LeistungsträgerInnen, der Mitarbeiterbindung sowie der Identifikation mit dem Unternehmen werden in ihrer Bedeutung geringer bewertet und damit einhergehend auch mit wenig Inhalt gefüllt (vgl. Roland Berger & Partner 2001). Nicht selten stehen dann auch noch die betriebswirtschaftliche Rentabilisierung der Gestaltung zeitgemäßer Personalentwicklungskonzepte entgegen: „Die Verheißungen hoher Führungseffizienz, totaler Qualität und (brachliegender) ‚Humanressourcen' kontrastieren jedoch mit einer Unternehmensrealität, in der oft genug hoher Leistungsdruck zu Lernblockaden führt, handstreichartige Reorganisationen die Ausbildungskultur schädigen und abrupte Abbaumaßnahmen große Verunsicherungen hinterlassen" (Schöni/Sonntag 1999, S. 20)

Dieses anscheinende Paradoxon, d.h. den Mitarbeiter und sein Wissen einerseits als wichtigste wirtschaftliche Ressource anzuerkennen, auf der anderen Seite aber keine entsprechenden Entwicklungsmaßnahmen bereit zu stellen, begründet sich weniger in einer stillschweigenden Ignoranz der Unternehmen zu diesem Thema, als vielmehr in einer gewissen Hilflosigkeit in Ermangelung von modernisierten Konzepten und Instrumenten der Personal- und Organisationsentwicklung. Den veränderten Rahmenbedingungen der Unternehmenspraxis in der New

Economy müssen daher angepasste Instrumente zur Verfügung gestellt werden (vgl. Hengst/Pawlowsky 2001, S. 101), dazu werden im Folgenden einige exemplarische Beispiele skizziert.

5.2 Gestaltungsbereich A: Werteentwicklung

Unternehmerische (Führungs-)Verantwortung in der New Economy muss auf integrative Weise die Dimensionen „Lernen" und „organisationales Wissen" in ihren Werte- und Normenhaushalt einbeziehen und dabei von einer prinzipiellen Lernfähigkeit der Individuen und korporativen Subjekte (Gruppen, Teams) der Organisation ausgehen. Über dieses Verständnis entsteht eine Lernkultur, die individuumszentrierte Personalentwicklung und systemzentrierte Organisationsentwicklung miteinander koppelt.

Aufgabe von Personal- und Organisationsentwicklung ist es dann, z.b. im Rahmen der Gestaltung arbeitsorganisatorischer Strukturen, der Bildung von Kommunikations- und Informationsplattformen oder der Ausgestaltung von Arbeitsverträgen, d.h. implizit wie auch explizit durch konkrete Weiterbildungsangebote, aktiv an der Entwicklung einer organisationalen Wirklichkeit mitzuwirken. Der dadurch geöffnete Erlebnisraum kann die Beschäftigten dazu anregen, im alltäglichen Handeln eigene Deutungs- und Handlungsmuster zu hinterfragen und im Umgang mit Anderen weiterzuentwickeln. Wenn z.B. MitarbeiterInnen über den betrieblichen Alltag – in der Projektarbeit, in Vertragsverhandlungen oder Mitarbeitergesprächen – konkrete Erfahrungen vertrauensvoller Kooperation und Kommunikation machen, dann besteht auch die Chance, dass dieses Erfahrungswissen Teil des eigenen Denkens wird und als Interpretationsmuster für zukünftiges Handeln zur Verfügung steht. „Vertrauen" wird dann den Beschäftigten nicht als oberflächliche Plattitüde, z.B. in Form eines top-down formulierten Unternehmensleitbildes, übergestülpt, sondern real erfahrbar. Im gemeinsamen Handeln bilden sich dann auch von allen geteilte Wertvorstellungen und Deutungsmuster heraus.

Deutlich wird, dass Personalentwicklung in der „Werteentwicklung" ihr Augenmerk auf die handlungsbeeinflussenden Faktoren legen muss, um durch das Arbeitsumfeld und Lernarrangement bestimmte Wirklichkeitsinterpretationen mehr oder weniger plausibel werden zu lassen und dadurch MitarbeiterInnen in ihrem Handeln zu orientieren (vgl. v. Glasersfeld 1996, S. 295). Hilfreich ist es zudem, bereits bei der Festlegung von Personalkriterien lernkulturorientierte Aspekte zu formulieren und in der Personalauswahl zu berücksichtigen, denn neue MitarbeiterInnen sind auch potenzielle lernkulturelle Impulsgeber. Im Folgenden seien noch drei Gestaltungsmöglichkeiten skizziert:

Eingewöhnungs- und Einarbeitungsphase im Unternehmen: Gerade die Eingewöhnungsphase zeichnet sich durch eine hohe Interaktionsdichte, also eine hohe Intensität der Auseinandersetzung des neuen Mitarbeiters mit den unternehmensbezogenen Werten und Normen aus. Innerhalb dieser Phase können Abstoßungs-, aber auch hohe Kohäsionskräfte der MitarbeiterInnen an ihr neues Unternehmen freigesetzt werden. Für Personalentwicklung stellt sich deshalb die Frage, über welche Maßnahmen ein Zugehörigkeitsgefühl zum Unternehmen und Handlungssicherheit in der neuen Unternehmenskultur aufgebaut werden können, wenn durch mobile Arbeitsstrukturen und -plätze kaum die Gelegenheit bleibt, Kommunikationsgemeinschaften auszubilden. Als „Integrationsförderer" können z.B. New Hire Programme oder Mentoring-Systeme dienen, wie das folgende Beispiel zeigt:

Der Personalbestand des Software-Unternehmens Insiders Information Management GmbH verzehnfachte sich in den vergangenen zwei Jahren. Die Integration neuer MitarbeiterInnen wird durch eine sogenannte *New-Hire Woche* und *New-Hire Web-Seiten* unterstützt. Im Rahmen der New-Hire Woche erhalten die neuen MitarbeiterInnen grundlegende Informationen über die Organisation, die strukturellen Abläufe und lernen Fach- und Führungskräfte des Unternehmens kennen. Die neuen MitarbeiterInnen, aber auch die „alten" KollegInnen empfinden diese Woche des wechselseitigen Kennenlernens als sehr positiv, weil sie das Gemeinschaftsgefühl stärkt und in einem handlungsentlastendenden Rahmen Kontakte und Informationsaustausch ermöglicht. Unterstützt wird diese Eingewöhnungsphase durch eine *Mentorenschaft*, d.h., der neue Mitarbeiter wird durch eine feste Ansprechperson im Unternehmen – meist einen erfahrenen Kollegen im jeweiligen Tätigkeitsbereich – in seiner Einarbeitung, i.S. des *Cognitive Apprenticeship-Ansatzes* (Collins/Brown/Newman 1989), unterstützt. Dieses Vorgehen trägt der Tatsache Rechnung, dass Experten ihr implizites Wissen nur schwer außerhalb von authentischen Problemsituationen explizieren können, weshalb die Vorgehensweise eines Experten in der Lösung eines authentischen Problems modelliert wird, d.h., der Problemlösungsprozess und die darin angewandten Strategien werden an einer konkreten Aufgabe im Beisein des neuen Mitarbeiters verbalisiert und für diesen dadurch nachvollziehbar. Ziel solcher adaptiven und kooperativen Arbeitsumgebungen ist es, dass ein noch unerfahrener Mitarbeiter schrittweise ohne Hilfe seines Mentors selbst komplexe authentische Probleme löst, sich seiner eigenen Problemlösungsstrategien bewusst wird, diese mit den Expertenstrategien vergleicht und dadurch domänenspezifisches und strategisches Wissen erwirbt.

Durch den Einsatz von MentorInnen können organisationale Werte und Problemlösungsstrategien einerseits fortgeschrieben werden, anderseits bestehen über die gezielte Auswahl von Bezugspersonen auch Interventionsmöglichkeiten bezüglich des Aufbaus bestimmter Denk- und Handlungsmuster. MentorInnen können somit als MultiplikatorInnen den Aufbau entwicklungsförderlicher Lernkulturen unterstützen.

Produktiver Umgang mit „Fehlern": Entscheidend für innovatives Handeln ist es, wie mit „Fehlern" i.S. zunächst erfolgloser, aber kostenintensiver Maßnahmen umgegangen wird. Werden Fehler ignoriert bzw. sanktioniert oder wird ein Umfeld geschaffen, das bewusst Fehler als Ausgangspunkt für Lernprozesse nutzt? Durch die letztgenannte Sichtweise werden MitarbeiterInnen ermutigt, neue Wege auszuprobieren und weniger an Altbewährtem zu klammern. Eine solche produktive Fehlerkultur schließt eine Offenheit gegenüber neuen Ansichten sowie den Mut, Verunsicherungen auszuhalten, ein. Führungskräfte sollten hier als Vertrauensknotenpunkte und -multiplikatorInnen auftreten, wie das folgende Beispiel zeigt.

Jack Welch, CEO von General Electric, bekam von seinen Mitarbeitern eine neu entwickelte Lampe präsentiert. Sie funktionierte in der Präsentation jedoch nicht. Welch reagierte nicht etwa verärgert, weil seine Techniker seine Zeit vergeudet hatten. Im Gegenteil: Er belohnte jeden mit einem Fernseher. Welch setzte damit ein Zeichen für eine positive Rückkoppelung, um zukünftige Innovationen nicht zu behindern (zit. n. Schmalholz 2000, S. 213). Ein solches *„Akzeptanzmodell"* hilft, eine *produktive Fehlerkultur* zu entwickeln, in der Fehler nicht sanktioniert, sondern als Ausdruck für Innovationskraft verstanden und als Ausgangspunkte für weitere Lernprozesse genutzt werden.

Dialogorientierung: Führungskräfte in der New Economy sind selbst Knowledge Worker, die darauf angewiesen sind, ihr Wissen zu teilen und von anderen zu lernen. Dadurch verschwimmen tradierte Rollenverständnisse von Vorgesetzten und Untergebenen. So konstatiert Peter Drucker: „Wissensarbeiter sind keine Untergebenen, sie sind Mitglieder einer Gemeinschaft. Hat ein Wissensarbeiter seine Lehrzeit abgeschlossen, muss er mehr über seine Arbeit wissen als sein Chef" (Drucker 1999, S. 35). Lernkultur und Führungskultur sind in dieser Perspektive eng verzahnt und interdependent. Gefordert ist eine Werte- und Führungsorientierung, innerhalb derer Lernbedürfnisse wechselseitig befriedigt werden und sich alle Organisationsmitglieder sowohl als Lernende als auch als Lehrende begreifen. Wie ein solches Modell auch als Führungsmodell wirksam werden kann, zeigt das folgende Beispiel:

„*Reciprocal Management*" versteht sich als ein Konzept der dialogorientierten Unternehmensführung, bei dem die Leitenden und die MitarbeiterInnen permanent wechselseitig voneinander lernen. Dies führt dazu, dass alle Organisationsmitglieder ein neues Selbstverständnis im Kontakt mit anderen entwickeln und sich als LernpartnerIn oder BeraterIn einander verantwortlich fühlen. „Lernen und Lernen lassen wird zum Beziehungsmotto (...). In einem koevolvierenden Unternehmen lernt jeder von jedem: die Mitarbeiter voneinander wie von ihrem Vorgesetzten, ihren Kunden, ihren Mitbewerbern und ihren Lieferanten – die Führungskräfte von ihren Kollegen, ihren Vorgesetzten, aber auch von ihren Mitarbeitern. (...) Führende und Geführte sind fähig zur kritischen Selbstreflexion und befinden sich in einer sich ergänzenden, gleichwertigen Lerngemeinschaft" (Dollinger 1999, S. 3). Für Führungskräfte heißt das z.B. auch, kritische Rückmeldungen eines Mitarbeiters dankbar anzunehmen, anstatt sich zu rechtfertigen. Eine solche „bottom-up" Führungsstruktur „wird zur Schlüsselqualifikation der Führungskräfte in einer Lernkultur" (ebd., S. 62). Personalentwicklung und Weiterbildung sollten daher alle MitarbeiterInnen dazu ermutigen und in die Lage versetzen, z.B. über gezielte Trainingsprogramme, die Rolle als Lehrende, Berater und „Führungskräfteentwickler" auszuüben.

5.3   Gestaltungsbereich B: Selbstmanagement

Der Transformationsprozess hin zu einer Wissens- und Lernorientierung von Organisationen revidiert umfassend die Selbstsicht des Mitarbeiters. Selbst-Kontrolle, Selbst-Ökonomisierung und Selbst-Rationalisierung sind Schlagworte dieses Bewusstseinswandels. In diesen Begriffen sind prima vista vielfältige Hinweise auf Kontraproduktivitäten und notwendige Personalentwicklungsmaßnahmen für ein Selbstmanagement im Zeitalter der New Economy verborgen. Die Handlungsfelder des Selbstmanagements umfassen damit einerseits Aspekte der

- Selbstmotivation, Wissensgenerierung, Wissensteilung und Preisgabe des eigenen intellektuellen Kapitals und anderseits

- Autonomie, Selbstreflexion, Selbstkontrolle und Entwicklung komplexer Meta-Kompetenzen zur Förderung der Selbstlernfähigkeit.

Zur Überwindung möglicher Spannungsfelder, erwachsend beispielsweise aus dem Zwang zur Selbstökonomisierung und vom Unternehmen gewollter Preisgabe des eigenen intellektuellen Kapitals, ist der Knowledge Worker in immer stärkerem Maße gefordert, sein persönliches Management zu übernehmen (vgl. Drucker 1999, S. 227).

Wissensintensive Prozesse, die Erstellung wissensintensiver Güter und Dienstleitungen beruhen weitgehend auf intrinsischer Motivation, d.h. auf einer inneren Befriedigung und Identifikation mit den gemeinsamen Werten und Normen den Unternehmens. Intrinsisch gesteuerte Selbstmotivation schafft Raum für die Freisetzung impliziten und expliziten Wissens innerhalb des jeweiligen organisationalen Lernsystems. Selbstmanagement zielt damit ab auf die Entwicklung von Informations- und Wissensverarbeitungskompetenzen und die Fähigkeit, relevantes Wissen zu identifizieren, zu teilen und zu generieren (vgl. Hengst/Pawlowsky 2001, S. 102). Die Aufgabe der Lernkultur ist es somit, günstige Rahmenbedingungen für eine gelingende Selbstmotivation des Mitarbeiters bereit zu stellen.

Für den Knowledge Worker gilt es daneben, „Schlüsselqualifikationen" zu entwickeln, d.h. Meta-Kompetenzen zur Ermöglichung des Lernens über Lernen, die die Gesamtheit der Persönlichkeitseigenschaften von Menschen betreffen: Systematische Selbstreflexion, Entwicklung einer Sensibilisierung für Systemzusammenhänge und vernetztes Denken sowie die Bereitschaft zu ständigem Lernen – Eigenschaften also, die schon lange Thema "(...) der allgemeinen Bildungs- und Erziehungsdiskussion sind, nun aber eine explizite Bedeutung als im engeren Sinn arbeits- und wirtschaftsfunktionale Kompetenzen sowie als Basis der allseits geforderten ‚employability' von Erwerbstätigen bekommen." (Voß 2000, S.158). Voß geht es in seiner Betrachtung um heterogene, bislang kaum systematisch als berufsrelevant beachtete menschliche Fähigkeitsbereiche, wie einerseits die Fähigkeiten zur kontinuierlichen Entwicklung fachlicher und überfachlicher Kompetenzen – einschließlich der Fähigkeiten, dazu geeignete Bedingungen im Alltag zu schaffen („self development", „Lernfähigkeit", „Kompetenz- und „Informationsmanagement"), andererseits die Fähigkeiten zur umfassenden Selbstkontrolle und Selbstorganisation – nicht nur in der eigenen Arbeit, sondern in der Ge-staltung der Lebensführung insgesamt einschließlich der Organisation der immer kontingenteren Lebensverläufe („Selbstmanagement", „Selbstdisziplinierung", „Selbstrationalisierung", „Lebens- und Karriereplanung", „aktive Biographisierung" und „Biographiekompetenz", „life-politics") und schließlich die Fähigkeiten zur individuellen Sinnfindung und zur Mobilisierung tiefliegender Persönlichkeitsressourcen („Selbstmotivierung", „Begeisterungsfähigkeit", „individuelle Sinngebung", „Self commitment", „Kreativität", „Innovativität", ebd., S. 157f.).

Aus dieser Sicht können unterschiedliche Instrumente abgeleitet werden, wie z.B. Personalentwicklungsmaßnahmen zum individuellen Zeitmanagement oder Coaching. Neben den traditionellen, meist primär einseitig auf den jeweiligen Mitarbeiter ausgerichteten Konzepten, bietet sich in den häufig durch Teams geprägten Strukturen der New Economy ein Modell der rotierenden Leitungsverantwortung für Teamsitzungen und Gesprächszirkel an. Ziel dieses Ansatzes ist es, Selbstverantwortung, -organisation, -motivation und Selbstreflexion immer in einer individuellen Sicht, zugleich aber auch in einer Gruppensicht zu betrachten und so allen MitarbeiterInnen ein Lernfeld für ihre Selbstmanagement-Kompetenzen zu offerieren. Sie lernen somit im Wechsel die Rollen der Moderation, der Gesprächsleitung, üben sich im Feedback-Geben und tragen somit gemeinsam die Verantwortung am Sitzungsverlauf und den Diskussionsergebnissen.

Rotierende Verantwortung bei Teamsitzungen und *begleitende Lernevaluation*: Hier wechseln und rotieren die Verantwortlichkeiten zur Moderation und Durchführung von Teamsitzungen. Jeder Mitarbeiter erhält in bestimmten Abständen die Möglichkeit, seine Kompetenzen zu erproben und Verantwortung für eine erfolgreiche Teamsitzung zu übernehmen. Gerade in Teamarbeit und -sitzungen werden Defizite des Selbstmanagements deutlich. Der Mitarbeiter versteht oft seine Rolle mehr als „Konsument" oder „Betroffener". Mit der rotierenden Verantwortung werden „Betroffene" zu „Beteiligten", die abwechselnd in der Verantwortung sind, das Team zu organisieren und zu leiten. Gefördert wird hierdurch die systematische Selbstreflexion, vernetztes und strukturiertes Denken sowie die Verbesserung der eigenen Kommunikations- und Arbeitstechniken. Dieser sowohl individuelle als auch organisationale Lernprozess der Gruppe wird initial als Personalentwicklungsmaßnahme angestoßen und im Folgenden kontinuierlich evaluiert und bewertet. Hieraus können sowohl fachliche Lernfortschritte dokumentiert, insbesondere jedoch Erkenntnisse über das Lernverhalten der MitarbeiterInnen im Team gewonnen werden.

5.4 Gestaltungsbereich C: Interaktions-, Kommunikationsstrukturen

Die Entwicklung von Interaktions- und Kommunikationskompetenzen der MitarbeiterInnen stellt eine wesentliche lernkulturelle Herausforderung für New Economy Unternehmen dar. Nur über Interaktion und Kommunikation werden Informationen ausgetauscht, implizites Wissen der MitarbeiterInnen freigesetzt und somit Lernen ermöglicht. Für die Personalentwicklung stellen sich primär drei Handlungsfelder dar:

Zwischenmenschliche (Vertrauens-)Kommunikation und Interaktion;

Transkulturelle Kommunikation und Interaktion;

Mensch-Technologie-Kommunikation und -Interaktion.

Zwischenmenschliche (Vertrauens-)Kommunikation und Interaktion

Basale Voraussetzung für Innovationen und organisationales Lernen ist ein gelingender Austausch von Information. Nach Watzlawick kann der Mensch zwar nicht nicht kommunizieren, gleichwohl kann er sein Wissen für sich behalten und sich der Kommunikation verschließen. Aufgabe der Lernkultur ist es deshalb, Kommunikations-„Räume" zu öffnen, die den Informationsaustausch anregen und für alle zugänglich sind. Damit sind zweierlei Aspekte angesprochen: Zum einen prägt die Lernkultur einen „Vertrauensraum", zum anderen einen „lokalen Kommunikationsraum", d.h. einen Ort zur Ermöglichung von Kommunikation; hierzu die zwei nachfolgenden Beispiele:

Beispiel 1: Schaffen von Raum für eine Vertrauenskommunikation über das Instrument der *„Fair Process" Kommunikation* (vgl. Kim/Mauborgne 1999, S. 122f.). Kim und Mauborgne entwickelten dieses Instrument mit dem Ziel, dass MitarbeiterInnen und Führungskräfte freiwillig ihr Wissen kommunizieren und Informationen austauschen. Als elementare Voraussetzung hierzu sehen sie das Vorhandensein einer *prozeduralen Fairness*. Diese prozedurale Fairness kann über drei Schritte umgesetzt und implementiert werden: 1. Einbindung der MitarbeiterInnen in Entscheidungsfindung (Engagement), 2. Erläuterung und Kommunikation getroffener Entscheidungen im Unternehmen (Explanation) und 3. Schaffung transparenter, klar definierter Spielregeln (Expectation clarity).

Beispiel 2: Viele New Economy Unternehmen „modernisieren" den Gedanken einer Cafeteria im Unternehmen. Innovative Resultate sind *„Wissenscafés"* oder *„Surf-Zonen"*. Die Unternehmen streben damit nach kommunikativen Orten, aber auch Orten der Ruhe und Entspannung für die Knowledge Worker. Über offene, transparente Architekturen wird somit ein Stil offener, transparenter und vertrauensvoller Kommunikation transportiert.

Transkulturelle Komunikation und Interaktion

Unternehmen der New Economy agieren in multinationalen Märkten, nutzen hierzu globale weltumspannende Wertschöpfungsstrukturen und Netzwerke. Damit vollzieht sich Wissensarbeit in einer entgrenzten, von unterschiedlichen Lern- und Unternehmenskulturen geprägten Kommunikationsgemeinde mit heterogenen Sozialisationen, Einstellungsmustern und mentalen Modellen. Resultierend aus diesen unterschiedlichen Deutungsmustern werden Informationen der interkulturellen Lerngemeinschaften verschieden interpretiert und zu unterschiedlichen Wissensbeständen „verdinglicht". Differenzen entstehen aber nicht nur zwischen Menschen aus verschiedenen Kulturen unterschiedlicher Nationen (Interkulturalität), sondern vor allem auch zwischen Menschen unterschiedlicher Milieus, mit differenten Lebensstilen und berufssozialisatorisch ungleich geprägten Denkstilen (z.B. zwischen MitarbeiterInnen von Entwicklungs-, Finanz- und Marketingabteilungen) (Transkulturalität[8], vgl. Welsch 1995). Ein gemeinsames, organisationales Lernen unterstützendes „Organisationsgedächtnis" (organizational memory) kann sich daher nicht oder nur unzureichend herausbilden (vgl. Hinkelmann/Weiss 1997). Der Lernkultur eines Unternehmens kommt hierzu, neben einer Übersetzungsfunktion für interkulturell verursachte Kommunikationsbarrieren, zugleich eine bewusste Vernetzung transkultureller Sichtweisen zu.

Wie eine solche innerbetriebliche transkulturelle Kommunikation angeregt werden kann, zeigt das vom Ford Automobil Konzern etablierte Instrument des „Diversity Councils". Dem zugrunde lag folgende Erfahrung: „Wir haben zum Beispiel bei Ford oft das Problem gehabt, dass auch innerhalb einzelner Abteilungen die Kommunikation nicht stimmte. Die Finanzabteilung redete nicht mit den Marketingleuten und umgekehrt. Für die Marketingleute waren die Finanzleute immer die Erbsenzähler, die für Ideen nie Geld lockermachen wollen. Und die Finanzleute hielten die Marketingleute für die mit den verrückten Ideen, die ständig Geld für irgendwas Absurdes haben wollten. Daran zu arbeiten, dass diese Leute miteinander ins Gespräch kommen, einander verstehen lernen und Lösungen finden: Auch das ist Diversity" (http://www.eurogay.de/3276.html). „Diversity" beschreibt ein Konzept der Unternehmensführung und -kommunikation, mit dessen Hilfe eine positive, transkulturelle Atmosphäre der Vielfalt im betrieblichen Alltag gefördert werden soll. MitarbeiterInnen treffen sich bereichs- und standortübergreifend einmal im Monat und beraten auf freiwilliger Basis interdisziplinäre Fragestellungen (vgl. www.ford.com). Es geht dabei darum, dass eine heterogen zusammengesetzte Belegschaft effizient zusammen arbeitet, Anregungen von jedem Mitarbeiter ernst genommen werden, ganz gleich, in welcher Funktion er oder sie arbeitet und trotz der Unterschiedlichkeit in Geschlecht, Lebensstil etc. MitarbeiterInnen gleichberechtigte Entwicklungs- und Gestaltungsmöglichkeiten eingeräumt werden: „Wer keine Zeit darauf verwenden muss, Aspekte seiner Persönlichkeit zu verbergen, der arbeitet produktiver und offener", so lautet z.B. eine wesentliche Überlegung.

Mensch-Technologie-Kommunikation und -Interaktion

Werden Lernarrangements stark technologisch geprägt, so fehlen dem Mitarbeiter in seinem kommunikativen Verhalten wesentliche Merkmale menschlicher Kommunikation, resultierend in veränderten Gesprächskulturen. Ein technisches Medium wird zum Kommunikationspartner und übernimmt dessen Funktionen. Soziale Handlungskompetenzen können aufgrund

---

[8]   Der Ansatz der Transkulturalität zielt auf ein vielmaschiges und inklusives, nicht auf ein separatistisches und exklusives Verständnis von Kultur. Welsch weist darauf hin, dass es im Zusammentreffen mit anderen Lebensformen nicht nur Differenzen, sondern auch Anschlussmöglichkeiten gibt. Solche Erweiterungen, die auf die gleichzeitige Anerkennung unterschiedlicher Identitätsformen innerhalb einer Gesellschaft zielen, betrachtet Welsch als eine vordringliche Aufgabe sozialer Entwicklung.

der genannten Charakteristika vom Knowledge Worker nur in einem eingeschränkten Maß erworben und aktualisiert werden. Eine zukunftsorientierte Lernkultur wird insbesondere Strategien zur Kompensation dieser Charakteristika entwickeln müssen. Neben der Entwicklung von Fachqualifikationen, die sich aus dem Technologieeinsatz ableiten, ist es eine zentrale Aufgabe der Personalentwicklung, sich mit der Vermittlung von prozess- und technologieunabhängigen Schlüsselqualifikationen und dem Aufbau von Handlungskompetenzen im Umgang mit dem Medium Computer auseinander zu setzen.

Zugleich ist der Zugang zu Wissen über neue Technologien, wie Internet, Knowledge Data Bases etc., ein Schlüssel zum Lernen und beruflichen Erfolg. Dies setzt Fähigkeiten, Fertigkeiten und Orientierung in einem quantitativen Überangebot an Information voraus. Das Ziel der Entwicklung von Meta-Kompetenzen im Umgang mit dem technischen Medium stellt somit auch Anforderungen an eine benutzergerechte und lernförderliche Mensch-Maschine-Kommunikation und -Interaktion. Sie umfasst Übertragungs- („transfer competence", d.h. welches Medium genutzt wird) bzw. Schnittstellenkompetenz („interface competence", d.h. wie das Medium zu bedienen ist). Damit wird Informations*methodologie* wichtiger als Informations*technologie* (vgl. Degele 2000, S. 130).

Um organisationales Lernen zu unterstützen, ist damit weniger das technologische „Instrument" als umfassende Netzwerkinfrastruktur gefordert, als vielmehr Personalentwicklungsmaßnahmen, die informationsmethodologische Kompetenzen aufbauen helfen. Der Knowledge Worker muss sich nicht nur in der Informationsflut zu orientieren wissen, sondern auch veränderte Kommunikationsstile sowie den Umgang mit unterschiedlichen Kommunikationskanälen beherrschen und die damit verbundenen Verständigungshemmnisse tolerieren. Als Instrument zur Problembewältigung sollten Maßnahmen eines persönlichkeitsförderlichen und -orientierten Umgangs mit dem Computer verfolgt werden. Der Computer wird damit nicht nur als Medium der Kommunikation, sondern auch als Lerngegenstand betrachtet. In dieser Perspektive soll zum Ausdruck gebracht werden, dass Lernprozesse an und mit dem Computer umgesetzt werden, kurz, der Arbeitsplatz bereits so gestaltet ist, dass er im Prozess der Arbeit Lernen ermöglicht. Am Beispiel des Ansatzes „Extreme Programming" (vgl. Kapitel 5.5) zeigt sich, wie Arbeits-, Lern- und Kommunikationsprozesse via Computer miteinander vernetzt werden können. Dazu ein weiteres Beispiel:

Beispiel: *Kommunikationsergonomie-Training* (KET):

Kommunikationsergonomie-Trainings zielen ab auf die wechselseitige, bestmögliche Anpassung von technologisch unterstützten Kommunikationsbedingungen und -möglichkeiten an die Erfordernisse des Unternehmens bzw. des Knowledge Workers. Durch Trainingsworkshops sollen die MitarbeiterInnen befähigt werden, ihr gesamtes Kommunikationsverhalten mit den strukturellen Bedingungen der neuen Kommunikationsarten und -medien kompatibel zu machen. Bei KET geht es damit primär um ein Training in Kommunikationsarbeit mit unterschiedlichen technologischen Medien. Dabei gewinnt die Bearbeitung z.B. folgender Fragen an Relevanz:

- Welches Medium soll für welche Zwecke eingesetzt werden (z.B. email, Telefon, Video-Conferencing etc.)?

- Welcher Kommunikationsstil („Internetregeln", „Netiquette") soll geprägt und praktiziert werden?

- Wie soll Information im Sinne der Nutzerfreundlichkeit für das jeweilige Medium adäquat aufbereitet und organisiert werden?

● Wie sollen Informationsprozesse gestaltet werden (z.B. Vermeidung irrelevanter e-
mail-Überflutung durch „cc"(carbon-copy)-Regelungen)?

5.5   Gestaltungsbereich D: Arbeitsorganisation und Lernarrangement

Bei der Gestaltung ihrer Lernkultur sind Unternehmen herausgefordert, die Verknüpfung von
„Arbeit und Organisation" neu zu definieren. Die klassische Arbeitsorganisationslehre unterschied noch zwischen dem Arbeitsgegenstand, den Arbeitsmitteln, der Arbeitsaufgabe, dem
Arbeitsinhalt, dem Arbeitsergebnis und dem Arbeitsaufwand. Zur Durchführung einer Arbeitsaufgabe definierte sie Formen der Geschicklichkeit, Fertigkeiten und Kompetenzen und
damit ein erforderliches Spektrum an Wissen. In dieser tradierten Perspektive besitzt Wissen
einen Mittel- bzw. Instrumenten-Charakter. Dieser Mittel-Charakter muss von einer modernen Lernkultur revidiert werden, „indem die Rolle des Wissens bei der Arbeit (...) nicht nur
auf das instrumentelle Wissen im Sinne z.B. einer technologischen Regel wie den pragmati-
schen oder praktischen Syllogismus beschränkt" bleibt (Kornwachs 2000, S. 258). Nach
Kornwachs setzt die Zielgerichtetheit der Arbeit die Antizipation des Ergebnisses, also das
Wissen um das Ziel, voraus.

Hieraus ergeben sich für die Lernkultur und ihre Gestaltung mehrere Aspekte: Gefordert ist
eine starke Einbindung des Knowledge Workers in die Gestaltung seiner Arbeit und seiner
Arbeitsbedingungen. „Das Wissen des selbstbewussten Subjektes muss bei der Arbeit konsti-
tutiv hinzutreten" (vgl. ebd. 2000, S. 258). D.h., das Wissen des Mitarbeiters um Zielbezug,
Mitteladäquatheit und Einbettung der Arbeitsaufgabe in den gesamten Arbeitsprozess muss
als unverzichtbare Größe in Arbeitsorganisationsaufgaben mit Berücksichtigung finden. Das
Wissen über Arbeit und damit Arbeitsorganisation wird selbst zum Gestaltungsgegenstand
von Lernkultur. Lernkulturelle Maßnahmen müssen MitarbeiterInnen befähigen, in selbstreflexiven Prozessen eigenverantwortlich wissensintensive Vorgänge arbeitsteilig organisieren
zu können.

Mit der Sicht auf Wissen als Motor der Arbeitsorganisation gewinnt Kommunikation zwischen MitarbeiterInnen über Arbeitsorganisation zentrale Bedeutung. Über Kommunikationsprozesse werden die geforderten und notwendigen selbstreflexiven Momente bei den Beschäftigten freigesetzt und gefördert. Knowledge Worker müssen deshalb befähigt werden, auch
eigenverantwortlich ihre Arbeitsbedingungen zu gestalten. Eine organisationale Lernkultur
muss daher auch die Ausbildung von *Wissen über Arbeit* unterstützen und kultivieren, resultierend beispielsweise im Grad der Arbeitsteilung oder -überlappung.

Softwareentwicklung ist wie kein anderer Arbeitsinhalt auf besondere Art und Weise
verknüpft mit der New Economy. Hohe Anforderungen hinsichtlich Qualität, Innovati-
ons- und Entwicklungsgeschwindigkeit sowie geringe Halbwertszeit von Standards oder
Sprachvarianten sind Randbedingungen für Arbeitsprozesse. Kent Beck (2000) entwarf
vor diesem Hintergrund ein neuartiges Arbeitsorganisationskonzept für Softwareentwicklung: *„Extreme Programming"*. Wesentliche Merkmale dieses Konzeptes sind: a) Reduzierung der Arbeitsaufgaben auf kleine überschaubare Entwicklungsaufgaben, b) jede
Entwicklungsaufgabe wird vom Entwicklungsteam immer im Kontext der Gesamtaufgabe reflektiert, c) jedes Entwicklungsteam testet „online" die Arbeitsergebnisse, d) die
Programmierung erfolgt immer paarweise durch zwei Softwareentwickler an einer Ent-
wicklungsmaschine, e) Fixierung der Arbeitswoche auf maximal 40 Stunden pro Woche
und d) Verwendung einheitlicher Entwicklungsstandards. Dieses Konzept wird – im Ge-

> gensatz zu traditionellen Arbeitsorganisationskonzepten der Softwareentwicklung – von MitarbeiterInnen als produktiv, teamorientiert und motivierend erlebt.

Der Aufbau und die Pflege des Wissens über Arbeit und Arbeitsorganisation bei den MitarbeiterInnen dient letztlich dem Ziel der Integration von Lernen und Arbeiten sowie der Etablierung lernförderlicher Infrastrukturen. Im vorangestellten Beispiel „Extreme Programming" organisiert ein Team autonom die Arbeitsaufgaben; die Teammitglieder erlernen „on-the-job" fachliche Aspekte und bilden sich weiter.

5.6   Kontinuierliche Evaluation als integratives Element der Gestaltungsbereiche

Die Eingangs beschriebene Beschleunigung der Wissensveralterung fordert Mechanismen des kontinuierlichen Hinterfragens und der Aktualisierung lernkultureller Maßnahmen und Reaktionen. Die Ausprägung der Lernkultur im Unternehmen muss damit einer kontinuierlichen Evaluation und Revision unterzogen werden. Über Rückkopplungsprozesse müssen Feedbackstrukturen geschaffen werden, die einen institutionalisierten Erneuerungs- und Anpassungsprozess an Veränderungen erlauben. Diese Feedbackstrukturen wirken integrativ – im Sinne eines *Organisational learning reflection mode* – über die unterschiedlichen Gestaltungsfelder hinweg. Hierdurch wird beabsichtigt, dass nicht nur die einzelnen Mitglieder im Team lernen, sondern dass die Gruppe als Team in dem Sinne lernt, die Regelsysteme und Kommunikationsstrukturen der Arbeitsgemeinschaft auf veränderte Anforderungen einzustellen (vgl. Willke 1998, S 50). Die über lernkulturelle Prozesse initiierte Selbstreflexion der Organisation kompensiert auch das Fehlen von Gegenhorizonten, wie differente Wirklichkeitskonstruktionen unterschiedlicher Generationen im Unternehmen. Die Dominanz eines ähnlichen Wissensbestandes verhindert nämlich ein wechselseitiges Befruchten und die Weitergabe und Fortentwicklung von Erfahrungswissen.

> Als ein Modell und Instrument zur Implementierung und Verankerung solcher Lernstrukturen schlagen Baird et al. das Konzept „*After Action Review* (AAR)" vor. Durch After Action Review Maßnahmen sollen Kompetenzen der Organisation zum Metalernen herausgebildet werden (vgl. Baird/Deacon/Holland 2000). AAR basiert auf folgender Annahme und Vorgehensweise:
>
> 1. Fokussierung auf wenige, jedoch erfolgskritische Fragestellungen.
> 2. Zeitnahe Analyse und Bewertung des Handelns.
> 3. Einbeziehung der involvierten Gruppe oder Abteilung.
> 4. Die Analyse und Bewertung folgt einem vorgegebenen Schema und Prozess.
> 5. Vermeidung einer langen, lähmenden Reflexionsphase.
>
> Folgende Schritte werden umgesetzt:
> Step 1: Was war beabsichtigt ?
> Step 2: Was ist passiert?
> Step 3: Was haben wir gelernt?
> Step 4: Was wollen wir als Nächstes tun ?
> Step 5: Setze das Gelernte um und wende es an.
> Step 6: Teile deine Erfahrungen anderen mit.

6   New Economy – Old Problems? Ausblick und kritische Reflexion

Die Diskussion um den gesellschaftlichen und unternehmerischen Transformations- und Modernisierungsprozess hin zur Wissensgesellschaft greift grundlegende Veränderungen im Verständnis von Arbeit, Lernen und Wissen auf. Der Erfolg unternehmerischer Entscheidungen wird wesentlich davon abhängen, welche Antworten auf die weithin noch offenen Fragen der Wissensorganisation, des individuellen sowie organisationalen Lernens gefunden werden und mit welchen Instrumenten eine zukunftsorientierte, innovative Lernkultur gestaltet werden kann.

Wenn wir *Wissen* als zentralen Arbeitsinput, Transformationsfaktor und Arbeitsergebnis für unternehmerisches Handeln verstehen, müssen wir unsere tradierte Sicht auf Methoden und Instrumente der Personal- und Organisationsentwicklung überdenken und hinterfragen. Benötigt werden Instrumente, die auf kooperative Wissensträger, deren Aneignungsverhalten und Gestaltungskompetenzen abzielen, d.h. Instrumente, die in systemischer Sicht an der Organisation als Ganzes und ihrer Lernfähigkeit ansetzen. Waren bislang Qualifizierung und Wissensvermittlung der Fokus von Personalentwicklung, so rückt jetzt das individuelle und organisationale Wissen einer Unternehmung selbst als Arbeitsgegenstand in den Blickwinkel der Personalentwicklung. Dieser Arbeitsgegenstand – das Wissenssystem der Unternehmung – gilt es zu gestalten und zu verändern, denn „Wissen ist im Unterschied zu Qualifikationen nicht anforderungsabhängig, sondern Gestaltungskraft, um Innovationen zu entwickeln" (Hengst/Pawlowsky 2001, S. 102.). Innerhalb dieses Prozesses nehmen Lernkulturen eine zentrale Bedeutung ein. Sie schaffen Ermöglichungsräume für Wissensaustausch und organisationales Lernen und offerieren ein Raster zur Ableitung von zukünftigen Anforderungen an Personal- und Organisationsentwicklungs-Instrumente. Eine wesentliche Herausforderung wird allerdings noch darin liegen, die mit den Entwicklungen in der New Economy verbundenen Friktionen und Paradoxien so aufzulösen, dass wirtschaftliche Leistungsfähigkeit, soziale Gerechtigkeit und individuelle Selbstentfaltung nicht im Dissens stehen. Auch bleibt zu berücksichtigen, dass organisationales Lernen selbst nicht frei von Widersprüchen ist, denn Lernen und Organisieren folgen unterschiedlichen Logiken: „Während es beim Lernen um die Veränderung von Regeln und Routinen geht, werden Organisationen gebildet, um Kooperationsbeziehungen auf Dauer zu stellen und um Berechenbarkeit und Routinisierungsvorteile zu erreichen" (Heidenreich 2000). Beispielhaft zeigt sich dieses Dilemma auch im Selbstorganisationsanspruch, der von oben verordnet nicht selten eine bereits existierende Selbstorganisation gefährdet. Und es ist auch kritisch zu fragen, ob mit den derzeit in der berufspädagogischen und bildungspolitischen Diskussion stehenden Begriffen wie selbständiges bzw. lebenslanges Lernen und „neue Lernkulturen" auch auf die Alltagsbewältigung der Subjekte abgehoben wird oder sich diese Termini eher als trojanische Pferde erweisen, mit denen versucht wird, klassische ökonomische Interessen durchzusetzen. Personalentwicklung muss hier ihre eigenen lernkulturellen Grundannahmen kritisch hinterfragen und sich auch auf eine stärkere Zusammenarbeit mit betrieblichen Interessenvertretungen einlassen.

Die große Herausforderung für Personalentwicklung im Zeitalter der Wissensgesellschaft wird darin liegen, Arbeit, Wissen und Lernen als Produktiv- und Wertschöpfungskräfte zu entfalten. Ausgehend hiervon wurde in diesem Beitrag die New Economy als Untersuchungs- und Diskussionsfeld herangezogen. Deutlich wurde, dass die New Economy sich diesen Herausforderungen stellt, eine ganzheitliche und kritische Behandlung des Themas jedoch noch aussteht.

Literatur

Argyris, C./Schön, D.A.: Die Lernende Organisation. Stuttgart 1999

Arnold, R.: Schlüsselqualifikationen – Ziele einer Evolutionären Berufspädagogik. In. Ders. (Hrsg.): Ausgewählte Theorien zur beruflichen Bildung. Baltmannsweiler 1997, S. 124–148

Arnold, R./Müller H.-J. (Hrsg.): Kompetenzentwicklung durch Schlüsselqualifizierung. Baltmannsweiler 1999

Arnold, R./Schüßler, I.: Wandel der Lernkulturen. Ideen und Bausteine für ein lebendiges Lernen. Darmstadt 1998.

Atkinson, R./Court, R.H.: The New Economy Index. Washington DC 1999; siehe unter: http://www.new economyindex.org/states/introduction.html

Baird, L./Deacon, S./Holland, P.: From Action Learning to Learning from Action: Implementing the After Action Review. In: Cross, R./Israelit, S.B. (Hrsg.): Strategic learning in a knowledge economy: individual, collective and organizational learning process. Boston 2000, S. 185–202

Baitsch, C.: Der Faktor Mensch in der neuen Ökonomie. In: Manager Bilanz 7/2000, S. 16–19

Baukrowitz, A., Boes, A.: Wider die Mär einer humanen Arbeit in der Informationsgesellschaft. In: FIfF Kommunikation 14 (1997), 4, S. 18–23

Baukrowitz, A./Boes, A.: Neue Arbeitskrafttypen in der IT-Industrie. Darmstadt 2000; siehe unter: http://staff-www.uni-marburg.de/~boes/texte/ARB-IT4.html

Beck, K.: Extreme programming explained. Reading Massachusetts 2000

Beck, U.: Die Risikogesellschaft. Auf dem Weg in eine andere Moderne. Frankfurt/M. 1986

Beck, U./Giddens, A./Lash, S. (Hrsg.): Reflexive Modernisierung. Eine Kontroverse. Frankfurt/M. 1996

Bell, D.: Die nachindustrielle Gesellschaft. Frankfurt/M., New York 1975

Bertelsmann-Stiftung (Hrsg.): Unternehmenskultur in jungen Unternehmen der Multimedia-Branche. Gütersloh 2000a, siehe auch: http://unternehmenskultur.org/uk/index02-4.html

Bertelsmann-Stiftung (Hrsg.): FIT für die New Economy? Die Bedeutung des Faktors Aus- und Weiterbildung für eine erfolgreiche Transformation der Old Economy in Richtung E-Business und E-Commerce. Hannover 2000b; siehe auch: http://www.medienakademie-koeln.de/frame.html?studie.html

Bolz, N.: Die Wirtschaft des Unsichtbaren. Spiritualität, Kommunikation, Design, Wissen. Die Produktivkräfte des 21. Jahrhunderts. München 1999

Brauner, C.: Zitat zum Thema: Mitarbeiterloyalität als Wettbewerbsfaktor. Personal ist Kapital – aber nur in der Theorie. In: Computerwoche, Nr. 17 v. 28.04.2000, S. 84

Burton-Jones, A.: Knowledge Capitalism. Business, Work and Learning in the New Economy. New York 1999

Clement, R.: Braucht die New Economy eine neue Regulierung? In: Wirtschaftsdienst (2000), IX, S. 542–548

Collins, A.; Brown, J.S.; Newman, S.E.:: Cognitive apprenticeship: Teaching the crafts of reading, writing and mathematics. In: Resnick, L.B.: Knowing, learning and instruction. Hillsdale 1989, S. 453–494

Conrady, H.: Spaßcharakter versüßt den Arbeitsalltag. In: VDI nachrichten, Nr. 44 vom 3.11.2000

Cross, R./Israelit, S.B. (Hrsg.): Strategic learning in a knowledge economy: individual, collective and organizational learning process. Boston 2000

Deckstein, D./Felixberger, P.: Arbeit neu denken. Wie wir die Chancen der New Economy nutzen können. Frankfurt, New York 2000

Degele, N.: Zur Transformation von Wissen durch Neue Medien. In: Voß, G.G. u.a.(Hrsg.): Neue Medien im Alltag. Opladen 2000, S. 127–150

Dehnbostel, P.: Esstentials einer zukunftsorientierten Lernkultur aus betrieblicher Sicht. In: Brödel u.a.: Arbeiten und Lernen. Lernkultur, Kompetenzentwicklung und innovative Arbeitsgestaltung. QUEM-report, Heft 67. Berlin 2001, S. 81–90

Dollinger, M.: Führen in eine(r) Lernkultur. Die Mitarbeiter-Chef-Beziehung als Reciprocal Management. München 1999

Drucker, P.F.: Management im 21. Jahrhundert. München 1999

Erpenbeck, J./Sauer, J.: Das Forschungs- und Entwicklungsprogramm „Lernkultur Kompetenzentwicklung". In: Brödel u.a.: Arbeiten und Lernen. Lernkultur, Kompetenzentwicklung und innovative Arbeitsgestaltung. QUEM-report, Heft 67. Berlin 2001, S. 9–65

Etzioni, A.: Die aktive Gesellschaft: eine Theorie gesellschaftlicher und politischer Prozesse. Opladen 1975

Europäische Kommission: Weißbuch zur allgemeinen und beruflichen Bildung. Lehren und Lernen – auf dem Weg zur kognitiven Gesellschaft. Brüssel 1995

Fergen, A./Pickshaus, K./Schaumburg, S.: Vertrauensarbeitszeit – Reich der Freiheit oder moderne Selbstausbeutung? Reihe: Diskussionsbeiträge zur Tarifarbeit im Betrieb, Nr. 6, hrsg. v. d. Abteilung Tarifpolitik beim Vorstand der IG Metall. Frankfurt 2000

Ford Motor Company: http://mycareer.ford.com/ONTHETEAM.ASP?CID=15, Valuing Diversity

Frey, B.S./Osterloh, M. (Hrsg.): Managing Motivation. Wie sie die neue Motivationsforschung für ihr Unternehmen nutzen können. Wiesbaden 2000

Gerstmann, M.: Ein Jahr im Beruf – dreimal so stressig wie früher. In: Süddeutsche Zeitung, Nr. 284 vom 9./10.12.2000, S. V1/1

Glogowski, E.: Alter Hut New Economy. In: Handelsblatt vom 15.12.2000

Gross, P.: Die Multioptionsgesellschaft. Frankfurt/M. 1994

Hacker, W.: Allgemeine Arbeits- und Ingenieurpsychologie: Psychische Struktur und Regulation von Arbeitstätigkeiten. 2., überarb. Aufl. Bern 1978

Halm, T.: Die Fabriken der New Economy. In: Mitbestimmung, Heft 7/2000, S. 24–25

Heidenreich, M.: Die Debatte um die Wissensgesellschaft. Vortrag vor dem Globalisierungskolloquium am Institut für Soziologie der Universität Erlangen-Nürnberg am 28.6.2000; http://www.uni-bamberg.de/~ba6se1/erlangen.htm

Hengst, J./Pawlowsky, P.: Wissen vermitteln für die Wissensgesellschaft – Curricularer Ansatz. In: Brödel u.a.: Arbeiten und Lernen. Lernkultur, Kompetenzentwicklung und innovative Arbeitsgestaltung. QUEM-report, Heft 67. Berlin 2001, S. 101–108

Hinkelmann, K. /Weiss, W.: Unterstützung des Wissensmanagements durch ein Organizational Memory. In: technologie & management, Heft 1, 1997, S. 26–30

Hoch, D.J. u.a.: Erfolgreiche Software-Unternehmen. Die Spielregeln der New Economy. München, Wien 2000

Hofstede, G.: Interkulturelle Zusammenarbeit. Kulturen – Organisationen – Management. Wiesbaden 1993

Kim, W.C./Mauborgne, R.: Fair Process: Managing in the Knowledge Economy. In: Baghai. M./Coley, S./White, D. (Hrsg.): The Alchemy of Growth. London 1999, S. S. 115–132

Kornwachs, K.: Vom Wissen zur Arbeit? In: Mittelstraß, J. (Hrsg.): Die Zukunft des Wissens. Berlin 2000, S. 237–266

Lane, R.E.: The Decline of Politics and Ideology in a Knowledgeable Society. In: American Sociological Review 21 (1966), S. 649–662

Littmann, P./Jansen, S.A.: Oszillodox: Virtualisierung – die permanente Neuerfindung der Organisation. Stuttgart 2000

Luhmann, N.: Soziale Systeme. Frankfurt/M. 1984

Luhmann, N.: Die Soziologie des Wissens, Probleme ihrer theoretischen Konstruktion. In: Ders.: Gesellschaftsstruktur und Semantik. Band 4. Frankfurt/M. 1995

Neef, D.: The Knowledge Economy. Boston 1998

Osterloh, M./Frost, J.: Neue Entwicklungen in der Strategieforschung: Vom marktorientierten zum ressourcenorientierten Ansatz. In: Frey, B.S./Osterloh, M. (Hrsg.): Managing Motivation. Wie sie die neue Motivationsforschung für ihr Unternehmen nutzen können. Wiesbaden 2000, S.47–52

Pongratz, H.J./Voß, G.G.: Fremdorganisierte Selbstorganisation. In: Zeitschrift für Personalforschung 7 (1997), 1

Richter, F./Wardanjan, B.: Die Lernhaltigkeit der Arbeitsaufgabe – Entwicklung und Erprobung eines Fragebogens zu lernrelevanten Merkmalen der Arbeitsaufgabe (FLMA). In: Zeitschrift für Arbeitswissenschaft 54 (2000) 3–4, S. 175–183

Roland Berger & Partner: Erfolgsfaktor „Personalmanagement". München 2001 (unveröffentlichte Studie)

Rudin, P.: New Economy – Traum oder Wirklichkeit? In: Manager Bilanz Heft 7/2000, S. 6–10

Sattelberger, T. (Hrsg.): Die Lernende Organisation. Wiesbaden 1991

Severing, E.: Personalförderung durch Lernen im Arbeitsprozess. In: Schöni, W./Sonntag, K. (Hrsg.): Personalförderung im Unternehmen. Chur, Zürich 1999, S. 65–76

Schaper, N./Sonntag, K.: Personalförderung durch anspruchsvolle Lehr- und Lernarrangements. In: Schöni, W./Sonntag, K. (Hrsg.): Personalförderung im Unternehmen. Chur, Zürich 1999, S. 47–64

Schein, E.: Unternehmenskultur : ein Handbuch für Führungskräfte. Frankfurt/M. 1995

Schmalholz, C.G.: Leiten lernen. In: managermagazin 31 (2001), 1, S. 210–215

Schöni, W./Sonntag, K.: Personalförderung für das 21. Jahrhundert – Zur Einführung. In: dies. (Hrsg.): Personalförderung im Unternehmen. Bildung, Qualifizierende Arbeit und Netzwerke für das 21. Jahrhundert. Chur, Zürich 1999, S. 19–23

Scholz, C.: Die Unternehmenskultur der New Economy. In: WISU 10/2000, S. 1194–1196

Schreyögg, G.: Handwörterbuch der Organisation. Stuttgart 1992

Schüßler, I.: Deutungslernen. Baltmannsweiler 2000

Sennett, R.: Der flexible Mensch. Die Kultur des neuen Kapitalismus. Berlin 1998

Sonntag, K.: Lernkultur im Unternehmen. In: Schöni, W./Sonntag, K. (Hrsg.): Personalförderung im Unternehmen. Bildung, qualifizierende Arbeit und Netzwerke für das 21. Jahrhundert. Chur, Zürich 1999, S. 253–264

Stäbler, S.: Die Personalentwicklung der lernenden Organisation: Konzeptuelle Untersuchung zur Initiierung und Förderung von Lernprozessen. Berlin 1999.

Stehr, N.: Arbeit, Eigentum und Wissen. Zur Theorie von Wissensgesellschaften. Frankfurt/M. 1994

Stierle, M.H.: New Economy – Wunschtraum oder Realität? In: Wirtschaftsdienst (2000), IX, S. 549–557

Stock, J. u.a.: Delphi-Befragung 1996/1998. „Potentiale und Dimensionen der Wissensgesellschaft – Auswirkungen auf Bildungsprozesse und Bildungsstrukturen" Endbericht. (Prognos AG). Im Auftrag der Bundesregierung für Bildung, Wissenschaft, Forschung und Technologie (BMBF). Basel 1998

v. Glasersfeld, E.: Radikaler Konstruktivismus. Ideen, Ergebnisse, Probleme. Frankfurt/M. 1996

Voß, G.G.: Unternehmer der eignen Arbeitskraft – Einige Folgerungen für die Bildungssoziologie. In: Zeitschrift für Soziologie der Erziehung und Sozialisation 2/2000, S. 149–166

Wätjen, S.: Kündigungswelle bei Internet-Firmen in USA. New Economy: Gottesdienst „Glaube, Liebe, Hoffnung " und Jobless-Parties für die Ausgebrannten. In: VDI-Nachrichten vom 12.01.2001

Weibel, A./Rota, S.: Fairness als Motivationsfaktor. In: Frey, B.S./Osterloh, M. (Hrsg.): Managing Motivation. Wie sie die neue Motivationsforschung für ihr Unternehmen nutzen können. Wiesbaden 2000, S. 195–206

Welsch, W.: Unsere postmoderne Moderne. 3. Aufl. Weinheim 1991

Welsch, W.: Transkulturalität. Zur veränderten Verfasstheit heutiger Kulturen. In: Zeitschrift für Kulturaustausch 45 (1995), 1, S. 39–44

Willke, H.: Systemisches Wissensmanagement. Stuttgart 1998

WISU: Die Zukunft hat schon begonnen. Wie sich die Unternehmen wandeln werden. In: WISU-Magazin
     29 (2000), 10, S. 1191–1192

HANS-JOACHIM SCHUBERT

Prinzipien und Methoden des Change Managements

> „Nichts ist beständiger als der Wandel."
>
> Heraklit (ca. 500 v. Chr.)

1 Einleitung

Wandel und Veränderung, wie das Zitat von Heraklit belegt, sind keine neuen Phänomene, aber offensichtlich dreht sich die Welt heute schneller. Die Veränderungsdynamik hat zugenommen, Veränderungszyklen haben sich verkürzt, Veränderungen sind weniger gut und genau vorherzusehen, insgesamt ist das Ausmaß erforderlicher Anpassungsmaßnahmen größer und tiefgreifender geworden. Der Umgang mit ständigem Wandel wird zur Normalität. Neben Kosten und Qualität hat sich die Zeit, mit der auf geänderte Anforderungen und Rahmenbedingungen reagiert wird, zu einem wesentlichen Wettbewerbsfaktor entwickelt. Entsprechend wird vermehrt von einem härter werdenden „Zeitwettbewerb" gesprochen. Beispielhafte Indikatoren dafür sind:

- die Verkürzung von Produktlebenszeiten,
- der Rückgang von Produktentwicklungszeiten,
- der Anstieg der Innovationsgeschwindigkeit bei grundlegenden Technologien bzw. die Häufigkeit von Technologiesprüngen oder etwa
- die Beschleunigung von Kommunikationsprozessen weltweit.

Es kommt insgesamt zu einer drastischen Verkürzung von Veränderungszyklen und einer Erhöhung der Veränderungskomplexität, die natürlich nicht ohne Auswirkungen auf Organisationen und deren Mitglieder sein kann. Arbeitsprozesse beschleunigen und verdichten sich. Mitarbeiter sehen sich mit steigenden Anforderungen an Mobilität und Flexibilität konfrontiert. Traditionelle Organisationsstrukturen, vorwiegend koordiniert über Hierarchiemechanismen und zergliedert nach Funktionen, verlieren angesichts der Notwendigkeit, möglichst schnell auf differenzierte Kundenbedürfnisse reagieren zu müssen, und aufgrund der Einsatzmöglichkeiten elektronischer Informations- und Kommunikationssysteme ihre Berechtigung.

Wenn in diesem Kontext von Veränderungsmanagement gesprochen wird, so sind dabei zwei Kernfragen angesprochen:

- Wie sind Veränderungsprozesse effektiv und effizient in Organisationen zu gestalten und letztlich
- wie müssen innovationsförderliche und flexible Organisationen beschaffen sein?

In Abgrenzung zu evolutionären Veränderungsprozessen in Organisationen bezieht sich ein so verstandenes Veränderungsmanagement auf den *Prozess* der kontinuierlichen Planung und Umsetzung von Veränderungen, die von zentralem Interesse für den Erfolg von Organisationen sind.[1] Das Handlungsfeld erstreckt sich auf alle *Phasen eines Veränderungsprozesses* beginnend mit der vorbereitenden Analyse und Planung von Vorhaben über die Einleitung und Ausweitung entsprechender Maßnahmen bis hin zur Stabilisierung der herbeigeführten Veränderungen. Das Spektrum der *Veränderungsinhalte* kann dabei von der langfristigen Veränderung von Unternehmens- oder Organisationskulturen über die Umsetzung komplexer strategischer Konzepte bis zur Durchführung von spezifischen Maßnahmen, die einen Schwerpunkt im organisatorischen, technischen oder personellen Bereich besitzen können, reichen. Die einzelnen *Veränderungsmaßnahmen* können danach unterschieden werden, wo sie vorrangig ansetzen:

• der Ebene des einzelnen Individuums,

• der Ebene von Gruppen oder Teams,

• der Ebene von Bereichen oder Organisationseinheiten,

• der Ebene von Gesamtorganisationen und schließlich

• der Ebene von Netzwerken oder Verbünden von Organisationen.

Unabhängig von den konkreten Veränderungsinhalten und -maßnahmen soll Veränderungsmanagement durch eine ganzheitliche Betrachtungsweise (gleichzeitige Berücksichtigung organisatorischer, technischer und personeller Aspekte) und eine Einbeziehung verhaltenswissenschaftlicher Erkenntnisse gekennzeichnet sein.

2   Grundlegende Prinzipien

Als Grundmuster aller Veränderungsprozesse, unabhängig davon, auf welcher Ebene sie sich abspielen oder worauf sie sich inhaltlich beziehen, lässt sich nach wie vor die auf Kurt Lewin[2] zurückgehende Phasenfolge heranziehen:

• Unfreeze (Aufbrechen),

• Move (Verändern) und

• Freeze (Stabilisieren).

Daran orientiert und unter Berücksichtigung entsprechender Arbeiten von Nadler[3] sowie Burke[4] werden im Folgenden allgemein

• Sensibilisierungs-,

• Umsetzungs- und

• Stabilisierungsphasen

---

[1]   Schubert, H.-J.: Planung und Steuerung von Veränderungen in Organisationen, Frankfurt, 1998; vgl. dazu auch Picot, A., Freudenberg, H., Gassner, W.: Management von Reorganisationen, Wiesbaden, 1999, S. 4.

[2]   Vgl. Lewin, K.: Frontiers in Group Dynamics: I. Concept, Method and Reality in Social Science, Social Equilibria and Social Change, in: Human Relations, 1 (1947), 1, S. 5–41.

[3]   Vgl. Nadler, D.A.: Managing Organizational Change: An Integrative Perspective, in: The Journal for Applied Behavioral Science, 17 (1981), S. 191–211.

[4]   Vgl. Burke, W.W.: Organization Development, A Normative View, Reading Mass, 1987.

von Veränderungen in Organisationen unterschieden. Jede dieser Phasen ist bei dem Versuch einer akzentuierenden Abgrenzung durch unterschiedliche Zielsetzungen und Aufgabenstellungen, wie in der folgenden Tabelle aufgelistet, gekennzeichnet.

Sensibilisierungsphase	Umsetzungsphase	Stabilisierungsphase
• Sensibilisierung für Veränderungsnotwendigkeit bzw. Förderung der Veränderungsbereitschaft	• Veränderungen über mehrere Ansatzpunkte und Interventionen in Gang setzen	• Regelmäßige Standortbestimmungen
• Ziele konkretisieren	• Fortschritte kontinuierlich messen und kommunizieren	• Nutzen für die Aufrechterhaltung der Veränderungen schaffen
• Anreizgestaltung auf Veränderungsziele abstimmen und Unterstützung für notwendige Anpassungen anbieten	• Beteiligungsmöglichkeiten bzw. Gestaltungsspielräume eröffnen	• Veänderungen und deren Auswirkungen sichtbar werden lassen

Tab. 1: Veränderungsphasen mit deren Hauptzielsetzungen und Aufgabenstellungen

Konkrete Maßnahmen zur Erreichung dieser Zielsetzungen lassen sich danach unterscheiden, welche Ebene die Veränderungsprozesse vorrangig betreffen. Daraus ergibt sich folgende Matrix als Einordnungsschema für die vielfältigen spezifischen Maßnahmen des Veränderungsmanagements. Einige der gängigsten Methoden werden im dritten Abschnitt näher erläutert.

Ebene \ Phase	Sensibilisierungsphase	Umsetzungsphase	Stabilisierungsphase
Individuum			
Gruppe/Team			
Bereiche/Org.-einheiten			
Gesamtorganisation			
Netzwerke			

Tab. 2: Zuordnung von Maßnahmen in Abhängigkeit von Phasen und Ebenen der Veränderungen

Die Heterogenität von Organisationen sowie die Unterschiedlichkeit in den Zielsetzungen von Veränderungsvorhaben erlauben kein in sich geschlossenes, einheitliches „Change-Management". Jedoch gibt es einige grundlegende Gestaltungsprinzipien, die bei der konkreten Ausgestaltung Berücksichtigung finden sollten und eine Orientierungshilfe für die Anpassung an spezifische Rahmenbedingungen und Zielsetzungen bieten.

So heben unter dem Stichwort *„Bedingungen für den Erfolg von Veränderungsvorhaben"* Porras & Robertson nach einer umfangreichen Literaturanalyse vor allem drei Erfolgskriterien hervor:[5]

1. das Ausmaß und die Qualität der Einbeziehung von Organisationsmitgliedern in die Planung und Umsetzung von Veränderungsprozessen, wobei sich erneut zeigte, dass Organisationsveränderungen nur dann erfolgreich verlaufen, wenn sie von den Organisationsmitgliedern mitinitiiert und -gestaltet werden konnten,

2. die Erkenntnis bei der Mehrheit wichtiger Entscheidungsträger, dass ein Veränderungsbedarf existiert und

3. die Bereitschaft, Risiken einzugehen oder „eingefahrene Wege zu verlassen".

Über die herausragende Bedeutung einer frühzeitigen Einbeziehung von Betroffenen in die Planung und Umsetzung von Veränderungen herrscht breite Übereinstimmung. Untermauert wird dies durch motivationspsychologische Erkenntnisse, die verdeutlichen, dass das Angebot von Beteiligungsmöglichkeiten dem Sicherheits- und Kontrollbedürfnis entgegenkommt und die Wahrscheinlichkeit des Auftretens von Widerstandsphänomenen verringert. Die unter Punkt 2 genannte Bedingung für den Erfolg von Veränderungsvorhaben ist im Sinne eines Gestaltungsprinzips so umzusetzen, dass sich vor allem Führungskräfte ihrer Modellwirkung bewusst sein müssen und sich infolgedessen aktiv und persönlich an der Umsetzung von Veränderungsprojekten beteiligen sollten. Punkt 3 spricht implizit die Bedeutung einer innovationsförderlichen Organisationskultur an.

Weitere allgemeine Gestaltungsempfehlungen, die mit positiven Verläufen von Organisationsveränderungen in Zusammenhang zu bringen sind, beziehen sich auf:

- *Gestaltung der Informationspolitik*

  Die Art und Weise, wie über Veränderungsvorhaben informiert wird, sollte folgende Aspekte berücksichtigen:[6]

  – die Informationen müssen konkret sein und potentielle Auswirkungen auf das einzelne Organisationsmitglied beinhalten,

  – die Informationen müssen glaubwürdig sein und dürfen daher nicht nur einseitig positive Aspekte enthalten,

  – die Änderungsnotwendigkeiten müssen so dargestellt und aufbereitet sein, dass sie nachvollziehbar sind.

- *Anpassung von Belohnungs- und Anreizsystemen im weiteren Sinn*

  Die Unterstützung der Veränderungsprozesse sowie die aktive Beteiligung an der Planung und Umsetzung einzelner Maßnahmen muss mit positiven Konsequenzen verbunden sein. D. h., es müssen Anreize für die Implementierung der Veränderungen geschaffen werden, und das gesamte Be- und Entlohnungssystem der Organisation, insbesondere die Beurtei-

---

[5] Vgl. Porras, J.I., Robertson, P.J.: Organizational Development – Theory, Practice and Research, in: Dunette, M.D., Hough, L.M. (Eds.): Handbook of Industrial and Organizational Psychology, Palo Alto, 1992, S. 754.

[6] Vgl. Kühlmann, T.M.: Mitarbeiterinformation bei betrieblichen Neuerungsvorhaben, in: Zeitschrift für Führung und Organisation, 1 (1991), S. 28.

lungs- und Beförderungskriterien, darf nicht in Widerspruch zu den Veränderungszielen stehen.

- *Schaffung eines klaren Zielsystems*

  Jeder einzelne Veränderungsprozess sollte über die Vereinbarung konkreter messbarer Zielgrößen steuerbar sein. Entsprechend der Befunde der Zielsetzungstheorie von Locke sollte es sich dabei um anspruchsvolle, aber realisierbare Ziele handeln, an deren Zustandekommen Mitarbeiter beteiligt werden sollten.[7]

- *Auswahl von Modellprojekten bzw. -bereichen*

  Veränderungen sollten zuerst in denjenigen Bereichen bzw. in Kooperation mit denjenigen Personen begonnen werden, die Bereitschaft signalisieren. Die dadurch gegebene höhere Erfolgswahrscheinlichkeit in der Umsetzung erster Veränderungsmaßnahmen fördert die organisationsweite Ausbreitung von Vorhaben.

- *Kombination von Prozess- und Ergebnisorientierung*

  Alle Veränderungsmaßnahmen sollten einen deutlichen Bezug zu erfolgskritischen Faktoren erkennen lassen. Unterstützungsmaßnahmen wie Schulung, individuelles Coaching oder Beratung sollten direkt in konkrete Problemlösungsprozesse oder Projekte integriert sein und nur im Bedarfsfall zur Anwendung kommen.

- *Regelmäßige Standortbestimmungen*

  Wiederholte "Standortbestimmungen" oder allgemein Bewertungen, inwieweit die Organisation bzw. die Organisationseinheit mit ihren Zielen, Konzepten, Maßnahmen und Ergebnissen den aktuellen Anforderungen noch entspricht („Kundenorientierung") und wie sie sich im Vergleich zu anderen Organisationen bzw. Organisationseinheiten positionieren kann („Benchmarking"), demonstrieren ein dauerhaftes Interesse sowohl an der Konsolidierung begonnener Vorhaben als auch eine permanente Sensitivität gegenüber Änderungserfordernissen.

3   Ausgewählte Methoden

Es existieren vielfältige Methoden, mit denen Veränderungsprozesse auf den unterschiedlichen Ebenen und in den unterschiedlichsten Phasen gezielt gefördert werden können. Tabelle 3 gibt einen Überblick über die gängigsten Methoden. Die durch Kursivdruck hervorgehobenen Methoden werden nachfolgend näher erläutert.

Das Prinzip des Benchmarking

Mit „Benchmarking" wird der gezielte Vergleich von Organisationsabläufen und Gestaltungskonzepten einerseits sowie von quantitativen Ergebnissen andererseits mit den korrespondierenden Prozessen und Resultaten der jeweils „Besten" bezeichnet. Das vorrangige Ziel, dieses Managementinstrument einzusetzen, besteht darin, von anderen zu lernen.

---

[7] Vgl. Locke, E.A., Shaw, K.N., Saari, L.H., Latham, G.P.: Goal Setting and Task Performance: 1969–1980, in: Psychological Bulletin, 90 (1981), 1, S. 125–152.

Ebene\Phase	Sensibilisierungs- phase	Umsetzungsphase	Stabilisierungs- phase
Individuum	• Führung durch Zielvereinba- rungen • Selbsterfah- rungsseminare • Fremdbeurtei- lungen unter- schiedl. Art	• Coaching • *Arbeits- und Organisations- gestaltungs- maßnahmen* • Ind. Personal- entwicklungs- programme	• Feedbackge- spräche im Rahmen der Führung durch Zielvereinba- rungen • Coaching
Gruppe/Team	• *Benchmar- king*projekte • Beurteilungen/ Rückmeldun- gen über Leis- tungsergebnisse oder Arbeitsat- mosphäre ("Survey- Feedback)	• *Arbeits- und Organisations- gestaltungs- maßnahmen* • Teamentwick- lung	• Regelmäßige Workshops zur Pflege von Teamfähigkeit und -leistung ("Survey- Feedback")
Bereiche/Org.- einheiten	• *Benchmar- king*projekte • Kundenfeed- back • Leistungsbe- wertungen	• *Arbeits- und Organisations- gestaltungs- maßnahmen*	• *Benchmar- king*projekte • Kundenbefra- gungen • Leistungsbe- wertungen
Gesamtorganisation	• *Selbstbewer- tung nach EFQM* • Zukunftsszena- rien • *Benchmar- king*projekte	• *Leitbildentwick- lung* • Einführung von Excellence- Konzepten • *Organisations- gestaltungs- maßnahmen* • Strategisches Management	• *Selbstbewer- tung nach EFQM* • *Benchmarking- projekte*
Netzwerke	• *Selbstbewer- tung nach EFQM* • *Benchmarking- projekte* • Zukunftsszena- rien	• *Leitbildentwick- lung* • Strategisches Management	• *Selbstbewer- tung nach EFQM*

Tab. 3: Gängige Change-Management-Methoden in Abhängigkeit von Phasen und Ebenen der Veränderungen

In Abhängigkeit davon, welche Vergleiche angestrebt werden, lassen sich

- *„internes"* Benchmarking (Vergleiche zwischen unterschiedlichen Abteilungen oder Bereichen innerhalb der gleichen Organisation, z.b. Produktivität, Bearbeitungszeiten, Fehlern),

- *„externes"* Benchmarking (Vergleiche mit anderen Organisationen, z.b. bezogen auf wesentliche finanzielle Ergebnisse oder etwa Kundenzufriedenheitsindizes) und

- *„funktionales"* Benchmarking (Vergleiche mit Organisationen außerhalb des jeweiligen Sektors oder der jeweiligen Branche, die spezifische Abläufe nachgewiesenermaßen hervorragend steuern, wie etwa Prozess der geplanten Aufnahme und Entlassung in Akutkrankenhäusern mit dem Ein- bzw. Auschecken oder der Zuweisung freier Zimmer in erstklassigen Hotels oder beispielsweise die Organisation von „Just-in-time"-Fertigungskonzepten mit den Abläufen innerhalb eines zentralen Operationsbereiches in einem Akutkrankenhaus)

voneinander unterscheiden. Wesentlich für den Gewinn, der aus dem Benchmarking gezogen werden kann, ist die gezielte Auswahl, klare Definition und einheitliche Datenaufbereitung der zu vergleichenden Prozesse bzw. Ergebnisse.

Maßnahmen der Arbeits- und Organisationsgestaltung

Der Begriff der Arbeitsgestaltung bezieht sich auf alle mit einer Arbeitstätigkeit zusammenhängenden Gesichtspunkte. Dabei kann akzentuierend die *ergonomische Arbeitsplatz- und Arbeitsmittelgestaltung* von der *Gestaltung der Arbeitsinhalte* sowie *der organisatorischen und sozialen Bedingungen* unterschieden werden. Eine isolierte Betrachtung einzelner Aspekte führt dabei, wie auch aus den Kriterien humaner Arbeit abzuleiten, immer zu suboptimalen Ergebnissen.

Die angesprochene Gestaltung der organisatorischen und sozialen Bedingungen umschreibt bereits das Feld der Organisationsgestaltung. Dazu zählen Fragen der Aufgliederung komplexer Aufgaben, der Koordination und der späteren Integration von Teilaufgaben, der Arbeitsteilung zwischen Menschen sowie zwischen Mensch und Technik sowie Formen der Zusammenarbeit. Traditionell wird zwischen der Gestaltung der *Aufbauorganisation,* also einer stabilen Grundstruktur zur Verteilung von Aufgaben und Kompetenzen, und der Gestaltung der *Ablauforganisation,* also der Koordination notwendiger zeitlich aufeinanderfolgender Schritte der Aufgabenerfüllung, unterschieden. In neueren Konzepten der Organisationsgestaltung wird die traditionelle Trennung von Aufbau- und Ablauforganisation unter dem Stichwort „Prozessorganisation" zunehmend aufgehoben.

Unter dem Begriff *„Arbeitsstrukturierung"* werden Methoden und Prinzipien der Arbeitsgestaltung zusammengefasst, die sich im Wesentlichen auf drei Ursprunge zurückverfolgen lassen:

1. Das aus den Untersuchungen des Tavistock Instituts in London entstandene Konzept der sogenannten *„soziotechnischen Systemgestaltung".* Dahinter steckt die Erfahrung, dass effiziente Arbeitsleistung nur dann möglich ist, wenn sowohl technische als auch soziale Aspekte gleichermaßen berücksichtigt werden.

2. Das aus Forschungsarbeiten in Nordamerika hervorgegangene *„Konzept der Aufgabengestaltung"* zur Frage, welche Merkmale von Arbeitstätigkeiten für die Motivation und Entwicklung der Mitarbeiter förderlich sind.

3. Bestrebungen in den skandinavischen Ländern, die in Zusammenhang mit dem Ansatz der *„industriellen Demokratie"* auf eine Förderung der Beteiligung von Mitarbeitern an relevanten Entscheidungs- und Problemlösungsprozessen in ihrem Arbeitsbereich abzielten.

Mehr oder weniger gemeinsamer Hintergrund für die angesprochenen Entwicklungen waren die negativen Erfahrungen mit den herkömmlichen Prinzipien der Arbeitsgestaltung, gekennzeichnet durch extreme Arbeitsteilung, ständige Wiederholung gleicher Tätigkeitselemente und minimalen Anforderungen an die Qualifikation der Mitarbeiter. Die *negativen Auswirkungen* dieses Prinzips der Arbeitsgestaltung spiegelten sich beispielsweise in

- einer hohen Fluktuationsrate,

- einem hohen Maß an Fehlzeiten,

- Zunahmen von Frühinvalidität,

- sinkender Qualität der Produkte und Dienstleistungen sowie

- ungenügender Flexibilität der Gesamtorganisation

wider.

Mit ausschlaggebend für die verstärkten Bemühungen zur Verbesserung der Qualität des Arbeitslebens waren jedoch auch Veränderungen in den technologischen und wirtschaftlichen Rahmenbedingungen, die „mitdenkende" und „hoch qualifizierte" Mitarbeiter in weit stärkerem Maße als früher erforderlich machten.

Maßnahmen zur Arbeitsstrukturierung können einmal danach unterschieden werden, ob die Möglichkeit zur Ausübung gleichartiger Tätigkeiten erweitert wird oder ob die Arbeitsinhalte dadurch angereichert werden, dass zusätzliche Planungs-, Entscheidungs- oder Kontrollaufgaben ermöglicht werden. Zum anderen können die Maßnahmen danach unterschieden werden, ob sie eine oder mehrere Personen betreffen.

Man unterscheidet dementsprechend folgende Arbeitsstrukturierungsmaßnahmen, die im Anschluss näher erläutert werden:

- Arbeitserweiterung,

- Arbeitsbereicherung,

- systematischer Arbeitsplatzwechsel und

- teilautonome Arbeitsgruppen.

– Arbeitserweiterung

Bei der Arbeitserweiterung werden inhaltlich ähnliche Arbeitsaufgaben, die vorher auf mehrere Mitarbeiter verteilt waren, einem Arbeitsplatz zugeordnet. Arbeitserweiterung führt zu einer Vergrößerung des Handlungsspielraums, jedoch nicht zu einer Zunahme planender oder kontrollierender Tätigkeiten. Die wichtigsten Zielsetzungen bestehen darin: Mitarbeiter für zusätzliche Tätigkeiten zu qualifizieren, einen flexibleren Personaleinsatz zu ermöglichen sowie einseitige Belastungen physisch und psychisch zu verringern. Durch dieses Konzept werden letztlich jedoch keine anspruchsvolleren Tätigkeiten geschaffen. Die Arbeitsorganisation bleibt weitgehend unverändert.

– Arbeitsbereicherung

Arbeitsbereicherung beinhaltet die Zusammenlegung strukturell verschiedenartiger Aufgaben zu einer Gesamtaufgabe. Dadurch wächst der Entscheidungs- und Kontrollspielraum, und der

Mitarbeiter erhält in gewissen Grenzen die Möglichkeit, seine Arbeit zu planen und die Ergebnisse zu kontrollieren. Es entstehen neue Handlungsfreiräume für den Einzelnen und die Möglichkeit der Selbstkontrolle in einem überschaubaren Verantwortungsbereich. Die wichtigsten Zielsetzungen bestehen darin: Arbeitsmotivation und -zufriedenheit zu erhöhen, die Fähigkeiten der Mitarbeiter besser zu nutzen sowie die Qualität der Arbeitsergebnisse zu verbessern. Berücksichtigt werden muss jedoch, dass Qualifikation und Bereitschaft zur Übernahme zusätzlicher Verantwortung bei einzelnen Mitarbeitern nicht ausreichend vorhanden sein kann und dass anfänglich erhebliche zusätzliche Kosten für Qualifizierungsmaßnahmen anfallen können. Insgesamt muss die „Bereicherung" der Arbeitsaufgabe den steigenden Anforderungen an das Qualifikationsniveau kontinuierlich angepasst werden. Die Einführung dieses Konzepts führt in der Regel zur Umverteilung von Funktionen innerhalb der Organisationsstruktur.

– *Systematischer Arbeitsplatzwechsel*

Nach dem Prinzip des systematischen Arbeitsplatzwechsels übernehmen Mitarbeiter in vorgeschriebener oder selbstgewählter Reihenfolge die Tätigkeit von Kollegen, was letztendlich zu einem Rundumwechsel zwischen allen Arbeitskräften führen kann. Der Arbeitsplatzwechsel dient in erster Linie dazu, extreme und einseitige Formen der Belastung zu verringern. In der Regel bleibt durch diese Maßnahme der Entscheidungs- und Kontrollspielraum des Einzelnen unberührt; es handelt sich lediglich um eine Erweiterung in „horizontaler" Richtung, also eine Arbeitserweiterung, die gleichartige Aufgaben mehrerer Personen miteinbezieht. Vorrangige Zielsetzungen bestehen insofern auch in der Erhöhung der Einsatzmöglichkeiten von Mitarbeitern und der Vermeidung einseitiger physischer und psychischer Belastungen. Zu berücksichtigen ist jedoch, dass die Einarbeitung in neue Arbeitsabläufe als belastend empfunden werden kann und letztlich keine Möglichkeiten zur Qualifizierung für anspruchsvollere Aufgaben bestehen. Sinkt der Anteil von Routinearbeit zu stark, muss auch mit einem höheren Fehlerrisiko gerechnet werden.

– *Teilautonome Arbeitsgruppen*

Unter teilautonomen Arbeitsgruppen werden Kleingruppen mit 3–7 Personen verstanden, denen ein möglichst abgeschlossener Aufgabenbereich zur eigenverantwortlichen Bearbeitung übertragen wird. In Abhängigkeit davon, welche Entscheidungsbefugnisse den Gruppen übertragen werden, lassen sich unterschiedliche Grade von Autonomie beobachten.

Die Autonomie einer solchen Arbeitsgruppe wird in der Regel dadurch gekennzeichnet, dass sie entscheiden kann:

• über die Arbeitsmethode,

• über die interne Aufgabenverteilung,

• wer ihr Sprecher sein soll und

• wer ihre Mitglieder sein sollen.

Ein Gruppensprecher übernimmt im Allgemeinen die koordinierende Rolle bei der Aufgabenverteilung und beim Anlernen neuer Gruppenmitglieder. Außerdem tritt er als Sprecher der Gruppe nach außen hin auf.

In der teilautonomen Arbeitsgruppe wird die angestrebte *Ausweitung des Gestaltungsspielraumes* der Mitarbeiter auf dem Weg der Erweiterung ihrer Verantwortung durch Übertragung lenkender Aufgaben, durch einen umfassenden Tätigkeitsbereich infolge der Zusammenfassung stark arbeitsteiliger Tätigkeiten und durch systematischen Arbeitsplatzwechsel verwirklicht. Somit umfasst die teilautonome Arbeitsgruppe die vorher schon erläuterten Ansätze zur Arbeitsstrukturierung.

Vor diesem Hintergrund lassen sich einige Trends in der *Organisationsgestaltung* beobachten, die darauf zielen,

- höhere Flexibilität und Innovativität zu erzeugen,

- eine verbesserte Nutzung vorhandener Ressourcen, insbesondere der Mitarbeiterpotenziale, zu erreichen,

- Existenzsicherung auch über das Eingehen von langfristig angelegten Kooperationen zu betreiben,

- sich stärker an den Bedürfnissen der Kunden auszurichten sowie

- die enormen Möglichkeiten moderner Informations- und Kommunikationstechnologien zu nutzen, was sich z. B. in Chancen zur stärkeren Dezentralisierung und zeitlichen Entkoppelung von Tätigkeiten niederschlägt.

Dazu gehören eine verstärkte Berücksichtigung der Ablauf- im Vergleich zur Aufbauorganisation unter dem Schlagwort *„Prozessorientierung"*, die Bildung kleinerer, relativ selbständiger Organisationseinheiten als Ausdruck der allgemeinen Tendenz zur *„Modularisierung"* sowie auf der Ebene der Arbeitsorganisation eine höhere Bedeutung unterschiedlicher Formen von *Team- oder Gruppenarbeit*.

– Prozessorganisation

Die in den letzten Jahren zu registrierende verstärkte Berücksichtigung zentraler Abläufe, die auf die Erfüllung von Kundenbedürfnissen oder -erwartungen ausgerichtet sind, ist einerseits auf die Mängel der vorherrschenden funktions- bzw. verrichtungsorientierten Gliederung zurückzuführen und andererseits auf die gestiegene Bedeutung der Kundenorientierung. Die *Steuerung von Prozessen*, worunter eine zusammenhängende Kette von auf den Kunden ausgerichteten Aktivitäten verstanden wird, wird zu einer wichtigen Aufgabe für die Organisationsgestaltung.

Das vorrangige Ziel der Realisierung einer höheren Prozessorientierung besteht in der *Reduktion organisatorischer Schnittstellen* und der *Sicherstellung von Verantwortlichkeiten* für abteilungsübergreifende Abläufe. Schnittstellenprobleme wie Informations- und Kommunikationsstörungen oder Zielkonflikte zwischen funktionsorientiert gebildeten Abteilungen sind häufig verantwortlich für Ressourcenverschwendung, zeitliche Verzögerungen und mangelnde Berücksichtigung von Kundenbedürfnissen.

Die Integration von Funktionen, die Gestaltung der zentralen Abläufe (Haupt-, Kern- oder Schlüsselprozesse) orientiert an den Bedürfnissen der Kunden sowie die Vergabe von Verantwortlichkeiten für Gesamtprozesse sind die wesentlichen Elemente zur *Verbesserung von Effektivität und Effizienz*.

Die zentrale Aufgabe im Rahmen des Prozessmanagements liegt darin, einen *reibungslosen und effizienten Ablauf zu gewährleisten*. Dies erfordert im Wesentlichen den Abbau klassischer organisatorischer Schnittstellen durch eine weitgehende Integration von Funktionen sowie eine Erfolgsbewertung von Prozessverantwortlichen über entsprechende Prozess- und Ergebniskennwerte.

– *Modularisierung*

Die *Bildung integrierter Organisationseinheiten* mit weitgehenden Entscheidungskompetenzen und Ergebnisverantwortung entspricht im Wesentlichen den aus dem sozio-technischen Systemansatz abgeleiteten Organisationsgestaltungsprinzipien.

Unabhängig davon, wie diese Organisationseinheiten bezeichnet werden, ob Leistungscenter, Module, Fraktale oder Segmente, entscheidend sind

- die Übertragung möglichst vollständiger (Primär-)Aufgaben,
- die Chance zur Steuerung notwendiger (Sekundär-)Aufgaben sowie
- eine Ergebnisbewertung in quantitativer und qualitativer Hinsicht.

– *Team- oder Gruppenarbeitskonzepte*

Unterschiedliche Formen der Team- oder Gruppenarbeit haben im Zuge der Diskussion um neuere Managementkonzepte wie „Lean Management", „Business Reengineering" oder „Total Quality Management" eine wahre Renaissance erlebt. Das gemeinsame Kennzeichen von Teamarbeit besteht in der Übertragung von Aufgaben, Kompetenzen und Verantwortung auf mehrere Personen, die in direkter Interaktion zusammenarbeiten. Unabhängig von der jeweiligen Ausprägungsform, also ob es sich etwa um teilautonome Arbeitsgruppen, Qualitätszirkel oder Projektgruppen handelt, werden Teamarbeitskonzepte als Instrument zur Erhöhung der Flexibilität und Effizienz eingesetzt. Sie können dabei sowohl integraler dauerhafter Bestandteil der Organisation sein als auch eher zeitlich befristet und parallel zur formalen Aufbauorganisation für spezifische Aufgaben eingeführt werden.

Das Konzept der *teilautonomen Arbeitsgruppen*, dessen wesentliche Merkmale (s.o.) bereits in den 50er Jahren entwickelt wurden, sieht vor, einer Gruppe von Mitarbeitern dauerhaft eine gemeinsame Aufgabe eigenverantwortlich zu übertragen. Die Gruppe ist auch für die erforderlichen unterstützenden Aufgaben zuständig und entscheidet weitgehend selbst, wie die Rollen-, Funktions- und Ressourcenverteilung vorgenommen wird. Jedes Mitglied in der Gruppe ist in der Lage, mehrere strukturell verschiedenartige Tätigkeiten auszuführen.

Bei *Qualitätszirkeln* handelt es sich um eine Gruppe von 5–9 Mitarbeitern, die im gleichen Bereich arbeiten und sich freiwillig, regelmäßig und während der Arbeitszeit (z.B. einmal wöchentlich 90 Min.) zusammensetzen, um Verbesserungen für den eigenen Arbeitsbereich umzusetzen. Der Qualitätszirkel wählt die Themen, mit denen er sich beschäftigen will, selbst aus.

Projektgruppen arbeiten dagegen mit einer zeitlichen Befristung, bis ein konkreter Auftrag erfüllt ist. Die Zusammensetzung der Projektgruppen erfolgt nach fachlichen Gesichtspunkten. Projektgruppen sind aufgrund ihrer zeitlichen Befristung ein klassisches Beispiel dafür, wie neben der bestehenden Organisation (Primärorganisation) für spezifische Zielsetzungen eine Sekundärorganisation aufgebaut werden kann.

Leitbildentwicklung

Die gezielte Auseinandersetzung mit solchen Fragen wie,

- woraus leitet eine Organisation ihre Existenzberechtigung ab oder worin besteht ihr grundlegender Auftrag,
- wie wird dieser Auftrag verstanden oder interpretiert bzw. was soll kennzeichnend für die Arbeitsweise sein und

- in welche Richtung soll sich die Organisation zukünftig entwickeln,

gehört mittlerweile zum festen Bestandteil eines fortschrittlichen Managements. In der Regel münden die Ergebnisse entsprechender Reflexions-, Diskussions- und Entscheidungsprozesse in die Formulierung und Veröffentlichung eines Leitbildes. Dabei kann es durchaus Überschneidungen zu anderen Begriffen wie Grundsätze, Leitlinien, Philosophie, Mission oder Vision geben, die alle in ihrem Gebrauch nicht eindeutig voneinander abgegrenzt werden.

Unter einem Leitbild als Oberbegriff sollen im Folgenden inhaltliche Aussagen und Festlegungen

- zum Zweck oder zum Auftrag einer Organisation (gelegentlich auch als „Mission" deklariert),
- zu den langfristigen Entwicklungszielen (häufiger auch als „Vision" bezeichnet) sowie
- zum spezifischen Selbstverständnis in der Auftragserfüllung einschließlich der zugrundeliegenden Werthaltungen gegenüber Kunden bzw. Nutzern oder Leistungsempfängern, Mitarbeitern und der Gesellschaft insgesamt

verstanden werden. Die zuletzt genannten Aspekte sind zum Teil auch mit Begriffen wie Unternehmens- bzw. Organisations- oder Managementphilosophie belegt.

Mit der Entscheidung, ein Leitbild zu entwickeln, beginnen die Überlegungen zur konkreten Gestaltung dieses Prozesses unter Berücksichtigung der jeweiligen organisationsspezifischen Rahmenbedingungen. Wesentliche Fragen, die dabei entschieden werden müssen, sind:

- wer übernimmt die Verantwortung für den Leitbildentwicklungsprozess,
- welche Personen(-gruppen) sollen intensiver in die Erarbeitung eingebunden werden,
- wie kann die Beteiligung der anderen Mitarbeiter ermöglicht werden,
- was ist bei der zeitlichen Planung für die Bearbeitung dieser Aufgabe zu berücksichtigen.

Sowohl mit Blick auf die eingangs genannten zentralen Fragen, die durch ein Leitbild beantwortet werden sollen, als auch mit Blick auf die erwünschten Funktionen, die ein Leitbild übernehmen soll, lassen sich einige allgemeine Anforderungen an Leitbildinhalte sowie den Weg zur Erarbeitung ableiten:

- Ein Leitbild muss mit seinen Aussagen einerseits weit in die Zukunft gerichtet sein, aber darf andererseits jedoch in seinen Formulierungen nicht völlig unrealistisch sein, wenn dadurch Motivationspotentiale eröffnet werden sollen;
- idealerweise gelingt es im Leitbild die Verbindung zu den Wurzeln und den bis dato gemeinsam gelebten Werten herzustellen, wenn zukünftige Szenarien und Werte beschrieben werden;
- die Aussagen in einem Leitbild müssen trotz der langfristigen Orientierung noch so konkret und spezifisch sein, dass sie Differenzierungs- und Identifikationspotenziale bieten, und schließlich
- ist anzustreben, dass die Inhalte eines Leitbildes auf möglichst hohe Akzeptanz bei möglichst vielen Mitgliedern einer Organisation stoßen.

Gemessen an der zentralen Bedeutung der zu behandelnden Fragestellungen wie Auftrag, Selbstverständnis und Zukunftsentwicklungen kann die Verantwortung für den Leitbildentwicklungsprozess nur von einem Mitglied der obersten Leitung einer Organisation übernommen werden. Eine Delegation dieser Aufgabenstellung an eine Stabsstelle, z.B. für strategisches Management oder für Öffentlichkeitsarbeit oder aber die häufiger zu beobachtende

Praxis, Eckpunkte eines Leitbildes in einem Bottom-Up-Prozess von der Mitarbeiterschaft entwickeln zu lassen, würde diesem Verständnis nicht gerecht werden.

Orientiert an den oben formulierten Anforderungen könnte ein möglicher Weg zur Erarbeitung eines Leitbildes folgende vier Schritte umfassen:

1. Die Ausarbeitung erster zentraler Elemente eines Leitbildes erfolgt wesentlich von Mitgliedern der obersten bzw. oberen Führungsebene. Bei der Zusammensetzung einer Arbeitsgruppe oder von Teilnehmern eines Workshops ist darauf zu achten, dass die Sichtweise von „Kunden" und Mitarbeitern ausreichend vertreten ist.

2. Im Sinne eines „Top-Down – Bottom-Up – Vorgehens" werden diese ersten Arbeitsergebnisse in der Form von wichtigen Elementen, Positionen oder Eckpunkten eines Leitbildes durch möglichst viele Mitglieder der Organisation kommentiert oder ergänzt.

3. Die Anregungen der Organisationsmitglieder bilden dann den Input für eine zweite Ausarbeitungsrunde der zuständigen Arbeitsgruppe. Im Ergebnis wäre dann ein erster ausformulierter Entwurf eines Leitbildes zu erwarten. Auch in dieser Phase empfiehlt es sich, erneut möglichst vielen Mitgliedern der Organisation Gelegenheit einzuräumen, den ersten Entwurf eines Leitbildes zu kommentieren und Änderungsvorschläge einzubringen.

4. Auf der Basis dieser Rückmeldungen wird von der zuständigen Arbeitsgruppe eine letzte Überarbeitung vorgenommen werden, bevor das Leitbild veröffentlicht werden kann.

Je nach Größe der Organisation sowie Ausmaß und Art der Einbeziehung von Mitarbeitern muss für diesen Prozess bis zur Fertigstellung eines Leitbildes ein Zeitraum von einem halben bis zu einem Jahr veranschlagt werden.

Mit der Verabschiedung und Bekanntmachung des Leitbildes beginnt die eigentlich entscheidende Phase der Umsetzung.

Unabhängig von konkreten Maßnahmen und Entscheidungen, Leitbildkonformität vorausgesetzt, kommt gerade in den ersten Jahren der Umsetzung der Kommunikation darüber, welche Verbindungen zwischen Leitbildinhalten und weitreichenden Entscheidungen bestehen, eine herausragende Bedeutung zu. Erläuterungen dazu, in welcher Beziehung Leitbildinhalte und konkrete weitreichende Entscheidungen für die Organisation stehen, können nicht häufig genug erfolgen und sollten über die unterschiedlichsten Wege erfolgen.

Gezielte Maßnahmen zur schrittweisen Umsetzung von sachbezogenen Leitbildinhalten erfolgen üblicherweise über den Weg strategischer Projekte bzw. Programme sowie über unterschiedlich strukturierte Zielvereinbarungsprozesse. Als entscheidend für die Glaubwürdigkeit von Leitbildinhalten erweist sich jedoch immer wieder der Umgang mit den wertebezogenen Aussagen. Fehlende Konsequenz in deren Umsetzung oder die folgenlose Duldung von Verletzungen entsprechender Festlegungen führen nicht selten dazu, Leitbilder als weiteres sozialtechnologisches Werkzeug zu bezeichnen.

Förderlich für die Umsetzung eines Leitbildes sind Verankerungen der wesentlichen Inhalte beispielsweise in Einstellungsverträgen, Personalbeurteilungssystemen oder etwa in Kriterienkatalogen zur Bewertung von größeren Investitionsentscheidungen.

Über Jahre hinweg bleibt es eine permanente Aufgabe insbesondere von oberen Führungskräften, immer wieder die Verbindungen zwischen Leitbildinhalten und wichtigen Entscheidungen herzustellen und zu vermitteln.

Wenn man von *Gefahren* in Verbindung mit dem Thema „Leitbildentwicklung und -umsetzung" sprechen will, so können sich diese einerseits auf mögliche Fehler bei der Ausarbeitung oder der späteren Umsetzung beziehen, was dazu führt, dass die Potenziale eines Leitbildes nicht oder nur begrenzt zur Entfaltung kommen und das Aufwand-Nutzen-Verhältnis ungünstig ausfällt.

Andererseits kann es durchaus zu kontraproduktiven Effekten kommen, wenn der Eindruck bei den Mitarbeitern entsteht, dass sie bei Diskussionen und Informationsveranstaltungen um das Leitbild nur einem weiteren kurzlebigen Managementtrend aufgesessen sind.

Insofern ist die Entscheidung, einen Leitbildentwicklungsprozess zu starten, gründlich zu bedenken und nur dann zu empfehlen, wenn die feste Absicht besteht, die Inhalte konsequent umzusetzen.

Selbstbewertungen orientiert an Excellence-Konzepten

Selbstbewertungen, basierend auf umfassenden Qualitätsmodellen wie z. B. dem European Quality Award, dem Malcolm Baldrige National Quality Award oder dem Deming Prize, sind dadurch gekennzeichnet, dass

- die Bewertung von entsprechend qualifizierten Mitgliedern der eigenen Organisation nach einer festgelegten Methodik durchgeführt wird,
- die Ergebnisse in strategische und operative Planungen einfließen und
- die Wiederholung in regelmäßigen Abständen eine Fortschrittskontrolle kontinuierlicher (Qualitäts-)Verbesserungsmaßnahmen zulässt. [8]

Die einzelnen Qualitätsmodelle unterscheiden sich im Hinblick auf ihre Bewertungsinhalte, die zugrundeliegende Bewertungssystematik sowie den Grad der Verbindlichkeit in der geforderten Einschätzung einzelner Bewertungskriterien. Beispielhaft werden nachfolgend Bewertungsinhalte und -systematik des Europäischen Modells beschrieben.

Das Europäische Modell (EFQM-Modell) setzt sich aus neun Kriterien und 32 Teilkriterien zusammen, wobei insgesamt zwischen den sogenannten „Befähiger"-Kriterien (Gestaltungsdimensionen) und den „Ergebnis"-Kriterien unterschieden wird. Eine Bewertung bezieht sich entsprechend sowohl auf das, was getan wird (Gestaltungsdimensionen), als auch auf die Ergebnisse, die damit erzielt werden. Die fokussierten Gestaltungdimensionen und Ergebnisse bauen auf einem umfassenden und sehr breiten „Qualitäts"-Verständnis auf, was dazu geführt hat, das EFQM-Modell als ganzheitliches oder integratives Managementkonzept zu bezeichnen.

So werden im Bereich der Ergebniskriterien nicht nur traditionelle finanzielle Kenngrößen berücksichtigt, sondern in gleichem Maße auch sogenannte nicht-finanzielle Kenngrößen, die sich direkt aus dem Auftrag bzw. dem Selbstverständnis der jeweiligen Organisation ableiten lassen. Darüber hinaus fließen in die Ergebnisbetrachtung die Aspekte

- Zufriedenheit und Nutzen, vorrangig bewertet aus Sicht unterschiedlicher „Kunden"-Gruppen,
- Zufriedenheit der Mitarbeiter mit Arbeitsinhalten und -bedingungen sowie

---

[8] Vgl. Zink, K.J.: TQM als integratives Managementkonzept: das europäische Qualitätsmodell und seine Umsetzung, München, 1995, S. 227 f.

- Image oder Ruf der jeweiligen Organisation ein.

Diese multidimensionale Betrachtungsweise spiegelt sich auch im Bereich der Gestaltungs-dimensionen wider, insofern als hier neben Fragen der prozessorientierten Organisationsge-staltung auch das Verhalten von Führungskräften, das Maß, in dem Mitarbeiterorientierung in der Arbeits- und Organisationsgestaltung umgesetzt wird, der Umgang mit vorhandenen Ressouren sowie die strategische Orientierung in Handlungen und Entscheidungen von Inte-resse sind. Mit der unterschiedlichen prozentualen Gewichtung der einzelnen Kriterien wer-den die wichtigsten Charakteristika umfassender Qualitätsmanagementansätze wie die

- Kunden-,
- Mitarbeiter-,
- Prozess- und
- Ergebnisorientierung betont.

Richtlinien zur Durchführung von Selbstbewertungen auf Basis des Europäischen Qualitäts-modells wurden erstmals 1992 veröffentlicht. Die Bewertungsinhalte sind durch die Be-schreibungen der neun Haupt- und 32 Teilkriterien vorgegeben und lassen lediglich auf der darunterliegenden Ebene der relevanten Orientierungs- oder Ansatzpunkte noch Interpretati-ons- und Anpassungsspielraum auf die spezifischen Ziele und Gegebenheiten einer Organisa-tion zu. Neben den inhaltlichen Aspekten werden alle Ausprägungen nach einem jeweils für Befähiger- und Ergebniskriterien spezifischen Raster beurteilt.

Im Bereich der Gestaltungsdimensionen ist dabei zu beurteilen, inwieweit ein systematisches, zielgerichtetes und kontinuierlichen Verbesserungen unterworfenes Vorgehen zu erkennen ist, und in welchem Umfang dieses Vorgehen in den dafür relevanten Bereichen der Organisation auch tatsächlich umgesetzt wird. Im Bereich der Ergebniskriterien stehen Trendbetrachtungen relevanter Ergebnisgrößen sowie deren Relation zu eigenen Zielsetzungen und anderen, mög-lichst „Spitzen"-Organisationen im Blickpunkt des Interesses. Zusätzlich sind auch Repräsen-tativität und Aussagekraft der verwendeten Ergebniskennwerte sowie augenscheinliche und plausible Zusammenhänge zwischen Vorgehen einerseits und Ergebnissen andererseits zu überprüfen.

Zusammenfassend lässt sich an dieser Stelle festhalten, dass eine Organisationsbewertung orientiert an umfassenden Qualitätsmanagementkonzepten wie z. B. dem EQA oder dem MBNQA sich immer sowohl auf Maßnahmen als auch Ergebnisse bezieht. Sowohl im Be-reich der Aktivitäten (Management) als auch im Bereich der Auswirkungen (Ergebnisse) werden immer mehrere Ebenen gleichzeitig in die Evaluation der Leistungsfähigkeit einer Organisation einbezogen. Zudem gewährleistet eine derartige Bewertungsstrategie, dass nicht nur zurückliegende Leistungen (Ergebnisse, die durch das Handeln der letzten Jahre bedingt sind), sondern auch zukünftige Chancen und Potenziale einer Organisation (aktuelles Mana-gementhandeln) angemessene Berücksichtigung finden.

4 Umgang mit Widerstand

Es ist in der Regel nicht davon auszugehen, dass die Ankündigung und Umsetzung von Ver-änderungsmaßnahmen bei allen davon Betroffenen Zustimmung und Unterstützung auslösen. So kommt es häufig auch nach Versuchen zur Beseitigung von Unklarheiten und Verständnis-schwierigkeiten dazu, dass von der Sache her richtige oder notwendige Entscheidungen auf offen geäußerte oder verdeckt transportierte Ablehnung stoßen.

Dieser sogenannte Widerstand gegenüber geplanten Veränderungen kann sich auf unterschiedlichste Weise äußern. Während aktive Formen des Widerstandes schnell klar zu erkennen sind und angegegangen werden können, fällt der Umgang mit passiven Formen wie Schweigen, Rückzug oder Ignorieren von Änderungen schwerer.

Auch wenn das Auftreten von Widerstandsphänomenen den Fortschritt von Veränderungsprojekten deutlich beeinträchtigen kann, so sind sie in der Regel dennoch aus der Sichtweise des einzelnen Individuums oder einer Gruppe von Personen durchaus verständlich.

Zunächst eine Unterscheidung verschiedener Ausgangssituationen:

- Betroffene, die keinen Einfluß auf die Gestaltung von Veränderungen haben, sondern lediglich über bevorstehende Änderungen informiert werden,

- Beteiligte, denen Möglichkeiten eingeräumt werden, an der Planung und Umsetzung von Veränderungen mitzuwirken, und

- Initiatoren von Veränderungen.

Während sich Beteiligte und Initiatoren als aktive Gestalter innerhalb des Veränderungsprozesses betätigen, muss sich der Betroffene darauf beschränken, sich mit den für ihn relevanten Auswirkungen der Veränderungsmaßnahmen zu arrangieren. Ein weiterer zentraler Unterschied besteht darin, dass die in der Rolle der Betroffenen befindlichen Personen eine Freiheitseinengung erleben, während Initiatoren und Beteiligte sich aus eigenem Entschluss mit entsprechenden Fragen auseinandersetzen.

Das Erleben von Freiheitseinengung oder Kontrollverlust erhöht in Abhängigkeit von der subjektiven Bedeutsamkeit und vom Umfang der Freiheitseinschränkung die Wahrscheinlichkeit, dass unterschiedlichste Formen des Widerstands gegen die geplanten Neuerungen hervorgerufen werden, um den Status quo zu erhalten. Von Seiten der Organisationsleitung wird von den Betroffenen Akzeptanz und ein Verhalten, das mit den vorgenommenen Änderungen konform geht, verlangt, während von den Gestaltern lediglich die Vereinbarkeit der Veränderungsziele mit den Organisationszielen erwartet wird.

Im Falle desjenigen, der von Auswirkungen eines Veränderungsprozesses betroffen wird, bilden Hinweise über anstehende Veränderungen den Ausgangspunkt von Bewertungsprozessen, die zu einem konkreten Verhalten führen. Informationen über bevorstehende Veränderungen variieren in ihrem Konkretisierungsgrad bezüglich der erforderlichen Änderungen für ein einzelnes Organisationsmitglied. Neben dem Konkretisierungsgrad hinsichtlich der individuell erforderlichen Änderungen sind der Zeitpunkt der Information bezogen auf das Wirksamwerden der Änderung sowie die Verständlichkeit der Information im Hinblick auf die Nachvollziehbarkeit der getroffenen Entscheidungen wichtige Determinanten für die in der Folge einsetzenden individuellen Bewertungsprozesse. Sie sind mit prägend für die affektiven „Vorzeichen", unter denen die subjektiven Bewertungsprozesse ablaufen:

- Bleibt genügend Zeit für die persönliche Vorbereitung auf die angekündigten Veränderungen?

- Lassen die Informationen Spekulationen über die Bedeutung der angekündigten Veränderungen für den Einzelnen zu?

- Sind die dargestellten Gründe für die Veränderungen nachvollziehbar und glaubwürdig?

In der Folge kommt es auf der Basis der individuellen Verhaltens- und Wertungsdispositionen, wie z. B. der Ausprägung der Leistungsorientierung, Neugierde oder Ängstlichkeit, zu einer ersten Einschätzung der subjektiven Bedeutung der angekündigten oder abgeleiteten Änderungsnotwendigkeiten.

Vergleichbar zu dem im Rahmen des transaktionalen Stresskonzepts[9] beschriebenen Prozess wird in einer ersten Bewertung vor allem die Frage der Bedeutung der Informationen für das eigene Wohlbefinden geklärt. Vereinfacht ausgedrückt geht es in dieser ersten Bewertungsstufe um die Frage, inwieweit die angekündigten Veränderungen und die damit verbundenen weiteren Konsequenzen bedrohlichen oder herausfordernden Charakter für das betreffende Individuum haben. Es wird also der Wert der vorweggenommenen Ergebnisse individueller Handlungsmöglichkeiten und der damit jeweils verbundenen weiteren Handlungsfolgen eingeschätzt. Bedrohlich könnte in diesem Kontext bedeuten, dass liebgewordene Gewohnheiten aufgegeben werden müssen, dass Privilegien- oder Statusverlust drohen, dass nicht erfüllbare Anforderungen formuliert werden oder dass sogar die Sicherheit des Arbeitsplatzes gefährdet scheint. Herausfordernd oder erstrebenswert könnte beispielsweise die Aussicht sein, etwas Neues lernen zu können, mehr Eigenverantwortung zu erhalten, sich mit anspruchsvolleren Arbeitsinhalten auseinandersetzen zu können oder vermehrte Zeitsouveränität zu erlangen. In einer späteren Phase fließen in diesen Bewertungsprozess sowohl die Einschätzungen der eigenen Möglichkeiten zur Bewältigung der angekündigten Veränderungen als auch die Einschätzung der Konsequenzen auf ein nichtkonformes Verhalten ein.

Die Situation von Organisationsmitgliedern, denen eine Beteiligung am Veränderungsprozess angeboten wird, unterscheidet sich, wie bereits erwähnt, davon vor allem dadurch, dass eine aktive Teilnahme an der Gestaltung von Veränderungen auf freiwilliger Basis ermöglicht wird. Im Gegensatz zu den Organisationsmitgliedern, die lediglich über bevorstehende Neuerungen und die erforderlichen Anpassungsmaßnahmen informiert werden, ist dadurch die Wahrscheinlichkeit, dass individuell ein Verlust von Kontrolle erlebt wird, deutlich geringer. Initiatoren von Veränderungsmaßnahmen werden dagegen aus eigenem Antrieb heraus aktiv, nachdem sie für sich bereits zu dem Ergebnis gekommen sind, dass sich ihr Einsatz vor dem Hintergrund des Werts der angestrebten Handlungsergebnisse und den damit verbundenen weiteren Konsequenzen sowie der Einschätzung der Erfolgswahrscheinlichkeit des persönlichen Handelns lohnt.

In der Zusammenfassung ergeben sich auf der Basis dieser motivationspsychologischen Erkenntnisse folgende Empfehlungen für die Gestaltung von Veränderungsmaßnahmen:

- möglichst früh über geplante Veränderungen informieren,
- Informationen konkret und glaubwürdig halten,
- darauf achten, dass die Änderungsnotwendigkeiten nachvollziehbar sind,
- zur Bewältigung der anstehenden Anpassungsmaßnahmen sollten (individuelle) Unterstützungsangebote vorgehalten werden,
- die Konsequenzen auf veränderungskonformes bzw. nichtkonformes Verhalten müssen berechenbar sein und vor allem
- sind ausreichend Möglichkeiten zur Beteiligung an der (Aus-)Gestaltung der Veränderungen zu schaffen.

---

[9] Vgl. Lazarus, R. S.: Streß und Streßbewältigung – ein Paradigma, in Filipp, S.-H. (Hrsg.): Kritische Lebensereignisse, München, 1981, S. 212.

5   Merkmale innovativer Organisationen

Die Gestaltung einer Organisation, die sich durch eine hohe Innovationsorientierung und Flexibilität auszeichnet, könnte als langfristiges Ziel von Veränderungsmaßnahmen angesehen werden.

Charakteristische Merkmale solcher Organisationen werden vor allem im Bereich spezifischer organisationskultureller und -struktureller Besonderheiten gesucht. An Ausprägungen im Organisationsalltag gelebter Werte und Grundeinstellungen werden hier häufiger genannt:[10]

- Veränderungen werden als Chance begriffen,

- Kreativität und Innovativität werden unterstützt und gefördert, was auch bedeutet, dass Konventionen in Frage gestellt werden können und Experimente zugelassen, ja sogar angeregt werden,

- Fehler werden konstruktiv zur Weiterentwicklung genutzt,

- Konflikte und Probleme werden eher als Chance und Herausforderung verstanden denn als Störung,

- eine ständige Erweiterung bzw. Verbesserung von Fähigkeiten bzw. Fertigkeiten aller Mitarbeiter wird als selbstverständlich angesehen,

- konsequente Orientierung an den Kundenbedürfnissen,

- regelmäßige Positionierung gegenüber Konkurrenten,

- Mitarbeiter erleben ihre Tätigkeiten als sinnvollen Beitrag zur Erfüllung eines akzeptierten Auftrages der Organisation sowie

- die Kooperation zwischen den Organisationsmitgliedern ist insgesamt durch Vertrauen geprägt.

Organisationsstrukturelle Merkmale, die mit einer hohen Innovationsorientierung und Flexibilität in Zusammenhang gebracht werden, konzentrieren sich in der Regel auf die Themen[11]

- Prozessorganisation,

- Netzwerkorganisation und

- Selbstorganisation.

Die sich hinter diesen Schlagworten verbergenden Sachverhalte sind nicht überschneidungsfrei und wurden teilweise schon in Zusammenhang mit der Erläuterung von Maßnahmen der Arbeits- und Organisationsgestaltung beschrieben.

Prozessorientierung als Gestaltungsmerkmal von Organisationen setzt unmittelbar an der Erfüllung von Kundenaufträgen an und leitet daraus die Koordination notwendiger Bearbeitungsprozesse ab. Dabei tritt die traditionelle funktionsorientierte Gliederung der Organisati-

---

[10] Vgl. Doppler, K., Lauterburg, C.: Change Management, Frankfurt, 1994, S. 47; Sattelberger, T.: Die lernende Organisation im Spannungsfeld von Strategie, Struktur und Kultur, in: Sattelberger, T. (Hrsg.): Die lernende Organisation, Wiesbaden, 1991, S. 42; Frey, D.: Bedingungen für ein Center of Excellence, in: IBM Nachrichten, 44 (1994), 319, S. 55 f.; Glasl, F., Lievegoed, B.: Dynamische Unternehmensentwicklung, Stuttgart, 1993, S. 104 f.; Nadler, D.A., Gerstein, M.S., Shaw, R.S. et al: Organisationsarchitektur, Frankfurt, 1994, S. 16 f.

[11] Vgl. Glasl, F., Lievegoed, B.: Dynamische Unternehmensentwicklung, Stuttgart, 1993, S. 72 f.; Doppler, K., Lauterburg, C.: Change Management, Frankfurt, 1994, S. 35 f.; Nadler, D.A. et al. Organisationsarchitektur, Frankfurt, 1994, S. 115 ff.; Baitsch, C.: Was bewegt Organisationen – Selbstorganisation aus psychologischer Perspektive, Frankfurt, 1993, S. 17 ff.

on, die in der Regel zum Aufbau relativ starrer Abteilungsgrenzen geführt hat, in den Hintergrund. Dagegen gewinnen quer durch die Organisation verlaufende Formen der Zusammenarbeit, die auf die Erfüllung spezifischer Auftragstypen ausgerichtet sind, an Bedeutung.

Die Begriffe *Netzwerkorganisation* und *Selbstorganisation* bauen auf dem gleichen Grundverständnis von Organisationsprinzipien komplexer sozialer Systeme auf. Demnach entwickeln entsprechende Systeme eine Eigendynamik in ihrer Organisation, die nur eine beschränkte von außen erfolgende Planung und Konstruktion zulässt.[12] In der Konsequenz werden denn auch statt stark hierarchisch-arbeitsteiliger Organisationsformen mit relativ starren Regelungen eher miteinander vernetzte, kleinere überschaubare Organisationseinheiten mit ausreichendem Spielraum zur Selbstregulation favorisiert, die möglichst einen in sich geschlossenen oder ganzheitlichen Auftrag haben.[13] Die Vorteile eines solchen Netzwerks von miteinander verknüpften, weitgehend dezentral verwalteten Organisationsformen werden überwiegend in dem höheren Potenzial zur Bewältigung komplexerer Aufgabenstellungen, der größeren und schnelleren Anpassungsfähigkeit und der geringeren Störanfälligkeit gesehen.

Aufbauend auf dem von Lievegoed[14] beschriebenen Modell der Evolution von Unternehmen von der Pionier- über die Differenzierungs- bis hin zur Integrationsphase wird von Glasl[15] mit der sogenannten „Assoziationsphase" eine weitere Entwicklungsstufe auf dem Weg zu einer sich selbsterneuernden, offenen Organisation vorgestellt. Über die bereits in der dritten Entwicklungsstufe, der Integrationsphase, vorherrschenden Merkmale, wie

- Betonung der Prozessorientierung gegenüber der gerade in der Differenzierungsphase dominant gewordenen funktionsorientierten Strukturierung,

- konsequente Fokussierung der zentralen Prozesse auf die Erfüllung der Kundenbedürfnisse,

- Rückbesinnung auf das Potenzial der Mitarbeiter, was sich vor allem in einer permanenten Personalentwicklung und einer Erweiterung der Handlungsspielräume für die Mitarbeiter niederschlägt,

- Ausrichtung an gemeinsamen Grundsätzen und Leitbildern, die integrierende Funktion bei zunehmend unabhängiger werdenden Organisationseinheiten übernehmen, sowie

- Konzentration der Führung auf strategische Weichenstellungen und innovatorische Tätigkeiten,

kommen in der vierten Phase vorausschauend-proaktives und um Kooperationen bemühtes Handeln von Organisationen hinzu.

---

[12] Baitsch, C.: Was bewegt Organisationen – Selbstorganisation aus psychologischer Perspektive, Frankfurt, 1993, S. 4; Glasl, F., Lievegoed, B.: Dynamische Unternehmensentwicklung, Stuttgart, 1993, S. 18.

[13] Vgl. Ulich, E.: Arbeitspsychologie, Stuttgart, 1991, S. 153 f.; Doppler, K., Lauterburg, C.: Change Management, Frankfurt, 1994, S. 42 f.; Nadler, D.A. et al: Organisationsarchitektur, Frankfurt, 1994, S. 124.

[14] Vgl. Lievegoed, B.C.J.: Organisationen im Wandel, Bern/Stuttgart, 1974.

[15] Glasl, F.: Das „schlanke Unternehmen": die Entwicklung zur Assoziationsphase, in: Glasl, F., Lievegoed, B.: Dynamische Unternehmensentwicklung, Stuttgart, 1993, S. 99–132.

Unter der Bezeichnung „Hochleistungs-Arbeitssysteme" (high performance work systems) werden von Nadler & Gerstein[16] Organisationsgestaltungsprinzipien beschrieben, die im Ergebnis zu Kosteneinsparungen, Qualitäts- und Motivationssteigerungen, einer Senkung von Fluktuation und Fehlzeiten sowie einer höheren Lern- und Anpassungsfähigkeit führen. Zu den Gestaltungsprinzipien und Merkmalen solcher Arbeitssysteme, die auf dem soziotechnischen Ansatz aufbauen, gehören:

- Kunden- und Umweltorientierung,
- ein Netzwerk teilautonomer Einheiten,
- die Vereinbarung klarer Ziele,
- die Überprüfung von Arbeitsergebnissen am Entstehungsort,
- die gemeinsame Optimierung sozialer und technischer Aspekte,
- ein möglichst ungehinderter Zugang zu benötigten Informationen,
- Anwendung von Arbeitsbereicherung und kompetenzerweiternden Formen der Arbeitsgestaltung,
- Förderung von Selbsterneuerungsfähigkeiten.

Insgesamt gesehen ergeben sich aus der Betrachtung organisationskultureller und -struktureller Merkmale innovativer Organisationen sowie den Gesamtbeschreibungen fortschrittlicher, flexibler Organisationen eine Reihe von Überschneidungen. Bezogen auf Besonderheiten der Organisationskultur lassen sich hier vor allem solche Haltungen wie Fehlertoleranz, Experimentierfreude und kontinuierliche Suche nach Optimierungsmöglichkeiten herausstellen. Die in diesem Kontext erwähnten organisationstrukturellen Merkmale lassen sich im Wesentlichen aus den Kernforderungen des soziotechnischen Ansatzes, wie

- Bildung relativ unabhängiger Organisationseinheiten, denen in sich abgeschlossene ganzheitliche Aufgaben übertragen werden,
- Gewährleistung eines Aufgabenzusammenhangs innerhalb einzelner Organisationseinheiten und
- Übereinstimmung von Produkt bzw. Dienstleistung und Organisation,

ableiten.[17]

6   Zusammenfassung

Die gezielte Planung und Steuerung von Veränderungsprozessen in Organisationen umfasst ein sehr weites Themenfeld. Eine Orientierungshilfe bietet hier die Unterscheidung in Ebenen und Phasen der Veränderung. Grundlegende Prinzipien, die sich als erfolgsförderlich erwiesen haben, geben darüber hinaus eine Hilfestellung für die Wahl und Ausgestaltung konkreter Methoden. Die Einordnung und Bewältigung von Widerstandsphänomenen sowie das Austarieren zwischen Veränderung und Bewahrung stellt die schwierigste Aufgabe eines erfolgreichen Change-Managements dar.

---

[16] Nadler, D.A., Gerstein, M.S.: Das Design von Hochleistungs-Arbeitssystemen: Die Organisation von Menschen, Arbeit, Technologie und Information, in: Nadler, D.A. et al: Organisationsarchitektur, Frankfurt, 1994, S. 115–136.

[17] Vgl. Ulich, E.: Arbeitspsychologie, Stuttgart, 1991, S. 153 f.; Frei, F., Hugentobler, M., Alioth, A., Duell, W., Ruch, L.: Die kompetente Organisation, Stuttgart, 1993, S. 153–160.

Beratung lernender Organisationen

Die Organisationsberatung im Allgemeinen sieht sich einer wachsenden Nachfrage gegenüber. Geißler (2000, S. 14) dazu: „Bildung und Beratung werden angefordert, wenn man weiß, dass es, wie es ist, nicht weitergeht." Nach Kopp (1998, S. 274ff) liegt der Beratungsbedarf (1) an den immer turbulenter werdenden Umwelten, (2) an den Orientierungs- und Anpassungsversuchen im Rahmen von Globalisierung usw. (dazu auch Wimmer 1991) und (3) an den neuen Problemstellungen, die durch neue Organisationsformen notwendig werden.

Zur Erläuterung der Beratung lernender Organisationen wird im Folgenden in drei Schritten vorgegangen: Ausgehend von verschiedenen Definitionen (1) und Theorien (2) zur Systemischen Organisationsberatung werden Kernaspekte (Rolle des Beraters, Ziele, Dilemmata) dieser Form der Beratung diskutiert (3). Danach erfolgt (4) deren Umsetzung auf Lernende Organisationen mit besonderer Berücksichtigung des Wissensmanagements (Ziele, Probleme der Umsetzung).

1 Was ist Systemische Organisationsberatung?

Systemische Organisationsberatung erscheint aktuell aus folgenden Gründen besonders notwendig zu sein:

- Die Schaffung und Veränderung immer wieder neuer Management-Konzepte führte zuletzt zum populären Business Process Reengineering. Grundgedanke dieses, auf die Kernprozesse eines Unternehmens fokussierenden Ansatzes ist es, „die herkömmlich vertikale funktionale zu einer horizontalen prozessorientierten Organisation zu wandeln" (Osterloh & Wübker 2000, S. 17). Dadurch wurde die Komplexität betriebsinterner Abläufe erhöht.

- Vorher hatte ein anderes Managementkonzept (Lean Management) das Ziel, durch Verschlankung die Komplexität organisatorischer Strukturen zu senken und dadurch unternehmerische Energien zu mobilisieren bzw. ungenutzte Erfolgspotenziale aufzudecken. Tatsächlich führte dies aber auch zu einem Abbau der für die Sicherung von Abläufen notwendigen Redundanz, was wiederum die Notwendigkeit externer systemischer Beratung erhöhte.

- Zuletzt sei auf das neue Konzept des Wissensmanagements hingewiesen. Dies setzt die sog. Absorptive Kapazität (Osterloh & Wübker 2000, S. 66) voraus und beschreibt die Fähigkeit eines Unternehmens oder einer Person, den Wert von externem Wissen zu erkennen, anzueignen (zu integrieren, zu transformieren) und zu nutzen. Dies fördert die Notwendigkeit insbesondere der Personal- und Teamentwicklung.

Systemische Organisationsberatung scheint also dann von Nutzen zu sein, wenn Komplexität als Merkmal von Systemen eine besondere Rolle bei der Beschreibung von Organisationen bekommt. Aber es gilt auch zu bedenken, dass es oftmals zu einem unerklärlichen Wechsel der Theorie oder Verfahrensweisen kommt: „Oft scheint die Zeit einfach reif für einen bestimmten kognitiven Entwicklungsschritt, eine ideologische Wende, einen Paradigmawechsel, einen epistemologischen Wandel" (Bamberg 1999, S. 9).

Auch wenn in der Literatur die Begriffe Organisationsentwicklung und Organisationsberatung oft nicht klar voneinander getrennt werden, ist dennoch eine Zuordnung möglich. Mit Entwicklung bezeichnet man Veränderungsprozesse unter Zuschreibung des Urhebers:

- sich entwickeln: man entwickelt sich ohne Hilfe von außen;
- jemanden oder etwas entwickeln: jemand (von außen oder innen) betreibt den Prozess.

Beratung ist ein Synonym für die zweite Bedeutung. Mit Beratung ist ein Eingriff oder eine Unterstützung (Thinnes 1998, s.a. Trebesch 1995, S. 161) verbunden. Der Begriff Organisationsberatung ist indes nach wie vor unscharf. Dies hängt mit der fehlenden beruflichen Professionalisierung, mit geringen Markteintrittsbarrieren und mit einem breiten Leistungsspektrum zusammen (so zumindest Ittermann 1998, S. 184). Thinnes (1998, S. 177) unterscheidet auch noch drei Typen der Beratung: die klassische Unternehmensberatung (die mehr auf die Sach-Ebene abzielte), die OE-Beratung (die mehr auf Prozesse abzielte) und die Unternehmensentwicklungsberatung (die beide Ebenen berücksichtige).

Eine andere Unterscheidung trifft Titscher (1991) zwischen betriebswirtschaftlicher und systemischer Organisationsberatung. Erste sei eine Dienstleistung, die durch Unabhängigkeit gekennzeichnet sei und Hilfen durch Empfehlungen gebe. Systemische Organisationsberatung sei dagegen ein Lernprozess, der unterstützt würde und durch den Vergleich von Selbst- und Fremdbeschreibung zur Weiterentwicklung anregen soll. „Beratung bedeutet Vermittlung von eigenem Wissen oder Einschätzungen an andere Personen zur Unterstützung bei einer Problemlösung oder Entscheidungsfindung" (Ittermann 1998, S. 183).

Systemische Organisationsberatung unterscheidet sich von anderen Ansätzen vorwiegend in drei Punkten (Latniak 1998):

- Sie ist theoretisch gut unterfüttert (bei aller Heterogenität der Systemtheorie selbst),
- sie verfolgt einen erweiterten Interventionsbegriff, der auf externe Lösungen im Sinne einer rationalistisch-kausalistischen Verkürzung verzichtet,
- sie versucht der Komplexität der Veränderungsprozesse gerecht zu werden.

2   Theoretische Grundlagen

Legt man einmal die Verwendung des Systembegriffs als Marketinggag beiseite, dann wird schnell deutlich, dass hinter dem Begriff Systemische Organisationsentwicklung unterschiedlich bewährte Theorien stehen, in denen man Aspekte der Beratung gut verankern kann. Legt man C.F.v. Weizsäckers Erkenntnis zugrunde, dass man jedes Phänomen systemisch beschreiben kann, dann gibt es keine nicht-systemische Organisationsentwicklung, und damit auch keine nicht-systemische Beratung. Gerade vor diesem Hintergrund ist es notwendig, sich auf ein systemisches Kernvorgehen zu besinnen: dem Aufbau von Differenzen (hier: zwischen unterschiedlichen theoretischen Ansätzen). Denn in der anschwellenden Literatur werden diese Differenzen innerhalb der Systemischen Organisationsberatung paradoxerweise meist unterschlagen.

Ausgangspunkt der „neuen" Überlegungen zur Systemischen Organisationsentwicklung war das Buch von P. Senge (1993). Ihm zufolge gibt es die folgenden fünf Disziplinen der Organisationsentwicklung:

- Persönliche Kompetenz,
- angemessene mentale Modelle,

- gemeinsame Vision,

- Team-Lernen,

- *Systemisches Denken.*

Systemisches Denken ist unbestritten eines der wesentlichen Kriterien erfolgreicher Organisationsentwicklung. Dies ist in weiten Teilen der Welt der Unternehmensberater aufgenommen worden, und zwar in zweierlei Hinsicht: Zum einen wurde ernsthaft versucht, vorhandene Beratungsansätze in systemischer Hinsicht zu erweitern, zum anderen wurde der Begriff systemisch für alles angewandt, was irgendwie mit Organisationsentwicklung zu tun hatte. Hier bleibt oft nur ein Name für ein altes Konzept (alter Wein in neuen Schläuchen).

Geht man vom Allgemeinen zum Besonderen, dann ergibt sich die folgende Definition: „Systemisches Denken und Handeln bedeutet, eine Organisation als System mit vielen verstärkenden und dämpfenden Rückkopplungsschleifen zu sehen (nicht als eine große Maschine) und entsprechend zu handeln. Das bedeutet: Nicht sosehr die einzelnen Teile des Unternehmens zu betrachten, sondern vielmehr die Beziehungen der Teile zueinander; Problemlösungen zu finden anstatt Symptome zu bekämpfen; zu sehen, wo Veränderungen – mit geringem Kraftaufwand – zu anhaltenden, signifikanten Verbesserungen im Unternehmen führen; langsame, schleichende Veränderungen wahrzunehmen und deren Bedeutung zu erkennen statt auf spektakuläre Ereignisse fokussiert zu sein" (Mandl 1998; s.a. Philipps 1999, S. 36f).

Es bestehe nach Walger (1995a, S. 11) kein Zweifel darüber, dass die systemische Organisationsberatung noch die beste theoretische Grundlage hat. Sie lasse sich auf die Familientherapie und die neuere Systemtheorie (sensu Luhmann) zurückführen. Damit wird allerdings eine nicht zulässige Einschränkung eingeführt: Unter dem Aspekt der systemischen Beratung müssen nämlich weitere theoretische Quellen gesehen werden: Ein Zugang dahin ist die Unterscheidung von Philipps (1999, S. 39), der drei unterschiedliche Strategien zur Veränderung sozialer Systeme zu erkennen glaubt:

a) empirisch-rationale Strategien, wozu sachbezogene, technische und organisatorische Maßnahmen gehören,

b) normativ-reedukative Veränderungsstrategien, die als „weicher" Ansatz auf die Modifikation von Einstellungen, Werten und Fertigkeiten des Individuums abzielen, und

c) Macht- und Zwangsstrategien, bei denen einflussreiche Gruppen in der Organisation den Wandel vorantreiben.

Im Einzelnen:

a) *Empirisch-rationale Strategien.* Diese Beratungsstrategien beziehen sich in erster Linie auf organisatorisch-technische Abläufe und deren Optimierung. Systemisch ist hierbei, dass mehrere ineinandergreifende Abläufe nicht konsekutiv, sondern parallel betrachtet werden. Unternehmen werden systemisch beschrieben und auch beraten, ohne dass unbedingt der Mensch im Mittelpunkt steht (so z.B. bei Dunn 1998). Systemtheoretisch ist dieser Ansatz repräsentiert und umgesetzt durch die Arbeiten, die auf F. Vester (Ökopoly; ecopolicy; Gamma), auf G. Ropohl (z.B. 1996) und auf die St. Gallener Schule zurückgehen.

b) *Normativ-reedukative Veränderungsstrategien.* Diese sind sicherlich die häufigste Form der systemischen Beratung (zum letzten Begriff unter dieser Perspektive siehe Bamberg 1999, S. 9). In ihr wird externe Beratung meist definiert als Kommunikation zwischen zwei sozialen Systemen (so z.B. bei Mingers 1995, S. 28), wobei durch kontextuelle

Fremdsteuerung eine Selbstveränderung des Systems erreicht werden soll. Dieser Ansatz hat theoretisch die unterschiedlichsten Quellen: die Theorien von Bateson und Watzlawik, die Ethnomethodologie, die Transaktionsanalyse, die Familientherapie usw. Dieser Ansatz wird historisch auch einer Weiterentwicklung der Gruppendynamik (Kurt Lewin) zugerechnet (Timel 1998, Wimmer 1991). Letztlich steht dieser Ansatz für eine Wende in dem Zugang, den ein Berater sucht: Nach einer Konzentration auf betriebswirtschaftliche Parameter werden die Denk- und Verhaltensmuster der Organisationsmitglieder in den Vordergrund gestellt. Es wurde ehrlich der Wunsch der Manager aufgenommen, Leitbilder für eigenes Handeln aufzunehmen (Faust 1998). Sinnvoller wäre es daher, obwohl die Verwendung des Begriffes systemisch nicht ungerechtfertigt ist, von einem systemisch-kommunikativen Ansatz zu reden. Die Ansätze von Bergner (1997) und König & Volmer (1999) gehören auch in diese Kategorie.

c) *Macht- und Zwangsstrategien.* Diese Vorgehensweise wird oft unterschätzt. Für den systemischen Berater gibt es hier die oft nicht erkannte Situation, dass er oder sie entweder nur eine Alibifunktion (oder die Rolle des „Bösen" – so Simon 1995, S. 293) hat für Entscheidungen, die durch Externe als legitimiert erscheinen sollen, oder dass die Beratung ohne Effekt bleiben soll. Unabhängig von Fragen der Zielerreichung hat Organisationsberatung so das oft nicht erkannte implizite Ziel, Hilfe zur Nicht-Veränderung (so Thinnes 1998, S. 219) zu leisten. Man holt sich Berater, die eine Alibifunktion haben. Calle (1996, S. 151) spricht in diesem Zusammenhang von einer „Beratung ohne Umsetzung". Dies sei aber an sich nichts anrüchiges, weil durch diese Art der „Beratung" interne Entscheidungsprozesse und -träger entlastet würden. Zumindest in der Phase der Beratung könnten Abläufe vielleicht besser verwirklicht werden.

Mingers (1995) spricht vor dem Hintergrund dieser unterschiedlichen Zugänge von einem Tohuwabohu der Beratungsansätze. Diese differenten Aussagen finden sich in vielen weiteren Publikationen, was dann schließlich zu dem Urteil einer „Beliebigkeits-OE" (Latniak 1998, S. 240) führen muss. Aber dies kann man durchaus auch als Anpassung an den vielfältigen Markt betrachten. Gravierender erscheint die Kritik von Philipps (1999), der generell noch von einem Theoriedefizit ausgeht. Die Praxis – so der Autor – laufe der Theorie voraus, was u.a. dazu führe, dass Versprechungen von OE-Beratern bei den betroffenen Unternehmen oft zu Enttäuschungen führten, weil die zugrundegelegten Wirkungszusammenhänge oft nicht hinreichend geklärt seien.

Diese Kritik löst sich nur dann auf, wenn man strikt nach theoretischen Zugängen trennt. Das Defizit im Theorie-Praxis-Verhältnis liegt eher in einer überschwänglichen und daher unkritischen Bewunderung systemtheoretischer Konzepte, was an dem systemisch-kommunikativen Ansatz besonders deutlich wird: So sind Systeme offenbar nur noch autopoietisch, komplex, selbstreferentiell, autonom und sozial (so z.B. Ahlemeyer 1996, S. 80). Die Tragweite dieser Begriffe findet man dann in den Berateransätzen kaum wieder. Haben poietische, einfache, unselbstständige Systeme grundsätzlich keinen Beratungsbedarf? Es geht auch nicht darum, „das gradlinige Ursache-Wirkung-Denken in Frage zu stellen" – wie es Simon (1995) glaubt –, weil systemisches Denken sich ja gerade dadurch auszeichnet, dass alles berücksichtigt wird, eben auch einfache Zusammenhänge. Besonders lebensnotwendige Systeme (z.B. Sicherheitsvorkehrungen in einem Bergwerk) zeichnen sich durch Einfachheit, klare Hierarchie usw. aus. Derartige „erstarrte Komplexität"[1] (Willke, 1998, 2000b) hat also in bestimmten Bereichen ihren Sinn. Dies wird besonders deutlich, wenn man die Begriffe Organisationales

---

[1]   Willke meint sicher Kompliziertheit (siehe v. Saldern, 1998, S. 120).

Lernen und Wissensmanagement unterscheidet. Nach Fried & Baitsch (1999) ist letzteres zentral geplant und gesteuert, bei der die „organisierte Komplexität" sensu Willke offenbar keine Rolle spielt. So verwundern allumfassende Forderungen nach mehr Vernetzung (siehe Abb. 1), wenn gleichzeitig in der Beratung Komplexitätsreduktion sensu Luhmann angezielt wird.

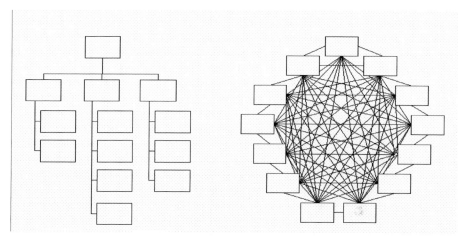

Abb. 1: Aufbrechen von Kommunikationsstrukturen (frei n. Mandl 1999)

Ziel von Beratung kann es nicht sein, generell die Komplexität zu erhöhen, es geht vielmehr darum, die Komplexität durch Beratungsleistung im Verhältnis zur Effizienz nur soweit zu steigern, dass eine Optimierung erreicht wird (siehe Abb. 2).

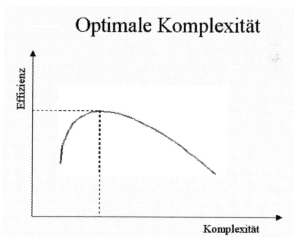

Abb. 2: Komplexität und Effizienz (nach Nedeß & Jacob, 2000)

Auch wird bei der Verwendung dieser Variante des Begriffes systemisch unterschätzt, dass es z.T. sehr unterschiedliche Theorien sind, die diesen Begriff unterlegen. Wenn z.B. bei Wimmer (1991, S. 76) oder Simson (2000, S. 41) der Mensch die Grundeinheit der sozialen Organisation sei und sich in anderen Zusammenhängen auf Luhmann berufen wird, dann wird übersehen, dass bei Luhmann der Mensch eben nicht Element des sozialen Systems ist (zuletzt bei Willke 2000a, S. 29). Diese Diskrepanz wird in der Beratungsliteratur selten erwähnt (Ausnahme: Barthelmeß 1999, S. 15). Konfus wird es dann, wenn man annimmt, dass autopoietische Systeme selber bestimmen sollen, was bei ihnen als Element spezifiziert wird (Walger 1995b, S. 302). Ein anderer Widerspruch tritt z.B. dann auf, wenn man dem „vermeintlich rationalen Denken" (so Simon 1995, S. 286) vorwirft, es würde Komplexität vereinfachen, und sich dann auf Luhmann beruft, der aber gerade eine Reduktion von Komplexität anstrebt. Letztlich mündet eine derartige Argumentationslinie in Sätzen wie „Die ganze Welt ist ein ... hochkomplexes System" (Simon 1995, S. 286).

Hinweise für diese unscharfe Rezeption der Systemtheorie geben auch Publikationen, die meist in einem Theoriekapitel am Anfang der Chaostheorie und Selbstorganisation das Wort sprechen und dann im Umsetzungsteil sehr klassische Methoden der Organisationsentwicklung und -beratung vorstellen, was schließlich zu solch kuriosen Formulierungen wie „gelenkte Selbstorganisation" (Graf-Götz & Glatz 1998, S. 55) führt.

Diese theoretischen Ungereimtheiten werden von den Beratungspraktikern geflissentlich übersehen. Hochglanzbroschüren bedürfen offenbar einer einfach strukturierten Weltsicht. Willke (2000a, S. 31) führt dieses Problem auf das hohe Tempo der Veränderung in Managementkonzepten zurück, die sich den „Umweg" über das Bildungssystem nicht leisten könnten. Im Beratermarkt ist zudem ein harter Wettbewerb zu beobachten. Dies ist zurückzuführen auf fehlende professionelle Standards, eine niedrige Markteintrittsbarriere und einen geringen Startkapitalbedarf (Thinnes 1998) und führt verständlicherweise dazu, dass sich Beratergruppen von anderen abheben müssen und wollen. Manteufel & Schiepek (1998, S. 32) führen dies allerdings darauf zurück, dass theoretische Konzepte weniger in die Praxis transformiert werden „oder diese gar ... dominieren, als vielmehr von Praktikern dann aufgegriffen ... werden, wenn sie eine begriffliche Nähe oder eine angemessene Beschreibungsmöglichkeit in ihnen zu entdecken glauben." Die Folge ist oft, dass neue Konzepte als Allheilmittel angepriesen werden, versehen mit englischsprachigen Überschriften, um Seriosität zu signalisieren (Wimmer 1995, S. 247, verwendet hierfür den Begriff Guru).

Timel (1998, S. 210) wertet dies wie folgt: „Systemische Organisationsberatung hat auf diesem Markt eine gewisse Attraktivität, auch wenn sie nicht den letzten Schrei darstellt." Es hätte aber heißen müssen „..., weil sie nicht den letzten Schrei darstellt." Sie steht nicht für den „one-best-way" (Kühl 1998, S. 305), ist aber durch eine jahrhundertealte Entwicklung vor allem in der Philosophie gefestigt. Der systemische Ansatz hat andere Moden überlebt. Offen hat z.B. Business Reengineering Lean Management als Zitier-Highlight abgelöst (Faust 1998, S. 158). Man hatte lange nicht erkannt, dass das Lean Management eine Interpretation der westlichen Industriestaaten für den Erfolg japanischer Unternehmen war, man also falsche Ursache-Wirkungsketten annahm. Derartige Fehleinschätzungen sind einerseits Folge einer „tiefen Ambivalenz dieser Profession gegenüber einer theoretischen Fundierung der eigenen Arbeit" (so Wimmer 1995, S. 247). Andererseits kann man derartige Entwicklungen aber auch so werten, dass das systemische Denken mehr und mehr Zugang zu derartigen Konzepten gefunden hat.

3   Merkmale Systemischer Organisationsberatung

Systemische Organisationsberatung hat ganz spezifische Merkmale, die es von anderen Arten der Beratung deutlich abhebt.

3.1 Festlegung der System-Umwelt-Grenze

Wenn man strikt von der Definition eines Systems ausgeht, dann muss man im ersten Schritt auf jeden Fall festlegen, wo die Grenze zwischen System und Umwelt gezogen werden soll. Man kann unterschiedliche Ebenen der Beratung beobachten oder festlegen. In Anlehnung an das Stockwerkmodell von Hennig & Knödler (1998) kann man die Ebenen wie folgt differenzieren, wobei die Systemebene durchaus noch differenziert werden kann (Vergrößerung durch Heranziehen benachbarter Abteilungen etc.).

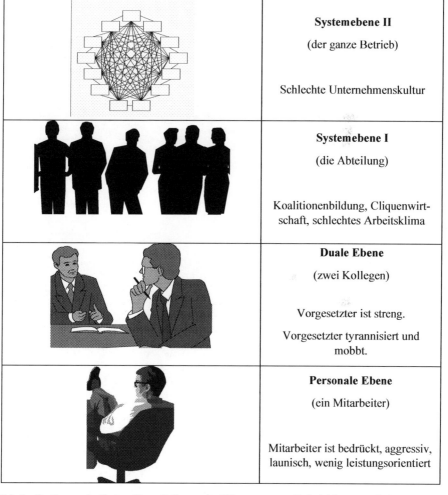

Tab. 1: Festlegung der System-Umwelt-Grenze des Klientensystems (Beispiel für systemisch-kommunikativen Ansatz mit Beschreibungsmöglichkeiten)

3.2 Systemgrenze zwischen Klienten- und Beratersystem

Eine weitere Grenzziehung ist notwendig zwischen den beiden beteiligten Systemen. So greift z.B. die folgende Definition die Stellung des Beraters zum Klientensystem auf: „Mit Organisationsberatung meinen wir eine professionelle, vertraglich geregelte Fach- oder Prozessberatung von Organisationen durch außenstehende Einzelberater oder Beratungsfirmen" (Königswieser & Exner, 1999, S. 17). Diese Definition ist teilweise zirkulär (Organisationsberatung ist Prozessberatung) und schränkt insofern ein, dass Berater von außen kommen müssen. Dies ist aber kein zwingender Definitionsbestandteil, weil Beratung prinzipiell auch von innen kommen kann. Die Vor- und Nachteile beider Formen haben Ferenszkiewicz, Frieling, Goyk, Mönicke & Walter (1999) zusammengestellt (siehe Tab. 2).

	Externe Beratung	**Interne Beratung**
Vorteile	➢ relative Unabhängigkeit ➢ Organisation nicht verantwortlich für Fehler der Berater	➢ Kenntnis der Organisation ➢ höhere Flexibilität ➢ größeres Vertrauen
Nachteile	➢ Profitorientierung ➢ keine Anpassung der Instrumente an spezifischen Fall ➢ kaum Kenntnis der Organisation ➢ geringe Akzeptanz	➢ Vereinnahmung durch Interessengruppen

Tab. 2: Vor- und Nachteile interner und externer Beratung (mod. nach Ferenszkiewicz, Frieling, Goyk, Mönicke & Walter 1999, S. 14)

Man kann demnach drei mögliche Relationen zwischen dem Klienten- und Beratungssytem unterscheiden (siehe Abb. 3).

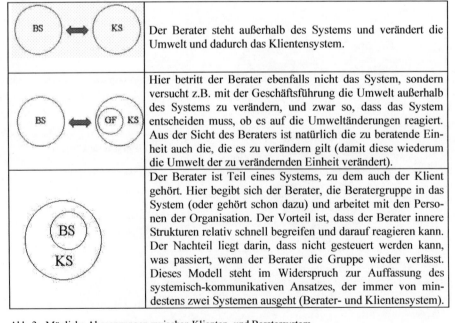

Abb. 3: Mögliche Abgrenzungen zwischen Klienten- und Beratersystem

3.3 Methode der Systemischen Beratung

In der empirisch-rationalen Strategie geht es vorwiegend um Komplexitätsbewältigung durch gemeinsames Erarbeiten der sensiblen (Steuerungs-)Elemente im System und der Bewältigung komplex-linearer oder nicht-linearer Beziehungen zwischen den Elementen. Peter (1998, S. 128) fasst das Ziel des systemisch-kommunikativen Ansatzes im Unterschied dazu wie folgt zusammen: „Systemische Beratung arbeitet die Differenz zwischen Selbst- und Fremdbeschreibung des Systems heraus und verursacht hierdurch Irritation und Systemevolution in angemessener Weise." Für beide Ansätze kann gelten: „Ziel der Beratung ist es, das Klientensystem (KS) zu einer eigenständigen Weiterentwicklung anzuregen und diese Entwicklung durch das Beratungssystem zu begleiten" (Timel 1998, S. 207).

Das Beratungssystem schafft für sich und das Klientensystem ein bestimmtes soziales Gefüge (Workshops usw., „Interventionsarchitektur" bei Ahlemeyer 1996), in dem nichts weiter stattfindet als Beratung (Wimmer 1995, S. 259), welche von Walger (1995b) als Irritation für das Klientensystem bezeichnet wird. Dies könne nach Wilkesmann (2000, S. 190) allerdings so nicht richtig sein: Beratung würde auf „Irritation" des Klientensystems verkürzt. Organisationen, die Beratung anfordern, seien jedoch schon irritiert.

Geht man wie Walger (1995a, S. 12) von der Behauptung aus, dass Organisationen autopoietische und rekursiv-geschlossene Systeme sind, dann muss man das Konzept der Beobachtung zweiter Ordnung heranziehen. Systeme beobachten sich und die Umwelt (Beobachtung erster Ordnung). Wenn man nun wiederum diesen Prozess beobachtet, dann spricht man von Beobachtung zweiter Ordnung. Systemische Beratung in diesem Sinne heißt, dass dem System dabei geholfen wird, andere Sichtweisen über sich und seine Umwelt zu erhalten. Dies geschieht nach Ahlemeyer (1996, S. 79) dadurch, dass „die Berater die Wirklichkeitskonstruktionen der Organisation mit anderen Vorstellungen und Erfahrungen beobachten und aus der Differenz Interventionen ableiten."

3.4 Rolle des Klientensystems

Das Klientensystem muss sich bei der Systemischen Beratung stärker als bei anderen Beratungsformen über die eigene Rolle im Klaren sein. Oberstes Ziel ist es deshalb, keine passive und damit falsche Rezeptionshaltung bei Klienten zu wecken oder zu stabilisieren. Das Klientensystem muss weit mehr als in anderen Beratungsformen Verantwortung übernehmen und den Prozess der systemischen Beratung selbst verstehen. Dies führt auch zur Hilfe für Führungskräfte in einer Lernenden Organisation, worauf Freimuth & Stoltefaut (1997) hinwiesen.

3.5 Rolle des Beratungssystems

Ein wesentliches Ziel für das Verständnis der Systemischen Beratung ist das Erarbeiten der unterschiedlichen Rollen, die das Beratersystem haben kann. Auch dies ist abhängig von dem theoretischen Verständnis, das den Berater als Experten betrachten kann, der Lösungen von außen an das Klientensystem heranführt, oder als Helfer, der Lösungen mit dem Klientensystem erarbeitet.

Und dies heißt in der Pädagogik Lehren oder Beraten:

> *Kein Mensch kann den anderen ändern,*
> *wenn der andere es nicht will.*
> *Nur ich kann mich ändern,*
> *wenn ich es will.*
> *Will ich einen anderen ändern,*
> *so muss ich erreichen,*
> *dass der andere sich ändern will.*
> *Also muss ich ihn dafür begeistern,*
> *dass er sich vorstellt,*
> *wie schön es ist,*
> *wenn er sich geändert hat.*
>
> (Toelstede & Gamber 1993)

In der Vergangenheit gab es je nach Grundauffassung unterschiedliche Rollen, die Berater innehatten (Idealtypen bei Kurtz, Lutter, Kretschmer & Meifert 1997). Klassisch ist nach Wimmer (1991) z.B. das Fachexpertenmodell, bei dem der Berater Lösungen parat hatte. Auch gibt es noch den Berater als Manager auf Zeit, der seine Lösungen selber umsetzt (siehe dazu Simon 1995). Diese beiden Beraterrollen haben auch heute noch ihre Berechtigung, ihre Bedeutungen sinken indes. Dies kann man am einfachsten dadurch erklären, dass man sich die Verantwortlichkeiten für den Fall vergegenwärtigt, dass die Beratung scheitert: Im ersten Modell wäre die Organisation zu unfähig die Lösungen umzusetzen (systemisch: das Klientensystem), im zweiten Falle der Berater (systemisch: das Beratungssystem) zu unfähig, die eigenen Lösungen umzusetzen. In beiden Fällen wird die Verantwortung des Scheiterns nur einem System zugeschrieben, was aus systemischer Sicht unsinnig ist. Zudem gehen beide Ansätze von einer Asymmetrie der Beziehungen zwischen beiden Systemen aus.

Der klassische Ablauf geht im Grunde immer noch auf Kurt Lewin zurück: unfreezing – moving – refreezing. Systemisch betrachtet bedarf diese Vorgehensweise allerdings der Modifikation.

- Bei der unfreezing-Phase geht es darum, eine ausreichende Motivation für die als notwendig erachtete Veränderung herbeizuführen. Hier wird zweierlei deutlich: (1) Es ist in diesem Dreischritt nicht erfasst, wie es eigentlich zur Erkenntnis über die Notwendigkeit einer Veränderung gekommen ist. (2) Es ist nicht klar, was eigentlich alles aufgetaut werden muss, um Veränderung möglich zu machen.

- Interpretiert man die zweite Phase (moving) dieses recht klassischen Ablaufs vor dem Hintergrund einer systemischen Organisationsberatung, dann fällt auf, dass das Verhältnis zwischen Berater und Klient ein anderes geworden ist: Nach Huschke-Rhein (1998, S. 27) heißt Beratung, „jemanden einen Rat geben, den dieser zwar hören und befolgen kann, den er aber auch *nicht* befolgen kann." Ein Berater kann daher nur Impulse geben, der Klient entscheidet, wie damit umzugehen ist (Königswieser & Exner, 1999, S. 24). Dies scheint aber einer der sensibelsten Punkte zu sein, gerade was die Beraterrolle angeht. So empfehlen die Autoren durchaus zu intervenieren (S. 42, Faustregel 10; Willke, 1998, S. 131). Dies steht allerdings im Gegensatz zum Selbstverständnis der systemisch-kommunikativen Beratungspraxis: Ein sich weitgehend selbst organisierendes System muss und kann sich selbst entscheiden, ob es einen Rat annehmen kann und soll. Diese Wahl, ob man einen Rat befolgen oder einen Lernprozess in Gang setzen will (z.B. bei Kursen usw.), ist wesentlicher Grundzug einer konstruktivistischen Lerntheorie. Damit wird aber auch Verantwortung vom Lehrenden (dem Ratgeber) an den Lernenden (den Ratholen-den) abgegeben (Wimmer 1995, S. 246). Dies ist ein alter pädagogischer Gedanke, der der „Naivität des Transfergedankens" (Thinnes 1998, S. 218) entgegensteht.

- Der dritte Schritt (refreezing) ist ebenfalls zu hinterfragen: Wie sollen neue Reaktions-muster dauerhaft stabilisiert werden? Ungeklärt ist die Frage, ob eine derartige Stabilität neue Veränderungen auf sanftem Wege zulässt, ohne später wieder ein radikales unfree-zing zu initiieren.

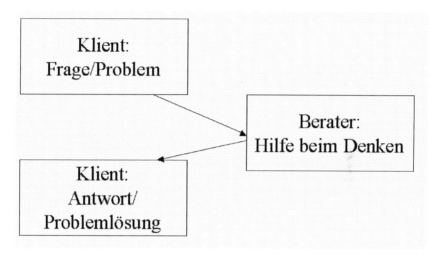

Abb. 4: Rolle des Beratersystems

Wenn man davon ausgeht, dass Berater keine fertigen Lösungen anbieten können, dann hat dies für sie gravierende Folgen. So muss man vor dem Hintergrund des ganzheitlichen An-spruches fragen, wieviel Komplexität ein Berater eigentlich ertragen kann. Wie kann man Veränderungen erzielen wollen, wenn man eigentlich selbst nicht verändern darf? Dies führt zur Notwendigkeit, dass Berater zum Klienten und auch zu sich selbst eine bewusste Distanz gewinnen, um jederzeit das eigene Handeln reflektieren zu können. Diese „unabdingbare Zurückhaltung" hat auch einen Begriff: lean consulting (Kappler 1995, S. 194). Dadurch ergibt sich – insbesondere vor dem Hintergrund des systemisch-kommunikativen Ansatzes – das Paradox der „wirkungsvollen Nichteinmischung" (Begriff von Kappler 1995, S. 194). Ahlemeyer (1996, S. 82) fordert deshalb, dass Berater „die schwierige Kombination von größtmöglicher Gelassenheit und hoher Beobachtungssensibilität und Professionalität" inne-haben müssen.

3.6 Dilemmata

Eines der wesentlichen Merkmale systemischer Beratung für eine Organisation ist die Er-kenntnis, dass es Management- und Organisationsbereiche gibt, für die es keine endgültigen Lösungen gibt. Kühl (1998) hat dies anhand von sog. Dilemmata aufgezeigt, die im Folgen-den modifiziert und ergänzt diskutiert werden.

- *Innovationsdilemma*: Die oft gewünschte Dezentralisierung steigert die Innovationsfähig-keit, behindert aber auch die Durchsetzung von Innovationen. Dies führt zu starken Zentralen, die – stark hierarchisch untermauert – Entscheidungen stringent vorgeben. Das Unternehmen rutscht in das folgende Dilemma.

- *Standardisierungsdilemma*: Durch Dezentralisierung, Flexibilisierung usw. wird Kohärenz abgebaut. Um diese wieder zu steigern, werden Standardinstrumente neu eingeführt (z.B. Zielvereinbarungen).

- *Fettpolsterdilemma*: In der Organisationsberatung tat sich in den letzten beiden Jahrzehnten ein scheinbarer Widerspruch auf: Einerseits wurden flache Hierarchien und Vereinfachungen (lean management) von Abläufen angestrebt, andererseits wurde der systemische Ansatz immer populärer. Wie kann – so muss man fragen – es möglich sein, dass der systemische Ansatz bei angeblich zu vereinfachenden Betriebsabläufen nötig ist? Die Antwort liegt darin, dass Vereinfachung nicht zwingend Komplexität abbaut, worauf Kühl (1995) bereits hinwies. Man denke nur an das japanische Brettspiel Go, das bei weniger Regeln als im Schach sich als komplexer als dieses herausstellt.

- *Lerndilemma*: Erfolgreiches Lernen führt zu Wahrnehmungsmustern, die später hinderlich sind. Die Probleme von heute sind eben die Lösungen von gestern. Der Misserfolg von heute liegt im Erfolg von gestern.

- *Identifikationsdilemma*: Wenn man eine starke Identifikation der Mitarbeiter mit dem Unternehmen anstrebt (wie es z.B. Peter Senge tut), dann geht die Wandlungsfähigkeit verloren. Die Stärkung der Identität mit dem Unternehmen kann also u.U. die Flexibilität einschränken. Ähnlich ist auch das folgende Dilemma zu werten.

- *Ideologiedilemma*: Dieses bezieht sich aber nicht auf die Corporate Identity, sondern auf den Zwang, sich unbedingt wandeln zu müssen (Wandel, um des Wandels willen).

- *Selbstorganisationsdilemma*: Unabhängig von der Frage, ob es Selbstorganisation überhaupt gibt, liegt ihre Gefahr darin, dass sich Gruppen oder Abteilungen in ihrer neuen Freiheit aus Vertrautheit auf genau die Erfahrungen berufen, die vorher fremdorganisiert waren.

Systemische Organisationsberatung heißt demnach vor allem, auf solche und weitere Dilemmata hinzuweisen durch die Frage nach Effekten, die eine auf den ersten Blick sinnvolle Entscheidung noch haben kann. Systemisch zu beraten heißt also vor allem, auf Unsicherheiten hinzuweisen.

3.7   Beratungsziele

Generelle Ziele einer systemischen Beratung sind Informationsbildung und Begleitung von Veränderung (Barthelmeß 1999, S. 94). Typisch für Systemische Beratung ist allerdings, dass die Methode selbst vom Klientensystem verstanden werden muss, um Erfolg zu haben.

Wenn diese methodenzentrierten Ziele erreicht sind, können inhaltliche Ziele in Angriff genommen werden. Dazu gehören nach Wimmer (1995, S. 256ff):

- Die Unterstützung des Klientensystems bei der Erarbeitung von Informationen, die eine andere Problemsicht ermöglichen,

- die Umsetzung und der Transfer dieser neuen Informationen sowie

- die Ermöglichung eines organisationsinternen dauerhaften Prozesses zur Sicherung der Bearbeitungsrichtung.

Dabei gelte es insbesondere, dem Klientensystem Mut für eigenes Handeln dadurch zugänglich zu machen, dass es sich selbst thematisiert. Schärfer formuliert wird damit (zumindest im systemisch-kommunikativen Ansatz) der Aufbau eines autopoietischen Systems angezielt (Philipps 1999, S. 72). Dies ist ein äußerst problematisches Ziel: Wenn ein System wirklich autopoietisch werden soll, bedeutet dies, dass es selbst entscheidet, wie es mit Umweltreizen umgeht. Aber vielleicht werden diese internen Entscheidungen auf der Basis falscher Annahmen getroffen.

In der Literatur ist oft der Hinweis zu finden, dass systemische Beratung ergebnisoffen sein müsse. Sie ist in ihrem Vorgehen sicherlich „weicher" (Latniak 1998, S. 244). Die Ergebnisoffenheit kann sich aber nur auf Mittel und Wege beziehen, nicht auf die Ziele des Unternehmens schlechthin. Ein Ziel kann z.B. durchaus lauten: „Steigerung des Gewinnertrags um 10%". Das Ziel ist verbindlich und steht auch einer Beliebigkeit einer Beratung im Wege. Auch aus diesem Grunde ist es notwendig, das Ziel der Beratung zu Beginn der Beratung zu präzisieren. Dies ist auch einer der Gründe dafür, dass Latniak (1998, S. 236) einen „klaren, schriftlich formulierten Beraterauftrag" verlangt. „Systemische Organisationsberatung fußt auf einem zielorientierten Vorgehen" – so skizziert Wimmer (1995, S. 265, s.a. Ahlemeyer 1996) den Anspruch.

Mit diesem letzten Merkmal der Beratungsziele wird die Doppeldeutigkeit systemischer Organisationsberatung deutlich: Systemisches Denken ist nicht nur die *Methode* dieser Form der Beratung, sondern auch das *Ziel*. Damit wird der Beratungsprozess selbst zum allgemeingültigen Vorbild für Entwicklungsprozesse in einem Betrieb, er hat Modellcharakter. Systemische Organisationsberatung ist auch eine Hilfe zur Emanzipation des Klientensystems. Sie hilft, dass Stärken und Schwächen selbst erarbeitet werden können und darauf entsprechend reagiert werden kann.

4 Beratung in Lernenden Organisationen

Bisher ist mehr über das Beratersystem und dessen Grundlagen als über das Klientensystem gesagt worden. Im Folgenden geht es darum, Beratung für Klientensysteme zu beschreiben, die sich selbst als Lernende Organisation oder mit dem Kennzeichen Wissensmanagement beschreiben.

Beide Begriffe sind Konsequenz aus einer „Entmaterialisierung der Wertschöpfung" (Wilkesmann 1999). Der größte Anteil der Wertschöpfung vieler Produkte werde nicht mehr durch Maschinen und Gebäude, sondern durch Wissen erzeugt. „Wissensmanagement hat das Zeug zum Megatrend in Management, Beratung und Organisationsentwicklung" (Willke 2000a, S. 22). Zu Geld und Macht trete das Wissen, was auch zu einer theoretischen Revision der Gesellschaftstheorie führen müsse (S. 37). In der Wissensgesellschaft trete kein Teilsystem hervor, sondern alle Teilsysteme der Gesellschaft würden an eine Wissensbasierung gebunden. Man könnte geradezu vermuten, dass die Pädagogik die Biologie oder Physik als neue Leitwissenschaft ablöst.

Eine umfassende Theorie zu Lernenden Organisationen liegt noch nicht vor: „Leider hat der Begriff ‚Lernende Organisation' mittlerweile auch wieder den Entwicklungsstand eines ‚Schlagwortes' erreicht, was gerade in der Unternehmensberatung und im Firmenmanagement manches Mal eine Jagd nach Modernität, dabei sein, aktuell sein, somit eine Gefahr darstellt. Gefahr insofern, dass PE- bzw. OE-Maßnahmen angerissen oder ‚eingeführt', dann aber wieder fallen gelassen werden, wenn ein neuer Begriff oder Trend auf dem Weiterbildungsmarkt erscheint" (Ertinger 1997, S. 159).

Wie schon beim systemischen Ansatz generell wird auch hier deutlich, dass manche begriffliche Unschärfen vorliegen. Zumindest werden die beiden Alternativen in der Literatur deutlich: (1) Man kann Lernende Organisationen entwickeln und beraten, und (2) die Lernende Organisation selbst sei die Weiterentwicklung der Organisationsentwicklung (so z.B. bei Graf-Götz & Glatz 1998, S. 82). Organisationslernen ist mit Trebesch (1995) ein Teil der Organisationsentwicklung (und diese wieder ein Teil der Unternehmensentwicklung), und zwar eingeschränkt über die Ziele der Beratung, wie es in der Definition von Probst & Büchel deutlich wird: „Unter organisationalem Lernen ist der Prozess der Erhöhung und Veränderung der organisationalen Wert- und Wissensbasis, die Verbesserung der Problemlösungs- und Handlungskompetenz sowie die Veränderung des gemeinsamen Bezugsrahmens von und für Mitglieder innerhalb der Organisation zu verstehen" (Probst & Büchel, 1994, S. 17).

Die Definition von Schöppe (1999) führt wie folgt weiter: „Lernende Organisationen sind ... solche Organisationen, die es verstehen, ... Verhaltensregeln flexibel und aktiv einer sich ändernden Umwelt anzupassen. ... Ein ‚lernendes' Unternehmen muss also versuchen, Veränderungen vorauszuahnen, es muss durch Vorausplanung Wettbewerbsvorsprünge herausholen, d.h. es muss versuchen, weniger passiv als vielmehr aktiv, weniger reaktiv als ‚proaktiv' bzw. antizipativ zu handeln" (Schöppe 1999). Die Begründung liegt darin, dass andere Formen des Lernens Gefahren für die Organisation mit sich bringen können, wie in Tab. 3 deutlich wird.

	Umwelt		System		
	Umgang mit Umweltanforderung	Eigenschaft der Umwelt	Aufwand	Flexibilität	Risikoerwartung
Lernen 1 aktiv	Anpassung	gleichbleibend	maximal	minimal	minimal
Lernen 2 passiv	Konfrontation	gleichbleibend	minimal	minimal	maximal
Lernen 3 antizipativ	Vorwegnahme	gleichbleibend	optimal	minimal	minimal
Lernen 4 simulativ	Kooperation	flexibel	optimal	optimal	minimal

Tab. 3: Übersicht über die Arten des Lernens (Schöppe 1999)

Nach Schöppe ist also das simulative Lernen vorzuziehen. Interessant ist in diesem Zusammenhang die offenbar dürftige Rezeption pädagogischer Lerntheorien (Ausnahme: Güldenberg 1997; Schüppel 1996). Wilkesmann wird diesbezüglich ein wenig genauer: „In der Literatur wird häufig von ‚der' lernenden Organisation gesprochen. Es wird damit ein ‚Supersubjekt' Organisation unterstellt, das lernt. Diese Redeweise missachtet jedoch, dass eine Organisation eine Aggregation von Akteuren ist. Nicht ‚die' Organisation, sondern Frau Müller oder Herr Schulze lernen. Das Lernen von Organisationen erschöpft sich jedoch andererseits auch nicht in dem individuellen Lernen der Mitarbeiter. Damit ein Unternehmen lernt, müssen neben Frau Müller und Herr Schulze noch viele andere Mitarbeiterinnen und Mitarbeiter lernen. Organisationales Lernen ist kollektives Lernen. Zumindest ist es kollektives Handeln, denn nur, wenn alle ihr Verhalten ändern und sich dies in neuen Strukturen, Anreizen etc. niederschlägt, kann von organisationalem Lernen gesprochen werden. Eine Theorie des organisationalen Lernens muss demnach die Wechselbeziehung von individuellem und kollektivem Lernen sowie dessen ‚Materialisierung' in neuen, von Individuen unabhängigen Organisationsstrukturen, Anreizen oder Wissensbasen als ‚geronnene' Lernerfahrung erklären können. Es muss also die Wechselwirkung von Handeln innerhalb vorgegebener Strukturen und das Verändern dieser Strukturen durch Handlungen thematisiert werden" (Wilkesmann 1999). Damit versöhnt der Autor zwei unterschiedliche theoretische Standpunkte innerhalb des systemisch-kommunikativen Ansatzes: Offenbar muss das Individuum auch Element des sozialen Systems sein, und nicht nur Handlungen und Kommunikationen.

Diese Grundhaltung des Lernens lässt sich durchaus auch übertragen auf die Beratung lernender Organisationen: Hier geht es weniger um den Transport inhaltlicher Problemlösungen, sondern vielmehr um das Steuern von sozialen und technischen Prozessen, so dass eine Verhaltensänderung im Unternehmen erreicht wird.

Lernende Organisation nach Senge (so Freimuth & Haritz 1997, S. 20) ist identisch mit freiem Fluss und Verbreitung von Wissen. So ist es nicht verwunderlich, dass der Begriff Wissensmanagement eine richtige Konsequenz aus der Diskussion um die lernende Organisation ist. Aus pädagogischer Sicht ist mit diesem neuen Begriff allerdings eine Einschränkung mit eingeführt worden: Der Begriff Lernen ist weit offener, man fragt danach, ob man die richtigen Dinge tut (Führung), Management hingegen umfasst nur die Frage, ob die Dinge richtig gemacht werden. Diese Verbetriebswirtschaftlichung von Führungsprozessen wird so auch konsequent in das lean management übertragen: „Mit Bildungsfunktionären ist dieser Weg nicht zu gehen" (Friedrich 1997, S. 37). Diese Grundhaltung ist allerdings im Bereich des Wissensmanagements eher selten anzutreffen. Ganz im Gegenteil kann man von einer Pädagogisierung der Organisationslehre sprechen.

Döring-Katerkamp, Trittmann & Trojan (2000) berichten von einer Befragung von 347 Mitarbeitern über Wissensmanagement und kommen zu folgendem Ergebnis: „Drei Aussagen kennzeichnen das Befragungsergebnis:

- Fast alle Unternehmen glauben an die Wichtigkeit des Themas, wobei viele nicht genau angeben können, was sie unter Wissensmanagement verstehen.

- Viele Unternehmen haben Probleme damit, aus der Beschäftigung mit Wissensmanagement ein konkretes Projekt zur Umsetzung abzuleiten.

- Von den Unternehmen mit dem Label "Wissensmanagement" belegte Vorhaben oder Projekte sind so vielfältig, dass sich keine scharfen Konturen für das Wissensmanagement-Projekt zeichnen lassen. Eine klare Abgrenzung zu anderen Themen, wie beispielsweise Dokumenten-Management oder Groupware fehlt vielfach."

Diese Unschärfe auch in dem Begriff Wissensmanagement bedeutet für die Beratung, zumindest die eigene Auffassung von Wissensmanagement dem Klientensystem zu verdeutlichen. „Der unscharfe Begriff Wissensmanagement kann leicht zum Mühlstein werden, der konkrete Projekte mit vormals klarem Fokus in den Abgrund reißt. Unternehmen sollten sich nicht einem öffentlichen Druck aussetzen, mit irgendeinem Projekt unter der Bezeichnung Wissensmanagement Innovationsfähigkeit oder Zukunftsorientierung nach außen signalisieren zu müssen ... Die Unschärfe des Begriffes führt bei vielen Unternehmen zu zwei typischen Verhaltensweisen: Entweder man findet aus der Diskussion nicht zum konkreten Projekt, oder man betitelt andere Sachverhalte mit dem Label Wissensmanagement" (Döring-Katerkamp, Trittmann & Trojan 2000).

4.1   Spezifische Beratungsziele für Lernende Organisationen

Unter der Perspektive Wissensmanagement ergibt sich die Frage, ob Beratung überhaupt notwendig ist: Wenn ein Unternehmen sich nämlich nicht für eine starke Wissensbündelung entscheidet, dann ergibt sich kein Beratungsbedarf. Die Konsequenzen aus einer hohen bzw. geringen Wissensfokussierung sind in Abb. 5 gegenübergestellt.

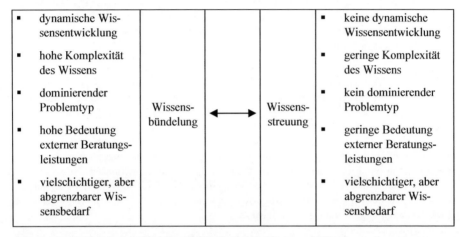

Abb. 5: Wissensbündelung vs. -streuung (frei nach Frese & Theuvsen, 2000)

Durch diese für ein Unternehmen notwendige Entscheidung für eine Wissensfokussierung folgt die Notwendigkeit externer Beratungsleistungen. Darüber hinaus allerdings muss geklärt werden, welches Wissen überhaupt für das Unternehmen erfolgskritisch ist (Bullinger, Wagner & Ohlhausen, 2000). Insbesondere Soukup (2000) hat darauf hingewiesen, dass ein wissensintensives Unternehmen gegen das „Herumirren" von Information angehen muss, weshalb die Selbstreflexion über das eigene Tun eine besondere Rolle erhält.

Die Ziele einer Beratung unter der Flagge des Wissensmanagements ergeben sich aus den Dimensionen, die dieses Konzept umfasst. Diese sind nach Bürgel & Zeller (1997, S. 23; modifiziert, um die nichtssagenden Anglizismen zu vermeiden):

• Aufbau einer tragfähigen Organisation, um Wissen zu akquirieren, zu speichern und zu transferieren,
• Aufbau von Informations- und Kommunikationstechnologien, um mit Wissen flexibel umzugehen, und
• Gestaltung einer Unternehmenskultur, die den Wissenstransfer unterstützt.

Dies kann noch besser differenziert werden, wenn man das Ebenenmodell Wissensnetzwerke von Seufert, Back & v. Krogh (2000, S. 141) zur Grundlage macht. Basis wäre der Aufbau einer Wissensarchitektur, zu der in erster Linie Kommunikationswerkzeuge gehören. Die mittlere Ebene umfasst die sozialen Beziehungen mit Merkmalen der Person, der Gruppe usw. und deren Beziehungen untereinander. Die obere repräsentiert die Einbettung der sozialen Beziehungen in eine Organisation (Kultur, Struktur usw.).[2]

---

[2] Hier wird übrigens deutlich, dass die Begrenzung der systemischen Organisationsberatung auf den systemisch-kommunikativen Ansatz die untere, eher technisch orientierte Ebene nicht zur Genüge erfassen könnte.

Ein weiterer zentraler Punkt der Beratung im Wissensmanagement ist – neben den erwähnten technischen Inhalten –, die Bereitstellung individuellen Wissens zu unterstützen. Dabei geht es nach Willke (2000b) besonders um das Bearbeiten des „Zusammenspiels von personalem und organisationalem Wissen." Dies sei ein dreistufiger Prozess, der wie folgt ablaufe (siehe in Abb. 6 die Pfeile; vgl. Bürgel & Zeller 1997, S. 62):

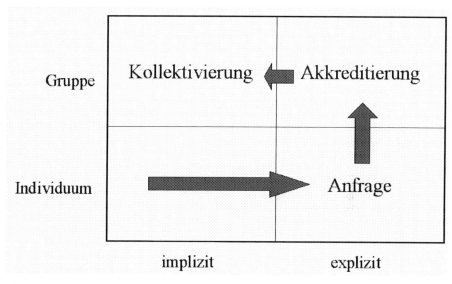

Abb. 6: Kollektivierung von Wissen (Freimuth & Haritz 1997, S. 17)

Schritt 1: Ein Ziel der Beratung im Kontext Wissensmanagement ist, das implizite Wissen (nicht formuliertes oder dokumentiertes intuitives Wissen; siehe Weggemann 1999, S. 43) „gleichsam zu externalisieren" (Freimuth & Haritz 1997, S. 16), also explizit zu machen. Dazu gehört besonders, alte Denkschemata aufzugeben: „Viele der besten Ideen in Organisationen werden nicht in die Praxis umgesetzt. Ein wichtiger Grund dabei ist, dass neue Erkenntnisse und Initiativen mit fest etablierten mentalen Modellen in Konflikt geraten. Die Fähigkeit des Führens besteht nun darin, solche etablierten mentalen Modelle (auch die eigenen) in Frage zu stellen, ohne Verteidigungs- und Abwehrhaltungen zu provozieren" (Mandl 1998). Organisationales Lernen braucht einen derartigen Anstoß, d.h. einen Widerspruch zu bisherigen Routinen, der als Widerspruch wahrgenommen wird. Es muss benannt werden, woher dieser Widerspruch kommt und wer ihn wahrnimmt.

Schritt 2: In dieser Phase geht es darum, dass die Gruppenebene individuelles, explizites Wissen nutzt. Diese offene Kommunikation ist notwendiger Bestandteil der Lernenden Organisation (siehe z.B. das Gebot 7 bei Graf-Götz & Glatz 1998, S. 86) und wird damit auch Gegenstand der Beratung für ein Unternehmen, das sich dem Wissensmanagement verschrieben hat. Hinzu kommen der Abbau von strukturellen und kulturellen Barrieren auf individueller und kollektiver Ebene (siehe Bürgel & Zeller 1997, S. 60). Dieser Schritt ist zuerst zu vollziehen, bevor es an die Implementierung des Modells von Freimuth & Haritz geht. Der damit verbundene Motivationsaspekt ist bei der Lernenden Organisation besonders wichtig, weil die Beschäftigten durch Austauschprozesse ihr Wissen der Organisation vollständig zur Verfügung stellen sollten (Hardwig 1998).

Schritt 3: In diesem letzten Schritt geht es darum, dass die Gruppe das explizite Wissen von Einzelnen als Gruppenwissen ansieht und danach handelt. Es gelte „Impulse zur Kollektivierung dieses individuellen Wissens" zu ermöglichen (Freimuth & Haritz 1997, S. 17) und ermöglichende Kontexte und Anreize zu schaffen.

Nach Wagner (1999) zählt eine wissensfreundliche Kultur zu den wichtigsten Erfolgsbedingungen für Wissensmanagementprojekte. Dazu seien verschiedene Komponenten notwendig:

- Positive Einstellung der Mitarbeiter zum Wissen,
- Fehlen von wissenshinderlichen Barrieren in der Unternehmenskultur,
- Stringenz von Wissensprojekt und Unternehmenskultur.

4.2 Grenzen der Beratung

Die Frage ist aber, ob diese optimistischen Modelle in der Praxis funktionieren. Es gibt zahlreiche Gründe auf individueller, kollektiver und technischer Ebene, warum Wissen unbeabsichtigt vergessen wird oder werden kann (siehe dazu Übersichten bei Alex, Becker & Stratmann, 1999; Bullinger, Wörner & Prieto 1998).

In der bereits erwähnten Studie von Döring-Katerkamp, Trittmann & Trojan (2000) heißt es dazu: „Unabhängig von Definitionen, Absichten und Projekten, werden immer wieder die gleichen Probleme bei der Beschäftigung mit Wissensmanagement genannt. Als die wichtigsten Probleme bei der Einführung von Wissensmanagement gelten:

- Akzeptanzprobleme bei den Mitarbeitern (50%),
- die Aufbereitung und Gliederung des Wissens (47%),
- Schwierigkeiten, die Theorie in eine praxisnahe Vorgehensweise zu übertragen (45%),
- die Auswahl geeigneter Komponenten (25%)."

Hinzu kommen die unterschiedlichsten Wissens- und Lernbarrieren, wie sie von Schüppel (1996) umfangreich diskutiert worden sind. Gravierender als all diese Risikoeinschätzungen erscheint aber die Frage, ob die Mitarbeiter in einer Organisation ihr Wissen überhaupt zur Verfügung stellen sollen.

Simson (2000, S. 46) kommt diesbezüglich zu folgender ernüchternden Feststellung: „Unsere Mentalität ist eigentlich darauf gerichtet, anderen Informationen vorzuenthalten. Diese Einstellung setzt sich leider im Berufsleben fort. Trotz aller Teamarbeit gilt Know-How als Besitz des Einzelnen. Die Einstellung ‚Wissen ist Macht' ist eines der Haupthindernisse für das Teilen von Wissen." Damit weist Simon auf ein Paradox hin: Während das Privateigentum an Produktionsmitteln auch in der sozialen Marktwirtschaft eine heilige Kuh ist, soll das Privateigentum an Wissen sozialisiert werden. Genau dies wurde intensiv von Dunn (1998) reflektiert, der durch die Spieltheorie zu erklären versucht, warum Mitarbeiter in bestimmten Situationen ihr Wissen eben nicht zur Verfügung stellen (Kernfrage: Ist soziale Kooperation im Unternehmen möglich? S. 68). Ein Problem, das an dieser Stelle hinzutritt, ist, dass Mitarbeiter oft in „echter Ungewissheit" arbeiten und daher das Verhalten der Kolleginnen und Kollegen interpretieren müssen (s.a. Manteufel & Schiepek 1998; Wilkesmann 2000).

Auch muss darauf hingewiesen werden, dass völlig freier Informationsfluss nicht dazu geeignet ist, Betriebsgeheimnisse zu schützen. Auch insofern kann man durchaus von einer gewissen Blauäugigkeit hinsichtlich der Idee sprechen, dass alles Wissen offen werden soll.

Für die Beratung bedeutet dies, dass (a) den Mitarbeitern deutlich gemacht wird, dass es kein persönlicher Nachteil ist, ihr Wissen in die Organisation zu geben, und (b) dass den Führungskräften deutlich gemacht wird, dass Mitarbeiter dafür als Gegenleistung eine größere Sicherheit und einen Abbau der Ungewissheit erwarten, weil sie persönliche Stärken sozialisieren sollen.

Zusätzlich muss erklärt werden, wer die Macht besitzt, solche Interaktionen innerhalb der Organisationen zu gestalten. Eine weitere wichtige Frage ist, welche Rolle der Betriebsrat in einem organisationalen Lernprozess spielen kann. Ist er nur noch Appendix eines Kollektivs selbständiger Arbeitnehmer oder ein Faktor des Co-Managements?

5   Zusammenfassende Bewertung

Derzeit liegen keine Untersuchungen darüber vor, ob systemische Beratung erfolgreich ist. Empirische Untersuchungen wären auch schwierig, weil die Effekte kaum messbar wären, einmal, weil sie über eine längere Zeit kaum mehr zu identifizieren wären, zum anderen, weil man nicht sagen kann, was ohne die Beratung geschehen wäre. Man hat also keinen Vergleichsmaßstab. Nach Wilkesmann (2000, S. 194) scheint das wichtigste Erfolgskriterium für eine Beratung zu sein, ob die Führungskräfte voll dahinterstehen. Berater sollen sich auf Wünsche einlassen und das Engagement des Klienten unterstützen.

Dennoch wird man vorsichtig sein müssen, dass Berater sich selbst keinen „Freibrief" (so Thinnes 1998, S. 224) ausstellen, weil sie ja – systemtheoretisch untermauert – eigentlich keine Verantwortung für den Erfolg übernehmen können. Die Behauptung des systemisch-kommunikativen Ansatzes, dass Systeme selbstregulativ sind, kann durchaus auch als Immunisierungsstrategie von Beratern gesehen werden: „Beratung gibt als systemische Beratung ihren Anspruch auf Beeinflussung, Veränderung oder Entwicklung des Klienten auf" (Walger 1995a, S. 14). Dies steht allerdings – und macht es damit nicht einfacher – im klaren Widerspruch zu anderen Autoren, die dem systemischen Berater durchaus das Recht zusprechen zu intervenieren.

Nachdem schon drei Metaphern (Lernende Organisation, Wissensmanagement und Intelligentes Unternehmen; siehe dazu Oberschulte 1996; Willke 2000b) stark an pädagogische Konzepte erinnern, wäre eine konsequente Weiterentwicklung in dem Begriff „Kognitive Organisation" zu erwarten (Kognition als Wahrnehmen, Speicherung und Abruf). Dies fordert auch dazu auf, dass Beratungsunternehmen Erkenntnisse aus Lernender Organisation und Wissensmanagement auf sich selbst anzuwenden versuchen (Wojda & Schwendenwein 2000).

Literatur

Ahlemeyer, H. W. (1996). Systemische Organisationsberatung. In H.v. Alemann & A. Vogel (Hrsg.), *Soziologische Beratung* (S. 77–88). Opladen: Leske & Budrich.

Alex, B., Becker, D. & Stratmann, J. (2000). Ganzheitliches Wissensmanagement und wertorientierte Unternehmensführung. In K. Götz (Hrsg.), *Wissensmanagement* (S. 47–70). München: Hampp.

Bamberg, G. G. (1999). *Lösungsorientierte Beratung.* Weinheim: Beltz.

Barthelmeß, M. (1999). *Systemische Beratung.* Weinheim: Beltz.

Bergner, I. (1997). *Beratung in der lernenden Organisation.* Frankfurt: Lang.

Bullinger, H.-J., Wörner, K. & Prieto, J. (1998). Wissensmanagement – Modelle und Strategien für die Praxis. In H.D. Bürgel (Hrsg.), *Wissensmanagement* (S. 21–40). Berlin: Springer.

Bullinger, H. J., Wagner, K. & Ohlhausen, P. (2000). Intellektuelles Kapital als wesentlicher Bestandteil des Wissensmanagements. In H. Krallmann (Hrsg.), *Wettbewerbsvorteile durch Wissensmanagement* (S. 73–90). Stuttgart: Schäffer-Poeschel.

Bürgel, H. D. & Zeller, A. (1997). Forschung & Entwicklung als Wissenscenter. In H.D. Bürgel (Hrsg.), *Wissensmanagement* (S. 53–66). Wiesbaden: DUV.

Calle, V. v. (1996). Zur sozialen Wirksamkeit soziologischer Beratung. In H.v. Alemann & A. Vogel (Hrsg.), *Soziologische Beratung* (S. 149–155). Opladen: Leske & Budrich.

Döring-Katerkamp, U. Trittmann, R. & Trojan, J. (2000). Des Kaisers neue Kleider – oder Phantom Wissensmanagement. http:// www.knowledgeMARKT.de.

Dunn, M. H. (1998). *Die Unternehmung als ein soziales System.* Berlin: Duncker & Humblodt.

Ertinger, G. (1997). *Die Lernende Organisation.* Taufkirchen: GME-Verlag.

Faust, M. (1998). Die Selbstverständlichkeit der Unternehmensberatung. In J. Howaldt & R. Kopp (Hrsg.), *Sozialwissenschaftliche Organisationsberatung: auf der Suche nach einem spezifischen Beratungsverständnis* (S. 147–182). Berlin: edition sigma.

Ferenszkiewicz, D. C., Frieling, E. Goyk, R. Mönicke, G. & Walter, U. (1999). *Das Initiatorenmodell.* München: Hampp.

Freimuth, J. & Haritz, J. (1997). Personalentwicklung auf dem Wege zum Wissensmanagement? In J. Freimuth, J. Haritz & B.-U. Kiefer (Hrsg.), *Auf dem Wege zum Wissensmanagement* (S. 9–24). Göttingen: Verlag für Angewandte Psychologie.

Freimuth, J. & Stoltefaut, M. (1997). Mein Körper und ich sind nicht mehr per du – die Angst der Manager – auf der Suche nach einer neuen Identität und Professionalität in sich selbst steuernden Organisationen. In J. Freimuth, J. Haritz & B.-U. Kiefer (Hrsg.), *Auf dem Wege zum Wissensmanagement* (S. 111–124). Göttingen: Verlag für Angewandte Psychologie.

Frese, E. & Theuvsen, L. (2000). Organisationsarbeit als Wissensmanagement. In H. Krallmann (Hrsg.), *Wettbewerbsvorteile durch Wissensmanagement* (S. 13–52). Stuttgart: Schäffer-Poeschel.

Friedrich, A. (1997). Organisatorische Schlankheitskuren und ihre Auswirkungen auf Personalentwicklungskonzepte. In J. Freimuth, J. Haritz & B.-U. Kiefer (Hrsg.), *Auf dem Wege zum Wissensmanagement* (S. 25–38). Göttingen: Verlag für Angewandte Psychologie.

Geißler, K. A. (2000). Von der Wiege bis zur Bahre – Seminare, Seminare! Bedeutung, Ursachen und Tendenzen der (Weiter-)Bildungsexpansion. In Institut für Bildung und Entwicklung (Hrsg.), *Bildung für die Zukunft – Zukunft der Bildung* (S. 10–21). München: don bosco.

Graf-Götz, F. & Glatz, H. (1998). *Organisation gestalten.* Weinheim: Beltz.

Güldenberg, S. (1997). *Wissensmanagement und Wissenscontrolling in lernenden Organisationen.* Wiesbaden: DUV.

Hardwig, T. (1998). "Lieber den Spatz in der Hand" – Industriesoziologen und Organisationsberatung. In J. Howaldt & R. Kopp (Hrsg.), *Sozialwissenschaftliche Organisationsberatung: auf der Suche nach einem spezifischen Beratungsverständnis* (S. 109–122). Berlin: edition sigma.

Hennig, C. & Knödler, U. (1998). *Problemschüler – Problemfamilien.* Weinheim: Beltz.

Huschke-Rhein, R. (1998). *Systemische Erziehungswissenschaft.* Weinheim: Deutscher Studienverlag.

Ittermann, P. (1998). Unternehmensberatung: Umrisse einer Wachstumsbranche. In J. Howaldt & R. Kopp (Hrsg.), *Sozialwissenschaftliche Organisationsberatung: auf der Suche nach einem spezifischen Beratungsverständnis* (S. 183–200). Berlin: edition sigma.

Kappler, E. (1995). Lean Consulting – Coaching und Supervision als Beispiele schlanker prozessorientierter Organisationsentwicklung. In G. Walger (Hrsg.), *Formen der Unternehmensberatung* (S. 182–201). Köln: Otto Schmidt.

König, E. & Volmer, G. (1999). *Systemische Organisationsberatung.* Weinheim: Deutscher Studien Verlag.

Königswieser, R. & Exner, A. (1999). *Systemische Intervention.* Stuttgart: Klett-Cotta.

Kopp, R. (1998). Ein neuer industriesoziologischer Projekttypus – Konzeptionelle und methodische Überlegungen zur Organisationsberatung. In J. Howaldt & R. Kopp (Hrsg.), *Sozialwissenschaftliche Organisationsberatung: auf der Suche nach einem spezifischen Beratungsverständnis* (S. 273–286). Berlin: edition sigma.

Kühl, S. (1995). *Wenn die Affen den Zoo regieren.* Frankfurt: Campus.

Kühl, S. (1998). Von der Suche nach Rationalität zur Arbeit an Dilemmata und Paradoxien – Ansätze für eine Organisationsberatung in widersprüchlichen Kontexten. In J. Howaldt & R. Kopp (Hrsg.), *Sozialwissenschaftliche Organisationsberatung: auf der Suche nach einem spezifischen Beratungsverständnis* (S. 303–324). Berlin: edition sigma.

Kurtz, H.-J., Lutter, A. Kretschmer, G. & Meifert, T. (1997). Versuch einer Standortbestimmung zum Selbst- und Rollenverständnis der Personalentwicklung – von Dinos, Darwinismus und Derniers cris. In J. Freimuth, J. Haritz & B.-U. Kiefer (Hrsg.), *Auf dem Wege zum Wissensmanagement* (S. 39–54). Göttingen: Verlag für Angewandte Psychologie.

Latniak, E. (1998). Möglichkeiten und Grenzen der Gestaltungsberatung – Orientierung in Gestaltungsprozessen durch professionelle Standards. In J. Howaldt & R. Kopp (Hrsg.), *Sozialwissenschaftliche Organisationsberatung: auf der Suche nach einem spezifischen Beratungsverständnis* (S. 213–250). Berlin: edition sigma.

Mandl, C. (1998). Führen, aber wie? *industrie – Die Wochenzeitschrift für Unternehmer und Führungskräfte.*

Mandl, C. (1999). Innovationsfähiger werden. *Management-Zeitschrift, 5,* 52–57.

Manteufel, A. & Schiepek, G. (1998). *Systeme spielen.* Göttingen: Vandenhoeck & Ruprecht.

Mingers, S. (1995). *Systemische Organisationsberatung.* Frankfurt: Campus.

Nedeß, C. & Jacob, U. (2000). Das Knowledge Warehouse vor der Gefahr der Komplexitätsfalle. In H. Krallmann (Hrsg.), *Wettbewerbsvorteile durch Wissensmanagement* (S. 91–118). Stuttgart: Schäffer-Poeschel.

Oberschulte, H. (1996). Organisatorische Intelligenz – ein Vorschlag zur Konzeptdifferenzierung. In G. Schreyögg & P. Conrad (Hrsg.), *Wissensmanagement.* Berlin: Walter de Gruyter.

Osterloh, M. & Wübker, S. (2000). *Wettbewerbsfähiger durch Prozess- und Wissensmanagement.* Wiesbaden: Gabler.

Peter, G. (1998). Wissen wirken lassen – ein Essay zur Diskussion um richtige Beratung im Feld Arbeit und Wirtschaft. In J. Howaldt & R. Kopp (Hrsg.), *Sozialwissenschaftliche Organisationsberatung: auf der Suche nach einem spezifischen Beratungsverständnis* (S. 123–132). Berlin: edition sigma.

Philipps, G. (1999). *Das Konzept der Organisationsentwicklung.* Frankfurt: Lang.

Probst, G. J. B. & Büchel, B. S. T. (1994). *Organisationales Lernen.* Wiesbaden: Gabler.

Ropohl, G. (1996). Schwierigkeiten mit der Systemtheorie. *Ethik und Sozialwissenschaften, 7,* 630–632.

Saldern, M. v. (1998). *Grundlagen systemischer Organisationsentwicklung.* Hohengehren: Schneider.

Schöppe, A. (1999). Von der Lernenden Organisation zum "Community-Konzept". *Gabler's Magazin, 13,* 14–17.

Schüppel, J. (1996). *Wissensmanagement.* Wiesbaden: DUV.

Simon, F. B. (1995). Die Funktion des Organisationsberaters – Einige Prinzipien systemischer Beratung. In G. Walger (Hrsg.), *Formen der Unternehmensberatung* (S. 284–300). Köln: Otto Schmidt.

Seufert, A., Back, A. & v. K. G. (2000). Wissensnetzwerke: Vision – Referenzmodell – Archetypen und Fallbeispiele. In K. Götz (Hrsg.), *Wissensmanagement* (S. 133–156). München: Hampp.

Simson, W. (2000). Wissensmanagement sichert Zukunft. Erfahrungsbericht am Beispiel VIAG AG. In Institut für Bildung und Entwicklung (Hrsg.), *Bildung für die Zukunft – Zukunft der Bildung* (S. 40–47). München: don bosco.

Soukup, C. (2000). Zu Risiken und Nebenwirkungen von Wissensmanagement. In K. Götz (Hrsg.), *Wissensmanagement* (S. 195–214). München: Hampp.

Thinnes, P. (1998). Beratung mit Profil – Chancen und Herausforderungen soziologischer Professionalisierung in der Organisationsberatung. In J. Howaldt & R. Kopp (Hrsg.), *Sozialwissenschaftliche Organisationsberatung: auf der Suche nach einem spezifischen Beratungsverständnis* (S. 215–230). Berlin: edition sigma.

Timel, R. (1998). Systemische Organisationsberatung – eine Mode oder eine zeitgemäße Antwort auf die Zunahme von Komplexität und Unsicherheit? In J. Howaldt & R. Kopp (Hrsg.), *Sozialwissenschaftliche Organisationsberatung: auf der Suche nach einem spezifischen Beratungsverständnis* (S. 201–214). Berlin: edition sigma.

Titscher, S. (1991). Intervention: Zu Theorie und Techniken der Einmischung. In M. Hofmann (Hrsg.), *Theorie und Praxis der Unternehmensberatung* (S. 309–344). Heidelberg: Physica.

Toelstede, B. G. & Gamber, P. (1993). *Videotraining und Feedback.* Weinheim: Beltz.

Trebesch, K. (1995). Organisationslernen und Organisationsentwicklung im Prozess der Unternehmensentwicklung. In G. Walger (Hrsg.), *Formen der Unternehmensberatung* (S. 159–181). Köln: Otto Schmidt.

Wagner, H. (1999). *Wissensmanagement in Unternehmensberatungen (Diplomarbeit).* Saarbrücken: Universität des Saarlandes.

Walger, G. (1995a). Idealtypen der Unternehmensberatung. In G. Walger (Hrsg.), *Formen der Unternehmensberatung* (S. 1–18). Köln: Otto Schmidt.

Walger, G. (1995b). Chancen und Folgen der Irritation in der systematischen Unternehmensberatung. In G. Walger (Hrsg.), *Formen der Unternehmensberatung* (S. 301–322). Köln: Otto Schmidt.

Weggemann, M. (1999). *Wissensmanagement.* Bonn: MITP.

Wilkesmann, U. (1999). Von der lernenden Organisation zum Wissensmanagement. *Industrielle Beziehungen,* S. 485–496.

Wilkesmann, U. (2000). Kollektives Lernen in Organisationen am Beispiel von Projektgruppen. In A. Clermont, W. Schmeisser & D. Krimphove (Hrsg), *Personalführung und Organisation* (S. 295–312). München: Vahlen.

Willke, H. (1998). *Systemisches Wissensmanagement.* Stuttgart: UTB.

Willke, H. (2000a). Herausforderung Wissensgesellschaft. In Institut für Bildung und Entwicklung (Hrsg.), *Bildung für die Zukunft – Zukunft der Bildung* (S. 22–39). München: don bosco.

Willke, H. (2000b). Nagelprobe des Wissensmanagement. In K. Götz (Hrsg.), *Wissensmanagement.* München: Hampp.

Wimmer, R. (1991). Organisationsberatung – eine Wachstumsbranche ohne professionelles Selbstverständnis. In M. Hofmann (Hrsg.), *Theorie und Praxis der Unternehmensberatung* (S. 45–136). Heidelberg: Physica.

Wimmer, R. (1995). Wozu benötigen wir Berater? – Ein aktueller Orientierungsversuch aus systemischer Sicht. In G. Walger (Hrsg.), *Formen der Unternehmensberatung* (S. 239–283). Köln: Otto Schmidt.

Wojda, F. & Schwendenwein, G. (2000). Wissensmanagement bei Planung und Beratung. In H. Krallmann (Hrsg.), *Wettbewerbsvorteile durch Wissensmanagement* (S. 307–348). Stuttgart: Schäffer-Poeschel.

Autorinnen und Autoren

ARNOLD, ROLF, Dr. phil., ist Professor für Pädagogik, insbesondere Berufs- und Erwachsenenpädagogik, und Leiter des Zentrums für Fernstudien und Universitäre Weiterbildung an der Universität Kaiserslautern.

BEHRENS, STEFAN, Dipl.-Hdl., ist wissenschaftlicher Mitarbeiter am Fachgebiet für Betriebswirtschaftslehre, insbesondere Industriebetriebslehre und Arbeitswissenschaft, an der Universität Kaiserslautern.

BLOH, EGON, Dr. phil., ist wissenschaftlicher Mitarbeiter am Zentrum für Fernstudien und Universitäre Weiterbildung der Universität Kaiserslautern.

CONRAD, PETER, Univ.-Prof. Dr. rer. pol, ist Leiter des Instituts für Personalmanagement, Universität der Bundeswehr Hamburg, Holstenhofweg 85, 22043 Hamburg, Tel.: 040/6541-2883, Fax: 040/6541-2048, Email: peter.conrad@unibw-hamburg.de.

DUTKE, STEPHAN, Dr. phil., ist Professor für Psychologie an der Universität Kaiserslautern.

FATZER, GERHARD, Dr. phil., ist Gründer und Leiter des Instituts für Supervision und Organisationsentwicklung in Grüningen/Zürich.

GEIßLER, HARALD, Dr. phil., ist Professor für Allgemeine Pädagogik unter besonderer Berücksichtigung der Berufs- und Betriebspädagogik an der Universität der Bundeswehr Hamburg.

HESSE, FRIEDRICH W., Dr. phil., Dr. rer. nat. habil., ist Professor für Angewandte Kognitive Psychologie und Medienpsychologie an der Universität Tübingen.

JAMMAL, ELIAS, Dr. phil., ist Professor für Internationales Personalmanagement und Interkulturelle Studien an der Fachhochschule Heilbronn.

KRÄMER-STÜRZL, ANTJE, Dr. phil., ist selbständige Beraterin und Trainerin in Industrie- und Dienstleistungsorganisationen sowie Lehrbeauftragte an den Universitäten Kaiserslautern und Mannheim.

MÜNCH, JOACHIM, Dr. phil., ist Professor emer. für Berufs- und Arbeitspädagogik (mit besonderer Betonung von Personal- und Organisationsentwicklung) an der Universität Kaiserslautern.

NIEGEMANN, HELMUT M., Dr. phil. habil., ist apl. Professor für Erziehungswissenschaft an der Universität des Saarlandes und vertritt eine Professur für Medienkonzeption/Digitale Medien an der Technischen Universität Ilmenau.

PROBST, GILBERT J.B., Dr. oec., ist Professor für Organisation und Management und Direktor des Executive-MBA-Programms an der HEC – Universität Genf.

RAUB, STEFFEN P., Dr. rer. pol., ist Lehrbeauftragter an den Universitäten Genf und Lausanne.

SALDERN, MATTHIAS VON, Dr. phil., ist Professor für Erziehungswissenschaft an der Universität Lüneburg.

SCHUBERT, HANS-JOACHIM, Dr. phil. habil., ist Privatdozent und Mitglied der wissenschaftlichen Leitung des Instituts für Technologie und Arbeit e.V. an der Universität Kaiserslautern.

SCHÜßLER, INGEBORG, Dr. phil., ist wissenschaftliche Assistentin am Fachgebiet Pädagogik, insbesondere Berufs- und Erwachsenenpädagogik, an der Universität Kaiserslautern.

SEVERING, ECKART, Dr. phil., ist Mitglied der Geschäftsleitung des Bildungswerks der Bayerischen Wirtschaft und Leiter der bfz Bildungsforschung, Nürnberg.

SPIEß, ERIKA, Dr. phil. habil., ist Privatdozentin an der Universität München und vertritt eine Professur für Wirtschafts- und Sozialpsychologie an der katholischen Universität Eichstätt.

STÜRZL, WOLFGANG, Dr. phil., ist selbständiger Managementtrainer und Berater für Personal- und Organisationsentwicklung sowie Lehrbeauftragter an der Universität Kaiserslautern.

WEISS, WERNER, Dipl.-Wirtsch.-Ing., ist Geschäftsführer der Insiders Information Management GmbH, Kaiserslautern.

WICK, ALEXANDER, Dipl.-Psych., ist wissenschaftlicher Mitarbeiter am Fachgebiet Psychologie an der Universität Kaiserslautern.

ZINK, KLAUS J., Dr. rer. pol., ist Professor für Betriebswirtschaftslehre, insbesondere Industriebetriebslehre und Arbeitswissenschaft, und Leiter des Instituts für Technologie und Arbeit e.V. an der Universität Kaiserslautern.